기후 위기, 불평등, 재앙

마르크스주의적 대안

기후 위기, 불평등, 재앙

마르크스주의적 대안

장호종, 마틴 엠슨 외 지음

책갈피

차례

서문   7

1부 자본주의와 기후변화 ——————————— 17

1장 체제 변화가 필요한 이유   18

2장 화석연료에 대한 구제 불능의 집착   28

3장 자본주의가 플라스틱과 비닐을 좋아하는 이유   39

4장 식품, 농축산업, 기후변화   52

5장 마르크스주의와 인류세   92

6장 거주 가능 지구: 생물 다양성, 사회, 재야생화   122

7장 기후 재앙 시대의 이주   162

2부 그린뉴딜, 기후 운동, 노동계급 ——————— 195

1장 세계 권력자들이 기후 위기를 해결할까?   196

2장 한국의 기후변화와 정부의 대응   227

3장 그린뉴딜의 의의와 혁명적 대안   242

4장 기후 위기 대응 산업 재편과 정의로운 전환   289

5장 멸종반란 운동의 의의와 노동계급   323

6장 노동자들이 환경을 위해 싸웠을 때   347

7장 지속 가능한 사회를 만들 수 있을까?   382

3부 탈성장, 채식주의, 과잉인구, 종말 ——— 393

1장 성장과 탈성장: 생태사회주의자는 무엇을 주장해야 할까? 394
2장 기후 위기를 막으려면 채식을 해야 할까? 413
3장 지구에 사람이 너무 많은가? 420
4장 체제 변화: 아직 시간이 남아 있을까? 431

4부 왜 핵발전은 기후변화의 대안이 아닌가 ——— 443

톺아보기: 핵을 원자력이라고 부르는 것은 잘못 444
1장 핵발전이 기후 위기의 대안일까? 449
2장 한국의 핵발전과 문재인 정부의 탈핵 배신 469
3장 안전 신화를 무너뜨린 핵발전소 사고들 485

5부 마르크스, 반자본주의 생태학, 혁명적 대안 ——— 499

인간과 자연 ｜ 자본주의 ｜ 마르크스와 엥겔스 ｜ 마르크스,
맬서스, 과잉인구 신화 ｜ 계급과 사회정의 ｜ 지속 가능성 ｜
혁명

후주 557
찾아보기 608

서문

　2000년대의 어느 해에 인류는 기후 위기의 시대에 진입한 듯하다. 그 시점이 정확히 언제인지는 한참 나중에야 알게 되겠지만 2019년에 세계적으로 분출한 운동 덕분에 수많은 사람들이 이 사실을 깨닫게 됐다. 2019년은 확실히 매우 특별한 해였다. 세계 도처에서 반란과 저항이 분출했다. 코로나19 팬데믹 때문에 지금은 잠시 눈에 덜 띄지만 이런 반란과 저항의 동력은 수면 아래에서 계속 움직이고 있다. 이 시대는 우리가 지금까지 살아온 시대와 비슷하면서도 매우 다를 것이다.

　한국에서는 여름 장마가 시작되면 사람들이 뉴스에 귀를 기울인다. 특히 저지대에 사는 주민들은 혹여나 집이 침수될까 봐 걱정하기 시작한다. 상습 침수 구역 주민들은 수해를 복구하기도 전에 태풍을 맞기도 한다. 한강 상류가 있는 강원도와 경기 북부 지역에 강수량이 늘어나면 기상청은 홍수경보를 발령하고 댐의 붕괴를 막기 위한 수문 개방 계획을 알린다. 방류 시간과 방류량을 계산해 몇 시간 뒤에 한강 잠수교가 물에 잠길지 수심은 얼마나 높아질지 정확히 예측해서 알린다. 당연히 그 수위보다 낮은 지역은 침수 위기에 놓인다.

기후 과학자들이 경고해 온 것은 이런 홍수경보 같은 것이다. 비가 계속 내리면 강 하류의 수위가 높아지듯 이대로 계속 온실가스를 배출하면 대기 온도는 확실히 높아질 것이다. 2021년 8월 '기후변화에 관한 정부 간 협의체IPCC'는 6차 평가 보고서의 내용을 일부 공개했는데 이 '홍수'가 예상보다 빨리 올 것 같다고 했다. 지구 평균 기온이 산업화 이전 시기보다 1.5도 높아지는 시점이 2018년의 예측치보다 10년 앞당겨졌다.

지금 비가 멈춘다고 곧바로 수위가 낮아지지 않는 것처럼 우리가 지금 당장 온실가스 배출을 멈춰도 기후변화는 계속 진행될 것이다. 이산화탄소는 대기 중에 수백 년 동안 남아 온실효과를 계속 낼 것이다. 세계 온실가스 배출이 중단되기는커녕 매년 늘어나는 현재 상황을 보며 많은 사람들이 좌절감을 느끼는 이유다.

수위는 이미 높아지고 있고 어느 시점에는 많은 지역에 홍수를 일으킬 것이다. 어떤 지역은 홍수 피해에서 회복되겠지만, 다른 많은 지역들은 회복 불가능한 피해를 입을 것이다. 일부 지역은 버려질 수도 있다.

그러나 수위 상승이 홍수로 이어지는 것은 단지 자연현상 때문이 아니다. 낡고 비효율적인 배수 시스템과 낡은 주택, 부동산 가격 폭등으로 인한 낙후 지역의 과밀화 등 사회적 조건들이야말로 수위 상승을 홍수로 이어지게 하는 진정한 원인이다.

한번 시작된 홍수가 언제 끝날지는 비가 얼마나 더 내리는지에 달려 있지만 이것 역시 순전히 자연현상 문제가 아니다. 살아남고 복구하기 위한 노력, 뒤이어 더 큰 홍수가 찾아올 가능성을 대비하는 것에 사람들의 삶이 달려 있을 것이다. 그러나 이 모든 과정은 결코 순조롭지 않을 것이다. 수많은 자연 재난이 보여 주듯 그 속에서 사회적 균열이 더 깊어질 것이고 적응과 회복을 위한 우선순위 갈등을 불러일으킬 것이다.

기후변화는 한국의 여름 장마와는 비교도 할 수 없을 정도로 거대한 자연현상이다. 가난하고 힘없는 이들이 주된 피해자가 되겠지만 그 충격의 규모를 고려하면 사실상 소수를 제외한 대부분의 사람들이 피해자가 될 가능성이 매우 크다. 인도네시아 같은 동남아시아 나라들뿐 아니라 세계 자본주의의 중심부인 유럽·미국·중국도 모두 그 영향권에 들어와 있다. 2021년 여름에는 정말로 이 나라들 모두 홍수를 겪었고, 폭염과 산불도 거의 매년 이 나라들을 덮치고 있다.

2021년 9월 뉴욕의 홍수를 보도한 기사를 보면 마치 남반구 빈국을 묘사한 것 같은 인상이 든다.

서민들이 살던 반지하 방이 최악의 폭우로 순식간에 죽음의 공간으로 변했다. … 뉴욕시 브루클린의 한 반지하 방에서 외롭게 숨진 로베르토 브라보(66세)도 그중 한 명이다. 브라보는 형 소유 반지하 방에서 1년 정도 살았는데 이 방은 창문이 한 개도 없을 정도로 어둡고 열악했다. 폭우에 반지하 방으로 쏟아진 물이 천장까지 차올랐을 때 그는 "제발 도와 달라"고 비명을 질렀지만 끝내 방을 빠져나오지 못했다. … 숨진 13명 중 최소 11명이 그처럼 반지하 방 거주자다. … 뉴욕의 반지하 방들은 대부분 건물을 불법으로 개조한 것인데 식당과 호텔 등에서 일

하는 저소득층과 이민자들이 많이 살고 있다.[*]

유엔 재난위험경감사무국UNDRR이 발표한 '2000~2019년 세계 재해 보고서'를 보면 이 20년 동안 전 세계에서 7348건의 자연재해가 발생해 그 전 20년(1980~1999년)보다 1.7배 늘어났다. 이로 인해 40억 명이 피해를 당했다.

자본주의가 발전시킨 높은 생산력에도 불구하고 인간은 먹고 마시고 자는 데 필요한 매우 기본적인 조건이 충족되지 않아 어마어마한 고통을 겪을 수 있다. 기후 위기 때문에 식량난이 벌어지고 마실 수 있는 깨끗한 물이 끊기고 냉난방을 위한 연료 공급이 중단되면 사회는 유지될 수 없다. 이런 일들은 이미 여러 곳에서 국지적으로 벌어지고 있다. 그리고 마침내 코로나19 팬데믹처럼 어느 순간 폭발적으로 전 세계에 충격을 줄 수 있다.

이런 위기에 각국 정부가 어떻게 대처할지 예상하는 것은 어렵지 않다. 가장 먼저 떠올릴 수 있는 장면은 당황해서 갈피를 못 잡고 우왕좌왕하는 것이다. 사태가 진행되는 것을 지켜보다가 자신들이 지키려 하는 자본주의 체제의 우선순위(이윤)와 당장 필요한 조처들이 모순됨을 깨달았을 때 이들 대다수가 어떤 선택으로 기우는지 우리는 지난 2년간 똑똑히 지켜봤다.

지금 대부분의 정부는 코로나19 팬데믹에 어떻게 대처해야 할지

---

[*] "반지하방이 '죽음의 덫'으로 … 폭우에 어두운 민낯 드러낸 뉴욕", 〈연합뉴스〉, 2021년 9월 3일.

합의에 이른 것으로 보인다. 서로 다른 수준에서 방역 조처를 시행하던 여러 나라 정부들이 이제 영국과 스웨덴 정부가 추진하는 정책과 근본에서 같은 방향으로 나아가고 있다. '일부 희생을 감수하고서라도' 체제의 작동을 완전히 제자리로 돌려놓겠다는 것이다.

백신 개발로 치명률을 낮췄다지만 백신을 접종한 뒤에도 코로나19의 치명률은 여전히 계절성 인플루엔자(독감)의 3배에 이른다. 백신이 코로나19의 감염률을 낮추는 효과는 거의 없는 것으로 알려져 있다. 무엇보다 자본주의의 잔혹한 이윤 논리 때문에 전 세계 인구의 다수는 백신을 구하지 못하고 있다. 이들 사이에 감염이 확산되는 것을 방치하면 백신 효과를 무력화할 수도 있는 또 다른 변이가 생겨날 수 있다.

합리적 사회라면 최대한 많은 사람이 백신을 접종하고 안전한 치료제가 개발될 때까지 비필수 부문의 가동을 최대한 미루며 가능한 많은 생명을 구하려 할 것이다. 더 많은 사람에게 일자리를 제공하되 더 적게 일하게 하고 최대한 많은 자원을 고르게 분배해 생계를 보호할 것이다.

그러나 지금 각국 정부는 완전히 거꾸로 하고 있다. 실업을 방치하고 장시간 노동을 강요하고 필수재를 공급하지 않아 사람들로 하여금 '위드 코로나'를 차악으로 받아들이게 하고 있다.

기후 위기에 대한 각국 정부들의 대응도 이것과 본질적으로 같다. '26차 유엔 기후변화 협약 당사국 총회COP26'를 앞둔 지금, 미국과 유럽 선진국 정부들은 기후 위기 대응에 목소리를 높이며 그럴싸한 목표들을 제시하고 있다. 그러나 그 내용을 자세히 뜯어보면 사실상 앞으로도 수십 년 동안은 화석연료를 계속 태우겠다는 얘기에 지나지 않는다. 또, 대부분은 미래의 정부들로 미루는 얘기다. 그레타 툰베리가 지적했듯이 알맹이만 보면 당장에는 아무것도 하지 않겠다는 것이다.

멸종반란 등 2019년에 급성장한 급진적 기후 운동이 요구하듯이, 다가오는 몇 년 안에 온실가스 배출을 완전히 중단해야 한다. 비는 통제할 수 없는 자연현상이지만 온실가스 배출은 인간의 의지로 바꿀 수 있는 것이다. 단지 멈추면 된다. 인류 전체를 놓고 보면 사람들의 삶을 지키면서도 온실가스 배출을 완전히 중단할 수 있는 객관적 능력이 있다. 우리가 살고 있는 자본주의 체제와 그 수호자들이 그런 변화에 필요한 "체제 변화"를 가로막고 있을 뿐이다.

오늘날 기후변화 문제를 다룬 책은 시중에 넘쳐난다. 이 책은 기후 위기의 피해에서 삶을 지키고 궁극적으로는 기후 위기 자체를 멈추기 위해 체제의 다양한 측면에 맞서 싸우는 사람들을 위해 만들어졌다.

1부에서는 기후 위기를 만든 자본주의 체제의 다양한 측면을 깊이 들여다볼 것이다. 기후 위기의 직접적 원인이 된 화석연료와 플라스틱 산업의 역사부터 자본주의적 농축산업이 기후 위기에 끼치는 영향까지, 또 기후 위기가 식량 생산, 이주·난민, 각국의 대외 정책에 끼치는 영향을 살펴보면서 기후 위기가 자본주의 체제의 온갖 갈등과 위기를 어떻게 심화시키고 있는지 조명할 것이다.

2부에서는 주요 선진국 정부들과 한국 정부부터 주요 개혁주의 정당들과 사회주의자들에 이르기까지 여러 정치 세력의 기후 위기 해법과 실천을 들여다보며 진정한 해결책이 무엇인지 제시하고자 했다. 특히 여기서 다루는 내용들은 다른 기후변화 관련 서적에서는 찾아보기 어려운 것들이다. 많은 책들이 기후변화 문제를 다루지만 그 주된 피해자인 노동계급에 대해서는 거의 관심을 기울이지 않는다. 가끔 관심을 가질 때도 그저 기후 위기로 피해를 입는 다양한 사회집단의 하나로 다룰 뿐이다. 반면 나를 포함한 이 책의 필자들은 노동계급이 기후 위기를 멈추는 데서 중요한 구실을 할 수 있다는 점에 관심을 기울인다. 우리는 기후 위기를 멈추려면 "체제를 바꿔야 한다"는 기후 운동의 구호에 완전히 동의하며, 한 걸음 더 나아가 체제를 바꾸기 위한 혁명적 전략을 제시하고자 했다. 그 전략에서는 노동계급의 잠재력을 끌어내는 것이 기후 위기를 멈추는 데서도 핵심적으로 중요하다고 주장할 것이다.

3부에서는 기후 운동 내에서 쟁점이 되고 있는 몇 가지 주제를 다룬다. 탈성장, 채식, 과잉인구론 등의 쟁점은 기후 위기에 맞선 운동이 성장하는 데서 난점으로 작용하고 있다. 이런 쟁점들이 불거지게 된 배경과 그에 대한 과학적 근거들을 살펴보며 기후 운동이 초점을 맞춰야 할 진정한 대상이 무엇인지 분명히 하고자 한다.

4부는 기후 위기의 대안으로 일각에서 부상하는 핵발전 문제를 다룬다. 특히 한국은 핵발전이 차지하는 비중이 크고, 2011년 후쿠시마 핵발전소 폭발 사고와 문재인 정부가 약속했지만 배신한 '탈핵' 정책을 둘러싼 논란으로 핵발전 문제가 계속 뜨거운 쟁점이 돼왔다. 여기에서 내가 주장하는 내용이 완전히 새로운 것은 아니지만, 기후 운동이 이런 주장을 반복하고 과학적 근거를 제시하는 것은 매우 중요하고 필요한 일이라고 확신한다. 빌 게이츠 같은 대자본가뿐 아니라 일부 저명한 기후 운동가들과 과학자들도 기후 위기 시기에 화석연료를 대체할 대안으로 핵발전을 선택해야 한다고 주장하고 있기 때문이다.

5부는 영국의 사회주의자이자 환경 운동가인 마틴 엠슨이 쓴 글을 옮긴 것이다(《마르크스주의와 생태학: 자본주의, 사회주의 그리고 지구의 미래》(2019)). 이 글은 마르크스주의가 기후 위기 등 오늘날 환경 문제의 진정한 원인을 이해하고 전혀 다른 원리로 운영되는 사회를 건설하는 데 어떻게 도움을 줄 수 있는지 제시하고 있다.

이처럼 방대한 내용을 담기 위해 많은 분들이 직접 기여해 줬다. 먼저 영국 사회주의노동자당의 활동가이자 저명한 마르크스주의 계간지 《인터내셔널 소셜리즘》의 필자인 마틴 엠슨, 커밀라 로일, 에이미 레더, 이언 라펠, 킴 헌터에게 감사한다. 이들의 글은 마르크스주의 관점에서 오늘의 기후 위기와 체제의 연관성을 이해하는 데 큰 도움을 줄 것이다. 아일랜드 사회주의노동자네트워크의 지도적 회원이자 《사회주의란 무엇인가》, 《레닌과 21세기》 등의 저서로 한국 독자들에게 알려져 있는 존 몰리뉴는 특유의 명확한 논법으로 기후 운동 내 논쟁점을 이해하고 올바른 관점을 정립하도록 도와줄 것이다. 나와 함께 〈노동자 연대〉 신문사에서 활동하는 박설 기자는 최근 한국에서 중요한 쟁점으로 떠오른 '정의로운 전환'을 다뤘다. 그의 글은 단지 정부의 정책을 비판하는 데서 멈추지 않고 노동운동과 좌파 내의 논의까지 세밀히 들여다보며 활동가들이 취해야 할 올바른 입장과 좌파의 과제를 제시한다. 먼저 이 필자들에게 감사를 표한다.

또 이 책에 실린 글과 관련해 특별히 감사를 표하고 싶은 두 분이 있다. 한 분은 최무영 서울대학교 물리천문학부 교수다. 그는 〈노동자 연대〉에 기고했던 글 한 편을 핵발전 문제를 다루는 이 책의 4부에 실을 수 있게 허락해 주셨다. 물리학과 과학사, 과학철학, 과학과 사회에 관해 가르쳐 온 최무영 교수는 현대 과학과 그것을 바라보는 사회의 다양한 시각에 대해 비판적 논평을 해 왔다. "핵을 원자력이라고 부르는 것은 잘못"이라는 그의 글은 핵발전과 관련한 논의에 이정표를 제시해 줄 것이다.

다른 한 분은 지금은 고인이 된 영국의 사회주의자 크리스 하면이다. 그가 생전에 남긴 글과 주장은 이 책이 말하고자 한 많은 것에 지대한 영향을 줬다. 특히 나는 그가 2007년에 쓴 그다지 길지 않은 글 한 편에서 큰 영감을 받았다. 어떤 면에서 이 책 전체는 "기후변화와 계급투쟁"이라는 그의 글을 골격으로 삼았다고 해도 과언이 아닐 정도다. 관심 있는 독자들은 글을 직접 읽어 보길 권한다.*

많은 외국어 글이 포함된 만큼 번역자들의 기여도 컸다. 전문 통번역사인 이예송, 천경록 씨가 깔끔한 솜씨로 긴 글들을 번역해 책을 발행하는 데 도움을 줬다. 김동욱 씨도 세 편의 글을 번역해 줬다. 길지 않은 시간에 여러 글을 번역하고 엮는 데 도움을 준 김종환 씨에게도 감사한다. 그는 대기과학 박사로 이 책 5부에 실린 마틴 엠슨의 글을 번역했고, 이 책을 내는 과정에서 많은 글을 꼼꼼히

---

* "기후변화와 계급투쟁", 《크리스 하먼 선집: 시대를 꿰뚫어 본 한 혁명가의 시선》, 책갈피, 2016.

읽고 소중한 조언을 해 줬다.

빡빡한 일정 속에서 편집에 많은 공을 들인 책갈피 출판사 김태훈 대표에게도 깊은 감사를 전한다. 그의 손을 거친 덕분에 이 많은 글이 책의 일부로 제자리를 잡을 수 있었다. 번역 글 교정에 수고해 준 차승일 씨와 몇몇 글을 읽고 조언해 준 정선영, 김준하 씨에게도 감사한다. 짧은 시간 안에 훌륭한 표지를 만들어 준 나유정 씨와 내지 편집 디자인을 맡아 준 장한빛 씨에게도 감사 인사를 드린다.

마지막으로, 오랫동안 미뤄 온 책 발행을 실행에 옮길 수 있도록 기획하고 필자들을 독려한 김하영 노동자연대 운영위원에게 감사한다. 그의 추진력이 없었더라면 이 책은 나오지 못했거나 잘해 봐야 별 특징 없는 책이 됐을 가능성이 크다. 그는 이 책에 담아야 할 쟁점들을 제안해 줬고, 특히 다른 기후변화 관련 책에서는 다루지 않는 내용, 즉 노동계급의 혁명적 구실과 전략 문제를 진지하게 다뤄야 한다고 조언했다. 또, 그와 관련해 내가 쓴 글들을 여러 차례에 걸쳐 꼼꼼히 읽고 논평해 줬다.

이 모든 기여에도 불구하고 이 책에 실린 글에 오류가 있다면 그것은 전적으로 내 책임이라는 것을 밝힌다.

기자로서 책을 쓰는 것은 엄청나게 부지런하거나 아니면 주변 동료들에게 빚을 지지 않고서는 불가능한 일일 것이다. 안타깝게도 나는 후자인 것 같다. 책을 준비하는 동안 여러모로 도움을 주고 배려해 준 〈노동자 연대〉 동료 기자들과 편집자에게도 감사를 드린다.

장호종

1부
자본주의와
기후변화

1장
체제 변화가
필요한 이유

마틴 엠슨

21세기의 세 번째 10년[2020년대]으로 넘어가는 시점에 인류는 실존이 위협받는 상황에 직면해 있다. 다중의 환경 위기(가장 중요한 것은 기후변화와 생물 다양성 파괴다)가 우리 사회의 기초 자체를 위협한다. 나는 이 재앙적 위기가 자본주의 사회의 본질에서 비롯한다고 본다. 자본주의는 사람들과 지구의 장기적 이익보다 기업 이윤, 다국적기업의 이윤을 우선시하는 체제다.

2018년 폭염이 지구 전역을 휩쓸었다. 세계 여러 지역에서 사상 최고 온도를 기록했다. 이것의 즉각적 효과는 국지적 성격이 강했는데, 나라마다 경험이 달랐고 이에 대한 대응도 달랐기 때문이다. 그러나 아메리카에서 아시아까지, 북극권에서 아프리카까지 수많은

출처: Martin Empson, "Why We Need System Change", *System Change not Climate Change* (Bookmarks, 2019).

사람이 뜨거워진 세계를 경험했다. 점점 뜨거워지고 있는 지구는 2018년에 세계 곳곳을 강타했다. 예컨대 북아메리카에서는 기온이 연일 최고 기록을 경신했고 스웨덴에서는 심지어 북극권에 속하는 지역에서도 거센 산불이 많이 일어났다. 프랑스의 일부 도시들은 더운 대기가 정체하면서 대기오염이 더 심해지자 외출 금지령을 내렸다. 스페인에서는 9명이 더위로 사망했고, 4~7월에 독일의 평균기온은 1961~1990년보다 3.6도나 높았다.[1]

그러나 개발도상국들에서 벌어진 일들에 비하면 이런 사례들은 상대적으로 초라해 보인다. 2018년 7월 아르메니아의 예레반은 기온이 역대 최고인 42도를 기록했다. 4월 파키스탄 나와브샤에 사는 100만 명은 50.2도를 경험했고, 6월 26일 오만의 쿠리야트는 24시간 내내 기온이 42.6도 아래로 떨어지지 않았다. 이는 관측 이래 가장 높은 최저기온이었다. 영국 노총TUC은 22~24도가 작업 "안전 영역"이고, 이보다 높으면 생산성이 떨어진다고 주장한다. 혈액의 온도가 39도에 이르면 "열사병이나 열허탈이* 발생할 위험이 있다." 영국 노총은 작업 가능 최고기온을 30도로 법제화할 것을 요구한다("격심한 노동"은 27도).[2]

이런 기록적 기온들은 지구가 더워지면서 나타나는 극단적 기후 패턴의 일부이고 점점 더 많은 지역이 갈수록 뜨거운 날씨를 경험하고 있다. 그러나 현재의 위기는 단순히 기온 문제에 그치지 않는다.

---

* 열허탈 고온 환경에서 일할 때 땀으로 배출된 염분과 수분을 적절히 보충하지 않아 생기는 혈액 순환 장애. 실신이나 경련 증상을 동반할 수 있다.

지구온난화로 기온이 높아지면서 날씨가 더 극단적이고 더 예측 불가능해지며 태풍·폭염·산불·가뭄 등의 현상도 강도가 더욱 세진다. 역설적으로 보이지만 우리는 강추위를 경험하기도 한다. 예컨대 미국을 덮친 북극 진동은 기상 패턴의 변화 때문에 북극의 대단히 찬 공기가 남하하면서 벌어진 현상이다. 이런 충격은 다시 더한층의 환경 위기와 사회 위기를 낳을 것이다. 예컨대 해수면이 상승하면, 해안 지대 침수, 상수도 파괴, 농경지 황폐화, 일부 도시의 거주 불능화, 홍수 방지를 위한 막대한 비용 소요 등이 뒤따를 것이다. 단기적으로 보더라도 인간이 감당해야 할 피해는 상상하기 어려울 정도로 심각할 것이다.

2018년 10월 유엔 IPCC는 보고서를 발표해, 환경 재앙을 피하려면 지구 기온 상승을 1.5도 이내로 제한해야 하고 그렇게 할 수 있는 시간이 고작 12년밖에 남지 않았다고 주장했다. 이를 실행에 옮기려면 "전환적 체제 변화"가 필요하다고 밝혔다. 그러나 수십 년 동안의 경고에도 불구하고 기후 재난을 막기 위한 실질적 행동은 거의 이뤄지지 않았다. 한 책의 저자는 지구온난화의 원인과 대책을 다음과 같이 설명했다.

이 변화는 주로 화석연료 연소의 결과로 벌어지는 것 같다. … 화석연료 등에서 배출되는 이산화탄소의 양은 이산화탄소 '흡수원'이 감당할 수 있는 선을 분명히 넘어서고 있다. … 지금 속도대로 배출량이 늘어나면 대기 중 이산화탄소는 향후 50년 안에 650ppm 수준에 도달할 것 같다. … 오늘날 과학자들은 현재의 대기 중 이산화탄소 증가를 억제하지 않는다면 한 세기 안에 우리 행성에 재앙이 닥치리라는 데에 대체로 동의한다. 이를 막기 위해 정확히 무엇을 해야 하는지는 우리가 좀 더 정확한 지식을 얻을 때까지 의문으로 남아 있을 것이다. … 그러나 시간은 우리 편이 아니다. … 어떻게 하면 대기 중 이산화탄소라는 위험한 병목 지점을 피할 수 있을까? 명백한 해결책은 화석연료 사용을 제한하는 것이지만 이는 명백히 오늘날의 현실 정치나 경제적 관행과 정면으로 충돌한다.[3]

이 구절은 자연보전론자 로버트 램이 1979년에 쓴 것이다. 40년 전이었던 만큼 그가 기후변화의 정확한 원인과 해결책이 무엇인지 100퍼센트 확신할 수 없었던 것은 이해할 수 있다. 그러나 그 뒤 수십 년간 수많은 과학자들의 기여 덕분에 우리는 그의 결론, 즉 화석연료 사용을 끝내야 한다는 데에 자신 있게 동의할 수 있다. 오늘날 과학적 합의가 이뤄지지 않았다거나 최근에야 이 문제를 파악하게 됐다고 말하는 정치인들은 거짓말하고 있는 것이다. 인류는 수십 년 전부터 기후변화 문제와 그 원인을 파악했고, 아무 조처도 취하지 않는 동안 매년 위기는 더 심해지고 수많은 사람들이 고통을 겪고 있다.

환경 위기의 희생자들은 사회에서 가장 가난하고 취약한 사람들이다. 기후변화의 충격이 이렇게 불균등한 것은 자본주의 발전 경로 자체의 결과물이기도 하다. 영국이나 미국 같은 나라들이 부유해진 것은 전 세계에서 다른 지역 사람들을 수탈하고 천연자원을 약탈한 덕분이었다. 카를 마르크스가 《자본론》에서 지적했듯이,

아메리카에서 금은을 발견한 것, 선주민을 몰살하고 노예화하고 광산에 생매장한 것, 동인도 정복과 약탈을 시작한 것, 아프리카를 흑인을 사냥하고 거래하는 곳으로 바꿔 놓은 것 따위가 자본주의적 생산 시대의 초기 특징이었다. 이런 목가적 과정들은 시초 축적을 발전시킨 주요한 계기들이다.[4]

자본주의가 세계로 뻗어 나가면서 부는 소수의 나라들로 집중됐고, 화석연료에 기반한 자본주의 체제가 확립돼 전 세계로 빠르게 확산됐다.

그러나 기후변화의 충격이 불균등한 것은 자본주의 사회의 구조 때문이기도 하다. 부유한 나라들에서도 가장 가난한 사람들이 기후변화로 가장 먼저 가장 크게 피해를 입는다. 환경 위기는 자본주의에서 이미 취약하고 위태로웠던 부분들을 모조리 더욱 악화시킨다. 지구 상 어디에서든, 가난하거나 흑인이거나 여성일 경우, 기후변화의 피해자가 될 가능성이 더 크다. 유엔조차 이를 인정한다.

재난은 대체로 가장 가난하고 주변화된 인구 집단에 가장 큰 충격을 준다. 여성과 여자아이가 특히 기후 관련 재난 위험에 노출된다. 그들은 더 높은 사망률과 유병률, 생계 곤란으로 고통받기 쉽다.[5]

유엔은 재난 상황에서 여성과 어린이가 피해 입을 가능성이 14곱절이나 높다고 결론 내렸다. 선진국에서조차 이는 사실이다. 2003년 유럽 폭염 당시에도 여성이 남성보다 더 많이 죽었다. 마찬가지로 흑인과 아시아계 주민들이 많이 사는 곳은 환경 재난에 취약한 지역에 속할 가능성이 높다. 2005년 허리케인 카트리나가 미국 뉴올리언스를 강타했을 때 미식축구 경기장에 갇힌 채 방치된 사람들의 압도 다수는 흑인이었다. 재난 속에서 살아남으려 고군분투한 그들은 상점 약탈자라고 비난받았고, 강간과 폭력을 저질렀다는 누명을 쓰고 매도당했다.

2012년 허리케인 샌디가 뉴욕을 강타했을 때에도 전력과 공공서비스 공급 중단으로 가장 고통받은 사람은 대부분 가장 가난한 지역에 사는 주민들이었다. 이는 특히 흑인들이 크게 타격받았음을 뜻한다.

환경 재난 때문에 고향을 잃고 떠나야 하는 사람들도 생긴다. 지구온난화, 환경 재난이나 그로 인한 사회 붕괴를 피해 이주한 사람들을 뜻하는 말로 흔히 '기후 난민'이라는 용어가 사용된다. 이 표현은 아직 법적 용어로 사용되지는 않지만 이미 수많은 사람이 그렇게 불린다. 애슐리 도슨이 최근 자신의 책 《극단의 도시들》에서[*] 주장한 것처럼,

국내난민감시센터IDMC는[**] 2015년 재난으로 난민이 된 사람이 113개국 1억 9230만 명에 이르는 것으로 집계했다. 이 수치는 "분쟁과 폭력으로 인한 경우의 갑절이 넘는다."[6]

---

[*] 국역:《극단의 도시들: 도시, 기후위기를 초래하다》, 한울, 2021.

[**] 국내 난민 난민들 중 국경을 넘지 않고 자국의 다른 지역으로 이주한 이들을 국제기구들이 지칭하는 용어.

예를 들어, 2010년 파키스탄 홍수로 100만 명이 난민이 됐고, 그들은 말라리아 등의 질병에 걸릴 위험에 노출된 채로 지원을 기다려야 했다. 미국에서도 허리케인 카트리나로 약 100만 명이 집을 버려야 했고 허리케인 샌디로 생긴 난민이 77만 6000명이다.[7] 위기가 한창일 때는 온갖 약속들이 많았지만, 이 사람들에 대한 지원은 순식간에 잊혔다. 허리케인 카트리나 이후 11년이 지나도록, 세계에서 가장 부유한 나라에서 흑인 주민 3명 중 1명이 여전히 집으로 돌아가지 못했고 일부 지역의 인구는 여전히 재난 이전의 절반도 안 된다. 한 보고서가 썼듯이 뉴올리언스에는 "복구 기회의 평등"이 없었다.[8] 허리케인 카트리나의 결과를 보며 베테랑 인권 활동가인 앨 샤프턴은 언론이 희생자들을 지칭할 때 난민이라는 표현을 쓰는 것에 반대해야 한다고 강력히 주장했다. "그들은 자선을 베풀어 줄 곳을 찾아 헤매는 난민이 아니다. 그들은 방치된 피해자이자 처음부터 절대로 생기지 말았어야 할 고통에 시달리는 사람들이다."[9]

이처럼 재난의 피해자들을 악당 취급하는 일과 어쩌면 그보다 더한 일들이 우리 앞에 나타날 것이다. 우리는 2015년 난민 위기를 통해, 전쟁과 재난을 피해 온 사람들의 난민 신청이 가로막힌다는 것을 이미 알고 있다. 정부와 언론은 철조망과 무장 병력을 동원해 그들을 국경에서 저지하고, 난민 지원 거부를 정당화하려고 난민에 대해 거짓말을 하며 그들을 악마화한다. 그 결과 지중해는 수많은 남녀와 어린아이의 공동묘지가 돼 버렸다. 이들의 죄라고는 단지 나은 삶을 바란 것뿐이었다.

난민이 살던 나라들이 지구온난화에 끼친 영향은 정작 거의 혹은 전혀 없다는 사실은 비극적 아이러니다. 이산화탄소는 대기 중에 수백 년 동안 머무를 수 있으므로 오늘날의 위기에 가장 큰 책임이 있는 것은 선진국들이다. 영국은 1883년까지 전체 이산화탄소 배출의 절반 이상을 차지했다. 그 결과 영국은 역사적 이산화탄소 배출량의 5퍼센트 남짓에 책임이 있다. 미국은 역사적 배출량의 26퍼센트에 책임이 있고 유럽연합의 28개국은 22퍼센트가 조금 안 되는 책임이 있다. 중국은 경제의 급속한 변화 때문에 오늘날 배출량이 가장 많은 나라 가운데 하나이지만 역사적으로 보면 13퍼센트가 조금 안 되는 배출량에 책임이 있다.[10]

이는 선진국들이 전 세계 사람들에게 역사적 빚을 지고 있다는 뜻이다. 미국과 유럽의 선진국들이 환경 재난을 만들어 냈다. 그러나 모든 사람을 비난해서는 안 된다. 1988년 이래로 화석연료 기업 100개가 세계 배출량의 71퍼센트에, 역사적 배출량으로 보면 52퍼센트에 책임이 있다.[11]

이를 보면 우리가 어떻게 환경 재난을 멈출 수 있는지 이해할 수 있다. 우리가 개인적 라이프스타일을 바꿔야 한다(승용차와 비행기를 포기하고, 채식주의자나 비건이* 돼야 한다)는 주장은 핵심을 벗어난 것이다. 우리는 화석연료 기업의 존재 자체와 그것을 기반으로 하는 체제에 도전해야 한다.

그러나 자본주의는 화석연료 체제이고 국가는 자본의 이해관계

---

* 비건 고기는 물론 우유·달걀도 먹지 않고 실크나 가죽 등 동물에게서 원료를 얻는 다른 제품도 거부하는 엄격한 채식주의자.

를 지키려고 조직적으로 나설 것이다. 이 모순은 전 세계 정부들이 환경을 지키겠다고 행동을 약속하면서도 동시에 화석연료 기업들에 보조금과 혜택을 제공한다는 것을 뜻한다. 송유관 건설과 프래킹에*맞서 저항하는 사람들은 국가의 (경찰과 사법 체계를 통한) 총력 대응에 직면하게 된다.

2018년 말 환경 운동은 전 세계적으로 되살아났다. 영국의 멸종반란xr 같은 단체들의 시위나 국제적 학생 휴업의 물결은, 변화를 쟁취하려면 대중행동이 필요하다는 사실을 수많은 사람이 이해하고 있음을 보여 줬다. '기후변화가 아니라 체제 변화를'이라는 구호가 대중적 인기를 얻고 있는 것은 근본적 변화가 필요하다는 것을 시위 참가자들이 이해하고 있다는 점도 보여 준다.

기후변화는 다른 환경·사회 문제들과 밀접히 연결돼 있다. 기후변화가 멸종 문제와 식량 생산에 도미노 효과를 일으키는 것이 그 사례. 그러나 우리가 마주한 각종 환경 위협(해양의 플라스틱 오염, 우리가 사는 도시의 대기오염, 농화학품으로 인한 바다의 '죽음의 수역'** 등 무엇이 됐든)을 모두 야기하고 악화시키는 것은 이윤을 최우선에 놓는 체제다.

자본주의는 태생적으로 반反생태적인 체제다. 자본주의는 우리가 의존하고 우리 자신이 그 일부인 자연 세계를 파괴한다. 이 때문에

---

* 프래킹 셰일 가스 추출 등을 위해 고압의 액체를 땅속에 주입하는 추출법. 지진과 환경 파괴를 일으킨다.
** 죽음의 수역 수중 산소가 충분하지 않아 생물이 살 수 없는 지역.

자본주의는 자신이 만들어 낸 환경 위기를 해결할 수 없다. 오히려 자본주의적 해법은 상황을 악화시키고, 단지 다국적기업의 이윤을 더 늘리는 데 일조할 뿐이다. 우리에게 필요한 것은 혁명적 변화다.

자본주의 체제가 굴러가는 것은 평범한 노동자들의 노동 덕분이다. 카를 마르크스는 어떻게 기업주들이 기업주와 노동자 사이의 착취 관계로 이윤을 획득하는지 보여 줬다. 기업주들의 체제는 평범한 수십억 남녀의 노동에 전적으로 의존한다. 따라서 사회를 바꿀 힘을 가진 것은 바로 이 평범한 노동자들이다. 이들이 일손을 놓으면 체제는 작동을 멈춘다. 노동자들이 없으면 기차가 달리지 않고, 자동차도 만들어지지 않고, 전화 업무가 마비되고, 식량도 재배되거나 분배되지 못한다.

카를 마르크스는 지구적 기후변화를 알지 못했다. 그러나 그는 자본주의와 환경 파괴 사이에 연관이 있음을 이해했다. 그는 자본주의를 민주적 계획경제에 기반을 둔 생산 체제로 대체하는 혁명 없이는 인류가 장차 환경 위기를 피하기 어려울 것이라고 봤다. 마르크스가 말한 사회, 즉 세계의 자원을 인류와 지구의 이익에 가장 부합하는 방향으로 합리적으로 이용하기 위해 평범한 사람들이 집단적으로 조직하는 사회주의 사회만이 지속 가능한 미래를 기약할 수 있는 유일한 길이다.

2장
화석연료에 대한
구제 불능의 집착

에이미 레더

지난 10년 동안 프래킹, 심해 시추, 타르샌드 같은 소위 '더러운 에너지' 추출이 폭발적으로 늘었다. 2015년 12월 196개국이 서명한 파리협약의 탄소 배출 감축 약속 이행 여부는 순전히 각 나라에 내맡겨져 있다. 서명한 나라들이 이 약속을 지킨다 해도 지구온난화는 지속 가능한 수준을 크게 웃도는 정도일 것이다.

위기가 심각하다는 견해가 지배적이다. 2016년 8월 '인류세 워킹 그룹'의 과학자들은 우리가 새로운 지질 시대 즉, 인류세에 접어들었다고 주장했다. 인류세는 인간 활동이 환경에 지배적 영향을 끼치는 시기라는 뜻이다. 긴급한 행동이 이뤄지지 않는다면 우리는 재앙적

출처: Amy Leather, "Hopelessly Devoted to Fossil Fuels", *System Change not Climate Change* (Bookmarks, 2019). 이 글은 *Socialist Review*, January 2017에 처음 실은 것을 개정한 것이다.

기후변화에 직면하게 될 것이다. 2018년 유엔 IPCC는 보고서를 발표해 지구 평균기온이 산업화 이전에 견줘 1.5도 이상 오르지 않도록 해야 한다고 경고했다. 그 전까지는 기온 상승 2도 이내 억제를 목표로 탄소 배출을 제한해야 한다는 생각이 널리 받아들여졌다. 기온은 이미 산업화 이전 시기에 견줘 1도 높은 상태다. 지구온난화의 해법은 매우 간단하다. 대기 중에 이산화탄소를 배출하는 석탄·석유·가스 등 화석연료의 연소를 중단하고, 이를 재생에너지로 신속히 전환해야 한다.

IPCC는 탄소 오염을 제거하고 기온 상승을 1.5도 이내로 억제하는 것이 "각국 정부에게 매우 어려운 선택"이고 "에너지 체계와 운송에서 전례 없는 전환"이 필요하다고 했다. 그러나 그것이 가능한 일이라는 점도 분명히 밝혔다. "우리는 물리·화학 법칙 내에서 그것이 가능함을 보였다. … 마지막 점검 항목은 정치적 의지다."

왜 우리 지배자들은 이를 행동으로 옮기지 않을까? 개별 정치인들[의 문제] 이상의 원인이 있다. 물론 정치인 중에는 기후변화 부정론자들이 있으며 이들을 반대하고 저지해야 한다. 그러나 지배자의 다수는 기후변화가 현실임을 받아들인다. 문제는 그들이 화석연료를 핵심으로 하는 체제의 수호자라는 점이다. 산업자본주의의 역사는 화석연료 산업의 성장·발전과 긴밀히 연결돼 있다. 기후 위기에 제동을 거는 일은 화석연료 기업들의 기득권에 제동을 거는 것이다. 화석연료 기업들은 세계에서 가장 많은 이윤을 얻는 기업에 속한다. 석탄·석유·가스 등 화석연료는 자본주의에 단단히 자리 잡고 있다. 자본주의와 화석연료가 왜 그토록 긴밀히 연결돼 있는지 이해하려면 영국의 산업혁명 시기를 돌아봐야 한다.

[스웨덴의 마르크스주의 생태학자] 안드레아스 말름은 그의 책《화석 자본》에서 1800년대 초 영국에서 에너지 전환이 일어난 과정을 밝혔다. 산업혁명 때 등장한 최초의 기계인 방적기와 방직기는 수력으로 움직였다. 1800년에 수차水車를 사용하는 공장이 랭커셔주와 스코틀랜드에 1000곳 이상 밀집해 있었다. 1820년대까지도 맨체스터에 있는 공장은 대부분 수력을 이용했다. 그러나 불과 10년 뒤에는 석탄을 태워 발생시킨 증기가 수력을 제치고 주요 동력원이 됐다.

증기로의 전환은 제임스 와트가 1784년에 회전식 증기기관을 발명한 것의 필연적 결과는 아니었다. 산업계 내에서 오랜 전투가 벌어졌다. 수력의 주된 장점은, 물이 공짜고, 면 공업의 근거지인 잉글랜드 북서부와 스코틀랜드가 강우량이 풍부하다는 점이었다. 그러나 증기 에너지를 사용하면 자본가들은 노동자들을 효과적으로 착취할 수 있었다. 석탄은 옮길 수 있다. 증기 에너지를 사용하면, 자본가들은 에너지원[수자원]이 있는 곳으로 노동력을 이주시키는 것이 아니라 노동력이 있는 곳으로 에너지원[석탄]을 옮길 수 있었다.

수력을 이용하는 공장은 수자원水資源 근처에 지어야만 했다. 그런데 그런 농촌에서는 숙련 노동력을 찾기 어려웠고, 그 때문에 공장주들은 수자원 근처에 '정착촌', 즉 노동자들에게 집과 필수 서비스를 제공할 정착지를 건설하는 데에 투자해야 했다. 이는 부가적 지출이었고, 또 [노동자들이 한데 모여 있어서] 산업 쟁의를 초래하기 쉬웠다. 반면 석탄은 자본가들이 새로 확장된 도시 지역의 숙련 노동자를 더 쉽게 이용할 수 있는 "도시행 티켓"이었다. 석탄[으로 전환하는] 비용은 이런 이점들에 의해 상쇄되기 시작했다.

1820~1830년대에는 많은 요인이 함께 작용했다. 공장법의 노동 시간 제한 조항은 수력을 이용하던 공장에 엄청난 타격을 줬다. 공장법 제정 이전에는 물 부족으로 생산 속도가 둔화되면 공장주들은 노동시간을 연장해 손실을 만회했다. [공장법 때문에] 이 방법을 사용할 수 없게 되자 증기기관의 이점이 분명해졌다.

그렇게 영국이 화석연료 경제의 부인할 수 없는 발생지가 됐다. 그러나 이는 영국인 전체의 집단적 결정은 아니었다. 사실 증기기관 도입은 흔히 노동자들의 격렬한 저항에 직면했다. 차티스트운동과 연관이 있던 1842년 '플러그 플롯 소요'가 대표적이다. 노동자들은 [임금 삭감에 반대해] 증기기관의 마개를 뽑아 [증기로 만들] 물을 흘려버리는 방식으로 생산을 중단시켰다.

증기기관의 도입은 화석연료를 중심으로 한 생산공정의 발전을 촉진했다. 자본주의적 경쟁의 특성상, 자본가 하나가 새로운 방식을 도입하면 다른 자본가들도 이를 따라잡기 위해 같은 방식을 도입해야 했다. 석탄으로의 전환은 영국에 국한된 것이 아니었다. 경제적·군사적 경쟁 때문에 화석연료 경제는 얼마 지나지 않아 전 세계로 확산됐다. 19세기 말이 되자 미국의 제조업과 철도는 영국의 같은 부문보다 더 많은 석탄을 태웠고, 독일과 그 밖의 나라들도 이를 따라잡으려 했다.

이 과정은 석유 도입으로 더욱 속도가 빨라졌다. 이전까지 석유는 주로 조명용 등유나 윤활유로 사용됐다. 그러나 1880년대에 내연기관이, 1903년에 비행기가 발명되면서 새로운 석유 시장이 창출됐다. 이 새로운 기계들은 이전까지는 정유 과정에서 버려지던 휘발유를 사용했다. 20세기 초 제국주의 군대가 휘발유를 소비하는 주된 집단이 됐다. 제1차세계대전에서 석유로 움직이는 탱크·비행기·전함·잠수함이 결정적 구실을 했다.

1912년 영국이 군함에 석탄이 아니라 석유를 사용하기로 결정하면서 사태는 전환을 맞았다. 이 결정에는 계급적 이해관계가 주된 구실을 했다. 군함 연료로 사용되던 고품질 무연탄은 웨일스 지역 탄광에서만 생산됐다. 1910년에 [당시 내무부 장관으로] 군대를 동원해 이 지역 광원 파업을 진압한 윈스턴 처칠은 1911년에 군 통수권을 쥐자마자 군함 연료를 석유로 대체하는 계획을 추진했다. 처칠은 이로써 "광원들의 정치적 요구에서 정부를 해방시켰다"고 했다.

제1차세계대전 직후 자동차 대량생산이 시작됐다. 1929년이 되자 자동차 산업은 미국의 최대 산업이 됐다. 더불어 화학 산업에서는 석유정제 과정의 부산물을 이용하거나, 석유로만 얻을 수 있는 강력한 에너지가 필요한 새로운 제품을 개발했다. 1930년대에는 나일론 같은 합성섬유가 발명됐고 플라스틱과 산업용 화학물질이 최초로 대량생산됐다.

1880년대 이래로 자본의 집적과 집중 때문에 세계경제를 주름잡는 거대 기업이 출현했다. 화석연료 산업에서 이것이 가장 두드러졌다. 1930년에 미국 200대 기업의 절반 이상이 [화석연료와 연관된] 화학·석유·금속·고무·운송 기업이었다. 이렇게 권력이 집중되면서, 거대 기업 몇 곳이 산업 전체를 급격히 바꾸고 전 세계에 영향을 미치는 결정을 내리게 됐다.

[캐나다의 생태사회주의자] 이언 앵거스는 자신의 책 《인류세를 마주하며》에서 1945년 이후 지구온난화가 "엄청나게 가속됐다"고 지적한다. 전 세계 에너지 총 소비량이 제2차세계대전 종전 이후에 3배 이상으로 늘어났다. 전쟁 동안 일어난 변화 때문이었다. 미국 정부는 전쟁 수행 능력을 높이기 위해 석유의 관련 산업에 막대한 자금을 쏟아부었다. 연합군이 사용하는 석유 7분의 6은 미국의 유전에서 채굴돼 미국 석유 기업들이 정제한 것이었다. 정부는 신기술을 적용한 신규 송유관과 정유소를 여럿 세웠다. 미국 자동차 산업은 상업적 생산을 중단하고 군용 지프와 트럭 200만 대, 비행기 엔진, 탱크, 장갑차, 기관총, 폭탄을 생산했고 정부는 이에 290억 달러를 지원했다. 이 부문 기업들이 전쟁 기간에 개량하고 확장한 생산 설비는 전후에 생산을 대규모로 확대하는 토대가 됐다.

미국 정부는 폭발물에 쓰이는 질소, 타이어에 쓰이는 합성고무, 낙하산에 쓰이는 나일론 생산을 위해 석유화학 공장에도 자금을 투입했다. 전쟁이 끝난 뒤 정부는 이런 최신 생산 설비를 민간 석유·화학 기업에 헐값에 넘겼는데, 이는 화석연료 사용 증대를 부추겼을 뿐 아니라 플라스틱의 새 시대로 가는 길을 닦은 것이기도 했다. 이 같은 국가 주도의 제조업 재건은 미국의 세계적 지위와 화석연료 사용 모두에 거대한 영향을 끼쳤다.

1948년 마셜플랜으로 미국 기업들의 세계적 지위가 높아졌다. 미국은 유럽 나라들에 막대한 돈을 지원해 미국 석유 기업에게서 석유를 구입할 수 있도록 했다. 1948~1951년에 서유럽 나라들이 미국 석유 기업에게서 구입한 석유 대금의 절반 이상은 마셜플랜 기금으로 지불됐다. 미국 정부는 유럽의 수요를 감당하기 위해 미국 석유 기업들이 사우디아라비아에 생산 시설을 새로 확장하는 데에도 보조금을 지원했다. 전쟁 전에 유럽의 석유 수입량 중 20퍼센트가 중동산이었는데, 1950년에는 이 수치가 85퍼센트로 높아졌다. 이는 유럽이 장기적으로 석탄 중심 경제에서 석유 중심 경제로 이행하는 속도를 빠르게 했다. 세계 석유 생산량은 1946~1973년에 700퍼센트 이상 늘었다.

근본에서, 제2차세계대전은 거대 기업들이 화석연료 경제를 토대로 성장하게끔 하는 조건을 창출했다. 이 외에, 석유에서 얻은 살충제와 합성 비료를 사용한 농업의 산업화도 영향을 줬다. 오늘날 식품 체계는 생산·유통·포장·소비 모든 단계에서 화석연료 사용에 의존한다. 전후 군비 지출이 계속 높게 유지된 것도 영향이 있었다. 오늘날 미군은 세계에서 석유를 가장 많이 소비하고, 환경오염의 최대 주범이며, 온실가스도 가장 많이 배출한다. 미군은 미국의 5대 화학 기업을 모두 합친 것보다도 더 많은 유해 폐기물을 배출한다.

자본주의의 모든 기반 시설은 화석연료에 의존해 세워졌다. [화석연료 사용을 근절하고] 재생에너지로 전환하려면 오랜 시간에 걸쳐 이뤄진 막대한 투자를 모두 손실로 처리해야 한다. 이만한 규모의 세계적 자본 청산은 유례가 없다. 세계적으로 기존의 화석연료 발전소와 핵발전소 시설을 대체하는 데에 수조 달러가 든다. 이를 운영하는 기업들이 그 많은 자본을 청산하고 심지어 비용이 더 많이 들어가는 재생에너지 체제로 기꺼이 전환하지는 않을 것이다.

자본가들은 투자 비용을 회수하려 한다. 발전소를 예로 들면, 심지어 투자비를 회수한 뒤에도 가능한 한 오래 운영[해 수익을 창출]하는 게 낫다. 기존 설비를 폐쇄하고 새 설비를 짓는 것은 모든 과정을 처음부터 다시 시작하는 일이고, 그러면 시장 경쟁력을 잃게 될 것이다. 미국에서 1890년대 이후에 지어진 발전소 중 3분의 2가 여전히 가동 중이다.

자본은 화석연료 사용을 지속하는 데에 이해관계가 있다. 전 지구적 관점에서 보면 재생에너지로의 전환이 합리적일지라도, 개별 자본가들의 관점에서는 완전히 비합리적인 일이다. 그리고 화석연료 업계가 현 상태를 유지하기 위해 막대한 돈을 쓰고 있음은 물론이다. [저명한 반자본주의 활동가이자 저술가인] 나오미 클라인은 저서 《이것이 모든 것을 바꾼다》에서[*] 화석연료 기업들의 전방위적 로비 능력을 폭로했다. 2013년 미국에서만 석유·가스 업계는 의회와 정부 관료들에게 로비하는 데에 매일 40만 달러를 썼다. 시간이 흐를수록 문제는 더 심각해진다. 각국 정부가 온실가스 배출을 어떻게 할지 논의하는 동안에도 화석연료 업계에 대한 투자는 멈추지 않는다. 만약 지금 탄소 배출량을 실질적으로 감축하기로 결정한다면 수십 년 전에 결정했을 경우보다 훨씬 많은 자본을 청산해야 할 것이다. 2000년대의 첫 10년 동안 그 전 어느 10년간보다 더 많은 석탄 화력발전소가 건설됐다. 2010~2012년 3년 동안 화력발전 설비용량 증가분은 1990년대 전체 증가분의 2.5배나 됐다.

앵거스가 밝혔듯, "화석연료는 자본주의 체제를 그대로 둔 채 벗

---

[*] 국역: 《이것이 모든 것을 바꾼다: 자본주의 대 기후》, 열린책들, 2016.

겨 낼 수 있는 껍질 같은 게 아니다. 화석연료는 체제의 모든 측면에 깊숙이 박혀 있다." 기후변화 저지 운동 안에는 '우리 모두 기후변화에 책임이 있다'는 주장이 흔하다. 그러나 화석연료를 도입해 계속 더 많이 사용하자는 결정은 명백히 우리 모두가 내린 것이 아니다. 산업화 태동기에 영국 자본가들이 이윤 극대화를 위해 노동자들을 더 잘 착취하는 방안으로 채택한 것이다.

물론 1830년대 자본가들은 자신들이 전 세계를 재앙적 지구온난화로 밀어 넣고 있다는 사실을 알지 못했다(공기 질 관련 쟁점이 당시 노동계급에게 불만의 초점이었다는 점은 주목할 만하지만 말이다). 그러나 중요한 점은 오늘날에는 석탄·석유·가스를 태울 때 어떤 일이 벌어지는지 안다는 것이다.

그럼에도 자본주의의 비합리성이 필요한 조처를 가로막는다. 이는 기술적 문제가 아니다. 여러 연구 결과를 보면, 탄소 연료 사용을 중단하고 재생에너지로 완전히 전환하는 것이 물리적으로 가능하다. 물론 돈이 들 테지만, 우리가 익히 알 듯이 국가는 이전에도, 특히 전쟁 기간에 그런 대규모 투자를 한 바 있다. 그러나 화석연료 산업에 대한 역사적 투자, 각국 정부에 영향을 미칠 수 있는 거대한 기득권 세력 때문에 우리는 심각한 경제적·정치적 장애물에 부딪혀 있다.

화석연료가 자본주의에 완전히 뿌리박혀 있다는 사실을 받아들인다면 체제를 제거해야 한다는 결론으로 나아가야 마땅하다. '기후변화가 아니라 체제 변화를'이라는 구호를 현실로 만들어야 한다. 진정한 사회주의 사회로의 전환을 말해야 한다. 이윤이 아니라 인간의 필요를 위해 생산하고, 광범한 대다수 사람들이 자원과 생산과 경제를 민주적으로 통제하는 사회 말이다.

기후변화를 해결하려면 혁명이 일어날 때까지 기다려야 한다고 주장하려는 것이 아니다. 기후변화는 시급한 문제다. 자본주의 내에서도 전투는 계속되고 있다. 때때로 영국의 프래킹 반대 운동처럼 명시적으로 기후변화와 환경문제를 내세운 투쟁도 벌어진다. 영국의 프래킹 반대 운동은 변화를 이뤄 냈다. 이 운동은 화석연료 산업이 더욱 확대되는 것을 막는 데 기여했다. 기후변화의 충격에 대한 보고서들이 더 많이 발표되고 행동이 필요하다는 점이 더 분명해지면서 그런 행동이 벌어질 가능성이 더 커졌다.

다른 쟁점들에서도 전투가 벌어질 수 있는데, 그런 투쟁들이 점차 기후 문제와 연결될 수 있다. 무엇보다 그런 전투들은 석유·가스 기업들의 기득권과 대적할 힘을 보여 줄 수 있다. 정유소와 연료 저장고 노동자들이 파업을 벌이거나 석유·가스 산업의 급유 노동자들이 집단행동을 한다면, 가장 큰 다국적기업의 이윤에도 타격을 입힐 수 있다.

미국 다코타의 [선주민 보호구역] 스탠딩록에서 줄기차게 벌어진 저항이 2016년에 승리를 거둬, 미주리강 아래에 대형 송유관을 건설하지 않겠다는 미군 공병대의 약속을 받아 냈다. 다른 투쟁들도 석유·가스 기업들의 기득권에 맞설 수 있다. 2016년 프랑스에서도 노동법 개악에 맞서 정유소 노동자들이 파업을 벌이고 연료 저장고를 봉쇄했다. 이 행동은 휘발유 공급 부족을 일으켰고 전력 생산에 타격을 줬다. 이 파업들은 거대한 다국적 화석연료 기업들을 대적할 힘이 어디에 있는지 보여 줬다.

모든 운동에서는 자본주의에 대한 광범한 의문, 사회 변화를 가져올 힘이 어디에 있는지에 대한 물음이 제기된다. 혁명가이자 환경주의자로서 우리는 기후변화 문제를 두고 벌어지는 모든 투쟁의 일부가 돼야 한다. 동시에 모든 투쟁에서 기후변화 문제를 제기해야 한다. 기후변화의 충격은 자본주의가 낳은 모든 투쟁을 격렬하게 만든다. 우리는 그 모든 투쟁의 일부가 돼야 하고, 그 투쟁들을 서로 연결해야 하며, 무엇보다 그 투쟁들을 자본주의를 완전히 제거할 힘을 지닌 집단과 연결해야 한다. 우리는 화석연료의 확대를 막기 위해 지금 투쟁해야 한다. 그렇지만 이윤을 위한 축적에 기반한 사회를 필요를 위한 생산에 기반한 사회로 바꾸기 위해서도 싸워야 한다.

3장
자본주의가 플라스틱과 비닐을 좋아하는 이유

에이미 레더

많은 사람들이 2017년 BBC 다큐멘터리 〈블루 플래닛〉에서* 향유고래의 배 속에 플라스틱 쓰레기가 가득하고, 앨버트로스[바닷새]가 새끼에게 플라스틱을 먹이고, 거북이가 비닐봉지에 갇힌 모습 등을 보며 충격을 받았다.

스위스 다보스 세계경제포럼 연례 총회에 참석한 억만장자들을 위해 2016년에 작성된 보고서에 따르면, 이미 1억 5000만 톤이 넘는 플라스틱이 바다에 존재하며 매년 800만 톤씩 더 늘어나는 것으

출처: Amy Leather, "Why Capitalism Loves Plastic", *System Change not Climate Change* (Bookmarks, 2019). 이 글은 2018년 11월 웹 저널 *Climate and Capitalism*에 처음 실은 것을 개정한 것이다.

* 〈블루 플래닛〉 한국에서는 〈아름다운 바다〉라는 제목으로 소개됐다.

로 추산된다. 플라스틱 조각 5조 개가 바다에 있고 계속 늘어나고 있다. 이대로라면 2050년에는 바닷속 플라스틱의 무게가 모든 물고기의 무게를 합한 것보다 더 무거울 것이다.

그런데 모순이 있다. 플라스틱은 환경에 큰 해를 끼치지만 동시에 의학, 위생, 식품 보존, 수도 등의 분야에서 여러 발전을 가능하게 한 굉장한 소재다. [이런 모순을 이해하려면] 우리는 플라스틱이 그것을 생산하는 세계와 동떨어진 채 존재하지 않는다는 점에서 출발해야 한다.

플라스틱 이야기는 정말이지 자본주의가 무엇이 잘못됐는지 핵심적으로 보여 준다. 플라스틱은 화석연료 산업의 부산물이다. 모든 플라스틱의 99퍼센트는 석유와 가스에서 나오는 화학물질로 생산된다. 플라스틱의 생산을 추동한 것은 이 체제의 중심에 있는 끊임없는 이윤 추구였다. 전쟁이 플라스틱 개발을 더욱 부채질했고, 국가 투자는 플라스틱 생산의 확대를 보조했으며, 플라스틱이 처음 등장했을 때부터 그것에 막대한 이해관계가 걸린 이들이 플라스틱 소비를 부추겨 왔다.

오늘날에도 수많은 사람들이 플라스틱 사용을 줄이려 하지만 재활용되지 않은 재료로 만드는 신규 플라스틱 생산량은 늘어나고 있다. 플라스틱 생산을 추동하는 것은 "소비자 수요"가 아니다. 즉, 소비자 개개인의 잘못이 아니다. 플라스틱 생산은 현대 산업자본주의의 화석연료 기반 경제와 단단히 얽혀 있다. 화석연료 기반 경제는 기후 위기의 근원이기도 하다.

플라스틱의 기원은 19세기 중엽에 개발된 셀룰로이드로 거슬러 올라간다. 셀룰로이드는 식물에 있는 천연 고분자물질인 셀룰로오스를 기반으로 하며, 상아를 대체할 용도로 개발됐다. 최초의 진정한 합성 플라스틱은 베이클라이트로, 1907년 셸락[천연 코팅제]의 대용품으로 발명됐다. 이후 대량생산의 길이 열렸다. 과학자들은 자연을 모방하는 데 그치지 않고 "자연을 새롭고 창조적인 방식으로 재구성"하려 했다. 1920년대와 1930년대에는 세계 곳곳의 연구실에서 신소재가 쏟아져 나왔다.

한편, 석유의 여러 쓰임새가 발견되기 시작했다. 이언 앵거스가 《인류세를 마주하며》에서 개괄하듯이, 석유 기업들은 석유를 연료로 쓰는 시장을 개척하는 데에 혈안이 돼 있었고 이는 자동차 대량생산으로 나아가는 길을 열었다. 같은 시기에 화학 산업은 석유정제 과정의 부산물로 만들어진 완전히 새로운 물질을 개발하고 있었다.

《플라스틱, 치명적 사랑 이야기》를* 쓴 수전 프라인켈은 존 D 록펠러에 관해 전해져 내려오는 일화를 소개한다. 록펠러는 자신의 정유소를 바라보다가 몇몇 굴뚝에서 불길이 타오르는 것을 봤다. 그는 무엇이 타고 있는지 물었고, 정제 공정의 부산물인 에틸렌 가스라는 답을 들었다. 그러자 록펠러는 이렇게 쏘아붙였다고 한다. "어떤 것도 낭비돼선 안 돼. 저걸로 뭘 할 수 있을지 알아내 봐."

사실이든 아니든 이 이야기는 현대 석유화학 산업의 기원을 단적으로 보여 준다. 그것은 땅에서 뽑아 올린 모든 화석연료를 이윤 추구에 이용해야 한다는 신조였다.

---

* 국역: 《플라스틱 사회》, 을유문화사, 2012.

연소되는 에틸렌으로 "할 수 있는 무언가"는 1933년에 발견된 폴리에틸렌 생산이었다. 그것은 기존에 알려진 다른 고분자화합물과는 너무 달라서 아무도 그 용처를 상상해 내지 못했다. 그러나 폴리에틸렌은 저렴하고, 내구성이 좋고, 유연해서 가장 흔히 쓰이는 고분자화합물이 됐다.

화석연료와 플라스틱은 한 장소에서 생산하는 게 효율적이었다. 그래서 20세기 초에 석유 기업들과 화학 기업들은 서로 제휴를 맺고 수직적 기업결합을* 시작했다. 오늘날 석유화학 부문에서 가장 큰 기업인 다우듀폰, 엑손모빌, 쉘, 셰브런, BP, 시노펙은 그 뿌리를 20세기 전반부에 두고 있고 화석연료와 플라스틱을 모두 생산하는 수직 계열화 기업들이다.

플라스틱 생산은 1930년대에 본격화됐지만, 생산을 비약적으로 늘리고 일상생활에서 플라스틱을 널리 사용할 토대를 마련한 것은 제2차세계대전이었다. 전쟁은 플라스틱의 다재다능함을 뽐낼 기회가 됐다. 폴리에틸렌, 나일론, 아크릴, 폴리스티렌 등 오늘날 우리가 알고 있는 많은 주요 플라스틱들이 전쟁 중에 사용되기 시작했다. 미국 정부는 전쟁 중에 석유화학 공장을 건설하거나 증설하는 데 30억 달러 이상을 썼고, 1945년까지 플라스틱 생산량을 네 곱절로 늘렸다.

전쟁이 끝나자 미국의 석유화학 기업들은 이 공장들을 헐값에 살

---

* 수직적 기업결합 원료 생산과 완제품 생산, 완제품 생산과 반제품 생산 등을 통합하는 기업 형태. 개별 생산 부문 내부에서 나타는 수평적 기업결합과 구분된다.

수 있었다. 듀폰은 이미 1943년부터 당시 전쟁에 쓰이던 플라스틱으로 가정용품 시제품을 개발하는 부서를 따로 뒀고, 그 제품들은 전후 플라스틱 산업이 폭발적으로 성장하는 데 기초가 됐다.

물에 뜨고 단열 효과가 뛰어난 폴리스티렌은 미국 해안경비대의 구명보트에 쓰였으나 이제는 휴대용 컵과 아이스박스에 쓰이기 시작했다. 고주파 절연 능력이 뛰어난 폴리에틸렌은 샌드위치나 드라이클리닝한 옷을 포장하는 새로운 용도로 쓰이기 시작했다. 초창기 플라스틱 업계의 한 임원이 회상했듯이, 전쟁이 끝날 무렵 "플라스틱 제품은 사실상 전무했지만, 플라스틱으로 모든 제품을 만들 수 있다"는 것이 분명했다. 플라스틱 소재의 제품군을 확장해 막대한 이윤을 얻을 수 있다는 것도 분명했다.

그래서 플라스틱은 우리의 집, 자동차, 옷, 장난감, 일터, 심지어 우리의 몸속으로까지 파고들었다.

오늘날 플라스틱으로 인한 환경문제를 대량 소비와 일회용품 문화 탓으로 돌리는 일이 흔하다. 그렇지만 일회용품 소비 문화는 소비자 수요가 이끈 것이 아니라 거기에서 이윤을 얻는 기업들에 의해 고안되고 조장됐다.

석유·가스 산업의 폐기물로 만들어진 이 놀라운 물질들로 신제품을 만들고 난 다음에는 해당 제품의 수요를 이끌어 내야 했다. 여기서 플라스틱 산업은 큰 문제에 직면했다. 플라스틱은 강하고 내구성이 좋은 것이 특징이다. 플라스틱 제품은 오랫동안 쓸 수 있기 때문에 제품을 또다시 사지 않아도 된다. 그래서 플라스틱 업계는 사람들이 더 많은 플라스틱을 원하고 필요하게 할 새로운 방법을 고안해야 했다.

이런 이윤을 향한 질주가 일회용 플라스틱 제품을 낳았고 '쓰고 버리는' 시대를 열었다. 1956년에 열린 어느 회의에서 한 발표자가 청중석에 있는 플라스틱 제조업자들에게 한 말은 의미심장하다. "쓰레기 수거차에 여러분의 미래가 달려 있습니다."

처음에는 일회용품이 잘 팔리지 않았다. 당시 세대가 대공황과 전쟁을 거쳐 왔기 때문이다. 그런 시기에는 "어떻게든 고쳐 쓰자"는 표어대로 사람들이 아무것도 낭비하려 들지 않았다. 처음에 사람들은 새로 산 플라스틱 제품을 한 번 쓰고 버리지 않고 보관했다. 예를 들어 자동판매기에서 나온 플라스틱 컵을 보관했다가 다시 썼다.

이런 태도를 바꾸기 위한 대대적 언론 캠페인이 벌어졌다. 이른바 '쓰고 버리는 생활'을 찬양한 주간지 〈라이프〉의 기사가 전형적 사례다. 이 기사에 실린 삽화에는 접시, 포크, 나이프, 봉지, 재떨이, 애견 식기, 들통, 바비큐 그릴 등등 각종 일회용 제품들이 비처럼 쏟아지는 가운데 젊은 부부와 어린아이가 두 팔을 치켜든 채 기뻐하고 있다. 이 기사의 필자는 이 모든 물건을 닦으려면 40시간이 걸릴 테지만 이제는 "어느 주부도 그런 성가신 일을 할 필요가 없다"고 썼다.

마찬가지로, 일회용 플라스틱의 대명사인 비닐봉지는 1970년대 중엽에 처음 소개됐을 때 인기가 없었다. 봉지를 벌리려면 계산원이 손가락에 침을 묻혀야 했는데 이를 고객들이 좋아하지 않았다. 그러나 결국 대형 상점들이 경제 논리에 넘어갔다. 종이봉투는 3~4배 비쌌는데, 일단 한두 대형 체인점들이 비닐봉지를 쓰기 시작하자 모두 비닐봉지로 바꿨다.

라이터, 펜, 면도기, 빨대 등 여러 상품이 일회용으로 다시 설계됐다. 오늘날 생산되는 모든 플라스틱 제품은 절반이 일회용이고, 그중 핵심은 포장재다. 포장재는 전체 플라스틱 생산의 26퍼센트를 차지한다.

자본주의의 비합리성을 이보다 더 잘 요약할 수는 없을 것이다. 사실상 영구적인 물질을 이용해서 한 번만 쓰고는 버릴 제품을 만드는 것이다.

그리고 이 때문에 오늘날 우리는 플라스틱의 바다에 살고 있다. [국제 학술지]《사이언스 어드밴시스》에 최근 실린 연구 결과에 따르면, 20세기 초 이후로 생산된 플라스틱이 총 83억 톤에 달한다. 그리고 매년 전 세계적으로 약 4억 톤이 추가로 생산돼, 생산량은 계속 늘고 있다.

전 세계에서 한 해 동안 사용되는 비닐봉지의 양은 5000억 장에서 1조 장 사이 어디쯤이다. 1분에 100만 장 이상이 쓰이고 있는 것이다. 일회용 플라스틱을 줄이길 바라는 사람들이 비닐봉지를 주요 표적으로 삼는 것이 전혀 이상하지 않다.

그런데 최근 [과학 주간지] 〈뉴 사이언티스트〉는 면으로 된 에코백이 일회용 비닐봉지보다 친환경적이려면 에코백을 버리기 전에 131번 이상 써야 한다고 지적했다. 에코백의 환경 비용은 대부분 목화를 재배하면서 생긴다. 순전히 에너지 측면에서만 보면, 스테인리스 텀블러는 만드는 데 많은 에너지가 들기 때문에 500번 넘게 써야 일회용 물병보다 낫다.

바다로 흘러가는 플라스틱을 줄이는 또 다른 방법은 더 많이 재활용하는 것이다. 전 세계에서 재활용을 위해 수거되는 플라스틱은 전체의 14퍼센트에 불과하고, 실제 재활용되는 것은 그중에서도 3분의 1(전체 생산의 5퍼센트)밖에 안 된다. 나머지는 소각되거나 매립되거나 기타 오염 물질이 돼 자연으로 흘러 들어간다.

이론적으로는 모든 플라스틱을 재활용할 수 있지만 이것이 실현되기에는 장애물이 많다. [모든 종류의 플라스틱을 처리할 수 있는] 범용 재활용 시설이 없다는 게 문제다. 플라스틱은 종류가 다양하며, 종류별로 분류해서 재활용해야 한다. 많은 재활용 시설에서는 분류가 수작업으로 이뤄지고 대부분의 플라스틱이 재활용 공정에서 배제되는 반면, 런던 남부 서더크에 있는 최첨단 폐기물·재활용 센터에서는 컨베이어 벨트를 타고 이동하는 플라스틱에 빛을 쪼여 반사된 정도로 종류를 판별한 후, 공기 분사기로 각각 수집 지점으로 밀어 넣는다. 이 센터에는 가장 재활용하기 까다로운 비닐봉지와 검정색 플라스틱 식품 용기를 재활용할 수 있는 설비도 있다.

그러나 최신의 재활용 센터들도 어려워하는 게 있는데 바로 한 제품에 여러 종류의 플라스틱이 섞여 있는 경우다. 그런데 제조업체들은 그런 제품을 선호한다. 더욱이 자본주의 경제에서는 재활용품 시장이 있어야 재활용 공정이 이뤄진다. 그런데 제조업체들의 수요가 큰 투명 플라스틱 포장재는 재생 플라스틱으로 생산하기가 매우 어렵다.

영국의 플라스틱 쓰레기의 3분의 2는 재활용을 위해 해외로 보내진다. 여러 해 동안 중국이 국제 재활용 무역의 중심지였다. 그러나 중국은 2017년 "외제 쓰레기"를 더는 받지 않겠다고 했고, 이 때문에 거래업자들은 재활용 쓰레기를 받아 줄 다른 나라들을 찾고 있다. 이 업계는 전례 없는 지각변동을 겪고 있고 이 과정에서 밀수·부정부패·환경오염이 벌어진다는 혐의가 제기되고 있다. 최근 폭로된 바에 따르면 많은 플라스틱 쓰레기가 수출 후 그냥 소각되거나 터키·말레이시아 등지의 매립지에 버려진다. 중국이 빠져나간 폐기물 시장을 노리고 뛰어들었던 많은 나라들도 그 폐기물의 양을 감당할 수 없다는 사실을 알고는 플라스틱과 폐기물 수입을 동결했다. 미국에서는 재활용을 위해 분류된 플라스틱·종이·유리를 땅에 묻거나 그냥 태워 버려 어마어마한 양의 독성 물질이 배출되고 있다.

이런 와중에 제조업체들은 플라스틱 쓰레기에 대한 사람들의 우려를 이용해 이득을 챙기려 한다. 그들은 재활용 가능한 제품이라고 주장하는 것만으로도 판매가 는다는 것을 일찌감치 알아챘다. 그것을 재활용할 시설이 존재하지 않는다 해도 말이다. 대기업들에게는 플라스틱을 재활용하는 것보다 새로 만드는 것이 더 저렴한 경우가 대부분이다. 쉘이나 모빌 같은 기업들조차 2019년 1월에 다른 기업들과 협력해 플라스틱 생산을 줄이고 재활용을 늘려 플라스틱 오염을 줄이겠다고 발표했지만, 실제로는 이들이 플라스틱 생산의 세계적 확산에 크게 기여했다.

이것이 문제의 핵심이다. 재활용률을 높인다 해도(물론 이를 요구하고 싸우는 것도 필요하다), 그것이 효과가 있으려면 생산단계에서 재생 플라스틱이 신규 플라스틱을 대체해야 한다. 그러나 화석연료와 석유화학 부문의 거대한 다국적기업들은 여전히 플라스틱 생산을 늘리는 중이고 더 늘릴 계획이다.

프래킹과 미국의 이른바 '셰일 혁명'은 최근 몇 년 동안 플라스틱 산업에 일조했다. 프래킹으로 추출한 미국의 셰일 가스에는 에탄이 풍부하다. 에탄은 플라스틱의 주요 원료 중 하나인 에틸렌을 만드는 데 필요하다. 프래킹으로 값싼 에탄이 시장에 넘쳐 났고, 심지어 미국은 에탄 수출로 이윤을 낼 수 있게 됐다. [영국 화학 기업인] 이네오스의 스코틀랜드 그레인지머스 공장에 처음 셰일 가스가 도착한 것은 2016년이었다. 당시 프래킹 반대 활동가들은 격분했다. 그렇지만 그 셰일 가스가 플라스틱을 더 많이 만드는 데 쓰일 것이라는 사실은 간과됐다.

〈플라스틱 뉴스〉는 2013년에 이렇게 보도했다. "셰일 기반 천연가스는 북미 플라스틱 시장에 30년에 한 번 올까 말까 한 기회다." 이 글을 쓰는 동안에도 새로운 플라스틱 공장들이 건설되고 있다. 쉘은 펜실베이니아주에 수십억 달러짜리 공장을 짓고 있는데, 이곳에서는 셰일 가스를 이용해 세계에서 가장 흔한 플라스틱인 폴리에틸렌을 매년 160만 톤 생산할 것이다. 펜실베이니아주 정부가 공장 설립을 지원하기 위해 16억 5000만 달러에 이르는 세금을 면제해 줬다는 사실도 언급할 가치가 있다. 모빌은 텍사스 공장에 새로운 폴리에틸렌 생산 라인을 증설해 [시간당] 생산량을 2.5톤 이상 늘렸는데, 이는 세계에서 가장 큰 플라스틱 생산 시설 중 하나다. 한편 사우디아라비아의 국영 석유 회사인 사우디아람코와 화학 대기업인 사빅은 세계 최대의 석유-화학 공장을 세우고 있다.

이 기업들의 위선은 상상을 초월한다. 쉘과 엑손모빌은 둘 다 다른 석유화학 대기업들과 함께 자칭 플라스틱폐기물근절연합AEPW의 창립 멤버다.

자본주의가 석유·가스에 대한 의존에서 벗어나기는커녕 기존의 화석연료 기반 시설을 바탕으로 팽창하기 때문에, 그 폐기물로 더 많은 플라스틱을 만드는 것은 여전히 '합리적'이며 수익성이 높다.

그러면 우리는 무엇을 해야 할까? 우선, 소비자들을 도덕주의적으로 꾸짖기보다는 상위 생산단계에 책임을 물어야 한다. 분노의 방향을 플라스틱 생산 업체와 석유·가스 기업으로, 그리고 기업들에 프래킹을 허용한 각국 정부에게로 돌려야 한다. 바로 그들에게 플라스틱 폐기물 문제를 책임지라고 요구해야 한다.

우려의 목소리가 광범한 덕분에 이미 일부 변화가 일어나고 있다. 유럽연합은 포크·나이프·빨대·접시 등의 일회용 플라스틱 사용 금지를 준비하고 있다. 영국 정부는 '플라스틱 협약'을 도입할 예정이다. 그에 따르면 영국에서 사용되는 플라스틱의 80퍼센트에 책임이 있는 기업들은 플라스틱 포장재를 100퍼센트 재활용·재사용·분해 가능하게 만들고, 2025년까지 일회용 플라스틱 포장을 모두 없애겠다고 약속해야 한다. 이것은 시작이긴 하지만 구속력이 없어서 기업들의 자발성에 기대야 하는 한계가 있다.

지역사회와 직장에서 더 나은 재활용 시설을 요구하고 싸워야 한다. 우리는 플라스틱 생산에 집단적으로 대응하기 위해 노력해야 한다. 개인의 도덕적 실패를 지적하기보다 플라스틱을 쏟아 내는 거대 석유·가스·석유화학 기업들을 비난하려 해야 한다.

그렇지만 이것들로는 충분하지 않다. 재앙적 기후변화를 막으려면 화석연료를 땅속에 내버려 둬야 한다. 바다 등의 자연이 플라스틱으로 꽉 차는 것을 막으려면 플라스틱 생산을 대폭 줄여야 한다.

자본주의의 논리, 즉 이윤 추구는 그 반대를 요구한다. 플라스틱이 거의 혹은 전혀 없는 세상을 상상하는 것은 꽤 현실적이지만(무엇보다 플라스틱이 널리 사용된 것은 기껏해야 1950년대 이후부터이지 않은가!), 자본가들은 화석연료 기반 시설에 이미 쏟아부은 투자금도, 높은 수익을 안겨 주는 상품을 생산하는 것도 포기하지 않으려 할 것이다.

따라서 우리는 그들을 강제해야 할 것이다. 프래킹 반대 운동은 영국에서 화석연료 개발의 확산을 막거나 적어도 확산 속도를 늦추는 데에 매우 중요한 구실을 해 왔다.

그러나 우리는 이 거대한 기업들에 맞서 싸울 힘이 사회의 어디에 있는지도 모색해야 한다. 2013년에 이네오스 트럭 운전자들이 파업에 돌입했을 때, 스코틀랜드의 절반에 석유 공급이 중단될 뻔했고 이네오스의 이윤은 큰 타격을 입었다.

프랑스에서 [2016년] 새 노동법에 반대하는 파업을 벌인 에너지 부문 노동자들은 연료 저장고를 봉쇄해서 휘발유 부족 사태를 일으켰다. 또한 전력 생산량이 감소해서 프랑스는 전기를 수입해야 했다.

이런 사례들은 노동자들의 잠재력을 힐끗 보여 준다. 이런 사례들이 보여 주듯이, 노동자들은 생산을 중단하고 이윤에 타격을 줄 뿐 아니라 사회를 완전히 변화시킬 수 있는 집단적 힘이 있다.

플라스틱은 대단한 소재이지만 자본주의는 그 소재가 끼치는 효과를 뒤틀어 놓았다. 평범한 사람들이 자원과 생산과정을 진정 민주적으로 통제하는 사회주의 사회에서는 플라스틱을 어떻게 사용할

지 또는 전면 금지해야 할지에 관해 토론이 필요할 것이다. 만약 우리가 화석연료에서 벗어나 석유와 가스를 땅속에 내버려 둔다면, 오늘날 우리가 사용하는 플라스틱은 대부분 생산이 중단될 것이다. 그런 상황에서는 합성 플라스틱을 대체할 식물 기반 플라스틱을 개발하는 등 대안을 모색해야 할지도 모른다. 무엇보다 그처럼 강하고 내구성 있는 물질을 어떻게 사용할지 합리적으로 결정할 수 있을 것이다. 이런 결정들은 탄소 배출과 에너지 사용, 폐기물 등 더 총체적인 환경문제의 맥락에서 이뤄져야 한다.

그러나 그러려면 근본적 변화가 필요할 것이다. 우리는 화석연료가 더 많은 영역으로 확장되지 못하게 막고 더 많은 플라스틱이 환경으로 흘러 들어가지 못하게 지금 싸워야 한다. 그렇지만 동시에 그 투쟁을 자본주의의 모든 우선순위에 도전할 수 있는 더 광범한 요구·운동과 결합시켜야 한다.

4장
식품, 농축산업, 기후변화

마틴 엠슨

환경 위기가 심각해지고 있다는 과학적 증거가 늘어나고 있다.[1] 기후변화는 과학적 모델에 따라 예측된 것보다 더 빨리 진행되고 있다. 동시에 온실가스 배출을 줄이기 위한 조처는 거의, 어쩌면 전혀 이뤄지지 않고 있다. 이러니 당연히 수많은 사람들이 거리 시위에 나서고 있다. 영국에서도 환경 운동가, NGO, 노동조합, 좌파 단체 등 광범한 사회 세력이 이 운동에 동참하고 있다.

어떤 조처가 필요한지를 놓고 이 운동 속에서 중요한 논쟁이 벌어지고 있다. 이 논쟁에서는 좌파적 논조가 지배적인데, 나오미 클라인의 책 《이것이 모든 것을 바꾼다》의[2] 인기가 이를 보여 준다. 이 책은 부분적으로 환경 운동, 특히 클라인이 "블로카디아"라고 부른 운동

출처: Martin Empson, "Food, Agriculture and Climate Change", *System Change not Climate Change* (Bookmarks, 2019). 이 글은 *International Socialism* 152 (autumn 2016)에 처음 실은 것을 개정한 것이다.

(화석연료 기업들이 타르샌드를 캐내고 셰일 가스를 추출하기 위해 송유관을 건설하는 것에 반대하면서 등장한 운동)의 산물이다. 동시에 클라인의 책은 운동을 건설하는 데 기여했고, 활동가들 사이에서 자본주의 체제의 본질과 이 체제의 화석연료 집착에 대한 토론을 촉발했다.

그러나 다른 논쟁도 다시 불거졌다. 그중 농업·식품·기후변화에 관한 논쟁은 새로운 동력을 얻고 있다. [2015년] '21차 유엔 기후변화 협약 당사국 총회COP21'에 맞춰 런던과 파리에서 벌어진 기후 시위에서, 비거니즘[철저한 채식주의]이 기후변화에 맞설 중요한 수단이라고 호소하는 일단의 활동가 집단이 있었다. 이들의 특징은 "지구를 구하려면" 개인적 라이프스타일을 바꿔야 한다고 다른 활동가들에게 요구한다는 점이었다. 런던에서는 비건 활동가 수백 명이 '기후가 바뀌기를 원하는가? 식단을 바꿔서 비건이 돼라!', '채식이 지구를 구할 것이다' 같은 구호가 적힌 팻말을 들었다. 브리스틀의 비건 운동 단체 '비바Viva!'는 "육식하는 환경주의자 따위는 없다"고 적힌 팻말을 들었다. 이런 요구들은 "100만 기후 일자리"처럼 국가의 대대적 기후변화 대응을 촉구하고 최근 운동에서 유력한 여느 구호들과는 뚜렷하게 차이가 있다.[3]

2014년 영화 〈카우스피러시: 지속 가능성의 비밀〉이 큰 인기를 끌면서 축산업이 갑작스럽게 주목을 받게 됐다. 활동가 킵 앤더슨과 영화감독 키건 쿤이 연출한 〈카우스피러시〉가 미친 영향은 대단했고, [유명 배우] 리어나도 디캐프리오가 제작 책임자로 참여해서 업데이트 버전을 넷플릭스로 방영한 뒤, 수많은 사람들이 영화를 시청했다. 이 90분짜리 다큐멘터리는 축산업이 전 세계 온실가스의 51퍼센트를 배출하고 열대우림을 체계적으로 파괴할 뿐 아니라 광범한 환경문제를 일으킨다고 주장했다. 제목에서 보듯,* 이 다큐멘터리는 축산업이 환경 위기에 미치는 영향을 논하지 않으려는 정부 기관, 농축산 기업, 환경 NGO 사이의 음모가 있다고 암시한다.

영화의 결론은 비건 라이프스타일만이 지구를 구할 수 있다는 것이다. 이 주장은 환경 운동의 본무대로 진출하고 있다. 런던에서 열린 '기후·정의·일자리를 위한 행진'에서는 "기후변화의 첫째 원인은 축산업이다"라고 적힌 현수막이 등장했다. 육식을 줄이라는 요구를 활동가들만 하는 것도 아니다. 각국 정부와 심지어 유엔조차 같은 요구를 하고 있다.[4]

그러나 개인의 태도 변화를 기후변화의 해결책으로 강조하는 접근 방식으로는, 문제의 진정한 원인인 자본주의적 식품 시스템에 도전하지 못한다. 〈카우스피러시〉가 현대 농업의 여러 문제들에 주목하는 것은 옳지만 그것은 자본주의적 농업의 본질이 아니라 그 특정 측면에만 초점을 맞춘다.[5]

현대 농업은 어마어마하게 환경 파괴적이다. 이는 식품 시스템이 이윤을 위해 작동하고 대형 마트와 다국적기업의 지배를 받은 결과다. 그 결과 식품 시스템은 엄청난 양의 쓰레기를 배출하고 "서구식 식단"을 이상화하며 떠받든다. 그래 놓고 나쁜 식습관을 선택했다고 소비자들을 비난한다. 그런 선택을 하게 되는 맥락을 거의 무시한

---

* '카우스피러시'는 소(cow)와 음모(conspiracy)를 합성한 조어다.

채 말이다.

해법은 개인적 차원에서 식단을 바꾸는 것이 아니라 식품 시스템 자체를 근본적으로 전환하는 것이다. 이 글에서 나는 자본주의 사회에서 농업이 환경에 끼치는 영향, 특히 기후변화에 끼치는 영향을 살펴볼 것이다. 이 글이 기후 운동의 반자본주의적 성격을 강화하고 나아가 결국 자본주의에 대한 더 광범한 혁명적 도전을 강화하길 바란다.[6]

농업과 기후변화

〈카우스퍼러시〉는 "가축과 그 부산물이 배출하는 온실가스가 … 전 세계 온실가스 배출량의 51퍼센트"라는 수치를 핵심으로 내세운다. 이는 월드워치연구소의 로버트 굿랜드와 제프 앤행이 발표한 보고서에 근거를 둔 것이다. 그들은 다음과 같이 주장한다.

식용 가축의 생애 주기와 식품 공급망에서 배출되는 온실가스는 대단히 낮게 추산돼 왔다. … 축산물을 더 나은 대체물로 대신하는 것은 기후변화를 되돌리는 가장 효과적인 전략이다. 사실 이런 방식은 온실가스의 배출과 대기 중 농도(즉, 기후 온난화 속도)에 화석연료를 재생에너지로 대체하는 조처보다 훨씬 신속한 효과를 낼 것이다.[7]

그러나 이 자극적 수치들은 다른 연구 결과들과 모순된다. 유엔 식량농업기구FAO는 "축산업 부문이 기후변화에 중요한 영향을 끼친다"는 점을 인정하지만 온실가스 배출량 수치는 훨씬 낮게 추산한다. 유엔 식량농업기구는 2013년 보고서 "축산업을 통한 기후변화 대응: 세계 배출량 평가와 완화 기회"에서 인위적으로 배출된 온실가스 중 가축이 차지하는 비중은 14.5퍼센트라고 주장했다.[8] 이는 이전 연구보다 줄어든 수치인데, [2006년에는] 전체 온실가스 배출량에서 가축이 차지하는 비중이 18퍼센트라고 결론 내린 바 있다.[9] 몇몇 연구자들은 2006년 연구가 (예컨대 운송 과정을 포함한) 가축 부문의 전체 순환 주기를 다른 부문의 부분적 주기와 비교했기 때문에 결함이 있다고 여겼다. 최신 유엔 식량농업기구 보고서는 이 점을 인정했지만, 〈카우스피러시〉 제작자들은 여전히 2006년 보고서에 실린 결함이 있는 수치를 인용한다.[10]

대니 치버스는 저술가이고 크리스천에이드와 액션에이드 두 단체에서 수석 외부 전문가로서 탄소 분석을 하고 있다. 치버스는 〈카우스피러시〉가 제시하는 수치들을 다음과 같이 반박했다.

51퍼센트라는 수치는 연구자 2명이 작성한 단 1건의 보고서에 실린 것이다. 해당 보고서는 동료 심사를 전혀 거치지 않았고 통계적 오류가 수두룩하다. 이 연구는 동물이 배출한 메테인(메탄)이 기후에 끼치는 영향을 다른 곳에서 나온 메테인보다 세 갑절 이상 더 강력하다고 계산하고, 토지이용 배출량을 부적절하게 많이 산입하고, 가축이 내뱉는 이산화탄소를 부정확하게 포함시키는 오류를 범했다.[11]

그러나 〈카우스피러시〉에 나온 수치들의 한계를 지적한다고 해서 축산업이나 농업 일반이 기후변화에 끼치는 영향의 중요성을 경시하려는 것은 아니다. 예컨대 영국 정부는 영국에서 농업이 전체 온실가스 배출의 10퍼센트를 차지한다고 보고했다. 그중 32퍼센트는 아산화질소, 57퍼센트는 메테인, 나머지는 이산화탄소다.[12] 메테인은 이산화탄소보다 온난화 효과가 23배나 강력한 중요한 온실가스다. 메테인은 여러 곳에서 배출되는데, 예컨대 유기물이 분해될 때도 나온다. 메테인이 축산업에서 특히 중요한 것은 소·양·염소·돼지·물소 같은 동물들의 소화 과정에서 많은 양이 발생하기 때문이다. 메테인은 동물 분뇨를 비료로 사용하기 위해 저장하는 과정에서도 배출된다. 아산화질소는 대부분 합성 비료를 사용할 때 배출된다.

2014년 3월 유엔 식량농업기구는 2011년 세계 농업 배출량이 사상 최대로 많은 53억 3500만 이산화탄소환산톤(tCO_2eq)이었다고 밝히며(2000년대 평균보다 9퍼센트가량 높은 것이다), 2050년이 되면 이 수치는 30퍼센트 늘어날 것이라고 전망했다.[13] IPCC는 농업과 임업 등의 토지이용에서 배출되는 온실가스를 세계 전체 배출량의 24퍼센트 정도로 추산했다.[14] 2012년의 한 연구는 식품 시스템 전체가 온실가스 배출의 19~29퍼센트를 차지하고 그중 80~86퍼센트가 농업에서 발생한다고 주장했다.[15]

농업이 기후변화의 주요 요인인 이유는 크게 3가지다. 첫째, 가축 사료와 바이오연료를 만들기 위해 작물을 재배하는 농업이 확대되고 있다. 둘째, 농업은 삼림 파괴의 주요 원인이다(2000~2012년에 파괴된 열대우림의 71퍼센트는 경작을 위한 벌목과 관련 있다[16]). 셋째, 산업화된 현대 농업 전체가 화석연료 사용에 의존한다.

농작물 재배는 흙 속의 영양분과 대기 중 이산화탄소를 먹을 수 있는 식물로 전환하는 것이다. 몇몇 식물은 사람이 직접 먹을 수는 없지만, 동물에게 먹이면 고기·우유가 되거나 동물이 쟁기를 끌거나 물건을 옮기는 데 필요한 에너지가 된다. 고대부터 농부들은 토양에 영양분을 추가로 공급하면 수확량을 늘릴 수 있다는 것을 알고 있었다. 오랫동안 동물 분뇨가 여기에 이용됐지만 19세기 이후 화학적 과정에 대한 과학적 이해가 깊어지면서 다른 비료를 사용하는 일이 흔해졌다. 처음에는 뼈나 구아노[새똥이 단단히 굳어진 것]를 갈아서 사용했다. 그러나 산업혁명이 발전하면서 인공 비료가 지력地力을 보충하는 가장 흔한 수단이 됐다. 오늘날 비료를 생산하는 데에는 어마어마한 양의 화석연료 에너지가 투입된다. 선진국에서 석유는 농작물을 수확하고 논밭을 가는 과정과, 농작물과 동물과 그것을 가공한 식품을 실어 나르는 과정에 필수적이다. 화석연료는 잡초와 벌레를 죽이기 위한 농약을 만드는 데에도 상당량 사용된다.

고기·우유·달걀·치즈 등 육류 산업 생산품의 수요가 크게 늘면서 축산업은 비대해졌다. 2017년 현재 전 세계 닭의 수는 228억 마리이고, 소는 15억 마리, 양은 12억 마리, 돼지는 9억 6700만 마리다.[17]

소 사육은 단일 부문으로는 축산업 온실가스 배출의 가장 큰 부분을 차지한다. 고기 생산이 가장 많이 차지하고(전체 축산업 배출량의 41퍼센트) 우유 생산에서도 20퍼센트가 나온다. 몇몇 개발도상국에서는 교통수단과 농사에 쓰이는 가축의 온실가스 배출량이 여전히 높은데, 남아시아와 사하라사막 이남 아프리카에서는 전체의 4분의 1을 차지한다.[18] 기후변화를 멈추려면 소와 물소의 숫자를 줄여야 한다고 주장하는 환경주의자들이 농사와 운송을 가축에 의존하는 사회에 대안을 제시하는 경우는 드물다.

축산업에서 배출되는 온실가스의 어마어마한 규모에 대해서는 좀 더 살펴볼 가치가 있다. 남아메리카 소고기 산업을 예로 들어 보자. 유엔 식량농업기구에 따르면, 남아메리카 소고기 산업에서 나오는 온실가스는 전 세계 소고기 산업 배출량의 31퍼센트를 차지한다. 이는 약 10억 이산화탄소환산톤에 해당하는 양이다. 주요 배출원은 두 가지다. 첫째, 장내 발효를 통해 생성되는 메테인이다. 장내 발효는 동물의 위장에 있는 미생물이 음식을 분해해 혈류로 흡수될 수 있게 만드는 소화 과정이다(이 과정에서 나오는 메테인이 남아메리카 소고기 산업 전체 배출량의 30퍼센트를 차지한다). 둘째, 가축 분뇨를 비료로 사용하고 방목지를 넓히기 위해 삼림을 벌채하는 등 토지이용 방식을 바꾸는 과정에서 각각 전체 배출량의 23퍼센트, 40퍼센트가 배출된다.[19]

기존 시스템 아래에서도 배출량을 획기적으로 줄일 잠재력이 있다. 다만 그러려면 기술을 개선하거나 농법을 바꿔야 하는데, 기업들은 이윤이 줄어들까 봐, 농부들은 그럴 자본이 없어서 이를 거부할 수 있다. 그렇지만 이것은 이윤이 아니라 필요에 따라 작동되는 식품 시스템이 도입된다면 어떻게 배출량을 줄일 수 있을지를 보여 준다. 예컨대 유엔 식량농업기구는 배출량이 가장 낮은 최상의 농법을 일반화하고 현존 기술을 활용하는 것을 통해 가축 부문의 배출량을 18퍼센트 줄일 수 있지만, 그것이 최상의 농법 보급을 위한 "장려 정책과 시장의 흐름"에 달려 있다고 본다.[20] 유엔 식량농업기구는 삼림 벌채와 농지 확대를 줄이고 가축의 방목 지역과 축산 방식을 개선하면 토양에 온실가스를 더 많이 묻어 둘 수 있다고 지적한다(연간 약 4억 900만 이산화탄소환산톤). 콩·클로버·완두콩 등 콩과*식물을 초지에 심는 방법으로도 토양이 탄소를 흡수하는 능력을 크게 향상시킬 수 있다.[21]

농업에서 배출되는 온실가스를 우려하는 것은 환경에 악영향을 끼쳐서만이 아니다. 농업의 온실가스 배출량은 현재 농업 과정의 비효율성을 드러내는 것이기도 하다. 예컨대 사료는 축산업 전체에서 비용이 손꼽히게 많이 드는 부문인데, 축산업에서 메테인이 많이 나온다는 것은 사료의 형태로 투입되는 에너지가 낭비되고 있다는 뜻이다. 따라서 농업에서 온실가스 배출량을 줄이면 식품 시스템의 에너지 사용량을 줄여서 관련 비용도 줄일 수 있다.[22]

축산업의 온실가스 배출량은 지역에 따라 천차만별이다. 대개 지역에 따라 토지이용 방식이나 농법이 서로 다르기 때문이다. 예컨대, 전 세계 토지이용 변화 과정에서 배출되는 온실가스가 소고기 산업 배출량의 15퍼센트를 차지하고, 닭고기 생산 산업에서는 21퍼센트나 차지한다. 이는 토지이용 변화가 소고기 생산에서는 삼림 벌채에서 비롯하고, 닭고기 생산에서는 사료로 사용되는 대두 생산과 연관 있기 때문이다. 이 때문에 특정 산업의 온실가스 배출량을 추산하기가 더 까다로워지는데, 대두는 국제적으로 유통되므로 대두 생산의 온실가스 배출원은 세계 각지에 흩어져 있는 반면, 삼림 벌채의 배출원은 해당 지역에 국한되기 때문이다.[23] 나라들 간 격차도 어마어마한데, 산업 기술 수준이 저마다 다르기 때문이다.[24] 그러나 대체로 세계에서 가장 부유한 지역들의 농업은 토지 면적당 온실가스 배출량이 많다. 그렇지만 생산량당 배출량은 적다.[25]

생산방법도 생산량당 배출량에 영향을 줄 수 있다. 젖소의 우유 생산량은 온실가스 배출 강도와 강한 반비례 관계에 있다. 다시 말해, 우유 생산량이 늘수록 생산 단위당 배출량은 줄어든다. 3가지 때문인데, 모두 농업 총 배출량 감축에 시사하는 점이 있다. 첫째, 생산량이 많아질수록 배출량이 더 많은 양의 생산 단위로 분할된다. 둘째, 사료 교체, 기계화된 착유기, 약물 사용 등으로 생산성을 올리는 것은 흔히 농법과 농업기술의 개선과 연관 있는데, 이런 개선책들은 대개 온실가스 배출도 줄일 수 있다. 셋째, 가축의 건강과 사육 조건을 개선하는 등 가축 무리에 대한 관리를 개선하면 "단순 가축 유지 비용 대비 생산적 용도에 사용되는 자원의 비율이 높아진다."[26]

기술을 활용하면 낙농업 등 축산업 내 몇몇 영역에서만큼은 온실가스 전체 배출량과 생산 단위당 배출량을 모두 줄일 수 있다. 자연에서 젖소마다 배출하는 메테인의 양은 매우 상이하다. 이 때문에 최신 연구 결과들은, 젖소를 선택적으로 교배하면 다른 기술을 사용하지 않고도 지금보다 환경에 덜 해롭게 할 수 있다고 주장한다.[27]

OECD 나라들은 전 세계 젖소의 20퍼센트를 보유하고 있지만, 전 세계 우유의 73퍼센트를 생산한다. 따라서 OECD 나라들의 낙농업이 배출하는 온실가스의 평균은 세계 전체에 비해 낮다. 유엔 식량농업기구의 사례 연구 결과는 "분뇨 관리, 에너지 활용, 사료의 질, [성장률·번식률 등의] 가축 효율을 적정하게 개선"하는 것으로 낙농업에서의 배출을 지금보다 14~17퍼센트 줄일 수 있음을 보여 준다(세계 낙농업 총 배출량의 4~5퍼센트에 해당한다). 그 구체적 방법은 지역에 따라 다른데, 서유럽의 경우 에너지 활용을 개선하는 것이, 북미의 경우 축산 폐기물을 분해하는 "혐기성 세균을 광범하게 활용"하는 것이 중요하게 제시됐다.[28]

그러나 발전·운송 부문과 마찬가지로 농업에서도 기술이나 특정한 생산방식을 도입하는 것만으로 온실가스 배출을 줄일 수 있다고 단순하게 생각해서는 안 된다. 예컨대 양계업에는 3가지 생산방식이 있다. 뒷마당 산란계, 공장형 산란계, 공장형 육계가 그것이다. 앞의 둘은 고기와 달걀을 생산하고 마지막은 고기만 생산한다. 공장형 닭고기·달걀 생산은 낙농업과 마찬가지 이유로 온실가스 배출 강도가 가장 약하다. 뒷마당에 방목하는 닭은 더 천천히 자라고 달걀을 더 적게 낳으므로 달걀 하나당 배출량이 많은 데다, 사료의 질도 대개 낮고, 공장형 생산에 견줘 생산적 가축 대비 비생산적 가축의 비율이 높다. 따라서 공장형 양계장이 뒷마당 사육에 비해 생산 단위당 에너지 배출량은 더 적다.

그렇지만 더 넓은 맥락을 간과해서는 안 된다. 공장형 양계장의 온실가스 배출 강도가 더 낮더라도 다른 부작용들이 있다. 닭들은 대개 끔찍한 환경에서 지내고 수명도 짧으며, 그 생애도 고통스럽기 십상이고 성장을 촉진하려 항생제 등 약물이 많이 사용된다. 고기를 싸게 생산하기 위해 사용하는 이런 약물들은 그 고기를 먹는 사람의 건강에도 나쁜 영향을 끼칠 수 있다. 대형 양계업은 해당 산업의 노동자들에게도 해롭다. 미국 노동통계국의 보고서는 양계업이

산업재해가 가장 많이 발생하는 산업 중 하나임을 보여 준다.[29] 미국의 양계업은 극소수의 거대 기업이 지배하는데, 이들은 상대적으로 작은 양계 농장과 하청 계약을 맺는다(그렇지만 해당 가축들은 원청 대기업의 소유물이다). 이런 계약 탓에 농부들은 불평등한 관계에서 벗어나기 어렵고, 오로지 이윤 동기로 움직이는 기업주들의 명령에 따라야 한다.[30]

반면 양돈업에서는 "다양한 생산 체계에 따른 온실가스 배출 강도의 차이는 크지 않다." 양돈 부문의 전체 배출량은 대부분 공장형 양돈장에서 나오지만, 뒷마당 사육과 비교해도 배출 정도가 비슷하다. 이는 뒷마당에서 키우는 동물에게 주는 사료의 품질이 낮아(흔히 다른 공급원에서 생긴 폐기물이다), 온실가스 배출량이 적기 때문이다.[31] 따라서 양돈업의 경우에는 공장형 축산으로 전환하거나 첨단 농법을 도입한다고 해서 자동으로 배출량이 줄어들지는 않는다.

온실가스 배출을 줄이는 전략에 관해서는 뒤에서 다시 제시하겠다. 다만 여기서 2가지 결론에 주목할 필요가 있다. 첫째, 농업, 특히 축산업에서 배출을 줄일 수 있는 잠재력은 크다. 몇몇 경우 기술과 농법 개선으로 배출량에 상당한 영향을 줄 수 있다. 앞서 언급했듯 유엔 식량농업기구는 세계의 10~25퍼센트 생산자들이 활용하는 배출량이 가장 적은 농법을 특정 지역 생산자들에게 모두 보급할 경우 배출량을 18~30퍼센트까지 줄일 수 있다고 결론 내린 바 있다.

둘째, 선진국과 개발도상국 모두에서 온실가스 배출량을 줄일 수 있지만 그 방식은 다양할 수 있다. 공장형 축산에서는 "분뇨 관리를 개선하고 에너지 절약 장치를 사용하는 등 농장 내 효율을 높여" 온실가스 배출량을 줄일 수 있지만, 그 외 축산에서는 토지 관리와 가축 무리 관리를 개선하고 사료를 먹이는 방식을 바꿔야 한다.[32] 농업 배출량을 줄이는 하나의 만능 해결책이 있다기보다는 다양한 방책을 섞어야 하는 것이다.

기후변화가 농업에 끼치는 영향

마지막으로, 기후변화가 농업에 끼치는 영향을 강조할 만하다. 지구온난화가 농부들에게 이득이 될 수 있다는 생각이 한때 흔했는데, 대기 중 이산화탄소 농도가 높아지면 그 이산화탄소가 비료 구실을 해 작물 수확량이 는다는 것이다. 그렇지만 이것이 사실이더라도(밀 같은 몇몇 작물은 대기 중 이산화탄소 농도가 2배가 되면 수확량이 30퍼센트 늘어날 수 있다), [토양의] 영양분 수준, 농업용수 조달의 편의성, 평균기온 등 다른 요소들도 수확량에 영향을 미친다.

어패류는 온도 변화에 매우 취약하고, 해수의 산성도가 높아지면 가뜩이나 줄어든 어패류는 더 큰 타격을 입을 것이다. 이것이 농업에 더욱 부정적인 영향을 끼칠 수 있는데, 세계 어획량의 3분의 1이 결국 동물 사료로 사용되기 때문이다. 크릴새우와 물고기를 가축이나 다른 물고기의 사료로 사용하는 것도 해양생태계에 큰 피해를 주고 있다.

가뭄이나 홍수 같은 극단적 기상 현상은 온난화에 따라 더 강하고 빈번해질 가능성이 높다. 농업이 대개 특정 지역에 집중돼 있으므로 이런 변화는 농작물 생산에 커다란 위험을 초래할 수 있다.

예컨대, 국제무역으로 유통되는 밀·옥수수·쌀의 3분의 1이 미국에서 생산된다. 2012년에 미국은 1950년 이래 최악의 가뭄에 시달렸는데, 미국 농장의 60퍼센트가 8월에 중간 수준에서 극심한 수준에 이르는 가뭄 피해를 겪었다. 그 결과 옥수수 생산량은 2006년 수준으로 떨어졌고, 2012년 여름에 옥수수 수출 가격은 33퍼센트가 올랐다.[33] 2018년 영국에서는 폭염·가뭄이 몇 주 동안 계속돼, 당근·상추·양파·콜리플라워 같은 채소류 작물의 수확이 줄고 공급이 부족해졌다. 더운 날씨 탓에 해충이 번성해 피해를 입은 작물들도 있었다.

빙하가 녹는 것도 농업을 위협한다. 히말라야의 빙하 약 1만 5000개에서 브라마푸트라강·갠지스강·인더스강 연간 유량의 절반이 나온다. 그 빙하가 녹으면 처음에는 수위가 급격히 높아지겠지만, 지구가 더워지면 결국 이 강물에 기대 살아가는 10억 명에게 위협이 될 것이다. 남아메리카의 안데스산맥 빙하는 인근 지역 주민 8000만 명이 사용하는 물과 전기(수력발전)의 원천이다. 2010년에 [미국의 지구물리학자] 헨리 폴락은 "눈이 적게 내리고 빙하의 얼음이 사라지는 것은 향후 몇십 년 안에 전 세계 인구의 4분의 1에 큰 영향을 끼치기 시작할 것"이라고 썼다.[34]

기후변화가 농업과 식량을 강타하는 방식은 또 있다. 2016년 4월에 발표된 미국의 한 보고서는 이 중 몇 가지를 강조한다. 이 보고서는 온난화 때문에 살모넬라균·대장균 등으로 인한 질병이 더 흔해질 수 있고, 대기 중 이산화탄소 농도가 높아지면 음식의 단백질 함량이 줄어들 것이라고 지적한다. 보고서의 결론은 무시무시하다. 극단적 기상 현상이 식량 공급망에 피해를 입힐 수 있고, 해충 증식 때문에 농약 사용이 늘어날 것이며, 필수영양소인 철과 아연의 식품 내 함량이 낮아지리라는 것이다.[35]

농업이 환경에 끼치는 더 광범한 영향

역사적으로, 농업은 인류가 환경을 변화시키는 가장 중요한 방식이었다. 약 1만 년 전 농경의 시작은 다양한 환경·생태 변화에 영향을 줬다. 삼림 벌채, 관개를 위한 수로 변경, 가축화와 재배를 위한 동식물의 선택교배 등이 그 일부다. 자본주의 사회에서도 이전 사회와 마찬가지로 인간은 환경을 변화시키고, 농업은 그 중요한 일부다. 그러나 자본주의적 생산의 본성 때문에 자연의 변화는 이전과는 다른 수준으로 올라섰다. [미국의 생태사회주의자] 존 벨러미 포스터, 브렛 클라크, 리처드 요크는 자본주의가 "인간과 자연 사이의 교류"에서 "신진대사의 균열"을 만들어 내는 방식을 카를 마르크스가 다음과 같이 이해했다고 설명한다.

시골의 토양에서 갈취된 영양분이 섬유와 식량의 형태로 도시로 이전돼 환경오염에 일조한 것이다. 토양 영양소 순환 고리가 이처럼 끊기자 생태계의 재생 능력이 약화됐다. 마르크스는 후세대를 위해 환경의 지속 가능성을 보장하려면 토양의 신진대사를 "복원"해야 한다고 주장했다.[36]

이런 균열은 자연 세계를 생산과정의 일부로만, 즉 에너지와 원자재의 공급원이거나 생산과정에서 생겨난 폐기물을 버리는 곳으로만 여기는 생산 체제에서 비롯한 것이다. 자연에 영향을 끼치지 않는 농업 생산은 없지만, 오늘날 생산에서 지배적인 산업화된 농업은 "사회적 신진대사의 상호 의존적 과정에 되돌릴 수 없는 균열"(마르크스)을 낳는다.[37]

아몬드 산업이 그 적나라한 사례다. 전 세계 아몬드의 약 80퍼센트가 캘리포니아주 센트럴밸리의 고도로 집약된 농장에서 나온다. 아몬드 나무 약 6000만 그루가 과수원 24만 헥타르에 심어져 있다. 이 지역은 강수량이 매우 적어 '준準사막지대'로 분류될 정도다. 이 지역에는 아몬드뿐 아니라 대규모 낙농장과 과일·견과류·채소를 기르는 너른 과수원이 있다. [동식물 연구가] 필립 림버리가 《파마겟돈 Farmageddon》에서 묘사했듯 이곳은,

매우 충격적인 곳이다. 구획이 칼같이 나뉜 밭과 개인 소유 정원을 제외하면 풀 한 포기, 나무나 관목 한 그루도 없다. 이런 곳에서 과일과 채소를 그토록 대량 생산할 수 있는 것은, 각종 화학약품을 쓰고, 시에라네바다산맥에서 발원한 수정같이 맑은 강물을 약탈한 덕일 뿐이다. … 농부들은 자연 물질이 거의 남아 있지 않아 흡사 갈색 스티로폼처럼 보이는 토양에서 수십억 달러어치 수확을 해내는 묘기를 부릴 수 있었다.[38]

이토록 산업화된 농업에서는 농작물을 수분受粉시킬 벌이 더는

충분치 않아서 해마다 벌 400억 마리를 트럭 3000대에 실어 미국 전역에서 캘리포니아주로 조달한다. 아몬드 나무를 수분시키는 비용은 매년 2억 5000만 달러에 이른다.[39]

식품 생산에 핵심 구실을 하는 꿀벌은 산업화된 농업의 희생양이기도 하다. 봉군[벌 떼] 붕괴 현상은 네오니코티노이드라는 농약과 연관 있지만, 산업화된 농업과도 연관이 밀접하다. 예컨대 센트럴밸리에서는 대규모 과수원을 조성하기 위해 벌이 살 수 있는 자투리 땅을 없애 버렸다. 더 심각한 문제는, 단일 작물 경작지에서는 인공비료를 대량으로 사용한다는 것이다. 역사적으로 농부들은 일부 땅을 휴경지로 남겨 두거나 클로버 같은 작물을 심는 등 윤작(돌려짓기)을 통해 토양이 스스로 영양분을 보충하도록 해 왔다. 이런 환경에서는 벌도 잘 살 수 있었다. 그러나 단일 작물을 대규모로 경작하는 산업적 농업은 벌의 먹거리를 줄이는 동시에 서식지를 오염시키고 파괴해 버렸다.[40]

인도의 생태학자 파르시바 바수 박사는 숲이 파괴되고 농약 사용이 늘어난 것이 벌 군집 붕괴의 핵심 요인이라고 주장한다.

개발도상국에서는 꽃가루받이 곤충이 서구에서만큼 심각하게 줄어들지 않았기를 바랐지만, 그렇지는 않은 것 같다. 매우 슬픈 일이다. 이를 되돌리려면 매우 큰 노력이 필요할 테지만, 불행히도 개발도상국들은 지금 서구 방식의 집약적 농업을 받아들이며 정반대 방향으로 나아가고 있다. 즉, 단일 작물 경작, 화학비료·농약 사용은 더 늘고, 벌에게 필요한 야생 서식지가 더 많이 사라지고 있다.[41]

그렇지만 산업적으로 대량 사육된 벌을 사용하는 것조차 실패할 위험이 있다. 2014년에는 아몬드 수분을 위해 캘리포니아주로 가져온 벌집의 15~25퍼센트가 심각하게 손상돼 수많은 벌이 죽었다. 이는 농약 효과를 개선하려고 만든 새로운 화학 "첨가제" 때문에 이전까지는 벌에게 안전했던 농약이 치명적이게 됐기 때문인 듯하다. 이처럼 아몬드 산업 때문에 벌 산업이 창출됐고 이것에 아몬드 산업이 의존하게 됐지만, 아몬드 산업의 농법이 벌 산업의 존속 자체를 위협한다. 현대 농업의 "신진대사 균열"을 이보다 더 잘 보여 주는 사례도 없을 것이다.[42]

마르크스가 자본주의 농업에 관해 다음과 같이 논평했을 때 이런 아몬드와 벌 산업을 염두에 두고 있었다고 해도 자연스러울 정도다.

> 이제 농업은 생산에 필요한 자연조건을 자체적으로 — 자연적이고 저절로 주어지며 근처에 있는 형태로 — 갖지 않는다. 자연조건들은 농업에서 분리돼 독립된 산업으로 존재한다. 이런 분리 때문에, 해당 산업이 맺고 있는 온갖 상호 연결 고리들이 농업의 생산 조건으로 편입된다.[43]

아몬드 산업은 농업에서 또 다른 중요한 환경요소인 물 문제도 드러낸다. 농작물과 동물을 기르는 데에는 엄청난 양의 물이 필요하다. 물은 쌀 1킬로그램당 약 3400리터, 닭고기 1킬로그램당 3900리터, 소고기 1킬로그램당 1만 5000리터에서 10만 리터가 필요하다.[44] 아몬드는 1알당 물이 4리터가 약간 넘게 필요하다.[45]

"다수확多收種" 품종의 벼를 길러서 쌀을 헥타르당 7톤 생산하려면 물 1100만 리터가 필요하다. 대두를 헥타르당 3톤 생산하려면 물 580만 리터가 필요하다. 밀은 헥타르당 2.7톤을 생산하는 데에 물이 "겨우" 240만 톤만 있으면 된다. 이처럼 더 많은 화학약품과 물을 요구한다는 점에서, 이른바 "다수확" 종자들이 사실은 [화학약품에 더 잘 반응하는] "고반응" 종자로 불려야 한다고 [인도의 환경 운동가] 반다나 시바는 지적했다.[46] 관개 농법은 빗물만 이용하는 농법에 견줘 같은 양의 곡물을 키우는 데 에너지가 3배 더 필요하고, 온실가스도 그만큼 더 많이 배출된다.[47]

농업은 담수 보유량, 특히 지하 대수층의 급격한 고갈을 초래하는 한 요인이다. 물을 사용해도 저절로 채워지는 우물도 있지만, 수천 년 동안 물이 축적돼 있던 '화석 대수층'은 [한번 물을 뽑아내면] 저절로 채워지지 않는다. 미국의 오갈랄라 대수층은 그 지역 농부들이 사용하는 관개용수 30퍼센트의 원천인데, 앞으로 25년 내에 고갈될지 모른다.[48] 수원이 깊거나 닿기 어려운 곳에 있을수록 물을 지상으로 끌어올리는 데에 에너지가 더 많이 필요하다. 더 많은 화석연료를 불태워야 해서 온실가스 배출이 늘어난다는 뜻이다. 인도에서 1억 7500만 명, 중국에서 1억 3000만 명이 이런 과잉양수過剩揚水로 재배한 곡물에 의존하고 있다고 세계은행은 추산했다.[49]

농업은 강·호수·바다를 오염시키기도 한다. 그 오염원 중 하나는 가축의 분뇨다. 영국에서는 가축 분뇨가 매년 8000만 톤씩 나온다. 영국에서 "젖소 100마리(낙농 가축 무리의 평균 규모)는 5000명이 사는 마을만큼 많은 폐수를 배출할 수 있다. 영국 전체에서 젖소는 약 180만 마리다. 게다가 돼지·닭 같은 다른 가축도 수백만 마리나

된다."[50] 과거에는 젖소의 분뇨가 비료로 밭에 다시 뿌려졌지만, 집약적 낙농(과 공장형 양계·양돈)에서 배출되는 어마어마한 양의 분뇨는 도저히 땅에 뿌릴 수가 없다. 일부는 커다란 저장고를 만들어 보관하는데, 이것이 누출되면 지표수를 오염시키고 대기 중에 가스가 배출될 수 있다.[51] 림버리는 앞서 언급한 센트럴밸리에서 호흡기 치료사로 일하는 케빈 해밀턴의 말을 인용해 고高집약 농업에서 배출되는 오염 물질의 효과를 묘사했다.

야외에서 오랫동안 스포츠를 즐긴 아이들에게서 심장병, 선천적 결손[장애], 폐 발달 장애가 나타납니다. 고혈압과 뇌졸중 위험도 커집니다. 이곳은 미국 전역에서 아동 천식이 둘째로 많은 지역입니다.[52]

이 지역의 초대형 젖소 농장에서는 젖소를 수만 마리씩 기른다.[53] 여기서 나오는 폐기물과 각종 화학약품·농약이 더해져 보건 위기가 생기고 있다. 해밀턴은 다음과 같이 덧붙인다. "이 지역 토양에서 여러 작물을 길러 내려면 화학약품을 어마어마하게 사용해야 합니다. … 이곳에서 쓰는 농약은 인체에 유전자 수준으로까지 침투할 수 있습니다. 인체의 가장 근원적인 요소들에 영향을 줄 수 있다는 뜻입니다."[54]

누출된 오염물이 비에 씻겨 내려가 분뇨가 하천으로 유입될 수 있고, 축적된 영양분이 "죽음의 수역"을 만들 수 있다. 비료를 "너무 많이" 사용한 미시시피강 유역 농장에서 배출된 농업 폐수 탓에 [강하구인] 멕시코만에는 1만 5000제곱킬로미터 규모의 죽음의 해역이

생겼다. 이 해역에서는 이제 어떤 생명체도 살 수가 없다.[55]

영국·미국 같은 선진국의 농민 단체들은 그런 오염을 줄이기 위한 정부 규제가 실시되지 못하게 조직적으로 막아 왔다. 미국에서 "의회는 농장에서 질소[비료]의 과도한 유출을 규제하지 않고, 비료 사용에 세금을 부과하지 않는다." 그 대신에 오염을 줄이려고 일시적으로 땅을 사용하지 않는 경우 보조금을 지급한다. 다시 말해 정부는 환경을 오염시키는 자들에게 돈을 주는 것이다. 오염의 책임을 물어 처벌하는 것이 아니라 말이다. 한 예로, [1996년 부통령] 앨 고어가 플로리다주 사탕수수 재배 농장주들에게 세금을 부과해 에버글래이즈습지 정화 비용을 마련하려 하자, 설탕업계 거물 한 명이 대통령 빌 클린턴에게 전화를 걸어 간단히 그 계획을 무산시켰다.[56]

농약 사용이 인간에게 끼치는 영향은 고도로 산업화된 농장 인근에 사는 사람들에게 국한되지 않는다. 인구 다수가 농업에 종사하는 개발도상국에서는 더 많은 사람이 위험에 노출된다. 차·면화·커피·채소 같은 플랜테이션 작물은 농약 집약적이라, 넓은 지역과 많은 사람이 화학약품에 노출된다. 세계보건기구WHO는 해마다 노동자 2만 명이 농약 때문에 죽는다고 추산하는데, 그중 대부분이 개발도상국에 사는 사람들이다.[57]

농약 사용은 이득과 잠재적 문제를 모두 낳는다. 1970년대의 "녹색혁명"으로 새로운 품종이 개발돼 수확량이 극적으로 늘었다. 이 와중에 농약 사용이 늘었는데, 이는 정부의 보조금 증대와 밀접히 연관돼 있었다. 때로 과도한 농약 사용은 (인간의 건강뿐 아니라) 더 광범한 환경 파괴와 연관돼 있었다. 예컨대 1980년대 초 인도네시아에서는 정부가 농약과 비료에 막대한 보조금을 지급한 것이 쌀 농사에서 과도한 농약 사용으로 이어졌다. 이는 해충뿐 아니라 (예컨대 거미처럼) 해충 방제에 필수적인 종들도 박멸했다. 벼멸구 같은 '해충'이 항생제 내성을 갖도록 진화하자, 해충 방제를 위한 곤충들을 되살리기 위해 정부가 개입해 살충제 75종의 사용을 금지해야 했다.[58]

이에 대한 일부 농부들과 소비자들의 대처 하나는 유기농으로 전환해 인공 농약 사용을 줄이는 것이었다. 유기농은 인공 화학약품 사용을 줄여 농업을 더 지속 가능하고 생물학적으로 건강하고 다양하게 만들려는 시도다. 예컨대 윤작, 퇴비 사용, 간작* 등의 농법을 사용해 지력을 회복하는 것이다. 인공 비료에 의존하는 것이 아니라 말이다.

산업화된 농업에 대한 이해할 만한 반응이다. 그렇지만 다시금 우리는, 녹색혁명으로 대표되는 농업 기술 발전이 낳은 매우 실질적인 이익을 간과해서는 안 된다. 예컨대 1964년 인도는 농지 1400만 헥타르에서 밀을 1200만 톤 생산했지만, 30년 뒤에는 농지 2400만 헥타르에서 밀 5700만 톤을 생산했다. 녹색혁명의 실익이 없었다면 같은 양의 밀을 생산하는 데에 농지 3600만 헥타르가 더 필요했을 것이라는 계산이 나온다.[59] 유기농이라고 꼭 건강 위험을 막아 주는 것도 아니다. 2006년 캘리포니아주 유기농 농장에서 기른 시금치를 먹고 대장균에 감염돼 3명이 죽고 수백 명이 병을 앓은 적이 있다.

---

* 간작(間作) 비료를 만들거나 토양을 보호할 목적으로, 한 농작물을 심은 이랑 사이에 다른 농작물을 심는 농법.

2011년 텍사스주와 조지아주의 유기농 땅콩과 연관된 살모넬라균 감염으로 9명이 죽었고, 독일에서는 유기농 콩나물을 먹고 대장균에 감염돼 53명이 죽기도 했다.[60] 이런 사례들은 농약만 문제고 유기농은 그에 대한 손쉬운 해법인 것이 아님을, 농업이 이뤄지는 전체 과정의 어디에서든 건강 문제가 일어날 수 있음을 시사한다.

유기농은 화석연료(를 활용한 인공 화학약품과 농약 생산)에 덜 의존하기 때문에, 전체 온실가스 배출량을 상당히 줄일 수 있다. 예컨대 2006년에 발표된 한 보고서는 미국에서 전체 옥수수의 10퍼센트를 유기농으로 기르면 석유를 460만 배럴 아낄 수 있다고 결론 내렸다. 이는 육류 산업에도 적용될 수 있다. 영국의 토양협회는 유기농 우유가 비유기농 우유에 견줘 에너지를 38퍼센트 덜 사용한다고 계산했다. 소고기의 경우 그 비율이 35퍼센트, 양고기의 경우에는 25퍼센트였다.[61] 2012년 옥스퍼드대학교의 한 보고서는 "토지 단위당 환경에 끼치는 영향 면에서는 유기 농법이 대개 더 낫지만, 생산 단위당 환경에 끼치는 영향 면에서는 기존 농법이 더 낫다"고 결론 내렸다. 이 보고서는 앞서 언급한 토양협회 보고서와 정반대의 결론을 제시하기도 하는데, "유기농 우유·곡류·돼지고기 생산은 기존 농법에 비해 생산량당 더 많은 온실가스를 배출한다"고 밝혔다.[62]

핵심 결론은, 환경적 관점에서 보면 유기 농법이 많은 것을 제공할 수 있다는 것이다. 그러나 그 혜택은 자동적이지 않고, [생산] 규모와 생산량에 따라, 환경에 대한 악영향을 줄이는 방향으로 설계된 기술을 사용하는지 여부에 따라 달라진다. 영국의 '계몽 농업' 활동가 콜린 텃지는 다음과 같이 주장한다. "유기농만이 절대적으로 옳은 것은 아니다. … 그렇지만 유기농을 기준으로 삼아야 한다. 다른 방법을 사용해야 할 매우 합당한 생물학적 이유가 없는 한 농부들이 따라야 할 기준 말이다."[63]

그뿐 아니라, 축산업은 전 세계 생물 다양성 등에도 영향을 끼친다. [영국의 사회주의자] 세라 엔서가 다른 곳에서 보여 줬듯,* 산업적 농업이 그 주요 원인이다. 삼림 벌채는 생물 종 감소와 서식지 축소로 이어진다. 동물 사료로 사용하기 위해 물고기를 엄청나게 잡아들이면 생물 종이 감소하고, 다른 해양 생물에도 연쇄적 영향을 끼친다. 농약 등 화학약품을 막대하게 사용함에 따라 농경지에 서식하는 조류가 크게 줄어들었다. 1980년에 견줘 오늘날 유럽에서는 조류가 3억 마리 줄었는데, 개중에는 개체 수가 90퍼센트 이상 줄어든 종도 있다. 필립 림버리는 화학약품만 문제가 아니라 축산업의 본성이 문제라고 지적한다. 대규모 축사에 가축을 수용하면 가축을 먹일 사료는 다른 곳에서 길러야 하고, 그러면 생물 다양성을 파괴하는 단일 작물 경작 농업이 장려된다는 것이다.[64]

마지막으로, 농업이 건강과 환경에 끼치는 영향 하나는 특히 육류 산업과 연관 있다. 항생제를 많이 사용하는 산업적 목축업은 동물과 사람이 항생제 내성을 갖도록 조장한다. "미국에서 사용되는 항생제의 80퍼센트가 농장에서 사용되는데, 70퍼센트는 … 감염을 치료하기 위해서가 아니라 가축의 성장을 촉진하거나 감염을 예방

---

*   Sarah Ensor, "Capitalism and the Biodiversity Crisis", *System Change not Climate Change* (Bookmarks, 2019)를 가리킨다.

하기 위해 사용된다."[65] 항생제 사용은 공장형 축산과 특히 연관 있는데, 공장형 축산에서는 밀집 사육 때문에 질병이 쉽게 전파될 수 있기 때문이다.

이처럼 항생제를 많이 사용하면 애초 박멸하려던 박테리아의 내성만 키워 박테리아가 식품 유통망에 들어가거나 분뇨 등을 통해 사람에게 전파될 수 있다. 예컨대, 네덜란드 돼지의 40퍼센트와 돼지 사육농 절반 이상이 돼지 MRSA(항생제 내성 황색포도알균) 균주를 보유하고 있는 것으로 나타났고, 네덜란드에서 생산되는 [살균 처리 전의] 날고기 35퍼센트가 감염됐을 것으로 추산된다. 2011년 영국 낙농장에서 생산된 우유에서는 변종 MRSA 균주가 15건 발견됐다. 공장형 축산과 항생제 남용은 슈퍼 병균의 출현을 돕고 있다. 영국 닭의 살모넬라균 감염에 관한 한 연구에서는, 무리 규모가 작을수록, 닭장에 덜 갇혀 있을수록 질병 전파 가능성이 낮은 것으로 나타났다.[66] 2010년에는,

닭장에 갇힌 닭 무리의 18퍼센트 이상이 살모넬라 장염균(식중독을 일으키는 가장 흔한 균)에 양성반응을 보였다. 반면 풀어 키우는 닭 무리에서는 그 수치가 3퍼센트 미만이었다. 규모가 가장 큰 축에 속하는 닭 무리들(3만 마리 이상)은 가장 작은 닭 무리들(3000마리 이하)에 견줘 살모넬라균 보유 가능성이 7배나 높았다.[67]

조류 인플루엔자나 돼지 인플루엔자 같은 바이러스성 질병은 집약적 닭·돼지 사육과 밀접한 연관이 있다. 집약적 사육은 이런 병원

체의 새로운 변종이 진화할 수 있는 최적의 조건을 제공한다. 롭 월러스가 지적했듯, "현재의 농업 모델과 단일 품종 사육은 극도로 치명적인 병원체를 길러 내고 있다."[68] 산업화된 농업이 환경과 인간의 건강을 위협하고 있다는 사실에는 의심할 여지가 없다.[69] 왜 이런 일이 벌어진 걸까?

자본주의하에서의 농업

농업은 성장하는 자본주의와 많은 영향을 주고받았다. 마르크스는 "농업 생산자에게서 … 토지를 빼앗은 것"이[70] 자본주의 사회 발전의 토대를 놓은 시초 축적의 핵심이었다고 봤다. 시초 축적 과정은 자본주의 생산의 기반을 만들어 냈을 뿐 아니라, 농업의 본질을 바꿔 놓았고, 도시 제조업 성장의 동력이 됐다.

교회 재산의 약탈, 국유지의 사기적 양도, 공유지 강탈, 난폭한 폭력을 동원해 봉건적·친족적 소유물을 탈취해 현대적 사유재산으로 전환한 것 등이 모두 시초 축적의 흔한 목가적 방법이었다. 이 과정을 통해 자본주의적 농업을 위한 영역이 확보됐고, 토지는 자본의 필수적 일부가 됐으며, 도시의 산업을 위해 필요한 "자유롭고" 법의 보호를 받지 못하는 프롤레타리아가 창출·공급됐다.[71]

다른 모든 생산 부문들과 마찬가지로, 자본주의하에서 농업은 축적을 위한 축적이라는 자본가들의 필요에 맞게 구성된다. 이 글에서 현대 농업 전반을 상세히 살펴보기는 분량상 어렵지만, 핵심은 다음과 같다. 소수 기업들이 지배하는 선진국의 농업이 막대한 정부 보조금을 등에 업고, 한때 세계 대부분 지역에서 두드러졌던 소규모·자급 농업을 희생시키고 있다.[72]

그런 지배의 전형적 사례는 카길이다. 1865년에 미네소타주에서 설립된 카길은 현재 세계 최대 사기업 중 하나로, 2018년 조정영업이익이 32억 달러에 이른다. 카길은 70개 나라에서 15만 5000명을 고용하고 면화·사료·육류·코코아·소금 등 온갖 것을 취급한다. 카길에 따르면 "카길비프는 북미 최대 소고기 가공업체로, 매년 소 800만 마리를 도축해 80억 파운드[36억 킬로그램]에 이르는 소고기와 부산물을 생산한다." 카길은 자사 상품을 운송하는 선박 500여 척을 보유하고 있는데, 그중에는 현재 운행 중인 건화물[고체 화물] 선박 중 크기가 가장 큰 '케이프사이즈'* 선박 120척도 있다.[73]

카길 같은 기업들이 세계 식품 시스템에 어마어마한 영향력을 행사한다. 2005년에는 기업 4곳이 미국 소고기 생산의 80퍼센트를, 그중 3곳이 또 다른 하나의 기업과 함께 미국 돼지고기 생산의 60퍼센트를, 또 다른 기업 4곳이 닭고기 생산의 50퍼센트를 관장했다.

[환경 운동가] 실비아 리베이로와 호프 샌드는 농업 대기업들의 부정적 구실을 다음과 같이 설명한다.

---

* 케이프사이즈 수에즈·파나마 운하를 통과할 수 없을 정도로 커서 대양과 대양 사이를 항해하려면 대륙 남단의 곶(CAPE)을 돌아야 하는 배.

농업이 [소수] 기업에 집중된 덕에, 몇몇 강력한 기업들이 농업 연구 의제들을 통제했고, 국내외 농업·무역 정책에 영향을 끼치며, 신기술을 식량 생산을 극대화할 "과학에 기반한" 해법으로 받아들이도록 획책할 수 있었다. 흔히 세계의 빈곤·기아 종식을 명분으로 내세우지만, 그런 기술의 혜택은 대개 기술을 개발하고 통제하는 자들[에게 돌아간다 — 지은이].[74]

카길 같은 기업들은 이윤 극대화 동기에서 움직이므로, 환경이나 인간보다 이윤을 우선시한다. 예컨대 카길은 환경 파괴적 팜유 생산을 반대하는 운동의 표적이었는데, 열대우림행동네트워크RAN에 따르면 팜유 생산 기업들은 "오랑우탄 멸종, 열대우림 파괴, 아동노동, 인권침해에 일조"해 왔다.[75] 팜유는 식용으로 널리 쓰이지만, 바이오연료의 원료로 사용되는 양이 점점 늘고 있다. 바이오연료는 화석연료의 대안인 양 장려되지만, 심각한 환경문제를 야기할 뿐 아니라 기존 화석연료에 견줘 온실가스 배출을 얼마나 줄일 수 있을지도 의문이 제기되고 있다.

카길은 바이오연료 산업이 식량권과 환경에 끼치는 위험을 인정하면서도, 바이오연료 산업 규제로 자신들의 이윤 창출 기회가 침해될까 우려한다.

우리 카길은 바이오연료가 에너지와 환경에 대한 전 세계의 요구를 충족시키고, 농업에 자본 투자를 유도하며, 농촌공동체의 경제 발전을 촉진하는 데에 중요한 구실을 할 수 있다고 믿습니다. 동시에 우리는 바이오연료 산업의 성장·발전이 검증 가능한 환경적 이익에 의해 뒷받침 돼야 한다고 믿습니다. 또, 식용 작물에서 바이오연료를 생산하는 것이 후대를 위한 천연자원 보호와 늘고 있는 세계 인구의 식량 수요하고 균형을 이뤄야 한다고 믿습니다. 우리는 이런 균형을 이루기 위한 정부와 이해 당사자의 노력을 지지합니다. 바이오연료 무역에서 카길은 신뢰성, 안정성, 점진적 변화를 고무하는 시장 주도 정책들을 선호합니다. 의무, 보조금, 수출세, 관세·비관세 장벽 같은 인위적 통제 정책들이 아니라 말입니다.[76]

과연 친환경적인지 여부가 심각하게 의문시되지만, 바이오연료는 대규모 산업이다. 2014년에 미국에서 주요 에너지 기업들은 농장법 통과를 앞두고 연료 보조금이 유지되도록 로비를 벌였다. 그 자금은 천문학적일 수 있다. 미국의 [정부 재정 감시 단체] '공익을 위한 납세자 모임'은 "옥수수 에탄올 로비의 정치적 발자취"라는 보고서를 발표해, 카길이 2007~2013년에 약 1000만 달러[약 113억 원]를 로비에 썼다고 했다. 또 다른 다국적 식품 대기업 아처대니얼스미들랜드ADM는 약 1100만 달러[약 124억 원]를, [보수적 농민 단체] 미국농민연맹AFBF은 3800만 달러[약 428억 원]를 로비에 썼다.[77]

바이오연료 산업은 식량권과 환경에 중대한 영향을 끼친다. 그러나 이윤을 벌 기회를 노리는 기업들은 연료용 작물들을 포기하지 않으려 싸울 태세가 돼 있다. [지속 가능한 농업을 연구하는 학자] 폴 맥마흔은 문제를 다음과 같이 설명한다.

미국의 바이오연료 정책은 환경에 득이 거의 없는데도 식량 가격만 올린다는 강력한 비판을 받아 왔다. … 이 정책들은 환경과 아무 관련이 없고 빈민을 먹여 살리는 것과도 관련이 없다. 부차적으로 이 정책들은 에너지 안보를 목적으로 한 것이다. … 그러나 바이오연료 정책의 일차적 목적은 미국 농부들에게 재정 지원을 제공하는 것이다. 또, 미국산 잉여 곡물의 사용처를 찾기 위한 오랜 시도 중 최신의 것이다.[78]

농업 기업들과 각국 정부는 이해관계가 서로 밀접하다. 2008년 식량 위기는 많은 나라들이 [식량] 가격 인상에 취약함을 드러냈다. 많은 나라들이 위기에 대응해 다른 곳에서 식량을 확보함으로써 국익을 지키기 시작했다. 때로 이는 몇몇 국가·기업이 아프리카·남아메리카에서 농지를(또는 바이오연료 원료를 생산할 땅을) 사들이는 것을 뜻했다. 이런 "토지 싹쓸이"는 식량 안보와 이윤을 위해 현지의 소농, 지역 고유의 농업 양식, 선주민의 권리를 무시함을 뜻하는 말이 됐다.

기업들은 자신들의 행위를 정당화하려고 식량 안보 문제를 거론하곤 한다. 예컨대 2009년 일본 미쓰이물산은 중앙아메리카·아시아·동유럽에서 "농업 투자처"를 찾아다녔다. 미쓰이물산은 "농민에게 농업 투입물[종자·농약·비료 등]과 농기계를 제공하는 대신 수확물을 구매할 권리를 갖기"로 했는데, 이로써 "수익성이 좋을 뿐 아니라 일본 정부의 식량 안보 강화 욕구도 만족시킬 것"이라고 했다.[79]

주요 국가들은 G8·G20 회의를 통해 2008년 식량 위기 대응책을 마련하려 했다. 세계무역기구WTO, 국제통화기금IMF, 세계은행 세 기구가 세계경제 발전에 대한 신자유주의적 접근법을 구체화했다면, 농업·식량 분야에서는 3개의 중요한 유엔 기구가 그런 구실을 한다. 그 기구들은 바로 국제농업개발기금IFAD, 세계식량계획WFP(가뭄 등으로 피해를 입은 지역에 대한 식량 원조를 관리하기 위해 만들어진 기구), 식량농업기구다. 또, 국제농업연구협의그룹CGIAR은 세계은행과 연계된 기구로서, "개발도상국에서 … 과학을 이용해 종자를 개량하고 더 생산적이고 지속 가능한 농업을 발전시킴으로써 1960~1970년대 농업혁명의 유산을 확장"하려 한다고 밝히고 있다.[80]

이 기구들은 모두 세계의 농업과 식량 생산에 신자유주의 정책들이 더 깊이 침투하게 만드는 활동을 한다. 현실에서 이것이 뜻하는 바는 1980~1990년대에 세계은행과 국제통화기금의 구조조정 프로그램SAP을 보면 알 수 있다. 이 프로그램들은 개발도상국 국가가 농업에서 하는 구실을 체계적으로 줄였고, 수출용 식품 생산을 장려했다. 1986년 미국 농무부 장관 존 블록은 다음과 같이 설명했다. "개발도상국들이 식량을 자급자족해야 한다는 생각은 시대착오적 발상이다. 대개 더 저렴한 미국 농산품에 의존함으로써 식량 안보를 더 잘 보장할 수 있다."[81]

그러나 심지어 세계은행조차 구조조정 프로그램들이 결과적으로 농업에 재앙을 가져왔다는 점을 인정해야 했다. 세계은행이 발행하는 "세계 개발 보고서 2008년판"에서도 이 점을 인정했다.

농민에게 토지이용 기회, 신용, 보험, 농업 투입물, 협동 조직을 제공해 주던 정교한 공공 체계가 1980년대의 구조조정으로 해체돼 버렸다. 그렇게 하면 시장 자유화로 민간 주체들이 등장해 국가의 그런 기능을 대신하리라 기대했다. … 불완전한 시장, 제도적 허점 때문에 성장 실패와 영세한 자작농의 복지 해체라는 형태로 막대한 피해를 끼쳤고, 이 때문에 소농의 경쟁력과 많은 경우 생존 자체가 위협받았다.[82]

세계은행의 정책으로, 아프리카의 영세한 자작농과 소작농이 농업 기업들의 이익을 위해 희생됐다. 결과는 끔찍했다. 농촌 사람들은 살던 곳에서 내몰렸고, 실업과 일자리 부족에 시달리거나 일자리를 찾아 도시로 이주해야 했다. 신자유주의 정책들 때문에 지역의 영세한 농장들이 대농장으로 전환됐을 뿐 아니라 환경에도 나쁜 영향을 미쳤다. 영국 정부조차 2011년에 다음과 같이 인정했다.

식량 생산 시스템 다수가 지속 가능하지 않다. 변화가 없다면 세계 식품 시스템은 계속 환경을 파괴하고 세계 식량 생산 잠재력을 위태롭게 할 것이며, 기후변화와 생물 다양성 파괴의 한 원인이 될 것이다. … 식품 시스템을 통째로 재설계하는 것이야말로 지속 가능성을 전면적으로 추구하는 데에 가장 필요한 일이다.[83]

육식이 문제일까?

개인들이 비非육식 식단으로 전환한다고 해서 농업에서의 온실가스 배출을 줄일 수는 없다. 농업에서의 환경 파괴는 자본주의적 농업의 본성, 즉 생산이 이윤 창출의 필요에 좌우되는 데서 비롯한 결과다. 육식을 하지 말라고 주장하는 것은 환경 운동에 위험한 전략이다. 환경문제를 체제 전체가 아니라 소비자 개인의 탓으로 돌리게되기 때문이다.

한 과학자가 〈카우스피러시〉 영화평에서 언급한 것처럼,

〈카우스피러시〉 같은 영화는 믿을 수가 없다. 이런 영화들이 과학을 곡해하기 때문만이 아니라, 그들이 전하려는 메시지 때문에 그렇다. 즉, 화석연료 산업이 … 지구온난화의 주요 원인이 아니고, 청정에너지로의 전환이 우리 미래와 후손을 위해 가장 중요한 일이 아니고, 수많은 과학자들이 우리 시대 가장 중요환 환경문제에 관해 진실을 은폐하고 있다는 얘기 말이다.[84]

건강에 해롭고 환경을 파괴한다며 조롱거리가 된 "서구식 식단"은 소비자 선택이 아니라 기업 이익 추구의 결과다. 미국 초지에서 이뤄지는 소고기 생산은 곡물 생산과 긴밀해져 왔다. 사료용 곡물 재배의 수익성이 어찌나 좋았는지 1950년대 말부터 소고기 소비를 장려하는 움직임이 있었다. [영국의 사회주의자] 일레인 그레이엄리가 지적하듯 "소고기의 수익성이 매우 좋았기 때문에, 기업들은 미국 소고기 소비 수준을 높게 유지하도록 확실히 할 필요가 있었다. 소비자들은 햄버거를 먹는 선택의 자유를 누린다고 느낄지 몰라도, 사실은 이를 장려하는 치밀한 노력이 있었다."[85]

개개인의 음식 선택은 아주 사적인 것이지만, 그 개인들이 속한 세계의 영향을 크게 받는 것이기도 하다. 가공식품은 환경과 건강에 더 안 좋을 테지만, 장시간 교대 근무를 마치고 집에 돌아온 부

모로서는 빨리 아이들에게 밥을 차려 줄 방법이기도 하다. 조리 시간도 시간이거니와, 정크푸드는 다른 선택지들에 비해 칼로리당 가격이 더 싸기도 하다.[86]

육류 산업이 건강과 환경에 끼치는 영향을 비판하지 말아야 한다는 얘기가 아니다. 비만과 영양실조의 문제는 생산의 문제들과 마찬가지로 계급 문제다. 일레인 그레이엄리는 다음과 같이 썼다.

서구에서 영양분은 부족하고 열량 밀도만 높은 식품을 대량 생산하는 탓에 세계적으로 식품 문제와 기후 문제를 일으킨다는(그리고 몇몇 개인이 다른 환경에서 살 때보다 더 뚱뚱해지는 경향이 있다는) 주장은, 그런 식품 생산·소비 패턴에 걸려 있는 강력한 이해관계들을 고려하지 않은 채 그 식품 때문에 뚱뚱해지는 사람들에게만 책임을 돌리는 주장과는 천양지차다.[87]

지속 가능한 농업을 위한 투쟁은 더 건강한 식단을 위한 투쟁이기도 할 것이다. 그런 투쟁으로 어떤 이들의 육류 소비는 줄겠지만 다른 이들은 늘 것이다. 이를 지속 가능하게 이루려면 현 식품 시스템의 우선순위에 도전해야 할 것이다. 기존 식품 시스템은 대중을 먹여 살릴 필요가 아닌 이윤을 추구하기 때문에 인간의 소비를 위해 생산되는 식품의 3분의 1까지도 버려진다. 이는 전 세계 연간 곡식 수확량의 절반 이상에 해당한다.[88] 선진국들에서 현재 지배적인 에너지 집약적 공장형 농업도 바꿔야 할 것이다. 미국의 공장형 농업에서는 옥수수 1톤당 석유가 160리터 들지만 멕시코에서는 5리터도 안 쓰고 생산할 수 있다.[89] 공장형 농업과 함께 육류 과잉생산도 끝내야 할 것이다. 육류 과잉생산 때문에 사료 재배를 위해 광활한 토지가 사용되고, 환경에 악영향을 끼치며, 건강하지 않은 식단이 조장된다. 현재 공장형 축산업에서 가축을 먹이는 데 사용되는 곡물이면 30억 명을 먹일 수 있다.[90]

자본주의하에서 생산은 필요나 그저 소비자의 수요에 따라 결정되는 것이 아니라, 수익성 여부에 따라 결정된다. 그리고 식품 산업은 자신들의 생산품에 대한 수요를 창출하는 데 특히 능숙하다. 지속 가능한 식품과 농업을 위한 투쟁은 개인들에게 육류 상품을 구입하지 말라고 훈계함으로써가 아니라 식품 시스템 자체를 머리끝부터 발끝까지 변화시킬 때에만 가능할 것이다.

대안

앞에서 봤듯, 농업에서 나오는 온실가스 배출량은 심지어 기존 시스템 안에서도 의미 있는 수준으로 감축할 수 있다. 그러나 농민과 농업 기업이 환경 피해를 줄이고자 신기술에 투자하거나 기존 농법을 바꿀지 여부는 각종 인센티브로 이윤을 보장해 주느냐에 달려 있다. 식량농업기구가 축산업에 대해 지적한 내용은 다른 농업 부문에서도 마찬가지다. "배출량을 줄이기 위한 금전적 인센티브(기후변화 완화 보조금)나 법적 규제가 없으면, 생산자들은 대부분 완화 농법에 투자하지 않을 가능성이 높다. 그런 투자로 이윤이 늘거나, 리스크 감소 등 생산상의 다른 이익을 얻지 못하는 한 말이다."[91]

계속 늘고 있는 세계 인구에 21세기 내내 식량을 공급할 수 있는 진정으로 지속 가능한 농업을 이루려면, 세계 식품 시스템의 우선순위와 농업 대기업과 (세계은행 같은) 국제기구의 이해관계에 도전해야 한다. 그러려면 세계 노동계급과 소농의 정치적·경제적 투쟁이 필요할 것이다.

몇몇 논평가들이 내놓는 해결책 하나는 "생물 다양성이 있는 생태 농업"이다. 산업형 농업을 거부하고 소농을 장려하자는 것이다. 이런 접근법의 주요 지지자인 반다나 시바는 다음과 같이 지적한다. "세계화 속에서 농부는 생산자로서의 사회적·문화적·경제적 정체성을 상실하고 있다. 농부는 이제 강력한 세계적 기업들이 현지의 강력한 지주·대부업자를 통해 판매하는 값비싼 종자와 화학약품의 '소비자'가 됐다."[92]

개발도상국에서 수많은 소농·소작농이 시행하는 농법은 더 지속 가능하고, 사람들을 건강하게 잘 먹이는 데 더 효과적일 수 있다. 그렇지만 지속 가능한 농업을 위한 장기적 전망은 그저 세계적으로 소농으로 돌아가자는 것일 수는 없다. 소농을 무시하는 말이 아니다. 흔히들 소농이 비생산적이라고 하지만, 진실은 정반대이며 소농은 다른 이익도 가져다준다. 소농은 환경에 가하는 영향이 적고, 화석연료를 덜 사용하며, 생물 다양성을 지키고 촉진하며, 폭풍에 더 잘 견딘다.[93] 소농은 단일 작물 재배를 꺼리기 때문에, 대단히 편중된 산업적 농업에 견줘 단위면적당 식량 생산량도 더 많다. 그렇지만 이는 소농 가족이 등골이 휘도록 일하기 때문에 가능하다. 농업에 종사하는 노동인구는 세계적으로 약 13억 명에 이른다. 이들 중

3분의 1은 가축을 농사에 이용하고, 다른 3분의 1은 인력을 이용한 농기구만 사용한다. 즉, 소농 약 4억 명이 비료·트랙터·농약·사료도 없이 [비농업 인구의 3분의 1인] 10억 명을 먹여 살리는 셈이다. 그러려면 매우 길고 힘든 육체노동을 해야 한다.[94]

독일 마르크스주의자 카를 카우츠키는 1889년에 명저 《농촌 문제》에서 다음과 같이 지적했다. "소규모 경작이 소농의 삶을 가축 수준으로 떨어뜨려 먹고 자는 시간 외에는 일만 하도록 강요하는 것을 보면서도 소농 제도의 장점을 말하는 사람이 있다면, 그는 아주 꽉 막힌 사람일 것이다."[95]

한편, 소농·소작농 사이에서 토지와 자신의 삶에 대한 결정권을 키우고자 하는 사회운동이 성장하고 있다. 남아메리카·중앙아메리카 사회운동에 관한 최근의 한 비교 연구는 다음과 같이 결론짓는다.

> 브라질의 수많은 무토지 민중과 [멕시코] 치아파스주州의 수많은 선주민 소작농은 브라질의 무토지농업노동자운동MST 혹은 멕시코의 사파티스타민족해방군EZLN에 가입하면서 삶이 근본에서 바뀌는 경험을 한다. 무토지농업노동자운동이나 사파티스타민족해방군과 운명을 함께하는 것은, 토지에 대한 권리를 쟁취·수호하고 가족을 먹여 살릴 수 있는 정치적 경험이다. 이런 경험이 그들을 정치적으로 각성시키고, 살면서 대개 가지지 못했다고 여겼던 개인적·집단적 자신감을 심어 준다.[96]

그럼에도 이런 사회운동들만으로 거대 농업 기업이 지배하는 세계 식품 시스템을 바꾸기에는 역부족이다. 자본주의 농업 시스템에 직접 도전할 수 있는 더 광범한 동맹이 발전해야 한다.

[칠레 출신의 농업생태학자] 미겔 A 알티에리가 지적하듯,

> 농촌 사회운동은 농식품 산업 복합체를 해체하고 현지에 기초한 식품 시스템을 복원하려면 소생산자들과 저소득 비농업 인구의 필요를 충족시키고 기업의 생산·소비 지배에 맞서는 농업생태학적 대안을 건설해야 함을 이해하고 있다. … 사회적으로 더 정의롭고, 경제적으로 더 실현 가능하고, 환경적으로 더 건강한 농업은, 농촌에서 부상하는 사회운동과 그런 농민운동의 목표를 헌신적으로 지지하는 시민사회 조직들의 공동 행동으로 이룰 수 있다.[97]

소농은 더 넓은 세계적 상품 연결망에 속박돼 있고, 자본은 생산 사슬에서 농민의 위와 아래, 즉 농약·유전자변형작물·농기구 공급과 농민이 생산한 식량의 유통을 통제하기 십상이다. 사실 소농·소작농이 지속되는 것 자체가 농업 자본주의의 필요에 따른 결과이기도 한데, 1년 중 특정 시기에는 이들의 노동이 필요하지만 나머지 기간에는 소규모 경작에 기대 알아서 살아남으라는 것이다.[98] 수많은 농민으로서는, 경제체제의 근본적 변화 없이는 이 덫에서 벗어날 길이 없다. 선진국에서 농민 대부분은 이제 전통적 소생산자가 아니라 더 큰 기업들을 원청으로 둔 도급업자들이고 대형 마트들의 변덕에 휘둘리는 사람들이다.[99] 빈곤과 고된 노동의 악순환을 깨려면 농업을 바꿔야 한다. 특정 형태의 소농을 낭만적으로 미화하는 것이 아니라 말이다.

결론

카를 마르크스는 독일 화학자 유스투스 폰 리비히의 저작을 연구
하면서 자본주의적 농업의 지속 불가능성에 관한 비판을 발전시켰
는데, 이는 신진대사의 균열이라는 그의 개념과 밀접하게 연관돼 있
다. 마르크스는 합리적 농업이 가능하지만 그러려면 토지 소유와 생
산을 바꿔야 할 것이라고 주장했다. 자본주의 사회에서는 "토지가
항구적 공동 소유로서, 양도할 수 없는 인류 대대손손의 생존·재생
산 조건으로서 세심하고 합리적으로 취급되는 것이 아니라 지력을
착취당하고 고갈된다."[100]

1964년에 [영국의 사회주의자] 토니 클리프는 스스로 "수정주의적"이
라고 평한 "마르크스주의와 농업 집단화"라는 글에서, 사회주의 혁
명이 즉각적으로는 십중팔구 "사회주의 체제 아래에서 사적 농업에
새로운 활기를 불어넣을" 것이지만, 생산의 전환 때문에 이런 흐름
은 점차 쇠락할 것이라고 봤다.

> 사회주의 체제는, 생활수준을 모든 면에서 개선하고, 고용 안정을 보장
> 하고, 노인과 환자에게 충분한 연금을 지급함으로써, 농장의 사적 소유
> 로 표현되는 경제적 "독립성"의 가치를 빛바랜 것으로 만들 것이다. …
> 따라서 농업을 협동 농장 방식으로 조직하는 것은 매우 느린 과정일
> 수밖에 없다. 그 과정은 새로운 사회주의 체제가 [소농을 자본주의적 족
> 쇄에서 해방하기 위해] 도입하는 몇몇 요소들 때문에 지연될 것이며, 일
> 각에서 말하는 대농장의 기술적 우위로 인한 소농의 쇠퇴도 그 과정을

앞당기는 데에 그다지 큰 도움을 주지 못할 것이다. 농업이 개별적 방식에서 집단적 방식으로 전환되는 과정은 오히려 고도로 발달한 사회에서 부와 문화가 풍족해진 결과일 것이다. 사적 농업은 타도되는 것이 아니라 녹아내릴 것이다.[101]

이처럼 토지와 생산수단의 집단적 소유에 뿌리를 둔 농업만이, 건강한 음식을 풍족하게 생산해 장기적이고도 지속 가능한 방식으로 세계를 먹여 살릴 수 있을 것이다.

5장
마르크스주의와
인류세

커밀라 로일

이 글을 읽는 동안 독자 여러분은 이산화탄소 농도가 410ppm[이 글이 쓰인 2019년 기준]인 공기를 마실 것이다. 여러분의 증조부모가 100년 전 숨 쉬던 공기보다 이산화탄소 농도가 3분의 1가량 짙은 것이다.[1] 또한 대기 중 이산화탄소는 재앙적 지구온난화를 불러오고 있을 뿐 아니라, 식물의 광합성 방식을 바꾸고 바다와 호수의 산성도를 지난 80만 년 동안 가장 높은 수준으로 높이고 있다.[2] 인간 활동의 결과가 이토록 거대한 규모로 세계에 영향을 끼치면서 지구가 인류의 영향으로 이전과 구분되는 새로운 지질 시대에 진입했다고 생각하는 사상가들이 늘어나고 있다. 이들은 '인류'를 뜻하는 그

출처: Camilla Royle, "Marxism and the Anthropocene", *System Change not Climate Change* (Bookmarks, 2019). 이 글은 *International Socialism* 151 (summer 2016)에 처음 실린 것을 2019년 초에 개정한 것이다. 그사이에 이산화탄소 농도는 10ppm 상승했다.

리스어를 따서 이 시기를 인류세Anthropocene라고 부르자고 제안한다. 인류세의 현실성은 매우 광범하게 받아들여지기 시작했다. 두 과학자, 사이먼 루이스와 마크 매슬린은 다음과 같이 선언했다. "인류세라는 주장의 핵심, 즉 인류가 지구라는 통합 체계['지구 시스템']에 근본적 변화를 일으키고 있다는 주장에 동의하지 않는 과학자는 거의 없다."[3]

이는 이산화탄소 배출에 관한 얘기만은 아니다. 100여 년 전 발명된 플라스틱은 오늘날 대양에 떠다니는 거대한 섬을 이룰 정도고, 한 연구에서는 '기술 화석'이라 부르는 플라스틱과 알루미늄 폐기물을 퇴적층에서 발견할 수 있다고 언급한 바 있다.[4] 합성 비료가 발명되면서 이제 다른 모든 과정에 의한 것보다 더 많은 질소가 인간에 의해 환경에 추가되고 있다. 그 결과 토양의 질소와 인 농도가 지난 세기에 갑절로 늘었다.[5] 핵발전과 핵무기 실험으로 만들어진 방사성핵종도 토양에서 검출된다.[6] 동식물의 멸종은 인류의 간섭이 없었을 때에 비해 최소 100배 이상으로 늘었다. 이런 변화들은 대지·해양·대기의 광범한 영역에 걸쳐서, 그리고 생명체의 체내에서 관측된다. 그리고 이 모든 변화는 인간이 없었다면 일어나지 않았을 것이다. 인류세는 미래가 불확실하다는 것을 의미한다. 즉, 인류의 활동 때문에 지구환경이 인류에게 "안전한 작동 범위" 밖으로 벗어나 인간 사회가 적응할 겨를도 없는 완전히 다른 세계로 변해 버릴 위험이 있다는 뜻이다.[7]

'인류세'라는 용어는 두 지구 시스템 과학자, 파울 크뤼천과 유진 스토머 덕분에 유명해졌다. 그들은 2000년 '국제 지권-생물권 연구' 뉴스레터에 실린 짧은 글에서 이 용어를 사용했다.[8] 지질학자들은 관례적으로 역사적 시간대를 누대-대-기-세-절이라는 분류법으로 나눈다. 우리가 사는 현재는 현생누대, 신생대, 제4기다. 제4기는 다시 두 개의 세, 즉 플라이스토세와 홀로세로 나뉜다. 플라이스토세는 거대한 기후변동과 북반구의 반복된 빙하기가 특징이다. 홀로세는 가장 최근에 빙하가 줄어든 뒤 시작됐다.[9] 크뤼천과 스토머는 오늘날 인류가 홀로세 시기보다 훨씬 강한 영향을 끼치기 시작했고 "앞으로 수천 년 동안, 어쩌면 수백만 년 동안 주요 지질학적 힘으로 존재할 것"이라고 봤다.[10]

"지질학적 시간대를 구분할 때 고려할 것은 전 지구적 상태 변화다. 유성 충돌, 대륙 이동, 지속적 화산 분출 등 그 원인은 다양할 수 있다."[11] 어떤 이들은 인류가 지구에 미치는 영향이 그런 사건들에 비견할 만큼 크다고 여긴다. 반면 다른 이들은 인류가 지구의 변화 과정에 긴밀하게 연루돼 있어서 마치 날씨처럼 상존하는 존재라고 본다.[12] 사이먼 루이스가 지적한 것처럼 인류세라는 진단은 인류가 자신을 이해하는 방식에 변화가 생겼음을 보여 준다. 예전의 과학자들은 인류가 얼마나 하찮은 존재인지 보여 줬다. 코페르니쿠스는 우리가 우주의 중심이 아니라는 사실을 발견했고, 찰스 다윈은 우리가 진화적 위계의 꼭대기를 차지하고 있는 게 아니라는 사실을 보여 줬다. 그러나 이제 "우주 전체에서 생명체가 존재하는 것으로 알려진 유일한 곳의 미래가 우리 손에 달렸다. [코페르니쿠스 이후] 거의 500년 만에 갑자기 인류가 다시 무대 중앙에 섰다."[13]

2000년 이래로 인류세라는 용어는 그 개념을 제안한 소규모 과학자 집단을 넘어 광범하게 사용됐다. 많은 블로그에서 인류세에 관한 토론이 이뤄지고, 이 쟁점을 토론하기 위해 많은 글이 쓰이고 행사가 열렸다. 이 개념은 제이슨 디케리스 테일러 같은 예술가의 상상력도 사로잡았는데, 그는 2011년 〈인류세〉라는 이름의 조각상을 바닷속에 선보였다. 그 조각상은 폭스바겐 비틀 차량의 앞 유리 위에 소녀가 웅크리고 있는 모습이었다. 그 조각상은 바닷가재가 들어가 살기 좋은 인공 산호초 구실을 하도록 만들어져 인간이 만든 물건과 다른 종의 삶을 잇는 연결을 보여 준다.[14]

사회주의자들에게 인류세는 인간과 (나머지) 자연 사이의 관계, 과학자들이 진보 정치에서 할 수 있는 구실, 마르크스주의 이론에서 환경 개념의 중요성 등에 관한 우리의 생각을 재고하도록 할 수 있다. 그렇지만 모든 마르크스주의자들이 인류세 개념의 효용에 동의하는 것은 아니다. 존 벨러미 포스터와 이언 앵거스 같은 마르크스주의자들은 인류세라는 개념을 완전히 지지한다.[15] 포스터에 따르면, [20세기 초] 소련에서 지질학자 알렉세이 파블로프와 블라디미르 베르나츠키는 오늘날 인류세 관련 이론들과 마찬가지로 환경 변화에서 인간 행위의 구실에 대한 이해를 발전시켰다. 베르나츠키는 이미 1945년 저작에서 인류를 지질학적 영향력을 가진 존재로 설명했다. 포스터에 따르면 옛 소련 과학자들이 환경 사상에 기여한 바는 카를 마르크스의 변증법적이고 유물론적인 이해에 상당한 빚을 진 것이었다.[16]

그러나 좌파 내 다른 사람들은 인류세라는 아이디어가 환경적으로 더 정의로운 사회를 만드는 데에 무익하거나 심지어 해롭다고 여긴다. 나오미 클라인은 인류세라는 용어의 사용이 쟁점을 인간 본성의 문제로 환원하고 자본주의의 책임을 면제해 준다고 주장한다.[17] 안드레아스 말름은 인류세라는 아이디어가 인기를 끄는 것은 "문제의 일부일 수 있다"며 "애당초 옹호할 수 없는 추상적 개념"이라고 했다.[18] 이 글에서는 과학자들 사이의 논쟁 일부를 요약하고 일부 좌파의 비판들을 설명할 것이지만, 그럼에도 인류세 개념이 여전히 유용하고 마르크스주의자들은 현상을 이해하기 위해 우리가 가진 도구들을 활용하려 해야 한다는 주장을 결론으로 제시할 것이다.

인류세는 언제 시작됐을까?

크뤼천은 노벨상을 수상한 대기화학자이고 오존층 파괴에 대한 연구로 유명하다. 스토머는 담수생물학자다. 그러나 한 '세'가 끝나고 다른 '세'가 시작되는 시점을 판단하는 것은 보통 지질학자들의 몫이다. 지질학적 시간 단위는 지구 시스템에서 주요한 변화가 나타날 때를 기준으로 나누는데 보통 암석층의 성질이나 지구 상 생물 종의 급속한 변화가 포함된다. 6500만 년 전에 시작된 신생대의 특징은 모든 비조류非鳥類 공룡의 멸종 등 생물 종의 극적 감소였다(약어로 K-T 멸종[백악기-고제3기 멸종]으로 표현한다). 신생대의 시작은 조류와 포유류 시대의 시작이었다. 지질학자들은 화석 기록의 변화뿐 아니라 암석이나 퇴적층, 빙하의 얼음에서 특별한 사건의 표식, 이른바 '골든 스파이크(황금 못)'를 찾아내려 한다.[19] 예컨대, 튀니지 엘케프에 있는 암석에서 측정된 이리듐 원소 함량의 급격한 상승은 해당 시기에 유성이 지구에 충돌했다는 가설과 맞아떨어져 공식적으로 신생대를 구분하는 지질학적 표식이 됐다.[20] 황금 못은 단지 지질학자들이 동의할 수 있는 표식 구실을 할 뿐, 지질학적 과도기에 벌어진 가장 중요한 사건을 대표하지는 않는다.[21] 실제로 최근의 연구는 유성 충돌 자체는 관에 박힌 마지막 못 같은 구실에 불과했고 공룡은 진화상으로 이미 포유류에 길을 내주며 멸종하고 있었음을 보여 준다.[22]

인류세가 언제 시작됐는지를 두고서 논쟁이 매우 많다. 인류세가 1만 1700년 전에 시작됐다는, 즉 홀로세 시점을 인류세의 시점으로 삼자고 제안하는 사람도 있다(그렇게 된다면 홀로세의 명칭만 인류세로 바꾸거나, 지질학자들이 홀로세라는 명칭을 그대로 사용하되 홀로세 전체를 인류의 시대로 받아들이는 게 된다). 홀로세는 가장 최근에 빙하기가 끝난 뒤의 시기다. 이 시기에는 북반구가 상대적으로 온난해져 인류 문명이 지구 전체로 확산되고 농업이 발전할 수 있었다.[23] 이처럼 인류세 시작 시기를 아주 오래전 과거로 잡는 주장 중에는 과거로 더 거슬러 올라가 인류가 대형 포유류의 멸종을 여럿 일으킨 시점이나 인간 활동이 처음 발견된 시기로 정하자는 의견도 있다.

인류세의 시점을 그토록 오래전 과거부터로 하자는 주장에는 나름의 근거가 있다. 초기 지질학 교재에서는 홀로세를 "인류가 변화를 일으키는 … 정신의 시대이자 인간의 시대"로 묘사했다.[24] 인류세의 시점을 이처럼 먼 과거로 잡자는 생각에는 언제나 인류가 외부 환경과 복잡한 상호 영향을 주고받으며 살아왔고, 인류 역사 거의 내내 필요를 충족하기 위해 인근 환경조건을 변화시켜 왔다는 사실이 반영돼 있다. 우리는 수천 년 전부터 식물을 경작하고 동물을 가축화했다.[25] 홀로세 중에 농업이 시작된 것은 인간 사회의 발전 경로에 영향을 끼쳐, 정착지가 수립되고 이런 사회들 안에서 계급과 성별에 따른 분할이 나타나게 됐다. [영국의 사회주의자] 주디스 오어는 인류 사회가 어떻게 환경과의 상호작용 속에서 발전했는지를 특히 성별 관계에 주안점을 두고 개괄한 바 있다. 그녀는 환경이 "우리 삶의 고정된 배경"이 아니라 "끊임없이 변하며, 어느 정도는 그 자체가 인간이 만든 것"이라고 지적한다.[26]

한편, 마크 매슬린과 사이먼 루이스는 생물권의 대규모 전환에서 식민지 지배가 한 구실에 천착해 1492년 유럽인들이 처음 '신세계'와 접촉한 때를 인류세가 시작된 시기로 보자고 전혀 다르게 제안한다. 당시 인류는 옥수수와 감자 같은 신세계 작물을 유럽·아시아·아프리카에 들여왔고 밀과 사탕수수를 아메리카로 날랐다. 이는 비가역적이고 상당한 수준의 생태계 변화를 전 세계적으로 일으켰는데, 예컨대 이탈리아 해변의 바닷속 퇴적층에서도 옥수수 꽃가루의 흔적을 찾을 수 있게 됐다. [영국의 사회주의자] 크리스 하먼은 《민중의 세계사》에서 이 역사적 시기를 "대변혁"이라고 했는데, 이 시기는 르네상스의 시기이자 "과학의 진보가 있었고 예술과 문학이 활짝 꽃을 피운" 시대이기도 했다.[27] 그러나 하먼도 설명했듯이 신세계 '발견'과 정복은 그곳에 살던 많은 이들에게 기근과 질병을 가져왔고, 그들을 노예로 만들어 버렸다. 한 스페인인 관찰자는 그것이 잉카제국에 끼친 효과를 다음과 같이 묘사했다. "왕국의 모든 도로에 황폐한 마을들이 끝없이 펼쳐졌다."[28] 아메리카의 인구는 5400만 명에서 1650년에는 600만 명으로까지 감소했을 것으로 추정된다. 농사 짓는 사람이 줄면서 숲이 복원되고 대기 중 이산화탄소 농도가 낮아졌다. 이산화탄소 농도 하락(1610년에 저점에 도달했다)은 이 사건의 지질학적 기록일 수 있는데 남극의 얼음에서도 관측할 수 있다.[29] 인류가 지구 상에서 유력한 세력이 된 시점이 인간 수백만 명의 죽음으로 표시됐을 것이라는 끔찍한 가설인 것이다.

루이스와 매슬린의 '오르비스 스파이크(지구 못)' 제안에는 인구와 생태계의 변화가 포함되는 반면, [인류세라는 아이디어를 제안한] 크뤼천과 스토머는 에너지 사용과 온실가스 배출로 초점을 좀 더 좁게 맞춘다. 크뤼천과 스토머는 처음에는 인류세의 시작을 18세기 말로 제시했다. 제임스 와트가 증기기관을 18세기에 발명했고, 석탄 화력을 이용한 증기기관이 처음으로 면화 공장의 동력원으로 사용된 것이 1786년 노팅엄셔에서였다.[30] 크뤼천과 그의 동료에 따르면 이때부터 대기 중 온실가스 농도가 높아지기 시작했다.[31] 홀로세의 대부분 기간에 대기 중 이산화탄소 농도는 기준치 대비 5ppm 범위 내에서 오르내리기를 반복했다. 반면에 산업혁명 이후 이산화탄소 농도는 매년 2ppm씩 올랐다.[32] 크뤼천과 스토머는 20세기 중엽을 "대가속기"로 규정하자고도 제안한다. 당시 대기 중 이산화탄소 농도가 "주목할 만한 폭발적 증가"를 보이며 훨씬 더 급속히 치솟기 시작한 것이다.[33]

마지막으로, 인류세가 1945년에 시작됐다고 보는 이들도 있다.[34] 이 해에 첫 핵무기 실험(과 실전에서의 첫 사용)이 있었다. 핵실험은 1950년대와 1960년대 내내 계속되다가 1963년 부분적핵실험금지조약PTBT이 체결된 이후 급속히 줄었다. 핵실험은 지구 전체에 영향을 끼쳤고 이는 극지 얼음과 호수의 퇴적층, 나무 나이테에서 방사성동위원소를 측정해 확인할 수 있다. 이 무렵 생긴 나이테에서는 핵무기에서 나온 탄소 동위원소의 농도가 확연히 최고치를 보여 황금 못 구실을 하는데 이것은 인간 활동으로 인한 것임이 틀림없다.[35] 수십만 년의 기간을 다루는 지질학자들에게 이는 물론 극도로 최근의 일이다.[36]

이리듐 매장층으로 신생대의 시작을 식별할 때와 마찬가지로, 핵무기 실험이 이 시기에 벌어진 가장 중요한 사건이라는 뜻은 아니다. 인류세의 시작 사건으로 여겨지려면, 인간 사회에 큰 변화가 일어나고 그 영향으로 지구환경에 중대한 변화가 일어난 시기를 그저 대표하기만 하면 된다. 지구 시스템 과학자들은 바로 이 시기에 그런 변화가 일어났다고 본다.

20세기 후반은 인류가 지구 상에 존재한 역사를 통틀어 유일무이한 시기다. 수많은 인간 활동이 20세기의 어느 시점에 이전까지의 규모를 벗어나 고조되더니 세기말로 가면서 급격히 가속됐다. 후반기 50년은 인간 종의 역사에서 인간과 자연 세계의 관계가 가장 빨리 변한 시기임이 틀림없다.[37]

'인류세 워킹그룹'은 2015년에 발표한 논문에서 20세기 중반에 "인류가 뚜렷하게, 상대적으로 급격히 지구환경을 변화시킨 시기"가 시작됐다는 견해를 지지했다.[38] '인류세 워킹그룹'은 인류세를 지질학 기록에 추가할 가능성을 염두에 두고 일련의 과학자 등이 모인 것이다. 2016년 여름, 이 그룹의 회원 35명은 인류세가 층서학적으로 실재하며 공식화돼야 한다는 견해를 압도적 표결로 지지했다. 그뿐 아니라 시점과 관련한 여러 후보들 중 1950년 무렵이 28.3표를 받았는데 이는 '지구 못' 등 좀 더 이른 시기를 제안한 다른 후보들보다 훨씬 많은 지지를 받은 것이다. 플루토늄 낙진은 가장 많은 사람이 선택한 인류세의 최초 신호였다.[39] '인류세 워킹그룹'은 인류가 홀로세 이전부터 층서 기록에 영향을 끼쳤다는 점을 인정하지만, 현재 그들의 다수는 20세기 중엽에 홀로세가 끝난 것으로 여겨도 될 만큼 인류의 영향이 강해졌다는 데에 동의한다.

제2차세계대전 이후는 급격한 인구 증가, 도시화,[40] 농업 집약화, 텔레비전·승용차·냉장고와 같은 소비재의 대량 보급이 이뤄진 시기다. 이 시기에 일회용 포장이 크게 늘어 엄청난 쓰레기 문제를 낳은 것은 이런 변화가 환경에 끼친 결과의 한 사례일 뿐이다.[41] 그림 1은 세계 GDP, 에너지 사용, 대기 중 이산화탄소 농도가 20세기 중엽에 "하키 스틱" 모양으로 급격히 상승하는 것을 보여 준다.

인류세의 시점에 관한 지질학자들의 논쟁은 기후변화 대처를 위해 더 시급히 필요한 일들과는 사뭇 동떨어져 있거나 심지어 엉뚱한 곳으로 주의를 돌리기 위한 것처럼 보일 수도 있다. 그러나 인류세의 시점에 대한 상이한 관점들은 흔히 기후변화의 원인과 그 잠재적 해법 모두에 대한 매우 상이한 해석들과 연관돼 있다. 인류세가 머나먼 과거에 시작됐다는 각종 가설을 지지하는 사람들은 지구환경 변

그림 1. 세계 실질 GDP, 1차에너지 사용, 대기 중 이산화탄소 농도

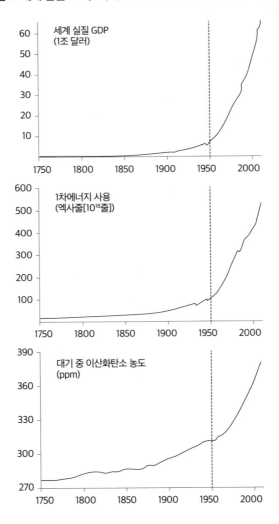

출처 : Will Steffen, Wendy Broadgate, Lisa Deutsch, Owen Gaffney, and Cornelia Ludwig,
"The Trajectory of the Anthropocene: The Great Acceleration", *Anthropocene Review*, 2015.

화를 "정상으로 취급한다"고 비판받아 왔다.[42] 오늘날 환경문제의 뿌리가 인간 문명의 등장 자체에 있다고 주장함으로써 이들은 기후변화의 위험성과 재앙이 닥치기 전에 이런 환경문제들을 해결해야 하는 시급함을 과소평가한다. 이는 인류세 진단의 충격 효과(인류세 진단이 애초 화두가 된 이유)를 누그러뜨리는 것이다. 이언 앵거스는 이런 관점이 반反환경주의 로비스트들에 의해 퍼지고 있다고 본다.[43]

홀로세가 [인간이 살기에] 좋은 환경이라고만 말하기는 어렵다. 이 시기 전체에 걸쳐 지진, 화산 폭발, 지진해일, 기근 같은 재난이 벌어졌다. 세계 인구 대부분의 삶은 늘 불안정했다. 그럼에도 홀로세는 종종 인류세가 불러올 수 있는 상황보다 상대적으로 인류의 안녕에 유리한 것으로 여겨진다. "홀로세는 복잡한 인간 사회와 양립할 수 있다고 우리가 확실하게 얘기할 수 있는 유일한 환경이다."[44] 그래서 앵거스는 인류세가 20세기 중엽에 시작됐다는 생각을 지지하고 매우 빠르게 진행 중인 세계적 재앙에 모든 사람이 신속히 대처해야 한다고 말한다. 그러면 일부 좌파가 인류세 논의에 회의적인 이유는 뭘까?

인류세에 대한 부적절한 주장들

인류세에 관한 설명 중에는 정치적으로 특별히 문제가 심각한 것이 있다. 그 표준적 설명은 보통 이런 식이다. 인간에게는 다소 파괴적인 본성이 있다. 따라서 우리가 인류세에 도달한 것은 어쩔 수 없는 일이다. 모든 인간이 이 일에 어느 정도 연루돼 있다. 우리가 인간 본성을 바꿀 수는 없으므로 문제를 바로잡으려면 극단적 조치

(지구공학)가 필요할 것이다. 인류세에 관한 이런 표준적 설명을 지지하는 일부 사람들은 인간은 다른 종과 달리 불을 사용하는 능력 때문에 지구환경을 조작할 수 있게 됐다고 여긴다. 먼 옛날 인류가 불을 피우는 방법을 알아냈을 때, 이는 훗날 화석연료 추출 방법을 배우도록 단선적으로 예정돼 있었다는 것이다. 인류는 화석연료도 태울 수밖에 없는 운명이었다. 이로써 각종 연쇄반응을 거쳐 화석연료 사용이 급속히 확대됐고 우리가 오늘날 목도하는 것처럼 탄소 배출이 치솟는 상황이 펼쳐졌다. 한 과학 논문에 따르면, "우리 조상들이 불 사용법을 배움으로써 인류는 다른 종이 가질 수 없는 강력하고 독점적인 도구를 갖게 됐다. 이로써 인류는 인류세로 나아가는 긴 여정 위에 확고히 놓이게 됐다."[45]

이런 설명에는 역설이 있다. 인류는 과거 어느 때보다 더 큰 힘을 갖고 있는 것으로 여겨진다. 역사상 처음으로 인류는 지구 전체를 새로운 시대로 밀어넣을 수 있다. 그러나 이런 인류가 정작 상황을 실질적으로 바꿀 힘은 거의 없다는 것이다. 전례 없는 기술을 이용한 개입 정도가 아니면 통제할 수 없는 지구적 변화를 촉발할 지금 같은 상황에 직면해서 말이다.

인류세 과학자들은 자연의 "거대한 힘"을 언급하며 다음과 같이 주장한다. "인간 활동은 너무나 광범하고 강해져서 자연의 거대한 힘에 필적한다."[46] 이는 인류가 자연의 나머지와 분리돼 그것에 맞선다는 자아도취적 개념을 떠올리게 한다. 인류세에 관한 일부 논의들을 포함해 현대의 환경 운동 내에 이처럼 자연과 사회를 분리하는 개념이 있는데 이 개념은 특히 문제다. 이런 개념은 인간이 "자연"에 충격을 주는 존재일 뿐이라는 생각에 철학적 기초를 제공한다. 우리가 "자연을 구하기" 위해 할 수 있는 최선은 "우리"가 미치는 충격을 최소화하고 나머지 세계를 내버려 두는 것이라는 얘기다. 이런 표준적 설명에는 인류의 영향이 지금 수준에 도달하기 전까지는 "자연"이 훼손되지 않고 아주 깨끗한 상태였다는 함의가 있다. 과학자들은 심지어 "이제 지구가 자연적 지질 시대를 벗어나고 있다"고[47] 선언하기도 했는데 이는 홀로세가 뭔가 "자연적"인 것이라는 함의를 담고 있는 것이다. 홀로세 자체는 지질학적으로는 매우 짧은 시기, 근본에서는 빙하기 사이의 시기를 뜻할 뿐이며 인류는 이미 이 시기에 외부 환경에 영향을 끼치기 시작하고 있었음을 떠올려 보라.

우리가 자연의 힘을 압도하고 있다지만, 동시에 우리 자신도 자연의 힘의 일부다. 인간의 파괴성이 인류의 "자연적 본성"이라는 주장대로라면 인류세는 자연스러운 현상이면서 동시에 부자연스러운 현상이 되는 것이다.[48] 이와는 대조적으로 (뒤에서 더 자세히 다루겠지만) 마르크스주의적 접근법은 자연 세계 속 인류의 구실에 관한 훨씬 더 정교하고 변증법적인 이해에서 출발해야 할 것이다.

인류세에 대한 지배적 설명은 탈정치적이라는 비판을 받아 왔다. 여기서 탈정치적이라는 것은 "이데올로기적 대립과 투쟁을 기술·관리 상의 계획으로 대체하는 사회·정치적 처리 방식"이고, 이렇게 되면 "정치적 주장과 논쟁, 방향 전환도 제한된다."[49] 달리 말해, 이런 설명 방식은 환경 파괴의 책임이 우리 모두에게 있다고 말한다(좀 더 일반적으로는 기후변화에 관한 일부 주장들도 마찬가지다). 기후변화는 인류 전체의 문제인 만큼 문제의 본질에 관한 이견은 제쳐 두고 공동의 해법을 위해 함께해야 한다는 주장이다. 이런 주장은 어떤 기술을 채택할지에 대한 매우 협소한 물음으로 정치적 논쟁을 제한하는 경향이 있다.

따라서 크뤼천이 기후변화의 해법으로 첨단 지구공학 기술이 필요할 것이라고 제안한 것은 놀랍지 않다. 그는 인류가 정치적 수단을 이용해 충분히 신속하게 기후 위기에서 빠져나올 수 있을지에 대해 회의적이고, [미세 먼지 원인 물질인] 황을 대기 중에 살포해 [성층권에 미세 먼지 층을 만들어] 기후를 냉각시키는 전략을 선호한다.[50] 이 문제를 충분히 다루는 것은 이 글의 범위를 넘어서는 문제다.[51] 그러나 자본주의 사회가 낳은 문제를 기술로 해결하려는 이런 접근법에 대한 한 가지 비판은, 심지어 그런 다양한 시도 중 하나가 실제로 효과가 있더라도(그조차 보장할 수 없지만), 그런 해법은 기후변화의 근본적 원인이 아니라 증상을 다룬다는 것이다. 지구를 냉각시키는 것은 지구온난화 외의 다른 다양한 환경문제를 해결할 수 없고 그 자체가 환경에 부정적 영향을 끼칠 것이 거의 확실하다. 기후 과학자 케빈 앤더슨이 지적하듯 더 즉각적으로 우려되는 것은 미래에 지구공학으로 문제를 바로잡을 수 있다는 기대가 지금 당장 정치적 행동에 나서지 않을 핑계가 된다는 점이다. 2015년 파리에서 열린 대부분의 유엔 회담들은 온실가스 감축 목표를 필요한 만큼 급진적으로 정하지 못했는데, 인류가 언젠가는 대기 중 이산화탄소를 제거하는 방법을 찾아낼 것이라는 가정 아래 논의가 이뤄졌기 때문이다. 크뤼천이 의도하지는 않았을지라도 지구공학이 "최후의 차선책"이 아니라 유일한 계획의 일부로 여겨졌을 수 있다.[52]

인류세에 관한 탈정치적 설명과 관련된 것으로 인류세가 "좋은 것", "위대한 것"이라거나 기꺼이 환영해야 할 것이라는 그릇된 생각도 있다. [미국의 환경학자] 얼 엘리스는 자신의 외부 환경을 변화시킨 첫 생물 종이 호모사피엔스는 아니라고 지적한다. 예컨대 녹색식물이 처음 진화해 나왔을 때 산소를 만들어 냄으로써 지구 대기를 극적으로 변화시켰다. 그러나 인간은 식물과 달리 지구 전체에 끼치는 영향을 의식하고 우리의 행동을 바꿀 능력이 있다. 이는 합당한 지적이지만 엘리스는 인류가 마침내 자신이 끼치는 부정적 영향을 "각성"했고 우리가 인류세에 살고 있다는 지식을 그저 선용하면 된다는 생각으로 나아간다.

인류세 토론의 부흥은 그 자체로 사회가 지구 시스템 전체에 영향을 끼치고 있는 현실에 눈을 떴음을 뜻할 수 있다. … 우리는 이 새로운 "자연의 위대한 힘"이 인류와 인류 이외의 자연 모두에게 좋은 결과를 낳도록 이끌 수 있다. 우리를 인류로 만드는 힘인 초사회성을* 인정하고 그것을 이용해 인류세의 거대한 도전(의식적으로 더 나은 사회와 자연 공동체를 건설하는 것)으로 나아가야 한다.[53]

인류세가 좋은 것이라고 주장하는 사람들은 그 덕분에 기술 사용 증대에 기초한 미래 사회의 "낙관적 전망"을 제시할 커다란 기회

---

* 초사회성(ultrasociality) 큰 무리를 지어 낯선 사람들과 협력할 줄 아는 인간의 능력을 가리키는 진화생물학 용어.

를 누리게 된다고 주장했다. 그들은 심지어 주류 환경주의자들이 자연재해나 자원 고갈에 관한 우려를 제기하는 것은 지나치게 비관적이라고 비판했다. 이 경우에도 제안된 모든 기술혁신을 구현할 책임이 누구에게 있는지에 대한 논의는 거의 찾아보기 어렵다.[54]

그러나 인류세라는 용어를 사용하는 사람들이 모두 표준적 설명의 이원론적 사고를 받아들이는 것은 아니다. 일부 논평가들의 경우 인간이 자연에 가하는 충격을 부각하기보다는, 인간 활동이 자연의 나머지와 얼마나 밀접히 연결돼 있는지를 인식하게 해 준다는 점에서 인류세 개념이 매우 유용하다고 여긴다. 지상의 모든 생명체는 결과적으로 인간이 없을 때보다 온실가스 농도가 더 높은 환경에서 살고 있다. 따라서 인류세라는 생각은 "자연"을 인간 사회와 분리된 어떤 것으로 여기는 개념을 이전부터 비판해 온 사회과학 내의 한 분야에도 기여할 수 있다. 그런 이해 방법의 한 사례가 (마르크스주의적 관점에서 쓰인 것은 아닐지라도) 제이미 로리머의 책 《인류세의 야생동물》이다. 이 책에서는 도시처럼 인간이 만든 환경에서 사는 야생동물에 대한 관심을 불러일으키려고 인류세 개념을 사용하는데 그럼으로써 자연을 "야생의 것"으로 간주하는 생각을 비판한다.[55]

인류세는 허상?

인류세라는 생각을 좌파적 관점으로 비판하는 인물 중 두드러진 이는 안드레아스 말름이다. 말름은 학자이자 활동가로, 2015년 파리 회담 결과에 진지한 행동이 결여돼 있다고 옳게도 강력히 비판한다.

그는 기후변화를 저지하기 위한 "전투적 거리 시위"를 호소한다.[56] 분명히 그는 오늘날 환경문제의 심각성에 관해 전혀 안이하지 않다. 그런 그가 왜 "인류세는 허상"이라고 말했을까?

말름은 인류세를 비판하면서 증기기관의 발명, 산업혁명 그리고 이와 연관된 화석연료 사용의 증가와 함께 인류세가 시작됐다는 크뤼천의 주장으로 돌아간다. 그는 화석연료 사용을 초기 인류의 불 사용의 직접적 결과로 보는 주장에 중요한 반론을 제시한다. 즉, 크뤼천 등이 1830년대 영국에서 실제로 무엇 때문에 증기력이 채택됐는지를 별로 말하지 않는다고 지적한다. 그는 상세한 역사적 분석에 기초를 두고 증기기관이 어떻게 당시 자본주의 사회에서 각광받고 특정한 목적에 이바지했는지 보여 준다.

말름은 증기기관이 수차水車 같은 대안적 형태의 기술에 비해 비용이든 에너지 생산능력이든 기술적으로 뛰어나지 않았다고 주장한다. 사실 개별 공장주 입장에서 석탄은 더 비싼 선택지였다. 그러나 석탄은 자본가들에게 다른 여러 이점을 제공했다. 석탄은 에너지를 지속적으로 공급할 수 있게 했다. 석탄은 수력과 달리 서로 다른 자본가들이 집단적으로 기반 시설에 투자할 필요가 없었다. 석탄은 하루 중 아무 때나 사용할 수 있었다. 아마도 가장 중요한 것은 증기력 덕분에 산업 생산을 맨체스터 같은 도시로 들여올 수 있었다는 점일 것이다. 도시는 갈수록 값싼 양질의 노동력을 대량으로 공급했다.[57] 말름은 증기력이 소수가 생산수단을 소유하고 사회의 나머지 대다수는 임금노동자로 내몰린 초기 자본주의 체제의 "전제 조건"이었다는 점에 주목했다.

진부한 지적이지만, 증기기관은 인간 종의 자연스럽게 생겨난 대표들이 채택한 것이 아니다. 상품 생산에서 어떤 원동기를 쓸지 선택한 것이 하나의 종으로서 인간의 능력이 발휘된 것이라 볼 수는 없는데 상품 생산은 애초에 임금노동 제도를 전제로 한 것이었기 때문이다. 새로운 원동기[증기기관]를 설치한 것은 생산수단 소유자들이었다.[58]

이 주장의 핵심은 기후변화가 정치적 문제이고, 계급투쟁의 결과로 석탄이 도입됐다는 것이다.[59] 당시 자본가들이 기후변화를 이해하거나 예측한 것은 아니지만, 치열한 저항을 무릅쓰고 합심해서 화석연료 연소로의 전환을 관철시켰다는 점에서 인류세는 의식적으로 야기된 일이다. 인류세는 그저 인류 진화의 자연스러운 과정의 일부로서 벌어진 일이 아니다.

말름의 전반적 주장에서 도출되는 또 다른 쟁점은 당연히도, 우리 모두가 인류의 일부로서 화석연료 연소에 똑같은 책임이 있는 것은 아니라는 점이다. 화석연료 체제로의 전환은 19세기에 인간 종 중에 특별한 부류의 인간들(부유한 영국 백인 남성)에 의해 벌어졌다. 오늘날에도 인류 전체가 탄소 배출에 책임져야 한다고 할 수 없다. 개인의 에너지 소비는 그들이 살고 있는 사회의 유형에 크게 좌우된다. 캐나다인의 평균 에너지 소비는 [아프리카 사막지대인] 사헬지역의 보통의 농부보다 무려 1000배나 많다. 전체적으로 가장 가난한 인구 45퍼센트가 배출하는 탄소는 전체 배출량의 7퍼센트밖에안 된다.[60]

여기서 말름의 주장이 반드시 인류세라는 용어 자체에 대한 비판은 아니라는 점에 주목할 필요가 있다. 말름이 비판하는 대상은 인류세에 대한 특정한 설명 방식이다.[61] 그렇지만 그가 인류세라는 용어를 마르크스주의자들에게 그다지 유용하지 않은 것으로 여긴다는 점도 말해야 공평할 것이다.

말름의 주장에는 동의할 만한 내용이 많다. 기후변화를 정치 쟁점화하고 인류 전체가 아니라 자본가들을 비난하려는 노력은 옳은 것이다. 환경문제는 다시 한 번 계급투쟁의 장이 될 수 있다. 최근 멸종반란 같은 단체들이 성장하고 이례적인 세계적 동맹휴업이 벌어지는 등 사람들이 대규모로 기후 행동에 동참하기 시작했다. '기후변화가 아니라 체제 변화를' 같은 급진적 구호가 많은 이들에게 받아들여지고 있다. 배출량 감축을 위한 일자리를 요구하는 노동조합 등의 기후 일자리 투쟁, 자원 추출(프래킹, 타르샌드 추출, 금광 개발 등)이 지역 환경에 끼치는 영향 때문에 벌어지는 투쟁, 기상이변의 충격 때문에 벌어지는 투쟁이 모두, 기후변화에 관한 한 "우리 모두에게" 책임이 있는 게 아니라는 점을 제기하기 시작했다.[62]

그러나 마르크스주의자들을 포함해 여러 논자가 인류세 개념을 무시해선 안 된다고 주장해 왔다. 말름의 주장 중 상당 부분은 크뤼천 등 특별히 문제가 많은 관점을 가진 몇몇 사람들을 비판하기 위한 것이다. 그러나 인류세를 둘러싼 논쟁은 그보다 훨씬 더 광범해지고 있다. 특히 '인류세 워킹그룹'이 인류세를 좀 더 최근에 시작된 것으로 보려 하는 상황에서 말름이 인류세를 산업혁명과 밀접히 연결시키는 것은 너무 성급한 듯하다. 공정하게 말하자면 이 과학자들도 기후변화 문제로 모든 사람이 똑같이 비난받아서는 안 된다는 점을 알고 있다. 크뤼천 자신도 초기부터 인류의 25퍼센트에게만 책임이 있다고 주장해 왔다.[63] 사회과학자들의 비판이 제기된 뒤에는 적어도 부국에 사는지 빈국에 사는지 여부에 따라 사람들을 구분하는 연구가 추가로 이뤄지기도 했다. 물론 이것이 문제의 궁극적 기원에 관한 역사적·계급적 분석과 같지는 않더라도 말이다.[64]

말름은 한 인간 집단과 다른 집단 사이에서 계급투쟁이 벌어지고 가장 강력한 집단이 승리한다는 식으로 역사 발전을 설명하려는 경향이 있다(계급투쟁 결정론이라고 부를 수 있을 것이다). 이처럼 인간 사이에 벌어진 일을 살펴보고는 인간 사회가 나머지 자연과 어떤 관계 속에서 발전했는지는 거의 강조하지 않는다. [미국의 환경 사학자] 제이슨 W 무어는 이런 사고방식을 날카롭게 비판하며, "인간 활동이 생물계를 변화시킬 뿐 아니라 인간 사이의 관계 자체도 자연의 산물이다" 하고 지적한다.[65] 무어는 따라서 이 시대의 시작은 화석연료 사용이 확대된 19세기보다는 자본주의 체제의 등장으로 사회-자연 관계에 근본적 변화가 일어난 15세기 말로 거슬러 올라가야 한다고 주장한다.

많은 이들에게 인류세란, 현실에서 실제로 벌어지고 있고 그것을 뒷받침하는 과학적 증거가 압도적인 현상에 붙이는 이름이다. 따라서 인류세라는 용어 자체를 거부하기보다는 인류세의 원인을 이해해야 한다. 또한 인류세는 과학자, 활동가, 사회 구성원 사이에 환경과 그 속에서 인류가 하는 구실에 대한 토론을 어느 정도 촉발시켰는데 이는 분명히 환영할 만한 일이다.

마르크스주의적 방법을 향해

인류세를 이해하려면 사회를 이뤄 살아가는 인류를 포함해 생명체들이 능동적 구실을 하는 복잡계로서 지구를 연구하는 방법이 필요하다. [미국의 화학자] 윌 스테픈 등은 다음과 같이 썼다.

> 이런 방법이 등장하는 데에는 지구 시스템 작동의 두 측면에 대한 인식이 결정적이었다. 첫째, 지구 자체는 단일 체계이고 생물권은 그 속의 능동적이고 필수적인 구성 요소다. 둘째, 이제 인간 활동은 너무 광범하고 엄청나서 그 영향이 세계적 수준에서 복합적이고 상호 작용하는 방식으로 작용하며 그 정도가 점점 심해지는 듯하다는 것이다.[66]

이런 시스템을 제대로 이해하려면 사회과학과 자연과학의 개념이 둘 다 필요하다. 또 복잡계가 어떻게 점진적이거나 단절적인 변화를 겪을 수 있는지 이해해야 한다. 인류가 언제나 외부 환경과 복잡한 관계를 맺어 왔음을 인정하면서도 이 관계의 본질이 최근 결정적으로 변했으므로 최근의 인류세 제안을 진지하게 받아들여야 한다고 주장하는 것은 얼마든지 가능하다. 이런 생각은 마르크스주의 사상과 대립하지 않는다. 실제로 자연 세계에서 인류의 구실에 대해 카를 마르크스와 프리드리히 엥겔스가 개요를 제시하고 후대의 마르크스주의자들이 발전시킨 이해 방법은 인류세의 함의를 가늠할 수 있는 정교한 기초를 제공한다.

엘리스는 인류세를 이해하려면 왜 다른 종들이 아니라 인류가 지구적 세력이 됐는지 이해해야 한다고 주장한다. 인류는 왜, 어떻게 수렵·채집 사회에서 농업 사회로, 나중에는 도시와 세분화된 분업과 급속히 발전하는 기술을 갖춘 좀 더 복잡한 사회로 나아갔을까? 어떻게 인류는 그 영향이 지질 기록에서도 측정될 수 있을 만큼 자연 세계를 심대하게 변화시키는 수준에 도달했을까?[67] 마르크스주의는 이런 물음들에 답변을 줄 수 있다. 마르크스는 《자본론》에서 노동과정에 대한 고유한 분석을 개진하며 인간이 외부 자연에 영향을 끼치면서 동시에 그 자신을 변화시킨다고 지적했다. 그는 인류가 자연 세계를 변화시키는 능력 면에서 다른 동물과 구별된다는 점에 동의했을 것이다. 그의 다음 주장은 잘 알려져 있다.

거미는 직조공이 하는 일과 비슷한 일을 하며, 꿀벌의 집은 인간 건축가를 부끄럽게 한다. 그러나 가장 서투른 건축가를 가장 훌륭한 꿀벌과 구별하는 점은, 사람은 집을 짓기 전에 미리 자기의 머릿속에서 그것을 짓는다는 것이다.[68]

그래서 인간은 의식적이고 계획적인 행동을 통해 자연 세계를 다룰 수 있는 능력이 다른 동물들보다 질적으로 더 크다(비록 우리는 전능하지 않고 우리의 행동이 뜻밖의 의도치 않은 결과를 낳을 수도 있지만 말이다).

인류는 다른 동물들과 같은 조상에서 진화했고, 따라서 인간의 구별되는 능력은 타고난 것이 아니라 진화 과정에서 생겨났을 것이다. 엥겔스는 "유인원이 인간으로 진화하는 데서 노동이 한 구실"이라는 짤막한 에세이를 통해 우리의 영장류 조상에게서 어떻게 인간의 능력이 진화했을지에 관한 한 가설을 제시한다.[69] 그는 우리의 조상이 노동을 통해 외부 자연을 다룬 결과로 이런 진화가 일어났다고 가정했다. 그는 다음과 같이 결론 내렸다.

동물의 계획적 행동은 어떤 것도 대지에 자신의 의지의 흔적을 남기는 데 성공하지 못했다. 그 일은 인간에게 남겨졌다. 요컨대 동물은 환경을 그저 이용할 뿐이며 단순히 존재함으로써 변화를 일으킨다. 반면에 인간은 자신의 목적에 부합하도록 자연을 변화시키고 제어한다. 이것이야말로 인간과 다른 동물의 궁극적이고 본질적인 차이이며, 이런 차이를 불러일으키는 것도 또다시 노동이다.[70]

"유인원이 인간으로" 진화한 것은 인류가 외부 자연과 관계 맺는 방식이 질적으로 달라졌음을 보여 준다. 따라서 마르크스와 엥겔스의 이런 설명은 이후 인류가 지구환경을 홀로세에서 인류세로 변화시키면서 어떻게 더한층의 변화가 일어났는지 이해하기 위한 기초를 이미 놓은 것이다.

인간이 외부 자연에 적응하는 과정에서 자신의 본성을 변화시킨다는 마르크스의 주장은 일부 인류세 논자들이 제시하는 인간 본성에 대한 단순한 이해보다 훨씬 정교하다. 모든 인간은 생물학적으로 의식주 같은 기초적 욕구가 있으며, 우리는 자본주의가 기본적으로 우리의 필요를 적절히 충족시키지 못한다고 비판할 수 있다. 그러나 우리가 언제나 이기적이거나 폭력적이거나 경쟁적이라고 여길 이유는 없다. 오히려 "우리의 본성은 끊임없이 진화하는 과정에 있다."[71] 역사적으로 인간의 행동과 심리는 인간이 생활하는 사회의 종류에 따라 극적으로 변해 왔다. 마르크스가 보기에 사회관계에서 분리할 수 있는 고정불변의 "인간 본성"은 없다.[72]

화석연료를 태우게 만드는 모종의 본성이 우리에게 있다고 주장하는 사람들이 있는 만큼, 인간 본성 자체, 그것이 어떻게 각기 다른 종류의 사회의 필요에 따라 변해 왔는지를 마르크스주의로 이해하는 것은 명백히 중요하다. 아닌 게 아니라, 마르크스주의는 인간 본성이 고정돼 있고 본질적으로 파괴적이어서 환경문제의 원인이라는 생각을 효과적으로 비판해 왔다. 예를 들어 생물 다양성 보전에 관한 글에서 [마르크스주의자] 이언 라펠은 이처럼 인간을 혐오하는 사고의 기원이 생물학적 결정론임을 들춰낸다. 생물학적 결정론은 파괴적 행동을 야기하는 외견상의 경향이 우리 유전자 구성에서 비롯한다고 본다.[73]

인간의 활동은 자연 세계와 복잡한 관계를 맺지만 인간은 단지 개인으로서 이런 관계를 맺는 것이 아니다. 인간은 또한 사회적 존재이고, 우리가 자연과 맺는 관계는 우리가 사는 사회의 종류에 따라 달라진다. 이 기본적인 점을 인식하는 것이 마르크스주의자들이 발전시킨 환경문제 접근법의 핵심이다. 이런 접근법은 역사 전반에 걸쳐 사회가 변함에 따라 환경문제가 어떻게 생겨나는지 보일 수 있게 해 주고, 자본주의가 환경을 파괴하는 구체적 방식을 연구할 기초를 제공해 준다. 이는 우리가 환경에 대해 더 합리적으로 이해하며 사회관계도 그에 걸맞게 더 민주적이고 평등한 미래의 사회주의

사회를 상상할 수 있다는 뜻이기도 하다.[74]

　각종 인간 사회는 환경과 연관을 맺지만 자본주의가 환경에 끼치는 해로운 효과는 이전 사회들과 구별된다. 예를 들어 봉건영주는 농민과 농노를 착취했지만 그 자신과 신하들의 물질적 욕구만 만족시키면 됐다. 자본주의 사회에서 개별 자본가들은 자신들이 고용한 노동력을 착취해 더 많은 잉여가치를 축적하기 위해 서로 경쟁할 수밖에 없다. 자본가가 잉여가치를 뽑아내 이를 다음번 생산에 투자하는 데 실패하면 파산의 위험에 놓인다.[75] 클라인은 현대의 화석연료 산업에서 이런 일이 어떻게 벌어지는지 설명한다. 미래의 예상 수요를 충족할 원유와 가스 매장량을 확보하지 못하는 기업은 투자자들이 떠나서 손해를 보게 되므로 더 많은 화석연료를 찾아 지구 곳곳을 뒤질 수 밖에 없다.[76] 축적을 향한 이 상시적 압력은 점점 더 많은 자연 세계를 소비될 수 있는 상품으로 바꿔 놓는다. 무어가 설명하듯이 자본주의는 15세기 중엽부터 세계적으로 확장되면서 철·은·목재·설탕 등 더 많은 상품을 찾아 지구를 샅샅이 뒤졌고 그 확장 속도만큼 빠르게 삼림을 없애 버렸다.[77] 따라서 자본주의 발전은 생산력(기술·자원·관행·지식 등 생산과정에서 사용할 수 있는 능력)의 대대적 확장과 긴밀히 연결돼 있다.[78]

　앵거스도 자본주의가 문제라는 데에 동의하지만, 자본주의 중에서도 제2차세계대전 이후 자본주의의 특별한 발전, 즉 독점자본의 등장이 환경에 끼친 영향을 이해해야 한다고 주장한다. 거대 독점기업들의 지배력이 커지면서 소규모 기업의 시장 진입이 차단되는 등 경쟁이 제한된다. 그 결과 초과 잉여가 생겨나는데 이 때문에 기업들은 생산적 투자처가 부족하게 된다.[79] 앵거스는 또한 제2차세계대전이 20세기 전반과 후반을 구분하는 단순한 표지가 아니라 그 뒤에 일어난 사회적 변화에 중요한 영향을 끼친 사건이었다고 주장한다. 그는 전쟁 덕분에 미국이 유럽에 비해 경제적으로 훨씬 더 유리한 지위를 차지하게 됐고, 전쟁 동안에 제조업 기술이 혁신됐으며, 전쟁 이후에도 군수와 제조업 부문에 대한 국가투자가 더 일반적으로 유지돼 특히 미국의 독점기업들이 혜택을 받았다고 지적한다.[80] 독점자본론은 미국의 경기 침체를 지나치게 강조하고 마르크스주의적 분석에서 경쟁이 차지하는 구실을 과소평가한다는 비판을 받아 왔다.[81] 앞서 개략적으로 살펴봤듯이 경기 침체와 독점이 아니라 경쟁과 이윤 추구가 자본주의의 생태 파괴적 구실의 이면에 놓여 있는 궁극적 동인이다. 그러나 앵거스는 좀 더 일반적인 쟁점도 제기한다. 사회주의자들이 체제의 추상적 작동 원리뿐 아니라 20세기에 자본주의가 변해 온 구체적 과정도 분석해야 한다는 것이다.

마르크스주의자들은 또한 자본주의가 단순히 자연에 "영향"을 끼치는 것이 아니라 자연을 재구성하는 것으로 볼 수 있다고 주장했다. 예컨대 라펠은 '자본주의적 생태 환경'이 생겨났다고 설명하면서 단일 작물 경작의 확대, 자원 공급 고갈, 폐기물로 인한 환경오염 등으로 나아가는 경향 등이 그 독특한 특징이라고 말한다. "자본주의 아래에서 적극 가공되는 생태 환경은 이윤을 향한 지배계급의 열망에 의해 결정된다."[82] 자본주의가 특정한 생태 환경을 구축한다는 것을 마르크스주의자들이 받아들인다면 우리가 인류세에 살고 있다고 말하는 것도 큰 비약은 아닐 것이다. 달리 말해 자본주의는 지구적 규모에서 특정한 생태 환경을 만들었고 그 결과 이제는 지질 시대의 전환을 뜻하는 용어까지 필요하게 된 것이라 이해할 수 있다.

인류세가 몇 세기 전에 시작됐든 아니면 최근인 20세기 중엽에 시작됐든 자본주의가 세계적으로 끼친 영향 때문에 시작된 것은 분명하다. 인류는 다양한 사회 속에서 살아왔지만 자본주의만이 인류세를 낳았다. 어떤 이들은 환경문제를 인간성이 아니라 자본주의의 문제로 자리매김하기 위해 '자본세'라는 표현이 더 적절하다고 말한다.[83] 이 용어는 더 유명해질 수 있고 특히 급진적 사회과학자들 사이에서 그럴 것이다. 그러나 이 용어가 가진 약점 하나는 지질학자나 다른 자연과학자들이 받아들이기 어렵고(공식 지리학 용어법에 맞지 않다) 환경문제를 걱정하지만 자본주의를 (아직은) 비난하지 않는 사람들도 받아들이기 어렵다는 점이다.[84] '인류세'가 이미 보편적으로 쓰이고 있어 대안적 용어를 제안하는 것이 너무 늦기도 했다.

말름은 인류세 논의가 자연과학자들에 의해 주도돼 왔다고 주장한다. 알프 호른보리와 함께 쓴 글에서 그는 이런 현상을 "자연과학 공동체가 … 인간사의 영역으로 들어오려는 비논리적이고 궁극적으로 자멸적인 시도"라고 말한다. 이들은 그런 과학자들이 "자신들의 세계관을 사회로 확장"하고 있는데, "지질학자와 기상학자 등이 인간들 사이에서 벌어지는 일들을 연구하는 데 충분히 훈련돼 있지는 않다"고 말한다.[85] 이런 주장의 결론은 예컨대 화석연료 사용 증가의 사회적 원인에 대한 이해는 역사가 등의 사회과학자에게 맡겨야 한다는 것이다. 그러나 마르크스와 엥겔스라면 과학적 통찰을 이처럼 무시하거나, 자연과학자들이 인류와 관련된 문제에 견해를 밝히는 것이 주제넘은 짓이라고 주장하지는 않았을 것이다. 두 사람 모두 당대의 과학적 발견, 특히 다윈의 진화론에 관심을 기울였다. 그들이 다윈의 관점에 무비판적이었다는 뜻은 아니지만(다윈의 이론은 종종 자유주의에 기초했기 때문이다), 마르크스와 엥겔스는 다윈 사상의 핵심이 자신들의 세계관을 발전시키는 데에 중요할 수 있다고 생각했다. 이런 정신에 따라 앵거스는 지구 시스템 과학의 인식과 생태 마르크스주의를 종합해야 한다고 주장한다. 그는 "과학자들의 사회 분석력 결여를 방관자처럼 구시렁"댈 것이 아니라 사회주의자들이 자연과학자들의 말에 훨씬 더 주의를 기울여야 한다고 주장한다. "생태사회주의자들은 인류세 프로젝트를 생태주의적 마르크스주의 분석과 최신 과학 연구를 결합해 새로운 종합(즉 현재 지구 시스템 위기의 기원·본질·방향에 관한 사회·생태적 설명)으로 발전시킬 기회로 여겨야 한다."[86]

인류세를 설명하는 일부 방식이나 생각, 특히 "인류세는 좋은 것"이라며 "위기가 곧 기회"라고 주장하는 초낙관주의적 생각을 무비판적으로 수용하면 위험할 것이다. 그러나 기후변화를 포함한 많은 사안에서 문제의 근본 원인에 대한 지배적 담론이나 지배자들의 해법에 동의하지 않으면서도 문제가 실재한다는 것 자체에는 동의할 수 있다. 일부 과학자들이 우리가 보기에 잘못된 생각을 하고 있더라도, 사회주의자들이 인류세 논의를 통째로 부정하는 것은 도움이 되지 않는다. 오히려 이는 우파의 손에 그런 주장을 넘겨주는 효과를 낸다.[87]

과학자들은 지금 "평소 하던 대로 하는 것은 … 선택지가 될 수 없다"고 말하고 있다.[88] 자본주의가 계속되도록 내버려 둔다면 인류 멸종 가능성은 지극히 현실적이다. 그렇게 되면 인류세는 오래 지속되지 않을 것이고 짧은 지질학적 에피소드로 남을 것이다. 대안은 우리가 자본주의를 전복하고 우리 종이 살아남을 수 있는 지속 가능한 사회로 대체하는 데에 있다.

6장
거주 가능 지구:
생물 다양성,
사회, 재야생화

이언 라펠

인류세를 사회주의 생태학의 관점으로 분석하면 생물 다양성의 근원적 패턴 하나를 볼 수 있다. 바이러스부터 고래에 이르기까지 모든 살아 있는 생명체는 인간의 사회형태에 영향을 받는다는 점이다.[1] 일부 지역에만 존재하던 유인원 집단에서 세계화된 사회적 인류로 가는 긴 여정은 약 300만 년에 걸쳐 이뤄졌다. 약 30만 년 전 호모사피엔스가 출현한 이후 (그 지리적 규모나 생태계에 가하는 압력은 저마다 달랐지만, 접근 가능한 모든 서식지에서) 지구의 생물 다양성 패턴은 인간의 역사 발전과 떼려야 뗄 수 없는 관계였다.[2]

약 5만 년 전에 사회적·문화적 복잡성이 생겨났다는 사실은 장

출처: Ian Rappel, "The habitable Earth: biodiversity, society and rewilding", *International Socialism* 170 (spring 2021).

례 의식, 정교한 동굴미술, 언어, 제작된 도구 사용, 조직적 수렵·채집에 대한 고고학 증거로 뒷받침된다. 이런 공동체적 발전으로 통제화입* 기술 등을 이용해 계획에 따라 의식적으로 서식지를 변화시키는 것이 초기 인류 사회의 고유한 특징으로 자리 잡았다. 대략 1만 1000년 전에 농경이 시작되면서 생태계 조작 기술이 발전하자 인류의 이런 특징은 돌이킬 수 없고 전 지구적인 것이 됐다. 수렵·채집에서 정착 농업으로의 전환은 흔히 인간과 자연이 분리되는 중대한 전환점으로 묘사된다. 그러나 이 같은 시각은 수렵·채집 사회와 정착 사회 사이의 연속성을 과소평가하고, 작물 재배와 가축 사육이 시작되던 시기에 이미 많은 서식지가 변화를 겪었다는 사실을 간과한다.[3]

마지막 빙하기가 끝난 뒤부터 오늘날 세계 자본주의에 이르기까지 지난 1만 년 동안 모든 인류 사회는 사회 재생산을 유지하기 위해 자연을 이용했고 그 과정에서 저마다 독특한 생태적 특징을 형성했다. 이처럼 사회적 신진대사를 통해 생태적 표현을 발전시키고, 이를 통해 주변의 모든 생명체가 연쇄적으로 영향을 받게 되는 추세는 우리가 지구의 "핵심종"** 위치에 올랐음을 보여 준다.[4] 그러나 "핵심종" 구실을 하는 다른 종과 다르게 인간의 생태 활동은 생물지리적 환경과 기후에서 간접적으로만 영향을 받는다. 우리의 집단적 서식지, 즉 인류권은 사회적 집합 노동의 가용성·방법·동기를 추상적 사고과정들과 결합하는 복합적·상호적 인과 사슬로 특징지어진다.[5] 이

---

* 통제화입 범위와 강도를 정해서 일부러 자연에 불을 놓는 일.

** 핵심종 후주 4 참조.

과정에 따른 사회적·문화적 활동은 문자 그대로 우리와 짐승을 구분하는 기준이고, 우리의 독보적이고 부정할 수 없는 생태적 기량 때문에 인류세를 거치는 동안 인간 사회는 경이로운 지질학적 힘으로 떠올랐다. 그러나 우리가 생물권에서 우리의 일반적 서식지를 좌우할 수 있게 됐을지는 몰라도 그 사회생태적 방향까지 마음대로 결정할 수 있는 것은 아니다. 역사의 다른 모든 요소가 그렇듯이, 인간 사회는 자신들의 서식지(와 그에 수반되는 생물 다양성)을 만들지만 "자신이 직면한, 과거로부터 물려받고 주어진 조건 아래에서" 그런다.[6]

사회 변화와 생물 다양성

인류 역사를 통틀어 각종 사회형태들이 내·외부적 힘에 의해 다양한 속도로 변화하거나 사라졌다. 이 같은 사회 양식의 변화는 그에 상응하는 생태적 변화를 불러왔다. 새로운 사회는 매번 그 자신의 힘으로 특유의 서식지를 구성했고 이에 따른 새로운 생물 다양성 조합이 이전의 패턴을 대체하거나 그것과 융합됐다. 계급 구조와 계급투쟁이라는 분석적 렌즈를 통해 살펴보면 이 같은 사회 발전과 생물 다양성 사이의 역동적 상호작용은 의미심장한 그림을 보여 주며 그 그림이 꼭 부정적인 것도 아니다. 이 점은《공산당 선언》서두에서 다룬, 고대 그리스·로마에서 봉건사회를 거쳐 자본주의 사회로 이행하는 과정에서 사회 변화들이 생태계에 남긴 흔적들을 살펴보면 알 수 있다.[7]

고고학 증거에 따르면 인간이 지중해 지역을 개조하기 시작한 것은 청동기시대 후기로까지 거슬러 올라간다. 그러나 지중해 분지 전역의 생물지리학을 크게 변화시킨 것은 "고전 고대"(기원전 700년부터 7세기까지 지배하던 그리스·로마 사회)의 세계였다.[8] 노예와 농민의 노동을 통해 지중해 지역에서 농업이 발전하고, 도시국가들이 세워지고, 해상무역과 제국의 팽창에 필요한 조선업을 뒷받침하기 위해 임업(삼림 관리)이 발달하면서 생태계가 재편됐다. 이렇게 사회적으로 결정된 토지이용 방식은 벌목, 조림, 계단식 경작, 올리브와 포도 등의 단일 재배 농장 설립을 통해 경관을* 바꿔 놓았다. 키케로가 서기 43년 쓴 에세이 《신들의 본성에 관하여》에는 당대의 지중해 일대 서식지 변형에 대한 과감한 진술이 담긴 짧은 문단이 있는데, 이 구절은 환경주의자들이 흔히 현대 문명만의 특징이라 여기는 인간의 능동적 생태 개입이 이때 벌써 나타나고 있었음을 시사한다.

우리는 평야와 산에서 나는 과실을 향유한다. 숲·강·호수는 우리 것이다. 우리는 옥수수 씨앗을 뿌리고, 나무를 심고, 관개를 통해 대지를 비옥하게 하며, 강을 가두고 그 경로를 곧게 펴거나 구부러지게 만든다. 한마디로 우리는 자연 세계 안에 제2의 세계를 손수 만들어 내려 한다.[9]

지중해 분지의 생물 다양성을 결정한 토지이용 기술 중 많은 부분은 로마제국 전역으로 퍼졌고 중세 시대까지 살아남았다. 이후 중

---

* 경관 자연적 요소에 인간이 작용해 만들어 낸 지역 또는 그 지리학적 특징을 가리키는 용어. 이 글에서 '경관'은 경치나 풍경의 의미가 아니라 이 뜻으로 쓰였다.

세 시대에는 유럽 전역에서 1000년에 걸친 극적 서식지 변화가 일어
났다.[10] 봉건제는 특유의 토지 소유와 노동 양식을 통해 유럽 대륙
의 생물 다양성에 그 흔적을 남겼다. 유럽의 삼림(서기 500년 당시
토지 면적의 5분의 4를 차지했고 늪지부터 빽빽한 삼림지대, 목초지
까지 모두 포함했다)은 봉건영주와 교회·왕실 지배자의 배타적 지
배 아래 있었다. 이 엘리트층은 특권적 토지 권리를 손에 쥐고 다른
계급들의 토지 사용에 대해 십일조나 지대를 부과하며 통제했다. 봉
건적 계급 관계가 굳어지면서 노동 가능한 농노가 늘었고 지배 엘
리트층은 농노를 더욱 늘리고 착취하기 위해 삼림을 동원했다. 동원
할 수 있는 노동이 늘어나고 농업·임업 기술 발전이 결합되자, 14세
기 중반 흑사병이 유럽 대륙에 도착했을 무렵 이 지역의 삼림지대
는 토지 면적의 5분의 2로 줄어들었다. 중세 유럽의 삼림이 벌목돼
농업지대로 바뀐 것이다.[11]

이 시기에 유럽의 삼림이 파괴되고 그 안에 서식하던 대형 동물
의 일부(늑대, 곰, 오록스, 들소)가 사라졌지만, 봉건제 생산양식 아
래에서 새로운 서식지가 생겨나거나 이전까지 주변적이었던 서식지
가 팽창하기도 했다. 왜림 작업을 통한 삼림 관리, 윤작과 휴한, 가
축을 방목하거나 건초를 얻기 위한 목초지 조성 등의 행위가 반半자
연적 초원, 경작지, 관목 서식지를 만들어 냈다. 유럽 전역에서 '자연
천이'* 과정이 방해받았기 때문에, 삼림 회복으로 사라졌을지도 모
를 틈새 생태계들이 유지됐다.[12] 초원나비처럼 이전에는 고립돼 서식

---

* 자연 천이 후주 12 참조.

하던 종이 혼합농업으로 조성된 새로운 자연환경에서는 곳곳에 자리 잡을 수 있었다. 벌목 이전의 삼림지대와 밀접히 연관됐던 다른 종들 또한 새로운 서식지에 적응했다. 오늘날 유럽 대부분 지역에서 "농경지 서식 조류"로 분류되는 새들이 그렇게 인식되는 것도 소규모 농업에 적응한 것에서 유래했다. 이와 마찬가지로 지난 반세기 동안 각종 농경지 서식 조류의 개체 수가 줄어든 이유도 다름 아니라 가축과 작물을 함께 기르던 "전통적" 혼합농업이 쇠퇴했기 때문이다.[13]

소규모 농업으로 탄생한, 풍부한 생물 다양성을 갖춘 서식지들의 모자이크가 이룬 문화경관을 두고 초기 부르주아 자연주의자들(또한 오늘날에도 많은 이들)은 "자연적 상태"라고 찬미했다. 이는 유럽의 생물 다양성이 인간 문명과 함께 진화했다는 사실을 흐린다. 현대의 보전주의자들은 이 사실을 스쳐지나가듯, 마지못해 인정할 뿐인데 그들은 인간생태학을 현대 산업 시대에만 한정해서 분석하려는 경향이 있다.[14]

사회형태가 생물 다양성에 미치는 근본적 영향은 지구의 현존 생태계들에 붙은 명칭에서도 확인된다. 잇따른 사회체제가 일으킨 생태적 변화에도 불구하고, 더 정확히 말하면 그 변화 덕분에, 지중해 분지는 오늘날 세계에서 가장 중요한 "생물 다양성 핫스팟" 중 하나가 됐다.[15] 수천 년간 [농경지에 투입되는 노동과 자본이 적은] 조방농업이 이뤄지고 인간에 의해 삼림이 관목·허브가 풍부한 서식지(각각 빽빽한 관목 지대인 '마키', 향이 그윽한 '가리그'라 불린다)로 전환된 결과, 인류 역사상 가장 흥미롭고 감탄을 자아내는 경관들이 형성됐다.* 높은 수준의 인간 노동 투입을 통해 발전되고 유지되는 계단식 경작 같은 농업기술이 지중해 지역 건조대에서 자연적으로 벌어질 수 있는 토지 침식을 줄이는 구실을 했다.[16] 사회적 목표를 향한 인간의 집단적 활동이 이 지역 생태계 안정의 토대를 놓았고, 열대 지방을 제외하면 식물군의 생물 다양성이 가장 풍부한 지역으로 만든 것이다.[17]

봉건제에서 자본주의로의 혁명적 전환에도 불구하고 유럽의 생물 다양성과 과거 조방농업식 실천 사이의 강력한 상호 의존은 현대에까지 이어졌다. 이언 뉴턴이 썼듯이, "심지어 20세기 중반까지도 … 농부들은 농작물을 재배하는 만큼이나 효과적으로 생물 다양성을 만들어 냈다. 이 생물 다양성은 농작물 재배의 우연한 부산물이다."[18]

사회적 다양성, 인종차별, 생물 다양성

사회적 신진대사(이에 따른 문화적·사회적 실천)와 생물 다양성 사이의 연관성을 인식하는 것은 자본주의가 불러온 멸종 위기와 사회주의적 대안을 이해하기 위한 필수적 첫걸음이다. 그러나 부르주아 사회의 악명 높은 생태적 특징을 논하기 전에, 유럽 바깥에 존재하던 사회들의 의미심장한 다양성에 주목할 필요가 있다.

전前 자본주의 사회들은 현기증이 날 정도로 다종다양하다. 고고

---

* '마키'와 '가리그'는 둘 다 지중해 지역의 특정 서식지를 가리키는 프랑스어 단어가 어원이다.

학적·역사적 증거에 따르면 비非유럽 세계는 상호 연결되거나 고립된 사회구성체들을 씨줄과 날줄 삼아 엮인 다채로운 세계였다. 도시 국가부터 수렵·채집 공동체까지, 정착 농업과 조직적 연안어업부터 유목과 이동경작으로 생활한 사회까지 모두 그 일부였다.[19] 사회 재생산 수단이 이렇게 다양할 수 있었던 것은 계급 구조들 또한 (평등주의 사회에서 노예노동 사회에 이르기까지) 그만큼 다양했기 때문이다. 각각의 사회는 주변의 '자연'을 어떻게 이용하고 숭배할지 결정하는 그들 나름의 문화적 규범으로 뒷받침됐다는 점도 의미심장하다. 그러므로 내가 앞서 설명한 사회형태와 생물 다양성 사이의 동일한 상호작용이 비非유럽 세계에도 존재했다.

유럽 세계와의 접촉과 그로 인한 수탈, 식민주의, 인종차별이 야기한 생태적 결과 때문에 오늘날 우리가 이런 역사적 상호 관계를 이해하는 것이 그리 쉽지만은 않다. 세계화하는 자본주의가 유럽에서 시작해 [신대륙 등의] 각종 '발견'으로 이어진 15~16세기의 항해·무역 경로를 따라 전 세계로 퍼져 나가고 오늘의 전 지구적 헤게모니를 장악하는 과정에서 사회적 다양성이 흔히 폭력적으로 파괴됐다. 메소아메리카의 아즈텍 문명, 카리브해 지역의 타이노 문화, 호주 선주민, 그리고 사실상 북아메리카의 다양한 선주민 부족 전체 등 여러 문명이 질병, 인종차별적 전쟁, 노예제도, 토지 강탈을 통해 유린당하거나 유혈 낭자하게 절멸당했다.

이런 사회 파멸이 불러온 생태적 영향은 완전히 무시되거나 잘못 해석됐다. 이는 사회생태적 변화에 대한 인종차별적 관점 때문이다 (오늘날에도 여전히 영향을 미치고 있다). 부르주아적 관점은 19세기의 사적 소유 관념과 백인 우월주의에 기초해 재산권과 선주민의 토지이용 전통을 판단했다. 유럽 노예 상인, 식민주의자, 정복자가 선주민을 납치하고 그들의 땅을 빼앗는 과정에서 살아남은 선주민 사회들은 낯선 생활환경과 새로운 생존 방식으로 내몰렸다. 유럽 세계와의 접촉이 야기한 이런 파괴적 생태 충격을 가리키면서 사회적 후진성과 '야만'의 증거라고 제시하는 경우가 흔했다. 서아프리카 전역에서 벌어진 노예사냥과 노예무역으로 인해 원래 해안과 강 유역에 있던 공동체들은 방어를 위해 울타리 정착촌으로 옮겨 갈 수밖에 없었고, 그 과정에서 어업에서 자급 농업으로 생존 방식을 바꿔야 했지만 이들 모두가 성공한 것은 아니었다. 초기 정복자와 탐험가가 기록한, 아마존 분지를 따라 세워진 찬란한 강 유역 문명들은 노예제와 질병으로 파괴되거나 열대우림 지역으로 내몰렸다. 북아메리카에서 유럽과의 접촉이 가져온 초기의 궤멸적 전염병에서 살아남은 코만치족 같은 부족들은 정복자들에 의해 농지에서 쫓겨나 중서부의 평원에서 버팔로 사냥에 더욱 의존해야 하는 상황으로 내몰렸다(이후 19세기 말에 국가의 지원을 받는 버팔로 사냥꾼들과 '인디언 주재관'들은 악랄한 방법으로 이들을 다시 농업으로 돌아가도록 '권유'했다).[20]

유럽 정복자들이 가하는 초창기의 수탈과 질병 때문에 전前 자본주의 사회들이 무너지거나 재편성되는 동안 아메리카 대륙의 생물 다양성 패턴도 그에 조응했는데, 버려진 토지에서 자연 천이가 다시 진행되거나, 가능한 경우에는 식민지 체제의 새로운 농업 환경에 적응했다. 다시 증가한 생물 다양성이 "태곳적 야생"으로 잘못 해석되고, 이와 함께 무주지([엄연히 선주민이 있는데도] 임자 없는 땅)라는 인종차별적 법리가 등장한 결과 "야생의 미개척지"라는 허구적 개념이 등장했고, 이는 여전히 부르주아 사회가 빚어낸 생태적 결과를 은폐하는 데에 특히 효과적이다.[21] 18세기와 19세기 유럽 열강이 전 세계에서 식민 지배를 확립할 무렵, 각종 선주민 문명 전체와 그에 결부된 생태계가 파괴되거나 작은 조각들로 찢겼다. 이런 사회적·생태적 재난을 뒷받침하는 증거는 토지가 야생으로 되돌아가는 과정에서 많은 부분 가려졌다. 수백 년 후 삼림이 파괴되거나 레이저를 이용한 라이다 영상 기법 같은 최첨단 고고학 기술이 등장한 후에야 경관 곳곳에 유령처럼 찍힌 자취들이 드러나고 있다.[22]

생물 다양성의 이런 본연적 회복·적응력, 즉 인간 사회형태가 새로 자리 잡거나 사라진 생태적 공간에 적응하는 능력은 뒤에서 다시 살펴볼 중요한 주제다. 여기서는 이 적응력이 특히 열대지방에서 강했다는 것을 지적하겠다. 열대 세계를 여행한 초기 자연주의자들은 사람의 손길이 전혀 닿지 않은 것처럼 보이는 울창한 수목 경관을 '발견'했다. 자연의 아름다움에 대한 그들의 인상적 탐험록에도 불구하고 헨리 월터 베이츠와 알렉산더 폰 훔볼트 같은 탐험가들이 탐험한 열대 경관은 (식민지 단일경작지 개발에 사용되지 않은 경우) 과거 존재했던 선주민 사회가 축출되자 자연이 다시 들어선 상태의 환경이었다.[23] 북아메리카 동부 해안 지역에서도 같은 일이 벌어졌는데, 유럽 정복자들은 이 지역 선주민들이 과거 유럽과의 접촉으로 말살된 후 남은 '텅 빈' 야생을 경이에 찬 눈으로 바라봤다. 선주민 사회와 그들이 남긴 생태적 특징은 자연이 삼림 재생을 통해

그 지역을 수복하는 과정에서 단순히 지워져 버렸다.[24]

콜럼버스 이후, 카리브해 전역에서 유럽 강대국들은 '신대륙'에 금과 머리 2개 달린 괴물이 있는 게 아니라, 잠재적 경쟁자인 다른 문명과 유색인이 존재한다는 사실을 곧 깨달았다.[25] 그때부터는 모든 노력을 기울여 영토 정복에 나서고, 접근 가능한 땅을 개간하고, 유럽 시장을 겨냥한 작물 생산을 위해 선주민들을 강제 노동에 동원했다. 타이노족을 죽을 때까지 부려 먹고 난 뒤, 유럽 식민주의자들은 커피, 담배, 그리고 가장 파괴적 결과를 초래한 사탕수수 등 더 다양한 상품작물 생산을 확립하기 위해 대서양 노예무역으로 눈을 돌렸다. 이 과정에서 야생이 복원될 기회는 없었다. 사탕수수 재배를 위해서만도 아메리카 전역 수천 개의 섬과 해안 지역에서 삼림이 파괴됐다. 유럽인들이 세계 도처의 식민지에서 열대식물을 들여오고 (예를 들어 사탕수수의 경우 본래 동아시아에서 자라던 식물이다) 유럽식 농업 양식과 취향에 맞추기 위해 다른 생물 종까지 도입하면서 카리브해의 생물 다양성 손실은 더욱 빨라졌다. 열대 농해충과 작물·가축의 질병을 통제하기 위해 몽구스와 사탕수수두꺼비 같은 외래종 동물을 일부러 들여왔다. 이런 식민주의가 생태계에 가한 충격은 매우 심각했다. 카리브해 연안의 기후·지형·위도나 이 섬들에서 발견되는 생물 종의 독특함을 볼 때, 이 지역은 지구에서 가장 풍부한 생물 다양성을 자랑하는 곳에 충분히 속했을 만하다. 유럽과의 접촉과 노예제도 도입 이전, 이곳은 지구 진화의 역사에서 가장 인상적인 생물 다양성의 보고였을 수도 있다. 멸종은 노예제도의 야만과 쌍을 이룬 생태적 참사였다.[26]

이런 야만 와중에도, 노예가 된 아프리카인들은 자신들의 사회생태적 특징을 함께 가져오고 발전시키기 위해 최대한 노력했다. 여성과 아이는 노예로 잡혀 실려 가기 전 쌀알을 비롯한 곡물 씨앗을 자신의 땋은 머리에 함께 엮었다. 이처럼 문화적 저항을 표현하는 작은 행동을 통해 이들은 미래 세계의 주식들을 가져왔고, 이는 단순히 곡물이 하나 추가되는 데 그치지 않고 새로운 농업생태 시스템으로 이어졌다. 아메리카 전역에서 이 씨앗들은 노예들에게 주어진 작은 땅뙈기에 심어졌다.[27] 그러므로 이들은 그들 나름의 방식으로 '신대륙'의 농업 전통을 중요하게 개척하고 발전시킨 것이다(서구 생태학자들은 이를 오랫동안 무시했다).[28]

자본주의와 멸종의 생태학

유럽 논의로 돌아가서, 봉건제 농업 형태와 소규모 토지 소유 양식에 따라 형성된 생물 다양성 패턴은 18세기 중엽부터 자본주의가 발전하며 무너지기 시작했다. 이런 과정은 19세기 후반에 과학적 자본주의 농업이 전면으로 부상하며 더욱 빨라졌고, 식민지에서 농업 생산량 증대를 위한 실험적 시도들이 파괴적 결과를 낳곤 했다. 다른 많은 영역에서와 마찬가지로 농업에서도 제2차세계대전이 주요 사회생태적 분기점이었다. 20세기 중반부터 더 벌어진 생태적 신진대사 균열(고삐 풀린 국제상품시장과 유럽연합의 공동농업정책 같은 이윤 중심 제도에 내재된 생산성 지상주의가 부추긴)은 유럽에 남아 있던 소규모 혼합농업 전통(사라져 가는 현대 농민들이 명맥을 이어 가던)을 무너뜨렸다.[29] 전쟁이 끝날 무렵, 영국 농민들은 이미 역사의 무대에서 대부분 (흔히 말 그대로) 쫓겨났다. 이는 18세기 중반부터 산업화와 토지 인클로저로 농촌인구가 임금노동에 의존하도록 떠밀리고 프롤레타리아화하면서 발전한 과정이었다.

이런 계급 구성의 변화에도 불구하고, 소규모 농업의 가장 중요한 생태적 방법들은 제2차세계대전 때까지 유지됐고 생물 다양성과의 상호 의존성도 마찬가지였다. 그러나 봉건제하에서는 가장 사회적 가치가 높았던 서식지들이 제2차세계대전 이후로는 아무 쓸모가 없어지거나 심지어 전후 자본주의 농업의 이윤에 걸림돌이 됐다. 유럽의 건초 목초지는 영양이 풍부하고 종이 다양한 사료밭으로서 지난 수천 년 중 대부분의 시기 동안 농업과 내륙 무역의 "엔진" 구실을 한 말과 황소에게 먹이를 공급했다. 열대우림의 축소판이라고도 할 수 있는 이 지역들은 전쟁 이후 농업이 기계화되고 사료 생산이 단일 작물 사일리지* 같은 화석연료 중심의 방법으로 전환되며 거의 다 사라졌다. 영국에서만 전쟁 이후 건초 목초지의 95퍼센트가 사라졌다. 선진화된 자본주의 사회가 이어져 온 지난 75년 동안, 특히 지난 40년 동안 유럽의 생물 다양성은 농지 감소와 농업 집약화라는 두 요소에 의해 훼손되고 위협받았다. 이 두 경향 모두 소규모 혼합농업 붕괴와 기업식 단일경작 농업 부상의 결과이며, 더 깊이 들어가면 독점자본주의의 발전에 뿌리를 두고 있다.

경이로운 생물 다양성을 단조로운 단일경작으로 대체하는 것은

---

* 사일리지(silage) 곡물이나 볏단을 발효시켜 만든 숙성 사료.

자본주의의 사회생태적 신진대사에서 핵심이 됐다. 이로 인한 생태적 기능장애는 자본주의 사회에서 일상이 됐고, 이제 이 체제에는 비이성적 사례들이 넘쳐 난다. 예를 들어, 작물 해충을 통제하기 위해 네오니코티노이드 등의 살충제가 일상적으로 사용되고 이로 인해 꿀벌과 꽃등에 같은 꽃가루받이 곤충들이 심각한 타격을 입었다. 이미 서식지 감소로 압박을 받던 꽃가루 매개 무척추동물들에게는 엎친 데 덮친 격이었다. 농축산 기업들은 이런 위기를 자초하고도 자신들의 생태계 파괴 행동을 전혀 되돌아보지 않았다. 그 대신 자본주의 농업은 [꽃가루 매개자] 부족분을 메우기 위해 벌집을 상업적으로 생산하는 방향을 택했다. 영국의 산딸기류 과일 산업만 해도 매년 호박벌 벌집 6만 5000개를 수입하는데, 동시에 영국은 서양뒤영벌 벌집을 라틴아메리카에 수출하며 이 때문에 그 지역의 다른 꽃가루받이 종들이 심각한 생태 문제를 겪고 있다.[30] 이런 생태적 기능장애의 악순환은 전 세계 모든 대륙과 바다에서 다양한 형태로 반복되고 있다. 기후변화가 가져올 재앙적 영향을 제쳐 놓더라도, 전 세계 생물 다양성은 자본주의적 축적이 일상적으로 불러일으키는 생태적 교란 때문에 빠르게 훼손되고 있다.[31] 자본주의는 지구 생태계를 이윤 지향적으로, 폭력적으로 재조정함으로써 지구 역사상 가장 큰 파괴력 중 하나로 떠올랐다. 자본주의의 생태적 궤적은 오랫동안 악영향을 미칠 것이고, 이렇게 안타까운 상황에서 우리는 역사적으로 실현 가능한 사회주의 생태학을 통해 자연을 복구하기 위해 시급히 노력해야 한다.

보전과 사회

많은 환경주의자와 자연보전론자는 사회형태와 생물 다양성 사이의 상호 관계를 제대로 이해하지 못한다. 멸종의 사회적 원인을 찾는 과정에서 그들은 생물 다양성 감소를 불러온 즉각적이고 눈앞의 원인에 초점을 맞추는 경향이 있다. 이를테면 서식지 파괴, 침입 종, 환경오염, 과잉 수확이나 남획(보통 [영문] 머리글자를 따서 'HIPPO'라 줄여 부르는데, '인구 증가' 또한 맬서스주의적 어조로 은근슬쩍 끼어 넣는다)이 그 예다. 매우 드문 예외를 제외한 대다수 자연보전론자들은 이런 표면적 경향들을 근본적 '사실'로 제시함으로써 멸종 위기의 더 근본적인 원인이 빈곤, 불평등, 상품화, 기업 권력 등 자본주의 사회의 표준적 특징에 있음을 흐린다. 이 때문에 많은 사람들이 멸종위기종 국제 거래 협약이나 끝없이 개정되는 유엔 생물 다양성 협약 같은 국제법적 틀에 큰 기대를 건다. 그런 국제법들이 생물 다양성 보호 '목표' 달성에 번번이 실패하는데도 말이다. 이렇게 주류 제도권에 기대를 거는 것은 좌절감만 안겨 주는 자충수인데도 그 기대를 버리지 못하는 것은 서구식 자연보전 과학의 변천과 그 세계적 우위와 무관하지 않다. 생물 다양성 손실의 책임이 인간 사회에 있다고 지적되지만 실제 현장에서 대책을 주도하는 것은 대개 자연과학적 생물학 개념이나 순전히 생태학적 개입(예컨대 서식지 관리 방안)만 추구하는 관점이다. 저명한 자연보전론자 윌리엄 M 애덤스가 주장하듯, "보전 분야에서 활동하는 이들은 대부분 생물학 전공자들이지만, 환경 보전 문제의 대부분은 사람과 관련 있다."[32]

세분화를 부추기는 서구 과학의 전통과 경직된 학제 간 장벽도 이런 모순에 일부 책임이 있다.

자연보전론자들은 생태계의 사회적 맥락과 씨름하기보다는, 마치 인류가 원하는 대로 생태계를 '통제'할 수 있는 양 이론화하는 경향이 있다. 과학적 추상화를 동원해, 인간의 행위 밖에 존재하고 그로부터 자유로운 객관적 자연 세계를 설정하려 한다. 이 같은 사고방식에서는 보통 '인간생태학'이라는 별도의 하위 분과를 통해서만 인류를 다룬다. 안타깝게도, 인간을 자연과 이렇게 환원론적으로 '갈라놓는' 관점은 '우리'가 생태계의 일탈적 존재라는 시각을 강화한다. 생물 다양성 보전을 추구하는 과정에서 인류 혐오가 싹트는 이유이기도 하다. 역사적 사회형태와 생태계가 맺는 미묘한 관계는 간과되고 인류 자체를 '파괴적' 종으로 부당하게 단순화한다. 이는 인류의 현재 사회 양식인 자본주의의 생태 파괴적 본성으로부터 역사적으로 부정확한 일반화를 한 것이다. 주류 언론들은 멸종 위기에 관한 '사실'을 묘사할 때 '우리' 그리고 '인류'라는 표현을 쓴다. 마치 지배계급이 사상적·구조적으로 지배해 온 사회적 궤적이 인류 전체의 생물학적 특징이 발현된 결과였을 뿐이라는 듯이 말이다. 지배적 "심층생태주의" 담론은 이런 초역사적 인류 혐오를 확장해 인류를 마치 전염병·암·바이러스처럼 생물권에 대한 "부자연스러운" 불청객인 양 묘사한다.

이처럼 인류를 혐오하는 침울한 분위기 속에서도 사회적 요소를 생태 과학에 포함하려는 중요한 시도들이 있었다. 유명한 사례 하나가 20세기 중엽 루스 패트릭의 선구적 연구로, 강 집수集水구역의 생물 다양성에는 자연적·인위적 작용이 모두 반영된다는 점(이른바 "패트릭의 원리")을 구체적으로 보였다.[33] 1980년대와 1990년대에 피어스 블레이키와 동료들은 사회·문화적 실천과의 연관성을 중심으로 토지 황폐화 개념과 실태를 탐구했다.[34] 중요한 분야인 농업과 토양 연구의 경우, 데이비드 R 몽고메리와 프레드 매그도프 같은 급진적 학자들이 자본주의 집약 농업이 가져온 사회생태적 충격과 그 근원을 파헤쳤다.[35] 생물 다양성 보전학계 내에서 가장 유망한 이들은 새로 부상한 "공생적 보전주의"라는 학파로 이들은 기존의 학파들보다 더 명시적으로 자본주의와 생물 다양성 간의 퇴행적 관계를 비판함으로써 자연보전의 비전을 실현하려 한다.[36]

보전주의의 국제적 담론장에서도 총체적 사회 변화가 필요하다는 점은 이따금 인정되는 사실이다. [유엔] 생물다양성과학기구IPBES의 2019년 보고서는 파괴적인 사회적 추세들을 신속하고 철저하게 교정해야 함을 올바르게 짚어 내며 완곡한 표현으로 "전환적 변화"가 필요하다고 말한다.[37] 안타깝게도 생물 다양성에 사회가 끼치는 영향을 심층적으로 강조하려는 '공식적' 시도는 많은 경우 경제학이라는 협소한 분야에 갇힌다.[38] 최근 유행하는 '자연 자본' 개념을 이론적으로 뒷받침하는 대다수 연구들과 마찬가지로 이런 사고 방법들은 생물 다양성의 가치를 금전적·수량적으로 평가해 내면 생물 다양성의 혜택을 사회에 납득시킬 수 있을 것이라는 희망 속에 받아들여졌다.[39] 생물 다양성의 경제학적 '가치 평가' 방법론을 지배하는 것은 신고전학파와 신자유주의 학파인데 이들은 현재 멸종 위기의 산파 구실을 해 온 당사자들이다. 이 방법론은 또한 개릿 하딘의 기만적 가설인 "공유지의 비극"(부르주아지의 냉소적 생태관의 가히 결정체라 할 만한)의 영향을 크게 받았다.[40] 시장 중심적 환경경제학을 무비판적으로 수용하고 그에 기초한 생물 다양성 상쇄 제도를* 용인하는 것은 보전주의의 핵심 윤리마저 위험에 빠뜨리고 있다.

　이론적으로 문제의 소지가 많은데도 자연에 대한 정량화와 금융 자산화를 옹호하는 주장들은 갈수록 드세지고 있고 윤리, 문화적 가치, '자연의 아름다움', '본연적 가치'를 위해 생물 다양성을 보호해야 한다는 정성定性적 주장에 반대하는 논거로 제시된다. 신자유주의적 자연보전론자, 생태학 컨설턴트, 환경경제학자는 비非금전적 가치들을 구식이고 낭만주의적이며 이상주의적이라고 폄하한다. 안타깝게도 자연보전론자들이 전통적으로 [북극곰처럼 웅장하거나 수려해 보이는] '카리스마적' 종과 서식지에 초점을 맞춰 온 것이 이제 생물 다양성을 상품화하고 수량적 평가를 일삼는 문화의 부상에 일조했을 수 있다. 작물 수분受粉, 공기 정화, 인간의 스트레스 완화 등을 야생 환경이 제공하는 '생태계 서비스'로 인식하자는 지나치게 단순화된 메시지도 마찬가지다. 자연의 기능을 고작 '서비스'로 취급하면 그 기능들은 더 넓은 사회적·생태적 맥락에서 분리돼 버린다. 자연보전론자들은 사회적 윤리, 심금을 울리는 캠페인, 생명과학의 결합으로 야생을 구할 수 있다고 오랫동안 믿어 왔지만 자연의 금융자산화를 무비판적으로 받아들임으로써 그 희망은 내부에서부터 무너지고 있다.[41]

---

* 생물 다양성 상쇄 제도 개발로 벌어지는 생물 다양성 손실을 녹지 조성 등으로 '보상'함으로써 개발에 면죄부를 주는 제도.

인류세에 관해

새롭게 등장한 개념인 인류세야말로 생물 다양성에서 사회가 핵심적 주체임을 자연보전론자들에게 마침내 납득시킬 수 있을지 모른다.[42] 인류세 관련 논자들 대다수가 인류세의 시작을 지난 500년 사이, 즉 자본주의의 시대에서 찾는 것은 이해할 만한 일이다. 그러나 인류가 지구 역사에 남긴 지질학적 흔적은 인류 문명의 시작과 동시에 나타난다. 더욱이 고고학적 조사 방법이 발전할수록 인류가 자연에 선명한 흔적을 남기기 시작한 시점은 선사시대로까지 점점 앞당겨지고 있다. 그러니 지구의 생물 다양성 패턴과 동역학은 최소 1만 1000년의 사회·문화적 역사와 얽혀 있는 것이다. 이처럼 좀 더 긴 시간대를 포괄하는 사회생태적 관점은 인간 생태에 대한 우리의 시간적·지리학적 평가를 풍부하게 만드는 동시에 "있는 그대로의" 자연이라는 개념에 의문을 던진다.

인류세는 하나의 종이 생태계의 객체에서 (사회·문화적 진화 과정과 자신의 서식지를 '확보'하려는 몸부림을 통해) 주체로 전화하면서 불가피하게 몰고 온 지질학적 결과라고 볼 수도 있다.[43] 그러므로 인류가, 생동하는 지구라는 시의 주 저자(레온 트로츠키의 아름다운 표현을 빌리자면)일 수 있었던 것은 인간 사회가 자연을 지배하는 동시에 자연에 의존해 왔기 때문이다. 이 어려운 형이상학적 문제는 수천 년 동안 철학적·종교적·과학적 탐구의 대상이었다. 그러나 [사회와 자연의 관계에 담긴] 모순과 그 사회적 신진대사의 긴장은 유물론적이고 변증법적인 세계관을 통해 가장 유의미하게

통찰할 수 있다. 우리는 자연의 일부이지만 마치 외력처럼 자연에 작용한다.[44]

빙하기 이후 인류 역사 전반에 걸쳐 인간은 사회 재생산을 발전시키고 유지해 온 것과 꼭 마찬가지로 "자연 세계 안의 제2의 세계"를 점점 더 복잡하게 형성해 왔다.[45] 이렇게 사회적 역사로서 인류세라는 맥락에 비춰 보면, 부르주아 사회의 핵심적 환경문제가 무엇인지 밝히 드러난다. 이전 사회형태들과 다르게 자본주의가 자연 속에 창조한 제2의 세계는 치열한 경쟁에 바탕을 두고 있다. 즉, 이윤 중심의 생태학적 책략을 동원해 비非인간 생태계 또는 다른 사회적 생태계를 수탈하거나 몰아내는 탐욕스러운 능력이 핵심 문제다. 광범한 자연(인간에게 필요한 서식지의 근간)을 파괴하는 이런 자살적 경향에도 아랑곳하지 않고, 부르주아지는 자신의 협소한 이해관계에 맞게 자연 안의 제2의 세계를 형성하고자 팔을 걷어붙인다. 지질학적 대멸종을 일으키는 원인 구실을 하고 있는 것은 '인류'가 아니라 자본주의 지배계급이다. [6500만 년 전] 소행성 충돌과 다를 바 없다.[46]

자본주의에서 끔찍하게 빠른 속도로 진행되고 있는 생물 다양성 손실은 자연보전론자들과 이 문제에 관심 있는 모든 이들을 혼란과 의기소침에 빠뜨리기 쉽다. 성인이 된 이후 자연보전 전문가로서 살아온 나 자신도 생태계가 무참히 파괴되고 신자유주의적 자본주의가 빠르게 확산되는 상황에서 희망을 잃지 않기란 정말 어려웠다. 브라질 판타나우 습지가 불타오르는 광경은 팬데믹 상황조차 생태적 야만을 늦추지 못하는 현실을 보여 주는 한 사례일 뿐이다.[47] 지구생명지수LPI 같은 메타데이터 연구에서 제시하는 통계와 그래프를 보면 1970년대부터 전 세계 생물 다양성은 60퍼센트 감소했고 현장에서 활동하는 많은 보전주의자들이 절망과 우울에 빠지고 있다.[48] 비관주의와 시간이 없다는 조급함이 고개를 들면 '녹색 군사주의' 같은 그릇된 권위주의적 대응 방식을 옹호하는 쪽으로 기울기 쉽다. '녹색 군사주의'란 "자연보전을 위해 군사적·준군사적 행위자·방법·기술·파트너십을 이용하는 것"을 의미하며, 밀렵 행위 단속에 군사력을 동원하는 것이 한 예다.[49]

사회주의 생태학자들은 숙명론적이고 자충수가 될 이런 정치 흐름을 바꾸기 위해 급진적 희망을 제시할 수 있다. 먼저, 사회생태적 인류세의 시간 프레임을 (인류의 먼 과거부터 현재 진행 중인 계급 투쟁과 미래의 사회주의까지) 확장하면 인류의 집단적 역사에서 이끌어 낼 수 있는 수많은 생태적 교훈을 찾아내고 부각할 수 있다. 핵심적으로, 이런 오늘날에도 생물 다양성과 여전히 긍정적 관계를 맺고 있는 다양한 사회·문화 형태들을 인식하고 그들에게서 배울 수 있다. 자본주의에서는 주변부로 밀려나지만, 지속 가능한 사회형태에서는 엄청난 가능성을 발휘할 진보적 환경보호 구상들을 주장하고 지지할 수 있다. 또 좋은 의도에도 불구하고 부르주아적 왜곡에 시달리는, 새로 떠오르는 여러 개념·전략·계획을 살펴보고 그것들의 계급적 잠재력을 발전시키기 위해 노력할 수 있다. 무엇보다, 생물 다양성과 생물권의 관점에서는 인류세 자체가 문제가 아니라 자본주의의 파괴적 힘이 인류세의 발전 방향을 좌지우지하는 것이 진정한 문제라고 지적할 수 있다.

야생과 보호구역 보전주의

생물 다양성을 그것의 인간적·사회적 구성 요소와 함께 통합적으로 이해하는 것은 자본주의가 불러온 대량 멸종 사태를 직시하고 그에 저항하는 데서 중차대한 첫걸음이다. 사회주의자들은 이를 출발점 삼아 수 세기에 걸쳐 진행된 자본주의의 생태 학살을 되돌리고 생물권을 복원하기 위한 조처들, 그러면서도 인류 발전과 양립할 수 있는 조처들의 윤곽을 그려 볼 수 있다. 그러나 사회주의 생태학을 논하기 전에 먼저 자본주의하에서 등장한 잘못된 자연보전 방식들을 살펴볼 필요가 있다. 이것들을 비판적으로 검토해 보면 지속 가능한 사회주의 인류세에서 청산해야 할 역사의 짐이 어떤 것인지 더 잘 이해할 수 있을 것이다.

'자연 자본' 논의나 '생태계 서비스에 대한 비용 지불'을 주장하는 최근의 접근법에 대해서는 쉽게 비판할 수 있다. 이런 논의는 자본주의적 축적을 용이하게 할 목적으로 고안됐기 때문에 거부해야 마땅하다. 실천적으로 보면, 이런 관점을 지지하는 자연보전 운동가들은 자신도 모르게, 자연 가운데서 자본의 눈에 '보이는', 그러니까 작고 협소한 부분만을 보호하는 것으로 자신의 노력을 한정하게 된다. 정치적으로 보면, 자연을 금융자산화 하려는 노력은 생물 다양성 보전을 주류 사회가 용인할 수 있도록 신자유주의 관점으로 규정짓는 동시에 과학과 사회운동에 필요한 활력을 빼앗아 가고 있다.

신자유주의적 자연보전론은 명백히 엘리트주의적인데, 여기엔 오랜 역사적 뿌리가 있다. 1세기 이상 자연보전 운동을 지배한 것은

'보호구역'식 접근법이었다. 생물 다양성 측면에서 중요한 지역들을 보존하기 위해 해당 공간을 천연보호구역, 국립공원 등으로 지정했다. 지구 표면의 15퍼센트를 차지하는 구역을 그런 식으로 보호하지 않았더라면 생물 다양성이 현재보다 더 악화했을 가능성은 분명히 있다.[50] 그러나 보호구역 조성 방식에는 문제가 많았으며 생물 종 보호 효과도 제한적이었다.[51] 보호구역 전통에 대한 비판이 시급한 이유는, 많은 자연보전론자들이 지금보다 훨씬 더 많은 지역에 보호구역 방식을 적용하자고 주장하기 때문이다. 예컨대 저명한 생물학자인 에드워드 O 윌슨은 지구의 절반을 인간 없는 천연보호구역으로 지정해 지구를 인류와 자연이 반씩 나눠 갖자는 '지구의 절반' 제안으로 인기를 끌고 있다.[52]

보호구역들의 역사적 성격과 기원은 다양하다. 어떤 보호구역은 단순히 제2차세계대전 이전 시기 농지 이용의 잔재인데, 이를테면 영국 목초지 가운데 아직까지 남아 있는 5퍼센트를 보호하는 구역들이 그렇다. 시장의 압력에서 벗어나거나 차폐됐던 이 사회생태적 역사 유물들의 파괴를 막은 것은 대중적 캠페인과 NGO, 그리고 그들의 대의에 공감한 지주 덕분이었다. 그러나 이 목초지들의 역사적 성격은 충분히 조명받지 못해서, 목초지 관리인들은 (가축 방목과 자원봉사 인력 등을 활용해서) 해당 지역을 세심하게 관리해 온 자신들의 숭고한 노력이 사실은 제2차세계대전 이전의 농업 방법을 재현하려는 빗나간 시도임을 대체로 알아채지 못한다.

대중에게 가장 잘 알려진 형태의 보호구역은 19세기 말부터 세계 곳곳에 설립된 거대한 '야생'보호구역들이다. 야생 다큐멘터리 영화들이 전하는 이 보호구역들의 자연사는 실로 장엄하다. 그럼에도 이 보호구역들의 현재 모습은 온전히 자연스러운 것이 아니라 정치 논리에 따른 구획 설정과 해당 경관 내 거주민 축출이나 통제의 산물이다. 소련에서부터 호주 내륙 오지에 이르기까지 각지에 존재하는 규모가 큰 보호구역들은 [미국] 옐로스톤국립공원 같은 북미 사례를 모델로 삼아 설계됐으며 그 모델에 내재한 엘리트주의도 계승한 경우가 많았다.[53] 옐로스톤 등 미국 국립공원들이 일방적 학살에 가까운 '인디언 전쟁' 덕에 조성될 수 있었고, 그 땅에서 과거 수십 년간의 군사점령을 통해 선주민 부족들과 가난한 개척자들을 몰아낸 것 덕분이었다는 사실을 많은 이들이 인정하기는 해도 그에 대해 깊이 생각하지는 않는다.[54]

개발도상국의 경우, 오늘날 존재하는 '야생'보호구역의 다수는 식민 통치자들의 엘리트주의에서 직접 유래했다. 아프리카에서 '사냥 공원'이라 불리는 동물 보호구역들과 인도아대륙의 호랑이 보호구역들은 식민 지배 세력이 기존 주민을 쫓아내거나 생물 다양성에 의존하는 선주민 문화를 범죄화함으로써 진귀한 동물들에 대한 자신의 수렵권과 '사파리' 여행권을 독점하기 위해 마음대로 구획한 것들이다. 이렇게 아프리카 동부와 남부의 방대한 지역들이 사실상 식민 지배자들의 놀이터로 전용됐다. 20세기까지도 성행한 유럽인들의 사파리 여행과 사냥 '전통'은 인종차별적 관행이었고 수백 명의 현지인 짐꾼과 하인이 극소수 유럽인 사냥꾼을 시중들었다. 이 '원주민' 조수의 일은 유럽인 사냥꾼의 부르주아적 생활양식에 필요한 온갖 짐을 수백 마일의 사바나와 숲을 가로질러 운반하는 것이었다.

야생동물을 마구잡이로 살육하다가 하루가 저물면 사파리 참가자들은 동물 사체 옆에서 술을 홀짝이며 5대륙을 제패한 유럽의 위대함에 대해 사색할 수 있었다. 놀라운 것은 이런 보호구역들의 기원이 이처럼 추악하고 1세기 동안 수많은 자연보전 난민을 양산했는데도 마치 인류 이전의 태곳적 야생인 양 여전히 묘사된다는 점이다. 이런 식의 묘사는 인류가 처음 출현했을 때부터 끊임없이 야생과 상호작용하며 대륙의 생태를 형성해 온 아프리카에는 특히나 부적절하다.[55]

보호구역 지정으로 생물 다양성을 보전하겠다는 서구식 비전은 여전히 영향력이 있다. 그런데 오늘날에는 서구의 대형 NGO들과 그들과 친한 정부 인사들이 보호구역을 추진한다. 야생 관광과 배타적 수렵권 장사를 통한 돈벌이가 예상되기 때문이다. 유엔의 '삼림 벌채·황폐화 방지를 통한 온실가스 감축REDD' 프로그램 등 국제적 탄소 및 생물 다양성 상쇄 사업들에 갈수록 연계되고 있는 이 보호구역 지정 사업들은 지역 생태계와 밀접하게 상호작용하며 생활하던 선주민 사회를 소외시키기 때문에 생물 다양성에 역효과를 낸다.[56] 보호구역에서 쫓겨난 주민들은 야생 동식물이 자신들의 생계보다 우선시된다고 여길 수밖에 없고, 자연보전 자체가 또 다른 억압의 수단으로 여겨짐에 따라 자연과의 관계도 파괴되고 만다. 선주민들의 전통적 수렵·채집 활동과 농법은 이제 '밀렵'이나 '베어 내고 불태우는'* 파괴적 행위로 낙인찍힌다. 조상 대대로 살아온 땅에서

---

* 영어에서 화전농법을 지칭하는 표현이기도 하다.

강제로 내쫓기는 자연보전 난민 처지에서는 서구인들이 여전히 땅을 도적질하고 있고 다만 동물에게 총 대신 카메라를 겨눈다는 점만 달라졌다고 충분히 생각할 법하다.[57]

인간 사회를 배제한 결과로 나타나는 생태계 교란 때문에 야생보호구역들은 갈수록 더 복잡한 과학적 관리의 대상이 된다. 오늘날 보호구역 관리자들은 기업의 관리자들을 모방하듯 정교한 데이터베이스 소프트웨어까지 활용해 5개년 '관리 계획'들을 한도 끝도 없이 쏟아 내는데, 이를 통해 보전하려는 생물 다양성의 요소들은 본래 인간과의 상호작용이 필요한 것들이다. 인간의 갑작스러운 퇴장으로 인한 생태계 교란은 경관 전체에 연쇄 작용을 일으킬 수 있는데, 생물들과 생태계들이 인간이라는 핵심종의 부재에 적응해 가는 과정에서 생물 다양성에 득만큼이나 큰 손실이 초래될 수 있는 것이다. 예를 들면 초식동물 개체 수가 급증한 결과로 삼림 재생이 실패할 수도 있고 심지어 아프리카 동부와 남부의 코끼리들이 기후 악조건 속에서 집단 폐사한 것과 같은 생태계 붕괴를 초래할 수도 있다. 보전 과학자들은 생태계가 이 지경으로까지 교란되면 인간이 아닌 핵심종(옐로스톤공원의 경우 늑대)을 '재도입'함으로써 서식지 관리 실패를 만회하려 한다. 카리스마적 육식동물이나 기타 동물이 경관에 활력을 불어넣어 인류 출현 이전의 모습일 거라 상정된 모종의 생태적 균형, 즉 '자연 상태'를 이뤄 주리라는 희망에서다.

인간과 야생의 분리를 강조하는, 서구의 영향을 받은 자연보전 운동은 대부분 더 넓은 인간 생태계에 대한 인식을 결여하고 있으며 전 지구적 생물 다양성의 패턴을 형성해 온 사회생태적 요인들을 대체로 무시한다. 맬컴 엑스의 표현을 빌리자면, 생물권이 함께 연주하는 교향악에서 피부색이 다른 [즉, 인류가 내는] 소리만 듣지 못하는 이 같은 음치성은 지구의 다채로운 생태 분포를 지탱해 온 문화적·사회적 기초를 은폐했을 뿐 아니라 문화적 엘리트주의와 인종차별을 강화하기도 했다.

야생보호구역 찬성론의 기초가 되는 이처럼 미심쩍은 가정들은 환경 운동의 정치를 약화시키기도 한다. 서식지 형성에 관여하는 계급적·문화적 요소들을 무시한 결과 선주민 사회와 생물 다양성 간의 관계는 평가절하되거나 왜곡된다. 서구의 자연보전론자들은 생물 다양성 보호 수단으로 인간을 배제하는 보호구역 지정에만 몰두하다 보니, 선주민 공동체가 능동적으로 생물 다양성을 보전하면서 자본주의적 침탈에 맞서 경관을 지킬 때에도 생물 다양성이 전혀 부족함 없이 풍부할 수 있음을 간과한다.[58] 자연보전론자들이 이처럼 [전통적 사회들이] 문화적으로 관리하는 경관을 자신들의 보호구역 설정 목표가 성취된 곳으로 즉각 포함시키길 주저하는 것은 변명의 여지가 없는 잘못이다. 기업과 국가의 토지 강탈에 맞선 연대를 통해 선주민들의 생존권을 정치적으로 적극 지지한다면 생물 다양성 보전에도 큰 힘이 될 것이다.

인간 배제적 보호구역 지정의 정치적·문화적 문제점들만으로도 그것들의 자연보전 효과를 의심하기에 충분하다. 그런데 보호구역의 생태학적 실용성도 갈수록 무너지고 있는데 '자연의 균형'이라는 잘못된 개념에 강하게 영향받은 그 과학적 전제 때문이다. 현실의 생태계는 그 구성 요소들 간의 비선형적이고 변증법적인 상호작용으로 구성된다. 서식지는 정태적 균형 상태보다는 동태적 발전을 특징으로 한다. 그러므로 균형을 '관리'하려는 보호구역들의 시도에는 엄밀한 과학 못지않게 사회적으로 구성된 미적 가치가 개입된다. 사실 '자연의 균형'이라는 관념(인간이 배제된 현 상태의 유지를 강조하는)은 자연보전 엘리트주의를 반영하는 동시에 더욱 부추긴다.

보호구역 방식의 가장 큰 생태학적 약점은 서식지 간의 상호 연결성을 고려하지 않은 공간적 구획 나누기에서 비롯한다. 많은 보호구역들이 원래는 더 넓은 지역에 걸쳐 존재하는 생물 다양성과 서식지들의 대표로서 조성됐다. 그러나 보호구역 자체는 시장의 압력에서 상대적으로 차폐됐지만, 그 주변 지역들이 집약적 농업과 단일 품종 재배에 전용되거나 도시화되거나 인프라와 도로 개발로 파편화됨에 따라 보호구역은 갈수록 생태적으로 고립됐다. 생물 종들이 한 보호구역에서 다른 보호구역으로 이동할 수 없다는 점은 보호구역들의 생태계 기능 붕괴의 중요한 원인이 되고 있다. 개발도상국들에서는 거의 반세기 동안 외채 상환을 위해 신자유주의가 강요한 환금작물 재배와 그에 동반한 농민 기반의 농업 생태계 붕괴로 보호구역들의 고립이 심화했다. 전 세계적으로 생물 종들의 이동 범위가 좁아지면서 많은 보호구역들이 생물 다양성의 고립된 섬으로 전락할 위기에 처해 있다. 서식지 파괴로 인해 생태계 간의 연결이 끊어지고 있고, 그에 따른 지리적 고립은 유전자 풀의 정체를 불러와 생물 다양성을 안에서부터 무너뜨릴 수 있다. 보호구역 간의 연결 단절은 또한 급격한 기후변화 시기에 이 보호구역들이 오히려 생물 다양성의 감옥이 될 수도 있음을 의미한다. 유구한 세월 동안 생물 종들은 기후변화에 적응하기 위해 서식지를 옮겨 다닐 수 있었지만 이제는 그럴 수 없기 때문에 인위적 경계선에 갇혀 버린다. 이렇듯 보호구역들은 생물 다양성의 보고가 아니라 멸종으로 가는 막다른 골목이 될 위험을 안고 있다.[59]

재야생화

갈수록 빨라지는 생물 다양성 손실로 지구 상 서식지 곳곳에서 생태적 기능이 붕괴하자, 이에 충격받은 일부 환경 운동가들은 멸종 위기에 대한 더 극적인 해법을 추구하기에 이르렀다. 이른바 '재야생화'를 통해 국지적으로 멸종했거나 절멸 위기에 처한 생물 종을 다시 번성하게 하고 생태계가 자연스럽게 작동하는 세계로 나아갈 수 있다는 흥미로운 제안이 각광받고 있다. 이는 보호구역식 관리 지상주의와 특정 생물 종에 초점을 맞춘 접근법(생물 다양성 위기 대처에는 실패했고 신자유주의적 구조와 철학을 지닌 대형 NGO들의 무대가 돼 버린)에 대한 해독제로서 긍정적 구실을 하고 상상력을 자극한다. 재야생화론자들은 관목 제거 같은 인위적 서식지 관리 기법을 지양하고 늑대 같은 최상위 포식자나 (초식동물로는) 비버 같은 핵심종을 재도입하는 등의 주장을 한다.

지구를 다시 야생 동식물로 뒤덮자는 구상은 신자유주의에 의한 황폐화를 경험한 터라 특히 더 가슴 뛰는 비전이다. 그러나 역사에서 교훈을 얻으려면, 재야생화라는 접근법이 지배적 사회 조건들에서 어떤 영향을 받는지를 살펴야 한다. 여느 환경철학과 마찬가지로 재야생화에도 온건한 버전과 강경한 버전이 존재한다. (영국의 논의에서 지배적인) 온건한 버전들은 기존 농촌 경관의 개선이나 재생을 목표로 삼는다. 재야생화론자들은 일부 '한계' 농지와 '수익성 없는' 농지에 나무 심기나 '자연적 재생'을 통해 삼림을 재생시킴으로써 (그들의 상상 속) 원시적 경관을 복원하길 원한다. 이들의 목표는 인간이 정착한 뒤에 심각한 삼림 파괴와 농업 집약화를 겪은 나라들의 생물 다양성을 회생시키는 것이다. 삼림 재생과 더불어, 이 서식지들의 역동성을 유지하기 위해 들소나 비버 같은 대형 '야생' 초식동물(생태계 건축가 구실을 하는 종)을 재도입하는 방안이 권장된다. 야생종의 재도입이 불가능하거나 바람직하지 않은 경우, 하일랜드 소처럼 억세고 '전통적'인 가축 품종이나 코니크 말처럼 원래 가축이었다가 야생화한 동물들을 작은 무리 단위로 방사함으로써 야생동물을 도입한 것과 비슷한 효과를 낼 수 있다고 본다. 재야생화론자들은 그렇게 해서 생태계가 회복되면 서식지들의 다양성이 증대하고 사라졌던 다른 생물 종들도 돌아올 것이라고 기대한다.[60]

소규모로 시도된 재야생화 사례들은 제법 성공적이었다. 영국 웨스트서식스주의 농지를 재야생화한 '네프 실험' 같은 모범 사례들뿐 아니라 논란거리인 네덜란드의 오스트파르더르스플라선 계획도 지역의 생물 다양성을 제고했음에는 의문의 여지가 없다.[61] 그러나 재야생화된 지역들이 여전히 생태적으로 고립된 것과 생태 관광에 의존해야 하는 것은 문제다. 이런 온건한 회복 지향적 재야생화 방식은 구석기시대나 심지어 태곳적 생태계의 귀환이라고 낭만화되곤 한다. 그러나 재야생화된 지역들은 지리적 제약(울타리로 둘러싸여 있고 그 경계에선 생물보안 조치가 이뤄진다) 탓에 현재로서는 동물원이나 테마공원을 더 닮았다. 생태학적 측면에서 보면, 삼림 목초지 조성 같은 조방적 농법을 재도입한다는 점에서, 이렇게 조성되고 있는 서식지들은 선사시대보다는 봉건제에 더 가깝다.

더 강경하고 스케일이 큰 버전의 재야생화론은 생산성 낮은 '한계' 농지를 아예 사람이 살지 않는 곳으로 만들어 완전한 야생 생태계로 대체하자고 한다. 이 접근법은 1986년 핵 참사 이후로 한 세대 동안 사람의 발길이 끊겼던 체르노빌에서 생물 다양성이 번성하는 사례에 영향을 받았다. '퇴거를 통한 재야생화' 방법을 옹호하는 이들은 '토지 절약'론의 극단적 버전을 밀고 있는 것이다.[62] 토지 절약론이란 농지의 생산성을 높여서 그 결과로 '절약'된 다른 땅을 생태 보전 목적으로 쓰자는 것이다. 이는 야생과 인간이 점유하는 공간은 서로 분리돼야 한다는 보호구역 철학과 일맥상통하며 그 엘리트주의적 전제를 많은 부분 공유한다. 이런 재야생화 관점의 약점은 농업 등의 인간 활동이 '자연' 세계와 분리될 수 있거나 그래야 한다고 가정하는 데서 나온다. 그 논리를 따르자면 지력이 좋은 땅에서 농업을 더욱 집약화하거나(이 과정에서 생태계 간의 연결성은 더욱 훼손될 테지만) 인공적·공업적 방식에 의한 식량 생산을 확대해야 한다(농축산 기업들이 갈수록 관심을 보이고 있는 방안이다). 그러나 식량은 '생산적' 토지에서 집약적으로 생산되고, 야생은 불모지에서 '자라야' 한다는 토지 절약론의 주장은 몰역사적이다. 일례로 사람이 거의 살지 않는 스코틀랜드의 협곡들은 마치 늑대·비버·곰 등의 종들을 재도입하고 대규모 재야생화를 실행하기 위한 최적의 후보지처럼 보일 수 있지만, 이를 가능해 보이게 해 주는 탁 트인 경관은 18세기와 19세기의 [양 목축 등을 위한] 하일랜드 주민 강제 퇴거 탓에 조성된 것이지 자연스러운 인구 이주의 결과가 아니었다.

퇴거를 통한 재야생화론이 부각되는 것은 신자유주의하에서 진행된 농업 위기 때문이기도 하다. 이런 농업 위기로 농지가 방치되면서 야생으로의 전환이 촉진될 거라는 순진한 기대('종말론적 환경주의'와도 닮은)는 자본주의적 토지 소유의 정치경제학을 간과한다. 신자유주의하에서는 그런 위기의 결과로 야생이 확대되기보다는 거대 공장형 농업이 확대될 공산이 훨씬 크다. 농가에 대한 국가보조금이 신자유주의 긴축정책 아래에서 축소되거나 재조정됨에 따라 중소 농가들은 갈수록 국내외의 시장 압력에 짓눌리고 있는 실정이다.

영국의 재야생화 운동가들은 마찬가지로 브렉시트[영국의 유럽연합 탈퇴]로 야기될 농업 위기가 재야생화 가용 토지 확대로 이어지길 기대할지 모른다. 그로 인해 생물 다양성이 약간은 증대될 수 있을지 모르나, [스코틀랜드·웨일스·북아일랜드의] 지방정부들이 계획대로 2030년까지 농가 보조금을 완전히 폐지할 경우 토지에 대한 독점이 심화하고 농업 집약화가 가속될 가능성이 더 크다. 개발도상국들에서는 외채 상환 압력과 농산물 시장 개방 강요 등으로 원자재 생산이 장려됐다. 여기에 기업과 국가, 엘리트들의 토지 강탈이 결합되면서 더 많은 토지가 갈수록 소수의 소유자에게 집중되는 독점화 현상에 속도가 붙었다. 단일 품종 재배와 집약적 목축 중심의 기업형 농업은 생물 다양성을 맹렬히 파괴하는 한편으로 한계 농가와 무토지 농가를 열대우림 등 생물 다양성이 높은 지역으로 내쫓고 있다.

일부 재야생화론자들은 토지 절약론에 기초해 자연의 영역을 넓히자는 주장에 더 열심인데 수익성 없는 '한계' 농지에서의 농업을 중단하자는 것이다. 예컨대 최근 '지구의 벗'은 영국의 "질 낮은" 농지에 대대적으로 나무를 심자는 캠페인을 벌였다.[63] 그러나 '한계' 농지라는 개념 자체가 수익성을 기준으로 농업의 성과를 판단하는 자본주의 생산양식에 뿌리를 둔 것이어서 문제가 있다. 저널리스트 조지 몬비오는 "양 떼가 초토화시킨" 웨일스 고지대의 구릉 지역을 재야생화 후보지로 지목했는데, 이 땅이 효용이 적고 수익성 없는 것은 생태적으로 열악해서가 아니라 자본주의적 세계화에 의한 비합리적 왜곡 때문이다. 웨일스에서는 토종 양고기보다 뉴질랜드에서 수입한 양고기의 가격이 쌀 때가 많다.[64]

'비효율적'이라 여겨지는 한계 농장들은 세계 도처에서 시장 개방, 농축산 기업들의 횡포, [갖가지 조건을 내건] 외국의 '원조', 그리고 신자유주의적 NGO들의 위협에 직면해 있다. 그런데 바로 이런 농장들이 좀 더 조방적이고 '전통적'인 방식으로 경작되기 때문에 생물 다양성이 여전히 상대적으로 높은 편이다. 이런 상황에서 이윤 논리에 따른 농업 집약화 압력이 가중된다면 소농과 빈농이 파산과 토지 강탈 등으로 밀려나고 결국 생물 다양성이 더욱 훼손될 위험이 있다.[65] 인도에서는 농업 부문의 시장주의적 개혁이 불러온 예견된 폐해 때문에 2021년 초 거대한 항의 시위가 몇 달째 이어졌다. 소농 수백만 명이 참여한 이 시위는 사실상 생물 다양성을 지키기 위한 투쟁이기도 했다.

얼핏 비정치적으로 보이는 토지 절약 구상과 농지의 '효율성' 평가에 기초한 재야생화론은 사회·환경 정의 의제들과 상충한다. 그런 접근법은 사유화와 토지 강탈에 맞선 저항에 거의 아무것도 기여하지 못한다. 또한 다국적 농축산 기업과 투기 세력에 대한 민주적 통제를 요구하는 운동들이나, 국제 원조 또는 외채 경감이 강요하는 조건들에 저항하는 운동들과 연계돼 있지도 않다. 오히려 최신 재야생화 논의의 상당수는 개발도상국 여러 곳을 겨냥한 신자유주의적이고 문제의 소지가 많은 생물 다양성 및 탄소 상쇄 사업들과 연결돼 있다. 엘리트주의적 토지 강탈을 종종 수반하는 이런 '상쇄' 사업에 (이미 콩고에서 인권 침해 논란에 휘말리기도 한) 세계자연기금WWF 같은 다국적 NGO들이 동참하는 것은 기업과 국가에 그린워싱을* 해 줄 위험이 있다.[66]

재야생화는 그 구체적 주장과 비전이 무엇이든지 간에 결국 인위적 개입이며, 따라서 계급의 영향을 받는다. 오늘날 각광받는 재야생화 구상의 다수는 지주들과 부호들이 주도하고 있는데, 그 결과 재야생화의 생태적 잠재력도 왜곡되고 있다. 재야생화 논의를 지배해 온 최상위 포식자 등 거대하고 화려한 동물에 대한 물신화와 지나치게 단순한 '나무 심기' 담론은 극적 볼거리 위주로 자연의 진가를 따지려 하는 부르주아지의 오래된 미적 편견을 반영한다. 그러나 각종 생태계와 서식지에서 객관적으로 가장 중요한 구실을 하는 것은 박테리아·곰팡이류·조류藻類·미생물·무척추동물 등 수수하고

---

* 그린워싱(greenwashing) 기업이나 국가가 실제로는 친환경적이지 않으면서 그렇다고 홍보하는 것.

눈에 잘 띄지 않는 생물 종들이다(이들의 생물 다양성은 바다의 플랑크톤과 맞먹는다). 이들로 이뤄진 미생물계야말로 모든 먹이사슬과 서식지의 유기적 기초로서, 토양에서 시작해 먹이사슬 상부로 올라갈수록 크고 복잡해지는 생물 종들을 든든히 지탱해 준다. 인류의 관점에서 보자면, 인간이 지금껏 생존할 수 있었던 것은 잘 작동하는 토양 생태계와의 관계 덕분이었음을 기억해야 한다. 반대로 오늘날 자연과의 신진대사 균열을 초래하는 것은 바로 이 관계를 자본주의가 끔찍하게 훼손하고 있기 때문이다.

더 합리적으로 접근한다면 자연보전 운동가들은 카리스마적 대형 동물들을 보호하거나 재도입하라고 주장하는 것과 동등한 비중으로 기업형 농업으로 망가진 토양의 재야생화를 주장해야 한다. 재야생화론자들이 생태학 망원경을 거꾸로 들여다보는 어리석음에서 벗어난다면 현재 진행 중인 사회·환경 정의 운동들과도 접점을 더 잘 찾을 수 있을 것이다. 생태적 농업(자연과 대립하기보다 협력하는)에 기반한 현존하는 토양 보존 기법들을 방어하고 나섬으로써 ['토지 절약'이 아니라 야생과의] '토지 공유' 관점에 따라 식량 생산과 야생이 다시 공존하게 만들 수 있기 때문이다. 대형 동물과 먼 거리를 이동하는 종들을 보호하기 위해서는 더 넓은 지역이 필요할 텐데, 이는 토지 공유론을 아주 큰 규모로 적용한다는 의미로 볼 수 있을 것이고, '태곳적' 생태계의 복원이라는 허상을 좇아 인간 사회를 퇴출시키는 대신 자연과의 공생적 관계를 모색할 수 있을 것이다.[67]

토지 공유론과 공생적 접근은 생동하는 자연과 인류가 더불어 살아가길 원하는 자연보전 운동가들의 바람도 실현해 줄 수 있다. 큰 반향을 얻고 있는 윌슨의 '지구의 절반' 주장은 인간을 적대시하는 토지 절약론을 지구적 규모로 확장한 것이라 할 수 있다. 그러나 인류가 생물 다양성과 공존할 수 있는 유일한 방법은 토양 수준에서부터 시작해 인류와 자연을 모두 재통합하는 것뿐이다. 인간 거주 서식지와 비거주 서식지 간의 유일한 차이는 고등 동식물의 구성 방식뿐이어야 한다. 고등 동식물들은 인간이 생태적으로 경작하는 서식지에서는 인류의 지속 가능한 소비의 대상이 되거나 그 소비에 의존할 것이고, '자연' 속에서는 (인류의 존재에도 불구하고) 지구의 경이롭도록 다양한 생태계에서 그 일원으로서 각자의 구실을 할 것이다.

재야생화론은 여러 한계에도 불구하고 자연의 재생 능력을 강조함으로써 환경주의에 커다란 공헌을 했다. 자연에 우호적인 사회적 조건 속에서라면 생물 다양성은 (이미 생물들이 멸종된 경우를 제외하면) 능히 회복될 수 있다. 이런 낙관이 현실이 되려면 인류 사회 신진대사의 급진적·혁명적 변화가 필요하다. 자본주의는 생물 다양성 회복과 도저히 양립할 수 없는 체제다. 재야생화한 인류세로 나아가기 위한 길의 열쇠는 사회주의 생태학이 쥐고 있다.

결론: 사회주의 인류세에서의 재야생화

인류는 생물권에 끼치는 고유한 영향력을 자신의 사회형태를 통해 결정한다. 즉 인류는 생물 다양성이 그에 맞춰 적응해야만 하는 조건들을 좋게든 나쁘게든 설정하는 위치에 있다. 지질학적으로는 찰나에 가까운 시간인 불과 50만 년 만에 인류는 서식지를 '주어진'

조건으로 받아들이던 동물에서 주변의 생태를 의식적으로 변형하거나 자연에서 '확보'하는 단계로 나아갔다.[68] 전 자본주의 사회들도 그런 목적을 위해서 자연을 변형하고 사회 재생산을 수행했지만 (그 사회들 나름의 혁신성에도 불구하고) 그런 활동이 자기 문화권 바깥의 생태계에 미칠 영향까지 예측할 수는 없었다. 자본주의는 자연과의 신진대사 균열을 초래한 동시에 생물권에 대한 과학적 이해에 가장 가까이 도달한 사회형태다. 그런 점에서 자본주의는 자연을 전반적으로 해칠 것을 알면서도 그 방향으로 자연을 변형하는 최초의 사회형태이기도 하다. 이윤과 특권 유지라는 지배계급의 목표를 좇느라 말이다. 이 점이 자본주의의 가장 중요한 사회적 특징이고 정치적으로 시사하는 바는 이제 명백하다. 자본주의는 인류세를 막다른 골목으로 맹렬하게 끌고 가고 있고 자본주의가 지속되도록 내버려 둔다면 그 해악은, 꺼져 가는 희망 속에서 사회 재생산을 시도하게 될 현 세대와 미래 세대의 삶을 악몽처럼 짓누를 것이다.

인류세가 막다른 길로 향하지 않으려면 사회주의가 온전히 확립돼야 한다. 불행히도 인류가 마침내 그 과업에 착수할 때쯤이면 오늘날에는 당연시되는 생태계의 많은 부분이 허물어져 있을 것이다. 인류는 유구한 세월 동안 생물권을 재구성해 왔지만 체계적 생태 학살과 대량 멸종 사태는 부르주아 사회만의 전례 없는 특징이며, 이는 마찬가지로 자본주의가 불러온 급격한 기후변화의 영향으로 더욱 가속화할 전망이다. 우리가 자연과의 신진대사 균열을 치유하려면 서식지를 계속 재구성해서 생물권을 복원하고 500년에 걸친 자본주의의 사회생태학적 적폐를 청산하는 길밖에는 없다. 사회주의하의 인류가 자연의 회생을 도모하는 전략에 따라 사회적·물질적 필요를 충족하려면 생태적 계획을 통해 생물권을 재구성할 필요가 있을 것이다. 지금부터 그 시점에 도달하기까지 인류는 예측 불허의 거대한 환경적 난관들에 여러 차례 봉착할 것이고 그 속에서도 실행 가능할 사회 재생산 방식을 모색해야 할 것이다. 그런 난관들이 정확히 어떤 것일지 현재로서는 예측하기 어렵겠지만, 그것들을 극복하려면 국제주의, 세대를 이어 진행되는 계획, 민주적 협업이 필요하리라는 점만큼은 분명하다. 한마디로 자본주의적 사회규범들을 정면으로 거슬러야 한다.

우리가 예측할 수 있는 것은, 자본주의가 더 오래 존속할수록 생태계가 앓게 될 후유증도 더 오래가고, 더 많은 생물이 멸종해 생물 다양성이 훼손되고, 생태계 회복이 더욱 어렵고 예측 불가능해질 것이라는 점이다. 우리가 지금부터라도 생물 다양성 보전을 위한 급진적 대안들(생태적 농업을 통한 사회생태학적 재야생화, [인간과 야생 간의] 토지 공유론, 공생적 보전주의)로 무장한다면 오늘날의 생태학살적 사회의 틈새 사이로 생물 다양성 회복의 씨앗을 뿌리는 데 성공할 가능성이 높아질 것이다. 이처럼 인간을 배제하지 않는 전략들은 지속 가능한 생계 유지를 위한 풀뿌리 운동들과 연결돼 있기 때문에 혁명적 격변의 시기에 적용될 가능성도 더 높다. 같은 이유로 그런 전략들은 노동자 혁명의 성공 이후 대중의 생활 유지에 필요할 합리적이고 민주적인 식량 사슬의 구축에 활용될 잠재력도 더 크다.

그러나 서구 세계가 주도하는 오늘날의 자연보전 운동의 사회주의적 잠재력은 불분명하다. 1세기 넘도록 부르주아지가 헤게모니를 행사했고 생물 다양성을 금융자산화하려는 신자유주의적 의제에 갈수록 잠식되고 있는 이 운동에는 급진적 탈바꿈이 필요하다. 자연보전주의 윤리 자체는 객관적으로 반자본주의적으로 해석할 여지도 있다. 그러나 생물 다양성에 필요한 사회적 조건들에 대한 이해가 결핍돼 있는 한, '자연 상태' 등의 개념은 여전히 엘리트주의적이고 인종차별적인 가정들에 영향을 받을 것이다. 생물 다양성 상실을 해석하는 관점과 그에 대한 과학적 대응도 비슷하게 영향받을 것이다.

이에 맞서 우리는 생물 다양성을 위한 투쟁을 계급투쟁과 연대의 틀 안으로 끌어올려서 공생적 인류세라는 목표를 사회주의적 생태 전략의 핵심으로 삼아야 한다.[69] 자본주의하에서는 노동계급 같은 착취당하는 집단들도 엘리트 권력에 저항하는 데서 큰 어려움을 겪는다. 하물며 지구의 생물 다양성이 엘리트 권력에 맞서 자신을 지키기란 불가능에 가깝고 생물 다양성과 상호 의존하는 인류의 여러 부문(선주민, 소농, 진보적 농부와 어부, 급진적 자연보전주의자, 노동계급)의 단결된 투쟁이 수반돼야만 가능할 것이다. 이런 연대는 도로와 댐 건설, 프래킹과 환경오염에 맞서 이미 진행 중인 운동들의 승리에도 필수적이다.[70]

재야생화 사업들은 비록 오늘날 이윤 동기로 뒤틀렸을지라도 살아 있는 자연의 생명력과 회복력을 보여 주는 증거다. 그런 의미에서 재야생화론에 담긴 중요하고 새로 드러나는 가능성들은 사회주의를 통해 온전히 실현될 수 있을 것이다.[71] 생물 다양성이 스스로 생물권 변화에 대응하는 과정 그리고 민주화된 '복원생태학'(현재는 산업 활동으로 황폐해진 경관을 '보수'하는 데 쓰인다)과 만났을 때, 재야생화는 자본주의 이후 세계가 자연과 상호 작용하게 될 3대 영역에서 인류에게 도움을 줄 수 있다.[72] 첫째, 인류가 의식주를 해결하기 위해 자연을 활용할 때 [인간과 야생이] 토지를 공유하는 생태적 농업과 지속 가능한 어업을 통해 재야생화를 적용하는 것은 인류와 자연 간의 신진대사 균열을 없애는 데 도움이 될 수 있다. 둘째, 사회주의적 재야생화는 사회가 자본주의의 야만성에서 회복되도록 도울 것이다. 인류는 기후변화를 비롯한 여러 생태 문제에 대한 '자연 기반의 해결책'으로 재야생화를 활용할 수 있을 것이고, 생물 다양성도 인간 사회의 동맹이라는 전통적 구실을 회복할 것이다(과학적 이해에 기초한다는 점은 이전과 다를 테지만 말이다). 셋째, 어쩌면 가장 의미심장한 것으로, 사회주의적 재야생화는 자연의 가치를 알아보는 인간의 문화적 감수성을 되살리고 풍부하게 할 것이다. 생태적 지속 가능성이라는 전체적 맥락 속에서 사회의 미관과 예술 활동을 민주적으로 증진하려는 관점에서 육지와 해양의 경관을 바라볼 것이다. 사회주의 생태학을 통한 재야생화는 자연의 균형이라는 신기루가 아니라 인간과 자연 간의 역동적 상호 관계에 대한 민주적 통제에 기초해 사회 재생산을 이루는 문명을 구축하게 해 줄 것이다. 인류는 생태계를 재야생화하고 지구를 다시금 거주 가능한 행성으로 만드는 과정에서 불가피하게 생태적 실수도 하겠지만, 실수를 통해 배울 능력과 권한을 확보하게 될 것이다.

7장
기후 재앙 시대의
이주

커밀라 로일

2020년대는 인도네시아 자카르타에서 홍수가 일어나 60명 이상이 사망하고 수만 명의 이재민이 발생했다는 소식과 함께 시작됐다. 홍수는 극심한 폭우로 일어났지만, 그 피해는 자카르타의 기반 시설이 열악하고 지하수 취수로 도시 전체가 계속해서 가라앉고 있었기에 더 커졌다.* 집들이 더러운 물에 침수됐다. 한 어머니는 젖은 쓰레기로 가득 찬 대피소에서 아이를 돌보는 상황을 묘사했다. "비바람이 들이쳐서 아기가 잠을 못 자고 있어요. … 이곳은 구역질이 나는 상태이지만, 우리는 딱히 갈 데가 없어요."[1] 지배계급의 대응은 수도

출처: Camilla Royle, "Migration in an era of climate catastrophe", *International Socialism* 169 (winter 2021).

*   자카르타는 강이 오염되고 상수도 보급률도 낮아서 많은 주민이 깨끗한 지하수를 얻으려고 우물을 판다. 이 때문에 지반이 가라앉고 있다.

를 보르네오섬으로 옮기는 것이지만, 이는 자카르타의 최하층 주민들에게는 별로 위안이 되지 않을 것이다.[2] 이런 재해는 한 사회 내에 존재하는 계급적 착취 관계와 차별적 관계를 극명하게 드러낼 수 있다. 또 자본주의하에서는 '정상적인' 시기에조차 인간과 자연환경 사이의 관계가 이미 비합리적이고 파괴적이라는 사실을 드러낸다.

이미 전 세계 사람들은 이런 재해에 대응해 더 안전한 거처를 찾아 나서고 있으며, 앞으로 기후변화 탓에 난민과 이주민이 더 많아질 것으로 예상된다. IPCC는 "기후변화의 영향을 가장 크게 받는 단일 쟁점은 인간 이주일지 모른다"고 밝힌 바 있다.[3] 사회주의자들이 이에 어떻게 대처해야 할지 고민이 시급하다는 뜻이다. 기후 이주는 지구 상 모든 곳의 수많은 사람에게 영향을 미치는 복잡한 문제다. 따라서 이 글에서는 기후변화로 말미암은 이주의 사례를 모두 자세히 다루지는 않을 것이다. 그 대신에 환경 이주의 규모를 개괄하고, 종종 기후 전쟁의 사례로 논의되며 현재 진행 중인 시리아 내분쟁과 관련된 논쟁을 설명하며, 마르크스주의자들이 환경 이주 문제를 어떻게 이해할지에 대한 몇 가지 제안을 내놓는 것이 이 글의 목표다. 어떤 사람들은 기후변화가 심화하는 것이 중동과 사하라사막 이남 아프리카 같은 지역에서 더 많은 분쟁(과 이에 따라 더 많은 난민) 발생으로 직결될 것이라고 추정한다. 그러나 이 글은 이런 기계론적 해석에 빠지지 않도록 주의하며 사람들이 더워지는 세계에 대응해 폭력에 의존하는 것이 불가피한 일은 아니라고 주장할 것이다. 이 글은 환경 운동 안에서 인종차별에 반대하는 주장을 제기하는 것이 왜 중요한지 몇 가지 생각을 밝히며 끝을 맺는다.

자연적이지 않은 자연재해

생태적 환경의 급작스런 변화로 사람들이 세계의 한 지역에서 다른 지역으로 이동하는 것은 새로운 현상이 아니다. 실제로 수천수만 년 전에 벌어진 기후변화는 농업의 발전과 정착 사회·도시의 확립에 한몫했다. 1840년대 아일랜드 대기근으로 100만 명이 사망했고, 또 다른 100만 명이 아일랜드를 떠나 다수가 영국·미국·캐나다에 정착했다. 비록 대기근의 직접적 원인은 생태적(감자가 곰팡이병에 걸려 수확할 수 있는 게 없었던 것)이었지만, 그 고통의 규모는 영국 정부가 저지른 일 때문에 헤아릴 수 없을 정도로 커진 것이었다.[4] 카를 마르크스는 《자본론》에서 영국의 식민지 정책이 이 재난의 토대를 마련한 과정을 개괄적으로 설명했다. 애초에 아일랜드 농업을 영국의 필요에 맞도록 탈바꿈시킨 것이 문제였다. "1세기 반 동안 영국은 아일랜드의 토양을 간접적으로 유출시켜 왔다."[5] 이와 비슷하게, 존 스타인벡의 고전 《분노의 포도》를 읽은 사람이라면 1930년대에 미국인들이 [중남부] 황진지대를 탈출해 다른 지역으로 가서 일자리를 찾으려 애쓰면서 겪은 고통을 알고 있을 것이다.

환경 이주는 향후 수십 년 동안 점점 더 정치적인 쟁점이 될 것이 틀림없다. 기후 관련 난민과 이주민이 얼마나 늘어날지 추정치는 다양하다. 가장 널리 인용되는 연구 결과는 기후변화 탓에 살던 곳을 떠나게 될 사람이 2050년에는 약 2억 명일 것이라고, 즉 현재의 10배 정도로 증가할 것이라고 본다. 물론 해당 연구자들은 추정치일 뿐이라고 말하지만 말이다. 코넬대학교의 연구자들이 수행한 또 다른 연구 결과는 2100년에 기후 난민이 20억 명이나 생겨날 것이라고 본다. 즉, 전 세계 인구의 5분의 1에 해당하는 엄청난 수가 기후 난민이 된다는 것이다.[6]

그림 2에서 알 수 있듯, 지난 10년 내내 '자연재해'가 분쟁이나 폭력보다 자국 내 이주의 더 큰 원인으로 작용했다. '자연재해' 범주에는 지진과 화산 폭발 같은 지구물리학적 사건도 포함되지만, 압도 다수의 이주는 폭풍·홍수·화재·가뭄 같은 기상 현상 때문이다(표 1). 이런 기상재해는 기후변화가 심해짐에 따라 점점 더 흔해질 것으로 보인다. 기온이 오르면 공기 중에 습기가 많아진다. 이는 특히 동남아시아에서 "극심한 강수 현상"이 일어나는 데 일조할 가능성이 높다. 온난화와 함께 산불 발생의 위험이 커지며, 해수면이 상승함에 따라 홍수가 더 잦아질 가능성이 높다. 태풍이 더 빈번해지

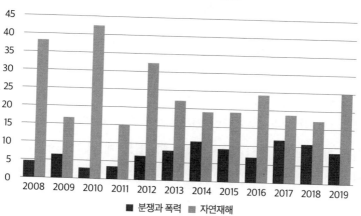

그림 2. 분쟁과 폭력, 자연재해와 관련해 발생한 신규 이주민 수
(2008~2019년, 단위: 100만 명)

출처: Internal Displacement Monitoring Centre, 2019; 2020.

표 1. 2019년 자연재해 관련 국내 이주의 원인

재해 유형		이주민 수
지구물리학적 재해	지진	922,500
	화산 폭발	24,500
기상재해	사이클론, 허리케인, 태풍	11,900,000
	그 외 폭풍	1,100,000
	홍수	10,000,000
	산불	528,500
	가뭄	276,700
	산사태	65,800
	이상 기온	24,500

출처: Internal Displacement Monitoring Centre, 2020.

고 강력해지며 파괴적으로 될 가능성이 아주 높고, 특히 해수면 상승과 겹쳐 일어나면 해안 지역에 심각한 피해를 줄 수 있다.[7]

이 재해들은 여러 면에서 자연적이지 않은 자연재해일 것이다. 첫째, 위험한 기후변화는 피할 수도 있었던 일이기 때문이다. 세계 인구의 극소수인 자들은 자신의 이윤 추구를 나머지 다수의 생존보다 우선시해 왔다. 세계 자본주의는 화석연료에 의존하게 됐고 화석연료 산업과 그 후원자들은 강력하고 영향력이 있다. 기후변화에 대한 과학적 이해가 수십 년 동안 진척됐지만 각국 정부는 평소 하던 방식을 계속 고수하면서 재앙을 막는 데 긴급하게 필요한 조치는 취하지 않고 기후변화의 현실이나 심각성에 대한 의구심을 퍼뜨려 왔다.

둘째, 생태계 파괴가 사람들에게 미치는 효과와 국가의 대응도 자본주의의 이해관계에 큰 영향을 받는다. 실제로 기상 현상과 관련

이 있든 없든 자연재해가 낳을 결과는 해당 사회가 어떤 유형인지에 영향받을 것이다. 예를 들어 1991년 방글라데시를 강타한 사이클론 고리키는 적어도 13만 8000명의 사망자를 냈다. 이듬해 허리케인 앤드루가 [미국] 플로리다주와 루이지애나주를 강타했는데, 더 강한 폭풍이었는데도 사망자는 65명으로 훨씬 적었다.[8] 사회적 힘이 재난의 결과(코로나19 대유행을 포함해)에 큰 영향을 끼치는 것을 보며 많은 사람들은 태풍 같은 사건이 재난이 되는지 아닌지는 해당 사람들이 얼마나 재난에 취약한지에 달려 있다고, 즉 '자연'재해 같은 것은 없다고 결론짓는다.[9] 몇몇 학자들은 사회가 주변 환경과 관계를 맺을 때는 극단적 환경 변화를 만날 수밖에 없다는 사실을 인식하며 "위험 요인"이라는 용어를 사용한다. 이는 화재나 허리케인 같은 특정한 파괴적 사건에만 초점을 맞추기보다는 사람들이 위험을 이해하고 대처하는 방식에 대한 장기적 관점을 함축하기도 한다.[10]

사람들은 환경적 위험 요인 탓에 살던 집에서 나앉게 될 수 있다. 그런데 난민이 되면 기후변화의 영향에 더욱 취약해질 수 있다. 충분한 거처와 자원과 사회적 지원을 제공받지 못하기 때문이다. 시리아 북부의 아레샤 난민 캠프는 홍수를 여러 차례 겪으며 천막으로 만든 집들이 폭우로 파괴됐다.[11] 난민이 기후변화의 영향에 취약하다는 사실은 최근 코로나19로도 잘 나타나고 있다. 난민과 그 조력자들은 자가 격리도 불가능하고, 적절한 위생 시설도 없기 일쑤인 난민 캠프에서 감염이 발생하면 무슨 일이 일어날지 두려워한다.[12]

온난화하는 기후가 인간 이주에 미치는 영향을 가장 잘 보여 주는 사례 하나는 저지대 섬에 사는 사람들이 처한 곤경이다. 예를 들어, 태평양에 있는 나라 키리바시는 수십 년 안에 사람이 전혀 살 수 없는 곳이 될 수 있다. 해수면이 상승하고 폭풍으로 인한 해일이 늘었는데, 거기에다 생물 다양성이 손상되고, 기온이 상승하고, 염수가 담수 공급원에 침범하고 있다. 키리바시 정부는 이미 자국민에게 분양할 6000에이커 이상의 토지를 [인근 섬나라] 피지에 매입해 놓고 사람들에게 자국을 떠나라고 독려하고 있다.[13]

최근 인도와 필리핀이 비자발적 이주에서 엄청난 수를 차지하고 있다. 2019년 인도에서 500만 명이 살던 곳을 떠났는데, 대부분 몬순(우기)과 사이클론 때문이다(그림 3).[14] 강기슭 침식이 앞으로 수년간 악화될 것으로 예상되는데, 이 때문에 2018년 방글라데시에서는 수많은 이들이 살던 곳을 떠났다. 방글라데시는 홍수 피해로 이주민이 발생하는 비율이 세계 최고로, 매년 180만 명이 발생하고 있

그림 3. 2019년 자연재해 관련 신규 이주민 발생이 가장 많은 10개국
(이주민 수 기준, 단위: 100만 명)

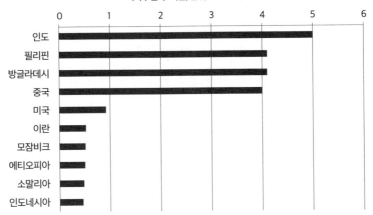

출처: Internal Displacement Monitoring Centre, 2020.

다. 그중 상당수는 수도 다카로 이주할 것으로 예상된다.[15] 아프리카 남부에서는 2019년 유난히 강력한 사이클론 이다이 때문에 수십만 명이 살던 곳을 떠나게 됐는데, 대부분 모잠비크 사람들이다.

〈가디언〉의 연재 기사는 기후변화가 최근에 사람들이 중앙아메리카에서 북아메리카로 이동하는 데서도 한몫했다고, 즉 중앙아메리카 사람들이 국경을 넘어 미국으로 들어가려는 "이민자 행렬(카라반)"에 합류할 수밖에 없도록 만들었다고 주장했다. 기후변화와 가뭄 때문에, 농작물을 직접 길러 먹는 사람들이 엄청난 타격을 받아 먹을 것이 부족해졌으며 어떤 농부들은 몇 년 동안이나 옥수수를 전혀 수확하지 못했다는 소식을 전했다.[16] 세계의 다른 대규모 이주 발생 지역과 마찬가지로, 이 사태도 혼합 이주, 즉 분쟁이나 탄압을 피해 국경을 넘으려는 사람들과 자국 식품 시장의 붕괴 때문에 다른 나라로 이주할 수밖에 없게 된 사람들이 뒤섞인 사례일 가능성이 크다. 여러 사례를 보면, (멕시코 국내 농업을 약화시킨) 북미자유무역협정NAFTA과 같은 무역협정으로 이미 상당히 타격을 입은 [중앙아메리카] 사람들이 마침내 이주를 결심하는 최종 요인은 가뭄일 가능성이 크다.[17]

서반구에서 자연재해로 말미암은 국내 이주가 가장 많이 지속적으로 생기는 나라는 바로 미국이다(적어도 절대적 수로는 그렇다). 2018년에는 120만 명 이상이 살던 집을 떠나야 했는데, 여기에는 그해에 미국 역사상 가장 피해가 큰 산불이 난 캘리포니아주 주민 35만 명 이상이 포함된다.[18] 지난 1년 동안 이어지며 무지막지한 피해를 끼친 호주 산불, 미국에서 폭풍과 산불이 남긴 결과를 보면,

소위 '고소득' 나라들도 기후변화에 대처할 준비가 제대로 돼 있지 않다는 것을 알 수 있다.

이런 사례들을 볼 때, 기후변화가 이주에 영향을 미치리라는 점은 분명해 보인다. 그러나 전 지구적 규모에서 나타나는 전반적 패턴을 찾기는 극도로 어렵다. 2017년 〈뉴욕 타임스〉는 비자발적 이주와 기온 변화를 보여 주는 세계지도를 첨부해서 둘 사이에 어느 정도 상관관계가 있음을 시사하는 기사를 보도했다.[19] 그러나 쉽게 예상할 수 있듯이, 이 지도에는 그런 추세와 어긋나는 예외 사례도 많다. 다양한 요인이 복잡하게 얽혀 있다. 우리가 알고 있듯 문제는 일반적으로 고온 자체가 아니라 그런 기온 변화가 해수 온도를 높인다든지 강수량을 떨어뜨리거나 예측하기 어렵게 만든다든지 하는 면에서 영향을 끼친다는 점이다. 따라서 기온 변화는 기후변화와 관련된 기상이변 현상을 이해하는 대용적 지표일 뿐이지 가장 알맞은 지표는 아니다. 그리고 거기에 더해, 왜 일부 인구가 더 취약한지, 왜 어떤 사람들은 이주를 선택하고 어떤 사람들은 그대로 남아 있기도 하는지 사회적 이유도 살펴봐야 한다.

국내난민감시센터는 '분쟁'과 '재해'를 별개 원인으로 본다. 그렇지만 평론가들은 기후변화가 분쟁으로 이어질 수 있다는 우려를 점점 더 많이 비치고 있다. 유엔은 "기후, 환경 파괴, 자연재해가 그 자체로 난민 이동의 원인은 아니지만, 난민 이동의 동인들과 점점 더 상호 작용하고 있다"고 밝힌 바 있다.[20] 특히 2003년 다르푸르 분쟁은 기후와 분쟁의 연관성에 대해 공식적 관심이 생기게 된 전환점이었다. 오랫동안 극심하게 지속된 가뭄에 뒤이어 벌어진 다르푸르 분쟁으로, 수십만 명이 사망하고 200만 명 이상이 국내 난민이 됐다.[21] 조너선 닐은 이 전쟁의 원인이 매우 복잡하다는 것을 인정하면서도, 기후변화가 한 구실을 지적한다.

급격한 기후변화는 대규모 기근과 난민을 초래할 것이다. 기후변화는 또한 전쟁을 의미할 것이다. 경제적·지리적 힘의 균형이 바뀌면, 각국 정부는 그 변동을 되돌리기 위해 군사력을 사용할 것이다. 그 미래를 보고 싶다면, 다르푸르를 보라.[22]

더 최근의 사례로, 가뭄을 시리아 내전의 한 요인으로 보는 사람들도 있다. 환경 변화, 신자유주의, 정치권력 투쟁이 어떻게 분쟁을 부채질했는지 이해하려면 시리아의 최근 역사를 조금 알아야 한다.

시리아 혁명과 내전

식민 지배는 시리아에 분열적 영향을 끼쳤다. 오스만제국이 붕괴하고 있던 1916년 사이크스·피코 협정으로 세워진 시리아는 1946년까지 프랑스의 식민지였다. 프랑스 위임통치 당국은 시리아(와 레바논)를 종교적 경계선을 따라 분할했다. 알라위파 주민과 드루즈파 주민에 대해서는 각각의 작은 [자치] 국가들[알라위국, 자발드루즈국]을 수립하고 나머지 땅은 다마스쿠스를 중심으로 하는 국가[다마스쿠스국]와 알레포를 중심으로 하는 국가[알레포국]로 나눴다. 그러나 앤 알렉산더와 자드 부하룬이 설명했듯이, 1920년대에는 프랑스의 지

배에 맞서는 반란이 반복해서 일어났고 대체로 사람들은 종파를 뛰어넘어 단결했다.[23]

독립 후 시리아는 매우 불평등한 국가였다. 소수 엘리트가 토지 소유권을 장악하고 정계에서 불비례하게 큰 역할을 맡은 반면, 농민의 3분의 2가 토지가 없는 소작농이었다. 그러나 20세기 후반에 새로운 정치 계급이 두각을 드러내게 됐다. 하페즈 알아사드가 이끄는 바트당이 1970년 쿠데타를 일으켜 정권을 잡았다. 바트당은 신중간 계급을 지지 기반으로 했다.[24] 2000년 하페즈의 아들 바샤르 알아사드가 대통령직을 이어받았다. 바샤르 알아사드는 무역 자유화, 복지 축소와 민영화, 지대 통제 폐지를 초래하는 신자유주의적 조치를 잇따라 도입했다. 전체적으로 실질임금이 감소하고 빈곤과 청년 실업이 증가했다.

기후 난민을 다루는 이 글에 아마도 가장 중요한 것은 이런 조치가 농업에도 영향을 미쳤다는 점일 것이다. 건조지역의 토지가 사유화돼 상업적으로 밀과 면화를 재배하는 데 사용됐는데, 이것의 효과는 관개시설의 잘못된 관리 문제와 겹치면서 담수 공급의 장기적 감소를 초래했고, 비도시 지역 시리아인들이 가뭄에 특히 취약해졌다.[25] 시리아의 석유 생산량은 1990년대에 정점에 이르렀다가 감소하기 시작했고, 2008년에는 연료 보조금 삭감이 이어졌다. 이는 급수와 농업에 더욱 [악]영향을 미쳤다. 급수 펌프를 작동하는 데 연료가 필요하기 때문이다.[26]

또한 1970년대부터 지중해에서 오는 강우가 더 불규칙해지면서 시리아는 900년 만에 가장 건조한 상태가 된 듯하다. 2006~2010년

에는 가뭄이 특히 심했고, 축산업과 밀·보리 수확이 붕괴했다.[27] 알렉산더와 부하룬의 설명에 따르면,

자연재해와 신자유주의적 농업 정책이 결합해 낳은 사회적 결과는 엄청났다. 300만 명에 달하는 소규모 농민과 목축민이 생계를 잃었고 토지 상실과 빈곤에 내몰렸다.

그들의 다수는 시리아 남부와 서부, 예를 들어 남부의 다라나 [수도인] 다마스쿠스 변두리로 이주했다. 이런 이주로, 이 도시들의 인구가 증가했다. 이 도시들로 이주해 온 사람들은 빈곤과 정치적 탄압에 맞닥뜨렸는데, 그러는 동안 알아사드 정부와 그 패거리들은 끊임없이 부를 쌓으며 골프장과 호화 아파트에 투자했다.[28]

2011년 3월에 시작한 시리아 혁명에 대해서는 [혁명적 좌파 계간지] 《인터내셔널 소셜리즘》에 실린 몇몇 글에서 더 자세히 다뤄졌다.[29] 시리아 혁명은 이집트·튀니지 등지의 반란(아랍의 봄)에서 영감을 받은 대중 봉기로 시작해 도시 변두리 지역에서 지지를 받았는데, 그곳에는 농촌에서 올라온 사람들도 있었다. 즉, 생계를 잃은 농민의 분노가 혁명에 한몫했을 수 있다. 앞서 언급한 다라는 반란의 중심지 중 한 곳이었는데, 이곳 10대 청소년들이 담벼락에 "민중은 정권의 타도를 원한다"고 썼다고 체포돼 고문당하자 도시 전역에서 전투적 항의 운동이 불붙은 것이 계기였다.[30] 혁명이 최고점에 이르렀을 때 100만 명에 달하는 사람들이 거리로 나왔고, 혁명위원회 형태로 대안적 정부가 생기기 시작했다. 이들리브와 알레포에서는 정부

가 군사적 패배를 당했고, 정부가 무너지기 직전인 듯한 상황도 여러 번 있었다.[31] 그러나 알아사드 정권 세력은 민간인에게 대포를 쏘고 폭탄을 투하하고 염소 가스를 살포하는 등 잔혹하게 무력을 휘둘러서 운동을 저지할 수 있었다.[32] 뒤이어 벌어진 내전에서 양측 모두 지역적·세계적 강국들의 지원을 받았다. 레바논의 시아파 무장 세력 헤즈볼라, 이란 혁명수비대, 러시아 국가는 분쟁의 여러 시점에 알아사드를 지원했고, 반정부 무장 세력은 [사우디아라비아 등의] 걸프 연안국들, 터키, 미국에게서 자금을 지원받았다. 봉기 초기의 정치와는 거리가 먼 누스라전선 같은 이슬람주의 반군이 반정부 세력 사이에서 더욱 두드러지게 됐다.[33] 시리아 국가의 행태와 다양한 지역 행위자들의 개입으로 전쟁은 급속히 종파적 경계선을 따라 양극화됐다. 그러나 이런 종파적 분열은 바트당 국가가 이전부터 조장해 온 것이었다는 맥락에서 이해해야 한다.[34]

시리아 내전으로 약 50만 명이 사망했다.[35] 이보다 훨씬 더 많은 이들이 원치 않는 이주를 해야 했는데, 660만 명이 국내 난민이 됐고 560만 명이 시리아를 떠났다. 이것은 최근에 발생한 난민 이동 중 가장 대규모였다. 시리아 난민의 일부는 유럽으로 갔지만 전쟁으로 발생한 비자발적 이주민의 압도 다수는 중동 지역에 남아 있다. 시리아 난민은 터키에 360만 명, 레바논에 약 100만 명, 요르단에 65만 5000명, 이라크에 24만 6000명, 이집트에 최소 12만 6000명이 있다.[36] 이들 중 일부는 거처를 두 번 옮긴 사람들, 즉 가뭄 기간에 도시 지역으로 이주하고 몇 년 후 전쟁이 격화하면서 다시 피난길에 나선 사람들일 것이다.

시리아 난민 문제의 원인은 기후일까?

나오미 클라인은 가뭄 때문에 사람들이 농촌에서 도시로 이주한 것이 시리아에서 일어난 혁명과 뒤이은 전쟁, 난민 위기에 중요한 영향을 끼쳤다고 주장한다. 클라인은 농촌에서 도시로 이주한 사람들이 있는 지역들에서 혁명이 시작됐다고 지적한다.

> 다라는 시리아 내전이 발발하기 전 몇 년 동안 역사상 최악의 가뭄으로 토지를 떠날 수밖에 없었던 수많은 농민이 유입된 곳으로, 2011년 시리아 혁명이 일어난 곳이기도 하다. 가뭄이 [사회적] 긴장을 고조시킨 유일한 요인은 아니었지만, 가뭄의 결과로 시리아에서 150만 명이 국내 이주민이 됐다는 사실은 분명히 한몫을 했다.[37]

클라인은 이스라엘 건축가 에얄 와이즈만의 이론을 가져와서, 기후변화와 분쟁의 상관관계를 찾으려 애쓰며 건조기후 경계선aridity line을 언급한다. 이 선은 연평균 강수량이 200밀리미터인 지역[사막지대와 비사막지대의 경계선]을 나타낸다. 이 경계지역 사람들은 [지금은] 관개 없이도 곡물을 재배할 수 있을 테지만, [앞으로는] 가뭄과 사막화의 위험에 처할 것이다. 클라인의 글에 실린 지도를 보면, 그 건조기후 경계선은 사하라사막을 감싸고 동쪽으로는 중동을 지나 아프가니스탄, 파키스탄, 인도 서부까지 뻗어 있다. 클라인은 서구의 드론 공습이 벌어진 장소(분쟁지를 대표한다고 간주)의 상당수가 이 경계선 인근에 있음을 흥미롭게 보여 준다. 그런 곳으로는 말리·리비아·

가자·예멘·소말리아·아프가니스탄·이라크 등이 있다. 클라인은 다음과 같이 결론 내린다. "폭탄이 석유를 따라가고 드론이 가뭄을 따라가듯, 보트도 석유와 가뭄을 따라간다. 전쟁과 가뭄으로 유린당한, 건조기후 경계선 일대의 고향을 탈출한 난민들의 보트 말이다."[38]

[시리아 내전이] 기후 전쟁이라는 설명의 장점 하나는 폭력이 발생한 원인으로 종교와 민족성을 비난하는 식의 분석을 교정한다는 점이다. 알아사드 정권과 그 후원자들은 시리아 혁명을 "테러리스트들의 음모"로 묘사하려 애썼다.[39] 이와 대조적으로, 가뭄을 분쟁의 한 요인으로 지적하는 이들은 시리아인들이 자국 정부 정책에 진정으로 불만을 품고 있었음을 분명히 한다. 이런 설명은, 분쟁을 "지하드주의" 사상의 침입으로 생긴 것으로 보는 것과는 달리, 유물론적이다.

다만 기후변화가 생기면 분쟁이 뒤따를 수밖에 없다는 암시에 대해서는 주의해야 할 까닭이 있다. 일부 진보적 사상가들은 기후변화 대처가 군대의 정책으로 채택되고 분쟁·테러 문제와 연계되면서 "안보 문제화"되고 있다고 우려한다.[40] 실제로 미국 국방부는 최근 들어 기후변화에 관심을 더 많이 두기 시작했다. 미국 국방부는 "2014년 기후변화 적응 로드맵"을 발표해 자신의 관심사를 터놓고 밝혔다.

기후변화의 영향은 식량과 수자원의 부족 사태를 낳거나, 기반 시설을 손상시키거나, 질병을 퍼뜨리거나, 많은 사람들이 살던 곳을 떠나게 하거나, 대량 이민을 강제하거나, 상업 활동을 방해하거나, 전기 이용을 제한하는 식으로 다른 나라들에서 불안정을 야기할 수 있다. 이런 사태 전개는 이미 취약한 정부는 더 약화시켜 위기에 효과적으로 대응할 수 없게 만들거나, 지금은 안정적인 정부도 대처하기 까다로운 문제가 될 수 있다. 한정된 자원을 두고 겨루는 국가 간 경쟁과 긴장을 증가시키는 것은 물론이다. 이런 통치의 공백은 테러리즘을 조장하는 극단주의 세력의 이념과 조건에 길을 열어 줄 수 있다.[41]

미군의 군사 기구에게, 더워지는 세계에서 "사회 붕괴"와 분쟁이 예상된다는 전망은 새로운 반란 진압 전략이 요구되는 위협이다.[42] 이 전망은 기후변화를 부인하는 도널드 트럼프의 대통령 재임기에도 유지됐다. 존 신하가 주장한 것처럼, 트럼프를 쏙 빼닮은 극우 인사들도 지금은 단순히 기후변화를 부정하지만 미래에는 기후변화에 대한 나름의 해결책을 내세우는 것으로, 즉 장벽과 철조망을 더 많이 설치하는 식으로 전략을 바꿀 수도 있다.[43]

기후 난민에 관한 주장은 유엔 같은 조직에서 채택될 때는 국제 개발 기구나 NGO의 개입을 정당화하는 데 이용될 수 있다. 그러면, 세계은행과 국제통화기금이 요구하는 구조조정 정책의 형태로든 군사개입의 형태로든 애초에 서방의 개입이 낳은 대체로 해로운 결과에 관한 논의가 가려질 수 있다.[44] 시리아 사례에서는, 잰 셀비와 마이크 흄이 기후 난민 문제를 안보 관점에서 다루는 것을 비판했고, 기후변화와 시리아 분쟁을 연결하는 것은 "선정주의"라고 주장했다.[45] 이와 유사하게, 어떤 사람들은 "기후 이주"라는 용어가 이민 통제를 강화하라고 요란스럽게 요구하는 것과 연결될 수 있고 이주의 경제적·사회적 이유를 감추기 때문에, 애먼 데로 나아가거나 심지어 위험하다고 주장한다.[46]

벳시 하트먼은 기후 난민이 안보 위협을 불러온다는 식의 서사는 "환경 파괴 담론" 같은 식민주의에 기원을 둔, 문제 많은 사상을 바탕으로 한다고 덧붙인다.[47] 환경 파괴 담론에서는 개발도상국의 사람들이 [잘못된] 농업과 목축 관행으로 자연환경을 파괴하고, 인구 증가로 토양 고갈과 사막화를 초래하며, 이것이 이주를 일으킨다고 가정한다. 이런 해석은 농업 개혁이나 채굴 산업 등 환경을 파괴할 가능성이 있는 다른 요인들을 간과한다. 하트먼은 이런 환경 파괴 담론은 사실 근거가 거의 없다고 주장한다. "빈곤층은 피부가 검고, 번식력이 강하고, 위험하다는 [인종차별적 — 지은이] 고정관념과 그들에 대한 두려움", 환경문제가 실제로는 과잉인구 탓에 발생한다는 낡은 주장을 이용한다는 것이다.[48]

시리아 사례에서는, 기후변화가 구체적으로 어떤 영향을 끼쳤는지 파악하기가 어렵다. 사람들의 이주를 야기한 환경적 요인이 홍수나 폭풍처럼 갑작스럽게 발생한 사건이 아니라 장기간에 걸친 가뭄이어서 특히 더 그렇다. 크리스티아네 프룈리히 같은 저술가들은 기후변화가 분명 실질적 문제지만, 시리아 정부가 추진한 신자유주의적이고 권위주의적인 농업정책 등 경제·정치적 맥락도 다루지 않고서는 그 영향을 [온전히] 이해할 수 없다고 본다.[49]

기후변화가 곤궁을 낳을 것이라고 말하는 것과, 더 나아가 분쟁을 초래할 것이라고 주장하는 것은 별개의 문제다. 뒤엣것과 같은 분석은 분쟁 상황의 발생에 정치적 요인이 하는 구실을 경시함으로써 상황을 극도로 지나치게 단순화한다는 주장도 있다.[50] 시리아에서는 정치적 대립이 분명 한몫했다. 분쟁과 이민의 근원에 대한 분석은 알

아사드 정권 같은 정치 세력의 책임을 면제해 줘서는 안 된다.[51]

하트먼은 기상이변이 분쟁을 일으킬 수 있다는 가정에 문제를 제기하는 아프리카 연구 사례 몇 가지를 내놓는다. 예를 들어 케냐 북부를 연구한 결과를 보면 가뭄이 오히려 목축민들 사이 폭력 사태를 줄였다. 이는 목축민들이 물 사용권을 둘러싼 협상·통치 체계를 자체로 구축해 놓아 가뭄 때 싸움이 시작될 가능성을 줄인 덕분이다. 하트먼은 분쟁이 발생하는 것은 외세 개입의 해로운 영향 때문인 경우가 더 흔하다며, 이는 "지역 자원 사용자들 자체의 권한이 사라지고 그들의 협상 체계가 외부의 행위자와 지역 엘리트 모두에 의해 마비됐다"는 신호라고 결론 내린다.[52]

그러나 하트먼은 기후 난민이라는 개념 자체를 너무 무시하는 것 같다. 하트먼은 기후 난민이라는 설명이 환경이라는 외부적 요인을 지목하면서 "이민의 원인을 정치와 무관한 것으로 만든다"고 말한다.[53] 그러나 기후변화는 매우 정치적인 문제다. 라틴아메리카, 남아시아, 시리아 등지에 사는 사람들은 신자유주의적 농업·무역 정책 때문에 기상이변의 영향에 취약해졌다. 더 급진적인 분석은 기후변화의 근본적 원인인 화석연료 채취의 전 세계적 확산이 신자유주의를 향한 이 난폭한 질주의 특징이기도 하다는 점을 다룰 수 있다. 루치아 프라델라와 로사나 칠로가 리비아에 대해 연구한 결과는 석유 채취와 [이주민] 구금 제도와 국경의 군사화가 어떻게 서로 연결돼 있는지를 설명한다. 2014년부터 이탈리아의 주요 석유·가스 회사인 에니ENI는 공급량을 유지하기 위해 리비아의 무장 세력인 알암무와 48여단과 협력했다. 이로 말미암은 리비아 자원의 유출은 리비아 내

빈곤의 증가로 이어졌고, 유럽으로 밀려 가는 이주민도 증가했다. 프라델라와 칠로는 리비아로부터의 에너지 수입에 수혜를 입는 이탈리아 농업에서 이주민들이 손쉽게 착취받는 산업예비군 구실을 했다고 주장하며, 개발도상국과 선진국 모두에서 빈곤과 환경 파괴는 연관성이 있다고 지적한다.[54]

안드레아스 말름은 시리아 내 분쟁에서 가뭄이 중요한 역할을 했다는 주장에 더 공감을 보인다. 그러나 말름은 기온 상승과 사회적 불안의 증가가 직결되지는 않을 것이라고 경고한다. 그리될지 아닐지는 그 사회에 이미 존재하는 분노와 불만의 정도에 달려 있으리라는 것이다.[55] 기후변화에 대한 대응은 사회 고위층에 맞선 항쟁으로도, 심지어는 시리아에서처럼 혁명적 격변으로도 나타날 수 있다. 우리 편의 정치적 조직화 수준이 그 결과를 결정짓는 데서 틀림없이 한몫할 것이다. 이 주제[기후 위기]를 둘러싼 주류적 담론은 대체로 혁명의 가능성을 거의 보지 않는다. 예컨대 셸비와 흄은 시리아의 농촌에서 도시로 이주한 사람들을 두고 "초기의 소요가 이 이주민들을 겨냥했다는 증거는 없다"고 한다.[56] 그렇지만 왜 그런 일이 있어야 하는가? 시리아 내전은 일시적으로나마 농촌 출신 이주민과 도시 거주민이 정부에 대항해 단결한 혁명으로 시작됐다. 셸비와 흄은 시리아 내전을 갖은 압박에 시달리는 가난한 사람들이 서로 공격한 사태로 보는 듯하다.

기후변화가 더 심한 기상이변과 더 많은 사람들의 이주로 이어질 것임을 보여 주는 강력한 증거가 있다. 그러나 가뭄 같은 사건에 뒤이어 분쟁이 일어나고 그 결과로 난민이 발생하는 것이 불가피한 일이 아니라는 점도 알아야 한다. 그러지 않으면, 생태적 조건에 대처하고 적응하는 사람들의 행위를 경시하게 된다.

기후 정의와 연대

이미 기후 난민은 기후변화 문제를 놓고 성장하고 있는 운동 내의 한 쟁점으로 논의되고 있다. 최근 몇 년 동안 기후적·생태적 붕괴의 범위와 속도에 대해 경각심을 일으키는 보도가 늘면서 대중적이고 급진적인 항의 운동이 벌어져 왔다. 그레타 툰베리에 영감을 얻어 전 세계에서 동맹휴업을 벌인 학생들이 성인들에게 파업으로 연대하라고 촉구한 이후인 2019년 9월 말 전 세계에서 약 700만 명이 이러저러한 형태로 기후 시위에 참가했다.[57] 영국에서 벌어진 시위는 노동계급 사람들(노동조합으로 조직된)이 기후변화 문제를 놓고 벌인 시위 중 사상 최대 규모였음이 거의 확실하다. 이것은 세계적 운동이다. 161개국에서 동맹휴업이 벌어졌고, 인도·필리핀·남아공·케냐·브라질·멕시코·호주·미국 등지에서는 대규모 시위가 벌어졌다.[58]

2018년 가을에 비상사태를 선포한 멸종반란은 대규모 시민 불복종 운동을 일으키고 거대한 시위로 런던 중심부 거리를 두 차례 봉쇄하고 영국 전역과 여러 나라에서 수많은 행동을 조직했다. 멸종반란이 기후변화(와 더 광범위하게는 생태 문제)에 대해 아무 대책이 없는 정부에 불안감을 느끼며 분노하는 사람들을 동원하고 이 쟁점들을 미디어의 의제로 올린 것은 믿을 수 없을 정도로 인상적이고 성공적이었다. 알렉스 캘리니코스는 사회주의자들이 이 운동에 참여할 때 겸손함이 필요하다고 옳게 말한다.[59]

그러나 2년이 넘는 시간 동안 이 운동 내에서는 인종과 사회정의 문제를 둘러싼 논쟁이 치열하게 전개되고 있다. 2019년에 멸종반란은 공개서한을 1통 받았다. 세간의 이목을 제법 끈 그 공개서한은 멸종반란이 활동가들한테 경찰에 체포당하는 것을 핵심 전술로 독려하는 등 흑인이 겪는 경찰 폭력에 대한 인식이 부족하다는 점을 포함해서 여러 비판을 제기했다. 이 서한은 환경 운동 내 상당수가 생태 붕괴를 다가오는 미래에야 벌어질 위협으로 전제하고 말을 한다고 핵심 문제를 지적했다. 특히 개발도상국에 사는 많은 사람들에게는 생태 폭력이 이미 오늘날의 현실이기 때문이다.[60]

영국의 멸종반란 창립자들은 조직을 가능한 한 광범위하게 만들려 했다. 그들은 참가자들이 사회정의를 말하는 것 자체에 반대하지는 않지만, 이미 정치 활동에 참여하고 있거나 좌파적인 사람이 아닌 사람들을 끌어들이려 애쓰면서, 멸종반란 운동이 보수적인 사람들에게도 호소력이 있게 만들고 싶어 했다.[61] 기후변화에 맞선 투쟁은 전례 없는 규모의 운동이 필요할 만큼 엄청난 것이며, 따라서 가능한 한 많은 사람들을 참여시켜야 한다는 것이 그들의 논리였다. 멸종반란은 필요한 변화를 이루려면 전체 인구의 3.5퍼센트가 참여해야 한다고 때때로 말해 왔다. 어떤 사람들은, 그러니까 인종에 대해 말하는 것은 견해가 더 보수적인 사람들을 소외시킬 수 있다고 넌지시 말한다. 멸종반란의 창립자 로저 핼럼은 "정체성 정치"가 상당한 단점이 있어서 "모든 사람을 설득할 수 없다"

고 말한다.[62]

미국에서는 멸종반란이 이런 쟁점들을 놓고 분열했다. 멸종반란 미국은 자신들의 요구에서 "흑인, 선주민, 유색인종, 빈민"을 중요하게 여겨야 한다고 언급했지만, 멸종반란미국에서 분열해 나온 멸종 반란아메리카라는 단체는 자신의 요구에서 그런 말을 없애고 "하나의 사람, 하나의 행성, 하나의 미래"라는 말을 넣었다.[63] 멸종반란아메리카의 창립자 조너선 로건은 기후변화가 너무나 시급한 문제여서 사회정의 요구를 수용할 수 없다고 주장한다.

우리가 기후변화를 해결하지 못한다면 흑인 목숨은 소중하지 않다. 우리가 지금 기후변화를 해결하지 못한다면 성소수자는 중요하지 않다. 우리가 모두 하나로 뭉쳐서 지금 당장 기후변화를 해결하지 못한다면, 미투 운동은 중요하지 않다. … 분명하게 못을 박겠다. 우리는 사회정의에 대해 왈가왈부할 시간이 없다.[64]

영국 멸종반란의 저명한 회원인 루퍼트 리드는 과거에 환경 운동가들이 대량 이민을 막는 데 찬성해야 하며 그러면 "영국인 노동계급"의 편에 설 수 있을 것이라는 글을 쓴 적이 있다.[65] 그러나 영국 노동계급의 많은 수가 이민자이거나 그 자녀라는 명백한 사실은 제쳐 놓더라도, 그의 견해는 사람들의 생각이 고정돼 있다고 가정한다. 경험은 사람들의 생각이 변화한다는 점을 보여 주는데, 특히 사람들이 다른 사람들과 함께 대중운동에 참여할 때 더욱 그렇다. 리드의 견해는 흑인과 소수 인종 배경의 사람들이 백인보다 환경문제에 더 관심이 있을 가능성이 높다는 연구 결과도 무시한다.[66] (상상 속) 보수적 백인 집단에 호소한다며 인종에 대한 논의를 경시하는 것은 인종차별에 대한 분노로 정치 활동에 이끌리고 있는 사람들 사이에 있을 수많은 잠재적 경청자를 무시하는 것이다.

국제주의적이고 인종차별에 반대하는 운동을 구축해야 할 또 다른 이유는 그것이 기후변화에 맞서 싸울 최선의 방법이기 때문이다. 클라인이 주장했듯 [기후변화에] 가장 크게 타격을 입는 사람들 다수를 "타자화"하거나 비인간화하는 태도는 애초에 기후변화를 이렇게 오랫동안 지속되도록 방치한 원인이기도 하다. 환경 문제를 인종차별적으로 다뤘기 때문에, 선진국 정부들은 자신들의 무대책이 낳을 영향을 경시하고 [아프리카] 나이저강 삼각주 같은 세계의 일부 지역을 화석연료 채취를 위해 희생시킬 곳으로 취급했다. 클라인은 개발도상국뿐 아니라 미국 산촌의 빈곤도 언급하는데, 정상 제거 석탄 채굴로* 피해를 입은 지역사회가 도외시되는 것을 가리키며 다음과 같이 말한다. "만약 당신이 사는 곳이 '깡촌'이라면, 누가 그런 산동네에 신경이나 쓰겠는가?"[67]

다만 사회정의에 관한 논의를 제한하고 싶어 하는 환경 운동가는 미국과 영국 모두에서 소수라는 점을 강조해야 한다. 영국 전역의 멸종반란 지부들에서는 기후 정의를 멸종반란이 지향하는 가치 중 일부로 더 명확하게 하기 위해 "네 번째 요구"를 채택하는 것에

---

* 산 전체를 위에서부터 깎아 내리면서 석탄을 채굴하는 노천채굴법의 일종으로, 환경오염 피해가 크다.

대해 논의 중이다(멸종반란의 기존 세 가지 요구는 "진실을 말하라", "당장 행동하라", "정치를 넘어서"이다). 멸종반란 지지자들을 대상으로 한 최근의 한 온라인 설문조사에 따르면 응답자의 77퍼센트가 네 번째 요구의 채택에 찬성했으며 60퍼센트는 적극 찬성했다. 이런 요구들이 매력적이지 않다고 보기는커녕 대중에게 인기가 있을 것이라고 생각하는 사람들이 더 많았고, 대부분은 이런 요구를 채택하면 멸종반란에 계속 참여하는 것이 더 만족스러워질 것이라고 답했다.[68]

기후 정의를 둘러싼 논쟁은 기후 난민에 대한 논의 속에서 굴절되고 확대된다. 사회 정의에 대해 이야기할 시간이 없다고 말하는 사람들은 기후와 관련된 이주 문제도 일단은 기후변화에 대처한 뒤에야 해결해 보자는 의견에 끌린다. 어떤 사람들은 이주에 대한 논의가 기후변화를 해결하려는 노력에 걸림돌이 된다고 느낀다. 리드는 이주를 제한하는 가장 효과적이고 인도적인 방법 하나는 기후변화에 맞섬으로써 사람들이 이주할 수밖에 없도록 내모는 요인을 제거하는 것이라고 한다.[69] 로런 마컴은 좀 더 동정적인 관점이지만 결국 같은 방향으로 이끌리는 주장을 〈가디언〉에서 다음과 같이 한다.

이주는 인간의 자연스러운 현상이며 많은 사람들이 기본권이 돼야 한다고 주장하는 것이지만, 강요된 이주, 즉 생명의 위협을 받아 자기 의지에 거슬러 살던 곳에서 쫓겨나는 일은 전혀 자연스럽지 않다. … 그 사람들이 자기 집에 머물 수 있기를 바란다면, 우리는 전 지구적 기후변화 문제에 달려들어야 하며 그것도 신속히 그래야 한다.[70]

사람들이 살던 곳에서 쫓겨나는 것에 찬성하는 사람은 거의 없을 것이다. 그렇지만 기후변화에 맞서야 한다는 말로 기후 난민에 대한 논의를 끝내서는 안 된다. 이것은 또다시 기후변화를 [현재가 아닌] 미래에야 마주하게 될 재앙으로 여기는 것이다. 또 기후변화와 이주 둘 다가 일어날 조건을 마련하는 데서 과거의 식민주의 정책과 [최근의] 신자유주의적 자본주의가 한 구실을 무시하는 것이다. 이 글에서 보여 줬듯, 극단적 기상이변 탓에 인해 이미 수많은 사람이 살던 곳을 떠나야 할 처지로 내몰리고 있다. 더욱이 전 세계 국가들은 이미 국경을 틀어막고 있으며 자신들이 한몫해 일으킨 생태 붕괴를 피해 사람들이 도망쳐 오는 것을 막으려 애쓰고 있다.

그러므로 사회주의자들은 기후 난민에 대한 [확고한] 관점이 있어야 하고, 국경과 이민 통제에 반대하는 인종차별 반대 주장을 해야 한다. 국경은 언제나 존재한 것이 아니라 19세기와 20세기에 현대 국가와 식민주의적 세계 분할(시리아도 그렇게 탄생했다)과 함께 생겨났다. 국경은 그것을 건너려는 사람들에게 곧바로 고통을 준다. 클라인이 말하듯 "폭탄과 드론을 정당화하고 타자를 비인간화하는 그 능력이 이제는 이 이주민들을 향하고 있으며, 안전을 원하는 그들의 바람을 우리에 대한 위협으로, 그들의 필사적 탈출을 일종의 침략군으로 묘사하고 있다."[71] 국경은 또한 국민국가 내에 포함되는 사람들과 외국인이나 외부인이라고 조롱받는 사람들 사이에 분열을 만들어 인종차별을 조성한다. 이런 분열은 사람들이 서로 반목하게 하며, 결국에는 평범한 사람들을 착취하고 천대하는 자본가들의 이익에 복무한다.[72] 사회주의자들은 이런 주장을 펼치며 다른 사람들을 설득하려 애써야 하고 국민국가와 국경이 필요하다거나 불가피하다고 보는 사람들에게도 마찬가지다. 사람들이 그렇게 생각하는 것은 별로 놀라운 일이 아니다. 영국에서는 모든 주류 정당과 대부분의 언론이 이런저런 이민 통제를 주장한다. 그러나 기후 난민의 수에 대한 예측 중 어느 하나라도 정확하다면 향후 수십 년간 이민 통제를 정당화하기가 점점 더 어려워질 것이다. 환경 운동 안에서 인종차별 반대 사상을 주장하면, 기후 운동에 이끌리며 새롭게 급진화하는 사람들과 함께 이런 사상을 토론할 기회가 생길 것이다.

우리는 난민과 이주민 당사자들의 주체성을 인정해야 한다는 주장도 할 수 있다. 또 이주민과 난민이 새로 정착한 사회에 기여한다는 것을 보여 주는 많은 사례, 이주가 이주민 당사자의 삶에서 긍정적일 수도 있음을 지적할 수 있다. 영국에서는 이민자들이 국가보건서비스NHS 등 공공서비스에 고용돼 일한다. 이민자들은 1970년대 아시아계 노동자 파업부터 좀 더 최근에는 청소 노동자들의 임금 인상 투쟁에 이르기까지 몇몇 주요 노동조합 투쟁을 조직했다. 때로는 투쟁적 전통을 들여오기도 한다. 예를 들어, 혁명에 참여했던 시리아 난민들은 그리스에서 인종차별 반대 시위에 참여했다.[73]

난민에게 연대할 때, 그들이 "[우리나라에] 기여할 것"을 조건으로 내걸어서는 안 된다. 원칙적으로 모든 이주민과 난민을 환영해야 한다. 그럼에도 이주민들이 노동계급 운동에서 적극적 구실을 한 몇몇 긍정적 사례를 지적하는 것은 중요하다. 일부 환경 운동가들이 난민의 발생을 그저 기후변화에 잘 대처하지 못하면 일어날 여러 끔찍한 일의 또 다른 항목 정도로만 보는 경향이 있기 때문이다. 이는 우리 정부가 기후변화에 대처하도록 강제하려고 난민이 제기하는 "위협"을 마치 하나의 카드 정도로 여기는 것과 마찬가지다. 이런 까닭에, '이주민 복지를 위한 공동 위원회'의 미니 러먼은 "기후 이주에 관해 어떤 활동을 조직할 때든 이주를 위협으로 여기지 않도록 분명히 해야 앞으로 나아갈 수 있습니다" 하고 말한다.[74] 앞서 설명한 안보 문제화 담론도 마찬가지로 난민을 국가 안보에 대한 잠재적 위협 요소로 여긴다. 이 점에서 셸비와 훕이 기후변화를 안보 문제로 삼지 않으면서도 기후변화에 맞서 행동할 이유가 이미 충분히 존재한다고 말하는 것은 옳다.[75]

기후 난민과 관련된 논의에 참여하는 일부 사람들은 난민을 지칭할 때 자연재해에 비유하곤 한다. 예를 들어, 난민을 인간 "파도"나 인간 "홍수"로 부르는 것이다. 인종차별에 반대하는 사람들은 이런 비인도적 언어 사용을 피해야 한다.[76]

기후 난민의 법적 지위?

재난을 피해 국경을 넘는 사람들은 국제법에 규정된 난민으로 인정되지 않는다.[77] 1951년 난민 협약은 난민을 "인종, 종교, 국적 또는 특정 사회집단의 구성원 신분 또는 정치적 의견을 이유로 박해를 받을 우려가 있다는 충분한 이유가 있는 공포로 인하여 국적국밖에 있는 자로서 그 국적국의 보호를 받을 수 없거나 또는 그러한 공포로 인하여 그 국적국의 보호를 받는 것을 원하지 아니하는 자"

라고 명시하고 있다. 제2차세계대전의 여파 속에 작성된 이 협약은 냉전의 영향을 크게 받아 소련 블록에서 탈출해 서방으로 망명하는 사람들을 끌어들이려는 의도가 담겼다. 난민 협약은 오로지 [정치적] 박해를 받는 사람들만 난민으로 인정하고, 생태계 파괴나 경제 붕괴, 광물 채취나 댐이나 플랜테이션 같은 새 기반 시설 설치의 영향으로 이주하는 사람들은 단 한 번도 난민으로 인정하지 않았다.[78] 한 국가 내에서 이주하는 사람들은 유엔난민기구UNHCR의 지원을 일부 받기는 하지만 법적으로 난민으로 규정되지는 않는다.

그렇다면 난민의 정의를 확장해야 할까? 이주민과 난민을 옹호하는 사람들의 의견도 갈린다. 컬럼비아대학교의 마이클 도일은 기후변화의 영향을 피해 탈출하려는 사람들은 자신의 의지에 어긋나게 이주할 수밖에 없는 처지라는 사실을 지적한다. 그들은 박해를 피해 탈출하는 사람들만큼이나 "이주가 강요된" 사람들이라는 것이다.

여러분의 농장이 바싹 말랐거나 집이 물에 잠겨 목숨을 걸고 도망치고 있다면, 여러분은 다른 난민과 별반 다르지 않다. … 문제는 전쟁을 피해 떠난 사람은 법적으로 난민 지위를 받을 자격이 있지만, 여러분은 그럴 자격이 없다는 것이다.[79]

아비단 켄트와 사이먼 베어먼은 더 나아가, 기후 난민들이 기후변화라는 형태를 띤 구조적 폭력에 직면해 있으며, 이는 박해를 피해 탈출하는 사람들이 두려워하는 대인 폭력에 필적하는 고통을 초래

할 수 있다고 주장한다.[80]

그렇지만 어딘가를 떠나는 이유들은 복잡하고 서로 얽혀 있기에, 실제 현실에서 기후변화가 한 요인으로 작용했다는 점을 입증해 기후 난민 지위를 얻기는 매우 어려울 것이라는 지적도 나온다. 부유한 나라들은 당연히 난민 정의 확장을 꺼리고, 유엔난민기구도 이미 자신들이 지고 있는 부담이 큰 데다 잠재적으로 발생할 엄청난 난민 수 증가에 대처할 재원이 부족하기 때문에 난민 정의의 확장을 꺼린다.[81]

유엔은 기후변화의 영향을 피하려는 사람들이 대개는 자기 나라 안에 머무를 것이라고도 지적한다. 가뭄, 태풍, 해수면 상승으로 향후 수십 년간 더 많은 사람들이 살던 곳을 떠나게 된다면, 그중 다수는 같은 나라 안에서 농촌을 떠나 도시로, 해안 지역을 떠나 내륙으로 이주할 것이라고 예상할 수 있다.[82] 예컨대 가뭄으로 피해를 입은 나이지리아 농촌의 농부는 유럽으로 이주할 수단이나 의향은 없지만 [나이지리아의] 좀 더 큰 마을이나 도시로 이주할 수는 있을 것이다. 많은 사례를 보면, 극빈층은 설사 마음은 굴뚝같더라도 다른 나라로 이주할 자원이 없어 [자국에] "갇힐" 것이다.[83] 이런 면에서 그들은 국경을 넘을 수밖에 없고 자국에서는 도움을 구할 수 없는, 정치적 박해를 피하려는 사람들과는 다르다.

그러나 어떤 이유로든 비자발적으로 이주하는 사람의 대다수가 자기 나라 내에서 이주하거나(비자발적 이주민 전체의 58퍼센트), 이웃 나라로 이주하는(나머지의 80퍼센트) 경향이 있고 따라서 지금의 법적 보호가 이미 불충분하다는 점을 간과해서는 안 된다. 현재 난민을 가장 많이 수용한 나라는 터키·파키스탄·우간다 3개국이다. 독일을 제외하면 세계 8대 난민 수용국은 모두 난민 발생국과 국경을 접하고 있다.[84] 적어도 아직까지는 개발도상국에서 선진국으로의 대규모 탈출은 없었다. 기후변화로 지구 상의 많은 지역이 완전히 살 수 없는 곳이 된다면, 세계적 난민 이동의 경로가 바뀔 가능성이 있다. 그러나 그때조차 사람들이 일제히 개발도상국을 떠나 선진국으로 향하는 단순한 상황이 될 것 같지는 않다.[85]

이민 통제를 완전히 중단하면 난민과 이주민 간의 법적 구분을 둘러싼 논쟁은 무의미해질 것이다. 더는 세계의 한 지역에서 다른 지역으로 이주하는 것에 이유를 대야 할 필요가 없어질 것이다. 어떤 장소를 떠나고 싶어서든 다른 장소에 살고 싶어서든 이주하려는 여러 가지 이유가 받아들여질 것이다. 켄트와 베어먼은 기후와 이주의 법률적 측면들을 다루는 책에서 이런 주장을 편다. 동시에 지금 당장은 기후변화로 인해 국경을 넘는 사람들을 난민으로 규정해야 한다는 주장도 설득력 있게 펼친다. 그러면 적어도 그들이 법적으로 더 많은 보호를 받을 자격이 생길 것이다. 기후 난민에 관해 이야기 하면 기후변화의 해결에 집중하지 못하게 될 것이라고 주장하는 사람들에 대해, 켄트와 베어먼은 "기후 난민"이라는 용어가 "기후 유발 이주" 같은 다른 용어보다 사실 더 정치적이라고 지적한다. "난민"이라는 용어를 사용하는 것은 누군가가 책임을 져야 한다는 것을 의미하는데, 이 경우에는 화석연료 산업과 이를 뒷받침하는 국가들이라는 것이다.[86]

결론

지난 몇 년 동안 인종차별 반대 투쟁과 환경 운동을 결합하려는 시도들이 있었고 이는 환영할 만한 발전이다. 2017년 2월 [영국] 기후변화저지지운동CaCC은 노동조합, 인종차별 반대 단체, 환경 단체의 활동가들을 연사로 초청해 하루 동안 회의를 열었다.[87] 2019년 봄에 열린 멸종반란의 첫 번째 반란 행사에서는 [인종차별 반대 공동전선인] '인종차별에 맞서자SUTR'가 노동조합들의 현수막과 인종차별 반대 연설이 포함된 집회를 조직했으며, 몇몇 멸종반란 지부들이 자체 행사에 기후 난민 문제를 상징하는 고무보트를 설치했다. 기후변화저지지운동 등은 기후변화와 난민 사이의 연관성을 명확하게 하기 위해 2020년 '인종차별에 맞서자'의 연례 행진을 지원했다(비록 불행히도 코로나19 대유행으로 시위가 온라인 행사로 전환돼야 했지만 말이다). 지구정의블록(옛 지구정의반란)이라는 단체는 2019년과 2020년 멸종반란 행사에서 중요한 구실을 했다. 이들은 2020년 9월 국회의사당 광장에서 내무부로 향하는 행진을 이끌었는데, 이 행진에 참가한 멸종반란 지지자들은 '기후 정의는 이주 정의'라는 구호를 외쳤다. 시위대는 도로를 막고 앉아서 기후 정의의 여러 측면에 대해 말하는 다양한 연사들의 연설을 들었다. 지구정의블록은 자신들의 지향을 반자본주의·반인종주의·반제국주의라고 소개한다.[88] 아프리카계 여성 난민 단체를 비롯해 개발도상국에서 온 활동가들은 2018년 12월 멸종반란의 BBC 봉쇄로 열린 기후 행사에서 연설했으며, 2019년 9월 20일 영국 공무원노조PCS 소속의 에콰도르계 파업 참가자는 영국 기업·에너지·산업전략부 앞에 세워진 피켓라인에서 연설했다. '인종차별에 맞서자'의 현수막과 팻말, 기후 난민을 환영하자는 요구는 기후변화 반대 동맹휴업에서 자주 보이며 인기가 있다. 이런 사례들은 틀림없이 더 있다. 이런 일들은 소박한 출발이지만, 난민과 관련된 인종차별 반대 주장과 기후 운동의 더 광범한 요구들을 연결할 수 있는 가능성이 크다는 것을 보여 준다.

이 글은 세계가 이미 홍수·화재·허리케인 같은 재난의 형태로 기후·생태계 파괴의 영향을 겪고 있다고 주장했다. 우리는 이런 재난이 사람들의 비자발적 이주로 이어질 것이며(이미 그러고 있다) 향후 더 악화될 가능성이 높다는 것을 알고 있다. 그러나 재난의 영향은 그 사회의 사회적·정치적·경제적 상황에 따라 달라질 것이다. 조너선 닐이 다르푸르에 대한 논의에서 결론짓는 것처럼, 다르푸르의 비극은 "순전한 기후변화 재난"이 아니라 세계적 규모의 이윤 추구에 뿌리를 둔 자본주의적 경쟁이라는 맥락에서 봐야 하는 과정이었다.[89] 기후변화의 근본 원인은 이윤을 기초로 한 전 지구적 체제다. 사람들은 이미 재앙적 영향을 느끼고 있으며, [기후변화에] 가장 큰 피해를 보는 사람들은 가장 책임이 없는 사람들인 경향이 있다. 그러나 이 글은 기후 난민을 수동적 희생자나 자선의 대상으로 보는 자유주의적 시각이 아니라, 난민 자신을 하나의 행위자로 인정하는 관점에서 그들을 이해하려 했다. 해결돼야 할 문제는 기후변화이지, 세계의 한 지역에서 다른 지역으로 이주하는 사람들이 아니다.

2부
그린뉴딜, 기후 운동,
노동계급

1장
세계 권력자들이
기후 위기를
해결할까?

장호종

미국 대통령 바이든은 취임 이튿날인 2021년 1월 21일, 파리협약에 복귀하는 행정명령에 서명했다. 전임 대통령이자 기후변화 부정론자인 트럼프가 파리협약 탈퇴를 선언한 지 4년 만의 일이다.[1]

곧이어 4월 말에는 기후 정상회담을 열었다. 바이든은 미국이 2030년까지 온실가스 배출량을 2005년 대비 50~52퍼센트 줄이고 2050년까지 '순배출량'을 제로로 만들테니 다른 나라들도 목표치를 높이라고 요구했다. 2021년 11월 영국에서 열릴 '26차 유엔 기후변화 협약 당사국 총회COP26'에 각국 정상들이 좀 더 상향된 감축 목표를 들고 오라고 촉구했다.

바이든의 행보는 상당히 인상적이기는 하다. 전임 미국 대통령들이 보인 태도 때문에 이는 더욱 두드러져 보인다.

20년 전, 지금은 미국의 악몽이 돼 버린 아프가니스탄 전쟁을 시작한 조지 W 부시는 최초의 기후 협약인 교토협약에서 탈퇴했다. 부시 정부는 기후변화를 막기 위한 어떤 조처도 거부했다. 오바마 정부는 중국을 핑계로 새로운 기후 협약 체결을 미루다 임기를 2년 남긴 2015년에야 파리협약을 체결했다. 그로부터 2년 뒤에 집권한 트럼프는 이를 원점으로 돌려났다. 지금으로부터 불과 1년 전만 해도 트럼프는 파리협약 탈퇴 절차를 마무리하고 있었다.

역사적으로 보면 세계에서 온실가스를 가장 많이 배출한 나라이고 21세기 초까지도 세계 1위 배출국이었던 미국의 이런 태도 때문에 기후변화를 막아야 한다는 국제적 호소는 그 실현이 불가능해 보였다(그림 4).

그러니 바이든의 선언으로 다소 기대감이 높아지는 것도 이해할 만한 일이긴 하다. 그동안 상대적으로 기후변화 대응에 목소리를 높

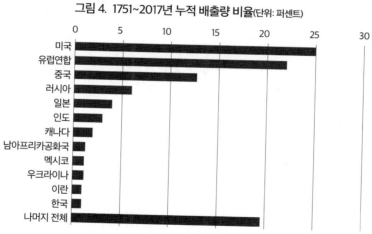

그림 4. 1751~2017년 누적 배출량 비율(단위: 퍼센트)

출처: Our World in Data(https://github.com/owid/co2-data)

여 온 유럽 선진국들에 더해 미국도 기후변화 대응에 진지하게 나선다면 최악의 상황은 피할 수도 있지 않겠느냐는 것이다. 이유진 녹색전환연구소 연구원은 바이든이 "기후 위기 대응을 2050년에서 2030년으로 앞당겼다"며 "국제사회가 기후 위기를 '실체적 위험'으로 인식하기 시작했다"고 평가했다. 문재인 정부가 만든 탄소중립위원회의 초대 위원장 윤순진 교수는 바이든의 동참으로 "131개 국가가 탄소 중립을 선언했다. 이 국가들이 배출하는 온실가스 배출량의 합은 전 세계 배출량의 73퍼센트를 차지한다"고 기대를 내비쳤다.

그러나 이런 기대는 섣불러 보인다. 오히려 바이든의 선언은 좀 더 냉정히 따져 볼 필요가 있다. 1992년 브라질 리우데자네이루에서 열린 유엔의 첫 기후 회담 이후 30년 동안 미국 정부가 시종일관 온실가스 감축 노력에 찬물을 끼얹어 왔다는 사실을 간과해서는 안 된다. 비록 민주당 대통령들(빌 클린턴, 버락 오바마)이 부시나 트럼프 같은 공화당 대통령들보다 말과 제스처에서 좀 더 전향적인 태도를 보이기는 했지만 그들의 실천은 공화당과 크게 다르지 않았다. 민주당이든 공화당이든 화석연료 산업과 이에 기반을 둔 수많은 기업의 이윤을 지키는 것이 최우선이었다. 이 책의 1부 2장에서 에이미 레더가 살펴봤듯이 화석연료 산업은 현대 자본주의 체제의 근간을 이루고 있고 지금도 세계 경제·정치에 화석연료 기업들이 끼치는 영향력은 거의 줄어들지 않았다.[2]

이런 점들을 고려하지 않고 바이든의 말을 기정사실로 받아들이거나 지나친 기대를 거는 것은 자칫 기후 운동의 시계를 30년 전으로 되돌릴 우려가 있다.

2019년에 세계적으로 벌어진 멸종반란 시위와 청소년들의 기후 동맹휴업 등은 갈수록 선명해지는 기후 위기에 대한 경고와 주요 선진국 정부들의 무대응이 공존하는 모순적 상황에 대한 항의였다. 동시에 시위 참가자들은 주류 환경 NGO들이 주도해 온 기존 환경(기후) 운동이 개인적 해결책 같은 점진적이고 온건한 해법들을 추구해 온 것에 문제의식을 표현하기도 했다. '기후변화가 아니라 체제변화를'이라는 구호와 그린뉴딜 같은 대안이 큰 인기를 얻은 이유다. 멸종반란의 창립자 로저 핼럼은 다음과 같이 썼다.

분명히 해 둘 필요가 있다. 기존 운동 방식은 효과가 없다. 이메일 보내기, NGO에 후원금 내기, 뻔한 코스로 행진하기 같은 것들 말이다. 수많은 훌륭한 사람들이 인생의 여러 해를 들여 이런 일들에 헌신했지만 이제는 정직해질 때다. 기존 운동은 필요한 변화를 가져오지 못했다. 배출량은 1990년 이후 60퍼센트 증가했고 2019년 한 해에만 2.7퍼센트나 증가하는 등 꾸준히 늘고 있다. 30년 동안의 끔찍한 실패를 살펴보면 그 이유는 분명하다. 부자들과 권력자들은 오늘날 우리가 걷고 있는 자살 코스에서 너무 많은 돈을 벌고 있다. 설득과 정보 제공으로는 그런 견고한 권력을 극복할 수 없다. 그들을 방해해야만 한다.[3]

화석연료 산업에 이해관계가 있는 "부자들과 권력자들"이 기후 위기 대응을 가로막고 있고, 따라서 이들과의 협력이 아니라 이들을 강제할 수 있는 운동이 필요하다는 지적은 완전히 옳다. 반면 바이든의 기후 정책을 과대평가해 기대를 부풀리는 것은 기존의 주류 환경 NGO들처럼 대정부 로비나 협력(거버넌스)을 강조하는 방향으로 운동이 후퇴하게 하는 효과를 낼 수 있다.

바이든의 약속이 전임 정부들의 파렴치한 외면에 비해 상대적으로 나은 수준을 넘어 기후 위기를 멈추는 데 얼마나 실질적 효과를 낼지 따져 보려면, 바이든과 주요 선진국 정부들이 기준으로 삼는 파리협약과 그 협약의 근거가 된 유엔 IPCC 보고서를 먼저 살펴볼 필요가 있다.

IPCC와 파리협약

2015년에 체결된 파리협약은 "이번 세기에 지구 평균기온 상승폭을 산업화 이전 대비 2도보다 상당히 낮은 수준으로 유지하고, 1.5도 미만으로 제한하기 위해 노력"하는 것을 목표로 삼았다.[4] 이 목표는 2014년 IPCC가 발표한 5차 보고서를 근거로 한 것이다.

IPCC는 1988년 유엔 산하 기구로 설립돼 기후변화의 양상과 원인, 대처 방안 등에 관한 평가 보고서를 발행하는 임무를 맡고 있다. 1990년 첫 평가 보고서를 낸 뒤로 지금까지 다섯 차례 보고서를 발행했고 2021년 현재 6차 평가 보고서를 준비하고 있다. 이 보고서들은 수많은 과학자들의 기후변화에 관한 공통된 견해를 보여 줬다. 핵심은 '인간 활동이 지구 평균기온을 높이고 있고, 그 핵심 원인은 화석연료 연소로 인한 온실가스 배출'이라는 사실이다.

동시에 이 기구는 가입국 정부들의 '협의체'로 보고서의 핵심 결론("정책 결정자를 위한 요약본")에는 각국 정부의 입김이 크게 작용한다. 심지어 이 기구가 처음 설립될 당시 미국 정부 대표단은 석유 기업과 석탄 기업이 이 기구에 참여할 수 있도록 허용했다.[5] 그러다 보니 IPCC의 보고서는 대체로 앞부분(1부 기후변화 과학)에서 보여 준 기후 위기의 심각성에 비해 뒷부분(3부 기후변화 대책)에서 턱없이 부족한 대책만 제시한다는 비판이 이어졌다.

> 1989년, [초기 기후 운동을 주도한] 기후 과학자들은 매우 중대한 결정을 내렸다. 자신들에게 우호적인 정부들, 정치인들과 동맹을 맺기로 한 것이다. 이는 권력을 가진 사람들의 생각을 바꾸기 위함이었다. 이런 동맹은 두 가지 결과를 낳았는데, 하나는 전 세계를 상대로 어떤 위험이 다가오는지 경고하는 데 성공했다는 것이다. 그러나 정부들과 맺은 동맹 때문에, 과학자들은 자신들이 필요하다고 생각하는 해결책을 실행할 수 없었다.[6]

2018년에 IPCC가 발표한 "지구온난화 1.5도 특별 보고서"에서는 5차 평가 보고서에 대한 비판을 의식해 과학자들이 인류가 처한 위험을 더 사실에 가깝게 보여 주려 했다. 이 보고서에서 과학자들은 기존의 '2도' 목표가 너무 위험하며, 평균기온 상승 폭을 산업화 이전에 비해 1.5도 이내로 제한해야 한다고 밝혔다. 그러지 않을 경우 수억 명이 직접적 피해를 입을 뿐 아니라 기후 시스템이 통제 불능 상태로 빠질 가능성이 매우 크다는 것이었다.

특별 보고서는 이를 위해 2030년까지 전 세계 온실가스 순배출량을 2010년 대비 45퍼센트 감축하고 2050년에는 더는 온실가스 배출이 없도록 해야 한다고 했다. 그러지 않을 경우 2030~2052년에 지구 평균기온 상승 폭이 1.5도를 돌파할 것이라고 했다.

그런데 이런 결론은 보고서가 경고한 내용에 비춰 보면 여전히 불충분한 것이었다. 과학자들은 이 보고서에서 좀 더 직관적인 수치로 탄소 예산이라는 개념을 제시했다. 이 개념에 따르면 그동안 인류가 배출한 온실가스는 2200기가톤(10억 톤을 뜻하는 단위)가량 된다. 그리고 기온 상승을 1.5도 이내로 제한하려면 앞으로 420기가톤 이상 배출해서는 안 된다(좀 더 엄밀히 말하면 추가 배출량을 420기가톤 이내로 제한하면 66퍼센트가량의 확률로 기온 상승 폭이 1.5도 이내에 머무른다). 현재 매년 42기가톤을 배출하고 있으므로 10년 남았다. 이게 2018년을 기준으로 한 얘기이므로 지금대로라면 7년 안에 탄소 배출 한도를 다 써 버리게 되는 셈이다. 영국 멸종반란 운동은 이런 내용을 근거로 영국 정부에 2025년까지 '순배출량 제로'에 도달하라고 요구한 바 있다. 그로부터 3년이 지났고 온실가스 배출량은 오히려 늘었다.

아니나 다를까 2021년 8월에 IPCC 6차 평가 보고서의 1부 내용이 발표됐는데, 불과 3년 전 발표에 비해 1.5도 도달 시점을 10년이나 앞당기는 내용이 포함됐다. 새 보고서는 그 시기가 2021년부터 2030년 사이의 어느 시점이 될 것으로 예측했다. 즉, 지구 평균기온 상승 폭을 1.5도 이내로 제한하기는 매우 어려워졌다는 얘기다.

일부 과학자들은 2022년 3월에 발표될 예정인 보고서의 3부 내용 일부를 유출하기도 했다. 이 과학자들은 각국 정부가 보고서에 담긴 내용을 희석시킬 것을 우려해 내용을 공개했다고 밝혔다. 이들은 2030년에 온실가스 배출량을 절반으로 줄이려면 지금부터 새로운 화석연료 개발을 완전히 중단해야 한다고 주장했다. 10년 안에 화력발전소를 모두 멈춰야 할 테니 설계 수명이 수십 년이나 되는 신규 화력발전소에 대한 투자를 멈추고 다른 부문으로 투자를 전환하라고 했다. 보고서는 상위 10퍼센트 부유층이 배출하는 온실가스가 하위 10퍼센트의 10배에 이르는 불평등 문제를 제기하기도 했다.

IPCC 보고서와 이를 근거로 만들어진 파리협약은 모순을 안고 있다. 기후변화가 가속되고 있다는 경고와는 대조적으로 그 해법은 일관되지 않고 각국 정부의 자발적 노력에 내맡기고 있다. 결정적으로 중요한 문제가 2가지 더 있다.

첫째, "순배출량 제로"(넷 제로, 기후 중립, 탄소 중립 등 다양한 용어로 쓰인다)는 온실가스 배출량을 최소화하기 위해 화석연료 연소를 중단한다는 뜻이 아니라, 각종 '탄소 상쇄' 조처를 인정해 그만큼 화석연료 연소를 허용한다는 것이다. 나무 심기 등의 조처로 '상쇄' 효과를 더 많이 인정받을수록 실질 배출량을 더 많이 유지할 수 있는 것이다.

그러나 나무를 심어 온실가스를 흡수하는 데에는 명백히 한계가 있다. 나무도 수명이 있고, 이 수명은 대기 중 온실가스 농도를 안정화하는 데 필요한 시간보다 상대적으로 짧다. 건축자재나 종이 등으로 사용되는 나무라면 더욱 그렇다. 나무가 죽으면 밀봉해서 보관하지 않는 한 썩거나 다른 용도로 사용되는 과정에서 탄소를 배출한다. 특정 기후대의 산림은 실제 온실가스 흡수 효과가 별로 크지 않다. 식물은 광합성 과정에서 이산화탄소를 흡수하지만, 호흡 과정에서 이산화탄소를 배출하기도 한다. 한국 산림청이 이산화탄소 흡수 능력이 떨어진다며 30년 넘은 나무들을 대대적으로 벌목하는 계획을 세운 이유다(물론 산림의 생태적 가치는 단지 이산화탄소 흡수 능력만으로 평가할 수 없으므로 이런 계획을 지지할 수는 없다).

교토협약에서 나무 심기를 통한 '상쇄' 조처를 온실가스 감축량으로 인정해 주거나 같은 양의 '배출권'을 지급하기로 한 이래로 주요 선진국 정부들은 인도네시아·베트남 등 개발도상국과 몽골·우간다 등 빈국에 대규모 산림을 조성했다고 발표해 왔다. 이런 사업을 레드플러스REDD+('삼림 벌채·황폐화 방지를 통한 온실가스 감축' 프로그램)라고 부르는데 계획 발표는 떠들썩하고 정부와 기업주는 이를 근거로 '배출권'을 얻기도 하지만 그 나무들이 정말로 심어졌는지, 잘 자라고 있는지는 거의 알려진 바가 없다.

[한국] 산림청이 2015~2019년 캄보디아 산림에서 감축했다는 탄소 65만 톤은 미국의 민간 탄소배출권 인증기관인 베라VERRA가 인증한 것이다. 인증기관의 검증 절차와 보고서에 의존하는 한계 때문에 실제 산림은 파괴되는데, 탄소배출권은 확보되는 모순이 발생할 수 있는 구조이다. … 국제 환경단체 지구의 벗은 미국 캘리포니아 등이 참여하는 브라질 수루이숲 레드플러스 사업 지역에서 금과 다이아몬드가 발견되자 이를 채굴하느라 산림이 파괴돼 2018년 사업이 무기한 중단됐다고 전했다.[7]

IPCC가 제시하는 상쇄 기술에는 나무 심기만 있는 것은 아니다. 오히려 더 문제적인 것은 '탄소 포집·활용·저장CCUS 기술'이다.

탄소 재포집 기술은 2가지가 있는데 하나는 시범 실시 단계이지만 현존하는 것으로 공장 굴뚝에 포집 장치를 달아 배출되는 탄소를 포집하는 것이다. 이는 현실적 기술이지만 공장 굴뚝은 전체 탄소 배출 경로의 일부일 뿐이고 그 효율도 높지 않다. 이 효율을 높이려면 더 많은 에너지가 필요한데 그러면 재포집되는 탄소의 양보다 그 에너지를 만드느라 배출하는 양이 많아질 것이다.[8]

대기 중으로 이미 배출된 탄소를 재포집하는 기술은 아직까지는 순전히 연구 단계에 지나지 않는다. 한 연구에 따르면 현존 기술로 대기 중 탄소를 재포집하려면 그 몇 배에 이르는 탄소를 배출해야 한다. 지금으로서는 이런 장치를 가동하는 데 필요한 에너지를 결국 화석연료에서 얻어야 하기 때문이다.[9]

IPCC는 화석연료를 대체하기 위해 선택할 수 있는 대안에 핵발전도 포함시켰는데, 핵발전은 화석연료에 비해 온실가스 배출이 적기는 하지만 기후변화에 버금가는 위험을 안고 있다는 점에서 대안이 되기 어렵다. 현재 에너지 생산을 충분히 대체할 수 있는 재생에너지 기술이 있는데도 핵발전의 위험을 감수할 이유가 없다(더 자세한 내용은 이 책의 4부를 보라).

IPCC와 파리협약의 다른 중요한 문제는 이 협약에 아무런 구속력이 없다는 점이다. 파리협약은 각국이 '자발적으로' 국가온실가스감축목표NDC를 제출하고 이를 이행하도록 했다. 파리협약은 5년마다 목표를 상향하도록 하는 '역행 금지' 조항을 포함하고 있다. 그렇지만 지키지 않았을 때에는 아무런 제재 수단이 없다. 그조차 최근 유엔 발표에 따르면 2015년에 당사국들이 내놓은 목표를 모두 합쳐도

2030년까지 전체 배출량을 1퍼센트밖에 줄이지 못한다.[10] 26차 당사국 총회를 앞두고 각국은 온실가스 배출량 감축 목표를 더 높게 약속할 가능성이 크지만 그런 약속이 지켜지리라고 기대하기는 어려워 보인다.

미국

그런데 바이든이 제시한 미국의 새 목표치는 이런 유엔 계획에도 못 미친다. 기후행동추적CAT 같은 비영리 기구들은 미국이 전 세계 온실가스 배출에서 차지하는 비중을 고려하면 2030년까지 온실가스 배출량을 2005년 대비 57~63퍼센트 감축해야 한다고 지적한다.[11]

게다가 바이든의 발표를 잘 보면 감축 목표치는 크게 높였지만 달성 시기는 오바마 정부 시절 약속한 시점보다 뒤로 미뤄 결국 크게 나아진 것도 없다. 오바마 정부는(당시 부통령이 바이든) 2025년까지 2005년 대비 26~28퍼센트 감축하겠다고 발표했지만 2025년까지 이런 목표를 달성할 수는 없어 보인다. 2018년을 기준으로 보면 2005년 대비 10퍼센트도 못 줄였다. 그나마 이런 감소의 대부분은 기후위기를 멈추기 위한 노력의 결과라기보다는 천연가스 가격 하락과 2007~2008년 이후 계속된 경제 불황의 여파로 보인다(그림 5).

바이든은 재생에너지를 대폭 늘리고 석탄발전소를 폐쇄하겠다고 했지만, 동시에 '상쇄' 기술들로 배출량을 줄이겠다고 했다. 앞서 지적했듯이 이 상쇄 기술들은 대기 중 온실가스 농도를 낮추는 데 별로 효과가 없고 심지어 아직 실용화되거나 개발되지도 않은 것들이

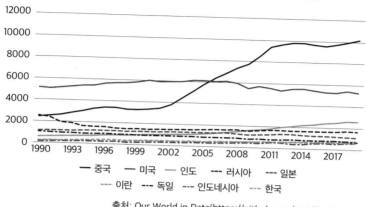

그림 5. 세계 주요국 이산화탄소 배출량 추이 (단위: 100만 톤)

출처: Our World in Data(https://github.com/owid/co2-data)

다. 바이든의 기후 특사인 존 케리는 "탄소 배출량 감소분의 50퍼센트가 아직 현존하지 않는 기술들에서 나오게 될 것"이라고 말했는데 있지도 않은 기술로 호언장담하고 있으니 뻔뻔하기 이를 데 없다.

바이든은 2035년까지 미국의 전력망을 태양광·풍력 등 청정에너지로 100퍼센트 채우기 위해 노력하겠다고 밝혔다. 이는 일자리를 대거 창출하는 계획이기도 하다.

그런데 바이든은 정부가 이 계획을 통제하고 추진하기보다 시장의 기대와 활력에 의존하려 한다. 이를 위해 재생에너지 인프라 투자가 매력적인 사업 기회가 될 거라고 국내외 자본가들에게 강조하고 있다.

실제로 가스·석탄 화력발전을 태양광·풍력 등 재생에너지 발전으로 전환하려면 단순히 발전설비만 추가해서는 안 된다. 지역과 시간에 따라 불균등한 전력 생산량을 안정적으로 공급하기 위한 송전망과 저장 장치를 포함해 방대한 양의 전력 설비가 추가돼야 한다. 새 전력망뿐 아니라 운송 체계와 주택용·산업용 난방도 전기 중심으로 바꿔야 한다.

그러나 민간 자본가들이 주어진 시간 안에 충분히 빨리 투자하리라 기대하기는 어렵다. 무엇보다, 가장 영향력이 큰 기업들은 이미 수십 년 동안 그 많은 경고와 항의에도 불구하고 화석연료를 포기하지 않았는데 정부의 투자 설득만으로 태도를 바꿀 것이라고 믿는다면 지나치게 순진한 것이다. 사회적 필요라는 점에 비춰 보면 마땅히 이뤄져야 할 투자이지만 이윤 축적을 최우선으로 삼는 자본가들의 관점에서는 여전히 불확실성이 큰 투자로 보일 것이기 때문이다. 1세기 가까이 축적된 인프라를 바탕으로 확실한 투자 수익이 예상되는 화석연료 사업과, 이제 막 발걸음을 떼기 시작한 재생에너지 투자 중 어느 것을 선호할지 예측하기는 어렵지 않다. 오늘날 이들은 신규 투자에 소극적일 뿐 아니라 기존 투자를 방어하는 데에 매우 적극적이다. 기후변화 부정론이 계속 고개를 드는 데에는 화석연료 기업들의 후원이 결정적 구실을 하고 있다.

바이든은 자본가들의 도전 정신을 고무하고 싶어 하지만 사실 극히 일부의 자본가들을 제외하면 대부분은 시행착오를 피하려고, 이윤 획득 전망이 분명해진 뒤에야 시장에 뛰어든다. 그리고 이런 상황이 될 때에야 비로소 사회 전체에 필요한 수준의 자본 투자가 이뤄지게 된다. 그런데 차기 정권이 바뀌거나 심지어 트럼프가 돌아오기라도 해 보라.

바이든은 미국 일자리 계획에 2조 달러(2300조 원)를 투자하고 그중 절반을 기후 위기 대응을 위한 인프라 구축에 투자하겠다고 발표했다. 어마어마한 액수로 보일 수도 있지만 이 계획은 8년에 걸쳐 1조~1조 3000억 달러를 나눠서 지출하는 것으로, 매년 현재 GDP의 0.5퍼센트를 지출하는 셈이다. 연간 평균 지출액은 바이든이 내놓은 2022년 국방 예산의 4분의 1도 안 된다.

바이든이 제시한 액수는, 버니 샌더스가 제시하고 환경 운동 단체 350.org의 창립자 빌 매키번이 지지한 추산액 16조 3000억 달러와 크게 대조된다. 그린뉴딜 관련 단체들이 지지한 '번영법' 안에도 한참 못 미친다는 것을 알 수 있다. '번영법'은 10조 달러의 재정투자, 그리고 그중 약 80퍼센트를 기후변화 대응에 집중할 것을 요구하는 안이다. 이런 제안들을 보면 당면한 과제의 규모가 얼마나 크고, 그에 대응하는 바이든의 계획이 얼마나 보잘것없는지 알 수 있다.[12]

버니 샌더스 등이 제시한 그린뉴딜은 일단 기후 위기 대응에 필요한 만큼 지출하고 나중에 재원을 조달하는 방식이다. 이는 정부가 필요한 재원을 얼마든지, 심지어 중앙은행이 돈을 찍어서 무한정 공급할 수 있다는 현대화폐론에 기반한 것인데, 마르크스주의적 관점에서 보면 결함이 많은 이론이다(자세한 내용은 2부 3장에 덧붙인 알렉스 캘리니코스의 글을 보라). 그럼에도 이런 주장의 핵심 취지는 기후 위기 대응을 위한 재정지출이 재정 당국의 보수적 재정지출 계획과 신자유주의적 조세정책(부자와 기업에 대한 세금을 최소화하는)에 좌우되지 않도록 하자는 것이다. 제2차세계대전 당시 총

력전을 위해 정부가 경제의 대부분을 통제했던 것처럼 말이다. 수많은 인명을 살상한 전쟁이 아니라 수많은 목숨을 구할 기후 위기 대응에 이런 수준의 대처가 필요하다는 주장은 완전히 옳다.

그러나 바이든은 첫 재정지출을 결정할 때에만 재원 조달 없이 지출을 늘린 뒤 이후 투자액은 재원 조달에 연동시키고 있다. 그러면 세액 결정을 두고 민주당과 공화당 사이에, 또 민주당 내에서 힘겨루기가 벌어질 것이고 그 수준은 당연히 애초 목표보다 낮아질 것이다.

바이든의 기후 정책은 제약에 묶여 파행을 보이고, 초점도 없고 의욕도 부족해 보인다. 지리한 의회 내 협상이라는 난관도 거치지 않은 상태인데도 이미 그렇다.[13]

바이든은 2030년부터 신차의 절반을 '친환경' 차량으로 만들기 위한 행정명령을 내렸다. 그러나 이 '친환경' 차량에는 전기차뿐 아니라 내연기관을 사용하는 플러그인하이브리드 차량과 화석연료에서 추출한 수소를 활용한 수소차도 포함시켰다. 주요 자동차 기업들이 스스로 2030년대에 내연기관 차량 판매를 중단하겠다고 밝히는 마당에 바이든은 신차의 절반에만 규제를 적용하겠다는 것이다. 국제 신용 평가사 피치는 바이든의 행정명령이 유럽 경쟁국들에 비해 훨씬 소극적이고 관련 예산의 의회 통과 전망도 불투명해 미 자동차 업계의 신용 평가에 미칠 단기적 영향은 없다고 평가했다. 영국의 경제 분석 기관인 '이코노미스트 인텔리전스 유닛EIU'은 미국 차량 중 전기차 비중이 50퍼센트에 도달하는 것은 2036년에야 가능

할 것으로 예상했다.[14]

이처럼 바이든 정부는 필요한 수준에 비춰 턱없이 부족한 수준으로만 개입하려 한다. 왜냐하면 그에게는 기후 위기 해결보다 미국이 세계 최강대국 지위를 유지하도록 대기업들에게 사업 기회를 제공하는 것이 더 중요하기 때문이다. 바이든의 진정한 의도는 코로나 팬데믹 상황에서 급격히 둔화된 미국 경제를 단기적으로 부양하는 동시에 기후 위기 대응을 내세워 일부 산업의 구조조정을 유도하고 장기 침체에 빠진 미국 경제에 활력을 불러일으키려는 것이다. 이 과정에서 일자리를 일부 제공하고 노동조합 지도자들의 지지도 끌어낼 수 있다면 금상첨화일 것이다. 장기적으로는 첨단산업 분야에서 중국을 압박하고 자국 기업들의 경쟁력을 높이려 한다.

2021년 4월에 바이든이 연 기후 정상회담 둘째 날 빌 게이츠를 포함한 여러 억만장자, CEO, 금융가가 회담에 참가해 기후 친화적 경제로의 전환에 관한 자신들의 비전을 제시했다. 게이츠를 비롯한 기업인들의 우선순위는 어떻게 하면 이윤 창출을 지속하고 더 부유해질 수 있는가에 있다. 게이츠는 자신의 책 《빌 게이츠, 기후재앙을 피하는 법》에서 기후변화가 "엄청난 경제적 기회"라고 주장했다. 바이든도 기후 위기에 대처하는 나라들이 "다가올 청정에너지 호황에서 막대한 경제적 이득을 얻을 것"이라고 했다. 다만, 게이츠는 이를 위해 정부가 "투자 갭을 메꾸라"고 요구한다.

규제가 많고 자본 집약적인 에너지 산업의 특성으로 인해 실패의 리스크도 그만큼 크다. 성공 여부가 불투명하고 은행이나 투자자가 원하는 것보다 더 오래 묵혀야 하는 아이디어는 정부의 정책 지원과 투자가 있어야 온전하게 개발될 수 있을 것이다. 그러다 수익성이 담보되기 시작하면 민간 부문이 연구 개발을 주도할 것이다.[15]

바이든과 게이츠가 공유하는 관점은 정부 재정으로 초기 연구 개발에 투자를 하고 손익분기점을 넘기 시작하면 민간 기업에 해당 기술을 넘기는 것이다. "미국 정부가 더 작고 더 빠른 마이크로프로세서에 대한 투자를 집행하지 않았더라면 마이크로소프트를 비롯한 개인 컴퓨터 산업은 지금 누리는 성공을 누리지 못했을 것이다."[16]

이런 일은 실제로 비일비재하게 일어난다. 코로나19 팬데믹 상황에서 주요 선진국 정부들이 백신 개발에 천문학적 재정을 투자하고 화이자, 모더나 같은 제약 회사들이 무상으로 그 기술을 받아 막대한 이윤을 벌어들이는 지금 상황도 마찬가지다. 전 세계적 백신 공급난으로 변이 바이러스가 생겨나고 팬데믹 종식이 요원해지는 상황에서도 이들은 백신 생산량을 충분히 늘리지 않는다. 바이든 정부는 이미지 관리를 위해 말로만 특허권 유예를 거론할 뿐 실질적 기술 이전 등에 대해서는 아무런 조처를 취하지 않고 있다. 바이든 정부의 재생에너지 인프라 투자도 기후 위기는 해결하지 못하면서 불평등을 심화시킬 가능성이 농후하다.

이처럼 기후변화를 시장과 기업들에 맡겨 해결하겠다는 발상은 첫째, 비현실적이고 둘째, 기업 지원책을 친환경으로 포장하는 그린워싱에 지나지 않는다. 기후 위기는 몇 가지 '미래' 기술로 해결할 수 있는 문제도 아니다. 재생에너지, 전기차, 청정 기술들에 대한 투자는 필요하고 그것도 매우 대규모로 이뤄져야 하지만 진정한 핵심은 화석연료 기반 경제와의 단절 여부에 있다. 재생에너지를 얼마나 추가해야 하는지가 아니라, 화석연료를 이용한 발전 자체를 중단하려 하는지가 핵심이다.

이 점에서도 바이든의 계획은 미흡하기 짝이 없다. 그는 연방 정부 소유 토지에서 프래킹을 금지하겠다고 했지만 미국 내에서 이뤄지는 프래킹의 90퍼센트 이상이 연방 정부 소유 부지가 아닌 곳에서 이뤄진다.[17] 2021년 7월에는 주요 20개국 환경·에너지 장관들이 이탈리아에서 회의를 했지만, 석탄 화력발전 중단에 합의하지 못했다. 중국과 인도의 반발 때문만은 아니었다. 바이든은 6월에 열린 G7 정상회담 당시 국내 석탄 화력발전을 중단하라는 유럽 국가들의 요구를 거부했다. G7 정상들은 탄소 저감 장치를 갖추지 않은 타국의 석탄 화력발전에 자금 지원을 중단(자국은 제외)하자는 극도로 미미한 조처에만 합의했다.[18]

요컨대 바이든의 계획은 첫째, 야심 차다는 온실가스 배출량 감축 목표치 자체가 낮은 수준이다. 둘째, 그가 제시한 목표치 중 어느 하나도 구속력이 없다. 그들이 제안한 내용과 실제로 이행될 구체적 조처 사이에는 심연이 놓여 있다. 셋째, 그의 제안은, 대자본가들의 이해관계가 관철될 뿐 아니라 그조차 매우 변덕스러운 시장에 의존하며 기존의 화석연료 기반 경제와 결별하지 않는다.

또 앞서 지적했듯이 이 정도 투자로 새로 생겨나는 일자리는 충분치 않을 것이다. 기존의 실업자에 더해 산업 구조조정으로 일자리를 잃는 노동자들에게 제공하기에는 턱없이 모자란다. 진정으로 기후 위기를 멈출 과감한 투자만이 충분한 일자리를 만들어 낼 것이다. 또한 새로운 산업이 사업주들에게 기회가 된다는 것은 결국 그만큼 착취율을 높여야 한다는 뜻일 텐데 이는 새로운 일자리들이 양질의 일자리가 되기 어렵다는 것을 뜻한다.

유럽

다른 선진국들, 특히 유럽 정부들은 지난 20년 동안 미국과는 달리 기후변화 대응에 목소리를 키워 왔다. 그러나 이들이 미국보다 더 '친환경'적이라고 보는 것은 단견이다.

[이들 사이의 차이는] 일부 자본주의 국가들이 다른 국가들에 비해 탄소 에너지 의존도가 약간 낮다는 사실을 반영한다. 예를 들어 서유럽 국가들은 미국보다 탄소 소비가 적은데, 이것은 자체 석유 공급원이 없어서 그동안 석유를 많이 소비하지 않으려 애썼기 때문이다. 프랑스는 대규모 핵발전소들을 보유하고 있다. 영국은 제조업 규모가 반으로 줄면서 온실가스 배출량도 줄었다. 제한적 온실가스 규제 조치가 도입되면 대량 석유 소비국인 미국이나 고도성장 중인 중국 같은 국제적 경쟁자들이 더 큰 부담을 질 것이기 때문에 유럽 국가들은 이를 지지한다. 그러나 유럽 국가들도 기후변화를 실질적으로 막을 수 있는 더 포괄적인 조처의 도입은 꺼린다. 그 대신 "배출권 거래"나 "탄소 배출 상쇄"처럼 최대 오염국들의 배출량은 유지한 채 다른 나라에서 부분 감축을 유도하는 방식을 선호한다.[19]

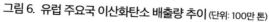

그림 6. 유럽 주요국 이산화탄소 배출량 추이 (단위: 100만 톤)

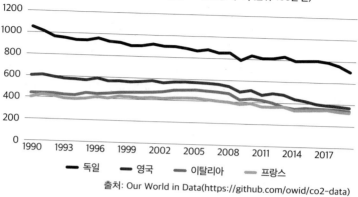

독일　　영국　　이탈리아　　프랑스

출처: Our World in Data(https://github.com/owid/co2-data)

그림 7. 아시아 주요 개발도상국 이산화탄소 배출량 추이 (단위: 100만 톤)

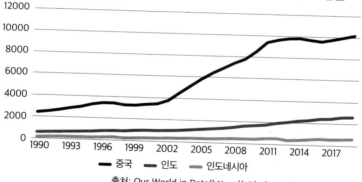

중국　　인도　　인도네시아

출처: Our World in Data(https://github.com/owid/co2-data)

그림 6에서 보듯, 유럽에서 가장 배출량이 많은 나라들인 독일·영국·이탈리아·프랑스 등에서 지난 20년 동안 온실가스 배출량은 상당히 줄었다. 이걸 보면 유럽 나라들이 큰소리칠 만하다고 여길 수도 있겠다.

그러나 이런 변화의 이면은 중국·인도·인도네시아 등에서 일어난 변화와 무관하지 않다(그림 7). 영국은 1990년대를 거치며 제조업이 크게 축소됐는데, 이는 세계 자본주의의 제조업 중심지가 아시아로 옮겨 가는 과정의 한 측면이었다. 독일의 경우 영국처럼 제조업 자체가 크게 줄지는 않았지만 자동차·기계 공업 등 상당수의 제조업 기업들이 중국에서 생산을 확대해 왔다. 트럼프·바이든 정부의 대對중국 견제 정책에도 불구하고 독일 메르켈 정부가 종종 중국과 관계를 강화해 온 이유다.

> 최근 [미국] 〈국립 과학원 회보〉는 교토협약에 서명한 선진국들[대부분 유럽국가들 — 지은이]의 배출량을 조사한 결과를 발표했다. 이 연구에 따르면 이 나라들의 온실가스 배출량은 안정세를 이루었지만, 이는 부분적으로 오염을 내뿜는 생산 시설을 중국 같은 지역으로 옮긴 결과다. 연구자들은 개발도상국에서 생산된 후 선진국에서 소비되는 상품의 온실가스 배출 증가량이 선진국들에서 이뤄진 배출 감소량의 여섯 배에 이른다고 결론지었다.[20]

유럽 나라들 중에서 가장 비중이 큰 독일의 변화도 인상적이기는 하지만 낙관하기 어렵다. 흔히 언론에서는 독일의 재생에너지 비중을 과장해 보도하곤 하는데, 확실히 전력 생산량만 두고 보면 재생에너지가 전체의 3분의 1을 차지할 정도로 비중이 크다. 그러나 그림 8과 그림 9에서 알 수 있듯이, 전체 에너지 사용 추이를 보면 독일이 소비하는 화석연료량은 여전히 많다. 석탄 사용은 많이 줄었지만 가스 사용량은 늘었고 석유 소비량에는 별 변화가 없다. 이 과정에서 개별 가정에 부과되는 전기 요금은 크게 올랐고 산업용 전기

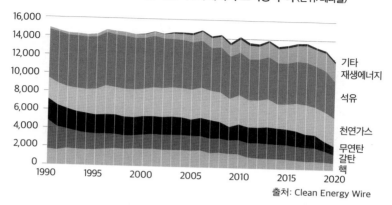

그림 8. 1990~2020년 독일의 1차에너지 소비량 추이 (단위: 페타줄)

출처: Clean Energy Wire

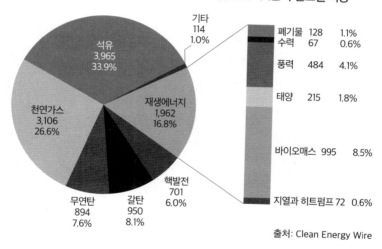

그림 9. 2020년 독일의 1차에너지 소비량(단위: 페타줄)과 연료별 비중

출처: Clean Energy Wire

요금은 인하됐다(그림 10).

유럽 나라들이 자국 내 석탄 소비를 줄인 것은 사실이지만 해외 화석연료 개발 사업에 투자해 왔다. 최근 영국과 캐나다에 기반을 둔 NGO들의 보고서를 보면 G7 국가들은 2020년 1월부터 2021년

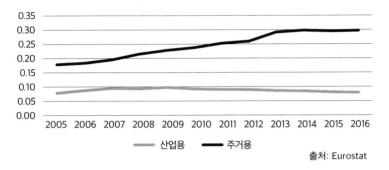

그림 10. 독일의 전기 요금 추이 (단위: 유로/KWh)

산업용　　주거용

출처: Eurostat

3월 사이에만 해도 무려 1330억 파운드(212조 원)를 화석연료에 투자했다.[21]

영국 보수당 정부는 2021년 11월 26차 당사국 총회 개최국으로서 바이든의 선언에 발맞춰 생색을 내고 있지만, 정작 최근 수출용 석탄 광산 신규 건설을 허가했다. 집권 보수당은 북해 원유·천연가스 탐사에 대한 신규 면허 발급에도 동의했다. 온실가스 배출을 줄일 주택 개선 사업인 '그린 홈' 보조금과 전기차 보조금은 삭감하고 공항 확장은 지원했다.[22]

프랑스 마크롱 정부는 2021년 초에 기후 위기 대응을 위한 새 법안을 제출했지만 이 법안에 따르더라도 파리협약의 목표에 도달하기는 어려워 보인다. 동시에 기후 위기 대응을 명분으로 노동자들에게 화석연료 세금을 떠넘기려 했다. 노란조끼 운동은 이런 시도를 통쾌하게 좌절시켰다.

덴마크 같은 나라가 모범 사례로 언급되기도 한다. 2020년 덴마크에서 소비된 전기 가운데 50퍼센트를 풍력과 태양광 발전으로 충당했다. 그러나 이 사례를 세계적 수준에 적용하기에는 무리가 있다. 덴마크는 인구가 한국의 10분의 1밖에 안 되는 나라로 전력 사용량은 그보다도 더 적다. 덴마크의 풍력발전소 전체에서 생산된 전력은 16.27테라와트시(TWh)로 이는 2020년 덴마크 전력 소비량의 46퍼센트를 차지하지만, 한국의 태양광발전에서 생산되는 전력이 연간 16.6테라와트시(전체 전력 생산량의 3퍼센트)에 이르는 것과 비교해 보면 그다지 인상적인 수치가 아니라는 사실을 알 수 있다.

유럽 그린딜: 그린 워싱

바이든이 선거 기간에 버니 샌더스 등의 그린뉴딜 제안을 받아들이기를 거부한 것과 달리 유럽연합은 재빨리 '그린뉴딜'의 이름을 모방했다. 2019년 12월 임기를 시작한 새 유럽연합 집행위원회는 '유럽 그린딜' 정책을 발표했다. 기후 위기 대응에서 미국보다 한발 앞선 지위를 유지하고 국제적 논의에서 자신들의 영향력을 유지하기 위해서다. 유럽연합 집행위원장 우르줄라 폰데어라이엔은 유럽 그린딜이 "국제 무대에서 기후 리더로서 유럽의 위치를 확정할 것이며 우리의 많은 협력자에게 영감을 줄 것"이라고 강조했다.

유럽 그린딜의 골자는 유럽연합 회원국들의 온실가스 배출량을 2030년까지 1990년 대비 55퍼센트 감축하고 2050년까지 탄소 중립을 달성하는 것이다. 이를 위해 "향후 10년 동안 1조 유로 규모의 기금을 조성하고 저탄소 경제(기후 중립)로의 전환 시 사회·경제·환경적 비용이 상대적으로 큰 지역 및 부문을 특별히 배려하기 위한

'공정 전환' 메커니즘과 기금도 신설"하기로 했다.[23]

그러나 유럽 그린딜은 기후 위기 대응에는 턱없이 부족하고 그보다는 유럽에 기반을 둔 기업들을 보호하기 위한 조처일 뿐이다.

서류에 적힌 거창한 미사여구와 공약들 너머를 보면, 유럽 그린딜이 몹시 불충분하다는 사실이 분명해집니다. 지금까지 이 계획은 2021~2030년 기간의 청정에너지 투자와 공정한 전환 프로그램을 포함한 총 예산으로 1조 유로를 책정하고 있습니다. 이는 2021~2030년 유럽연합 GDP 총액의 0.5퍼센트에 불과한 액수입니다. 이 돈의 절반가량은 유럽연합 예산으로 조달하고, 나머지 절반은 각국 정부들과 민간 투자의 조합을 통해 추가로 조달해야 합니다. 사실 유럽연합 스스로도 2030년까지 배출량 감축 목표를 달성하기 위해 필요한 예산이 연간 3000억 유로에 가까워야 할 것이라고 밝힌 바 있습니다. 지금 상황은 마치 유럽연합이 화석연료 업계와 그 협력자들에게 유럽 그린딜을 지나치게 걱정하지 않아도 된다는 메시지를 전달하려고 하는 것 같습니다.[24]

유럽 그린딜의 주된 목적은 기후 위기 대응보다는 유럽연합이 세계 시장에서 좀 더 주도적인 지위를 누리게 하려는 데에 있다. 김병권 정의당 정의정책연구소 소장은 서로 다른 그린뉴딜 정책을 비교하며 유럽 그린딜은 "다른 경우와 달리 상당히 명시적으로 성장 전략임을 강조한다"고 지적한다. 실제로 유럽연합은 유럽 그린딜을 다음과 같이 소개한다. "2050년까지 온실가스 순배출량 제로를 달성하고 경제성장이 자원 이용과 탈동조화되는 가운데, 현대적이고 자원 효율적이며 경쟁력 있는 경제를 구축하고 공정하고 번영하는 사회로 유럽을 전환시키는 것을 목표로 하는 새로운 성장 전략."[25]

유럽 그린딜에 포함된 핵심적 조처들 중 탄소국경세 도입, 배출권 거래제 확대 등도 유럽 내 기업들의 이익을 보호하고 경쟁국과 기업을 견제하기 위한 것이다. 유럽연합은 이것의 기준이 될 배출량 감시 체계 기준 등을 국제적으로 확립하는 데에서 주도권을 놓치지 않으려고 그린뉴딜의 이름을 차용했을 뿐이다. 그야말로 그린워싱의 대표적 사례라 할 만하다.

요컨대 유럽 주요 정부들의 요란한 말과 달리 이들의 기후 위기 대응도 미국처럼 언제나 기업 이윤 다음 순위에 놓여 있을 뿐이다. 이는 그 속도가 기후 위기를 막기에는 너무 느리고 불안정하고 심지어 역전될 가능성도 있음을 뜻한다. 동시에 기후 위기의 피해와 그 대처를 위한 비용이 노동자·서민에게 전가될 것임을 뜻한다.

중국

마지막으로 앞의 그림 5에서 보듯 또 다른 결정적인 문제가 있는데, 중국이다. 역사적 배출량을 제외하면 현재 중국의 온실가스 배출량은 전 세계에서 가장 큰 비중을 차지하고 2위인 미국의 갑절이나 된다.

그런데 중국 국가주석 시진핑은 2020년 9월 23일 유엔 총회 화상 연설에서 중국의 온실가스 배출량이 2030년을 정점으로 감소세로 전환될 것이라고 말했다. 앞으로 10년 동안은 배출량이 계속 늘어날 것이라는 뜻이다. 게다가 2019년 중국전력기업연합회는 현재 1100기가와트 수준인 중국의 화력발전 설비용량을 2030년까지 1300기가와트로 늘리는 계획을 발표한 바 있다.[26] 이 계획대로라면 시진핑의 말조차 실현될 가능성이 없다.

중국이 세계에서 가장 인구가 많고 따라서 1인당 배출량은 여전히 매우 낮은 수준이라고 하더라도 중국의 온실가스 배출에 면죄부를 줄 수는 없다. 오히려 이 점은 지금대로라면 앞으로도 배출량이 크게 늘어날 것임을 우려하게 만든다.

중국도 다른 주요 선진국들과 마찬가지로 평범한 사람들의 삶을 위해서가 아니라 세계 무대에서 경쟁하는 자국 기업들의 경쟁력과 이윤 축적을 위해 어마어마한 양의 화석연료를 태우고 온실가스를 대량 배출하고 있다. 무엇보다 중국이 계속 지금처럼 온실가스를 배출한다면 기후 위기는 멈출 수 없다.

일각에서는 중국 시진핑 정부가 스스로 환경문제를 해결하리라 기대하기도 한다. 특히 미국 트럼프가 파리협약에서 탈퇴한 직후 상대적으로 파리협약 준수를 강조한 시진핑에 대한 기대가 일기도 했다. 그러나 시진핑이 부쩍 환경을 강조하기 시작한 것은 중국공산당이 미국의 공화당이나 민주당에 비해 더 친환경적이어서가 아니다.

환경 파괴가 이윤 타격으로 이어지고 있기 때문에 중국 정부도 더 이상 환경오염과 환경 파괴에 등을 돌릴 수만은 없게 됐다. … 2018년부터 중국 정부는 오염 물질을 배출하는 기업체에 환경보호세를 부과하고 있지만 환경 파괴를 막지 못하고 있다. 국제적으로 온실가스 배출을 줄이기 위해 이런 규제들을 도입했지만 시장에 타협하느라 매우 미흡하게 추진됐고, 결과적으로 온실가스 배출이 줄어들지 않았을까.[27]

중국이 스스로 환경문제를 해결하리라는 기대도 실현되기 어렵다.

비록 중국이 세계 최대의 오염국이지만 탄소 배출이 단지 급속한 산업화와 소비자 요구의 성장 때문만은 아니다. 그것은 세계 자본주의 체제에서 중국의 역할이 빚어낸 것이기도 하다. 중국은 오염을 해외에 퍼뜨리는 데에도 책임이 있다. 중국은 제조업을 위해 핵심적 광물과 구리·철광·석유 같은 자원의 수입에 크게 의존하고 있다. 이렇게 해외에서 자원을 추출하는 것은 중국의 탄소 배출을 다른 나라, 흔히 개발도상국으로 전가하는 것이다.[28]

중국에 대한 일각의 기대는 부분적으로 중국이 서구 자본주의와 근본에서 다른 원리로 작동되는 사회라는 오해에서 비롯한 것이다. 중국 정부 자신이 그렇게 표방하고 있을 뿐 아니라 어떤 이들은 중국 경제의 상당 부분이 국유화된 것을 두고 모종의 사회주의 체제라고 여기기도 한다.

그러나 어떤 나라 정부가 스스로 표방하는 바를 두고 그 사회의 성격을 규정하는 것은 어리석은 일이다. 그렇다면 박정희·전두환 군사독재 정부 치하의 한국도 '민주주의' 체제라고 해야 할 것이다. 국유화도 사회주의의 지표는 아니다. 생산관계의 법률적 표현에 불과한 소유관계보다 실제 생산관계, 즉 누가 생산수단을 지배하는지가 핵심이다. 중국이나 옛 소련, 북한, 쿠바 같은 사회에서는 법률적으로 대부분의 생산수단을 국가가 소유하고 있지만 그 통제권은 평범한 노동자들이 아니라 한 줌의 지배 관료들이 쥐고 있(었)다. 이런 체제는 국가자본주의라고 부르는 게 정확한 규정이다.

1949년 중국 건국 과정도 마르크스가 말한 사회주의 혁명 즉, '노동계급의 자력 해방'과는 아무 관계가 없었다. 마오쩌둥이 이끈 중국 혁명은 도시 출신 지식인들이 이끈 농민 군대가 친제국주의적이고 부패한 옛 지배계급을 타도하고, 일본과 서구 제국주의 세력을 축출한 '민족 해방 혁명'이었다. 이 혁명 과정에서 노동계급은 아무런 구실도 하지 못했다. 민족 해방 혁명을 이끈 중국공산당의 관료들은 이후 중국의 지배계급으로서 세계적 수준의 경제적·지정학적 경쟁을 위해 노동자들을 착취해 왔다. 그리고 대기오염 등 주요 선진국에서 벌어진 온갖 종류의 환경문제가 더 짧은 시간에 걸쳐 더 대규모로 벌어져 왔다.

다른 나라들에서와 마찬가지로 "궁극적으로 중국이 지속 가능한 수준으로 탄소 배출량을 줄이고, 지속 가능한 길을 따라 발전할 수 있을지 여부는 지도자의 약속이나 기술적 해결책에 의존하는 게 아니라 경제모델에 대한 도전에 달려 있다."[29]

반면, 미국과 유럽 정부들의 중국 압박은 당장 중국 정부와 기업들이 미국과 유럽 수준으로 탄소 배출을 줄여야 한다는 압력이 되긴 하겠지만 앞서 살펴봤듯이 이는 기후 위기를 멈추는 데에는 명백한 한계가 있다. 반면 이 과정에서 고조되는 경제적·지정학적 갈등은 인류 전체를 더 즉각적이고 위험한 상황으로 몰고 갈 위험을 안고 있다.

체제에 맞선 아래로부터의 운동

탄소 배출은 줄일 수 있다. 미래 기술이 아니라 현존 기술로 그렇게 할 수 있다. 그러려면 먼저 화석연료 사용을 급속히 줄여야 한다.

그러나 지금까지 봤듯이 세계에서 가장 강력한 국가들은 기후 위기 대응보다 자국의 경제적·지정학적 경쟁력을 확보하는 것을 더 중시하고, 화석연료 감축보다 자국 기업들(민영이든 국영이든)을 위한 지원에 더 급급하다. 결국 경쟁하는 국가로 나뉘어 있는 현 세계와, 생산의 통제권을 기업주들이 쥐고 있는 현 사회에서 급격한 탄소 배출 감소는 불가능해 보인다.

유엔 기후변화 협약 자체가 이를 잘 보여 준다. 최초의 협약인 교토협약은 1997년에 체결됐지만 처참하게 실패했다. 2015년 파리협약 합의문에는 석탄·석유·천연가스는 한 차례도 언급되지 않았다. 유엔 기후변화 협약은 기존 질서를 인정하는 한에서 문제를 해결하려 한다. 그러다 보니 IPCC 보고서는 갈수록 기괴한 모양을 띠고 있는데, 과학적 연구 결과들은 갈수록 심각한 미래를 경고하는 반면, 그 정책적 제안들은 후퇴하고 절충돼 앞에서 한 얘기를 이룰 수 없는 조처들로 채워지고 있다.

이는 자본주의의 작동 방식에 의존해 문제를 해결할 수 없음을 분명하게 보여 준다. 이 체제의 핵심인 이윤 창출의 논리는 오히려 기후 위기를 낳고 키웠다.

기후 위기는 현재 진행형이다. 인류가 감당 가능한 수준에서 이 위기를 멈추려면 현 체제의 작동을 멈추고 완전히 새로운 원리로 운영되는 사회를 건설하기 위한 아래로부터의 운동이 필요하다.

2장
한국의 기후변화와
정부의 대응

장호종

  기후변화는 전 세계의 여러 지역에서 서로 다른 효과를 낸다. 북극권에 속한 시베리아나 북유럽에 폭염이 찾아오는가 하면 서유럽과 중국 내륙 등에 폭우가 내려 역사상 유례없는 홍수를 겪기도 한다. 미국과 호주의 산불이나 오랜 가뭄으로 인한 식량 공급 차질도 기후 위기가 낳은 효과들이다.

  한국도 그런 효과에서 예외가 아니다. 환경부와 기상청이 2020년 7월 말 발간한 《한국 기후변화 평가보고서 2020》은 홍수와 폭염을 기후변화로 인한 대표적 재해로 꼽았다.[1]

  서울·인천·강릉·대구·목포·부산 6개 도시에서 관측한 강수량 자료는 적어도 100년 전까지 거슬러 올라간다. 이를 분석한 학자들은 20세기 초보다 오늘날엔 대체로 여름에 비가 더 많이 내리고 그중 하루 100밀리미터 안팎으로 세게 내리는 횟수도 늘었다고 썼다. 오늘날 산사태로 피해를 입는 면적도 1970년대보다 더 넓어졌다고 한다. 또 수문학자들은 국내 농업용 저수지의 70퍼센트가 1945년 이전에 만들어져 홍수에 매우 취약하다고 진단했다.

기후변화는 미래의 일이 아니라 이미 진행 중이고 그 피해도 이미 겪고 있는 것이다. 갑자기 내린 비에 지하 주차장에 갇히거나 범람한 강물 탓에 익사하고, 선로가 물에 잠겨 KTX 운행이 마비되는 일은 이런 추세의 일환이라 할 수 있다.

이 보고서에는 1970년대 이후 폭염의 횟수와 강도, 지속 기간이 늘고 있다는 주장이 소개됐다. 자료 부족 탓에 이번 보고서에 실린 연구들은 역대 최악의 폭염을 기록한 2018년 여름을 대부분 다루지 못했는데도 말이다. 2018년에는 온열질환으로 응급실을 찾고 사망하는 사람이 크게 늘어 "공중 보건 위기 상황"이라는 말까지 나왔다. 건설 노동자들이 폭염에 잇따라 목숨을 잃었고 배달 노동자들은 폭염 수당과 유니폼 교체 등을 요구했다. 이후 행안부는 평년 기온과 사망자 대비 그해 7~8월 '초과 사망자'가 7000명에 달한다고 집계했다. 그런데 기상청은 온실가스 농도가 지금 추세대로 늘면 금세기 말엔 2018년보다 더 심한 폭염이 '평균'이 될 것이라고 전망했다. 섭씨 33도가 넘는 폭염 일수가 2018년보다 많을 것이라고 말이다.

한편 지난 30년 동안 가뭄도 그 빈도와 강도가 분명히 증가했다고 보고서는 밝혔다. 총강수량이 늘어도 대부분 여름에 집중되는 탓에 겨울과 봄에는 가뭄이 심해지는 것이다. 실제로 2015년 충남에서는 최악의 가뭄 탓에 광역상수도로 물을 공급받는 지역조차 제한 급수를 실시해야 했다. 인구가 밀집된 도시만 문제가 아니다. 농촌은 더 열악하기 십상이다. 농촌 행정리의 3분의 1가량은 광역상수도는커녕 어떤 상수도 시설도 갖추지 못하고 있다고 이 보고서는 전한다.

해수면은 뚜렷하게 상승하고 있다. 정확한 수치는 연구자들마다 다르지만 황해보다 동해에서 상승이 더 빠르다는 데는 대체로 동의했다. 그런데 한국의 핵발전소들은 바로 동해안에 밀집해 있다. 2011년 일본 후쿠시마 제1핵발전소 폭발 사고가 근본적으로 침수에 의한 오작동이 원인이었음을 떠올려 보자면 간담이 서늘해지는 일이다.

이 보고서의 수많은 연구자들은 재해를 막기 위해 어떤 연구가 더 필요한지에 대해서는 의견을 많이 냈지만 사회적으로 무엇이 필요한지에 대해서는 말을 아꼈다. 일부 글에서는 복지 확대 필요성을 주장하는 반가운 대목도 있었지만 말이다.

무엇보다 온실가스 배출 감축 문제는 전혀 거론하지 않았다! 이번 보고서에서 핵심 연구 수단으로 거듭 제시된 기후변화 컴퓨터 시뮬레이션은 온실가스를 얼마나 줄여야 이런 재해를 막는지 산정할 때도 핵심적으로 쓰이는 도구인데 말이다.

그 이유는 분명해 보인다. 온실가스 감축 필요량을 과학적으로 제시하면 정부에 부담이 되는 '불편한 진실'이 될 것이기 때문이다. 이처럼 기후 문제에서 과학자들이 뜨거운 쟁점을 회피하는 것은 한국만의 문제가 아니다. 대표적으로 유엔 IPCC도 기후변화의 과학적 근거와 영향·적응에 대해 보고서를 쓰는 전문가 집단(워크그룹1과 워크그룹2)과 온실가스 감축 등 가장 중요한 완화책을 쓰는 집단(워크그룹3)을 분리해 왔는데, 이는 마찬가지로 정치적 압력을 줄이기 위한 목적이 강하다. 자본주의에서 과학은 결코 중립적이지 않다는 것을 보여 주는 대목이다.

한국 기후변화 보고서는 눈앞에 위험이 닥쳤다고 말하면서도 그 해결책에는 침묵하는 한계를 보여 줬다.

한국 정부의 기후변화 대응

심각해지는 위기에 비해 한국 정부의 기후변화 대응 성적표는 매우 불량하다. 그림 11에서 보듯 2019년 한국의 이산화탄소 배출량은 교토협약의 기준 연도인 1990년 배출량의 갑절이 넘는다. 연간 이산화탄소 배출량만 따지면 세계 9번째 '기후 악당' 국가다.

1997년 교토협약은 선진국들에만 온실가스 감축 의무를 부과했

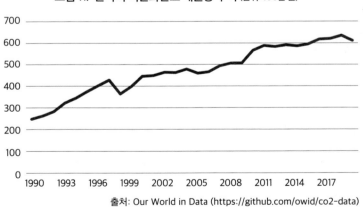

그림 11. 한국의 이산화탄소 배출량 추이 (단위: 100만 톤)

출처: Our World in Data (https://github.com/owid/co2-data)

는데(1990년 대비 5.2퍼센트 감축), 당시 한국은 개발도상국으로 분류돼 감축 의무국에서 제외됐다. 노무현 정부 시절까지 국가 수준의 감축 목표는 없었다. 교토협약 이후의 새로운 기후변화 협약이 논의되면서 미국 등 주요 선진국은 모든 나라에 적용되는 협약이 필요하다고 주장했다. 주로 중국을 염두에 둔 문제 제기였지만, 한국 등 일부 개발도상국들도 어지간한 선진국보다 더 많은 온실가스를 배출하고 있었으므로 이를 거부하기는 어려웠다.

이명박 정부가 2009년에 제시한 감축 목표는 '2020년 배출전망치 대비 30퍼센트 감축'이었다. 배출전망치BAU는 그 시기에 배출할 것으로 예상되는 양을 뜻하는 것으로 이는 정부 정책에 따라 극단적으로 달라질 수 있으므로 사실상 사기성이 짙은 개념이었다. 실제 배출량으로 환산하면 2005년에 비해 4퍼센트 줄이는 수준이었다. 위의 그림에서 보듯 이런 엉터리 약속조차 전혀 지켜지지 않았다.

박근혜 정부는 이 감축 목표를 '2030년 배출전망치 대비 37퍼센트 감축'으로 수정했다. 감축 목표량은 늘렸지만 시기를 미뤘고, 그나마 국내에서 25.7퍼센트를 줄이고, 해외에서 11.3퍼센트를 줄이겠다는 믿을 수 없는 약속이었다.[2] 이명박·박근혜 정부가 기후 문제에까지 진지하게 신경을 쓰리라 믿는 사람은 소수에 지나지 않았다.

2016년 연말에 벌어진 대중적 항의 시위로 박근혜가 물러나고 대통령이 된 문재인은 기후 위기 대응에 이렇다 할 공약을 내놓지 않았다. 2017년 5월 환경운동연합이 대선 후보들을 대상으로 공개 질의한 결과 "문재인, 홍준표, 유승민 후보는 감축 목표 공약이 없었다."³ 문재인 정부는 박근혜 정부의 온실가스 감축 목표를 거의 그대로 계승하다가 미국 대선에서 파리협약 복귀를 약속한 바이든 당선이 확실해지자 부랴부랴 유엔에 감축 목표를 제출했다(2020년 12월). 미국 바이든 정부와 유럽연합은 탄소국경세 도입을 예고한 바 있는데, 자국보다 탄소 규제가 약한 나라의 수입품에 추가 관세를 물리겠다는 것이다. 주로 중국을 겨냥한 조처이지만 한국처럼 대미 수출의존도가 높은 나라들에도 부담이 될 것이다. 기후 위기는 모르는 체해 왔어도 기업 이윤에 타격을 입는 것은 모르는 체하기 어려워진 것이다.

그런데 정작 문재인 정부가 제출한 '2017년 배출량 대비 24.4퍼센트 감축' 목표는 그 양으로 환산할 경우 박근혜 정부가 제시한 '2030년 배출전망치 대비 37퍼센트 감축'과 동일한 양이었다. 유엔은 문재인 정부의 감축 목표가 2015년에 제시한 것과 같은 것이라며 감축 목표를 상향해 다시 제출할 것을 촉구했다.⁴

2021년 11월에 열릴 26차 당사국 총회를 앞두고 유엔은 10월까지 각국이 2030년 국가온실가스감축목표를 제시하라고 했다. 문재인 정부는 최근 이를 공식 확정했는데 2030년 감축 목표를 "2018년 배출량(7억 2760만 톤) 대비 40퍼센트 감축"하겠다고 밝혔다. 기존의 목표(박근혜가 정한)보다 나아 보일 수는 있지만 실제로 필요한 수준은 물론이고 국제적 추세에도 한참 못 미치는 수준이다. 눈속임도 여전하다. 기준 연도인 2018년 배출량은 많게 계산하고, 2030년 배출량은 '상쇄' 기술을 적용해 적게 계산하는 방식으로 감축 목표를 10퍼센트포인트나 부풀렸다.

문재인 정부의 그린뉴딜

그린뉴딜이 세계적으로 유행하자 문재인 정부도 숟가락을 얹었다. 그러나 앞에서 살펴봤듯이 문재인 정부의 기후 위기 대응은 필요한 수준은 고사하고 생색 내기에도 민망한 수준이다.

2020년에 문재인 정부가 발표한 그린뉴딜 계획은 '한국판 뉴딜'의 하위 항목으로 자리매김돼 있는데, 이런 구조가 보여 주듯 기후 위기 대응보다는 경제성장과 일자리 정책에 우선순위가 있다. 특히 코로나 팬데믹으로 경제 침체가 심화되는 상황에서 일종의 경기 부양책으로 제시한 측면이 크다.

문재인 정부는 이 계획에서 2025년까지 73조 4000억 원을 투입해 일자리 65만 9000개를 만들고 온실가스 배출량을 1229만 톤 줄이겠다고 밝혔다. 재생에너지 발전설비용량은 2019년 12.7기가와트에서 2025년 42.7기가와트까지 늘릴 계획이다.[5]

5년 동안 투입되는 재원 중 국고에서 지출되는 돈은 42조 7000억 원으로 매년 평균 8조 원 정도 되는 액수인데, 이는 2020년 실질 GDP 1830조 5802원(한국은행)의 0.4퍼센트가량 된다. 2025년까지 5년 동안 줄일 온실가스 배출량은 2018년 배출량 7억 2763만 톤(환경부)의 1.7퍼센트, 5년 동안 늘리겠다는 재생에너지 설비용량은 2019년 전체 발전설비용량 125기가와트(통계청)의 24퍼센트다.

재생에너지 설비의 증가 폭만이 유일하게 의미 있는 수치라 할 수 있는데, 재생에너지의 경우 다른 발전설비에 비해 설비용량 대비 실제 발전량이 적다는 점을 고려할 필요가 있다. 즉 실제 발전량에서 차지하는 비율을 24퍼센트 늘리려면 훨씬 많은 발전설비가 추가돼야 한다. 전기차 보급 확대 등 다른 산업 분야에서 전기화를 추진하며 전기 수요가 대폭 늘어난다는 점을 고려하면 실제 전체 발전량에서 재생에너지가 차지하는 비중은 2025년이 되도 20퍼센트를 넘기 어려울 것으로 보인다. 그나마 2022년 초에 임기가 끝나는 정부가 내놓은 계획인 데다 그 재원도 절반 가까이는 민간투자를 유도하겠다는 것이라 실현 가능성 자체가 의심받고 있다.

기후변화로 폭염 일수가 늘어나고 있는 상황에서 전기 요금에 연료비 인상률을 반영하고 전기를 적게 쓰는 991만 가구에 제공되던 할인 혜택을 폐지하는 등 개선 비용도 평범한 사람들에게 전가하고 있다. 기업들이 대량으로 소비하는 산업용 전기 요금은 최근에야 할인율이 일부 낮아졌지만, 2015년부터 2019년까지 전력 소비 상위 50개 기업은 전기 요금을 무려 7조 원이나 할인받았다. 그만큼 평범한 가정에 그 부담이 전가된 셈이다.[6]

문재인 정부도 그린뉴딜을 기업들의 산업 구조조정 기회로 삼으려는 의도를 숨기지 않는다. 2021년에 추가로 발표한 그린뉴딜 계획은 재정 규모가 좀 더 커지기는 했지만 핵심은 전기차·수소차 인프라 구축에 있는 것으로 보인다. 또 미국과 유럽연합이 탄소국경세 도입을 예고한 만큼 이에 대처하기 위한 "온실가스 측정·평가 시스템"을 마련하고 "국제 질서가 공정한 룰 하에 수립될 수 있도록" 세계무역기구 등을 통한 논의에 적극 대응하겠다고 밝히고 있다.

어디를 봐도 그린(기후 위기 대응)도 뉴딜(일자리)도 찾아볼 수 없는 계획이다. 4대강 사업과 원전 르네상스로 대표되는 이명박 정부의 녹색 성장을 연상시킨다는 평가가 다수를 차지하는 이유다.

정부가 그린뉴딜에서 지자체의 구실을 강조하면서 여러 지자체가 '그린뉴딜'이나 '탄소 중립'을 내세운 정책을 세우고 홍보에 열을 올리고 있다. 그러나 윗물이 맑아야 아랫물도 맑다는 옛 속담을 연상시키듯 지자체의 그린뉴딜 정책은 그야말로 가관이다. 〈뉴스타파〉는 2021년 8월 "무늬만 그린 뉴딜, 탄소제로는 빠졌다" 보도에서 그 한심한 실상을 적나라하게 폭로했다.

> 대전광역시는 2030년까지 4680억 원을 들여 '3대 하천 도심 속 푸른 물길 그린뉴딜' 사업을 추진하기로 했다. … 그러나 … 대전시가 그린 뉴딜 사업의 예시로 든 캠핑장과 LED(발광다이오드) 빛의 정원, 물놀이장, 레일 썰매장, 어린이 스포츠 공원, 꽃단지, 스카이워크 등은 탄소 배출 감축과는 연관성이 없어 보인다. … 충남 공주시가 추진 중인 스마트 그린 도시 사업 역시 … 연간 108톤의 온실가스를 감축할 수 있다고 주장했다. 이중 감축 효과가 가장 큰 사업은 생태습지 교육프로그램. 1200명이 교육프로그램을 이수하면 온실가스를 연간 42톤 줄일 수 있다는 계산이다.[7]

문재인 정부의 탄소중립·탈핵 '포기' 시나리오

2021년 10월에 확정한 '2050 탄소중립 시나리오'도 문재인 정부가 기후 위기에 진지하게 대응할 의지는 전혀 없고, 오히려 이를 명분으로 산업 구조조정을 추진하는 한편 노동자들에게 고통을 전가하는 데에만 관심이 있다는 점을 보여 줬다.

탄소 중립 시나리오는 2015년에 체결된 파리협약에 따라 2050년까지 온실가스 순배출량을 제로로 만드는 계획이다.

정부가 발표한 탄소 중립 시나리오는 큰 틀에서 화석연료 사용을 대폭 줄이는 계획이기는 하다. 화석연료를 사용하는 산업·수송·건물에 사용되는 에너지를 대부분 전기화하고 화석연료 발전은 대폭 줄이고 대부분 재생에너지 발전으로 대체한다. 이를 위해 전력 생산량을 2018년의 갑절 이상으로 대폭 늘리고, 전력 생산의 60~70퍼센트를 재생에너지로 충당한다.

기업주들과 우파 언론 등은 이 계획이 말도 안 된다고 비판한다. "서울 면적의 10배"를 태양전지판으로 덮겠다는 것이라며 이로 인해 숲이 파괴될 것이라고 호들갑을 떤다.

현재 한국의 생산방식을 고스란히 뒷받침하려면 재생에너지 생산 설비가 대단히 많이 필요한 것은 사실이다. 또, 지금처럼 이윤을 좇는 민간 사업자에게 재생에너지 사업을 맡기면 오히려 환경을 파괴하고 부실 공사로 인해 피해도 벌어질 것이다.

그러나 정부가 대규모 재정투자를 하고 제대로 감시하면 그런 피해를 막는 것은 불가능하지 않다. 예컨대 전국의 골프장을 합하면 서울 면적의 60퍼센트가량 된다. 전국의 아파트 면적은 서울 면적의 1.7배가량 된다. 도로 면적은 서울의 3배나 된다. 이 밖에도 환경을 파괴하지 않고 태양전지판을 설치할 수 있는 곳은 많다.[8]

불필요하게 낭비되는 에너지를 줄이고 대량 생산·설치로 효율을 높이면 실현 가능성은 더 커진다. 무엇보다 재생에너지 생산 확대는 기후 위기를 멈추고 인류 전체의 삶을 지키기 위해 꼭 필요한 조처다.

오히려 정부 안의 문제는 그런 조처가 턱없이 부족한 데 있다.

문재인 정부는 노후 석탄 화력발전소를 폐쇄하는 대신 액화천연가스LNG 발전소를 추가로 짓는 정책을 추진해 왔다. 천연가스는 석탄에 비해 온실가스를 덜 배출하지만, 그 배출량이 결코 적진 않다. 현재 기술로는 전기 1기가와트시를 생산할 때 석탄은 888톤, 석유는 733톤, 천연가스는 499톤의 온실가스를 배출한다.[9]

최종안에 담긴 두 안 중 하나(B안)는 2050년에도 이 천연가스 발전소를 계속 운영하는 것으로 가정했다. 연간 61테라와트시를 생산하는데 이는 전체 발전량의 5퍼센트에 해당하고 온실가스 배출량은 단순 계산해 봐도 3000만 톤이나 된다.

게다가 "석탄 발전 중단은 근거 법률 및 보상 방안 마련을 전제"로 한다고 밝혀 얼마든지 나중으로 미뤄질 수 있게 했다.

수십 년 동안 온실가스를 배출해 기후 위기를 낳은 기업주들에게 보상을 해 주는 게 정당한지도 따져 봐야 하겠지만, 이런 식이라면 도대체 어디서 온실가스 배출을 줄일 수 있겠는가. 정상 가동 중인 내연기관 자동차, 정유 공장, 용광로 모두 보상 방안이 마련돼야 할 테니 말이다.

지금 문재인 정부는 코로나19 팬데믹 상황에서 영업 중단 조처로 수많은 영세 자영업자들이 생계난을 겪고 있는데도 제대로 된 보상도 안 하고 있다. 그러면서 대기업들의 미래 이윤까지 보호해야 한다니 이 정부의 우선순위가 어디에 있는지 잘 보여 준다.

또 '탄소 포집·활용·저장' 기술을 활용해 연간 탄소 5510만

~8460만 톤을 제거하겠다고 한다. 이 책의 2부 1장에서 본 것처럼 이 기술은 아직 개발 중이고 그 효율도 극도로 낮아 탄소 감축 수단이 될 수 없다.

"무탄소 가스터빈", "부생 가스" 등 의심스러운 기술들도 다수 포함돼 있다.

결정적으로 탄소 중립 시나리오에는 필요 재정 규모나 조달 방식 등이 전혀 담겨 있지 않다. 탄소중립위원회는 "30년 후 미래 시점의 비용 추산을 현재의 시각으로 분석하는 데는 한계가 있기 때문"이라고 그 이유를 댔다. 큰소리 뻥뻥 치다가 재정 마련의 어려움을 내세워 공약을 어기거나 백지화하는 일은 너무 흔하다. 당장은 국내외 여론의 눈치를 살펴 그럴듯한 그림을 내놓지만 실제 이행은 책임지지 않겠다는 태도다.

반면, 2021년 9월 2일 정부가 발표한 '2022~2026년 국방중기계획'은 "다양한 탄도미사일 개발" 계획 등에 5년간 315조 2000억 원을 쏟아붓겠다고 밝혔다.

핵발전도 전체 전력 생산의 6.1~7.2퍼센트를 담당하는데, 2050년에는 전기가 다른 에너지를 대체함에 따라 전력 생산량이 지금의 갑절로 늘어갈 것이므로 30년 뒤에도 핵발전소는 상당한 규모로 존재한다는 뜻이다. '탈핵' 약속은 마치 없었던 일 취급하는 것인데, '탄소 중립' 약속은 그러지 말라는 법이 있을까?

전력 부문에서는 "탄소 비용을 가격에 반영"하고 "시장피해를 최소화"하는 한편, "가격 신호 등 다양한 방안을 마련"해 "전 국민적 참여를 통해 전력 수요"를 줄이겠다고 한다. 가정용 전기 요금을 대폭 인상하겠다는 얘기다.

산업 부문에서는 에너지원을 석탄(21.5퍼센트)과 석유(50.1퍼센트)에서 전기(52.3퍼센트), 수소(36퍼센트)로 대체하는 계획이 핵심인데, 전력 생산은 위에서 언급한 문제들을 안고 있고, 수소를 활용하는 기술은 대부분 아직 개발이 안 된 기술이다. 수소를 어디서 얻을지도 미지수다. 정부 내에서는 이를 위해서라도 핵발전을 유지해야 한다는 목소리가 커졌을 법하다. "배출권 거래제, 녹색 금융 등 시장 주도의 온실가스 감축 노력 유도" 등 말만 많고 그 효과를 믿기 어려운 시장 정책들이 강조돼 있기도 하다.

이 시나리오에는 탄소 중립을 위해 사라지거나 축소되는 일자리에 관한 대책이 딱 3줄로 언급돼 있을 뿐인데 이 시나리오에 앞서 정부가 발표한 '공정한 노동 전환'이 얼마나 가식적인지 보여 준다.

문재인 정부는 탄소중립시민회의를 만들어 2017년 신고리 5~6호기 공론화 과정에서 거둔 효과를 이번에도 누리고 싶어 했다(신고리 5~6호기 공론화 과정에 대해서는 이 책의 4부 2장을 보라). '숙의 민주주의'라는 형식을 취해 정부 책임을 회피하려는 것이다.

그러나 이번에는 그 효과가 예전만 못했다. 정의당·진보당, 민주노총 등 노동계 단체들뿐 아니라 녹색당과 일부 주요 NGO들도 (옳게도) 탄소중립위원회와 탄소중립시민회의를 비판하며 참여를 거부했기 때문이다.

'각계' 의견을 반영한다며 만든 탄소중립위원회는 민간 위원만 100명가량 되는데 그중에는 SK, 현대차, 포스코 등 화석연료 연관 대기업 임원진과 시멘트·석탄 등 상대적으로 규모는 작지만 화석연료를 다량 배출하는 기업주들도 포함돼 있다. 애초부터 '기후 위기 대응'보다 이윤을 우선시하는 이들이 포함된 만큼 앞으로도 실질적으로 온실가스 배출을 줄이는 강제 조처들이 아니라, 기업들에 인센티브를 주거나 잘해 봐야 말잔치에 그칠 조처들만 논의될 가능성이 크다.

문제의 일부

다만, 문재인 정부는 이런 일이 한국에서만 벌어지고 있는 게 아니라는 사실을 이용해 빠져나갈 구멍을 찾을지도 모르겠다.

2부 1장에서 다뤘듯이 양적 차이는 있지만 미국의 바이든과 유럽 지배자들의 계획도 허점투성이다. 약속은 무성하지만 이행을 위한 강제나 규제, 정부투자는 턱없이 부족하다. 예전과 사뭇 달라 보이는 목표들도 실제로 기후 위기 해결에 필요한 수준에는 한참 못 미치고 그 목표들조차 이뤄지리라 믿기 어렵다. 이윤을 우선시하는 체제의 핵심 논리를 건드리지 않기 때문이다.

주요 선진국 정부들의 '탄소 중립' 선언과 재생에너지 설비 증대에도 불구하고 전 세계 석탄 발전량은 2021년에 팬데믹 전보다 5퍼센트 늘어날 전망이다. 2022년에도 3퍼센트 늘어 사상 최대치를 기록할 전망이다. 가스 발전도 각각 1~2퍼센트 늘어날 전망이다(국제에너지기구IEA, 2021년 7월). 즉, 전력 생산에서 재생에너지가 차지하는 상대적 비중은 늘어나겠지만 전력 수요가 전체적으로 늘어남에 따라 화석연료 발전도 늘고 온실가스 배출도 늘고 있다.

저개발국들은 재생에너지를 설치할 자본과 기술이 없지만 주요 선진국들은 이를 제공하지 않는다. 그러기는커녕 한국 기업들처럼 해외에 석탄 화력발전소를 건설하거나 영국 정부처럼 석탄을 해외에 수출해 온실가스 배출 책임을 손쉽게 회피하려 한다.

이처럼 경쟁하는 여러 국가와 기업으로 나뉜 자본주의 체제에서 기후 위기 해결은 요원하다. 문재인 정부는 이런 체제에 도전하기는 커녕 그 질서를 지키는 일부이다.

3장
그린뉴딜의 의의와
혁명적 대안

장호종

기후 위기의 속도와 그로 인한 피해의 규모가 갈수록 커지는데도, 세계 주요 선진국 정부들의 대응은 범죄적이라 할 만큼 더디다.

많은 사람들은 이토록 굼뜬 주요 원인의 하나가 신자유주의를 신봉하는 우파가 주류 정치와 경제계를 지배하다시피 하기 때문이라고 여긴다. 우파뿐 아니라 중도인 유럽의 사회민주주의 정부들도 신자유주의를 적극 추진했다는 사실을 제외하면 이런 지적은 대체로 사실이다. 주요 선진국 정부들은 온실가스를 내뿜는 화석연료 산업과 자동차 산업 등을 규제하는 데에 극도로 소극적이었다. 기업들의 이윤 추구는 그것이 인류 전체를 파멸로 몰고 가는 것이 명백함에도 정부가 간섭해서는 안 되는 것으로 여겨졌다. 미국 부시 정부는 쥐꼬리만 한 목표에 강제성도 없는 교토협약에서 탈퇴했고, 교토협약이 채택된 뒤로 20년 넘도록 주요 선진국들은 그 어떤 구속력 있는 국제 협약도 체결하지 않았다. 나오미 클라인이 지적하듯이 세계무역기구의 지적재산권 협약이나 각종 무역 '장벽' 폐지 조약들이 그토록 맹위를 떨친 것과 극명히 대조된다.

단언컨대 최근 수십 년 동안 … 기후 행동의 급진전을 가로막은 가장 큰 훼방꾼은 1980년대와 1990년대에 일체의 제약을 뿌리치고 세계적인 차원에서 맹렬한 활동을 개시한 자본주의, 일명 신자유주의다. 신자유주의는 지금도 여전히 가장 큰 훼방꾼이다.[1]

2부 1장과 2장에서 살펴본 것처럼 지금도 주요 선진국 정부들과 한국 정부는 시장 친화적 정책들, 즉 사기업들에게 이윤을 안겨 주고 그들의 자발성에 의존하는 방식으로 기후 문제를 해결하려 한다. 그러나 수십 년 동안 실패해 온 이런 정책들로 필요한 시간 내에 기후 위기를 멈출 수 있는 조처가 이뤄지기는 어려워 보인다.

특히 세계경제가 장기 불황에 빠져 있는 상황에서 화석연료 기업들이 100년 가까이 쌓아 올린 기반 시설 전부와 그로부터 앞으로도 최소한 수십 년은 얻을 수 있는 이윤을 자발적으로 모두 포기하고 추가로 수천 조에서 수경 원에 이르는 돈을 쓰리라 기대하는 것은 공상적이다. 오히려 지금도 주요 화석연료 기업들은 기후 위기를 부정하거나, 필요한 정책적 대안들을 지연시키고 그런 정책들의 효과에 대한 불신을 조장하는 데 거액을 쏟아붓고 있다. 일부 기업주들이 재생에너지와 전기차 등 '신산업'에 관심을 보이지만 이런 산업이 화석연료 산업보다 더 많은 이윤을 가져다주리라 확신하기 전까지는 기후 위기를 멈추는 데 필요한 수준의 대규모 투자는 이뤄지지 않을 것이다. 심지어 바이든처럼 정부가 막대한 재정을 지원하겠다고 하더라도 그 액수는 여전히 주요 자본가들이 감수해야 할 기회비용을 밑도는 데다가 그런 지원이 언제까지 계속될지도 불확실하다.

미국의 버니 샌더스와 알렉산드리아 오카시오코르테스, 영국 노동당 전 대표 제러미 코빈, 한국의 정의당 등이 제안한 그린뉴딜은 이런 무책임하고 무능한 대처에 대한 도전이다. 그 이름에서 드러나듯 그린뉴딜 정책의 제안자들은 1930년대 미국 루스벨트 정부의 뉴딜 정책을 본보기로 삼으려 한다. 루스벨트가 추진한 뉴딜 정책은 1929년 월가의 파산과 뒤이은 대공황에 국가가 대처하라는 대중의 요구에 호응한 것이었다. 1932년 대선에서 압도적 승리를 거둔 루스벨트는 경제 회생 프로그램으로 뉴딜 정책을 채택했다. 국가산업부흥법의 일부로 가격 통제를 위한 카르텔이 만들어졌고 실업자 약 250만 명을 수용할 워크캠프들이 생겨났다. 워크캠프는 병원·학교·하수처리장·다리 같은 사회 기반 시설을 짓거나 개선하려고 만든 공공 건설 사업의 일부였다. 또, 노동자들의 노동조합 가입을 막는 고용계약을 금지했고, 최저임금과 최대 노동시간을 규제했다.[2]

루스벨트의 뉴딜 정책이 실제로 어떤 것이었는지는 뒤에서 좀 더 자세히 살펴보겠지만, 그린뉴딜이 기후 운동 내에서 유력한 대안으로 받아들여지고 있는 것은 긍정적 측면이 있다.

그린뉴딜 제안의 의의

첫째, 그린뉴딜은 무정부적 시장 경쟁이 아니라 정부의 강력한 경제 개입과 대규모 재정지출만이 주어진 시간 내에 기후 위기를 멈출 수 있는 조처들을 시행에 옮길 수 있다는 인식을 표현한 것이다. 이는 기후 운동을 주도하던 환경 NGO들이 배출권 거래제 같은 시장 원리를 통한 대안을 받아들이고 개인적 혹은 소규모 공동체적 해결책 같은 점진적이고 온건한 개혁을 추구하던 것에 비하면, 분명 진일보한 것이다. 무엇보다 위기의 수준에 걸맞은 실질적 대책을 요구한다는 측면에서 그렇다. 이것은 2018~2019년 급부상한 청소년들의 기후 동맹휴업과 멸종반란 시위에서 드러난 지배적 인식과 분위기이기도 했다.

2020년 미국 대선을 앞두고 민주당 경선에서 돌풍을 일으킨 버니 샌더스가 제시한 그린뉴딜 공약이 대표적이다. 샌더스는 10년 동안 16조 달러(약 2경 원)에 이르는 재정을 투입해 2030년까지 전력과 수송 부문 에너지를 100퍼센트 재생에너지로 전환하는 계획을 제시했다. 역사적 배출량을 고려하면 미국의 감축 목표는 파리협약에서 제시한 것보다 더 높아야 한다며 2030년까지 적어도 71퍼센트를 감축하겠다고 밝혔다. 2050년까지는 미국의 탄소 배출을 제로로 만들고, 전 세계 온실가스 감축 노력에 기여하기 위해 저개발 국가들에 지원할 기후기금에도 2000억 달러(236조 원)를 기여하겠다고 했다. 버니 샌더스는 루스벨트의 뉴딜 정책뿐 아니라 "미국이 제2차 세계대전에서 승리하기 위해 당시 불과 3년 만에 경제 전체를 재구조화한" 것을 본보기 삼아 이에 준하는 투자가 이뤄져야 한다고 주장했다.[3]

둘째, 그린뉴딜은 기후 위기를 멈추기 위한 '친환경' 대안일 뿐 아니라 장기 불황에 고통받는 노동자들에게 안정적 일자리와 소득을 제공하고, 갈수록 커져 가는 불평등을 해소하기 위한 대안으로 제시됐다.

버니 샌더스의 그린뉴딜 공약은 앞서 제시한 재생에너지 전환 과정에서 일자리 2000만 개가 새로 만들어질 것으로 추산했다. 또한 전환 과정에서 노동자들이 해고되거나 소득이 감소하지 않도록 하는 '정의로운 전환' 정책을 약속했다. 에너지 전환의 비용이 평범한 사람들에게 전가되지 않도록 에너지 가격을 낮추고 주택 단열과 냉난방 장비 개선 등을 지원해 실질소득이 줄어들지 않게 한다. 기후변화에 취약하고 차별받는 사람들을 위해 추가 지원도 약속했다.

이는 기후 위기는 물론이고 평범한 사람들의 소득 감소와 실업난에 냉담한 태도를 취해 온 미국 주류 정치인들의 태도와 극명히 대조된다. 기후 위기 대응을 내세워 노동자들에게 추가 세금을 부과하려 한 프랑스 마크롱 정부 등의 기만적 조처와도 비교된다.

그린뉴딜은 평범한 노동자들을 환경 파괴의 공범으로 여기거나 환경 파괴를 막으려면 대중의 생활수준을 하락시키는 것 외에 대안이 없다는 일부 생태주의자들의 편협한 관점과도 다른 것이다(탈성장론에 관해서는 3부 1장을 보라). 이런 관점이 지배적이었던 주류 환경 운동에 지난 수십 년 동안 적지 않은 노동자들이 불편한 시선을 보낸 것은 자연스러운 일이다. 이는 환경 운동과 노동운동이 서로 대립한다는 생각을 강화했고, 화력발전소나 핵발전소 증설을 요구하는 등 환경문제가 더 광범한 노동자들에게 끼치는 영향을 간과한 일부 노동조합 지도자들의 부적절한 태도 때문에 더 악화되기도 했다.

문제의 절반은 진보주의자들이 다양한 전쟁과 조직적인 경제적·인종적 배제에 맞서 싸우느라 기후 문제는 환경 단체들이 다룰 문제라고 떠넘긴다는 데 있다. 문제의 나머지 절반은 많은 대형 환경 단체들이 비합리적인 공포심 때문에 세계화와 규제 완화, 끊임없는 성장을 추구하는 현시대 자본주의의 요구 등 선명히 드러난 기후 위기의 원인들에 대한 진지한 논의를 회피한다는 데 있다. 이 두 성 사이에는 인종주의와 불평등, 환경 위기 사이의 연관성을 짚어 내면서 흔들다리로 두 성을 잇는 작지만 용맹스러운 기후 정의 운동이 있다.[4]

2008년 미국에서 시작한 경제 위기는 국가의 경제 개입 능력이 극도로 제한적이라는 신자유주의 이데올로기가 결정적으로 도전받는 계기가 됐다. 1930년대 대불황 같은 급격한 위기로 빠지는 것을 막으려고 미국 정부 등은 그동안 자신들이 금기시해 온 조처들(부도 기업의 국유화, 재정 적자를 감수한 막대한 재정지출 등)을 과감하게 실행에 옮겼다. 리먼브러더스, AIG, 지엠 등 거대 기업들이 형식적으로는 국유기업이 됐다. 노동자들의 일자리와 삶을 지키기 위해 재정지출을 요구할 때에는 차갑게 외면하던 정부들이 기업주들의 비명에는 역사상 유례가 없을 정도로 신속히 반응해 시장 논리를 어기며 개입했다.

이 경제 위기의 여파로 세계 곳곳에서 벌어진 구조조정과 정리해고, 긴축에 맞서 많은 노동자들이 '부패한 금융 자본가들이 아니라, 평범한 사람들의 삶을 지원하라'고 요구한 것은 너무나 정당했다. 기후 위기와 경제 위기를 동시에 해결할 해법으로서 그린뉴딜이라는 아이디어가 처음 제기된 것도 이 무렵이었다. 그린뉴딜이라는 이름을 쓰지는 않았지만 기후 위기를 멈추려면 전시에 준하는 대응이 필요하다는 주장은 좌파와 사회주의자가 일찌감치 제기해 온 것이기도 했다.

예컨대 영국의 기후변화저지운동은 '100만 기후 일자리' 운동을 조직해 공무원노조, 유나이트,* 대학노조ucu 등 여러 노동조합들의 지지를 이끌어 냈다.[5] 이 운동의 주요 리더 중 한 명인 조너선 닐은 2008년에 쓴 《지구온난화를 멈추고 세상을 바꿔라》에서** 한 장을 할애해 제2차세계대전 당시 미국의 전시 동원 체제를 자세히 살펴보며 기후 위기를 멈추기 위한 "긴급한 조치"가 어떤 것이 돼야 하는지를 설득력 있게 제시한 바 있다.

기후변화에 맞서 정부가 무엇을 할 수 있는지를 보려면 제2차세계대전을 돌아보면 된다. 당시에 모든 주요 국가들은 가능한 많은 인명을 살상하기 위해 자국 경제 전체를 탈바꿈시켰다. 차이가 있다면, 이번에는 가능한 많은 사람을 살리기 위해 비슷한 일을 해야 한다는 것이다. … 프랭클린 D 루스벨트는 미국 재계에 요구하는 물품의 목록을 국회에 제출했는데 … 이는 1941년 당시 미국 GNP 추정치 전체와 맞먹는 것이었다. … 새로 생긴 전쟁물자생산국은 … 매주 단위로 모든 기업 활

---

* 유나이트(Unite) 조합원이 140만 명에 달하는 영국에서 둘째로 큰 노조. 건설·금속·운수·물류 등을 포괄하는 일반노조다.

** 국역:《기후위기와 자본주의》, 책갈피, 2019.

동을 전쟁이 끝날 때까지 통제했다. 그리고 이를 통해 전쟁 초기 6개월 만에 미국 경제의 대부분을 급격하게 탈바꿈시켰다. 당시에 미국 경제의 변화 속도는 … 오늘날 지구온난화 방지 대책으로 제안되는 정책들에 비해서는 10배 이상 빨리 추진됐다. … 그들이 전쟁에서 이겨야만 했기 때문이다. … 그러나 기후변화에 맞서 싸우는 전쟁은 … 정치인들과 기업 총수들이 별로 의욕을 느끼지 않는 것이다. 게다가 기후변화를 막기 위해 필요한 경제적 조치들은 많은 경우 그들이 소중하게 여기는 것들과 상충한다.[6]

자본가계급 내 일부도 재생에너지, 전기차 등 새로운 사회 기반 시설에 대한 대규모 재정투자가 생산성을 높이고 소비를 진작시킬 수 있을 것이라고 기대했다.[7] 그러나 이 아이디어가 실현될 조짐은 없었다. 오히려 주요 선진국 정부들은 긴축정책에 몰두했다. 그린뉴딜이 대중적으로 알려지고 지지를 받는 데에는 10년이 걸렸다.

긴축에도 불구하고 경제는 회복되지 않았고 장기화된 불황은 불평등과 실업난을 가중시켰다. 이에 대한 한 반응으로 좌파 개혁주의 세력이 부상했는데, 그리스의 시리자, 스페인의 포데모스, 제러미 코빈이 이끈 영국 노동당 좌파 등이 그들이다. 미국의 정치 지형을 감안하면 미국민주사회주의당DSA과 이들이 지지한 버니 샌더스, 알렉산드리아 오카시오코르테스의 부상도 급진화를 보여 준다고 할 수 있다. 그리고 이들은 대부분 그린뉴딜의 취지를 지지하거나 관련 정책을 제시했다.

2018년에 IPCC가 발표한 "지구온난화 1.5도 보고서"와 이 보고서가 경고한 기후 위기의 가속화를 멈추고자 분출한 급진적 운동들은 그린뉴딜이라는 아이디어가 인기를 얻게 된 결정적 계기였다. 그레타 툰베리로 상징되는 청소년들의 기후 동맹휴업, 2주간 런던 도심을 마비시키고 전 세계로 급속히 확산된 2019년의 멸종반란 운동, 2018년 미국 중간선거 직후 의사당과 하원 의장 낸시 펠로시의 집무실을 점거하고 시위를 벌인 '선라이즈 무브먼트' 등 새로운 기후 운동의 참가자들 다수가 그린뉴딜 정책에 지지를 보냈다.

미국에서는 29살에 최연소 여성 하원 의원이 된 알렉산드리아 오카시오코르테스가 그린뉴딜 운동의 상징적 인물로 떠올랐다. 그가 2019년에 제출한 그린뉴딜 결의안은 상원에서 1표도 얻지 못하고 부결됐지만,[8] 그린뉴딜이라는 급진적 아이디어를 주류 정치의 의제로 진입시키는 데에는 성공했다.

국내 개혁주의 진영의 그린뉴딜

국내에서는 정의당과 녹색당이 2020년 총선을 앞두고 그린뉴딜 정책을 발표했다. 당시 두 당 모두 자신들의 선거공약 전체에서 그린뉴딜을 압도적으로 강조했다.

정의당의 그린뉴딜도 버니 샌더스 등의 그린뉴딜과 마찬가지로 기후 위기와 불평등을 해결하기 위한 대안으로 제시됐다. "그린뉴딜 경제는 기후 위기와 불평등 위기 대처를 위해 지금부터 10년 동안 비상한 경제행동을 하자는 제안입니다."[9] 매년 GDP의 1~3퍼센트에 이르는 녹색투자재원을 마련하고 "전시에 준하는 상황으로 국가적

자원을 총동원"해야 한다는 것이었다.[10]

정의당은 이를 위해 "10년 안에 현재의 절반 수준으로 탄소 배출을 감축하고 2050년까지 순배출 제로에 도달"하는 것을 목표로 제시했다. 10년간 200조 원을 투자해 20만 개의 안정적 일자리를 만들고, 이를 민간에 맡기는 것이 아니라 "지역별 공기업을 설립해 체계적이고 질서 있는 에너지 전환을 이루겠다"고 했다. 주택과 건물의 에너지 효율을 획기적으로 높이는 그린 리모델링 등의 정책도 제시했다. 그린뉴딜의 비용이 노동자와 서민에게 전가되지 않도록 하는 '정의로운 전환 프로그램'도 핵심 목표 중 하나로 제시했다.

이는 파리협약과 IPCC 등이 제시한 목표에 대부분 부합하는 것으로 문재인 정부의 기만적인 '한국형 뉴딜'이나 '탄소 중립' 정책에 비하면 월등히 나은 목표다. 주요 선진국 정부들과 문재인 정부는 기후 위기 해결보다 새로운 시장 창출과 기업 경쟁력 확보에 더 관심이 있다. 이들은 자신들이 서명한 국제 협약조차 지키지 않으려고 온갖 꼼수를 쓰고 탄소 포집·활용·저장 기술 등 믿을 수 없고 아직 개발되지도 않은 기술들을 주요 감축 수단으로 제시한다.

다만 파리협약과 IPCC가 제시하는 목표 자체가 지나치게 온건하다는 사실을 고려하면 정의당이 밝힌 취지와 구체적 목표 사이에 상당한 격차가 있는 것도 사실이다. 정의당이 제시한 온실가스 감축 목표와 재정 규모 등은 샌더스의 그린뉴딜보다는 바이든이 제시한 목표에 좀 더 가까워 보인다. 2030년이면 이미 전 세계 평균기온 상승 폭이 산업화 이전에 비해 1.5도 이상 높아질 것이라는 전망이 제시된 상황에서 2030년까지 온실가스 배출량을 '절반 수준'으로 줄인다는 계획은 충분하지 않다. 전환을 위한 재정투자 규모도 샌더스 등이 제시한 것의 7분의 1 수준(GDP 대비)으로 바이든(샌더스의 8분의 1)보다는 많지만 필요한 수준에 걸맞은 것은 아니다. 한국 경제에서 수출 제조업이 차지하는 비중이 큰 만큼 온실가스 배출량을 급격히 줄이려면 훨씬 과감한 조처가 필요하다.

녹색당은 생태주의에 근거한 개혁주의 정당으로, 탈성장이라는 관점에서 그린뉴딜 정책을 제시했다. 녹색당은 나무 심기나 탄소 포집·활용·저장 기술 등 미심쩍은 '상쇄' 기술로 눈속임을 하는 '순배출량 제로' 개념을 비판하며 배출량 자체를 제로로 만드는 것을 그린뉴딜의 목표로 제시하는 등 급진적 면모가 있다. 기후 위기의 대안으로 핵발전이 거론되는 상황을 염두에 두고 "2030년까지 탈핵" 공약도 제시했다. 탄소 배출 기업에 배출권 등 인센티브를 제공하는 것이 아니라 규제를 강화하자거나, 대중교통 완전 공영제, 무상 교통, 기존 건축물과 주택의 그린 리모델링 등도 요구한다.

다만 "2030년까지 온실가스 배출 50퍼센트 감축, 2050년까지 '배출 제로'"를 제시하는 것은 정의당과 마찬가지로 목표 수준이 국제적 수준에 비춰 다소 낮다.

정의당과 녹색당의 그린뉴딜이 상대적으로 온건한 데에는 친기업 정책 일색인 주류 양당이 지배하는 공식 정치 무대에서 받아들여질 만한 수준의 정책을 제시해야 한다는 압력이 작용했을 법하다. 그럼에도 결코 더 진보적이라 할 수 없는 미국의 주류 정치 무대에서 샌더스나 오카시오코르테스 같은 사람들이 급진적 그린뉴딜 정책을 제시한 것을 보면, 이런 압력의 존재뿐 아니라 정의당과 녹색당 자신이 그런 압력에 얼마나 저항(혹은 순응)하고자 하는지도 중요할 것이다. 이 점에서 2020년 총선 당시 정의당은 선거 직전까지 민주당과의 협력 노선을 추구한 것이 적잖이 영향을 끼쳤을 듯하다. 비례 의석 확보에 대한 기대 등으로 선거 연합까지 고민했던 것을 고려하면 민주당의 논의 수준에서 크게 벗어나지 말아야 한다는 압력이 강하게 작용했을 것이다. 당시 녹색당은 페미니즘을 크게 강조하며 문재인 정부와 민주당에 비판적인 경우도 많았지만 선거 당시 민주당 위성정당 참여를 두고 크게 분열한 것을 보면 정의당과 비슷한 압력 속에서 그 압력에 타협해야 한다는 목소리도 작지 않았던 듯하다.

정의당은 당시 공약에서 2030년까지 석탄 화력발전소를 모두 없애겠다고 하면서도 "잔존 수명연한이 남은 일부는 예비전력 발전설비로 남겨 두겠다"고 밝혔다. 이는 지금 문재인 정부가 석탄 화력발전소를 계속 짓는 것을 용인하는 것으로 보인다. 그러나 신규 석탄 화력발전소 건설은 당장 중단돼야 한다. 이 발전소들을 폐쇄하는 것은 해당 기업이나 자금을 댄 정부 입장에서는 막대한 손해를 보는 것이지만, 온실가스 배출을 제로로 만들려면 다른 많은 산업에서도 그렇게 해야 한다.

정의당은 그린뉴딜이 "성장과 사회 통합"을 여는 전략이라는 점도 강조한다. 그린뉴딜의 여러 측면 중 경제성장 효과를 강조하는 것은 그린뉴딜의 목표를 낮추거나 시장을 활용한 대안을 채택하도록 하는 압력으로 작용할 수 있다. 정부와 기업주들이 기후 위기 해결에 전혀 관심이 없고 돈벌이 기회만 찾는 상황에서 사회 통합을 강조하는 것도 기후 운동의 방향성에 좋지 않은 영향을 끼칠 것이다.

"혁신가형 국가"나 "인내자본의 역할을 수행하는 국가" 등의 지향은 국가가 시장에 개입해서는 안 되고 심지어 할 수 있는 일이 없다는 식의 신자유주의적 가정에 대한 도전으로는 의미가 있다. 그러나 국가가 시장의 구실을 대체하기보다 시장에 활력을 불어넣는 구실을 한다는 지향은 그린뉴딜의 취지에 비춰 보더라도 매우 부족할 수밖에 없다. 정의당이 온실가스 감축을 위한 핵심 수단으로 제시한 탄소세는 법인세처럼 기업주들이 직접 부담하도록 매우 엄격하게 부과하지 않으면 현행 교통환경세처럼 사실상 소비재에 부과되는 간접세가 될 공산이 크다. 이런 정책들은 공식 정치에서는 받아들여지기 더 쉬울 수 있겠지만 기후 위기 대응과 불평등 해소에서는 멀어지는 길이다.

녹색당은 그린뉴딜을 위한 재정 목표치를 제시하지도 않았는데 이는 녹색당의 지향이 탈성장에 있기 때문인 것으로 보인다.

탈성장은 자본주의적 경제성장뿐 아니라 일체의 경제성장, 즉 물질적 풍요 자체도 문제 삼는 것으로 녹색당은 이윤 논리를 규제하는 제도 개혁과 함께 개인 소비도 대폭 줄여야 한다고 강조한다. 그래서 육식 소비 줄이기나, 전기 요금 인상 등 개인적 해결책이나 노동자·서민에게 비용을 전가할 우려가 있는 대책들도 함께 제시했다. 그러나 이런 대책들은 기후 위기를 낳는 진정한 원인을 흐리는 좋지 않은 효과도 낼 수 있다.

한국의 기후 운동은 유럽이나 미국에 비해 다소 더딘 발전을 보이고 있다. 비교적 최근까지도 한국의 기후 운동이 주로 온건한 환경 NGO들의 주도 아래 이뤄져 왔고 일부 예외적 경우를 제외하면 노동운동과 좌파는 대체로 주변적 구실만 해 왔다. 이는 기후 운동이 대중운동보다는 대체로 활동가 중심의 선전 활동과 정부 정책에 기대기, 온건한 절약 캠페인 등에 머무르도록 하는 효과를 냈다.

이런 점에서 그린뉴딜 논의나 2019년 9월에 열린 대규모 기후 집회는 긍정적 분위기 전환을 보여 준다고 할 수 있다.

그린뉴딜과 자본주의 경제성장

정의당은 2020년 총선에서 그린뉴딜 공약의 제목을 "정의당의 성장 전략"으로 정했다. 이는 그린뉴딜 정책이 안고 있는 모순의 한 측면을 드러내는 것이자 정의당의 그린뉴딜이 다소 온건한 또 하나의 이유이기도 하다.

그린뉴딜은 "기후 위기와 불평등에 맞선" 정책으로 제시된 것이지만 경제 회복(성장) 전략이라는 함의도 있다. 경제정책으로서 그린뉴딜을 보자면 기후 위기 대응과 불평등 해소를 위한 대규모 재정투자가 결국 경제성장으로 이어질 것이라는 케인스주의 정책이다. 1930년대 대불황과 루스벨트의 뉴딜이라는 역사적 경험을 상기시켜 그 실현 가능성을 부각하고자 붙인 이름이다.

물론 그린뉴딜 주창자들이 모두 경제성장 효과를 강조하는 것은 아니다. 그보다는 일자리 창출과 소득 보전 등 불평등 완화에 초점을 맞추기도 한다. 심지어 일부는 경제 상황과 무관하게 정부가 화폐를 계속 찍어 내 그린뉴딜 정책을 밀고 나갈 수 있다며 현대화폐

이론을 근거로 삼기도 한다. 그린뉴딜 주창자들이 경제성장이 계속 돼야 불평등 완화 조치가 가능하다는 논리에 부분적이나마 도전한 것은 의미 있는 일이다.

흔히 알려진 것과는 달리 루스벨트의 뉴딜도 대불황을 끝내지는 못했다. 당시 세계경제 불황을 진정으로 해결한 것은 제2차세계대전이었다. 경쟁적 자본축적이 이윤율 저하를 낳는 근본적 경향 때문에 자본주의에서 경제 위기는 반복될 뿐 아니라 대규모 자본 파괴를 통해서만 불황에서 벗어날 수 있다. 그런데 2008년 경제 위기에 대한 주요 선진국 정부들의 대처에서 보듯 오늘날 거대한 규모로 커진 기업들을 파산하도록 내버려 두는 것은 갈수록 어려워지고 있다. 더 큰 규모의 경제 위기로 이어질 수 있기 때문이다. 그린뉴딜이 실행된다고 하더라도 지금의 불황에 미칠 효과는 단정하기 어렵다.

그린뉴딜이 경제성장 정책이기도 하다는 점에서 일부 자본가와 국가 관료도 이 정책을 차용할 수 있다. 유럽연합과 문재인 정부가 그린뉴딜의 이름을 빌려다 그린워싱을 시도하고 있다. 그러나 그렇다고 해서 그린뉴딜을 싸잡아 단순히 지배자들의 음모로 취급해선 안 된다.[11] 이런 요구가 현실의 운동에 참여하는 사람들의 정서를 표현하고 그럼으로써 운동을 성장시키고 전진하도록 하는 데에 도움이 될 수 있기 때문이다. 그렇게 기후 위기 해결을 요구하는 운동이 성장하고 전진하면 더 일관된 대안을 추구하는 운동으로 발전할 수 있다. 좌파와 사회주의자의 과제는 이 운동을 전진시키는 데에 있는 것이지 그린뉴딜의 한 측면을 폭로하며 운동과 거리를 두는 것이 아니다.

정의당처럼 그린뉴딜이 경제성장으로 이어질 수 있다는 점을 강조하면 그린뉴딜의 목표를 경제성장을 위한 조처들과 절충하게 되거나 종속시킬 위험이 있다.

물론 정의당이 제시하는 성장이 지난 수십 년 동안 기후 위기와 불평등을 심화시킨 신자유주의적 성장은 아니다. 그보다는 평범한 노동 대중의 소비 능력을 개선해 경제를 회복시킨다는 케인스주의 경기 부양책에 가깝다. 그러나 아무리 케인스주의 정책일지라도 기후 위기 해결과 자본주의적 성장 2마리 토끼를 모두 붙잡는 것은 불가능하다. 정의당 그린뉴딜 정책의 핵심 입안자인 김병권 정의정책연구소 소장은 그 가능성을 자문하고 있다.

기후 위기를 이겨 내고 건설해야 할 '탈탄소경제'는 자본주의일까, 아닐까? … 과연 자본주의 기업들의 무한 수익 추구 경쟁 속에서도 [생태계가 감당 가능한 범위 안에서 생산 — 지은이] 처리량 통제가 가능하고, 과소비 통제가 가능하며, 최소 수혜자들에게도 기본 생활이 가능한 재분배를 해 줄 수 있고, 주 15시간 노동을 수용할 수 있을까? 기업들이 단기수익이나 주주 가치보다 사회적 가치, 공공 가치, 환경적 가치를 우위에 두는 그런 자본주의가 가능할까?[12]

명확한 결론을 제시하지는 않지만 그는 경제성장과 기후 위기 대응 중 우선순위 선택의 기로에 선다면 "탄소 배출 감축 목표를 우위에 두고 가능한 수준의 성장을 하는 방식이어야 한다"고 주장한다. 그렇지만 또 다른 책에서 김병권 소장은 "재생에너지 전환을 위한 대규모 투자, 이를 뒷받침할 경제적 자원 동원은 경기를 대체로 성장시킬 것"이라고 기대를 내비치기도 했다.[13] 그러나 현대 자본주의에서 거대 화석연료 기업들과 이들에 의존하는 기업들의 이윤이 차지하는 비중을 고려하면 그린뉴딜이 자본주의 경제에도 좋다는 가정은 현실적이지 않다.

다양한 그린뉴딜 정책 주창자들이 제시한 안들 중 실제로 효과가 있을 것으로 기대되는 버니 샌더스의 정책은 10년 동안 매년 미국 GDP의 10퍼센트를 재생에너지 등에 투자하는 계획이다. 어마어마한 규모이지만 자본가들의 입장에서는 이 비용조차 빙산의 일각으로 보일 것이다. 단기간에 탄소 배출을 제로 수준으로 줄이는 계획은 세계에서 가장 큰 기업들의 자산을 쓸모없게 만들고, 그로부터 얻을 수 있는 이윤도 제로로 만들겠다는 것이기 때문이다. 이는 샌더스가 제시한 신규 투자 규모보다 훨씬 클 수 있다. 미국 자본주의의 수호자인 바이든과 민주당이 버니 샌더스의 그린뉴딜을 단호히 배격한 이유다.

사실 그린뉴딜 주창자들은 재생에너지 설치를 위한 대규모 재정 투자 등에 관한 상세한 계획을 제시하면서도 기존의 화석연료 산업과 석탄발전소를 어떻게 폐쇄할지(이게 궁극적 목적인데도) 구체적 계획을 내놓지 않거나 모호한 태도를 보이는 경우가 많은데 이런 반발을 의식해서인 듯하다.

오늘날 수많은 사람들을 고통에 빠뜨리고 있는 불평등은 경제성장률이 낮아서가 결코 아니다. 2020년에 시작된 팬데믹으로 세계경제가 곤두박질치고 수많은 사람이 고통받는 상황에서도 일부 기업주들은 거대한 부를 축적했다. 미국 정책연구소IPS가 발간한 "억만장자 재산 증식 보고서 2020"을 보면, 2020년 1분기에 미국 억만장자 상위 170명 중 34명의 재산이 오히려 늘어났다. 이 중 8명은 10억 달러 이상 늘어난 것으로 확인됐다. 같은 기간 미국인 2200만 명은 실업수당을 청구해야 했다.[14]

재생에너지로의 전환 과정에서 일자리를 늘리고 대중의 소득을 늘리는 등 불평등을 완화하는 조처를 시행해야 하겠지만 이는 경제성장 자체와는 한동안 불일치할 수 있다. 오히려 경제성장에 구애받지 않겠다는 방향이 분명할 때 필요한 수준에 맞는 조처도 취할 수 있을 것이다. '전시에 준하는 대처'를 내세운 그린뉴딜 제안에는 이윤 축적 경쟁이 아니라 사회 전체의 필요를 앞세워야 한다는 함의가 있다(물론 전쟁이 사회 전체에 필요하다는 것은 순전히 지배자들의 관점일 뿐이다). 이 점이 강조돼야 한다. 반대로 화석연료 산업 폐쇄와 재생에너지 투자를 경제성장과 연결하려 할수록 그 목표는 낮아질 것이고 기껏해야 시장을 활용해야 한다는 논리만 강화될 것이다.

심지어 정부 주도로 재정을 투자해 그런 전환을 이룬다 해도 경제성장과 조화를 이루려 하다보면 비슷한 효과를 내기 십상이다. 일각에서 주장하는 것처럼 국유화나 국가의 구실을 강화하는 것만으로는 자본주의의 이윤 논리에서 벗어날 수 없다. 에너지 산업과 교통·수송 산업 국유화는 그 기업들의 정책에 평범한 사람들의 목소리가 반영될 가능성이 사기업에 비해 조금 더 커진다는 점에서 지지할 만한 것이기는 하지만, 사회가 운영되는 방식이 근본에서 달라지지 않는 한 그 효과는 제한적일 것이다.[15]

사실 석유와 천연가스 산업만 놓고 보면 국영 공기업이 전 세계 매장량의 약 90퍼센트, 생산량의 75퍼센트를 차지합니다. 석유와 천연가스 기반 시설의 상당 부분도 이 기업들이 장악하고 있습니다. … 하지만 이 기업들이 기후변화에 맞서 싸울 준비를 갖췄다는 뜻은 아닙니다. 민간 기업과 마찬가지로 이 기업들에게도 화석연료 에너지 생산과 판매가 막대한 수익 흐름을 안겨 줍니다. 국가 개발 계획과 돈벌이 좋은 직업, 정권이 모두 막대한 화석연료 수입의 흐름이 지속되는 데 달려 있습니다.[16]

요컨대 그린뉴딜은 기후 위기를 멈추기 위한 빠르고 실질적인 대규모 조처들이 필요하고 동시에 평범한 노동계급의 삶을 개선해야 한다는 취지에서 제안된 아이디어다. 단체나 사람마다 그 내용이 조금씩 다르긴 하지만 알렉산드리아 오카시오코르테스가 선도하는 그린뉴딜 아이디어는 자본주의의 우선순위에 대한 도전을 보여 주고 있다. 전시에 준하는 규모의 투자와 집중이 이뤄진다면 현존하는 기술로도 온실가스 배출을 급격히 줄일 수 있을 것이다. 진정한 문제는 자본주의 체제의 수호자들이 시퍼렇게 눈을 뜨고 있는 상황에서 누가 어떻게 그런 과감한 그린뉴딜을 실행에 옮길 수 있느냐는 점이다.

미국 민주당 개혁하기?

버니 샌더스와 알렉산드리아 오카시오코르테스가 그린뉴딜 돌풍을 불러일으킨 지 벌써 2년이 지났다. 그들에게 큰 기대를 걸었던 사람들에게는 맥 빠지는 시간이었을 것이다. 샌더스는 경선 도중 사퇴했고 바이든이 미국의 새 대통령으로 당선했기 때문이다. 나오미 클라인이 대선을 앞두고 쓴 글에서 제시한 시나리오들 중 비관적인 것이 현실이 됐다.

고작해야 전면적인 변혁을 추진하려는 용기도 없고 민주적인 사명감도 없는 소심한 민주당 후보가 백악관에 입성하[면] … 우리는 소중한 시간을 고스란히 날려 버리게 될 것이다 … [새] 정부의 4년 임기가 끝나는 해는 벌써 2026년이다. 그때 가서 전환을 시작하자는 것은 터무니없는 소리다.[17]

바이든은 '용기'나 '사명감'은커녕 신자유주의를 옹호하고 대자본과 권력층의 이익을 수호해 온 미국 민주당의 주류를 대표한다. 바이든은 민주당 경선 당시 그린뉴딜이 "불가능한 일"이라고 단언했다. 대선 후보로 확정된 뒤에는 그린뉴딜을 수용하겠다고 했지만 그가 실제로 내놓은 정책은 그린뉴딜과는 거리가 한참 멀다.

버니 샌더스를 지지한 사람들이 그린뉴딜 지지자들만은 아니었다. 그의 중도 사퇴로 쓴 맛을 본 것이 처음도 아니었다. 2016년 대선 당시 버니 샌더스는 똑같은 민주당 주류 인사 힐러리 클린턴을 지지하며 중도 사퇴한 경험이 있다. 적잖은 이들이 2020년에도 비슷한 일이 일어날 것이라고 내다봤다. 비록 버니 샌더스 자신은 사회주의자를 자처하고 그린뉴딜 같은 급진적 공약들을 내세우기도 하지만, 정작 미국 자본가들의 이해관계를 대변하는 민주당에서 벗어난 독립적 정치 세력을 구축하기를 거부해 왔기 때문이다.

미국 민주당이 공화당보다 낫다는 차악론은 1960년대 이래 미국의 사회운동이 방향을 잃고 자본가 정당에 종속되게 만들어 왔다. 특히 제2차세계대전 이후 미국에서 분출한 흑인 반란과 1960년대 베트남 전쟁에 맞선 운동의 지도자들은 민주당을 지지하고 이 당을 활용해 개혁을 쟁취하려 했다. 그러나 민주당은 운동의 온건한 지도부를 당으로 끌어들여 길들이는 한편 대중의 바람은 억누르는 방식으로 미국 자본주의를 지켜 왔다. 이런 일이 수십 년 동안 반복돼 온 것을 두고 일각에서는 민주당을 "사회운동의 무덤"이라고 부르기도 한다.[18]

이번에도 샌더스와 알렉산드리아 오카시오코르테스는 바이든 지지를 밝히며 "민주당을 전환적·진보적 방향으로 이끌" 것이라고 말했다.

그러나 민주당은 "전환적·진보적" 공약을 새로 만들 필요가 없다. 2020년 샌더스 캠프의 연설문 작성자였던 〈자코뱅〉 부편집자 데이비드 시로타가 5월 14일에 지적했듯, 민주당은 "'기후변화 태스크포스', '보건의료 태스크포스'를 새로 꾸릴 필요가 없다. 이미 있는 정책인 그린뉴딜, 전 국민 단일 건강보험을 민주당 대선 후보가 주저앉히지만 않으면 된다. … 그렇지만 바이든은 아주 의식적으로 그렇게 할 것이다." … 바이든은 오바마 정부 시절 국무부 장관이었던 존 케리를 기후변화 팀의 공동 의장으로, 오바마 정부 시절 공중보건위생국장이었던 비벡 머시를 보건의료팀의 공동 의장으로 선임했다. 이들은 이 팀들의 정책을 "현실적 수준"으로 낮추는 구실을 할 것이다.[19]

샌더스가 미국 민주당 내에 머물기로 결심한 이상, 후보 사퇴 이전부터 절충과 타협은 피할 수 없는 일이었다. 샌더스는 미국 지배계급의 핵심적 이해관계가 걸린 국방비에는 손대지 않겠다는 뜻을 분명히 했다.

알렉산드리아 오카시오코르테스는 바이든의 선거 캠프에서 기후변화 분과 공동 의장을 맡았지만 선거가 끝난 뒤로는 입단속을 당하는 처지다. 바이든이 그린뉴딜에는 한참 못 미치지만 거액의 예산을 통과시키려 하고 있는 만큼 비판보다는 협력해야 한다는 압력이 어마어마하게 클 것이다.

이들의 행보 때문에 미국과 전 세계 기후 운동이 결정적 좌절을 겪지는 않겠지만 운동의 지도자나 상징적 인물이 결정적으로 후퇴하거나 우파에 타협했을 때 그것이 운동에 끼치는 영향은 결코 작지 않다. 운동을 분열시키거나 심지어 사기 저하를 낳기 때문이다.

샌더스의 실패는 자본주의 체제의 유지·발전에 이해관계가 있는 자본가 정당에 의존해 중요한 개혁을 성취하려 할 때 벌어지는 문제를 보여 주는 대표적 사례다. 만약에 우리 앞에 놓인 과제가 한 나라에서 최저임금을 조금 인상하는 것이거나, 화력발전소 몇 개를 폐쇄하도록 하는 수준이라면 그런 시도도 승산이 아예 없다고 할 수는 없을 것이다. 물론 그런 경우조차 자본가들의 이윤 손실을 일부 감수할 수밖에 없다고 여길 만큼 강력한 저항이 없다면 민주당이 스스로 그런 조처를 실행하지는 않을 것이다.

하물며 기후 위기를 멈추기 위해 당장 필요한 조처들은 이와는 아예 차원이 다른 것이다.

주류 사회민주주의의 배신

유럽의 주류 사회민주주의 정당들(영국 노동당, 독일 사회민주당, 프랑스 사회당 등)의 기후 위기 대응을 보자면 요란한 말에 비해 그 실천은 미국 민주당보다 크게 나을 것 없는 수준이다. 특히 1990년 대 이후 이 정당들이 우파 정당 못지않은 신자유주의 추진 세력이 었음을 고려하면 이들은 기후 위기 해결 주체이기는커녕 문제의 일 부였다고 할 수 있다. 그 결과로 1990년대 후반부터 2000년대 초까 지 유럽 정치를 주도하던 이들은 대중의 광범한 반발과 환멸 속에 모조리 우파에 다시 정권을 내줬다.

영국에서는 신자유주의의 개척자인 마거릿 대처의 보수당 정부가 주민세 항의 운동의 여파로 물러나고 1997년 노동당 정부가 들어섰 다. 그러나 총리가 된 토니 블레어는 신자유주의 프로젝트를 계속 밀어붙였다. 완전히 노골적 친기업 정당으로 거듭난 '신노동당'은 민 영화를 강행하고 공공 부문 임금과 일자리를 삭감했다. 블레어는 부 시가 교토협약에서 탈퇴하자 처음에는 이를 비판하는 척하더니 몇 해 지나지 않아 교토협약의 실효성에 의문이 든다며 부시를 두둔했 다. 후임 총리 고든 브라운도 말로는 요란하게 기후 위기 대응을 외 쳤지만 이를 실질적으로 뒷받침하는 조처 — 구속력(벌칙) 있는 감 축 목표, 대중교통 재국유화와 투자, 주거 난방 개선 지원 등 — 는 하나도 실행하지 않았다.

영국에서 블레어의 노동당 정부가 들어서고 1년 뒤 독일 총리가 된 게르하르트 슈뢰더도 신자유주의 정책을 추진했다. 슈뢰더의 사회민주당 정부는 실업수당을 대폭 삭감하고 무상 의료를 폐지하는 '아겐다 2010' 정책을 추진했다. 그 일부인 하르츠 개혁은 수많은 노동자들을 저질 일자리로 내모는 노동 개악 정책이었다. 슈뢰더는 기후변화 대응에 목소리를 높였지만 고작해야 석탄을 가스로 일부 대체하는 것이었고, 그조차 과연 기후변화를 막기 위한 것이었나 하는 의문을 남겼다. 슈뢰더는 퇴임 한 달 전 러시아 가스업체인 가즈프롬에 14억 달러짜리 사업을 넘겨주고는 퇴임 직후 가즈프롬 이사로 직행했다.

영국과 독일은 1990년 이후 온실가스 배출량이 감소한 자국의 실적을 자랑하며 교토협약을 둘러싼 논란에서 기후변화 대응의 리더를 자처했지만 의미 있는 온실가스 배출 감축을 이루지 못했다. 당시 영국의 좌파 저널리스트이자 응용수학 박사인 폴 먹가는 다음과 같이 지적한 바 있다.

환경오염에 관한 왕립위원회 보고서가 지적하듯이, [1990년대에 — 지은이] 영국과 독일 양국에서 배출량이 감소한 것은 단지 일회적인 요인 때문이었다. 영국에서는 보수당 정부가 의도적으로 석탄 산업을 감축하고 발전소에서 가스를 사용했기 때문이며(가스도 온실가스를 배출하지만 석탄보다는 약간 덜하다), 독일은 통일 후 옛 동독 지역의 대공장을 폐쇄했기 때문이다.[20]

프랑스에서 사회당이 1997년에 보수 정당과 함께 꾸렸던 '동거 정부'는 사회민주주의와 신자유주의라는 말이 결합된 '사회자유주의'

라는 표현을 유행시켰다. 노동자들이 앞서 1995년 공공 부문 파업으로 연금 개악 등의 조처를 막아 냈지만 이후로도 신자유주의적 공격은 멈추지 않았다. 사회당 총리 리오넬 조스팽은 전임 정부와 그 전 정부가 추진한 것보다 더 많은 민영화를 추진했다. 전력·가스 등 온실가스 배출이 많은 분야에서 특히 더 그랬다. 2012년에 집권한 올랑드 사회당 정부는 파리협약(목표도 불충분하고 구속력도 없고 화석연료에 대해서는 전혀 언급도 없는 바로 그 파리협약)을 체결한 것만으로도 군계일학 대접을 받았다.

이런 주류 사회민주주의 정당들은 분명 현재 유럽 많은 나라에서 집권 중인 자본가 정당과는 그 사회적 기반이 다르다. 이들은 노동조합 지도자들의 지지를 받으며, 때로는 노동조합 지도자들이 직접 세운 정당들이다. 이들은 스스로 노동자들의 정당임을 표방한다. 그렇지만 그들의 실천은 "노동조합 지도자들이 사업장에서 하는 구실을 정치에서도 하는 것"이다.[21] 즉, 정치제도들을 활용해 노동자들과 사용자들을 중재하는 것이 이들의 진정한 목표다. 이들은 노동조합 지도자들이 그러듯 개혁 약속을 지키지 못하거나 심지어 자신을 뽑아 준 노동자들을 배신하기도 했다.

그러나 정권을 잡거나 정부에 참여한 사회민주주의 정당들은 노동조합 지도자들은 해 볼 수 없는 과제도 스스로 부여한다. 노동조합 지도자들은 (하고 싶어도) 기업 경영에 책임을 지지는 않지만, 정권을 잡은 사회민주주의 정당은 자본주의 체제 관리를 자신의 임무로 삼는다.

그래서 이들은 기업주들의 이익을 중심으로 작동하는 체제를 관리하면서 노동계급에게도 개혁을 제공해야 한다는 압력에 놓여 있다. 물론 보수 정당들과는 다른 방식으로 체제를 관리하겠다고 약속하지만 이는 한 나라 안에서 자유롭게 선택할 수 있는 문제가 아니다. 특히 오늘날 체제를 관리한다는 것은 거의 모든 나라의 거의 모든 주류 정당들 사이에 합의된 신자유주의적 운영 방식을 따른다는 것을 뜻한다. 유럽 주류 사회민주주의가 몰락한 것은 이 때문이다. 우파 정부에 대한 노동자들의 저항에 힘입어 다시 집권하기도 하지만 같은 일이 반복됐다.

한국 정의당의 지도자들은 대개 주류 사회민주주의 정당의 노선을 지향한다. 김병권 정의정책연구소 소장은 그린뉴딜을 자본주의 경제와 화석연료 기반 경제를 "탈동조화"하는 것이라고 규정한다.[22] 영국이나 독일이 따를 만한 모델로 종종 언급된다. 정의당은 그린뉴딜을 노동자, 기업주 등과의 대화와 타협을 통해 추진하겠다고 밝혔다. 유럽 주류 사회민주주의 정당들이 체제를 관리하던 방식처럼 말이다. "미래 세대, 새로운 산업, 시민사회 및 노동자와의 정치 동맹", 즉 "뉴딜정치동맹"을 통해 그린뉴딜을 이루겠다는 것이다.

그러나 노동자뿐 아니라 기업주와도 함께 자본주의적 산업 성장을 도모하며 그린뉴딜을 추진하겠다는 방향은 그린뉴딜의 취지를 후퇴시키는 것으로 이어지기 쉬울 것이다. 실제로, 정의당이 발의한 그린뉴딜 특별법에는 2050년까지 탄소 순배출 제로 사회를 만들어야 한다는 방향이 담겼지만, 2030년까지 석탄 화력발전소를 없애고 친환경 전력 생산을 하겠다는 내용은 빠졌다. 사실 이것이 정의당 그린뉴딜 정책이 문재인 정부의 그것에 비해 결정적으로 나은 요소였는데 말이다. 여야 의원과 기업인, 국가 관료에게 받아들여질 만한 안을 만들어야 한다고 생각했기 때문이었을 수 있다. 그러나 이런 고려는 기후 위기 극복이라는 애초 목표에서 더 멀어지는 방향으로 나아가게 할 뿐이다.

녹색당의 지도자들은 주류 사회민주주의 정당들보다는 독일 녹색당 등을 모델로 삼는다. 독일 녹색당은 1998년 총선에서 성공을 거둔 뒤 독일 사회민주당과 함께 정부를 운영한 바 있다. 슈뢰더가 이끈 이 연립정부는 앞서 살펴본 것처럼 신자유주의 정책을 추진했고 나토의 발칸 전쟁에도 동참했다. 연립정부에 참여한 뒤인 2002년에 추진된 녹색당의 강령 개정은 이 당이 사회민주당과 마찬가지로 체제 유지에 복무하는 정당으로 변모했음을 보여 줬다.

2002년 베를린 기본강령에서는 경제문제와 환경문제가 완전히 분리되고 있으며, 경제체제의 위기와 같은 다소 급진적인 용어가 전면에서 사라졌다. … 녹색당이 시장경제를 수용하고 있다는 것을 분명히 하고 있다. 1980년 강령은 반제국주의를 기본으로 … 일방적 군축과 나토·바르샤바조약기구 해체 등을 내용으로 하는 비폭력적 평화정책을 제시하고 있다. 이와 달리 2002년 베를린 기본강령에서는 … 반제국주의를 연상시킬 수 있는 부분은 전혀 등장하지 않는다. '군사적 폭력을 막고 평화를 유지하기 위한 군대 개입은 불가피'하며, 유엔안전보장이사회의 권위에 따라 전쟁을 수반하는 군사력을 이용할 수도 있다고 본다. 환경문제에 대한 녹색당의 입장 역시 크게 변화[했다.] … 수십 년 동안 유지돼 온 자동차 중심 정책의 전환은 '점진적으로 이뤄질 수밖에 없다'

면서 급진적 교통정책을 포기한 듯한 느낌을 주고 있다.[23]

한때 '반反정당의 정당'을 표방하며 아나키즘적으로까지 보였던 독일 녹색당이 급속히 우경화한 데에는 주류 사회민주주의 정당들과 마찬가지로 자본주의 체제를 관리하려는 동기가 작용했다. 그러나 녹색당에게는 주류 사회민주주의 정당들이 노동조합 지도자들과 맺고 있는 관계 같은 것이 없다 보니, 기층 노동자들의 삶의 문제 등에 훨씬 둔감하기 쉽고 훨씬 급속히 체제의 논리를 수용하는 방향으로 나아간 듯하다.

한국의 녹색당이 이런 길을 갈지는 두고 볼 일이다. 그러나 한국 녹색당도 의회와 정부(주로 지방정부)에 진출해 그린뉴딜 같은 정책을 펴는 전략을 택하고 있다. 아직은 의석도 없는 상황이라 그 유혹(혹은 압력)이 크지는 않겠지만, 2020년 총선 과정에서 의석 획득을 위해 민주당과 부적절한 타협을 추진(위성 비례 정당 참여)하다가 내홍에 휩싸이기도 한 것을 보면 의회 진출 가능성이 커질수록 체제의 압력에도 순응하게 될 가능성이 엿보인다.

좌파 개혁주의의 최근 경험

2010년대 중반 이후 이런 주류 사회민주주의 정당의 실패를 비판하며 좀 더 좌파적 버전인 좌파 개혁주의 세력이 부상했다. 일부는 기존 사회민주주의 정당에서 분리해 나오기도 했고, 일부는 그 바깥에서 새로 만들어지기도 했다. 영국에서는 노동당 내 좌파적 지도자가 부상하는 방식으로 표현됐다.

그중 그리스의 시리자는 단독으로 정권을 잡는 데까지 나아간 가장 인상적인 사례였다.

2008년 미국발 금융공황이 유럽으로 번진 뒤 유럽연합과 유럽중앙은행이 추진한 긴축정책은 그리스 경제를 그야말로 파탄 내 버렸다. 그리스 사회당 정부는 유럽중앙은행 등의 압력 속에서 혹독한 긴축정책을 폈다. 2009년부터 6년에 걸쳐 여러 차례의 총파업을 비롯한 대중적 저항이 벌어졌고, 시리자는 우파 정당은 물론 주류 사회민주주의 정당인 사회당과도 선명하게 구별되는 긴축정책 반대 입장을 천명하며 압도적 지지로 새 정부를 구성했다.

시리자는 유러코뮤니스트 공산당 좌파와 그리스 녹색당의 한 분파, 페미니스트들이 함께 결성한 정당으로 적·녹·보(노동·환경·여성) 연대를 모토로 내걸었다. 전 세계 좌파의 시선이 시리자의 행보에 쏠렸다. 시리자는 단지 긴축 반대뿐 아니라 전임 정부들과 차별화된 친환경 정책을 약속했다.

시리자는 지역 주민들이 스스로 통제하는 소규모 재생에너지를 확대하겠다고 약속했고, 온실가스를 감축하는 동시에 생활수준을 개선하는 데에도 효과적인 주택 보수 사업을 대대적으로 펴겠다고 약속했다. 그리스 전력공사의 민영화 계획을 철회시키겠다고 약속해, 국유 기업인 전력공사가 직접 재생에너지 확대 정책을 추진할 것이라는 기대를 모았다.

그러나 시리자는 집권 이후 유럽연합과 국제통화기금, 유럽중앙은행의 긴축 압력에 굴복했다. 긴축 프로그램에 따라 전력공사의 민영화도 추진했다. 재생에너지 산업도 유럽연합과 마찬가지로 친시장적 방식으로 추진했고, 그나마 경제 위기로 인해 재생에너지 산업의 성장 속도는 전보다 더 느려졌다.

긴축 프로그램 중에는 각종 규제 완화 조처들이 포함됐는데 그중 하나가 국유지에서 부동산 개발을 할 수 있도록 벌목을 쉽게 허용하는 조처였다. 기후 위기의 효과로 산불이 자주 발생하던 그리스에서 이 조처가 낳은 결과는 재앙적이었다. 무분별한 벌목으로 산불이 번지기 좋은 조건이 만들어졌고 그 때문에 매년 수십 명이 목숨을 잃고 있다. 설상가상으로 시리자 정부의 긴축정책은 소방·방재 능력을 극도로 약화시켰다. 정부는 산불 진화에 동원할 헬리콥터와 비행기를 사기업과 이웃 나라에서 빌려 와야 했다.

시리자가 '친환경' 정책을 펴겠다고 한 약속을 배신한 최악의 사례는 2018년에 지중해 동부에서 새로 발견한 천연가스 통제권을 확보하려고 터키에 맞선 군사적 경쟁에 나선 것이었다. 심지어 이스라엘 등과 새로운 동맹을 맺고 그렇게 했다. 화석연료를 확보하기 위한 군사적 경쟁이라니 기후 위기 해결을 내세우는 이들에게 이보다 더한 위선은 없을 것이다.

결국 2019년 7월 시리자 정부는 선거에서 참패해 우파 정당인 신민주당에 정권을 내줬다.

위로부터의 개혁과 자본주의 국가

마르크스주의를 표방할 정도로 급진적이었지만 시리자가 택한 전략은 앞선 주류 사회민주주의 정당들의 전략과 근본에서는 같은 것이었다. 즉, 선거를 통해 의회나 정부를 장악해 시장의 야만적 본성을 통제하고 개혁을 추진한다는 것이다.

이런 전략이 성공할 수 없음을 주류 사회민주주의 정당들이 지난 100년에 걸쳐 보여 줬다면, 시리자는 이를 몇 년 만에 압축적으로 보여 줬다. 이런 전략은 자본주의 국가와 그 일부인 정부, 의회에 대한 잘못된 가정에 기초를 두고 있기 때문에 거듭 실패할 수밖에 없다. 핵심은 자본주의 국가가 자본주의적 생산관계 외부에 존재하는 중립적 존재이고 따라서 선거를 통해 정부나 의회를 장악하면 자본주의 국가 전체 혹은 그 핵심부를 통제할 수 있다는 생각이다.

그러나 첫째, 자본주의 국가는 중립적 존재이기는커녕 자본주의적 착취를 가능하게 하는 궁극적이고 가장 효과적인 수단이다. 자본주의 국가가 자본주의적 생산관계를 지키는 양상을 보면 이 점이 명백해진다. 자본가들은 생산수단을 확실히 통제하지 못하면 이윤을 얻기는커녕 제대로 기능할 수조차 없다. 그리고 생산수단의 궁극적 통제 여부는 경찰, 군대 등 '특수한 무장 집단'에 의존한다. 국가가 사회에 존재하는 다른 기구들과 궁극적으로 다른 점은 바로 이런 무장력을 독점하고 있다는 것이다. 노동자들이 파업을 해 생산수단을 (단기적으로나마) 쓸모없게 만들거나 생산수단을 점거하면 즉각 이 무장 집단이 출동해 '질서'를 지킨다. 자본은 생산수단에서 분리된 '자유' 노동자들이 없어도 제대로 기능할 수 없다. 마르크스는 자본주의 초기에 국가가 농민의 신분적 예속을 철폐하는 동시에 그들을 토지에서 쫓아내 도시의 '자유' 노동자로 만든 과정을 '자본의 시초 축적'이라는 개념으로 설명한 바 있다. 이런 과정이 없었다면 자본가들은 착취할 노동자를 확보할 수 없었을 것이다. 이 모든 과정에서 국가(의 무장력)가 없었다면 자본주의는 발전할 수 없었을 것이다.

자본은 국가에 의존한다. 동시에 국가가 "자본가계급의 이해득실에 즉각 호의적으로 반응하는 이유는 국가가 자본에 의존하기 때문이다." 국가와 자본은 공생 관계인 것이다.

중요한 경제 현상들, 가령 투자, 물가, 실업, 금리 등은 대기업들이 내린 결정의 결과다. … 대자본가들의 결정은 [사회에 ― 지은이] 큰 영향을 미친다. 이들이 생산적 자원을 지배하고 생산 체제를 지배하고 있어서 그들에게 권력이 있기 때문이다. … 국가기관장들은 … 자본가들의 필요를 읽어 낸다. 그들은 경제성장이 둔화하고 실업이 증대하면, 자기들의 출세 전망이 흐려지고 자기들과 친한 정치인들의 선거 전망이 어두워지므로 재빨리 대응한다. 또, 공무원 봉급이 전부 세수입에서 나오고 세수입의 원천이 생산적 경제부문이므로, 국가 관리자들은 경제성장을 촉진시키려 애쓰고, 특히 자본의 이윤율이 떨어지지 않게 하는 데 도움을 준다. … 국가와 자본의 관계는 공생 관계다. … 이처럼 국가와 자본이 서로 상대방의 구조에 영향을 미치는 것을 두고 영국 마르크스주의자 크리스 하먼은 둘의 '구조적 상호의존'이라고 불렀다.[24]

요컨대, 자본주의는 단지 경제체제일 뿐 아니라 자본가계급이 지배하는 사회체제다. 그 밑바탕을 이루는 것은 자본주의적 착취 관계이지만 그 착취를 가능하게 하는 궁극적 수단은 국가다. 1917년 러시아 혁명을 승리로 이끈 레닌은 혁명 와중에 쓴 《국가와 혁명》이라는 책에서 국가를 "화해 불가능한 계급 적대의 산물이자 표현"이라고 한 바 있는데, 국가의 본질에 관한 가장 탁월한 요약이라 할 만하다.

자본주의 국가가 자본주의 생산관계의 외부에 있는 것도 아니다. 오늘날 주요 선진국 경제에서 국가 부문이 차지하는 비중은 3분의 1이 넘는다. 기후 위기를 심화시키고 그 해결을 미뤄 온 데에서도 주요 국가들이 한 구실을 간과해서는 안 된다. 온실가스 배출량이 급증한 '대가속기'(이 책의 1부 5장을 보라)의 출발점이었던 제2차세계대전 이후 상당 기간 동안 대부분의 주요 선진 경제는 국가가 주도하는 방식을 취했다. 신자유주의가 컨센서스를 이룬 듯한 시기에도 시장이 국가의 힘을 집어삼켰다는 그 이데올로기와 달리 규제를 완화하고 기업주들이 더 효과적으로 착취할 수 있도록 뒷받침한 것은 다름 아닌 국가 자신이었다. 이후 기후 위기가 더욱 심각해지는 상황에서 그 해결을 방해한 것도 서로 경쟁하는 국가들이었다.

둘째, 선거 등 자본주의 체제 내의 제도들을 이용해 국가 전체 혹은 핵심부를 장악하는 것은 불가능하다. 정부나 의회는 자본주의 국가의 일부일 뿐이고 국가의 핵심적 기구들(군대, 경찰, 검찰, 법원, 중앙정부와 지방정부의 고위 관료 등)은 선출되지 않는다. 그 기구의 수장들은 자본주의 국가의 본질적 기능에 얼마나 충실한지에 따라 선별되고 그들 내부의 위계질서에 따라 통제된다. 그래서 마르크스는 파리코뮌의 경험을 평가하며 다음과 같이 썼다. "노동계급은 기존의 국가기구를 단순히 접수해 그것을 자기 자신의 목적을 위해 움직이게 할 수는 없다."[25]

진정한 그린뉴딜을 추진하려 하면 자본가계급 거의 전체의 반발과 저항에 직면할 것이다. 그리고 그 저항은 국가 안에서 가장 파괴적 본성을 드러낼 것이다. 그에 훨씬 못 미치는 조처들만으로도 자본가들과 국가 관료들의 전면적 사보타주와 군부 쿠데타에 직면했던 2000년대 초 베네수엘라 차베스 정부나 1970년대 초 칠레 아옌데 정부의 경험을 떠올려 보면, 그 저항의 수준과 규모가 어떨지 짐작할 수 있다.

자본주의 국가를 활용해 자본주의의 파괴적 본성을 길들이겠다는 생각은 실현될 수 없다. 완전한 실패를 피하려는 시도조차 그 목표를 절충하고 타협하도록 하는 압력에 스스로를 노출시킬 뿐이다. 그 압력을 단호히 거부하는 것은 공식 정치의 규칙을 무시하는 것으로 간주돼 배제당할 텐데 이는 이 전략의 애초 취지를 무색하게 만들기 때문이다. 이는 주류 사회민주주의 정당과 그 지도자들이 체제의 논리에 타협하는 핵심 논거이기도 하다. '그러려면 정당 하지 말고 운동이나 해야지.'

셋째, 자본주의 국가가 세계적 경쟁 속에 놓여 있다는 사실을 잊어서는 안 된다. 기후 위기를 멈추려면 전 세계 주요 선진국과 개발도상국, 이제 막 산업화를 시작한 빈국에서도 모두 화석연료 사용을 중단해야 한다. 이윤 축적 경쟁과 지정학적 경쟁 속에 있는 자본주의 세계 질서 속에서 한 나라 정부가 취할 수 있는 선택지는 그렇게 많지 않다. 그리스의 시리자는 유럽연합의 등쌀에 자기네 나라의 소방 시스템도 지켜 내지 못했다.

최근 국내 기후 활동가들의 다음과 같은 '선언'은 시리자 등이 추구한 좌파 개혁주의 전략과 매우 흡사하다.

자본주의 경제체제를 극복한다는 것은 시장을 비롯한 경제적 관계뿐만 아니라 국가와 사회 역시 **재구성**한다는 것을 의미한다. … 자본으로부터 국가를 **재탈환**하여 노동자 민중을 위해 일하고 지구를 구하도록 만들자는 것이다. … 분권과 자치에 기반한 지역과 공동체의 사회경제적 활동과 자유로운 연대는 … 국가권력을 **견제하고 보완**하게 될 것이다.[26]

그러나 기후 위기를 멈출 수 있는 조처들이 시급히 시행되도록 하려면 자본주의의 규칙을 지키는 국가 안으로 용해되거나 그 포로가 돼선 안 된다. 오히려 강력한 아래로부터의 운동으로 권력자들을 강제해야 한다.

아래로부터의 운동과 혁명적 전략

정의당 같은 정당들이나 오카시오코르테스 같은 정치인들이 그린뉴딜을 지지하고 관련 정책을 발표하는 것은 좋은 일이다. 그러나 진정으로 기후 위기를 멈출 힘은 의회나 정부 기구들이 아니라 그 바깥에서 벌어지는 투쟁에서 나온다는 것을 인식해야 한다. 2019년 세계적으로 분출한 청소년들의 기후 동맹휴업이나 멸종반란 시위가 보여 준 것처럼 말이다. 이들은 각국 정부들이 '기후 비상사태'를 선언하도록 만들었고 이제 그에 걸맞은 실질적 조처와 국경 안팎에서 평범한 사람들의 삶을 개선하는 데 필요한 더 많은 조처들을 요구하고 있다. 그린뉴딜도 그런 요구 중 하나다.

의회나 정부를 활용해 그린뉴딜 같은 조처를 실행하겠다는 전략은 실현될 수 없다. 의회나 정부는 자본주의의 작동 원리 자체에 도전하지 못하고 체제를 수호하는 자본주의 국가를 실질적으로 장악하거나 통제하지도 못한다.

그렇다고 해서 정부에 그린뉴딜을 요구하는 게 의미 없다거나 운동이 정부를 조금도 강제할 수 없다는 얘기는 아니다. 개혁주의자들은 국가를 활용하는 것과 아래로부터의 운동이 국가를 강제하는 것 사이의 차이를 흐리거나 둘 다 필요하다는 식으로 얼버무리는 경향이 있다. 아래로부터의 운동이 요구를 쟁취할 경우 대개 최종적으로는 입법 등 제도화를 거쳐 국가기구의 시행으로 마무리되는 현실 때문에 이런 얼버무림이 그럴듯하게 들리기도 한다. 그러나 둘 사이에는 근본적 차이가 있을 뿐 아니라 현실에서 두 실천(위로부터의 개혁과 아래로부터의 운동) 방식 사이에는 늘 긴장과 모순이 존재한다.

주류 사회민주주의 정당과 NGO 등의 개혁주의 지도자들은 대중운동을 집권이나 법안 통과 등을 위한 응원 부대 정도로 여기곤 한다. 운동 자체의 발전 같은 것은 별 관심 대상이 아니거나 언젠가는 공식 정치와 제도로 '수렴'돼야 한다고 여긴다. 결국 매듭 짓는 것은 자신들의 역할이라는 것이다.

그러나 아래로부터의 대중운동은 충분히 성장한다면 자본주의 국가로 하여금 의미 있는 조처를 취하도록 강제할 수 있다. 그렇게 쟁취한 성과는 운동 참가자들의 자신감을 높이고 운동이 한 단계 발전할 가능성을 연다. 이런 운동은 설사 단기간에 목표한 바를 이루지 못한 경우에도 참가자들의 의식을 발전시키고 조직을 형성하거나 강화하는 등 일정한 퇴적물을 남기곤 한다. 그러면 그 퇴적물 위에서 운동이 다시 시작되거나 새로운 운동이 성장할 수 있다.

기후 운동은 의회나 정부 내 개혁파에 의존하지 말고 기층 운동을 강화하는 데 힘을 쏟아야 한다. 기후 운동이 진정한 그린뉴딜을 요구하며 그 정책들의 실현을 위해 싸우는 것은 운동을 강화하는 효과를 낼 것이다. 동시에 사람들이 더 나은 일자리와 임금, 집과 각종 복지를 위해 싸울 수 있는 자신감을 고무할 것이다. 또 운동 내 좌파들은 기후 운동이 그린뉴딜을 요구하며 싸우되 그런 조처를 가로막는 권력자들과 지구의 숨통을 조이고 있는 이윤 지상주의에도 맞서도록 이끌어야 한다.

오늘날 일부 선진국 정부들과 기업주들은 재생에너지와 기반 시설에 투자하는 등 그린뉴딜의 완화된 버전을 추진할 수도 있다. 그러나 이들은 기후 위기를 저지할 수 있는 수준의 조처, 즉 10년 이내에 화석연료를 없애는 전면적 경제 개편을 허용하지 않을 것이다. 기후 위기를 멈추려면 자본주의 사회에서 중요한 경제적 결정을 내리는 기업주들을 강제해야 할 뿐 아니라 자본주의의 정치적·경제적·사회적 작동 방식 자체를 통제해야 한다. 그러려면 기후 위기의 가속페달을 밟고 있는 자본주의 자체에 도전하는 운동으로 나아가야 한다.[27]

2부 5장과 7장에서 좀 더 자세히 다루겠지만 혁명적 사회주의자들은 자본주의를 근본에서 바꿀 힘이 노동계급에게 있고, 직접 생산자이자 인구의 다수를 차지하는 노동계급이 권력을 잡은 사회에서는 맹목적 이윤 축적이 아니라 평범한 사람들의 필요를 충족시키면서도 인류의 삶의 토대인 지구환경을 파괴하지 않는 생산이 이뤄질 수 있다고 본다. 역사상 가장 민주적으로 조직될 이런 사회는 경제를 소수 기업주들의 이해관계에 맡겨 두는 것이 아니라 아래로부터 통제되는 기구(평의회)를 통해 조율하고 계획함으로써 이를 가능하게 할 것이다.

혁명적 사회주의자들은 이런 전략을 운동 동참의 조건으로 내세우지 않지만 그런 전망을 실현하기 위해 애쓴다. 그 운동의 궁극적 성공 여부가 자본주의의 작동 원리 자체를 근본에서 바꿔 놓는 데 달려 있다고 보기 때문이다. 흔한 오해와 달리 혁명적 사회주의와 개혁주의의 차이는 전자가 개혁의 중요성을 무시하는 데에 있는 것이 아니라 개혁을 쟁취하기 위한 투쟁을 어떤 전망 속에 자리매김하느냐의 차이다. 혁명적 사회주의자들에게 개혁을 위한 투쟁은 근본적 사회변혁을 위해 필수불가결한 과정이다. 그런 투쟁들 없이도 혁명이 성공할 수 있다고 여기는 것은 공상일 뿐이다.

자본주의 자체에 맞서는 혁명적 전략이야말로 기후 위기와 불평등에 맞서는 그린뉴딜의 취지를 일관되게 밀고 나아갈 수 있는 기초를 제공할 수 있다.

현대화폐론 비판: 돈만 찍어 내면 만사형통일까?

알렉스 캘리니코스

현대화폐론MMT이란 무엇이고 왜 그것에 관심을 가져야 할까? 최근에, 잘 알려져 있지 않은 이 경제학파에 관한 논의가 불붙어, 〈뉴욕 타임스〉에서 〈자코뱅〉[좌파 개혁주의 경향의 미국 언론]에 이르기까지 여러 언론이 관련 논의를 다뤘다.

현대화폐론에 대한 관심을 촉발시킨 것은 미국 민주당 하원 의원 [이자 미국민주사회주의당 당원] 알렉산드리아 오카시오코르테스였다. 민주당 내 좌파인 오카시오코르테스는 2018년 11월 중간선거 때 [경선에서] 민주당의 보수적인 기성 정치인을 꺾고 뉴욕에서 출마해 하원 의원에 당선됐다.

오카시오코르테스는 의회 입성 직후 '그린뉴딜' 결의안을 발표했

이 글은 〈노동자 연대〉 278호, 2019년 3월 13일 자에 처음 실렸던 것이다.

다. 이 결의안은 개혁 과제와 기후변화 대응을 위한 공공사업 계획 등 방대한 내용을 담았다. 당연히, 주류 정치인들은 [결의안에는 포함돼 있지 않았지만] 매년 약 6조 6000억 달러로 추산되는 비용을 어떻게 감당할 것이냐고 반문했다.

오카시오코르테스의 자문단은 현대화폐론을 거론하며 응수했다. 이 이론은 근본적으로는 존 메이너드 케인스의 학설에 근거한 이론이다. 케인스는 오늘날까지 여전히 경제학계를 지배하는 자유시장주의 정설, 특히 경제를 자유방임하면 완전고용이 저절로 이뤄질 것이라는 가설에 도전했다.

케인스는 완전고용이 보장되려면 국가 개입이 필수라고 주장했다. 현대화폐론 지지자들은 이보다 한발 더 나아간다. 그들의 주장에 따르면, 화폐는 국가가 특히 국민에게 조세 지불 수단을 제공하기 위해 창출하는 것이다. 이 말은 국가가 세금을 걷거나 돈을 빌릴 뿐 아니라 돈을 새로 찍어 내서도, 국가의 경제활동에 필요한 자금을 [얼마든지] 스스로 조달할 수 있다는 것이다. [오카시오코르테스 측의 주장이 옳다면] 미국 정부는 그린뉴딜을 위한 재원을 바로 이런 방식으로 조달하면 된다.

거의 모든 조류의 경제학자들이 이런 주장에 반론을 제기한다. 돈이 너무 많이 풀리면 물가 상승이 심해질 것이라며 말이다. 현대화폐론 지지자들도 말이 다소 오락가락하기는 하지만 그런 지적은 받아들인다. 그렇지만 추가적 재정지출을 통해 생산을 충분히 증가시킨다면 물가가 더 가파르게 상승하는 것을 막을 수 있다고도 주장한다.

[그러나] 현대화폐론에는 두 가지 난점이 있다. 첫째, 현대화폐론은 국가가 화폐를 창출한다는 생각을 주류 신자유주의 경제학과 공유한다. [물론] 신자유주의자들은 화폐가 너무 많아지면 인플레이션이 일어날 위험이 있다고 본다. 반면 현대화폐론 지지자들은 화폐를 충분히 창출하면 완전고용에 이를 수 있다고 본다.

그러나 그 전제 자체가 틀렸다. 일찍이 마르크스는 현대 자본주의 사회에서 갈수록 신용 체계를 통해 화폐가 창출된다는 점을 간파했다. 오늘날로 말하면, 은행에서 대출이나 초과 인출[일종의 마이너스 통장]이 일어날 때 화폐가 창출된다는 것이다. 케인스 자신은 통화 공급이 아닌 통화 수요가 중요한 것임을 이해하고 있었다.

달리 말해 보자. 노동자와 자본가는 각각 소비와 투자에 쓸 자금을 조달하기 위해 돈을 빌린다. 이렇게 화폐가 창출되는 과정을 승인하는 주체는 바로 국가다. 그렇지만 국가는 화폐 창출을 통제하지 못한다. 영국의 마거릿 대처 정부는 1980년대에 화폐 공급을 통제하려 애썼지만 완전히 실패했다.

그러나 마찬가지로, 화폐 창출이 반드시 경제성장으로 이어지는 것도 아니다. 기업들이 투자할 생각이 없다면, 화폐가 새로 창출되더라도 없던 투자 의지가 생기지는 않을 것이다. 이것이 현대화폐론의 둘째 난점이다.

[마르크스주의 경제학자] 마이클 로버츠가 지적하듯, 현대화폐론은 노동자가 생산에서 가치를 창출하는 과정을 무시한다. 자본가는 이윤이라는 형태로 이 가치의 일부를 차지한다. 이윤이 충분치 않다면, 새로운 화폐가 얼마나 있든 간에 자본가는 투자를 하지 않는다.

현실의 예로는, 금융 위기 이후 주요국 중앙은행들이 몇 년간 펼친 양적 완화 정책이 있다. 그들은 양적 완화 정책을 펴 새로 창출한 화폐를 은행들에 투하했다. 이 정책으로 금융 시스템은 안정됐지만, 새로운 경제성장의 시동을 걸지는 못했다. 또, 일각의 신자유주의적 예측과 달리 인플레이션을 촉발하지도 않았다.

미국과 유럽의 경제 회복 속도가 너무도 느려, 각국 중앙은행들이 양적 완화를 축소하려다 다시 후퇴하고 있는 지경이다. 이는 마이클 로버츠와 동료 연구자들이 최근 출판한 《위기에 빠진 세계》에서 보여 줬듯이 이윤율이 여전히 낮다는 사실을 반영하는 현상이다.

현대화폐론은 그 기원이 되는 케인스주의 학설과 마찬가지로 자본주의 경제의 본질에 대해 무지하다. 그 본질은 바로 생산 현장에서의 갈등적 가치 창출 과정인데, 궁극적으로는 자본가와 노동자 사이의 계급투쟁을 가리킨다. 이 과정이야말로 체제를 조절하는 변수인 이윤율을 결정짓는 요인이다. 이윤율이 너무 낮으면, 화폐를 활용한 계략을 써도 문제를 극복할 수 없다.

뉴딜 정책이 미국을 대불황에서 구했나?

이정구

뉴딜 정책이 미국을 대불황에서 구했다는 오해 또는 환상이 널리 퍼져 있다. 이런 믿음에 기초해 대부분의 정부들은 경제가 불황에 빠지면 으레 '뉴딜'이라는 이름이 붙은 경기 부양책을 내놓는다.

하지만 1933년에 집권한 루스벨트가 대불황의 대책으로 제시한 '뉴딜'은 경제를 살리지 못했다. 미국 경제를 대불황에서 벗어나게 한 것은 제2차세계대전 참전과 그에 따른 전시 경제체제로의 전환 이었다.

1932년 말 루스벨트가 대통령에 당선된 직후 의회는 첫 100일간 특별회기를 소집해 대불황 관련 대책을 내놓았다. 이것을 제1차 뉴 딜이라고 부른다. 루스벨트가 추진했던 뉴딜 중 첫 번째는 긴급은행 구호법으로, 곤경에 처한 은행을 지원하되 재무 상황을 고려해 일부

이 글은 〈노동자 연대〉 320호, 2020년 4월 29일 자에 처음 실렸던 것이다.

는 파산하도록 하는 법이었다. 당시 미국의 은행 중 약 25퍼센트가 파산했다. 대신 루스벨트는 파산한 은행의 예금주를 지원하기 위해 연방예금보험공사를 설립했다.

이 외에도 농민을 지원했던 농업조정법, 독점자본을 지원하는 동시에 노동자들의 노동3권을 보장하고 최저임금을 제공했던 전국산업부흥법, 식목과 홍수제방 축조와 도로 건설 등에 미혼의 실업자들을 끌어들여 실업을 완화시켰던 자원보존단, 일자리 창출과 에너지 생산을 위한 테네시 계곡 개발사업 등도 제1차 뉴딜 정책들로 추진했다.

이에 대한 반대는 좌우파 모두에서 나왔다. 우파들의 반대로 농업조정법과 전국산업부흥법이 위헌 판결을 받았다. 루스벨트의 왼쪽에서는 부유층에 누진과세를 하고 빈민들에게 지원금을 배분하자는 자산분배운동을 민주당 출신의 루이지애나주 주지사 휴이 롱이 이끌고 있었다.

1935년 루스벨트는 제2차 뉴딜 정책을 제시했다. 그중 대표적인 것이 전국산업부흥법에서 노동관계 조항만 분리해 만든 전국노동관계법(일명 와그너법)이었다. 이 법이 시행되면서 미국 역사상 최초로 모든 노동자들의 단체교섭권이 인정됐고, 노동조합의 활동이 합법화됐다. 이를 계기로 미국 민주당은 [노예제를 옹호했던] 인종차별주의 정당에서 변모해 노동운동 지도자와 연계를 맺고 개혁주의 색채를 띨 수 있었다.

이 법은 노동자들이 임금을 인상시킬 수 있게 해 소비를 진작시키려는 것이었다. 또한 루스벨트는 공공사업국을 설치해 대규모 토목

사업과 공공시설물 건축을 추진했고, 저소득층에 주택담보대출(모기지)을 제공하는 연방주택저당공사를 설립했다.

루스벨트가 뉴딜 정책을 시행한 초반에 경제는 약간의 회복세를 보였지만 1929년 대불황 이전 수준을 회복하지는 못했다. 1차 뉴딜로 일자리가 170만 개가 생겼지만, 여전히 1200만 명이 실업자였다. 심지어 1937년 미국 경제는 대불황 초기보다 더 심각한 위기로 빠져들었다.

당시 케인스는 루스벨트의 뉴딜 정책을 지지했다. 그러나 다시 찾아든 심각한 불황에 뾰족한 해결책은 없었다.

케인스는 자신의 저서 《고용, 이자, 화폐의 일반이론》(1936)에서, 이윤은 '자본의 한계효율 저하' 때문에 하락할 수밖에 없고, 따라서 투자의 사회화 같은 급진적 조치만이 유일하게 효과적인 불황 타개책이라고 지적했다. 그러나 그는 이런 해법을 적용하려는 진지한 시도를 단 한 번도 하지 않았다.

케인스 전기 작가 로버트 스키델스키가 잘 지적했듯이, 케인스는 자본가의 심기를 건드리지 않는 한도 내에서 정부의 경제 개입을 지지했다. 케인스는 〈타임스〉 칼럼에서 1937년 영국의 실업률이 12퍼센트나 됐음에도 영국 경제가 호황에 근접했다고 주장했다.

미국에서 완전고용에 근접하는 경제 회복을 이루려면 루스벨트의 뉴딜보다 더 과감한 정부 지출이 필요했지만, 케인스는 이를 지지하지 않았다.

1930년대 위기의 깊이로 볼 때, 어정쩡하고 온건한 수준의 국가 개입은 효과를 낼 수 없었다. 1936년 연방 정부의 지출이 최고조에 이르렀을 때조차 그 지출이 GNP에서 차지하는 비중은 9퍼센트를 겨우 넘는 수준이었다.

1930년대의 세계사를 살펴보면, 정부 지출을 대폭 늘려 경제를 빨리 회복시킨 공로는 케인스가 아니라 오히려 히틀러에게 돌아가야 할 듯하다. 히틀러는 GDP에서 군비 지출이 차지하는 비중을 늘리면서 1938년까지 일자리 150만 개를 창출했다. 국가가 강제한 군비 증강과 중공업 확대가 투자처를 제공하면서 전체 경제를 성장시켰다.

당시 독일과 비슷한 경로로 간 또 다른 나라는 일본이었다. 국가가 경제를 완전히 통제하고 군사력을 확장하는 국가자본주의적 방식을 추구한 두 나라는 영국이나 미국보다 경기 침체의 규모도 작았을 뿐 아니라 더 빨리 회복했다. 1930년대에 이런 국가자본주의의 길을 가장 극단적 방식으로 간 또 다른 나라는 스탈린이 이끈 소련이었다. 결국 미국도 제2차세계대전에 본격 뛰어들어 군비 생산과 국가의 경제 지도를 전면화한 1942년에서야 1929년 이전 수준의 고용을 회복했다.

역사적 사실로 볼 때, 1929년 대불황에 직면해 루스벨트가 내놓았던 뉴딜 정책은 미국 경제를 살리지 못했다. 또한, 자본가의 심기를 건드리지 않는 한도 내에서 국가가 경제에 개입해야 한다는 케인스주의적 처방도 함께 파탄 났다. 불황에서 탈출케 한 것은 세계 전쟁이었다.

오늘날 상황은 몇 가지 점에서 1929년 대불황과 결정적으로 다르다. 그때보다 오늘날 정부 지출의 규모는 엄청 커졌고, 중앙은행은 경제 위기에 대응해 돈을 풀 태세가 돼 있다. [2020년] 트럼프는 불황 초입임에도 GDP의 14퍼센트 규모에 해당하는 자금을 이미 시중에 내놓았다.

그러나 동시에 기업과 금융기관의 규모도 매우 커졌고, 따라서 이들을 살리기 위해 정부가 치러야 할 비용도 크게 늘어났다. 루스벨트 집권 초기에 파산한 은행들은 주로 한 주에서만 영업하는 중소 규모였다.

오늘날 기업과 은행은 규모가 너무 커서 한두 개만 무너져도 국가 경제가 휘청거린다. 그래서 정부는 이들 기업과 금융기관이 파산하지 않도록 어떻게든 애를 쓴다. 그러나 위기를 모면했다 해도 국가 경제 전반에서 활력 있는 회복은 되살아나지 않는다. 부실한 자본이 충분히 파괴되지 않기 때문이다. 이것이 오늘날 세계 자본주의가 처한 모순이다.

4장
기후 위기 대응
산업 재편과
정의로운 전환

박설

기후 위기로 인해 전례 없이 심각한 기후 재난이 벌어지는 가운데 기후 위기가 야기하는 위협이 실로 심대하고, 체제를 바꾸는 급진적 변화가 필요하다는 인식에 공감대도 커졌다. 오늘날 많은 사람들이 기후 위기에 시급히 대처해야 한다는 데 동의한다. 여러 나라의 정상과 권력자도 이를 부정하지 못한다. 바이든이나 문재인 정부도 탄소 배출을 대폭 줄이겠다고 선언했다.

그런 가운데 탈탄소 전환 과정에서 노동자들의 일자리·조건 문제도 부상했다. 가령 화석연료를 태워 전력을 생산하거나 탄소 배출량이 많은 철강·자동차 등처럼 급격히 줄여야 하는 산업에서 일자리 축소와 대규모 해고가 벌어질 수 있다(물론, 재생에너지 산업 분야 등에서 새로운 일자리를 늘릴 수 있다).

지금 석탄 화력발전소 노동자들이 바로 이런 상황에 처했다. 석탄

발전에 주력하며 노동자들을 위험천만한 작업으로 내몰아 온 정부와 사용자들은 탄소 배출을 줄여야 한다면서 또다시 노동자들을 희생시키려 한다.

정부가 발표한 9차 전력수급기본계획에 따르면, 2034년까지 노후 석탄발전소 28기가 순차적으로 폐쇄된다(추가로 석탄발전소를 또 짓고 폐쇄된 석탄발전소를 액화천연가스로 전환하겠다는 등 탈탄소와는 거리가 멀다). 단순 계산해 봐도, 올해 12월부터 몇 년 안에 노동자 수천 명이 일자리를 잃을 위기에 처할 수 있다. 공공운수노조에 따르면, 석탄발전소 비정규직 노동자 8000여 명의 고용 불안이 예상된다.[1] 정규직 노동자들도 고용·조건 후퇴 압력으로부터 안전지대에 있는 것은 아니다.

노동자들은 수년에서 수십 년을 이곳에서 일했다. 그런데 이제 어디 가서 새로운 직장을 구할 수 있을지, 가족의 생계는 어떻게 해야 할지 불안해하고 있다. 일부 발전소에선 (우선 정규직 노동자들을 대상으로) 임금 삭감을 전제로 한 교대제 개편도 시행되고 있다.

자동차 산업에서도 '전기차 전환'에 따라 기존의 내연기관차 부품을 생산하던 노동자들의 고용·조건이 위협받고 있다. 사용자들은 부품 수가 줄어 40퍼센트가량의 인력 감축이 불가피하다고 노동자들을 압박한다. 이미 일부 사업장에선 부분적 인력 감축, 조건 후퇴 공격이 추진되고 있다. 전기차 부품 생산 능력을 갖추지 못한 부품사·협력업체는 앞으로 공장 문을 닫게 될 수도 있다.

기후 위기를 어떻게 멈출 수 있을지, 탈탄소 산업 재편 과정에서 노동자들의 일자리를 어떻게 보장할 것인지에 관한 문제가 뜨거운 쟁점이다. 그린뉴딜과도 한 쌍을 이루는 정의로운 전환은 이를 위한 대안으로 제시된다.

정의로운 전환은 탄소 배출량이 많은 산업을 친환경적으로 '전환' 하고, 그 전환 과정에서 노동자와 지역 주민들이 피해를 입지 않도록 해야 한다는 개념이다. 산업 재편으로 일자리를 잃을 노동자들에게 재취업 교육과 대체 고용, 생계 지원금, 사회보험 등을 제공하자고 한다.

정말이지 기후 재앙을 막으려면, 화석연료 기반 산업의 폐기와 재생에너지 전환이 시급히 이뤄져야 한다. 그 과정에서 기후 위기에 아무 책임도 없는 노동자들에게 대가가 떠넘겨져서는 안 된다. 이 점에서 정의로운 전환의 취지는 기본적으로 옳다.

적잖은 환경 NGO와 온건한 노동조합 지도자들은 '환경'과 '노동'을 별개의 문제라고 보거나, 기후 위기를 해결하는 것과 노동자의 일자리·조건을 지키는 것이 서로 대립된다고 여겨 왔다. 이에 비하면 정의로운 전환이 이뤄져야 한다는 문제의식은 의미가 있다.

'환경'과 '노동' 두 문제는 서로 대립하지 않는다. 기후 위기는 노동계급의 문제다. 기후 위기는 전 인류의 생존을 위협하지만, 그중에서도 특히 노동자들, 빈곤층이 가장 큰 피해자다.

세계 곳곳에서 해수면 상승과 홍수, 산사태 등으로 집이 무너지고 생활 터전을 잃고 가족을 잃은 가난한 노동계급 사람들의 통곡이 이어지고 있다. 마땅한 냉방 시설도 없이 한여름을 쪽방촌에서 이겨 내야 하는 저소득층과 노인에게 폭염은 치명적이다. 폭염으로 인한 농축산물 가격 상승은 노동자·서민의 생활고를 가중시킨다.

또, 야외에서 건물을 짓고, 배를 만들고, 물건을 배달하고, 전력·통신망을 관리하고, 청소하는 노동자들에게 폭염은 지옥 같은 노동환경을 만든다. 임시선별진료소, 유통업체 물류센터, 학교 급식실 등 옥내에서 일하는 일부 노동자들도 예외는 아니다.

폭염 속 건설 현장은 불지옥이다. 숨 막히는 무더위에도 안전화에 긴 바지를 입고, 버프로 목을 감싸고, 안전모를 쓰며, 마스크를 착용한다. 머리부터 발끝까지 땀이 줄줄 흐른다. 등에 소금꽃을 수십 번 피워내야 하루가 간다.[2]

그런데 기후 위기를 해결하겠다면서 또다시 노동자들에게 그 대가를 치르게 하는 것은 정의롭지 못하다. 노동자들은 화석연료 산업에 이해관계가 있지 않고, 오히려 그로부터 피해를 입어 온 당사자다. 이런 노동자들에게 또다시 실업과 노동조건 후퇴 등 고통을 전가하는 것은 부당하다.

화석연료를 생산해 거대한 부를 축적한 기업주(석유·석탄·가스 등)부터, 그 화석연료를 태워 환경을 파괴해 어마어마한 수익을 거둬 온 기업주(자동차·기계·제철·화학·유통 등), 또 화석연료를 태워 만든 전기를 값싸게 공급받아 이윤을 축적한 기업주(반도체·IT·서비스 등), 이들에게 투자금을 빌려주고 이자를 나눠 받아 온 금융 기업주에 이르기까지, 화석연료 산업에 투자를 결정하고 막대한 이윤을 얻어 온 자본가들에게 책임을 물어야 한다. 이를 위한 산업 정책을 펴며 자본가들을 뒷받침해 온 정부에게도 책임이 있다.

이렇게 보면, 오히려 노동자들은 이들에 맞서 일자리와 조건을 지키고 기후 위기를 해결해야 할 이해관계와 그것을 실현할 잠재력을 갖고 있다. 지구환경을 파괴하고 일자리를 위협하는 자본주의 체제는 노동자들의 노동 없이는 굴러가지 않기 때문이다. 관건은 어떻게 노동자들이 자신감을 높이고, 투쟁을 연결하고, 노동계급 고유의 힘을 발휘할 수 있을 것인가이다.

정부의 '공정한 노동 전환': 말로만 '친환경' 산업 구조조정

그린뉴딜처럼 지난 몇 년 사이 정의로운 전환 논의도 주류화했다. 특히 2015년 주요국 정상들이 참여한 파리협약의 서문에 '정의로운 전환' 문구가 포함되면서, 이 개념은 국제기구나 주요 국가, 지방정부의 정책에도 반영되고 있다. 그 과정에서 원래 취지가 비틀어지고 '녹색' 포장지로 전락하기도 한다. 문재인 정부가 추진하는 '공정한 노동 전환'도 그런 사례다.

2부 2장에서 살펴봤듯이 문재인 정부의 "2050년 탄소 중립"은 말만 요란할 뿐 온실가스 감축 목표도 낮고 그나마 재정 조달 계획도, 강제 수단도 없다. 무엇보다 정부는 '기후 악당' 대기업들과 손잡고, 민간 투자를 대폭 유치해서 '탄소 중립'을 이루겠다고 한다. 정부가 신설한 탄소중립위원회에는 현대차, SK, 포스코 등 국내 주요 화석연료 관련 산업의 기업 임원들이 포진해 있다.

이들 모두 탄소 중립을 말하지만, 과거를 보나 지금 내놓은 계획을 보나 이들은 진정으로 기후 위기를 막는 데 관심이 없다.

가령, 포스코는 국내에서 온실가스 배출을 압도적으로 많이 하는 기업이다. 에너지 사용량도, 미세먼지 배출량도 가장 많다. 그런데 이제 포스코는 "기후 악당의 오명"을 벗고 "그린으로 변신"하겠다며 2050년 탄소 중립을 선언했다. 철강 생산 과정에서 석탄 대신 수소를 환원제로 사용하는 '수소환원제철'로 전환하겠다고 한다. 그러나 이 기술은 이제 갓 실용화 시험 단계인 데다 포스코는 이를 위한 구체적 투자 계획도 내놓지 않고 있다. 공허한 "탄소 중립" 외침만 있을 뿐이다.

더구나 최근 역대급 영업 실적을 낸 포스코는 2030년까지 조강(쇳물) 생산능력을 6000만 톤으로 끌어올리겠다고 발표했다. 국제적 생산능력을 1.3배 더 늘리겠다는 것이다. 포스코는 북미에서 석탄 고로가 아니라 전기로를 활용하겠다지만, 지금 전력 생산은 압도적으로 화석연료에 의존하고 있다. 결국 포스코가 선언한 탄소 중립은 알맹이 빠진 말뿐이고, 적어도 앞으로 10년간 탄소 배출량은 오히려 더 늘어날 공산이 크다. 포스코는 중국이 철강 생산량을 일부 줄인 틈을 노려 시장에서 더 큰 지분을 차지하려고 생산을 늘리려는 것이다.

사실 주요 기업들이 '탄소 중립'을 약속하는 이유는 당장 주요 선진국들이 추진하는 (역시 구멍 많은) 탄소국경세 등 무역 규제에 대처하고, 새로운 사업 기회를 붙잡기 위해서일 뿐이다. 빌 게이츠가 기후변화를 "엄청난 경제적 기회"라고 말한 데서도 알 수 있듯이 말이다. 그래서 그들은 부분적으로 탄소 저감을 시도할 수 있지만 진지하게 나서지는 않는다.

일부 정치인들은 탈탄소 전환의 필요성을 인정한다. 그러나 그들도 자본주의가 굴러가는 핵심 동력인 국가·기업 간 치열한 이윤 경쟁 속에서 주저하고 동요하며, 전환의 속도를 최대한 늦추고 폭을 제한하려고 한다.

따라서 기후 위기 해결을 시장과 기업들에 맡겨 두거나 그들과 타협하는 방식으로는 유의미한 개선을 이룰 수 없다. 문재인 정부가 내세우는 "탄소 중립" 산업 재편이 실제로는 "친환경"이 되지 못하는 이유다.

그렇다면, 정부가 추진하는 산업 재편의 진정한 실체는 무엇일까?

지금 지배자들의 고민거리는 코로나19 팬데믹 이전부터 장기화된 경제 침체다. 일부 산업 분야에서 부분 회복이 있지만 그 역시 불확실성이 크다. 이윤율을 회복하기 위해 국가 경제와 산업 전반의 생산성·경쟁력을 끌어올릴 구조조정이 활성화돼야 한다는 주장이 지배자들 내에서 커져 왔다. 이런 상황에서 정부와 기업주들은 마침 부상한 기후 위기 대응 요구를 명분 삼아 산업 구조조정 추진에 탄력을 불어넣으려 한다.

문재인 정부가 2021년에 잇따라 쏟아 낸 "하반기 경제정책 방향"(6월 28일), "한국판 뉴딜 2.0"(7월 14일), "선제적 사업구조 개편 활성화 방안"(7월 22일), "산업구조 변화에 대응한 공정한 노동전환 지원 방안"(7월 22일) 등은 이런 목적을 달성하기 위한 일련의 정책 패키지다. 여기서 "저탄소", "그린", "친환경"이라는 말이 수십 번 반복되지만, 허울뿐인 미사여구를 걷어 내고 보면 핵심은 한국 자본주의의 효율을 높이겠다는 것이다.

정부는 수소·전기차, ICT·반도체, 바이오산업 등 저탄소·디지털 중심의 "미래 산업"을 육성하겠다고 한다. 이런 계획은 문재인 정부가 임기 초부터 내놓은 것이고, 박근혜 정부도 '창조 경제'의 주요 방향으로 내세웠었다. 그런데도 "미래 산업" 육성이 잘 안 돼 온 이유는 만성화된 세계경제 불황으로 신규 사업 투자 전망이 어두운 데다 오랫동안 구축해 놓은 화석연료 연관 산업을 포기할 수 없기 때문이다. 이 점은 지금도 여전하다.

그래서 정부는 각종 규제를 과감하게 완화해 주고, 세금을 대폭 깎아 주고, 금융 지원을 확대해 기업에 유리한 투자 환경을 만들어 주겠다고 한다. 또, 이윤 경쟁력이 낮은 사업을 더 쉽게 축소·정리하고 돈벌이가 되는 사업으로 전환할 수 있도록 산업 구조조정을 적극 지원하겠다고 한다. 문재인 정부가 삼성 이재용의 더러운 범죄야 어떻든 그를 사면(가석방)한 것도 '반도체 산업 육성이 최우선'이라는 노골적 친기업 관점을 보여 준다.

특히 정부는 "시장 친화적"이고 "선제적"인 산업 구조조정을 촉진하겠다는 방향을 재확인했다. 이에 더해 자동차 기업주들은 전기차 전환 시에 노조 동의 없이도 인력 구조조정이 가능하도록 법 개악을 요구하고 있다.

이런 "시장 친화적" 구조조정의 실체는 지난 몇 년 사이 한국GM 군산 공장 폐쇄 과정에서, STX·성동조선소 청산 위기에서, 금호타이어 매각 과정 등에서 극적으로 드러난 바 있다. 정부는 '희망퇴직'이라는 이름으로 실시된 해고를 묵인·방조하고, '상생의 고용 안정

대책'이라는 이름으로 장기간의 무급 휴직을 강요하고, 임금 삭감과 노동조건 후퇴를 받아들이라고 압박했다. 이번에도 정부는 노동자들을 쥐어짜고 복지 삭감과 공공서비스 약화로 이어질 수 있는 방안들을 내놓았다.

결국 "친환경" 산업 재편이란 것은 포장일 뿐이고, 이윤 획득에 눈이 벌개진 자본가들에게만 이로운 조처들이다.

물론, 정부는 말로는 산업 재편 과정에서 피해를 입을 노동자들에게 "공정한 노동 전환"을 지원하겠다고 했다.

정부가 이것을 정말 진지하게 추진하고자 한다면, 대대적 재정지출이 필수적이다. 태양광·풍력 발전 등 친환경 재생에너지 분야에서 양질의 일자리를 만들어 노동자들의 고용·조건을 보장하고, 재취업 때까지 충분한 생계비와 양질의 교육·훈련 기회를 무상으로 제공하는 등 각종 지원을 아끼지 말아야 한다.

그러나 정부가 발표한 방안은 이와 거리가 멀어도 한참 멀다. 되레 노동자들에게 고통을 떠넘기고 희생을 요구하는 것이다.

첫째, 정부의 '공정한 노동 전환' 지원 방안에는 고용을 보장하는 내용이 없다. 정부는 지역 차원에서 전기차와 신재생에너지 산업 등을 육성하겠다지만, 확실한 약속 없이 "방안을 강구"하겠다는 추상적 말뿐이다. 그 외에 정부가 만들겠다는 '상생형 지역 일자리'는 광주형 일자리로 대표되는 저임금 일자리다.

굳이 앞으로의 계획을 볼 것도 없이, 지금 정부는 석탄 화력발전소 비정규직의 직접 고용 요구도 외면하고 있다. 산자부와 기재부는 '필수 유지 업무에 종사하는 발전소 하청 노동자들을 직접 고용하라'는 국가인권위 권고를 2021년 7월 또다시 거부했다. 자회사 전환과 민간 위탁 유지가 최선이라는 말을 앵무새처럼 반복했다. 이 노동자들은 직접 고용 정규직이 될 자격이 충분한 데다, 앞으로 닥칠 고용 불안을 생각하면 그 필요가 더 절실한데도 말이다.

둘째, 정부가 그나마 노동자들을 위한다며 내놓은 방안은 (기약 없는) 재취업 훈련, 생계비 (지원이 아니라) 대부, (망하기 십상인) 창업 컨설팅 등 사후적이고 보잘것없는 수준의 지원에 머문다. 기업주들에게는 2020년 한 해에만 100조 원가량을 지원했고 앞으로도 막대한 자금 지원과 온갖 특혜를 제공하겠다면서 말이다.

재취업 훈련이라는 것도 확실한 고용이 보장돼야 의미가 있지, 그렇지 않으면 몇 해 전 일자리를 잃은 조선소 노동자들에게 미용 기술이나 가르쳤던 것의 반복이 되기 쉽다.

셋째, 결국 이런 수준이면 노동자 희생은 불가피해진다. 실제로 정부는 "불가피한 노동 전환에 대한 노사정 노력 의무"를 부과하겠다고 한다. 그간의 경험을 봤을 때 이는 노동자들에게 구조조정에 협조하라는 것이다. 즉, 양보와 희생을 강요하는 것이다. 직장을 옮기기 위한 '전직' 준비 기간에는 노동시간을 줄여 재취업 교육을 받되 임금을 삭감하라고도 한다.

문재인 정부는 이 같은 내용의 '공정한 노동 전환' 지원 방안을 바탕으로 새로운 사회적 대화도 추진하겠다고 밝혔다. 2021년 하반기부터 산업별·지역별 노사정 대화를 해 나가겠다고 한다.

이런 사회적 대화 추진의 목적은 분명하다. 노동자들에게 국가·산업 경쟁력을 위한 구조조정에 협조하라는 것이다. 이번에 정부가

(2020년 7월 민주노총 대의원대회에서 부결된) '코로나19 위기 극복을 위한 노사정 협약'을 유사 사례로 제시한 데서도 이를 짐작할 수 있다.

따라서 이런 상황에서는 사회적 대화를 통한 계급 타협을 거부하고 싸워야 한다.

환경 NGO, 노동조합, 좌파 정당의 정의로운 전환

문재인 정부의 '2050년 탄소 중립'과 '공정한 노동 전환'은 민주노총과 온건·급진 좌파, 환경 NGO 등 여러 단체들로부터 비판을 받고 있다. 거기에 "정의로운 전환은 없다"는 당연한 이유에서다.

이들 단체는 2020년 5월 말 문재인 정부가 개최한 '녹색 성장 정상회의P4G'를 "그린워싱"이라고 폭로하며 규탄했다. 그에 앞서 정부가 각계각층의 대표자들을 불러 모아 구성한 탄소중립위원회에도 대체로 참가를 거부했다(유감스럽게 한국노총, 환경운동연합 등은 참가해 문재인 정부에 녹색 분칠을 해 줬다).

민주노총과 주요 산별노조, 정의당·진보당 등은 정부가 발표한 '공정한 노동 전환' 지원 방안에 대해서도 비판적 입장을 내놓았다. 고용 보장이 빠진 매우 제한적인 지원에 그치고, 노조의 참여를 배제했다고 비판한다. 기후위기비상행동(2019년에 녹색당과 환경 NGO들이 주도해 만든 연대체) 등은 탈탄소 재생에너지로의 전환, 고용 보장과 피해에 대한 충분한 보상, 녹색 일자리 창출, 석탄발전소 건설·투자 중단과 신공항 건설 중단 등을 요구한다. 지지할 만한 것들이다.

이런 단체들이 제시하는 방안이나 요구가 차이는 있지만, 그럼에도 정의로운 전환이 공통적으로 주장하는 바는 이렇다. 탄소 중심 경제를 '녹색 경제'로 전환해야 하고 그 과정에서 노동자 피해가 없어야 한다.

그런데 이런 요구를 정말로 실현하려면, 자본주의 이윤 논리와 정면충돌이 불가피하다.

화석연료 문제만 생각해도 그렇다. 자본주의 경제에는 화석연료가 깊숙이 뿌리박혀 있다. 전력, 제조업, 교통, 식품, 농업, 생필품 생산, 유통 등 거의 안 걸친 산업이 없을 정도다. 그래서 이를 전부 폐기 처분하고 재생에너지로 전환하는 것을 지배계급은 결코 받아들이지 않을 것이다. 일부는 필사적으로 막아서려 하고, 일부는 그 필요를 부정하지는 않아도 경쟁적 축적의 족쇄에 묶여 주춤거릴 것이다. 따라서 신속하고 과감한 탈탄소 전환을 위해서는 기존 정치·경제 권력과의 정면충돌을 피할 수 없다.

이 점은 노동자들의 일자리와 조건을 지키는 데서도 마찬가지다. 지금 정부와 사용자들은 어떻게든 노동자들을 희생시켜 경제 위기의 돌파구를 찾으려 한다. 그래서 산업 구조조정을 추진하고 전환 비용을 노동자들에게 전가하고자 한다. 이런 상황에서 노동자들의 일자리와 삶을 지키려면, 자본의 이해관계를 거슬러 투쟁해야 한다.

그래서 마르크스주의 생태학자 존 벨러미 포스터는 "정의로운 전환이 단지 말에 그치지 않으려면, "축적하고, 또 축적하라! 이것이 모세 오경과 예언서의 말씀이니라!"라는 논리에 맞서야 한다고 주장했다. 정의로운 전환은 "계급투쟁과 필연적으로 밀접한 연관이 있어야 한다"며 "아예 다른 생산양식을 요구해야 한다"고 강조한 것이다.[3]

환경 NGO, 노동조합, 좌파 정당의 많은 사람들은 이런 문제를 심각하게 고민하지 않거나 회피하면서 "이제 탈탄소 전환은 불가피해졌다"고 말하고, 정책적·법률적 수단 제시에 골몰하기도 한다. 운동 내 정의로운 전환 논의에서 계급투쟁에 대한 강조를 찾아보기 어려운 것도 그 때문인 듯하다.

여러 환경 NGO, 노동조합, 좌파 정당 내에서 가장 유력하게 제시되는 대안은 체제 내에서 이해 당사자들의 "상호 협력"을 통해 녹색 산업 재편을 추진하는 것이다. 기후 위기의 원인이 재벌 대기업 등의 특정 세력이나 그들이 주도하는 산업구조("에너지 산업체제", "교통체제" 등)에 있다고 보면서, 모든 경제주체들이 협력해 서로 공존할 수 있는 산업 생태계를 이루자고 한다.

금속노조는 "모두에게 혜택이 돌아가는 (산업 재편의) **연착륙**"이라는 말로 이런 문제의식을 표현했다(강조는 필자). 이런 표현은 국제노총ITUC이 제시하는 정의로운 전환의 정의에 부합하는데, 그 내용은 이렇다. 정의로운 전환은 "좀 더 지속 가능한 사회를 향한 **변화를 순탄하게 하고 '녹색 경제'의 역량을 제공하도록 '노조 운동이 국제적 공동체와 공유하는 수단**"이다.[4]

즉, 탈탄소 전환을 위해 이윤 체제와 그 권력자들에 맞서 투쟁(충돌)하기보다 체제 내에서 "순탄"한 전환을 위해 협력하겠다는 것이다. 그리고 노조나 온건 좌파 정당의 지도자들이 '대화의 장場'에서 이를 위한 다리가 되겠다는 것이다.

환경 NGO, 노동조합, 좌파 정당의 정의로운 전환 논의에서도 "피해자 권리의 최대 보호", "전환 비용의 **사회적 분담**", "취약계층의 피해 **최소화**", "이해 당사자의 (논의) 참여" 등과 같은 지향을 발견할 수 있다(강조는 필자). 노동자들이 일방적으로 피해를 입어서는 안 되지만, 일정한 부담을 나눠 지자는 것이다. 기후위기비상행동이 제안한 '기후정의법'(황인철 공동집행위원장 발표)이나,[5] 정의당의 기후 위기 대응 법안도[6] 정의로운 전환을 이렇게 정의한다.

이런 주장들에는 노동자의 이익과 사용자의 이익이 조화를 이룰 수 있다는 생각이 전제돼 있다. 계급 협조를 통해 기후 위기도 해결하고, 노동자들의 고용도 지키고, 산업 경쟁력도 높이는 '합리적 선택'이 가능하고 필요하다는 것이다. 그것에 미래 경쟁력이 달려 있다고 한다.

그러나 정부와 기업주들은 경제 위기 극복을 위해 노동자 착취를 강화하고, 비용 부담을 덜기 위해 환경을 파괴하는 산업·기술에 여전히 의존한다. 그들에게 최선의 '합리적 선택'은 단기적 이윤 확보에 있다.

그러므로 정부와 기업주들에 협력해 "정의"(합리적 선택)를 설득할 수 있다고 보는 것은 공상적이다. 노동운동이 계급 협조로 기울수록, 되레 탈탄소 전환의 폭과 속도를 조절해야 한다거나 노동자들도 일정한 희생을 부담해야 한다는 압력에 처하게 될 것이다.

가령, 정의당이 제안하는 방안들에서 그런 모순이 드러난다. 정의당은 2030년까지 온실가스 배출을 50퍼센트 줄이고 재생에너지 비율을 50퍼센트로 늘려야 한다고 제안했다. 그런데 동시에 "질서 있는 전환 전략"도 필요하다고 한다. "국가재정운용계획을 고려"해야 한다거나 "민간부문과 조화로운 발전·협력을 위해 노력"해야 한다는 것이다.[7]

그러나 정부의 재정 운용 계획을 "고려"(실제로는 그에 좌우되는) 하거나 시장과의 조화를 추구해서는 탈탄소 전환을 이룰 수 없다. 사태의 시급성을 볼 때, 정부가 앞뒤 가리지 말고 일단 필요한 만큼 충분한 지출을 해야 한다는 급진적 제안이 그린뉴딜 운동 일부에서 나오는 이유다. 부자·기업주에게 세금을 걷고 국방비를 대폭 삭감해 재원을 마련해야 한다.

또, 가령 요즘 노동운동 안에서 고개 드는 천연가스 발전 활용론도 한계가 있다. '천연가스는 친환경'이라는 지배자들의 주장과 달리, 운동 내에서는 천연가스가 친환경이 아니라는 데 이견이 별로 없다. 그럼에도 석탄 발전보다는 상대적으로 온실가스를 덜 배출하는 천연가스 발전이 에너지 전환의 "주요한 가교 역할"(공공운수노조)을 할 수 있다는 주장이 나온다.[8]

이런 입장은 석탄발전소의 전면 폐지를 요구한다는 장점에도 불구하고, 석탄을 천연가스로 대체하겠다는 정부의 계획을 용인하는 것으로 이어지기 쉽다. 나중에 가서 천연가스 발전을 폐기하고자 해도, 지배자들은 그간 새롭게 축적된 투자를 쉽게 포기하지 않으려 할 것이다. 그러면 탈탄소 전환은 또다시 멀어지는 결과를 빚게 될 것이다.

날씨 변화에 따른 재생에너지(태양광·풍력 등) 공급의 불안정성 문제는 충분히 많은 설비와 저장 기술(ESS 등) 활용 등으로 해결할 수 있다. 그러려면 천연가스 발전보다 막대한 비용이 들겠지만, 그만큼 일자리도 늘 것이다. 비용의 효율성보다 기후 위기를 멈추는 데 우선순위를 확실히 둬야 한다.

환경 NGO, 노동조합, 좌파 정당의 정의로운 전환 논의에서는 노동자들에게 세금 부담을 지우자거나, 전기 요금 등 공공요금을 인상하자거나, 임금·조건을 양보하자는 주장도 나온다.

탄소세 도입 제안이 대표적이다. 정의당은 최근 이에 관한 법률안도 발의했다.[9] 화석연료 "과소비"와 관련 산업 "조장"을 억제하자는 취지인데, 노동자·서민의 불가피한 소비와 기업주의 이윤 생산을 위한 소비를 구별하지 않음으로써 노동계급에게도 부담을 전가하는 것으로 이어질 수 있다.

예컨대, 현행 교통·에너지·환경세법은 휘발유 1리터당 475원의 세금을 부과하는데, 이것은 그 부담이 고스란히 개인 소비자에게 전가되는 방식이다. 정의당의 법안은 이런 구조를 고스란히 유지한다.

그와 달리, 정의로운 방식이 되려면 세금이 법인세처럼 기업주들의 이윤에 부과돼야 한다. 사실 탄소세는 이에 대한 화석연료 기업주들의 격렬한 반발(충돌)을 피하려고 고안된 세금이다. 기후 운동 내에서는 이런 절충적이고 시장 원리를 따르는 대안들에 대한 비판이 끊이지 않는다.

김종진 한국노동사회연구소 선임연구위원은 대기업 정규직 노사의 공동출자 기금을 취약계층 지원에 활용하는 "사회연대전략"을 제안했다.[10] 일각에서는 임금 삭감을 통한 일자리 나누기를 제안하기도 한다.

그러나 그동안 보건의료노조·사무금융노조·공공운수노조·금속노조 지도자들이 추진했던 연대기금 제안에서도 볼 수 있듯, 그것은 비정규직·취약계층 노동자의 고용 불안을 해결하는 데 효과를 내지 못한다. 도리어 엉뚱한 데 책임을 지우는 효과를 내어 노동자들 사이에 반목과 갈등을 낳을 수 있고 단결 투쟁을 어렵게 한다는 점에서 해롭다.[11]

임금 삭감을 통한 일자리 나누기도 유의미한 대안이 되기 어렵다. 무엇보다 이런 주장은 기존 생활수준을 지키고자 하는 노동자들의 절실한 필요를 외면하는 것이다. 더구나 이런 불가피하지 않은 타협은 더한층의 양보 압박으로 이어지기도 십상이다.

예컨대, 2019년 현대차 노동조합 집행부가 전기차 생산을 이유로 20퍼센트 인력(정원) 감축에 합의하자, 사측은 한발 더 나아가 40퍼센트 인력 감축을 받아들이라고 압박했다. 그리고 이듬해 사측은 현대차 울산 1공장을 전기차 전용 공장으로 변경하면서 전환 배치, 외주화 등의 공격을 단행해 성공을 거뒀다. 당시 노조 집행부뿐 아니라 온건파·전투파를 막론하고 대의원의 다수가 불필요한 합의에 타협했다. 이는 노동자들의 실망을 자아내고 자신감을 갉아먹는 효과를 냈다.

그 점에서 한재각 에너지기후정책연구소 소장이 석탄발전소 비정규직 노동자들에게조차 "실질적 급여 삭감"을 내용으로 하는 "자구책"을 매개로 노사정 대화를 시작하자고 제안한 것은[12] 그 의도가 어떻든 부적절하다. 그는 한 토론회에서 "정규직은 많이 받고 비정규직은 덜 받는 노동시장 이중구조를 [탈탄소 전환에서도] 그대로 가져

가야 하느냐?"며 정규직의 임금 양보도 암시했다.[13]

적잖은 환경 단체 활동가들은 세금 인상에 맞선 노동자들의 저항에 일부 공감하면서도, 유류세 인상을 기후변화를 막는 중요한 수단이라고 보고 노동자들에게 이를 수용하도록 설득해야 한다고 주장한다. 가령, 2018년 말부터 이듬해 초 유류세 인상에 반대해 거리에 나선 프랑스의 노란조끼 운동을 노동자들이 환경 정책의 반대자로 나선 사례로 꼽기도 한다.[14]

그러나 노동자들에게 임금 삭감이나 세금 인상을 받아들이라는 것은 엉뚱한 책임 전가일 뿐이다. 당시 프랑스 마크롱 정부는 긴축(재정지출 삭감) 정책의 일환으로 유류세 할인 제도 일부를 폐지하려 했다. 사실상 임금 보조금 일부를 삭감하려 한 것이다. 그리고 이에 맞선 저항을 고립시키려고 유류세 인상이 지구환경을 위한 것이라고 포장했다.

그러나 운동이 효과적으로 대응했기 때문에, 이런 위선이 보기 좋게 실패했다. 일부 노동자들과 좌파들, 사회주의자들은 노란조끼 운동과 기후 저항, 노동조합운동을 연결하려고 애썼다. 노동자들에게 대가를 떠넘기지 말고 "부자들이 생태적 전환에 필요한 돈을 내게 하라"면서 말이다. 두 투쟁이 분리될 수 없다는 의미의 "같은 논리", "같은 투쟁"이라는 구호가 시위대에서 인기를 끌었다.

이런 관점은 지금 여기 한국에서도 적용돼야 한다. 노동자들에게 책임을 떠넘기는 일체의 공격에 반대하면서, 동시에 그것을 위한 투쟁을 기후 위기를 멈추기 위한 저항과 연결하려고 애써야 한다.

"참여가 정의"인가?: 사회적 대화 추구가 낳는 모순

노동운동 내 적잖은 사람들은 정의로운 전환을 이루려면 사회적 대화가 필수적이라고 주장한다. 문재인 정부의 대화 제안에 대해서 여러 조건을 달지만 일부는 적극 호응할 태세다.

가장 먼저 달려간 쪽은 일부 환경 단체 활동가들이다. 정부는 2021년 7월 27일 경제사회노동위원회(경사노위) 산하에 '기후위기와 산업·노동 전환 연구회'를 발족해 새로운 사회적 대화의 첫발을 뗐다. 여기에는 한국노총과 함께, 김현우 에너지기후정책연구소 정책기획위원, (이미 지난해 국무총리실 그린뉴딜 특보로 정부에 입각했던) 이유진 녹색전환연구소 연구원 등이 전문가로 참여했다. 문재인 정부가 이들을 경사노위로 끌어들인 것은 의도가 다분하다.

노동조합 지도자들과 우호적 관계를 맺고 있는 환경 활동가들을 매개로 노동운동에 계급 타협의 압력을 전달하고자 하는 것이다. 김현우 기획위원은 일찌감치 국내에 정의로운 전환을 소개해 왔는데, 사회적 대화를 주요 원리로 강조한다. 그는 2019년 초 민주노총 대의원 대회에서 경사노위 참여안이 부결된 지 5개월 만에(정부가 노동 개악을 추진하던 상황에서) "기후변화 대응 경사노위 만들자"고 노동운동에 제안하기도 했다.[15] 기후 문제는 특별히 국가적 협력이 중요하다면서 말이다.

마침 노동조합 지도자들도 사회적 대화에 적극적이다. 특히 금속노조와 공공운수노조는 정부가 경사노위를 대화 채널로 제시한 것이 문제라며 "노골적으로 민주노총을 배제하겠다는 선언"이라고 강하게 비판했다. 경사노위만 아니라면 응할 수 있다는 메시지다.

사실 정부도 민주노총을 의식해 "경사노위 등"(강조는 필자)이라고 열어 놨으니, 타협이 성사될 여지는 열려 있다. 정부가 산업별·지역별 대화를 제시한 것도 2020년 코로나19 노사정 합의안 부결 등으로 민주노총 중앙 차원의 노사정 대화 참여가 만만치 않다는 점을 의식한 결과로 보인다.

양경수 민주노총 집행부는 정부의 '공정한 노동 전환'이 "노동자들에게 희생 강요[를] 수용하라는 메시지"라고 좀 더 선명하게 비판했다. 그렇지만 희생을 설득하려는 대화 제안을 거부하기보다 노정 협의를 촉구하며 절충했다.

좌파 노조 지도자들도 사회적 대화를 추구하는 데서 예외가 아니다. 공공운수노조의 좌파 집행부, 금속활동가모임 등이 적극적이다. 노동전선 소속의 금속노조 부위원장은 (사회적 대화 제안이 포함된) 공동결정법안의 성공을 "각오"하는 금속노조 중집 성원들의 연명에 이름을 올렸다(자기가 속한 노동전선이 반대 입장을 표명했는데도 말이다).[16] 일부는 민주노총 중앙 차원의 대화는 부적절하다면서도, 산업·업종별 대화는 필요하다고 한다.

그러나 중앙 차원이냐 산업·지역별이냐, 노사정이냐 노정이냐 하는 교섭 형식의 차이는 본질적이지 않다. 가령 사용자 측이 협상장에서 빠지더라도, (앞서 살펴봤듯이) 문재인 정부가 사용자의 편에서서 국가 경제·산업의 효율성을 추구하기 때문이다.

중요한 것은 사회적 대화가 추진되는 맥락이다. 문재인 정부는 실질적 탄소 중립에 관심이 없고 되레 "시장 친화적" 구조조정에 나서고 있다. '공정한 노동 전환'을 고리로 노동자들의 양보와 희생을 압박하고 있다. 더구나 정부는 코로나19 방역을 빌미로 민주노총을 탄압하고 있다.

이런 상황에서 정부를 압박하려면 투쟁으로 맞서야 한다. 경기 침체가 지속되고 회복이 만만치 않은 상황에서 정부와 사용자들은 웬만해서는 양보를 하려 하지 않을 것이다.

지금 사회적 대화를 주장하는 사람들은 기후 위기 대응의 시급성, 산업 재편이 낳을 파장 등을 생각해야 한다고 말한다. 그러나 그간의 사회적 대화 논란에서도 '특별한' 사유는 있었다. 2018~2019년 민주노총의 경사노위 참여 주장에는 사회 양극화 해소와 노동기본권이라는 필요가, 2020년 노사정 합의 주장에는 코로나19 위기 극복과 취약계층 보호라는 필요가 제기됐다. 그럼에도 그것이 좌절된 배경은 정부가 그 절박한 필요를 외면하고 되레 노동자들을 공격했기 때문이다. 지금도 이런 상황은 다르지 않다.

일각에서는 산업 재편 과정에서 비명 한 번 못 질러 보고 일자리를 잃게 될 미조직 하청 노동자들을 생각해야 한다는 주장도 나온다. 예컨대, 금속노조는 전기차 전환으로 2·3차 부품업체 노동자들이 무더기로 해고될 수 있다며, 사회적 대화를 통해 정부와 원청사가 그 업체들에 전기차 생산능력을 공급할 수 있도록 설득하겠다고 한다.

그러나 설사 그렇게 되더라도 안정적 고용 유지 방안이 되기 어렵다. 부품사 사용자들이 전기차 전환 비용과 불확실한 경기 상황 등을 이유로 또다시 노동자들에게 고통을 전가하려 들 수 있기 때문이다. 2016~2019년 STX·성동조선소 노조 지도부가 정부에 기업 경쟁력을 지원(신용 보증과 발주 등)하라고 요구하며 사측과 협력했다가, 사측에 거듭 뒤통수를 맞고 해고와 무급 휴직, 임금 삭감에 직면했던 데서 보듯 말이다.

오히려 이럴 때 필요한 것은 고용 불안에 직면한 부품사 노동자들의 투쟁을 지원하는 것이다. 광범한 연대 투쟁으로 성과를 낸다면 산업 재편 과정에서 고용 불안과 조건 후퇴에 처할 더 많은 노동자들에게도 희망을 줄 수 있을 것이다.

주요 노조들이나 정의당·진보당 등은 일제히 "참여가 곧 정의"라는 구호를 내세우고 있다. 그것은 정부와 사용자들의 일방적 구조조정을 폭로한다는 점에서는 일면 타당해 보인다. 그러나 대화 참여로 정부와 사용자들을 강제할 수 있느냐는 근본적 물음이 제기된다.

사실 사회적 대화 같은 방안은 투쟁해도 소용 없다는 생각을 밑바탕에 깔고 있다. 지난 몇 년간 구조조정 저지 투쟁을 해 봤지만 성과를 내지 못했다는 식이다. 그러나 문제는 투쟁 자체가 아니라 투쟁을 효과적으로 했느냐이다. 노조 지도자들이 고용을 지키려면 어쩔 수 없다며 양보를 거듭하거나, 개별 노조 차원의 대응으로 방치하는 경우 성과를 내기 어려웠다.

사회적 대화는 이런 문제점을 개선하는 게 아니라 더 악화시키기 쉽다. 노조·정당의 개혁주의 지도자들에게 주도권을 줌으로써 노동자들을 수동적으로 만들 수 있기 때문이다. 지도자들의 협상력에 모든 것이 달려 있다면, 노동자들은 무대 밖으로 밀려나기 십상이고, 이는 아래로부터의 투쟁을 약화시킬 수 있다. 노동자들의 투쟁

활성화에 도움이 안 된다.

이것은 정부가 노사정(노사) 파트너십을 통해 얻고자 하는 바이기도 하다. "정부가 사회적 대화를 추진하는 중요한 목적 하나는 '노사 공동 운명체 정신'으로 노동자들을 현혹하는 사이에 노동운동을 무장 해제하는 것이다."[17] 노동조합 지도자들을 대화 파트너로 참여시켜 대우하면서, 한편으로는 공동 번영을 위한 희생을 설득하고 다른 한편으로는 투쟁의 발목을 잡고 저항을 마비시키려는 것이다.

그런 점에서 개혁주의 지도자들이 사회적 대화와 함께 정의로운 전환을 이룰 수단으로 제시하는 경영참여 방안도 대안이 되기는 어렵다. 금속노조는 노동조합이 산업·지역·사업장 수준에서 산업 정책 논의에 참여할 수 있도록 보장하는 내용의 경영참여 활성화 법안(정의로운 산업전환을 위한 공동결정법안)을 내놓고 열정적으로 입법화 추진에 나섰다. 이를 통해서 "산업·기업의 미래발전"과 "노동자 희생 없는 사회의 지속가능성", 즉 공동의 번영을 추구하겠다고 한다.

그러나 공동결정법안에 대한 10만 국민청원 동의 모으기 시도는 한 차례 기한 연장을 했는데도 1만 5308명의 동의만을 얻어 자동 폐기됐다. 금속노조 조합원 수가 18만 5000여 명에 이르는 점을 볼 때, 자기 조합원들로부터도 유의미한 지지를 받지 못한 것이다. 김호규 금속노조 위원장은 "진보정당과 협의해 입법 노력을 지속 펼쳐 나가겠다"고 밝히고 있다.

사실 금속노조가 공동결정제도를 통해 이루겠다는 산업 정책 내용은 노동자들의 감흥과 열정을 끌어내기 어려워 보인다. 금속노조가 앞세우는 전기차 생산·투자 요구가 대표적 사례다.

기후 위기를 해결하려면, 온실가스를 배출하는 내연기관을 모두 전기화해야 한다(전력 생산도 화석연료에서 재생에너지로 전환한다는 가정 속에서 말이다). 자동차 기업주들은 이 당연한 결론을 반세기 동안 외면해 왔다.

그러나 최근 자동차 기업들이 전기차 생산에 뛰어든 것은 어디까지나 이윤 추구가 목적이다. 그래서 전기차로의 '전환'은 사회적 필요가 아니라, 국제 자동차 시장의 변동에 크게 좌우될 것이다. 이에 압박을 받을 수밖에 없는 사용자들은 산업 경쟁력을 빌미로 인력 감축과 조건 악화를 추진하며 노동자들에게 비용을 전가하려 한다. 현대·기아차 사측이 전기차 생산을 빌미로 인력 감축과 노동조건 후퇴를 추진하는 이유다.

이런 자본의 논리에 도전하지 않은 채 전기차라는 '대안적' 제품에만 주목하는 것은 그 산업의 경쟁력을 위해 노동자도 협조해야 한다는 압력에 스스로 노출시키는 것이다.

노동 측의 협조라는 문제점은 경영참여의 모범으로 알려진 독일에서도 드러났다. 독일의 공동결정제도는 대기업 감독이사회에 노사 양측이 절반씩 참여한다는 점에서 관심을 끈다. 그러나 사측이 추천하는 의장이 2표를 행사해 사용자 측의 입장이 관철되는 구조다. 무엇보다 노동 측 대표들은 경영에 협조해야 한다는 생각 때문에 번번이 노동자들의 이익을 일관되게 방어하지 못했다. 그래서 독일의 기업주들은 공동결정제도가 "합의를 통한 구조조정, 고양된 기업 내 평화"라는 측면에서 의미가 있다고 평가한다. 노조 스스로 조건 악화를 받아들이고 투쟁을 자제시키는 구실을 했다는 점에서 공동결정제도의 의의를 찾는 것이다.

독일의 사회주의자인 폴카트 모슬러가 지적했듯이, "사회적 동반자 관계가 제도화된 것은 노동계급의 이익을 지키는 데 도움이 되지 못했다. 오히려 위기의 순간, 노동계급이 투쟁에 나설 때 발목을 잡는 족쇄가 됐다."[18]

따라서 노동조합은 전기차 같은 미래 산업에 투자하라고 사측에 요구하며 협조를 추구할 게 아니라, 노동자들의 일자리와 조건을 지키기 위해 투쟁해야 한다. 기후 위기 대응을 말로만 요구하지 말고, 지구환경을 위한 저항에도 실제로 노조의 온 힘을 사용하면서 말이다. 그래야 금속노조가 내세운 친환경 구호가 그저 환경 단체와 여론의 지지를 얻으려는 립서비스 아니냐는 눈초리도 피할 수 있을 것이다.

정의로운 전환 논의의 일각에서는 화석연료 산업의 노동자들이 친환경적 제품 생산을 위한 '대안 계획'을 제시함으로써 정의로운 전환을 이룰 수 있다는 주장도 나온다. 세계적으로 노동조합운동에 큰 영감을 줬던 '루커스 플랜'이 모델로 제시된다.[19]

1970년대 중반에 항공기와 각종 군수품 등을 생산하던 영국의 루커스에어로스페이스는 정부의 국방비 삭감으로 생산이 축소될 상황에 처하자 수천 명을 정리 해고하는 계획을 발표했다. 현장 활동가들은 노동당 좌파 지도자였던 토니 벤(당시 산업부 장관)의 조언과 지지를 얻어 '대안적 생산계획'을 수립하기로 했다. 사측의 '사회적 책임'을 시험대에 올리고 합리적 조처를 설득하려던 것이었다.

노동자들은 수많은 아이디어를 내놓았다. 태양전지, 풍력 터빈 등 150개 이상의 친환경적이고 사회적으로 유용한 제품 생산을 위한 청사진(루커스 플랜)이 만들어졌다. 이것은 전쟁 무기가 아니라 사회적으로 필요한 제품을 생산하자는 급진적 전망을 제시하고, 노동자들이 이를 실현할 능력이 있음을 보여 주는 것이었다. 국방비로 지출되던 재정을 복지와 환경을 위해 쓰자는 주장이기도 했다.

그러나 이 계획은 투쟁 대신 채택된 대체물이었던 탓에, 노동자들이 투쟁을 구축해야 할 과제를 비켜 나가게 했다. 그래서 영국의 사회주의자인 데이브 올버리는 "루커스 플랜이 그 주요 지지자들의 동기와 열망과는 반대로 그들의 주의를 돌리는 구실을 했다"고 지적한다.[20]

실제로 루커스 플랜이 상당한 주목과 인기를 얻었는데도 경영진은 이를 단호히 거부했다. 경제 위기 속에서 노동당 정부도 약속을 지킬 생각이 없었다. 오히려 당시 노동당 정부는 임금 억제와 재정 지출 삭감에 열을 올리고 있었다. 결국 루커스 노동자들의 열정적 시도는 실패로 돌아갔다.

요즘 한국에서 루커스 플랜을 말하는 사람들은 사회적 대화를 통해 그것을 실현할 수 있다고 주장한다. 정부와 사용자, 지역사회에 유용한 생산계획을 설득하자는 것이다.

그러나 루커스 플랜의 경험은 계급투쟁의 대체물로 제안되는 시도가 특히 경제 불황기에 효과를 내기 어렵다는 점을 보여 준다. 물론, 급진적 정책·대안은 필요하다. 그러나 단지 그것만으로는 요구를 성취할 수 없다. 기업주와 정부를 강제할 진정한 동력, 즉 아래로부터 노동계급의 대중투쟁이 사활적이다.

더 근본적으로, 자본주의에서 무엇을 어떻게 생산할지는 결코 민주적으로 결정되지 않는다. 생산수단을 독점한 자본가들이 오로지 이윤 논리에 따라 무엇을 어떻게 생산할지 결정한다. 반면, 노동자들은 참신한 아이디어가 없어서가 아니라, 생산수단을 통제하지 못하기 때문에 이 결정 과정에서 배제된다. 이윤이 아니라 대중의 필요에 따라 생산하는 사회주의 사회에서만 생산의 민주적 결정과 실행이 가능해진다.

한편, 일부 급진 좌파는 사회적 대화나 공동결정제도를 비판하면서 좀 더 좌파적인 버전의 정의로운 전환을 주장한다. 가령, 변혁당은 에너지 산업에서 발전 공기업의 통합과 민영 발전의 "공영화"·국유화를 핵심적 방안으로 제시한다.[21] 민영화된 공공서비스 부문을 국유화해야 한다는 것은 옳은 지적이다. 앞서 여러 차례 지적했듯이, 사기업이나 시장에 맡기는 방식으로는 필요한 조처를 추진할 수 없다.

그러나 에너지 산업 전체를 국유화한다고 해도 전면적 탈탄소 전환이 보장되는 것은 아니다. 국유 기업들도 세계시장에서 벌어지는 치열한 이윤 경쟁의 압력에서 예외가 아니기 때문이다. 국가 소유의 전력 회사들이 지금껏 화석연료에 의존해 온 것만 봐도 알 수 있듯이 말이다.

이 점은 에너지·대중교통·기간산업 등 주요 경제의 대부분을 국유화해 국가자본주의로 교체한다고 해도 마찬가지다. 세계 자본주의의 경쟁적 축적 압박 때문에 국가 경쟁력을 키워야 한다는 압력에 직면할 것이기 때문이다. 그러면 금속노조의 '대화와 참여' 정책이 봉착하게 될 문제와 본질적으로 다르지 않은 상황에 빠질 수 있는 것이다.

좌파 정부가 들어선다 해도 이 점은 달라지지 않는다. 누가 집권하느냐에 따라 자본주의 국가의 본질적 성격과 구조가 바뀌는 것은 아니다. 국가는 계급을 뛰어넘는 중립적 기구이기는커녕 노동자들을 착취해 경제를 성장시키는 것에 이해관계가 있다. 이 때문에 기후 위기에 대응하는 데서도 한계에 부딪힌다.

물론, 변혁당의 일부 활동가들은 자본주의 "경제체제" 내에서는 기후 위기 해결이 불가능하므로, "체제 변혁적"이고 "국제적인 전환"이 필요하다고 강조한다. 그런데 앞서 살펴본 국유화를 추진할 주체가 (좌파 정부가 집권한) 자본주의 국가라면 이는 모순이다.

이런 활동가들은 재생에너지로의 전환을 위한 "전환 로드맵"에 주목하기도 한다. 그러나 자본주의 체제 내에서 일련의 정책 프로그램을 제시하는 데 주력하다 보면, 시장 질서와 조화를 이뤄야 한다는 압력을 받게 될 수 있다. 이들이 천연가스 발전을 "정의로운 전환의 가교"로 활용하자거나, 영국 노동당 좌파인 제러미 코빈의 에너지 국유화 계획을 무비판적으로 지지하는 것은 그런 문제점을 얼핏 보여 준다. 코빈의 제안은 분명 급진적 요소가 있지만, 동시에 신재생에너지 확대에 관해서는 기업 육성 방안을 제시하며 시장과 타협했다.

급진 좌파는 대안적 정책 프로그램이나 경제모델을 위한 구체적 계획을 짜고 선전하는 데 골몰하기보다 계급투쟁을 통한 진정한 변화를 추구해야 한다. 대안 없는 세력이라는 얘기 안 들으려고 전자를 우선한다면, 기껏해야 노동자들에게 불가능한 환상을 심어 주거나 최악의 경우 개혁주의자들에게 장단(왼쪽 코러스)이나 맞춰 주게 될 수 있다.

기후 위기에 맞서고 일자리도 지키려면

그렇다면, 기후 재앙과 일자리·조건 후퇴를 막고 진정 정의로운 전환을 이루려면 어떻게 해야 할까?

이 글의 서두에서 지적했듯이, 흔히 많은 사람들은 노동과 환경 문제가 서로 대립되거나 혹은 별개라고 여긴다. 그러나 기후 위기로 가장 큰 피해를 보는 것이 노동계급이고, 자본주의 체제에서 노동계급의 위치상 그들이 나서지 않고서는 기후 위기를 멈추기 어렵다. 기후 재앙을 막기 위한 투쟁과 노동자들의 일자리와 삶을 지키기 위한 투쟁이 연결돼야 한다.

지배자들은 기후 위기에 제대로 대처하지도 않으면서 "친환경"을 내세워 노동자들을 공격한다. 노동자들을 위축시키려는 것이다. 2021년 5월 말 열린 한 토론회에서 석탄발전소 비정규직 활동가는 "우리를 잠재적 범죄자 취급하는 분위기"가 문제라고 지적했다. 노동자들을 일자리 위해 환경을 내팽개치는 환경 파괴자 취급하면서 자신감 있게 고용·조건 방어를 내세우기 어렵게 만든다는 것이다. NGO가 주도해 온 환경 운동 내에도 일자리 방어를 부차화하는 분위기가 있다.

반대로, 일부 노동조합은 일자리를 지키려면 환경 유해 산업이 유지돼야 한다는 잘못된 입장에 서기도 한다. 2019년 두산중공업 노조가 그런 사례인데, 그들은 일자리를 지키려면 어쩔 수 없다며 신규 핵발전소 건설을 지지했다.

이런 양 편향을 피해야 한다. 탈탄소 산업 재편 과정에서 노동자들이 일자리를 잃을 위험에 처할 때, 좌파는 다른 전제 조건을 달지 말고 노동자들의 고용·조건 보장을 지지해야 한다. 노동자들의 고용 보장 요구를 '반사회적'이라고 비난하며 슬슬 피해선 안 된다. 탈탄소 같은 기후 위기 대응과 노동자들의 고용 보장을 연결해서 투쟁해야 한다.

두산중공업의 사례는 불가피한 게 결코 아니다. 영국의 한 조사에 따르면, 석유·가스 산업에 종사하는 많은 노동자들은 녹색 산업에서 일할 수 있기를 바란다.[22] 문제는 해상 풍력 분야에서 일할 수 있는 기술이 있어도 일자리를 찾을 수 없다는 것이다.

우리나라 석탄 화력발전소 노동자들도 재생에너지 분야에서 일자리가 생긴다면 그곳으로 일자리를 옮길 생각이 있다고 말한다. 고용을 확실히 보장하고 지금의 임금·조건 등을 보장한다면 말이다.

기후 위기를 멈추는 것은 노동자들 자신에게 꼭 필요한 일이기도 하다. 게다가 노동자들은 재생에너지 등 녹색 일자리에 쓰일 수 있는 기술도 가지고 있다. 진정한 문제는 정부와 사용자들이 탈탄소 경제 전환과 그것을 위한 노동자 지원에 돈을 쓰지 않는다는 것이다.

따라서 일자리와 조건을 지키면서 탈탄소 경제로 전환하자는 요구를 성취하려면 상당한 투쟁이 필요하다. 노동자들이 대중투쟁을 벌이고 광범한 연대를 구축해 투쟁을 정치화해야 한다. 그런 투쟁으로 정부와 사용자들을 강하게 압박해, 노동자들의 삶을 지키고 기후도 지키는 것이 오늘날 필요한 진정한 기후 정의, 노동 정의일 것이다.

물론, 오늘날 계급 세력 관계와 노동자들의 자신감 수준 등을 고려하면, 이런 일이 쉽게 일어날 것처럼 여기는 것은 지나친 낙관일 것이다. 노동자들은 임금·조건 등을 둘러싼 투쟁 속에서 성과를 얻고 투쟁의 근육을 키워야 한다. 노동자들이 이런 투쟁에서 성과를 거둔 경험은 기후 위기를 막는 행동에 나서는 데에도 밑거름이 될 수 있다. 1970년대 초 호주의 '그린 밴'(녹지 개발 반대) 운동의 성공은 본보기가 될 만한 사례다.

당시 건설연맹 뉴사우스웨일스주州 지부의 노동자들은 녹지대에 고급 아파트를 짓고 빌딩을 지어 환경을 파괴하려는 기업주들에 맞서 지역 주민들과 함께 투쟁했다. 노동자들은 녹지 개발을 막기 위해 산업적 힘을 발휘했고, 실제로 1971~1974년에 42건의 개발 사업을 막아 냈다.[23]

노동자들이 이렇게 할 수 있었던 데는 작업장 전투에서 연달아 승리를 거둔 자신감이 주효했다. 노동자들은 투쟁을 통해 임금 인상, 산재 수당, 작업환경 개선을 따냈다. 숙련 건설 노동자들보다 임금수준이 낮은 일반 건설 인부들의 임금을 끌어올리기 위해 비공인 '차액 파업'을 벌여 성과를 내기도 했다. 노동자들은 이렇게 쌓은 자신감을 바탕으로 환경을 위한 투쟁에도 나설 수 있었고, 그것은 다시 노동자들에게 자부심을 줬다.

이런 투쟁의 연결이 저절로 이뤄진 것은 아니었다. 경제 상황이 좋았던 것은 유리한 요소였다. 그러나 똑같은 경제·정치적 조건에서도 다른 노조 지도자들은 녹지 개발 운동에 나서기를 거부했다. 심지어 노조의 상층 지도자들은 그린 밴 운동과 뉴사우스웨일스주 지부를 고립시키고 지도부를 온건파로 교체하려고 강하게 압박했다(이와 결합돼 실제로 나중에 그린 밴 운동이 막을 내렸다).

영국의 사회주의자인 킴 헌터가 지적했듯이, "급진적 정치 지도력이 중요한 요소였다." 그린 밴 운동을 이끈 뉴사우스웨일스주 지부 지도부는 1960년대 말의 정치적 급진화 물결에 영향을 받았다. 그들은 노동조합 민주주의를 구현하고, 베트남 전쟁 반대, 여성 차별 반대, 성소수자와 이주민 권리를 위한 투쟁에도 조합원들을 동참시키려고 애쓴 급진 좌파의 일부였다.

노동자들이 환경을 위해 싸운 이 빛나는 경험은 오늘날 우리에게도 영감을 준다. 일자리와 임금 같은 요구를 위해 싸우며 다져진 투쟁 근육은 탈탄소 전환 같은 더 큰 변화를 위한 투쟁을 쟁취하는 데서도 소중한 자산이 된다. 이런 투쟁의 연결, 상호작용 속에서 노동자들은 더 나은 성과를 거둘 수 있다.

모든 것이 이윤 극대화에 종속돼 있는 자본주의에서 이윤 논리에 도전하지 않고는 기후 위기를 해결하고 노동자들을 보호하는 것이 한계에 부딪힌다. 특히 지금과 같은 경제 침체 상황에서는 특정 부분에서 성과를 얻어도 지속되기 어렵거나 불가피하게 제약을 받게 된다.

진정으로 정의로운 전환을 실현하려면, 계급투쟁이 더 전진해야 한다. 자본주의에 맞서는 혁명적 전망이 필요하다. 존 벨러미 포스터가 주장했듯이, "아예 다른 생산양식을 요구해야 한다." 노동자 통제하에 민주적으로 계획된 경제하에서만 탄소 경제를 완전히 끊어 내고 기후 위기를 해결할 수 있고, 노동자들의 삶도 지킬 수 있다.

노동계급은 이 같은 체제 변화를 이룰 잠재력이 있다. 자본주의에서 거의 모든 재화와 부를 생산하고 전력·교통·의료·교육 등의 공공서비스를 제공하는 것은 노동자들이다. 노동자들은 노동계급 고유의 방식으로 투쟁해 체제를 마비시킬 힘이 있고 생산을 새로운 원리로 재조직할 잠재력이 있다.

노동자들은 기후 저항에서도 핵심적 구실을 할 수 있다. 어떤 사람들은 이에 대해 큰 회의감을 내비치기도 한다. 노동자들이 자기 '밥그릇'을 우선시하면서 환경문제를 외면한다고 말이다. 그러나 이런 견해는 노동자들의 처지를 외면하고 그들의 잠재력을 과소평가하는 것이다.

오늘날 많은 사람들이 그러듯, 적잖은 노동자들도 기후 위기가 파괴적일 만큼 심각하고 시급한 조처가 필요하다고 생각한다. 게다가 기후 위기의 피해자라는 점, 기후 위기 대응의 대가를 치를 수 있다는 점 때문에 노동자들은 점점 더 자주 기후 위기 문제에 직면하게 될 것이다.

물론, 그렇다고 노동자들이 자동으로 기후 저항에 나서는 것은 아니다. 자본주의 사회에서는 정치·경제 영역이 분리된 듯 보이고 노동조합 투쟁은 경제적 쟁점들로만 제한되는 경향이 있다. 정치 활동은 노조 지도자들의 기자회견 참석이나 의회 로비 정도로 여겨진다.

이런 문제는 흔히 노조와 온건 좌파 정당의 개혁주의 지도자들에 의해 강화돼 왔다. 그린 밴 운동 지도부의 일원이었던 잭 먼디는 "견고하게 뿌리내린 노동조합 관료"가 현장 노동자들의 정치화에 장애물이 된다고 지적했다. 지난 몇 년 한국의 경험을 봐도, 노조 지도자들은 기후 시위나 낙태죄 폐지 등 중요한 정치적 운동에 조합원들을 동원하려는 진지한 노력을 전혀 하지 않았다. 거대했던 박근혜 퇴진 촛불 운동에서도 파업과 같은 노동계급 고유의 힘을 사용하기를 주저했다. 지금도 노조와 온건 좌파 정당의 지도자들은 기후 위기 해결을 내세우지만, 대중적 투쟁을 건설하기보다 사회적 대화에 더 관심을 쏟는다.

노동운동은 노동조합의 '정치와 경제의 분리'를 넘어서야 한다. 그러려면 혁명적이고 계급투쟁적인 정치와 조직의 구실이 중요하다.

5장
멸종반란 운동의 의의와
노동계급

장호종

 2018~2019년 세계 여러 곳에서 벌어진 기후 시위는 새로운 운동 세대의 등장을 알렸다.

 청중과 장소를 가리지 않는 그레타 툰베리의 강렬한 연설, 이에 자극받은 청소년들의 '금요 시위'와 기후 동맹휴업은 전 세계 수많은 사람들의 마음을 흔들었다. 일부 청소년들은 자신들의 수업 거부 운동만으로 부족하다는 것을 깨달았고 노동조합들에 지지와 연대 파업을 호소하기도 했다. 2018년 중간선거 직후 미국 하원 의사당과 낸시 펠로시 하원 의장 집무실을 점거한 '선라이즈 무브먼트' 운동은 29세에 최연소 여성 하원 의원으로 당선한 알렉산드리아 오카시오코르테스의 지지를 받으며 큰 관심을 끌었다.

 2018년에 시작된 멸종반란 운동은 특히 영국에서 수만 명을 동원하며 인상적 시위를 벌였고, 세계 각지로 퍼져 나갔다. 2019년 9월에는 전 세계적으로 수백만 명의 사람들이 참가한 기후 시위가 곳곳에서 벌어졌다. 당시에 한국에서도 기후위기비상행동이 주최한 집회에 4000여 명이 참가해 한국 역사상 최대 규모의 기후 시위와 행진이 벌어졌다.

그레타 툰베리와 청소년들의 시위에 결정적 계기가 된 것은 2018년에 IPCC가 발표한 '지구온난화 1.5도 보고서'였다. 이 보고서는 그동안 IPCC가 발표한 그 어떤 보고서보다도 큰 효과를 발휘했다.

IPCC의 보고서는 전 세계 수천 명의 과학자들이 상호 검토를 거친 것으로 기후변화에 관해 세계에서 가장 큰 권위를 갖고 있다. 그러나 이전에 발표된 보고서들은 기후 위기의 정도와 이를 멈추기 위해 필요한 대책을 다소 모호하게 표현해 평범한 사람들로서는 그 내용을 이해하기가 쉽지 않았다. 이는 과학적으로 엄밀한 언어를 사용하려는 기후 과학자들의 노력과, 기후 위기의 위험성과 그에 필요한 대책을 숨기고 회피하려는 정부들의 서로 다른 의도가 맞물린 결과였다. 그래서 사람들은 주로 자국 정부나 주류 언론의 부정직한 발표에 의존할 수밖에 없었고 기후변화 부정론자들은 이 틈을 이용해 기후변화에 관한 혼란된 정보를 퍼뜨려 왔다.

그러나 1.5도 보고서는 이전과 달리 '기후 예산'이라는 개념을 사용해 인류가 처한 위험과 무엇보다 지금 필요한 대책의 수준을 다음과 같이 매우 직관적이고 단순하게 표현했다. 지구 평균기온이 산업화 이전에 비해 1.5도 이상 오르지 않도록 해야 한다. 그러지 않으면 돌이킬 수 없는 재앙적 변화가 일어날 가능성이 매우 커진다. 지금대로라면 2030년 무렵 그 지점에 도달할 것으로 보이고 (당장 배출이 급감하지 않는 한) 인류에게 남은 시간은 12년밖에 없다. 이를 막으려면 앞으로 전 세계 온실가스 배출량이 420기가톤(기후 예산)을 넘어서는 안 되는데 현재 매년 42기가톤을 배출하고 있다.

이 메시지는 10대 청소년 그레타 툰베리의 의식을 강렬하게 사로잡았다. 수십 년 만에 기후 과학자들은 자신들이 대중에게 전하고자 한 메시지를 확실히 전달하는 데 성공한 셈이었다.

물론 불확실성이 큰 기후 예측을 이처럼 단순화하는 데에는 오해의 위험이 뒤따른다(이에 관해서는 3부 4장에서 자세히 다룬다). 그럼에도 이 메시지는 대중이 이해하기 쉬운 것이었고 급진적 기후 운동이 부상하는 데에서 중요한 구실을 했다.

영국 컴브리아대학교 교수 젬 벤델은 유엔 연설에서 현재의 기후 위기를 집에 불이 난 상황에 비유해 유명해졌다. 그는 각국 정부와 유엔의 대응을 두고 집에 불이 나 당장 소방차를 부르고 사람들을 대피시켜야 하는 상황에서 비상 대피 계획을 세우고 있는 것과 마찬가지라고 비판했다.[1] 그가 제시한 여러 과학적 근거들은 IPCC의 예측조차 엄청나게 낙관적이라는 사실을 보여 줬다.

멸종반란 운동의 지도자들도 IPCC 보고서와 젬 벤델의 주장 등에서 큰 자극을 받았다. 이들은 심각해지는 기후 위기의 현실을 직시해야 한다고 경고하는 동시에 기존 환경 운동의 무기력과 한계를 극복하고 각국 정부를 강제할 방법이 있다고 선언하며 등장했다.

영국에서 로저 핼럼, 게일 브래드브룩, 사이먼 브램웰 등은 '라이징 업!'('컴패셔너트 레볼루션'이 그 전신이다)이라는 단체 출신의 다른 활동가들과 함께 멸종반란 운동을 시작했다. 이 단체의 기원

은 2011년 '점거하라' 운동과 다양한 환경 운동들로 거슬러 올라갈 수 있다.[2]

이들의 깃발에 새겨진 모래시계는 인류를 포함해 수많은 생명이 멸종 위기에 직면했음을 상징했다. 그리고 말 그대로 멸종 위기에 맞선 반정부 투쟁을 선언했다. 기존 운동 지도자들의 온라인 시위나 소수 활동가들의 기자회견, 탄원서 보내기, 일회성 행진 등 "무기력한" 방식을 비판하며 지속적 대중행동을 벌이겠다고 선언했다. 이들의 목표는 인구의 3.5퍼센트를 직접행동에 참여시키는 것이다.

멸종반란은 2018년 10월 런던 템스강에 있는 다리 5개를 점거하는 첫 시위를 성공적으로 조직했다. 이 시위에서 이들은 자신들이 영국 정부에 대한 반란 세력이라고 선언했다. 그러나 이는 예행연습에 지나지 않았다. 6개월 뒤인 2019년 4월에는 런던 도심의 요충지인 피카딜리서커스(광장), 옥스퍼드서커스(광장), 마블아치, 워털루브릿지와 의사당 광장을 점거하고 2주 가까이 시위를 벌였다. 세계 금융 중심지의 교통이 완전히 마비된 상황이 전 세계에 방송되고, 유명 스타들도 이 시위에 지지를 보내며 엄청난 관심을 끌었다.

유럽 여러 나라와 미국, 호주 등지에서도 멸종반란 운동이 등장했다. 80여 개 나라 1000여 개 그룹이 멸종반란의 기치를 내걸었다. 완전히 새로운 기후 운동의 등장이자 급진화된 운동 세대의 등장을 알린 것이다.

결국 멸종반란 운동의 요구 중 하나였던 '기후 비상사태 선언'은 당시 영국 노동당 대표였던 제러미 코빈의 발의로 영국 의회에서 만장일치로 통과됐다. 2025년까지 온실가스 배출을 제로로 만들라는 멸종반란의 요구에는 한참 못 미쳤지만 구체적 감축 목표 내놓기를 거부하던 보수당 정부가 대중적 항의 운동에 압력을 받아 한발 물러선 것이다. 유엔이 수십 년 동안 지지부진하게 끌어오던 일을 평범한 사람들이 몇 달 만에 이뤄 낸 사실에 기후 위기를 걱정하는 수많은 사람들이 고무됐다.

2020년 초에 시작된 코로나19 팬데믹으로 잠시 소강상태를 보이고 있지만 청소년들의 기후 시위와 멸종반란 같은 급진적 기후 운동은 앞으로도 계속될 것이다. 그동안 벌어진 가공할 규모의 기후 재난들도 이런 운동들에 지속적으로 연료를 공급하고 있다. 속도가 빨라지는 기후 위기가 인류 전체를 위협하고 있지만 그 위기 속에서 수많은 사람들의 생명과 삶을 구할 소중한 싹도 자라나고 있다.

기후 운동의 전략

광범한 대중운동이 등장하는 시기에 으레 그렇듯이 멸종반란 운동 내에도 혼란스러운 관점들이 뒤섞여 있다. 이런 쟁점들을 둘러싼 논쟁은 현재 진행형이고 운동이 성장하면 다른 쟁점들도 계속 제기될 것이다. 좌파와 사회주의자는 이 새로운 운동에 기꺼이 참여해 운동이 현실의 난관을 헤치고 나갈 수 있도록 도와야 한다.

운동 내에서 전략과 전술에 관한 토론과 논쟁을 삼가야 한다는 주장이 상식처럼 수용되기도 한다. 그러나 토론과 논쟁은 운동을 약화시키기보다 긍정적 효과를 낼 수 있다. 운동에 불참하는 것을 정당화하려는 종파적 동기에서 제기되는 경우를 제외하면 말이다.

무엇보다, 기후 운동이 상대해야 하는 적대자들(화석연료·자동차 산업의 기업주, 이들을 지원하는 수많은 자본가와 정부, 이윤과 시장 질서를 지키기 위해서라면 무력 사용도 마다하지 않는 국가기구)을 고려하면, 운동이 결정적 기로에 섰을 때 이런 토론을 시작하는 것은 너무 늦을 수 있다. 물론 모든 문제에 답을 준비해 둘 수는 없지만 운동의 목표와 이를 이루기 위한 가장 효과적인 수단들이 무엇인지에 관한 논의는 훨씬 이전부터 풍부하게 이뤄져야 한다. 그리고 현실의 검증을 받아야 한다. 사실 이런 과정이야말로 모든 대중운동에서 리더십이 형성되는 가장 민주적이고 효과적인 방식일 것이다. 리더십 자체를 부정하는 것(이것도 멸종반란 운동 내에서 제기된 쟁점의 하나다)은 대개 선출되지도 않고 검증받지도 않는 리더십의 존재를 용인하는 것으로 나아가기 십상이다.

현재 이 운동이 직면한 가장 중요한 문제는 이런 것이다. 멸종반란 운동은 여러 차례의 대중 동원을 통해 각국 정부를 한 걸음 나아가게 했다. 그런데 어떻게 여기서 더 나아가 각국 정부가 특정 시점까지(예컨대 10년 이내에) 화석연료 산업을 포기하고 재생에너지로 전환하도록 강제할 수 있을까?

멸종반란 운동의 창립자 중 한 명인 로저 핼럼은 《21세기의 상식》이라는 제목의 소책자에서 이에 대한 나름의 대안을 제시했다. 그는 인류의 멸종이 "향후 10년 안에 혁명적 변화가 일어나는지 여부에 크게 달려 있다"면서, "대중적 시민 불복종 운동"을 건설하는 데 집중해야 한다고 주장했다. "지금 우리에게 필요한 구조적 변화는 매우 신속하게 이뤄져야 하지만 개혁주의 전략으로는 이를 성취하기 어렵다."[3]

기후 위기를 멈출 수 있는 신속하고 구조적인 변화를 대중운동을 통해서만 강제할 수 있다는 핼럼의 주장은 옳다. 그런데 앞서 언급했듯이 기후 운동은 이런 급진적 변화를 가로막는 권력자들을 상대해야 한다. 어떻게 그들을 굴복시킬 것인가?

핼럼은 "철저한 비폭력 행동이 1~2주 이상 지속되면 정권이 붕괴하거나 구조 변화가 강제될 가능성이 높다는 사실을 역사적 기록을 통해 알 수 있다"고 주장했다.[4] 이런 행동은 정부로 하여금 "우리 말을 듣거나 아니면 우리를 탄압하게" 할 것이라고 한다. 정부가 탄압을 선택할 경우 이는 더 큰 저항을 부를 것이므로 결국 운동은 성공하리라는 것이다. 실제로 역사를 보면 그런 사례가 종종 있었다.

그럼에도 핼럼의 전망은 지나치게 낙관적이다. 첫째, 투쟁이 늘 완전한 승리 아니면 완전한 패배로 끝나는 것은 아니다. 정부는 요구를 수용하고 일시 후퇴하는 척하며 투쟁의 김을 빼는 데 이골이 난 전문가들로 채워져 있다. 그들은 일부 요구를 수용하면서 다른 요구들에서는 타협을 종용할 것이다. 핼럼은 멸종반란 운동이 타협하지 않을 것이라고 말하지만, 정부가 내놓은 절충안을 수용할 것인지 말 것인지에 관한 운동 내의 합의는 존재하지 않는다. 또 운동이 계속 전진하지 못하는 것처럼 보이면 일부 사람들은 낙담해 이탈하기도 한다.

둘째, 탄압이 늘 더 큰 저항으로 이어지는 것도 아니다. 일부 사람들은 두려움을 느끼고 뒷걸음칠 수 있다. 핼럼의 낙관적 전망은 이런 상황에 대처할 효과적 대안을 제시하지 못한다.

실제로 매우 성공적이었던 2019년 4월의 점거 시위에서 무려 1000여 명이 경찰에 연행됐다. 시위대는 경찰의 연행에 적극 맞서기보다 끌려 나가는 소극적 저항 전술을 택했는데 이런 전술이 더 광범한 사람들을 행동에 끌어들일 것이라는 예측은 빗나갔다. 멸종반란의 시위 방식에 대처하는 법을 습득한 경찰은 2019년 8월에 벌어진 시위에서는 점거 예정지를 원천 봉쇄하고 주요 활동가들을 표적으로 삼아 기소하는 등 대중의 눈에 잘 보이지 않는 탄압 방식을 채택했다.

핵럼은 '혁명적 변화'가 필요하다고 주장하지만 현 체제 내에서 작동하는 대안들에 초점을 맞춘다. 그는 기성 정당들과 의회를 통해서 정부를 움직이려고 하기보다 무작위로 선출된 사람들로 구성된 '시민의회'를 설치하자고 제안한다. 이런 방식으로 설치된 시민의회는 특정 이해 집단이 아니라 국민 전체의 의견을 반영하는 것으로 여겨질 것이고 아직은 급진적 변화에 선뜻 동의하지 못하는 사람들도 시민의회의 결정은 지지할 가능성이 크다는 것이다.

핵럼이 보기에 중요한 것은 결정을 내리는 주체인 정부를 움직이는 것인데 시민의회를 통해 광범한 층의 여론을 움직이면 정부가 압력을 받아 기존 의회가 아니라 시민의회의 결정을 따르게 될 것이라고 한다.

물론 정부의 결정은 중요하다. 정부는 지금처럼 석탄 화력발전소를 가동하도록 결정할 수도 있고 멈추도록 할 수도 있다. 대중교통을 지원할 수도 있고 오히려 보조금을 삭감할 수도 있다. 재생에너지를 늘릴지 핵발전소를 늘릴지도 결정할 수 있다. 그러나 정부가 전

지전능한 것은 아니다. 결정적으로 그들은 경제의 작동 방식 자체를 바꾸는 결정을 할 수 없다. 무엇을 얼마나 생산할지, 무엇을 원료로 할지 결정하는 것은 기업주들이다. 진정한 권력은 이 기업주들을 포함해 선출되지 않은 권력자들에게 있다.

따라서 정부의 결정을 이끌어 내려 압박하는 것만으로는 부족하고 진정한 권력자들을 강제할 힘이 필요하다.

그런데 핼럼은 혁명적 사회주의자들이 제시해 온 대안, 즉 노동계급이 가진 고유한 힘을 사용하는 것에 대해서는 부정적이다. 그는 이윤에 타격을 주는 행동이 "지나친 양극화"를 불러온다고 우려한다. 그러면서 기후 위기가 "질서와 안보"를 위협한다는 식으로 주장해 우파 언론에 호소하는 방안을 옹호한다. 그래야 우파의 지지도 획득할 수 있다는 것이다.

그러나 이런 관점은 위험하다. 핼럼은 "국민적 자부심" 같은 생각을 고취하는 것이 정부를 압박하는 여론을 광범하게 확산시키는 데 도움이 된다고 여기는 듯하다. 그러나 이런 사상은 실제로는 노동계급을 분열시키고 궁극적으로 우리 운동을 약화시킨다. 기후 위기를 낳은 주범들과 그 해결을 가로막아 온 책임자들에게 면죄부를 주고, 그들의 협력을 끌어내려면 노동계급도 일부 고통을 감수해야 한다는 논리로 사용되기 십상이기 때문이다. 각국 정부는 경제 위기나 전쟁 등 커다란 사회적 위기 때마다 이런 논리를 내세우지만 실제로 추진되는 대책들은 기존 권력자들을 지원하고 노동계급에게는 쓰디쓴 고통만 안겨 주는 것들이었다.

기후 운동과 노동계급

반면, 혁명적 사회주의자들은 노동계급을 기후 운동에 동참시키려는 노력이 매우 중요할 뿐 아니라 그들의 힘을 사용해 기후 위기 대처에 미온적인 정부와 기업주들을 강제해야 한다고 주장한다.

앞서 여러 글에서 지적한 것처럼 노동자들은 기후변화의 주된 피해자들이다. 물론 기후변화로 피해를 입고 희생되는 사람들이 노동자들만은 아니다. 개발도상국과 빈국, 심지어 선진국에서도 농민과 수많은 도시 빈민이 종종 더 큰 피해를 겪는다. 노약자 등 사회 취약계층은 기후 재난의 위협에도 가장 취약하기 쉽다.

노동계급이 다른 피해자들과 다른 점은 그들이 단지 피해자일 뿐 아니라 그 피해에 맞서 집단적으로 싸울 수 있고, 자신들의 피해를 완화할 뿐 아니라 기후 위기 자체를 멈추기 위한 투쟁에서도 승리할 수 있는 잠재력을 가진 유일한 집단이라는 것이다. 이것이 바로 노동계급에 주목해야 하는 이유다. 피해자라는 사실은 투쟁에 나설 동기가 될 수는 있지만 그로부터 투쟁이 승리하는 데 필요한 조직과 자신감, 사회적 힘을 저절로 동원할 수 있는 것은 아니다.

그런데 오늘날 기후 위기 상황에서 노동계급의 역할에 주목하는 사람들조차 대개 노동자들을 피해자로만 여기는 경향이 있다.[5] 그러면 그 저항 가능성을 내다보면서도 그저 피해에서 벗어나려는 수많은 몸부림의 하나로만 여길 뿐 잠재력에 주목하지 못한다.

기후 위기는 이미 노동자들의 삶에 직접적 영향을 끼치고 있다. 날씨뿐 아니라 식료품과 주거, 전기 요금과 난방비, 자녀들의 미래에 이르기까지 영향을 받지 않는 것이 없다. 수많은 노동자들은 이런 문제들이 기후 위기와 관련 있다는 사실을 알고 있다.

그런 연관성을 명확히 이해하지 못하는 경우에도 이미 노동자들은 하루 일과 중 가장 긴 시간을 보내야 하는 일터에서 기후변화로 인한 피해를 줄이고 조건을 개선하고자 집단적으로 싸우고 있다. 폭염 시 작업 중단, 충분한 휴식 시간과 안전 설비 강화, 일자리 지키기 등이 그런 것들이다.

물론 노동자들이 자신들이 입는 피해에 맞서는 것과 기후 위기를 저지하기 위한 투쟁에 나서는 것 사이에는 간극이 있다. 후자는 결국은 기후 위기를 심화시키고 있는 자본주의 체제를 통제하고 더 나아가 완전히 다른 종류의 사회를 건설해야 이룰 수 있는 과제다.

그럼에도 노동자들이 기후 위기의 피해에 맞서 자신들의 조건 방어를 위해 싸울 때 사용하는 힘은 체제에 도전하는 투쟁에서도 사용될 수 있다. 노동자들의 집단적 저항 능력은 근본에서는 노동자들이 자본주의 체제에서 하는 구실에서 비롯한다. 노동자들은 자본주의 체제에서 거의 모든 재화와 서비스를 직접 생산하지만 그 생산물은 물론 생산과정에 대한 통제권이 없다. 자본가들은 생산수단에 대한 지배(때로는 직접 소유를 통해)를 근거로 생산과정과 생산물을 통제한다. 그 결과 자본가들은 노동자들이 만들어 낸 가치의 일부를 착취할 수 있다.

착취는 노동자들이 부당한 대우를 받는다는 뜻이다. 그렇지만 동시에 노동자들에게 엄청난 잠재력을 부여한다. 자본주의는 기업주들이 노동자들을 성공적으로 착취할 때에만 제대로 돌아간다. 노동자들이 일하기를 거부하면 체제의 작동을 멈출 수 있다. 파업은 다른 사회집단이 갖지 못한 노동자들만의 고유한 무기다. 물론 노동자들이 이 무기를 언제나 사용할 수 있는 것은 아니지만 말이다.

노동자들의 삶은 이런 자본가들의 통제에 얼마나 효과적으로 맞서는지에 따라 달라진다. 자본주의 사회에서 노동자들은 체제가 가하는 압력에 맞서기 위해 끊임없이 스스로 조직하고 싸워야 하는 처지에 놓인다. 이 과정에서 노동자들은 당장의 필요를 해결할 뿐 아니라 체제 자체에 맞서는 데 필수적인 조직과 경험, 의식을 획득한다.

더 나아가 오늘날 세계 노동계급의 수가 역사상 그 어느 때보다 많고 이들의 공통점도 커지고 있다는 사실은 노동계급에게 어마어마한 잠재력을 부여한다. 자본주의는 노동자들을 대규모 일터와 대도시로 집중시키고, 세계적 수준의 산업 연결망을 통해 서로 연결한다. 더 많은 이윤을 얻으려는 자본가들의 경쟁은 노동자들의 조건을 비슷하게 만드는 압력으로 작용한다. 이런 동질성은 노동자들이 하나의 사업장이나 부문, 지역을 넘어 광범하게 단결할 수 있는 가능성을 제공한다.

물론 이런 가능성은 평소에는 잘 실현되지 않는다. 노동자들은 노동시장에서 서로 경쟁하고, 국익 등을 앞세운 지배자들의 경쟁 이데올로기와 각종 차별은 노동자들을 분열시킨다. 노동자들이 저항에 나설 때 가장 먼저 접하게 되는 노동조합도 종종 자기 제한적이고 광범한 단결을 저해하는 요인으로 작용하곤 한다. 이는 노동조합이 부문에 따라 조직되고 경제와 정치 사이의 분리를 받아들이는 조직이라는 한계와 연관돼 있다.

그러나 위기가 깊어지고 노동계급에 대한 지배자들의 공격이 일반화되면 노동자들 사이의 차이보다 그들이 겪는 상황의 공통점이 더 중요해지게 된다. 경제 위기 시에 해고와 임금 삭감 등이 광범하게 벌어지는 것이 그런 경우다. 이런 상황에서는 한 부문에서 벌어지는 투쟁이 다른 부문에 영향을 끼치고 확산될 가능성이 커진다. 그 가능성을 현실로 만들기 위해 노력하는 사람들이 반드시 필요하겠지만 말이다. 기후 위기가 낳는 효과와 이에 대한 각국 정부와 기업주들의 대처도 이런 조건을 만들어 내고 있다.

노동자들의 투쟁이 기후 위기를 멈추기 위한 운동과 연결돼 자본주의 체제 자체에 도전하는 운동으로 발전하는 과정은 단순하지 않고 다양한 양상을 띨 것이다. 다만 2018~2020년에 프랑스에서 벌어진 노란조끼 운동은 기후 위기와 장기 경제 불황이 결합된 오늘날의 위기가 노동자들의 조건과 그들의 저항 능력에 어떤 영향을 끼치는지, 기후 운동의 활동가들에게 필요한 전망이 무엇인지 보여 주는 한 사례일 것이다.

프랑스 노란조끼 운동의 교훈[6]

노란조끼 운동은 2018년 프랑스 마크롱 정부의 유류세 인상에 맞서 시작됐다. 마크롱 정부는 기후변화와 대기오염에 대처한다며 2018년 한 해에만 경유 유류세를 23퍼센트, 휘발유 유류세를 15퍼센트 인상했다. 프랑스에서 자동차 운전자는 의무적으로 형광 노란조끼를 차량에 구비해 놓아야 한다. 시위 참가자들이 그 노란조끼를 착용하고 시위에 나섰다.

특히 트럭·택시 운전사들이 유류세 인상에 타격을 입었다. 트럭·택시·사설구급차 운전사 등의 SNS 호소로 시작된 노란조끼 운동은 2018년 11월 17일 30만 명이 도로 봉쇄 시위를 벌이며 폭발적으로 분출했다. 집값이 비싼 교외의 거주지에 살며 파리 시내 직장까지 승용차로 출퇴근해야 했던 수많은 청년 노동자들이 이 투쟁에 동참했다.

노란조끼 운동은 마크롱 정부의 노동계급 공격에 대한 더 광범한 분노를 담고 있었다. 이 운동은 빈곤과 불평등, 저임금 문제를 쟁점으로 올려 놓았고 마크롱이 상징하는 부자와 정치인의 오만함에 대한 분노의 초점 구실을 했다. 마크롱은 유류세는 인상하면서 부유세는 대폭 인하했다.

대부분의 노동조합 지도자들은 이러저러한 이유를 대며 노란조끼 운동을 지지하기를 꺼렸다. 그러나 많은 평범한 노동자들은 이 투쟁에 공감했다. 결국 프랑스 최대 노조연맹인 노동총동맹CGT이 총파업을 선언해야 했다. 지도부가 날짜를 아주 멀찍이 잡았지만 말이다.

마크롱 정부는 노란조끼 운동을 기후 위기 대응에 반대하는 철부지들과 우파의 시위로 매도했다. 그렇지만 잘 먹히지 않았다. 노란조끼 활동가들이 광범한 연대를 구축하는 데 성공했기 때문이다. 이들은 노동조합 활동가들에게 지지를 호소하고 아마존 등 거대 기업들의 횡포에 맞서 싸우는 노동자들을 지원하기도 했다.

노란조끼 활동가들은 12월 8일 프랑스 전역에서 열린 기후 행진에도 참가했다. 참가자들은 행진이 끝난 뒤 마크롱 퇴진을 함께 외쳤고 경찰 폭력에도 함께 맞섰다. 노란조끼 운동이 기후 위기 대응을 가로막는다는 마크롱의 비난은 거짓말임이 드러났다. 실은 마크롱이 노동자들에게 고통을 전가하려 할 뿐이라는 것이 만천하에 폭로되면서 이에 불만을 느끼던 더 많은 노동자들이 자신감을 얻고 투쟁에 나섰다.

마크롱은 3주 만에 양보해야 했다. 유류세 인상안은 철회됐고 프랑스 정부는 파리 교외와 시내를 잇는 대중교통을 개선하겠다고 약속했다. 그렇지만 운동은 쉽게 사그라들지 않았다. 마크롱이 부유세 감세 등 대표적 불만 정책들을 철회하지 않았기 때문이다. 노란조끼 운동에 고무된 노동자들은 노동조합 지도자들로 하여금 투쟁에 나서도록 압박을 가했고 노동자들의 투쟁 물결은 2020년 연금 개악 저지 투쟁으로까지 이어졌다. 당시 투쟁을 면밀히 취재한 한 사회주의 신문의 편집자는 다음과 같이 말했다.

지금 프랑스에서는 노동조합운동도 "노란조끼처럼 하자"는 얘기가 많이 나옵니다. 노조 지도자들이 지침 내리기를 기다리지 말자는 뜻입니다. 또, 누가 나와 같은 노조인지 아닌지 경직되게 가를 필요가 없고, 우리가 같은 산업부문에서 일하는 노동자인지 아닌지 따질 필요가 없다는 뜻입니다. 노동자들은 그런 구분을 넘어서 더 광범한 쟁점을 제기하기 시작했습니다.[7]

그 광범한 쟁점은 "이달의 끝, 이 세계의 끝"이라는 슬로건에서도 표현됐다. 노란조끼 운동 초기에 토론을 통해 채택된 구호인데, 앞부분은 '우리가 받은 임금이나 연금으로 이달 말까지 살 수 있을까?'라는 뜻이고 뒷부분은 다름 아닌 기후 위기에 대한 우려를 표현한 것이었다. 노란조끼 운동은 이 두 문제가 서로 연결돼 있음을 표현한 것이었다. 2020년 연금 파업에서도 이런 문제의식이 표현됐다.

연금 파업에서 감명 깊은 것은 파업 노동자들이 노란조끼 운동, 환경 단체, 여성 단체, 학생 단체 등등 프랑스 사회의 각종 시위대와 함께한다는 것입니다. 다시 말해, 연금 파업은 프랑스 사회 구석구석에 존재하는 모든 분노와 저항을 모으는 피뢰침 구실을 하게 됐습니다. 마치 전에 노란조끼 운동이 그랬듯이 말입니다. 노란조끼 운동과 노동계급의 힘이 결합된 덕분에 지금의 운동이 그토록 대단하고, 급진적이고, 그래서 지배계급을 두려움에 떨게 만들고 있습니다.[8]

2019년 연말에 시작돼 2020년 초까지 이어진 연금 개악 저지 투쟁에서 발전소를 점거한 프랑스 전력공사EDF 노동자들은 기업주들에게 필요한 전력을 차단하는 한편, 평범한 사람들이 이용하는 전력망에 비수기 요금제[가장 싼 요금제]를 적용해 전기 요금을 대폭 인하해 줬다.[9] 마크롱은 유류세 인상을 철회한 데 이어, 연금 개악도 팬데믹 이후로 연기해야 했다.

노란조끼 운동은 노동자들의 조건 방어 투쟁이 기후 위기를 멈추기 위한 운동과 어떻게 연결될 수 있는지 보여 준 한 사례였다. 이로부터 다음과 같은 교훈을 얻을 수 있다. 기후 위기와 그에 대한 각국 정부와 기업주들의 대처는 노동자들로 하여금 투쟁에 나서게 할 것이다. 이런 투쟁은 기후 운동과 손을 잡을 수 있고 상승작용을 내며 강력한 힘을 발휘할 수 있다. 이런 투쟁은 종종 기존 노동조합으로 조직되지 않은 부문들에서 시작될 수 있다. 노동조합 지도자들은 이런 투쟁이 자신들의 노동조합으로 확산되는 것을 그다지 반기지 않을 수 있다. 그럼에도 그런 투쟁은 수많은 기층 노동자들의 목소리를 모으고 단결시킬 수 있다. 그러면 노동조합들도 움직일 수밖에 없게 되고 더 많은 노동자들이 행동에 나서는 기회를 제공할 수 있다. 그 속에서 노동자들의 의식 발전 가능성, 다른 부문의 투쟁을 고무할 가능성 등이 열릴 수 있다.

분열을 극복하기

노란조끼 운동이 가능성을 보여 주긴 했지만, 다양한 부문에서 벌어지는 서로 다른 투쟁들이 저절로 단결하게 되는 것은 아니다. 기후 위기의 피해에 맞서는 노동자들의 투쟁이 기후 위기를 저지하기 위한 운동과 연결되는 것도 자동적이지 않을 것이다.

예컨대 현재 멸종반란 운동 내에는 인종차별과 난민 문제를 둘러싼 이견이 존재한다. 영국의 멸종반란 운동 내에는 인종차별에 맞서고 난민을 지지해야 한다는 견해가 다수인 반면 미국의 멸종반란 운동은 이 문제로 분열하기도 했다. 분리해 나간 측(멸종반란아메리카)은 기후 위기 문제가 너무나 시급한 나머지 다른 사회정의 문제들에 관심을 쏟는 것은 시간 낭비라고 주장한다.[10] 이런 관점은 기후 위기의 피해자들을 외면하고 운동의 저변을 협소하게 만들어 기후 운동 자체를 심각하게 약화시키는 결과를 낳을 것이다.

또한 이런 관점은 자본주의 체제의 권력자들과 그들의 지배 질서에 맞선 다양한 운동이 힘을 합칠 가능성을 떨어뜨릴 것이다. 그리하여 아래로부터의 저항이 약화되면 권력자들은 기후 위기로 인한 피해를 평범한 사람들에게 (때로는 잔인한 방식으로) 떠넘김으로써 자신들의 부와 권력을 지키려 할 것이다. 기후 위기를 멈추고자 하는 사람들은 더 많은 피억압 대중을 우리 편으로 획득해야 한다. 그래야만 평범한 사람들이 기후 위기로 입는 피해를 최소화하고 권력자들을 조금이라도 강제할 수 있다.

기후변화에 대처한답시고 기후 위기의 피해자이기도 한 노동자에게 부담을 떠넘기는 정책에 어떤 태도를 취할 것인지도 운동을 분열시킬 위험이 있는 쟁점이다. 가령 노란조끼 운동의 발단이 된 마크롱의 유류세 인상처럼 말이다.

기후 운동 내 일부 지도자들은 이런 정책을 명시적으로 지지한다. 다른 일부는 기후 정의를 내세워 이에 반대하지만, 노동자들에게 책임을 떠넘겨서는 안 된다는 입장을 일관되게 유지하는 지도자는 많지 않다. 기업주들과 화석연료 기업들이 더 큰 책임을 져야 하지만 노동자들도 그 자신이 환경에 끼친 영향에 대해서만큼은 책임을 져야 한다는 식이다. 전기 요금 인상을 지지하는 등 '개인적'으로 사용한 화석연료에 대해서만큼은 부담을 져야 한다는 주장이 흔하다.

그러나 기후 위기를 낳은 화석연료 경제가 평범한 사람들의 필요를 충족시키기 위해서가 아니라 자본가들의 이윤을 위해 수립되고 유지돼 온 것임을 고려하면 이런 주장은 옳지 않다. 평범한 사람들에게는 석유나 연탄을 사용할지 재생에너지를 사용할지 선택권이 없다. 단열 효과가 뛰어나 에너지 소비를 최소화할 수 있는 건축 기술이 있지만 평범한 사람들은 그런 집을 살 돈이 없다. 철도가 친환경적인 것을 알아도 승용차를 이용하는 게 더 저렴하다. 이 모든 것은 자본가들의 우선순위가 반영된 결과이지 평범한 사람들이 원해서 그런 것이 아니다.

석탄발전소에서 일하는 노동자들이 석탄을 특별히 좋아해서 그 일을 하고 있는 것도 아니다. 이는 전적으로 기업주들과 금융가들이 어디에 우선순위를 두고 투자하는지에 달린 문제다. 화석연료에 투자하는 것이 가장 큰 이윤을 가져다준다는 사실 때문에 화석연료 일자리가 생겨난 것이지 다른 이유 때문이 아니다. 따라서 에너지 전환 과정에서 필요한 재원 부담은 그동안 화석연료 산업으로 이윤을 벌어들인 기업주들과 그들에게서 싼값에 전기를 구입한 기업주들이 지도록 해야 한다. 노동자들을 실업과 저질 일자리, 세금·공공요금 인상, 소득 감소로 내몰아서는 안 된다.

기후 운동이 이런 문제들에서 잘못된 입장을 취한다면 기후 위기의 피해자들에게 책임을 전가하는 것일 뿐 아니라 그 결과로 기후 운동의 잠재적 지지자들을 잃고 체제에 도전하는 아래로부터의 운동들을 분열시키는 효과를 낼 것이다.

좌파와 사회주의자는 노동자 투쟁의 잠재력뿐 아니라 단결의 필요성을 이해하고 그것을 실현시키는 데 필요한 일들을 기후 운동 내에서 적용하려 해야 한다.

　그럼에도 기후 위기의 시급성에 비춰 보면 과연 언제쯤 노동자들의 다수가 (유류세나 연금 문제가 아니라) 멸종반란처럼 기후 위기 자체를 초점으로 한 운동에 참가해 자신들의 힘을 사용하려 할까 하는 물음이 나올 수 있다. 작고한 영국의 혁명적 사회주의자 크리스 하먼은 2007년에 쓴 한 글에서 이 문제에 관한 지극히 현실적인 답변을 제시한 바 있다.

　어떤 사람들은 기후변화에 대처하는 유일한 방법은 기후변화를 다른 모든 쟁점보다 우선시하는 것이라고 주장한다. 정부와 기업들이 문제 해결을 위해 필요한 조치들을 취하도록 강제할 강력한 운동을 건설하는 데 모든 힘을 집중해야 한다는 것이다.

　그러나 순전히 기후변화에만 초점을 맞춘 운동을 건설하는 것은 해결책이 될 수 없다. 이런 방식으로 현 상황에 대한 문제의식을 고취할 수는 있지만 그것만으로는 **해결 방안을 강제할 조직된 힘을** 결집하지 못한다. …

　기후변화의 효과가 나타나기 시작하면 … 하나의 거대한 운동이 벌어지는 것이 아니라, 각 계급이 서로 다르게 반응하면서 다양한 투쟁이 벌어질 것이다. 흔히 이 투쟁들의 핵심 쟁점을 찾기 힘들 수도 있다. 자본가와 국가는 물가와 세금을 올려 가난한 사람들의 생활수준을 공격하는 방식으로 온실가스 문제에 대응할 것이다. …

　그러면 치솟은 물가를 즉시 다시 내리려는 시위와 파업, 소요가 일어날 것이다. 이것의 근본적 동기는 강력한 계급적 불만이지만, 지배계급의 일부는 이 운동을 빌미로 더 많은 배기가스를 배출해 더 많은 이윤을 얻으려고 할 수도 있다. 또 국가와 자본가가 대중의 생활수준을 낮추는 정책을 도입하면서 이를 기후변화 해결 방안으로 포장하는 일도 수없이 많이 일어날 것이다.

기후변화의 원인이 맹목적 자본축적에 있다고 생각하는 활동가라면 이런 투쟁들의 밑바탕에 있는 계급적 동력을 이해해야 한다. 이 말은 곧 앞으로 벌어질 투쟁에서, 온실가스 배출에 대한 진정한 대안을 제시하면서 동시에 대중의 생활수준을 보호할 대안도 제시해야 한다는 것이다.

기후변화에 맞서서 우리를 가장 확실하게 보호하는 방법은 이윤 축적에 기반한 사회를 필요를 위한 생산에 기반한 사회로 바꾸는 것이다. 그러나 이런 변화가 저절로 일어나지는 않는다. 기후변화는 몇몇 기후변화 쟁점을 둘러싼 산발적 저항들뿐 아니라 자본주의가 낳는 모든 투쟁을 격화시킬 것이다. 기후변화를 초래하는 **자본주의 체제를 끝장낼 수 있는 세력을 건설하는 방법은 단 하나다.** 바로 다양한 투쟁에 참여하면서 그 운동에 참여하는 사람들을 자본주의 체제에 도전할 수 있는 세력으로 결집하는 것이다.[11]

새로운 사회를 건설할 잠재력

노동계급은 자본주의 체제에 맞서고 그 작동을 멈출 이해관계와 힘이 있다. 그뿐 아니라 노동계급이 직접 생산자라는 사실은 그들이 계급 없는 사회를 건설하고 운영할 능력이 있음을 뜻하는 것이기도 하다. 노동계급은 권력을 장악하더라도 다른 집단을 착취할 필요가 없다. 소수가 압도 다수의 대중을 지배해야 하는 자본주의 체제의 지배자들과 달리 노동계급은 다른 사회집단을 성별이나 인종, 민족과 종교 등에 따라 분열시켜야 할 이해관계도 없다.

그러나 노동계급은 선거나 의회를 통해서는 자본가들로부터 권력을 뺏을 수 없다. 진정한 권력이 의회나 정부에 있지 않기 때문이다. 기후 운동의 구호대로 "체제 변화"를 이루려면, 기존의 자본주의 국가를 완전히 없애고 전혀 다른 원리로 운영되는 노동자 국가를 세워야 한다.

노동자 국가는 옛 소련이나 중국, 북한 같은 국가가 아니다. 소수의 관료 집단으로 이뤄진 이 나라의 지배자들은 여느 자본주의 국가의 지배자들과 마찬가지로 세계적 이윤 축적 경쟁 속에서 인구의 압도 다수를 차지하는 노동자들을 착취해 그 경쟁에 복무하도록 했다. 이런 체제들은 자본주의의 특별한 형태이자 국가가 자본가들의 구실을 대부분 수행한다는 점에서 '국가자본주의'라고 불러야 마땅하다.

마르크스와 레닌이 말한 노동자 국가는 이런 국가들과는 완전히 달랐다. 두 사람은 각각 파리코뮌과 소비에트를 보고 노동자 국가에 관한 견해를 발전시켰다. 마르크스가 파리코뮌에 대해 남긴 기록은 소비에트를 비롯해 아래로부터의 혁명에서 거듭 등장한 노동자 권력에서 공통적으로 발견되는 특징을 보여 준다.

코뮌의 첫 포고령은 … 상비군을 폐지하고 그것을 무장한 민중으로 대체하는 것이었다.

코뮌은 시의회 의원들로 구성됐는데, 이 시의원들은 파리의 여러 구에서 보통선거로 선출됐고 시민들에게 책임을 지며 언제든지 소환될 수 있었고 임기가 짧았다. 그 성원의 다수는 당연히 노동자이거나 노동계급의 공인된 대표자였다. 코뮌은 의회 기구가 아니라 실행 기구여야 했고, 입법부인 동시에 행정부여야 했다. 경찰은 더는 중앙정부의 하수인이 아니게 됐다. 그 정치적 속성을 떨쳐 낸 경찰은 이제 코뮌에 책임을 지고 언제든지 소환될 수 있는, 코뮌의 집행인이 됐다. 행정부의 다른 모든 부처 관리들도 마찬가지였다. 코뮌의 시의원 이하 모든 공무원은 노동자의 임금을 받고 일해야 했다. …

법관들은 가짜 독립성의 가면을 벗어 버렸다. 그 가면은 정부가 바뀔 때마다 충성 서약을 하고 나서 나중에 그것을 파기한 법관들의 비굴한 복종을 은폐해 준 것이었다. 다른 공무원들과 마찬가지로, 지방 치안판사와 재판관도 선거로 선출됐고 책임을 져야 했고 언제든지 소환될 수 있었다.[12]

이런 노동자 국가는 중요한 경제적 결정들을 민주적으로 계획할 수 있을 것이다. 얼마나 빨리 화석연료 산업을 퇴출시켜야 하는지, 이를 위해 얼마나 많은 자원을 재생에너지와 수송, 빌딩 체계 개편에 투입해야 하는지, 대부분의 사람들에게 필수재를 충분히 공급하면서도 이런 일을 해내려면 어떤 생산계획이 필요한지 등등.

자본주의 체제의 지배자들을 타도하고 사회 전체를 혁명적으로 바꾸는 경험 속에서 노동자들은 새로운 사회를 운영하는 데에 필요한 자신감과 의식을 획득하게 될 것이다. 이런 노동자들이 경제를 계획하는 과정에 능동적으로 참여함으로써 이윤 축적이 아니라 필요를 위한 생산을 가능하게 할 것이다.

마르크스와 엥겔스, 그리고 레닌은 이런 노동자 국가가 마침내 "시들어 죽을" 것이라고 했다.

구사회의 잔당들이 혁명의 성공을 받아들이고 체념하게 되면, 또 외국에서도 혁명이 일어나 그 나라의 지배계급을 물리치고 나면, 강압은 점점 더 필요없게 될 것이고, 마침내 노동자들이 '경찰'과 '군대'의 일을 맡기 위해 잠시 일터를 떠나야 할 필요도 없게 될 것이다. … 새로운 국가는 사람들을 강압하는 기구가 아니라, 단지 재화를 어떻게 생산하고 할당할 것인지를 결정하는 노동자 평의회의 한 기구에 불과하게 될 것이다.[13]

이런 노동계급의 혁명적 잠재력을 이해한 것이야말로 카를 마르크스가 당대의 모든 사회주의자들과 구별되는 근본적 특징이었다. 오늘날 자본주의 체제의 지배자들이 적극적으로 부정하고 싶어 하면서도 늘 두려워하는 것도 바로 노동계급의 혁명적 잠재력이다. 이 잠재력을 해방시키는 것에 인류의 미래가 달려 있다. 기후 재앙인가, 사회주의인가 하는 미래 말이다.

6장
노동자들이
환경을 위해
싸웠을 때

킴 헌터

재앙적 기후변화를 막는 데에서 노동조합과 조직 노동자들이 하는 구실은 급성장하는 연구 분야다.[1] 많은 학술 기고문이 기후 정책 쟁점들을 파고드는 반면 노동자들의 투쟁에 관한 논의는 제쳐 둔다.[2] 이와 대조적으로 이 글은 환경을 지키기 위해 벌어진 과거의 노동자 투쟁에 초점을 맞추고 그런 투쟁이 기후 재앙을 막기 위해 벌어질 미래의 투쟁에 대해 말해 줄 수 있는 것이 무엇인지 살펴볼 것이다.[3]

이 글의 이론적 토대는 카를 마르크스의 핵심 사상, 즉 노동계급이 자력으로 해방돼야 하며 노동자들이 산업에 끼칠 수 있는 잠재

출처: Kim Hunter, "When workers fight for our environment", *International Socialism* 168 (autumn 2020).

력은 그것을 이루기 위한 핵심 수단이라는 것이다. 이 사상은 두 가지 측면이 있다. 하나는 작업장에 노동계급의 힘이 집중된다는 것이고, 노동자들이 그 힘을 행사할 때 스스로 변화를 겪는다는 것이 다른 하나다.

첫째 측면은 꽤 명백하다. 우리는 세계에서 가장 큰 기업들에 맞서고 있으며 이 기업들은 자신들의 이익을 지키기 위해 어마어마한 권력을 사용할 것이다. 시위·행진·직접행동·농성은 정치적으로 매우 중요하고 영국 정부가 최근 프래킹을 중단하기로 결정한 사례처럼 양보를 얻어 낼 수도 있다.[4] 그러나 노동자들이 집단적으로 일손을 놓는 것이야말로 임금노동에 기초한 체제에서 사용할 수 있는 가장 중요한 수단이다. 산업 투쟁은, 작업장에서 기후변화의 결과로부터 우리를 보호하고 지구온난화를 늦추고 상쇄하는 정책들을 요구하기 위해서 필요할 뿐 아니라, 기후변화를 야기하는 체제를 궁극적으로 전복하기 위해서도 필수적일 것이다.

그러나 노동자들이 집단적으로 환경 파괴에 맞서려면 자본주의 사회에서 정치투쟁과 경제투쟁을 분리하면서 산업 투쟁을 가장 기본적인 작업장 쟁점으로만 제한하려는 경향을 극복해야 한다.[5] 이런 분리는 노동자들이 작업장에서 착취당하는 경험을 반영한다. 그렇지만 "자신들의 구조 자체를 경제와 정치의 분리 위에 구축"한 부문주의적 노동조합과 의회주의적 노동자 정당의 성장 같은 제도적 발전 때문에 이런 분리는 더욱 악화되고 이는 다시 그런 조직들을 강화한다.[6]

그러나 노동자들이 자신들의 산업적 힘을 동원하면 그 투쟁의 규모에 따라 경제와 정치의 분리를 극복할 수도 있다. 또 자신들의 노동을 지배하는 뒤틀린 사회관계를 각성하게 될 수 있다. 노동자들이 궁극적으로 자연의 나머지 부분으로부터 분리돼 있다는 사실도 포함해서 말이다.[7]

지난 400년 동안 토지 사유화에 맞선 반란과 소요, (선주민 토지에서 자주 일어나는) 산업이나 광업으로 인한 오염, 화석연료 채굴, 파이프라인과 댐 건설에 맞선 투쟁들이 벌어졌다.[8] 다코타액세스·키스톤·코스털가스링크 등 파이프라인 프로젝트에 맞선 투쟁은 종종 유명세를 타기도 했다.[9]

이 글은 20세기 후반 이후의 그런 투쟁들에 관한 것이다. 이 투쟁들에서 노동자들은 일상적 노동조합주의의 한계를 뛰어넘어 우리 환경의 미래에 관한 권리를 주장했다. 이 사례들은 오늘날 그 중요성이 더 커졌다. 멸종반란, 학생들의 기후 동맹휴업 같은 운동들은 집단적 행동과 "체제 변화"를 매우 강조했다. 그러나 기후·환경 운동의 상당 부분은 조직 노동자들이 생태 문제보다 일자리와 소비를 우선시한다며 [그들의 중요성을] 여전히 일축한다.[10] 노동조합 지도자들의 행동이 이런 견해를 종종 강화하기도 한다.[11] 그러나 노동자 투쟁에는 공감하면서도, 투쟁하는 노동자들에 대한 지지와 환경 운동은 별개여야 한다고 주장하는 활동가들에게서도 그런 분열이 드러난다. 이런 견해는 조직 노동자들의 구실을 [핵심 주체가 아니라] 후방 지원 정도로 과소평가하는 것이고, 노동자들의 자신감을 끌어올리거나 환경과 경제 문제의 분리에 도전하는 데에 전혀 도움이 안된다.

이런 분위기에 도전하고자 나는 노동자들이 산업 투쟁을 통해 생태 문제를 제기한 사례들을 제시할 것이다. 이 사례들은 대략 연대 순으로 정리한 것으로 일부 사례는 좀 더 자세히 다뤘다. 여기서 다룬 사례들은 일부에 지나지 않는다. 일부는 정책에서 비롯한 투쟁들이었고, 다른 투쟁들은 당면한 작업장의 요구에서 비롯한 것이었다. 일부는 양보를 얻어 냈지만, 단기적으로 거의 얻어 낸 게 없는 투쟁도 있다. 어떤 투쟁에서는 환경 메시지가 중심적이었지만, 주변적이었던 경우도 있다. 일부 투쟁은 노동자 투쟁이 고양되고 정치적으로 격앙된 시기에 벌어졌지만, 1970년대 말 이후 산업 노동자들의 급진성이 긴 '하강기'로 접어든 상황에서 벌어진 투쟁도 있다. 한 사례는 독재 정권 아래에서 벌어진 투쟁이다.

이런 차이들에도 불구하고 이 투쟁들에는 일맥상통하는 바가 있고 그로부터 끌어낼 수 있는 교훈들을 살펴보는 것으로 글을 마무리할 것이다.

그린 밴 운동

1970년대 초에 벌어진 호주의 '그린 밴'(녹지 개발 반대) 운동은 노동자들의 환경 운동사에서 가장 빛나는 사례다. 한 참가자가 옳게 언급했듯이, 이 운동은 "전 세계 … 노동조합의 경험 중 가장 신나는 기록 중 하나다."[12]

그린 밴 운동의 전설은 1971년 '켈리 녹지의 전사들'이라고 알려진 일단의 상층 중간계급 여성들이 시드니 [교외]에 있는 8에이커 면적의 녹지가 고급 아파트 건설로 사라지는 것을 막으려고 노동조합 활동가들을 접촉하면서 시작됐다.[13] 이들은 건설연맹 뉴사우스웨일스주州 지부의 현장 조합원 지도부가 사회적 조건을 위한 투쟁에 노조가 나서야 한다고 말한다는 얘기를 들었다. "이 여성들은 대략 이렇게 말했다. '자 이제 여러분의 이론을 실천에 적용할 기회가 왔어요.'"[14] 뉴사우스웨일스주 지부 조합원들은 아파트 건설을 막는 데 동의했다. 개발업자들은 대체 인력을 투입하겠다고 위협했다. 그러자 노동자들은 시드니 북부에 있는 개발 지역 중 한 곳에서 열린 집회에서 오늘날 잘 알려진 반박 성명을 발표했다. "풀 한 포기, 나무 한 그루라도 건드렸다가는 … 절반쯤 완성된 이 건물은 영원히 반만 지어진 채로 남아, 켈리 녹지의 기념비가 될 것이다."

지부에는 이내 비슷한 행동 요청이 쇄도했다. 1971년부터 1974년까지 지부 조합원들은 42건의 개발 사업을 막았고 이를 모두 합치면 현재 가치로 460억 호주달러(330억 달러)가 넘는 규모였다.[15] 더 큰 반대 운동들이 벌어져 록스·빅토리아스트리트·울루물루 같은 역사적으로 중요한 노동계급 거주지들이 상업용 빌딩들에 밀려나는 것을 막아 냈다. 이런 투쟁들이 없었다면 시드니 오페라하우스에 있는 무화과 나무들은 주차장 건설을 위해 파헤쳐졌을 것이다. 유럽인들의 정착 발상지는 콘크리트로 덮였을 것이다. 공원과 역사적 교회와 극장이 파괴됐을 것이다. 특히 시드니 중심부는 많은 유적을 잃었을 것이다.

그러나 이 운동은 평범한 유적 보존 운동이 아니었다. 이 운동은 격렬한 계급투쟁을 수반했다. 건설 노동자들과 활동가들은, 누구를 위해 무엇이 건설돼야 하고 무엇이 보존돼야 하는지 결정할 권리를 두고 개발업자와 그 하수인 그리고 국가와 싸워야 했다. 1973년 록스에서는 대체 인력이 모는 불도저를 경찰이 호위하며 전투가 벌어졌고, 뉴사우스웨일스주 지부의 사무국장 잭 먼디를 포함해 수많은 주민과 활동가가 체포돼 유치장에 갇혔다. 빅토리아스트리트에서는 바리케이드가 세워졌다.[16] 지도적 활동가가 개발업자의 용역 깡패들에게 납치당했다.[17] 다른 명망 있는 주민 한 명이 실종됐는데 살해당한 것으로 추정됐다.[18] 먼디는 자신을 노리는 살인 청부업자가 있다는 얘기를 들었다. 그는 수백만 달러의 뇌물을 거절했다.

뉴사우스웨일스주 지부 조합원들은 호주 선주민의 토지 권리를 위한 투쟁, 베트남 전쟁 반대 운동, [남아공] 아파르트헤이트[인종격리정책] 반대 운동, 여성·성소수자·이주민 차별에 반대하는 투쟁에도 참여했다. 여성들이 건설업에서 일하는 것을 장려했고, 노조들 중에서는 처음으로 선주민 조직자를 임명했다.[19] 먼디는 그 투쟁의 계급적 성격을 명확히 이해하고 있었다. "노동을 중단함으로써 자신들의 의지를 자본에 관철하는 노동자들의 힘은 환경을 보호하는 데 필수적이었다. 동시에 환경을 보호하는 것은 특히 노동자들에게 중요했다. 노동자들은 생태적으로 잘못된 계획과 환경오염 문제로 불공평하게 더 많은 피해를 겪었기 때문이다."[20]

먼디는 1960년대 말의 정치적 격앙과 전투성 속에서 지부 지도권을 쟁취한 현장 조합원 그룹의 일원이었다. 이 그룹은 조합원들의 재량권을 확대하는 등 지부 민주화에 착수했다. 간부들의 임기를 엄격히 제한하고, 간부들이 파업 수당을 포함해 조합원 임금 수준의 급여만 받게 했다. 의결권 있는 대의원 대회와 현장 조합원 회의를 정기적으로 열고, 이주 노동자 조합원을 위해 통역을 제공했다. 조합원 참여도와 가입률이 급등했다.

뉴사우스웨일스주 지부 조합원들은 1970~1975년에 사용자들과의 주요 전투에서 모두 승리했다. 확실한 임금 인상, 편의 시설 확보, 온전한 산재 수당 등을 따냈다. 1970년과 1971년 건설업의 작업환경을 개선하고 일반 건설 인부와 '숙련' 노동자 사이의 임금 격차를 줄이기 위해 벌인 이른바 '차액 파업'으로 나중에 비공인 파업들이 벌어질 수 있게 하는 분위기를 조성했다. 뉴사우스웨일스주 지부 조합원들은 현장을 점거하고 "사수대"를 꾸려 대체 인력이 지은 건물을 부쉈고, 자신들의 십장을 직접 선출했다. 지도부는 산업 투쟁을 마비시킬 것을 우려해 중재를 거부했고, 자신들이 점거한 사무실에 사장이 내팽개치고 간 샌드위치 외에는 사장들이 대접하는 식사를 결코 먹지 않았다.[21]

먼디에 따르면 이런 투쟁들을 거치며 지도부와 그들이 호소하는 정치적 행동에 대한 조합원들의 지지가 공고해졌다. 특히 '차액 파업'은 건설 인부들을 "2등 시민 지위"에서 끌어올렸고 정치적 행동에 대한 지지를 강화했다. 1973년에 이르면 대다수 조합원들은 녹지 개발 반대 운동을 강력히 지지했다.[22]

건설업의 연속성 보장을 요구하는 뉴사우스웨일스주 지부의 캠페인이, 건설 노동자의 고용 보장 문제를 그들의 노동이 사회에 끼치는 영향과 연결해 그린 밴 운동으로 나아가는 직접적 경로를 만들었다. 이 캠페인은 정부가 건설업을 안정시키고 투기 자금 유입을 차단하고 무엇을 지을지 결정하는 건축조사위원회를 설치하라고 요구했다.[23] 먼디는 다음과 같이 말했다. "이 캠페인은 [금전적 측면을 넘어] 그 반대편 측면, 즉 노동자들의 사회적 책임을 제기합니다. 우리 노동의 최종 결과까지도 검토해야 한다는 것이고, 내 생각에는 우리 사회의 생태적 위기가 이와 직결돼 있습니다."[24]

그린 밴 운동이 건설 노동자들의 자신감에 끼친 영향은 언급할 만한 가치가 있다. 먼디는 다음과 같이 말했다. "노동자들은 노조가 성과를 거두는 것을 보며 노조가 사회에 뭔가 기여하고 있다고 느꼈고, 이는 조합원들의 자신감을 끌어올리는 효과가 있었습니다."[25]

그러나 호주의 다른 노조 지도자들은 1970년 대 초의 투쟁 기회들에서 같은 정치적 결론을 이끌어 내지 않았다.[26] 록스 주민들은 30개 노조에 연대를 요청했지만 그중 한 곳에서만 회신이 왔다. 기관사·소방수연합노조는 그린 밴 운동의 확고한 동맹이었지만 숙련 건설 노동자들의 노조인 건설노동자국제연맹은 개별 지부들을 빼면 협조를 거부했다.[27]

이런 상대적 고립과 경기 상황의 압박, 잦은 간부 교체 그리고 뉴사우스웨일스주 지부를 무력화하려는 작전으로 인해 그린 밴 운동은 1974년부터 대중적 활력을 잃게 됐다. 그해 건설연맹 전국 지도부는 뉴사우스웨일스주 지부 분쇄에 나섰다. "개입"이라는 이름으로 진행된 일련의 사건들을 통해 연맹 사무총장* 놈 갤러거는 뉴사우

---

* 영국·프랑스·이탈리아·호주 등의 많은 노동조합에서는 사무총장·사무국장이 연맹과 지부의 실세고 위원장·지부장은 명예직이다.

스웨일스주 지부를 없애고 새로운 지부로 대체했다.[28] 새 지부는 옛 뉴사우스웨일스주 지부 조합원들을 사실상 배제하는 우선 채용 합의를 건설사들과 체결했다.[29] 1974년 10월에는 빅토리아스트리트 개발 반대 지침을 취소했다.[30] 1975년 4월 갤러거는 향후 개발 반대 운동에 엄격한 요건을 부과했다. 그는 지역 운동 활동가들을 "주민들, 아가씨들, 멍청이들"이라고 폄하하며[31] 그들이 "조합원들의 일자리를 뺏어 갔다"고 말했다.[32] 그린 밴 운동의 시대는 끝났다.

우라늄 채굴 반대 운동

1970년대 말에 호주 우라늄 채굴 반대 운동은 우라늄 수출을 막는 데 노동조합들의 도움을 요청했다.[33] 항만 노동자 등은 그 운동에서 영감을 얻어 행동에 나섰고 세계 각지의 노동조합운동의 지지를 받았다. 그러나 기층의 노력은 "점증하는 좌파의 비관과 일부 노조 간부들의 방해"로 좌절을 겪었다.[34] 호주노총ACTU은 공식적으로는 우라늄 채굴 자체에 반대했지만 지도부는 구체적 행동 지침으로 이 운동을 뒷받침하기보다 보건과 안전 문제만 제기했다.[35] 이런 양면적 태도 때문에 우라늄 채굴 반대 입장을 현장에서 진지하게 적용하려 한 금속·철도·항만 노동자들은 고립됐다. 특히 항만 노동자들은 자신들이 우라늄 채굴에 반대하는 "부담을 혼자 떠안게 됐다"고 불만을 표했다.[36]

그럼에도 중요한 투쟁들이 있었다. 1976년 노스퀸즐랜드 철도 노동자인 짐 애슨브럭이 노조의 공식 입장에 따라 메리캐슬린 우라늄 광산으로 향할 물자의 적재를 거부했다. 그가 정직을 당하자 전국적 철도 파업이 하루 동안 벌어졌다. 1977년 6월 항만 노동자들은 비축된 우라늄이 시드니에서 수출되는 것에 반대해 항구에 진입한 시위대를 응원했다. 그러나 공식 쟁의 지침이 내려지지 않아 항만 노동자들은 나중에 그 화물을 선적했다.[37] 2주가 채 지나지 않아 멜버른 항만 노동자들이 항만에 있던 우라늄 수출 반대 시위대를 경찰이 폭력 진압한 데 항의해 우라늄 선적을 거부하며 24시간 파업을 선포했다. 항만노동자연맹wwf 멜버른 지부는 연맹 지도부의 지침을 거슬러, 당시 항구에 있던 화물선 1척과 향후 우라늄을 운송하는 모든 선박에 대한 작업 거부를 선언했다.

멜버른 항만 노동자들의 투쟁 때문에 호주노동당은 우라늄 채굴을 강력 반대하는 정책을 표방해야 했다. 1981년 시드니 항만 노동자들은 화물선 2척이 우라늄을 싣지 못한 채 출항하게 했다. 같은 해 브리즈번에서는 예인선 노동자들이 우라늄 운반 선박을 강 하류로 예인하는 것을 거부했다.[38] 이 투쟁은 1981년 10~12월 다윈에서 절정에 달해, 다윈의 세 운수 노조가 협력해서 우라늄 화물 운송을 6주간 지연시켰다. 호주노총 지도자들은 노동자들의 고립과 대체 인력 투입 가능성, 법적 제재 위험을 들먹이며 노조 자신의 입장을 무력화하기 위해 개입했고, 그제서야 다윈 투쟁은 끝이 났다.[39]

석면 반대 운동

1976년 5월 영국 런던 중심가의 바비컨아트센터를 건설 중이던 노동자들이 석면 작업을 거부했다. 시공사인 거대 건설업체 랭이 이들의 요구를 무시하자 건설 노동자 500명이 2주간 일손을 놓았다. 건설 노동자 현장위원* 앨프 리드는 "석면 먼지를 없애기 위한 우리 파업은 건물을 짓는 사람들만이 아니라 건물 이용자들을 위한 싸움이기도 합니다" 하고 말했다.[40] 이 노동자들은 석면의 전면 금지를 요구했는데, 이 요구는 전국적 [석면 반대] 운동의 지지를 받았고 활동가들은 노조 내에서 종종 지도부의 반대를 무릅쓰고 이 요구를 밀고 갔다.[41] 비계공 출신으로 당시 [런던] 캠던 자치구 산하 DLO[도로 보수·건설 업무 기관]에서 일하던 영국공산당 당원 빅 히스가 건설산업노조UCATT의 1976년 5월 전국 대의원 대회에서 석면 기반의 건자재 사용을 금지하자는 내용의 비상 결의안을 제출했다.[42] 건설산업 노조 지도부는 이 결의안을 지지하지 않았지만 캠던 DLO는 석면을 금지했다.

이 결정에 힘입어 바비컨아트센터와 러셀스퀘어의 한 호텔 공사 현장을 비롯한 런던의 여러 공사장 노동자들이 석면 반대 파업에 나설 자신감을 얻었다.[43] 그 결과 바비컨아트센터는 영국에서 20세기 중엽에 지은 대형 건물 중 석면이 없는 몇 안 되는 건물의 하나로 남았다. 랭이 물러서자 노동자들은 일터로 복귀했다. 그럼에도 영국에서 건축용 석면이 전면 금지된 것은 1999년이 돼서였다.

---

* 현장위원(shop steward) 직장위원, 작업장위원으로도 번역되는 영국 노동조합의 현장 대표자. 보통 조합원 50명당 1명꼴로 선출되며 자기 작업장의 교섭에 참여하는 경우도 많다.

루커스 플랜

잉글랜드 중부 버밍엄에 있던 대기업 루커스에어로스페이스는 루커스인더스트리의 일부로, 1970년대 중엽 대규모 구조조정의 일환으로 수천 명을 감원하겠다고 발표했다. 이에 대응해 루커스의 현장위원들은 당시 산업부 장관이자 노동당 정부의 지도적 인사인 토니 벤의 지지를 얻어 대안적 생산계획을 입안했다.

[그 결과물인] 루커스 플랜은 공동현장위원회(노조와 작업장을 초월한 현장위원들의 공조 기구)가 1976년에 발표했다. 루커스 플랜을 이 글에 포함시킨 이유는 그것이 이후 여러 세대에 걸쳐 활동가들에게 중요한 영향을 끼쳐 왔기 때문이다. 단행본 6권 분량의 이 계획에는 당시 유럽 최대의 항공 시스템·장비 제조업체였던 루커스에서 무엇을 어떻게 생산하고 생산을 사회적으로 조직할지에 관한 창의적이고 급진적인 비전이 담겨 있었다. 태양전지, 풍력 터빈 등 150개 이상의 친환경적이고 사회적으로 유용한 제품의 생산을 위한 청사진을 제시했다. 또 이 제품들이 낭비 없이, 그리고 노동자가 지식과 기술을 발전시킬 수 있는 위계적이지 않은 환경 속에서 생산돼야 한다고 주장했다.

루커스 경영진은 이를 거부했고 노동당 정부(1974~1979년)는 이를 외면했다. 그러나 루커스 플랜의 자본주의적 생산 비판과 인간의 필요에 기초한 대안적 생산의 비전은 그 뒤로 수십 년간 노조 활동가들과 환경 운동가들에게 영감을 줬다.

루커스 플랜은 당대의 모순적 상황을 반영했다. 비전 자체는 진일

보한 것이었지만 그 비전을 실현하려면 필수적이었던 공동현장위원회의 "공세적 투쟁성" 전통에서는 후퇴한 것이었다.[44] [혁명적 좌파 계간지] 《인터내셔널 소셜리즘》은 당시 그 계획이 "[생산] 통제의 주체와 목적에 관한 문제를 '무엇을 통제하는가' 하는 문제로" 착각했다고 지적한 바 있다.[45]

루커스 플랜의 내용은 호주 건설연맹 뉴사우스웨일스주 지부와 마찬가지로, 당시 환경 파괴와 자원 고갈에 맞서고 산업에 대한 노동자 통제를 주장한 사회운동의 영향을 받았다.

영국에서 노동자 [생산] 통제 문제는 1971년 어퍼클라이드조선소 점거 투쟁을 시작으로 영국 각지에서 벌어진, 정리 해고와 공장 폐쇄에 맞선 점거 파업 물결 속에서 제기됐다.[46] 그 조직적 표현은 노동자통제연구소가 주도하는 운동이었는데, 한창때인 1970년에는 노조 활동가와 좌파가 참여한 1000명 규모의 콘퍼런스를 주최하기도 했다. 노동자통제연구소의 세미나들은 정치적·경제적 문제들을 "해결할 계획안에 상당히 공을 들였고" 개별 산업을 통제할 기구들을 제안했다.[47]

루커스 플랜을 처음 제안한 사람은 노동자통제연구소와 노동자 협동조합의 강력한 지지자였던 [당시 산업부 장관] 토니 벤이었는데, 그는 루커스에어로스페이스를 국유화해 달라는 요청에 대한 답변으로 그런 제안을 했다. 벤은 노동당 정부 아래에서 군수품 조달이 감소할 것 같으니 공동현장위원회가 국유화 대신 대안적 제품 생산계획을 마련해 보라고 권유했다. 그러면 그 계획을 정부에 제출해 재정 지원을 받아 내고 경영진과 협상하겠다는 것이었다.

지속 가능한 생산을 위한 조처를 논리적으로 호소하자는 발상에 루커스 공동현장위원회 성원들이 솔깃했던 것은 공동현장위원회가 여러 성과에도 불구하고,[48] 사용자들이 "노조의 경계를 뛰어넘는 노동자 기구들을 해체하고, 공동현장위원회를 공격하고, 탈숙련화를 추진한 것"을 막아 내지 못했기 때문이었다.[49] 1970~1975년에 일자리가 5000개 이상 사라졌고 노동강도는 높아졌으며 숙련도는 낮아졌다.[50] 당시 공동현장위원회의 공식 성명은 루커스 플랜의 내용보다 두드러지게 덜 급진적이었는데, 루커스 플랜이 "기존의 경제적 가정들"에 도전하는 "작은 시도"이자 노동자들이 "인류의 문제를 야기하는 게 아니라 오히려 해결하는 데 도움이 되는 제품을 만들 권리를 달라고 촉구할 준비가 됐다"는 것을 보여 줬다고 주장했다.[51]

비록 일부 공동현장위원회 위원들은 사측이 루커스 플랜을 수용할 거라는 기대를 안 했지만, 다른 일부는 사측이 논의조차 거부하고 공동현장위원회를 파괴하려 했을 때 놀랐다고 한다.[52] 사측은 정리 해고와 구조조정을 밀어붙였다. 노동자들이 현장에서 투쟁해 일부 일자리를 지키기는 했지만 말이다. "노동자들은 압력을 넣을 수단으로" 노동당 의원과 각료, 노조 상근 간부에 초점을 맞춘 "광범한 정치 캠페인을 벌였다."[53] 그런데 당시 노동당 정부는 노조 지도자들과의 소위 사회협약을 통해 임금 인상률을 물가 인상률 이하로 묶어 임금을 삭감하려 하고 있었다. 노동당 일부 인사들은 노동자들이 작업장에서 좀 더 많은 통제권을 갖게 해 주겠다고 약속했다.[54] 그러나 사실, 각료들은 루커스 플랜을 "흑사병 대하듯" 피했고 상층 노조 간부들도 루커스 플랜을 비슷하게 대했다.[55]

그럼에도 루커스 플랜은 상당한 반향을 일으켰다. 비커스·브리티시에어크래프트·던롭·파슨스·크라이슬러 등 영국 내 여러 제조업체의 현장위원들도 정리 해고에 직면해 나름의 대안적 생산계획을 개발했다. 영국 바깥에서도 이를 모방한 사례들이 있었다. 사회적으로 유용한 생산이라는 발상은 이후로도 여러 세미나와 서적, 다큐멘터리 등을 통해 퍼져 나갔고, 쓰디쓴 환멸을 낳은 노동당 정부가 1979년 마거릿 대처의 보수당 정부로 교체된 뒤에도 오랫동안 살아남을 수 있었다.

핵폐기물 해양투기

영국 노동조합들은 1983년 핵폐기물의 해양투기를 금지하게 만들었고 정부가 정책을 바꾸도록 강제했다. 앞서 그해 2월, 국제조약 기구인 런던해양투기협약은 [핵폐기물 반대] 캠페인의 압력에 밀려 핵폐기물 투기를 2년 동안 중단하는 데 합의했다. 1949년부터 중저준위 핵폐기물을 바다에 버려 온 영국 정부는 이 조처에 "법적 구속력이 없다"며 오히려 핵폐기물 해양투기를 늘리려고 했다. 이미 영국은 중저준위 방사성폐기물의 90퍼센트를 바다에 버렸다.

환경 운동 단체 그린피스는 영국 노동조합들에 도움을 요청했다. 그린피스 전 이사 피트 윌킨슨은 당시 자신이 여러 해 동안 선원노조NUS 위원장 짐 슬레이터에게 선원노조 조합원들이 핵폐기물 투기에 가담해선 안 된다고 닦달했었다고 회고록에 썼다.[56] 슬레이터는 선원들이 일손을 놓아 투기를 막는 것에 찬성했는데, 이제 투기 중단 협약을 명분으로 내세울 수 있게 됐다. 그는 노조 집행부를 설득해 핵폐기물 투기에 대한 비협조 방침을 채택할 수 있었고 타 노조들의 지지를 구했다.

이는 그보다 4년 전 영국 노총이 마거릿 대처 정부보다도 핵 개발 "포부"가 더 컸던 것과 비교하면 커다란 변화였다.[57] 유출된 1979년 10월의 각료 회의록 내용이 노총의 입장을 우습게 만들었는데, 정부가 핵발전을 노조 공격 수단으로 여기고 있음이 드러났기 때문이다. 회의록에는 다음과 같이 적혀 있었다. 핵발전은 "광원들과 수송 노동자들의 산업 투쟁으로 전력 생산이 차질을 빚을 위험을 상당히 줄이는 이점을 제공할 것이다."[58]

1983년 3월 선원노조 대의원 대회는 폐기물 운송 부문의 다른 노조들에게 핵폐기물 운송을 함께 거부하자고 호소하는 결의안을 채택했다. 그다음 달 그린피스가 주최한 회의에서 운수일반노조TGWU, 철도노조NUR, 철도기관사노조ASLEF의 고위 간부들이 이 결의에 대한 원칙적 지지를 밝혔다. 6월 17일, 이 노조들은 새로 도입된 폐기물 운반선 애틀랜틱피셔호가 대기하고 있는 항만으로 핵폐기물을 운송하는 것을 거부하는 계획을 공식 지지했다. 항만에 대기 중이던 폐기물 운반선의 선주들은 폐기물 해양투기 작업을 인가해 달라고 슬레이터에게 청원했지만 소용없었다. 영국 해군이 투입되거나 노조에 대한 사법 조치가 이뤄질 경우에도 해양투기를 저지할 "시위 선단"이 대기하고 있었다.[59] 선원들의 작업 거부 때문에 정부는 해양투기 정책을 철회해야만 했다. 그 뒤 런던해양투기협약은 핵폐기물 해양투기를 영구적으로 금지했다.

브라질 고무 채취 노동자들

고무 채취 노동자들은 한 세기 넘도록 아마존 열대우림 깊은 곳에서 나무 유액을 채취해 왔다. 이들은 야만적 복종을 강요당하는 반半노예 상태인 "부채 날품팔이"로 일했다.[60] 농장별로 고립돼 생활하는 이 무토지 농업 노동자들은 노동조합을 조직하기에 불리한 조건이었지만 끝내 노동조합을 조직했다. 그 지도자 중 한 명인 시쿠 멘지스[영어권에서는 "치코 멘데스"라고도 불린다] 살해 사건은 그들의 투쟁을 환경 파괴에 맞선 집단적 저항의 가장 유명한 사례로 만들었다. 고무 채취 노동자들과 그 동맹들은 300만 헥타르가 넘는 숲과 수많은 가족의 삶을 지켜 냈다.[61] 그들은 토지가 개간되지 않게 물리적으로 지켜 내고, 협동조합을 만들고, 학교를 세우고, 지속 가능한 채취에 바탕을 둔 대안적 개발계획을 만들었다. 그들은 브라질 최초로 공공 소유의 지속 가능한 채취를 위한 보호구역을* 만들게 강제했으며, 열대우림이 '세계의 허파'이자 종 다양성의 주요 원천임을 알리는 데서 핵심적 구실을 했다.

멘지스는 혁명적 사회주의자로 10대 시절 에우클리지스 페르난두 타보라에게서 정치를 배웠다. 타보라는 탄압을 피해 숲속으로 들어온 오랜 공산주의자였다. 타보라는 멘지스에게 읽기와 쓰기를 가르치며 레닌을 인용하곤 했는데, 노동조합이 "단지 어용이라는 이유

---

* 선주민과 고무 채취 노동자 등 현지인의 전통적 채취를 인정하는 천연보호구역. 1부 6장 참조.

로" 즉, 국가나 기업주들이 노동자들을 포섭하고 노동자들의 분노를 무마하려고 만든 노동조합일지라도, 그 밖에 머물러서는 안 된다고 조언했다.[62] 멘지스는 노동자들의 이익을 대변하고자 했다. 죽기 1년 전에도 그는 "내 원칙은 변한 게 없다"고 말했다.[63] 그러나 그 투쟁의 성격은 변화를 거쳐 왔다.

처음에 멘지스는 거의 혼자서 활동했고, 고무 채취 노동자들이 지대 납부를 거부해 자신들의 가족을 빈곤에 빠뜨린 토지 독점 체계에서 벗어날 수 있게 하려고 애썼다.[64] 이 시기에 브라질은 군부독재 정권(1964~1985년)이 지배했다. 멘지스는 1973년까지 5년 동안은 "거의 성과가 없었다"고 했다. 그는 단체를 만들고 거의 50명에게 읽기와 쓰기를 가르쳤지만 이 기간 중 2년 반가량을 숨어 지내야 했다.[65] 1970년대 중엽이 되자 군부는 아마존을 새로운 개간지로 선포하고 고무업계의 큰손들에게 지급하던 보조금을 목축업자들에게로 돌렸다. 목축업자들은 무장 괴한들을 고용해 개간에 나섰다. 지역 전체가 "지주들의 지배 아래"에 놓였다.[66] 이제 투쟁은 토지에 대한 종속에서 벗어나기 위한 것이 아니라 그 땅에 남을 권리를 지키기 위한 것이 됐다. 군사정권은 일부 노동계급을 포섭하려고 정부가 통제하는 노동조합을 만드는 방향으로 정책을 변경했는데, 이는 투쟁을 위한 조직적 기초를 제공했다. 전국농업노동자연맹CONTAG은 멘지스의 고향인 아크리주州에 노조들을 설립하기 시작했다. 멘지스 자신도 1977년 샤푸리농업노조를 설립했다.[67]

이듬해 상파울루 자동차 노동자들이 파업에 나섰다. 파업 물결은 처음에는 도심에서 시작해 1979년에는 농촌 노동자들에게 확산됐다.[68] 파업은 "파업 금지법이 정한 좁은 한계를 뛰어넘고, 임금 억제 정책과 노동자들에게 강요된 침묵을 무너뜨렸다."[69] 이 파업 물결은 군사정권 종식의 신호탄이었다.

고무 채취 노동자들은 일자리를 구할 수 없었으므로 파업을 할 수 없었다. 그 대신에 그들은 개간 캠프를 포위하고 해체했는데 이를 '엠파치'[포르투갈어로 '압수'라는 뜻]라고 불렀다. 그들은 벌목 노동자들에게 연대를 호소했고 경찰이 도착해서 쫓아내기 전까지는 언제나 벌목 노동자들의 협조를 얻을 수 있었다. 엠파치는 능숙한 대처가 필요한 위험한 일이었다. 예를 들어 멘지스 자신이 있던 카쇼에이라 사유지에서 벌어진 엠파치에서, 여성들과 아이들은 경찰 폭력을 피하려고 국가를 부르기 시작했는데 국가가 들리면 경찰은 차렷 자세를 해야 했기 때문이다. 한 참가자가 회상하기를 "경찰 50명이 서 있었는데 우리는 국가를 부르고 무장 경찰은 무기를 든 채 차렷 자세를 하고 중위는 경례를 하고 있었다."[70] 멘지스가 참여한 45건의 엠파치에서 400명 가까운 고무 채취 노동자와 지지자가 체포됐다. 최소한 40명이 고문당했고 몇몇은 살해당했다. 농촌 노동자와 그 노조 지도자에 대한 살해는 흔했다. 1988년 멘지스 살해 사건은 그해에 벌어진 다섯 번째 농촌 노조 지도자 살해 사건이었고 수사가 이뤄진 사상 최초의 사건이 됐다.

15건의 엠파치는 성공적이었다.[71] 그러나 엠파치만으로 고무 채취 노동자들의 미래를 지키기에는 세력균형이 너무 불리했다. 멘지스는 다음과 같이 썼다. "우리는 스스로 싸웠지만, … 우리가 숲을 지키려 하는 이유를 충분히 강력하게 주장할 줄을 몰랐다."[72] 숲을 이용하는 다른 사람들과 공통의 이익을 위한 동맹을 전국적·국제적으로 조직할 필요가 있었다. 전국고무채취노동자위원회가 1985년 10월 브라질리아에서 처음 열렸고 국가의 난폭한 개발주의에 맞서 대안을 제시했다. 위원회는 정부가 숲을 징발해 고무 채취 노동자와 선주민 등이 지속 가능하게 개발할 채취 보호구역으로 지정하라고 요구했다. 위원회와 노조는 선주민 공동체와 협력해 공동의 요구를 위한 활동을 조직했고, 선주민 채취자들은 고무 채취 노동자들의 엠파치에 동참하기 시작했다. 고무 채취 노동자들의 운동은 아마존 숲을 지키기 위한 국제 환경 운동과의 연계도 강화했다.[73]

고무 채취 노동자들은 브라질에서 새로 만들어진 무토지농업노동자운동과, 정부가 통제하는 노조에 대항해 만들어진 노총CUT과도 관계를 수립했다. 그러나 멘지스는 다른 노동자 조직들과의 연계는 "매우 약했고", 전국농업노동자연맹은 대체로 지지를 꺼렸다고 말했다.[74] 그럼에도 불구하고 이런 동맹들은 정부 관리들과 "지주들에게 갈수록 큰 걱정거리였다." 농업부 장관은 선주민들과 고무 채취 노동자들이 연합해 정부에 맞서는 것을 보고는 충격을 받았다. "'인디언과 고무 채취 노동자들은 지난 세기 이래로 내내 서로 싸워 왔는데, 지금은 함께하는 이유가 도대체 뭐냐?' 우리는 상황이 변했다고 말했다." 1985년 독재 정권이 끝났을 때 농촌 계급 분단선의 양측 모두 각자의 이익을 위한 토지개혁을 예상했다. 그러나 지주들은 신생 정치조직인 농촌민주협회DAR의 무장 기구에 자금을 지원해 자신들의 목적을 이뤘고, 농촌 활동가들에 대한 살해는 늘어났다. 그 이래로, 아마존 내 보호구역의 운명에 대한 우려는 우울하게도 현실이 되고 있다.[75]

비스테온과 베스타스

노동자통제연구소와 루커스 프로젝트가 끝난 뒤 한두 개의 예외를 제외하면, 영국에서 노동자들이 공장을 점거하거나 지속 가능한 생산을 요구하는 경우는 오랫동안 찾아보기 어려웠다.[76] 2009년 침묵을 깨고 벨파스트와 그레이터런던에 있는 포드의 부품사 비스테온과, 와이트섬에 있는 베스타스 풍력 터빈 공장에서 점거 투쟁이 벌어졌다. 이 투쟁들은 2008년 금융공황 이후 일자리를 지키기 위한 파업과 점거의 세계적 소물결의 일부였고 [2009년 1월] 아일랜드에서 벌어진 워터포드크리스털 점거 투쟁 등에서 영감을 얻었다.[77]

2009년 3월 비스테온 점거에서 환경과 관련된 요구는 작은 구실을 했을 뿐이다. 그럼에도 이 점거 투쟁은 루커스 플랜이 여전히 호소력이 있고 환경에 대한 노동자들의 관심이 커지고 있음을 보여 줬다. 포드에서 분리돼 나온 부품사 비스테온이 소유한 세 부품 공장 노동자들은 퇴직금도 없이 해고되기 몇 분 전에 통보를 받았다. 세 공장의 노동자들은 모두 공장을 점거하고 임금 손실 보상을 요구했고, 승리했다.

그러나 점거 농성자 일부는 이 공장의 사출성형 공정을 대안적이고 친환경적인 제품을 생산하는 것으로 전환할 수 있다고 주장했다. 이런 제안은 점거 노동자들 자신이 펴낸 리플릿과 보도 자료에 담겨 있었다. "플라스틱으로 무엇이든 만들 수 있는 우리의 기술은 갈수록 그 수요가 커지는 친환경 제품을 만드는 데 쓰여야 한다. 자전거와 트레일러 부품, 태양전지판, 풍력 터빈, 재활용품 수거함 등."[78] 이

리플릿은 금융권에 구제금융을 지원하는 것과 지속 가능한 대안적 생산을 대비하며 다음과 같이 지적했다. "정부가 은행가들에게 돈을 뿌리기보다 이런 일에 투자하는 것이 장기적으로 일자리를 지키고 수익성도 좋을 것이다."

한 점거 투쟁 지지자는 30년 전 현장 노동자들의 계획[루커스 플랜]이 영감을 줬다는 점을 알아봤다.

선례들은 이제 매우 잘 알려져 있다. 노동자들은 몇 해 동안 사장들에게 제품을 다양화할 것을 건의해 왔다. 노동자들은 자동차 시장이 어떻게 흘러가는지 알고 있었고, 다른 사람들처럼 환경에 대한 우려를 하고 있었다.

반면, 비스테온 경영진은 "[그랬다가는] 모터쇼에서 웃음거리가 될 것"이라는 반응을 보였다고 한다.[79]

비스테온 점거 투쟁으로부터 석 달 뒤 와이트섬 뉴포트에 있는 베스타스 풍력발전 공장 노동자 25명이 공장 폐쇄 계획에 맞서 사무동을 점거하고 정부에 자신들을 포함한 2개 공장을 국유화하라고 요구했다. 세계적으로 풍력 터빈 수요가 증가하고 있었는데도 덴마크에 있는 본사는 영국 공장이 재정적으로 유지될 수 없다고 주장했다. 사측은 미국으로 생산 거점을 옮길 계획이었다.

베스타스 노동자 일부는 특히 기후 위기 해결을 위한 일자리를 찾아 섬으로 들어온 사람들이었다.[80] 공장 폐쇄 계획이 발표된 시기는 정부가 "녹색 혁명"과 재생에너지 목표를 발표하며 해상 풍력 산업에 1억 2000만 파운드를 투자해 2020년까지 120만 개 일자리를 창출하겠다고 한 직후였다.[81] 베스타스 국유화는 당연한 요구였다. 은행에 지급된 구제금융과 영국 자동차 산업에 제공된 23억 파운드의 대출 보증을 고려하면 더욱 그랬다. 점거에 참여한 노동자들은 정부가 "기후 재앙을 막기 위해 진정으로 필요할 기반 시설을 보존하기 위해 개입해야 하고 그럴 능력도 있다"고 지적했다.[82]

그러나 점거를 처음 제안한 것은 공장 노동자들이 아니라, 투쟁에 연대를 조직하던 사회주의자들이었다. 이들은 영국과 아일랜드에서 경제 위기에 대한 대응으로 비슷한 행동이 빈발하고 있음을 알고 있었다. 당시 사회주의노동자당SWP의 산업 조직자였던 마이클 브래들리는 노동자들에게 다음과 같이 말했다고 회상했다. "일자리를 지키기 위해 싸워야 합니다. 이 투쟁을 기후변화와 연결하면 언론의 주목도 받고 큰 파장을 일으킬 것입니다."[83]

베스타스 노동자들에게 연대하기 위해 영국 각지에서 모여든 사람들의 다수도 "노동자들의 점거가 돌파구가 될 수 있음을 본능적으로 감지한" 사회주의자들과 노동조합 활동가들이었다.[84] 철도해운노조RMT 사무총장 밥 크로는 이 투쟁을 지지한 영향력 있는 인물중 한 명이었다. 20주에 걸친 성공적 투쟁을 막 끝마친 링컨셔주의 린지 정유소 [건설] 노동자들이 후원을 보냈다. 비스테온 노동자들, 초등학교 폐쇄에 맞서 점거 투쟁을 한 교사들, 소방관노조FBU, 한국의 [쌍용]자동차 노동자들, 덴마크와 미국의 노동조합 활동가 등도 후원을 보냈다.

베스타스 활동가들은 사측이 음식 반입을 금지하자 경비 라인을 뚫고 점거 농성자들에게 식량을 전달했다. 점거 농성자 일부는 공장을 나와 전국을 돌며 연대를 호소했다. 베스타스 투쟁의 두드러진 성과는 기층 사회주의자, 노동조합 활동가, 성장하는 기후 운동의 활동가를 "결집"한 데 있었다.[85] 기후 운동 내 NGO 부문은 "점거 운동이 제기한 도전에 [형식적 지지만 보내며] 대처하려고 애썼지만" 기후 운동의 급진파는 공장 입구에 농성장을 차리고, 모금을 하고, '우리의 일자리, 우리의 지구' 구호 아래 열리는 행진 조직을 도왔다.[86]

결과적으로 베스타스 노동자들은 일자리를 지키지는 못했다. 그렇지만 그들은 기후 일자리 요구를 "현실적이고 구체적인 것"으로 만들었다. 사회주의 활동가 조너선 닐은 당시 다음과 같이 주장했다. "기후변화저지운동과 철도해운노조, 공무원노조, 통신노조CWU, 철도사무직노조TSSA는 100만 기후 일자리 계획을 만들어 왔다. 그러나 이 계획은 구상에 머물렀다. 베스타스 이후 우리는 그 구상이 실현되는 것을 상상할 수 있게 됐다."[87]

기후를 위한 파업

2019년 9월은 급속히 성장한 기후 운동이 도달한 고점 중 하나였다. 2018년 IPCC가 지구온난화를 산업화 이전에 견줘 1.5도 이내로 억제할 수 있는 시간이 고작 12년밖에 남지 않았다는 보고서를 발표한 것이 이 운동을 자극했다.[88] 전 세계 수십만 명의 학생이 스웨덴 국회 앞에서 매주 열린 그레타 툰베리의 금요 집회에서 영감을 받아 동맹휴업에 나섰다. 2018년 중반에 시민 불복종 운동인 멸종반란이 설립돼 2019년 4월 런던 중심부를 봉쇄하는 "봉기"에 나섰다.

9월 20~27일에 이 운동은 한 단계 전진했다. 동맹휴업에 나선 학생들이 노동자들에게 산업 투쟁을 벌여 자신들과 함께해 달라고 호소했다. 시위 조직 단체 중 하나인 지구기후파업은 당시 행동을 2003년 반전 집회에 비견하며 역사상 가장 큰 국제 시위였다고 봤다. 전 세계적으로 700만 명이 파업과 동맹휴업, 집회에 참여해 "화석연료 시대의 종식과 기후 붕괴를 막기 위한 긴급 조치"를 요구했다. 또 "단기적 현금을 좇아 우리의 존립 자체를 위협하는 모리배들에게 우리의 미래를 기꺼이 내맡긴" 정치인들과 화석연료 기업들을 비판했다.[89]

국제노총ITUC은 소속 조합원 2억 명에게 합법적 틀 내에서 산업 투쟁을 벌일 것을 장려했다. 호주에서는 33개 노조가 청년 35만 명의 시위를 지지했다. 시드니 집회에는 노조의 대표단이 많이 참여했고 대학교 노조들은 단독으로 행진 대열을 만들어 합류했는데, "오늘날 시드니의 대형 대학 노조들에는 대부분 기후 활동가 그룹이 기층에 있다"는 사실을 보여 줬다.[90] 빅토리아주 멜버른에서 열린 행사에는 청소·소방·교육·사회복지·운수·소매·은행·공무원 노동자 대표단이 참가했다.[91]

영국에서도 기후를 위한 노동자 행동이 늘어났다. 노총이 30분 "작업장 행동" 호소를 지지하기로 한 뒤 조합원들은 200여 개의 집회와 행진, 도로 봉쇄와 연좌시위에 참가했다. 교원노조NEU 사무총장 케빈 코트니와 대학노조 사무총장 조 그레이디가 10만 명이 모인 런던 집회에서 연설했다. 철도해운노조는 조합원들에게 집회에 조직적으로 참가하라고 촉구했다. 공무원노조는 이날 참가해서 "노동 악법의 문제를 알리고 폐지를 촉구하자"고 권고했다.

노동조합의 광범한 지지가 노동자들의 집단적 파업을 뜻하는 것은 아니었다. 작업장 행동은 대개 짧은 시간에 국한됐고 (종종 압력이 있기도 했지만) 사용자들의 승인 아래 이뤄졌다. 포츠머스와 런던의 캠던을 포함한 여러 지자체가 이날 행동을 지지했고, "기후 비상사태"를 선포했다. 이미 진행 중이던 작업장 투쟁의 일환으로 벌어진 행동이 일부 있었고, 더 드물지만 비공인 파업도 있었다.

[호주] 시드니의 보터니항灣에서는 [항만 기업] 허치슨포트에서 일하는 호주해양노조MUA 소속 항만 노동자 380명이 4시간 동안 작업을 중단했다.[92] 이는 호주 노동자들이 기후 집회에 참가하기 위해 벌인 최초의 산업 투쟁으로 알려졌다. 노동자들은 임금과 노동조건을 둘러싼 투쟁이라는 명분을 내세웠다. 호주해양노조의 팻말에는 "해상 풍력을 가로막지 말고 기후 일자리를 마련하라"는 요구가 적혀 있었다. 석유·가스 노동자들도 조직하고 있는 호주의 이 대형 노조는 기후 대응에서 자신들이 "시류를 선도하려 노력한다"고 밝히고 있다. 이 노조는 지구온난화를 1.5도 이내로 제한할 것을 공식 정책으로 채택했다.[93] 멜버른에서는 기계 제조업체 페너던롭과 싸우고 있는 전국일반노조NUW 조합원 50명가량이 집회에 참가하기도 했다.[94]

영국에서는 정부의 기업·에너지·산업전략부에서 외주화된 노동자들로 구성된 공무원노조 지부가 호주해양노조와 비슷한 행동에 나섰다. 이 노동자들은 생활임금을 요구하며 무기한 파업을 하던 중이었는데, "친환경적이고 공정하고 정의로운 사회를 위한 투쟁"이라고 쓰인 현수막을 들고 "살 만한 행성, 살 만한 임금"이라는 구호를 외치며 자신들의 피켓라인에서 출발해 런던 기후 집회로 행진했다. 런던대학교 동양·아프리카학대학SOAS에서는 사무·시설관리 노동자들이 반나절 파업을 벌였다. 해당 노조 지부의 사무국장 샌디 니콜은 다음과 같이 설명했다. "이날은 파업을 하기로 했으므로 사용자들의 허락을 받아야 한다는 발상을 거부했습니다."[95] 이 지부의 과감한 방침에 압력을 받아 대학 당국은 파업 전날 밤에 기후 비상사태를 선언하고 기후 행동 위원회를 설치하는 한편 노동자들의 이날 행동을 양해하겠다고 발표했다.

몇 가지 교훈

노동자들이 환경에 관한 요구를 제기하는 계기는 '기후 파업'의 경우처럼 순전히 정치적일 수도 있고, 좀 더 일반적인 작업장 요구들을 놓고 싸우던 중 발전해 나올 수도 있다. 기후 관련 일자리가 위기에 처하는 경우처럼 환경적 요소가 있을 수도 있고, 노동자들이 지속 가능한 방식으로 생산을 바꿔서 자신들의 일자리를 보장하라고 요구할 수도 있다. 작업장 관련 요구에서 환경에 관한 요구로의 도약은 자동적이지 않다. 주관적 요인도 있어야 한다.

노동자들의 자신감

그린 밴 운동은 산업 노동자들의 힘이 뒷받침된 덕에 가능했다.

건설 노동자들은 특히, 임금격차 해소를 위한 1970년 차액 파업 이후 자신감이 고조된 덕분에 정치적 요구를 내건 투쟁에도 적극적이기 쉬웠다. 그린 밴 운동의 상승과 하강은 당시 건설 부문 취업률의 등락과 대체로 일치한다. 1971년 호주 건설 부문의 실업률은 1.4퍼센트였다. 1974년 가을에는 3.6퍼센트까지 높아졌고, 1975년 말에는 5.1퍼센트에 이른다.[96] 그러나 노동자들의 자신감이 1970년대 초에 분명 [그린 밴 운동 성장의] 한 가지 요소이긴 했지만 [건설연맹 뉴사우스웨일스주 지부를 제외한] 다른 노조들은 작업장에서의 투쟁 능력을 그다지 정치적으로 사용하지는 않았다. 먼디는 그린 밴 운동이 시작되기 전까지 몇 년 동안 변화를 겪은 것은 객관적 조건이 아니라 바로 노조였다고 주장했다.[97]

앞서 소개한 대부분의 사례들은 호황기나 산업 투쟁의 상승기에 일어나지 않았고, 오히려 1970년대 중엽 이후 대다수 선진국에서 겪은 산업 투쟁의 오랜 하강기에 벌어졌다. 2019년 기후 파업이 호소됐을 때 영국의 파업률은 역사적으로 낮은 수준이었다. 베스타스와 비스테온 점거 투쟁은 커다란 경제 위기로 실업에 대한 우려가 커지는 가운데 벌어졌다. 그러므로 주관적 요인이 중요하다. 정리 해고의 위협은 노동자들을 비관에 빠뜨릴 수도 있고 싸우게 할 수도 있다.

정치에서 힘을 끌어내기

여기서 소개한 모든 투쟁은 더 광범한 정치적 운동들이 벌어지는 맥락 속에서 일어났다. 그린 밴 운동은 전 세계적으로 벌어진 정치적·경제적 저항 물결의 끝자락에 일어났다. 먼디는 프랑스의 1968년

5월 총파업과 학생 시위에 고무돼 자신들의 노조가 "공세적 파업"으로 나아갔다고 말했다.[98] 먼디 자신은 당시의 블랙 파워 운동과 청년들의 대항문화에 영향을 받았다.[99]

2019년 9월 기후 파업은 런던 중심부의 상당 부분을 봉쇄한 멸종반란 시위와 학생들의 동맹휴업 등 "세계적 투쟁의 새 물결"이 배경이 됐다.[100] [동양·아프리카학대학 지부 사무국장] 니콜의 말처럼 기후 운동의 성장은 노동자들에게 "역사의 올바른 편에 서 있다는 자신감을 느끼게" 했고, 사용자들이 파업을 막았다간 "자신들의 평판을 스스로 무너뜨릴" 것이라고 느끼게 했다. 니콜은 다음과 같이 말했다. "[노조의 말 한마디면] 파업이 즉시 벌어지던 시기와는 현장 상황이 많이 다르지만, … 우리는 이 쟁점으로는 혹시 [파업이] 가능할지 시험해 봤습니다."

이런 상황에서는 정치 활동가들이 자신들의 투쟁을 노동계급의 요구와 연결하는 것이 가능해진다. 니콜은 "동맹휴업에 참여한 청소년들이 … 노동계급의 참여 필요성을 명확하게 인식하고 있다는 사실에 놀랐습니다" 하고 말했다.[101] [학생들의 휴업과 노동자들의 파업을 모두 지칭하는 단어] "스트라이크strike"라는 표현이 사용된 것 자체가 중요한 발전이다. "노동조합운동 바깥에서 '스트라이크'라는 말이 긍정적으로 쓰인 건 실로 오랜만입니다."

이런 경험들은 환경 운동에 계급적 관점을 불어넣고 노조의 참여를 촉구하는 일이 중요함을 보여 준다. [영국] 기후변화저지운동의 노조팀이 주도한 '100만 기후 일자리 캠페인'은 기후 위기와 실업·임금 문제를 연결해서 영국과 세계 각지의 노조들 사이에 네트

워크를 구축했고 노르웨이와 남아공 등에서 비슷한 운동들을 촉발했다.[102]

정치적 지도력

이 글에서 자세히 설명한 대부분의 사례들에서 급진적 정치 지도력이 중요한 요소였던 것으로 보인다. 그것이 눈에 보이지 않은 경우들조차, 안토니오 그람시가 말했듯이 "'의식적 지도'의 요소가 … 이렇다 할 문서를 남겨 놓지 않은 것"일 공산이 크다.[103]

주류 역사는 개인의 구실을 과장하는 경향이 있다. 잭 먼디와 시쿠 멘지스 같은 가장 유명한 운동의 지도자들은 각각 홀로 영웅적 인물이었던 양 묘사된다(동시에 [그들의 더 광범한 급진성은 무시된 채] "환경주의자"라고만 그려진다).[104] 그러나 두 사람 모두 급진 좌파 내의 좀 더 넓은 지도부의 일원이었다. 먼디 자신은 계급의식적 지도부가 그린 밴 운동의 "가장 필수적인 구성 요소"였다고 강조했다.[105]

뉴사우스웨일스주 지부 집행부는 자체 출판물을 발행하고 집회를 여는 등 노동계급의 이익을 표현하는 정치 활동을 벌이기 위해 싸웠다. 그들은 중요한 정치적 사안이 제기되면 시드니 전역을 포괄하는 파업 회의를 열었다. 집행부의 일원인 밥 프링글과 조니 필립스는 아파르트헤이트를 유지하던 남아공의 럭비팀이 출전하는 것에 항의해 골대를 무너뜨렸다. 이 사건으로 먼디도 법정모욕죄로 기소됐다. 노조 지도부가 경제투쟁을 벌인 방식 덕분에 그들은 "아무도가 보지 않은 길을 개척할" 권한을 쥘 수 있었다.[106]

시쿠 멘지스, 위우송 피녜이루 등 고무 채취 노동자 운동의 급진적 지도자들은 숲을 지키기 위한 최후의 방어전에 나설지, 아니면 싸우지 않고 포기할지 선택하는 것에 큰 영향을 미쳤다. 멘지스의 친구이자 노조의 고문이었던 고메르신두 호드리게스는 멘지스가 공통의 전술적 이해관계를 바탕으로 동맹을 구축하는 데 천재적 계급투쟁 감각이 있는 인물이었다고 묘사했다.[107]

좌파는 1960년대 말과 1970년대 초에 런던 바비컨아트센터 건설노동자들의 조직력을 구축하는 데서도 일정한 구실을 했다. 런던 합동건설현장위원회의* 활동적 회원 중 절반가량은 공산당 당원들이었던 것으로 추산된다.[108] "노사 화합을 거부하는" 그들의 사상은 1960년대 말 런던의 대형 건설 현장에서 벌어진 투쟁들에 승리를 가져다줬다.[109]

현장 조합원의 중요성

먼디는 "견고하게 뿌리내린 노조 관료"가 현장 노동자 다수가 정치화하는 데 장애물이 된다고 불만을 표했다.[110] 전투적 노조 지도부조차 "강한 어조의 성명을 내는 것에 만족한다"는 것이다.[111] 호주 우라늄 채굴 반대 운동에서도 노총 지도부는 동요하며 비슷하게 운동을 가로막았다. 노총 관료들은 "단 한 번도 항의 운동을 적극적으로 지원하지 않았다."[112]

그런가 하면 지도부의 공식적 지지는 비록 제한적인 것일지라도 기층 행동을 고무할 수 있다. [영국의 학자이자 활동가인] 폴 햄프턴이

---

* 합동건설현장위원회 주요 도시별로 존재했던 건설 노조 기층 조합원들의 연합 기구.

노동자들의 기후 연대에 관해 쓴 책을 보면, 현장 조합원 활동가들이 어떻게 노조 지도부의 "[사측과의] 동반자적 관계에 기초한" 기후 대응 모델조차 독립적 투쟁을 벌일 기회로 활용했는지(오늘날 일부 노조 지부에서 흔히 볼 수 있는 '녹색' 혹은 기후 대의원 직책을 활용하는 등) 알 수 있다.[113] 호주에서 우라늄 수송을 거부한 운수 노동자들은 노총이 통과시킨 공식 방침을 활용할 수 있었다. 영국에서 2019년 9월 노총이 30분짜리 기후 행동을 승인한 것은 많은 노조 대표자들에게 기후 쟁점을 제기할 자신감을 줬고 더 많은 노조 현수막이 거리에 내걸릴 수 있게 했다.[114] 캠던 지자체와 동양·아프리카학대학을 포함해 일부 작업장의 대표자들은, 연맹의 공식 지지를 활용해 작업장의 경계를 넘고 30분보다 더 오래 행동을 확대 조직할 수 있었다.

노동조합이 환경문제에 나서게 만들기 위해 활동가들이 분투하는 것은 중요하다. 그러나 노동조합의 기능이 일터에서 자본주의적 착취[를 거부하는 것이 아니라 그것의] 조건을 지키거나 개선하는 것이라는 사실 때문에, 노동조합의 환경문제 대응은 "더 친환경적"인 자본주의의 범위 안에서 위로부터의 개선을 지향하는 경향이 있다.[115] 이는 노동조합이 제기하는 기후 요구의 폭을 제한하고 모순된 태도를 취하도록 만들기도 한다. 공항 확장을 지지하거나 핵발전, 셰일 가스 등을 "치우치지 않는" 에너지 다변화 정책의 일환이라고 지지하는 것들이 그런 사례다.

노동조합이 사회구조에서 차지하는 위치는 상근 간부층을 통해 표현되는데, "자본과 노동 사이의 중재자라는 특별한 구실" 때문에 그들은 노동계급과 기업주 사이에서 동요한다.[116] 상근 간부들은 자본과 공생하는 방향으로 노조의 정책을 이끌 뿐 아니라 흔히 산업 투쟁에 제동을 거는 구실을 한다.[117] 그러나 그들은 아래로부터의 압력에도 민감하다. 간부들이 "조합원들의 불만을 대변하지 않거나 파업 투쟁을 이끌어 임금과 노동조건에 최소한의 개선을 가져오지 못한다면" 지지를 잃을 것이다.[118] 노동자 투쟁이 체제 내 접근법을 넘어 체제 자체를 바꿀 수 있을지 여부는 궁극적으로 현장 조합원들이 얼마나 강력한지에 달려 있다.

동양·아프리카학대학의 유니슨 노조 지부가 2019년 가을 파업을 조직할 수 있었던 것은 조직력 덕분이었다. 그 지부는 집단 교섭 같은 쟁점으로 싸워 이긴 역사가 있다. 그 결과 이 지부는 대학 안에 뿌리를 촘촘히 내리고 있고, 이례적으로 높은 조직률을 유지하고 있으며, 지부의 결정을 조합원들이 신뢰한다. 지부는 대학노조·학생회와 함께 외주화된 시설관리 직원들을 다시 정규직화하는 운동을 성공적으로 벌인 바 있다. 이 지부는 파업 투쟁의 역사도 갖고 있다. 대학 당국이 [지부 사무국장] 니콜을 두 차례 해고하려 했을 때, 매번 그의 동료들은 파업에 나섰고, 학생들도 노조에 연대해 대학을 마비시켰다.

고무 채취 노동자 투쟁의 특징도 강력한 조직이었다. "우리의 승리는 우리의 조직과 규율에 달렸다"는 구호는 멘지스가 샤푸리농업노조를 조직한 정치적 방식을 요약한 것이다.[119] 멘지스와 그의 동료들은 1980년 위우송 피녜이루가 살해당한 사건으로부터 배웠다. 그들은 조직의 기반을 더 깊이 뿌리내리게 하고, 단일 지역에서 벗어나 조직을 확장하고, 다른 피억압 집단과 연계해 전 지역으로 저항을 확산시켰다.

바비컨 [건설] 노조 활동가들은 1960년대에 복지시설을 위한 운동을 벌이며 자신들의 조직을 건설했고 그 뒤로는 노조 파괴 시도와 고용 유연화에 맞선 투쟁을 벌였다. 1976년 석면 투쟁 당시 이미 그들은 일련의 지역 투쟁들과 1972년 전국적 건설 노동자 파업에서 승리하며 "건설업계에서 가장 잘 조직된 노조 중 하나"를 보유했다.[120] 바비컨은 1972년 전국 건설 노동자 파업의 조직적 시발점 구실을 하기도 했다.[121]

결론

기후 위기가 심각해지고 있는 만큼 환경문제로 투쟁할 이유는 줄어들지 않을 것이다. 2019년 12월 시드니를 포위한 대화재 당시 호주 해양노조는 지독한 대기오염 속에서 작업하기를 거부하며 시드니 보터니항 조합원 100명의 일손을 놓게 했다. 사용자들은 "불법 파업"이라고 비난했다.[122] 영국에서는 2019년 말에 한 청소 노동자가 매연을 내뿜는 쓰레기차 운행을 거부했다가 기업주들에게서 비슷한 위협을 받았다.[123] 사용자들은 이윤에 타격이 예상되는 상황에서는 노동자들을 자발적으로 보호하려 들지 않을 것이다. 2020년 코로나19 팬데믹 시기에 그토록 많은 노동자들이 보호구를 달라고 요구해야 했던 것이 대표적이다.

기후와 연관된 계급투쟁이나 다른 쟁점으로 시작해 기후 요구로 나아가는 투쟁들이 발전하는 것을 상상하기는 어렵지 않다. 예컨대 연금 문제로 2020년 1월 파업을 벌인 프랑스 정유 노동자들이 기후 일자리 요구로 나아갔다면 어땠을지 생각해 보라.[124] 정부들이 역진세를 도입할 때마다 그것이 화석연료를 줄이기 위한 조처라고 얼마나 자주 떠들어 대는지, 프랑스 대통령 에마뉘엘 마크롱이 유류세를 인상하려 했을 때 그 반응은 어땠는지 보라. 마크롱의 유류세 부과는 노란조끼 운동을 촉발했고 이 운동은 불평등에 항의하며 국가와 충돌했다. 노란조끼 참가자들은 종종 무지하고 가난하다고 무시받았다. 그러나 결국 이 계급 운동은 다음 구호 아래 노동조합과 기후운동과 연계를 구축해 냈고 장차 더 많은 사람들을 끌어들일 것이다. "이달의 끝과 이 세계의 끝은 하나의 투쟁이다."

7장
지속 가능한 사회를
만들 수 있을까?

마틴 엠슨

2015년 12월 파리에서 열린 21차 당사국 총회에 유엔 기후변화 협약 가입국 정상들이 모였다. [그 결과인] 이른바 파리협약은 정치인들에게서 기후변화에 관한 중대한 조처를 제시했다는 찬사를 받았다. 그러나 파리에서 체결된 합의와 그 뒤 마라케시·본·카토비체 총회에서 체결된 합의는 모두 실질적 변화를 거의 제시하지 못했다. 회담 직후, 영국의 주요 기후 과학자 케빈 앤더슨은 파리에서 제시된 자발적 약속이 모두 지켜지더라도 여전히 지구 평균기온은 3~4도가량 오를 것이라고 주장했다.

출처: Martin Empson, "Can We Build a Sustainable Society?", *System Change not Climate Change* (Bookmarks, 2019). 이 글은 *Socialist Review*, December 2015에 처음 실은 것을 개정한 것이다.

기온이 이 정도 상승하면 단순히 세계가 더 더워지는 게 아니라, 환경 재난이 일어날 것이다. 갑작스러운 기후변화가 닥칠 가능성이 커지고, 심각한 해수면 상승으로 거대한 규모의 침수가 일어날 것이다. 기아·기근·전쟁이 뒤따를 공산이 크다. 수많은 사람이 참사를 겪을 것이다.

이런 우려가 커짐에 따라 환경 운동이 성장하고 있다. 더 많은 사람이 시위와 모임에 참가하고, 커다란 문제를 제기한다. 일례로 전 세계 노동조합들과 환경 운동가들은 "기후 일자리"라는 아이디어를 기후변화에 따른 혼란과 내핍 정책에 맞선 대안으로 받아들이고 있다. 동시에 환경 운동 내부에서 현 체제를 조금 손보는 것 이상으로 나아가야 한다는 목소리가 커지고 있다. 나오미 클라인의 베스트셀러 《이것이 모든 것을 바꾼다》가 인기를 얻는 것이 그런 변화를 보여 주는 한 사례다. "자본주의 대 기후"라는 부제를 단 이 책에서 클라인은 많은 환경 운동가의 생각을 간결하게 정리했다. 그 내용인즉, 문제는 기술, 인구 증가, 잘못된 식단이 아니라 바로 체제라는 것이다. 클라인은 기후 위기를 설명하면서 자본주의를 체계적으로 비판한다. 클라인의 자본주의 비판은 많은 사람이 긴축을 둘러싼 정치에서 경험한 것과도 딱 들어맞는다.

그러나 클라인은 자본주의를 대체할 지속 가능한 대안이 무엇인가 하는 문제에서는 다소 불분명하다. 클라인의 책을 읽으며 느낀 아쉬움 하나는 클라인의 대안이 사실 자본주의와 그다지 다르지 않다는 것이다. 클라인의 대안은 지금과 다른 자본주의이지만, 그래도 여전히 자본주의다. 더 지역화되고, 더 합리적이라 해도 말이다. 국가가 개입해 온실가스 배출 감축을 목표로 생산을 계획하고, 동시에 사회적으로도 더 공정하게 생산되도록 한다. 그러나 여전히 자본주의다.

체제로서 자본주의의 핵심은 노동자를 착취해 이윤을 최대한 뽑아내려고 노력하는 서로 경쟁하는 자본 블록들이다. 이런 자본주의 생산은 자연 세계에 기반을 두기 때문에 자연 세계에 큰 영향을 끼친다. 생산과정에서 자원 추출과 오염 발생으로 자연환경이 훼손되는 것이다. 이산화탄소 같은 온실가스도 이때 발생한다.

클라인은 생태적으로 해로운 이 체제를 옳게 규탄하며, 특히 자본주의의 "채취 산업"을 문제의 핵심으로 본다. 그러나 우리가 체제에 도전해 자본주의 심장부의 화석연료 산업을 무너뜨리더라도 노동자 착취와 부의 경쟁적 축적에 기반을 둔 이 체제는 여전히 남아 있을 것이다.

파리협약 이후 환경 운동이 나아갈 방향을 둘러싸고 격렬한 논쟁이 벌어져 왔다. 이런 논쟁은 도널드 트럼프 같은 우파 정치인이 당선하면서 더 격화돼 왔다. 트럼프는 기존에 시행되던 제한적 조처들마저 취소하는 정책을 펴기 시작했다. 2017년 8월 트럼프는 미국이 파리협약에서 탈퇴한다고 발표했다.

혁명적 사회주의자들이 이런 논쟁의 중심에 서야 한다. 우리는 기후 운동을 더 크고 강력하게 건설하려 할 뿐 아니라, 대다수 사람들의 필요와 이익에 기초한 대안 사회의 전망을 제공할 수 있다. 이 전망을 설명하려면, 마르크스와 엥겔스의 일부 사상을 다시 살펴봐야 한다.

마르크스주의적 자본주의 비판의 핵심에는 인간과 자연 세계의 변증법적 관계에 대한 이해가 있다. 카를 마르크스와 프리드리히 엥겔스는 자본주의를 비판했을 뿐 아니라, 자본주의를 혁명으로 분쇄하고 태어날 공산주의 사회가 어떻게 생태적으로도 지속 가능한 사회가 될지에 관해서도 탐구했다.

불행히도 많은 환경 운동가들은 자본주의를 대체할 지속 가능한 대안으로서 사회주의를 고려조차 하지 않는다. 이는 부분적으로 소련·동유럽·중국과 같은 정권의 경험 때문이다. 이들 나라의 지도자들은 흔히 사회주의와 마르크스주의를 운운했지만, 생산의 중심 동역학은 노동자와 농민의 이익이 아니라 서방과의 경쟁에 맞춰져 있었다. 소련과 동구권 국가들의 환경 파괴 전력은 끔찍했고, 중국은 오늘날에도 심각한 환경오염 문제를 일으키고 있다.

이 나라들에서 사회와 자연 세계가 맺은 문제적 관계는 다음 두 가지 인용구에 가장 잘 요약돼 있다. 한 소련 경제 기획자는 다음과 같이 주창했다. "생명력을 지닌 것은 모조리 근본적으로 재배치해야 한다. … 살아 숨 쉬는 모든 것의 생과 사는 바로 인간의 의지에 따라, 인간의 계획에 따라 결정될 것이다." 중국공산당 지도자 마오쩌둥은 좀 더 간단하게 다음과 같이 말했다. "인간이 자연을 정복해야 한다."

이러니 환경 운동 내 좌파의 일부가 이것과 거리를 두려는 것은 놀라운 일이 아니다. 활동가 조지 몬비오는 2003년 자신의 책 《열기》에서* "기후변화에 대처해야 한다는 이유로 중앙집권적 계획에

---

* 국역: 《CO_2와의 위험한 동거》, 홍익출판사, 2008.

면죄부를 줘서는 안 된다"고 썼다.

그러나 마르크스와 엥겔스의 사상에서 개괄된 사회와 자연의 관계는 소련 경제 기획자들이나 마오쩌둥이 표현한 조잡한 생각과는 전혀 다르다. 마르크스와 엥겔스는 사회주의에서 자원의 사용과 배분, 사회의 생산계획을 중앙집권화된 지도부가 결정하는 것이 아니라, 최대한 많은 이해 당사자가 참여하는 민주적 의사 결정 과정을 통해 결정해야 한다고 봤다.

《자본론》에서 카를 마르크스가 제시한 공산주의의 전망은 오늘날 우리가 지속 가능성이라고 부를 만한 것이다.

더 높은 경제적 사회형태의 관점에서 보면, 한 개인이 지구를 사적으로 소유하는 것은 인간이 인간을 사적으로 소유하는 것만큼이나 아주 터무니없는 일일 것이다. [개인이 아니라] 하나의 사회, 하나의 나라, 심지어 당대의 사회를 다 모으더라도 지구의 소유자는 아니다. 그들은 단지 지구의 점유자이자 일시적 이용자일 뿐이며, 좋은 가장이 그러듯이, 지구를 더 나은 상태로 다음 세대에게 물려줘야 한다.

공산주의에 대한 이런 전망은 부분적으로 마르크스 자신의 자본주의 비판에 기반을 둔 것이다. 마르크스는 자본주의가 "모든 구멍에서 피와 오물을 흘리며" 태어났고 이 과정의 핵심은 인구의 다수가 "모든 부의 원천"인 토지와 맺는 관계를 끊어 내는 것이었다고 주장했다. 인류를 다른 종과 구별되게 하는 것은 노동을 통해 자연을 우리에게 유리하게 변화시키는 능력이다. 자본주의 사회에서 노동자는 자연 세계에서 소외된다.

이 "신진대사의 균열"은 자본주의하에서 사회와 자연 세계의 관계에 생기는 핵심 문제 중 하나다. 더 지속 가능한 미래로 가려면 반드시 이 균열을 치유해야 한다. 마르크스는 이 분리가 한번 자리 잡으면 계속해서 더 발전할 것이라고 봤다. "생산양식의 새롭고 근본적인 혁명이 다시 이 분리를 전복하고, 원래의 결합을 새로운 역사적 형태로 복원할 때까지" 말이다.

마르크스가 여기서 말하려 하는 것은 자본주의 이전의 옛 사회 형태로 돌아가지 않으면서도 인간과 자연의 근본적 관계를 치유하는 사회다. 그러려면 새로운 사회가 만들어져야 한다. 이를 위해서는 혁명 과정을 통해 재산을 사회적 소유로 돌려야 한다. 마르크스는 이 새로운 형태의 사회를 공산주의라 불렀다. 그런데 공산주의라는 용어는 소련에서 스탈린이 [반혁명에] 성공한 여파로 들어선 정권을 지칭하는 말로 잘못 인식돼 왔다.

진정한 공산주의 사회에서는 생산이 완전히 변화할 것이다. 자본주의 사회에서는 이윤을 위해 생산이 이뤄진다. 상품생산은 사회 전반의 필요가 아니라 오직 돈을 받고 판매할 수 있는지에 따라 결정된다. 2009년 세계적으로 풍력 터빈 제작을 선도하던 기업 하나[베스타스]가 와이트섬에 있던 공장을 폐쇄했다. 수백 명이 일자리를 잃었다. 재생에너지를 확대하기 위해 풍력 터빈이 필요하다는 목소리가 전 세계에서 높아지던 바로 그 시기에 말이다. 와이트섬 공장 폐쇄는 주문량이 감소했기 때문이 아니었다. 주문은 오히려 폭증하고 있었다. 회사가 공장을 폐쇄한 이유는 같은 터빈을 중국이나 미국에서 생산하는 게 더 많은 이윤을 낼 수 있기 때문이었다.

이처럼 이윤을 위한 생산에 역점을 두기 때문에 자본주의는 엄청나게 자원을 낭비한다. 이윤을 내는 제품은 어마어마한 양이 생산된다. 시장에서 공급과잉으로 과잉생산 위기가 일어날 때까지 말이다. 제조사 출고 센터에 팔리지 않은 차량 수만 대가 있는 사진을 떠올려 보라. 팔리지 않는 각각의 차량은 낭비된 원자재·에너지·노동을 상징한다. 동시에 저탄소 교통수단을 확대·개선하기 위한 버스와 열차는 세계 전역에서 부족한 실정이다.

마르크스는 공산주의하에서의 생산은 사뭇 다를 것이라고 생각했다. 1871년 파리코뮌의 여파 속에서 마르크스는 다음과 같이 적었다. "단결한 노동자 협동조합들이 공동의 계획에 따라 국가의 생산을 조절함으로써, 생산을 자신의 통제 아래 두고 자본주의 생산의 숙명인 상시적 무질서와 주기적 격변을 끝낼 것이다." 이 전망은 오늘날에도 여전히 급진적이고 탁월하다.

이런 민주적 계획 생산은 본질적으로 지속 가능한데, 핵심적으로 평범한 사람들이 자연 세계와의 상호작용을 계획·조직하는 방식으로 운영되기 때문이다. 노동자들이 이윤을 위한 세계의 관점으로 자신들의 노동을 보도록 강요하는 자본주의의 구속에서 벗어난다면, 노동자들은 사회 전체의 이익을 위해 집단적으로 자신들의 노동을 계획할 수 있을 것이다.

그런 사회에서 노동자들은 적절한 교육도 받을 수 있을 것이고 처음으로 생산과정에서 자신이 하는 구실을 사회와 자연의 더 넓은 상호작용의 일부로서 인식할 수 있을 것이다.

마르크스와 엥겔스는 이런 문제를 논의할 때, 흔히 자본주의 사회에서 어떻게 생산이 시골 지역과 분리돼 공해를 일으키는 거대한 도시로 집중돼 왔는지 살펴봤다. 이는 상품과 원자재 수송에 어마어마한 자원이 낭비된다는 것을 뜻했다.

엥겔스는 합리적 사회에서라면 이런 분리를 어떻게 끝낼지에 대해서 언급했는데, 핵심은 다음과 같았다. "노동자들은 모든 방면으로 성장해 산업 생산 전체의 과학적 기반을 이해하고, 그 개개인은 생산의 처음부터 끝까지 전체 과정을 실질적으로 경험하게 된다. 그리하여 이 사회는 원자재와 연료의 장거리 수송에 필요한 노동을 충분히 대체할 새로운 생산력을 만들어 낼 것이다."

마르크스와 엥겔스를 비판하는 몇몇 이들은 그들이 자연 세계를 고갈되지 않는 자원의 보고로 봤다며 마르크스와 엥겔스의 공산주의 사상에 문제가 있다고 주장한다. 그러나 마르크스와 엥겔스는 당시 최신의 과학적 발견과 기술 진보에 관심을 기울인 유물론자였다. 그들은 자본주의가 자연 세계와 지속 불가능한 방식으로 관계 맺는 것이 문제라는 점을 알고 있었다.

마르크스가 이 문제를 다룬 한 가지 방식은 자본주의 농업의 문제를 분석하는 것이었다. 굶주린 사람들을 먹이는 것이 아니라 이윤 극대화를 추구한 마르크스 시대의 농업은 지력 저하라는 형태로 환경 위기를 겪고 있었다. 토지에서 영양분을 취하기만 하고 보충하지 않아 생긴 문제였다.

비료를 사용해 토지의 비옥도를 보충하는 과학적 농업이 가능했다. 그러나 합리적 농업을 가로막은 장벽은 기술적 문제가 아니라 사회적 문제였다. 비료 살 돈이 없는 농민은 토지를 계속 고갈시키면서 농사를 짓거나 파산할 수밖에 없었다. 동시에 사람들은 식량을 살 돈이 없어 굶주렸다.

새로운 사회는 어떻게 생겨날까? 마르크스와 엥겔스는 노동자들이 계급투쟁에 참여하면서 자신들만의 조직을 만들어 투쟁을 조직한다는 점에서 출발했다. 이런 노동자 조직은 그 시작은 파업위원회일 수도 있지만 사회를 아래로부터 운영하는 조직이 될 가능성이 있다. 마르크스는 무엇보다 파리코뮌(노동자들이 들고일어나, 비록 단명했지만, 프랑스 수도에 세계 최초의 노동자 국가를 세웠다)을 보고 연대를 건설하면서 자신의 이런 생각을 발전시켰다.

그 뒤로 혁명가들은 어떻게 노동자들이 투쟁에 나서면서 자신의 삶을 스스로 통제하기 시작하는지 보여 주는 사례를 셀 수 없이 많이 목격했다. 우리는 노동자들이 참여하는 모든 투쟁에서 이런 사례를 볼 수 있다. 예컨대, 처음에는 대체인력 투입 저지를 조직하는 정도로 시작한 파업위원회도 노동조합 지도부가 노동자들이 원하는 방식으로 싸우지 않으려 하면 이를 거슬러 투쟁의 지도부를 자임하려 들 수 있다.

투쟁이 절정에 달한 혁명기에 노동자들은 작업장과 지역사회에서 민주적으로 선출한 대표들을 바탕으로 위원회들의 네트워크를 형성한다. 이런 평의회들은 투쟁 자체의 필수적 요소다. 그러나 혁명적 시기에 이런 평의회들은 식량 분배를 조직하거나 혁명을 방어하는 책임도 맡을 수 있다. 즉, 노동자들의 일상적 이해관계를 대변한다. 이 혁명적 평의회들은 새로운 방식으로 사회를 조직하는 초석을 놓을 수 있다.

자본주의의 대안은 자본주의에 맞선 투쟁에서 나온다. 그러나 새로운 사회가 생겨나는 방식이나 조직되는 방식 외에도 중요한 것이 있다. 그 투쟁 과정에서 노동자들 자신도 변한다는 점이다. 마르크스는 다음과 같이 썼다.

이런 공산주의적 의식이 대규모로 생겨나고 그런 의식이 지향하는 바를 이루려면 인간 자신이 대규모로 변해야 한다. 이런 변화는 오직 실천적 운동, 즉 혁명 속에서만 일어난다. 따라서 이런 혁명이 꼭 필요한 이유는 단지 지배계급을 전복할 다른 방법이 없기 때문만이 아니라 지배계급을 전복하는 계급은 오직 혁명 속에서만 낡은 사회의 오물을 털어 내고 새 사회를 건설하는 데 적합해질 수 있기 때문이다.

"공산주의적 의식"이 생겨난다는 것은 노동자들이 거듭나 제자리로 돌아간다는 뜻이다. 즉, 원자화된 소비자로서 소외된 노동을 통해 자연과 관계 맺는 것이 아니라, 자연의 일부로서 지구와 인류의 집단적 이익을 위해 주위 세계를 변화시키고 노동하게 된다는 뜻이다.

마르크스와 엥겔스는 지구적 기후변화에 대해서는 몰랐지만 자본주의가 환경 위기를 동반한다는 것은 알았다. 자본주의가 환경 재난에 대처하지 못한다는 점이 명확해지는 21세기에 마르크스와 엥겔스의 공산주의 사회 전망은 더 중요해지고 있다.

3부
탈성장, 채식주의,
과잉인구, 종말

1장
성장과 탈성장: 생태사회주의자는 무엇을 주장해야 할까?

존 몰리뉴

노동운동과 사회주의 운동이 시작된 이래 대부분의 시기 동안 이 운동에서 지배적 태도는 경제성장을 선호하는 것이었다.

노동조합과 노동당, 사회민주주의 정당들은 경제성장 정책을 채택하라고 정부에 촉구하는 결의안을 수도 없이 통과시켰다. '성장을 이루자!'는 슬로건은 되풀이해서 등장했다. 이를 뒷받침하는 논리는 언제나 간단했다. 경제성장은 ('우리 조합원들'이나 '우리 대중'이 필요하고 원하는) 일자리를 유지하고 창출하는 데 필수적이며, 일반 대중의 생활수준을 개선(이 또한 대중이 원하는 것이다)하기 가장 좋은 조건이라는 것이다. 자본주의에 대한 어떤 도전도 고려하지 않

출처: John Molyneux, "Growth and De-growth: What should ecosocialists say?", Global Ecosocialist Network website, Dec 16, 2020.

는 주류, 즉 압도 다수의 개혁주의적 사회민주주의 정치인과 노동조합 간부에게 일자리와 생활수준 개선은 그들이 바랄 수 있는 최대치나 마찬가지였다.

그래서 노동운동 '주류'는 케인스주의에 이끌렸다. 경제 위기, 경기후퇴, 복지 삭감, 긴축에 직면해 이들은 존 메이너드 케인스의 경제학('적자재정'을 기반으로 공공 지출을 확대해 경제를 부양하기)에 기대어 이 모든 명백한 병폐를 자본주의 자체의 탓으로 돌리지 않을 수 있었다. 이들은 통화주의, 신자유주의, 자유 시장에 대한 '이데올로기적' 신념이나 어리석음에서 비롯한 정부의 잘못된 정책을 탓했다. 이들에게는 경제성장을 회복시킬 대안적 (사회민주주의) 정부를 선출하는 것이 문제를 해결할 방법이었다.

이런 접근법에 대한 좌파적 비판은 [영국 노동당 내 좌파인] 토니 벤, 제러미 코빈이나 [서구의] 여러 공산당 같은 좌파 개혁주의 진영에서 주로 나왔다. 이들은 주류의 해법이 충분히 급진적이지 못하다고 비판하면서 흔히 '대안 경제 전략'으로 불리는 대안을 제시했다. 이 대안 또한 자본주의 틀 내에서의 경제성장을 주장했으며, 다만 더 많은 공적 소유(국유화)와 국가 계획으로 이를 성취하려 했다.

더 왼쪽에는 마르크스주의자들과 혁명적 사회주의자들의 비판이 있었다. 이들은 자본주의라는 토대 위에서 좌파 정부를 운영한다는 접근 방식에 의문을 제기했다. 대체로 혁명적 마르크스주의의 비판은 과잉생산 경향, 이윤율 저하 경향 등 자본주의에 내재한 모순 때문에 경제 위기가 필연적으로 반복되고 지속적 경제성장이 불가능하다는 것이었다. 혁명적 마르크스주의자들은 지속적 경제성장을 하려면 노동자 혁명으로 자본주의를 타도하고 민주적으로 계획되는 사회주의 경제로 전환해야 한다고 주장했다. 경제성장 자체를 문제 삼지는 않은 것이다. 다만, 경제성장이 사적 이윤과는 완전히 다른 목적, 즉 사회적 필요를 위해, 전쟁이 아니라 복지를 위해, 자본축적 과 사치품 소비가 아니라 더 많은 학교·병원·주택·문화를 위해 이 뤄져야 한다고 본 것이다.

여러 좌파들의 사상에서 경제성장에 대한 옹호는, 한때 '제3세계' 라고 불린 곳(지금은 '개발도상국'으로* 불리는 곳)에서 극심한 가난 의 고통과 소위 '종속'을 끝내기 위해 경제를 '발전'시켜야 할 필요성 과 맞닿아 있기도 했다. 스스로를 마르크스주의자로 여기면서 개발 도상국에서 활동하거나 이런 나라들에 연대감을 느낀 많은 사람들 은 경제 발전을 단지 사회주의의 전제 조건으로 보는 데 그치지 않 고 사회주의 자체와 사실상 동일시했다. 이런 시각은 1930~1950년 대에 소련이 성취한 급격한 산업 성장이 소련의 사회주의적 성격, 또 는 최소한 비非자본주의적 성격을 입증한다는 주장으로 이어지기도 했다. 스탈린주의자들과 많은 트로츠키주의자들이 이런 시각을 공 유했다. 트로츠키 자신도 "소련의 경제적 성공"을 "사회주의적 방법 의 실행 가능성을 보여 주는 … 실험적 증거"로 묘사하며[1] 다음과 같이 주장했다. "사회주의는 《자본론》의 책장이 아니라 지구 표면

---

* 원문은 남반구(Global South)다. 지은이들은 빈국과 부국을 지칭할 때 대체로 남반구와 북반구라는 가치중립적 용어를 사용했으나 이 책에서는 지리적 남반 구·북반구와 혼동을 피하기 위해 부득이하게 '개발도상국', '선진국'으로 번역 했다.

의 6분의 1을 차지하는 산업 무대에서, 변증법의 언어가 아니라 철강·시멘트·전기의 언어로 승리자가 될 자격을 입증했다."[2]

마지막으로, 경제성장을 선호한 사회주의 운동의 태도는 생산력과 생산관계의 변증법을 제시한 마르크스주의 역사유물론의 핵심 주장에 깊숙이 내재해 있었다고 할 수 있다. 마르크스주의 역사 이론에 따르면 인류 역사를 추동하는 근본적 힘은 생산력 발전이며 사회적 생산관계는 생산력 발전에 의해 좌우되거나 지대한 영향을 받는다. 그러므로,

일정한 발전 단계에 이르면 사회의 물질적 생산력은 그것이 작동하는 틀로 기능해 온 기존 생산관계 또는 (생산관계를 법률 용어로 표현한 것에 불과한) 소유관계와 충돌한다. 생산력 발전의 형식이었던 이 관계들은 이제 생산력을 억제하는 족쇄가 된다. 그러면 사회혁명의 시대가 시작된다. 경제적 토대의 변화는 조만간 거대한 상부구조 전체를 뒤바꾸는 변화로 이어진다.[3]

그래서 사회주의는 생산력이 자본주의적 생산관계라는 족쇄에서 풀려나 더욱 발전하는 것과 동일시됐다.

이런 동일시는 그에 대한 비판과 대조해 보면 더 분명하다. 현재까지 이런 '성장' 모델에 대한 비판은 사회주의에 반대하는 환경 운동 내 온건파 쪽에서 나오는 듯하다. 이들의 비판은 사회주의자들이 (옳게도) 한사코 반대하는 두 가지 생각과 연결돼 있는 듯하다. 첫째, 과잉인구가 환경 위기의 원인이라는 반동적이고 잠재적으

로는 인종차별적이기까지 한 생각과 둘째, 이와 관련된 것으로서 지구를 구하려면 인구 다수의 소비를 줄여야 한다는 명제다.

인류세가 몰고 올 파장에 직면한 지금, 다음과 같은 물음이 제기된다. 재앙적 기후변화와 생물권에 대한 온갖 위협이 임박한 상황에서 사회주의자들은 이제 다른 태도를 취해야 할까? 사회주의자, 특히 자신을 생태사회주의자로 여기는 사회주의자는 이제 '무한한' 경제성장은 고사하고 지속적 경제성장조차 인류 존속에 대한 위협이자 폐기해야 할 목표로 규정하고, '탈성장'을 새로운 목표나 심지어 구호로 내세워야 할까?

마르크스주의 세계관을 근본부터 재검토하지 않아도 두 가지 분명한 답변을 할 수 있다. 첫째, 다양한 사회주의자들의 과거 견해나 실천이 어땠든지 간에, 끝없는 경제성장에 집착하는 사회는 사회주의가 아니라 자본주의 사회다. 게다가 이런 집착은 단지 이데올로기적 요인 때문이 아니다(그것은 주된 요인조차 못 된다). 마르크스가 《자본론》에서 설명했듯 그것은 어떤 편견이나 마음가짐에서 비롯하는 것이 아니라, 가차 없는 경쟁 논리에 의해 모든 자본주의 생산 단위(구멍가게든 다국적기업이든 자본주의 국가든)에 강요되는, 자본주의 생산관계에 내재한 물질적 동인에서 비롯한다. 자본주의와 자본주의 정부가 성장을 포기하는 것은 악어가 초식동물이 되는 것보다 어려울 것이다. 때때로 주기적 경기후퇴나 (코로나19 팬데믹 같은) 어떤 경제 외적 재난 때문에 자본주의가 '탈성장'기를 겪게 되는데, 성장이 멈추는 것은 자본주의 체제에 엄청난 재앙이다. 이 체제는 인류나 자연에 미칠 장기적 결과에 개의치 않고 이 재앙에서 벗어나려고 안간힘을 쓴다. 둘째, 몇몇 경제 부문과 생산력은 사회주의 자들도 기꺼이 '탈성장'시키거나 아예 없애고 싶어 한다. 화석연료· 자동차·무기 산업, 그리고 아마도 광고 산업이 여기에 해당할 것이 다. 반면 적극 확대하길 원하는 부문도 존재한다. 재생에너지 생산 이나 교육, 보건, 대중교통 등이 그럴 것이다.

이 답변들은 내가 보기에 그 자체로 타당하지만, 지속 가능한 미 래를 위해서는 전반적이고 국제적인 수준에서 탈성장이 필요하지 않으냐는 물음을 완전히 해소해 주지는 못한다.

이 질문에 답하기 전에 그리고 답하기 위해, 우리는 잠시 한발 물 러나 경제성장과 생산력 발전이 무엇을 뜻하는지, 사회주의 사회를 어떻게 이해해야 하는지를 물어야 한다.

'성장'이란 무엇인가?

언뜻 생각하면 경제성장의 의미는 명백해 보인다. '재화'나 '물건'을 더 많이 생산한다는 것이다. 그래서 '탈성장'의 대표 주자인 요르고스 칼리스는 《뉴 인터내셔널리스트》에 쓴 글에서 다음과 같이 주장한다.

좌파는 성장이라는 허상에서 벗어나야 한다. 무한한 성장은 얼토당토 않은 발상이다. (이것이 얼마나 터무니없는 발상인지 살펴보자. 만약 고 대 이집트인들이 1세제곱미터의 재화에서 시작해 그것을 매년 4.5퍼센 트씩 성장시켰다고 가정하면, 3000년 동안 이어진 고대 이집트 문명이 저물 때 이들은 25억 개의 태양계를 점유하고 있었을 것이다.) 심지어 자본주의적 성장을 그보다 선량하고 천사 같은 사회주의 성장으로 대체할 수 있다 해도, 도대체 왜 우리가 25억 개의 태양계를 점유하고 싶어 하겠는가?[4]

칼리스의 주장이 타당하다면 칼리스는 다음과 같이 자문해 봐야 한다. 어째서 (3000년이 아니라) 5000년 동안 이어진 고대 이집트 문명은 1세제곱미터보다 더 많은 것을 가지고 시작했으면서도 수십억 개의 태양계는 고사하고 이집트 땅조차 다 채우지 못하고 그 땅을 대부분 텅 빈 사막으로 남겨 뒀을까? 사실 경제성장은 결코 더 많거나 더 큰 '물건'을 생산한다는 뜻이 아니다. 자본주의를 성장하도록 추동하고 채찍질하는 것은 끝없이 더 많은 물건을 생산하려는 욕구가 아니라 끝없이 이윤을 생산하려는 욕구다. 차세대 컴퓨터 생산으로 마이크로소프트와 미국 경제는 크게 성장했지만 생산물의 물리적 크기는 오히려 줄어들었다. 사치스러운 롤렉스 시계 생산과 판매 호황은 상당한 경제성장을 낳을 수 있지만 '물건'의 양이라는 측면에서 그것이 더하는 것은 거의 없다.

성장을 측정하는 가장 잘 알려진 지표는 GDP(국내총생산)이다. 그 이름에도 불구하고 GDP는 물리적 생산량이 아니라 일정한 기간에 생산된 모든 최종 재화와 서비스의 시장가치를 화폐적 가치로 측정하는 지표다. OECD는 GDP를 "생산 활동의 총량적 지표로서, 생산과 서비스에 종사하는 국내 모든 단위 가구와 단위 조직의 총 부가가치 합계(최종생산물 가격에 포함되지 않은 세금은 더하고 보조금은 뺀다)와 같다"고 정의한다. 국제통화기금은 GDP를 다음과 같이 정의한다. "GDP는 한 나라에서 일정 기간(연도나 분기 등)에 생산된 최종 재화와 서비스(최종 소비자가 구매하는 것)의 화폐적 가치로 측정된다." GDP가 얼마나 정확한 지표인지에 대해서는 의견이 분분하지만, 1인당 (명목) GDP든 구매력평가 GDP든 GNP든 GNI든 이 모든 지표는 물리적 생산량이 아니라 화폐적 가치를 측정한다.

물론 다음과 같은 반론을 제기할 수 있다. 그런 지적이 기술적으로는 옳다고 해도 현실에서 경제성장과 물리적 생산량 증가 사이에는 일반적으로 연관성이 있지 않느냐는 것이다. 여기서 핵심은 화폐적 가치가 아니라 물리적 생산이 환경을 파괴한다는 점이다. 사실 둘 사이의 일관된 연관성이나 상관관계를 찾기는 어렵다. 세계은행에 따르면 1인당 GDP가 가장 높은 10개국은 다음과 같다. 마카오, 룩셈부르크, 싱가포르, 카타르, 아일랜드, 케이맨제도, 스위스, 아랍에미리트, 노르웨이, 미국.

이 중 미국만이 유일하게 '물건'을 만들어 내는 주요 국가다. 마카오나 케이맨제도 같은 곳은 사실상 생산하는 것이 거의 없다고 볼 수 있다. 아일랜드도 비슷한 사례다. 2015년 아일랜드는 GDP가 26.3퍼센트 성장했다고 발표했는데, 이 수치는 2016년 7월 아일랜드중앙통계청에 의해 34.4퍼센트라는 놀라운 수치로 수정됐다. 이는 생산의 증대와는 전혀 관계가 없었으며, 조세 회피를 노린 회계 흐름으로 아일랜드 경제통계가 왜곡된 것에 지나지 않았다. 경제학자 폴 크루그먼은 이를 가리켜 "레프러콘* 경제학"이라는 유명한 말

---

* 레프러콘 아일랜드 민담에 나오는 작은 요정.

을 만들어 냈다. 그는 이것이 모든 조세 회피처의 공통된 특징이라고 덧붙였다. "내가 만들어 낸 경제 용어 중 자랑스럽게 생각하는 몇 가지가 있다. 그중 하나가 바로 다국적기업들이 조세 회피처를 찾으면서 발생하는 통계 왜곡을 뜻하는 '레프러콘 경제학'이다."[5]

이렇게 물질적 생산과 '성장'을 개념적으로 분리한다고 해서 자본주의적 성장에 면죄부를 주는 것은 아니다. 자본주의적 성장에서 가장 중요한 것은 그것이 모든 자본주의 기업(엑손모빌·BP·쉘·토요타·폭스바겐·보잉 등 환경에 가장 큰 피해를 주는 기업들도 물론 포함된다)과 모든 자본주의 국가(미국·중국·브라질·인도·사우디아라비아 등 지구 전체에 가장 큰 해를 끼치는 나라들도 물론 포함된다)의 경쟁에 의해 강요된다는 점이다. 현대 자본주의에서 화석연료 자본과 자동차 자본이 수행하는 중심적 구실을 볼 때, 자본주의적 경제성장은 필연적으로 기후변화와 그 밖의 환경 파괴를 앞으로도 계속 낳을 것으로 보인다. 그러나 그렇다고 해서 추상적으로 '성장' 일반이 그런 파괴적 결과를 낳는다는 결론이 도출되는 것은 아니다. 곧 뒤에서 사회주의 사회에서의 성장 문제를 다룰 테지만, 먼저 생산력이라는 문제를 짚고 넘어가자.

어떤 사람들(아마도 요르고스 칼리스)이 경제성장을 더 많은 재화 생산으로 이해한다면, 어떤 사람들은 생산력을 단순히 기계와 기술로 환원한다. 그러나 이것은 마르크스의 견해가 아니었다. 《철학의 빈곤》에서 마르크스는 "모든 생산도구 중에서 가장 위대한 생산력은 혁명적 계급 그 자체"라고 썼다. 기계는 사람이 만들어야 하고 그것을 작동시키려면 인간 노동, 즉 노동자가 필요하다는 점에서 마르크스는 분명 옳았다. 게다가 생산자들, 즉 그들이 속한 사회가 보유한 과학 지식과 기술의 수준은 어떤 기계를 만들어 낼 수 있고 그 기계가 얼마나 생산적일지를 결정하는 핵심 요소다. 그러므로 생산력은 재화와 서비스를 생산할 수 있는 사회의 일반적 능력으로 이해해야 하고, 따라서 천연자원도 여기에 포함될 것이다. 《고타강령 비판》에서 마르크스는 노동뿐 아니라 자연도 부의 원천이라고 역설했다. 《자본론》에서 마르크스는 노동자와 토양을 부의 두 가지 궁극적 원천으로 꼽았으며 다음과 같이 서술하기도 했다. "지구는 인간의 태초의 식량 창고이며 도구 창고이기도 하다. … 지구 자체가 노동의 도구다."

생산력이 사회의 일반적 생산능력을 뜻한다면, 생산력의 발전이나 진보가 반드시 더 많은 물건의 생산으로 이어지는 것은 아니다. 오히려 같은 양의 물건을 더 적은 시간에 생산하는 결과로 이어질 수도 있다. 마르크스 자신은 이런 노동시간의 효율화에 많은 강조점을 뒀다. 인간을 필수적 노동에서 해방하고 노동시간을 단축하고 인간의 자유를 신장할 잠재력이 있다고 봤기 때문이다.

진정한 효율화(절약)는 노동시간 절약에 있다. … 그러나 이런 절약은 생산성 발전과 동일한 것이다. … 노동시간의 효율화는 자유 시간, 즉 개인의 온전한 발전을 위한 시간이 늘어남을 뜻한다. 이것은 다시 노동의 생산력에 대한 가장 큰 생산력으로 작용한다.[6]

여기서 이끌어 낼 수 있는 결론은, 비록 자본주의적 경제·사회·

정치 관계 안에서 이뤄지는 생산력 발전이 대부분 환경을 위협한다는 점은 분명하지만, 생산력 발전이 그 자체로 환경을 위협하지는 않는다는 것이다.

성장과 사회주의

사회주의하의 성장에 대한 논의는 우선 사회주의를 어떻게 정의하는지에 달려 있다. 가장 지배적인 시각, 즉 주류 언론과 학계 그리고 어느 정도는 좌파 내에서도 지배적인 시각에 따르면 사회주의 국가의 주요 특징은 다음과 같다.

첫째, 사회주의를 자처하는 정권이 존재한다.

둘째, 주요 생산수단이 국유화돼 있다.

셋째, 국가가 중앙 집중적으로 경제를 계획한다.

이런 시각이 학계에서 지배적이라는 점은 학술 담론에서 특히 소련·동유럽 같은 옛 '공산'국가들을 지칭할 때 '현실 사회주의'라는 용어가 자주 쓰인다는 점에서 잘 확인할 수 있다. 사회주의를 자처하는 정권의 존재라는 기준은 진지한 고려 사항이 되기 어렵다. 그런 기준에 따르면 [1969~1991년] 콩고인민공화국, 1974~1987년 에티오피아 군사독재(그사이에는 대기근이 창궐하기도 했다), 폴 포트의 캄보디아, 1962~1988년 버마 같은 사례들도 사회주의로 쳐야 할 테니 말이다. 남는 것은 국유화와 국가의 계획이다.

요르고스 칼리스(다시 한 번 탈성장의 대표 주자로서 인용하겠다)는 여기에 냉소적이다.

탈성장은, 자본주의와 양립할 수 없지만 '사회주의적 성장'이라는 환상
도 거부한다. 이것은 합리적이고 중앙 집중적으로 경제를 계획하면 생
태계를 해치지 않고도 합리적 성장을 할 수 있는 기술 발전이 마치 마
술처럼 가능해진다는 환상이다.

칼리스의 냉소에 대해 뻔한 '논리적' 반박을 할 수도 있다. 합리적
으로 계획되는 경제는 마술 같은 것을 끌어오지 않아도, 합리적으
로 계획된다는 바로 그 점 때문에 생태계를 파괴하지 않는 합리적
성장을 가능하게 한다는 것이다. 그러나 칼리스도 마찬가지로 뻔한
반박을 내놓을 수 있다. 논리적으로는 어떻든지 간에 소련·중국·
동유럽·북한 등 국가가 경제를 계획한 나라에서 실제로 일어난 성
장은 생태적으로 만족스럽거나 지속 가능하지 않았다고 말이다. 그
러나 이는 '왜?'라는 물음을 제기한다. 왜 중앙 계획 경제는 생태계
를 파괴하는 성장을 피할 수 없었을까? 정권의 사고방식이 문제였을
까? (여기서 우리는 서구 자본주의 정부와 경제가 생태계를 파괴하
는 것이 그들의 사고방식 때문이라는 '온건한' 환경 운동가들의 진
단을 상기할 필요가 있다.)

나는 이런 국가 계획 경제에 공통된 두 가지 근본적인 구조적 결
함이 있었다고 본다. 첫째, 계획을 세우는 국가기구는 어떤 민주적
통제도 받지 않았으며, 국가기구를 운영하는 자들은 민주적 책임
을 지지 않고 물질적 특권을 누리고 많은 경우 순전히 독재적인 관
료 집단이었다. 둘째, 이런 계획들은 국가적 수준에 한정돼 있었으
며 다른 국민국가와의 경쟁 속에서 수립됐다. 이 국민국가들은 자유

시장 경제든 국가 계획 경제든 세계 자본주의와 세계시장이라는 틀 내에서 경쟁을 벌였다. 그래서 가장 중요한 사례로 소련은 오랫동안 미국과 경제적·군사적 경쟁을 벌였고(결국 패배했다) 중국과도 경쟁했다(중국도 마찬가지로 소련과 경쟁했다). 이 상황에서 국가 관료들은 미국 정부와 엑손모빌이 한 것처럼 자신들의 권력 유지와 생존에 필수적이라고 판단한 경제성장을 위해 자연환경을 희생시켰다.

내가 보기에 이런 나라들은 '현실 사회주의'가 전혀 아니다. 개인적으로 나는 그것을 국가자본주의라고 일컫는다. 어쨌든 성장이냐 탈성장이냐의 문제를 논의할 때 내가 생각하는 사회주의 개념이나 이상은 이와는 완전히 다른 것이다. 그것은 마르크스와 엥겔스가 제시한 노동계급의 자력 해방으로서의 사회주의이며, 바로 그들이 《공산당 선언》에 제시한 대로의 사회주의다. 즉, 프롤레타리아가 스스로 지배계급이 돼 "부르주아지에게서 서서히 모든 자본을 빼앗고, 모든 생산수단을 국가, 즉 지배계급으로 조직된 프롤레타리아의 수중에 집중시키는 것이다."

사회주의의 이 첫 단계, 즉 노동자 권력은 계급이 완전히 사라진 완전한 사회주의 사회, 즉 공산주의 사회로 점진적으로 이행하는 과정을 시작할 것이다. 동시에 이 과정은 한 나라에서 먼저 일어난 혁명을 세계 다른 곳으로 전파하는 과정이기도 하며, 그런 혁명의 국제적 확산과 나란히 진행될 것이다.

(물론 사회주의 운동 내에는 한 나라에서 사회주의 사회를 건설하는 것이 가능한지를 둘러싸고 오랜 논쟁이 있다. 그러나 기후변화로 인해 논쟁의 조건은 근본적으로 바뀌었다. 소련이든 중국이든 쿠

바든 단일 국가의 틀 내에서 세계 자본주의의 압력을 버텨 낼 수 있는지와 상관없이, 기후변화의 위협은 일국적으로 해결할 수 있는 문제가 아니다. 만약 사회주의적 전환이 브라질이나 남아공, 이집트나 중국 같은 곳에서 시작된다 해도, 미국·러시아·인도·유럽연합 등의 다른 국가들이 지금처럼 운영되는 한, 기후 재앙으로 급격히 치닫는 현 상황은 사실상 달라지지 않을 것이다.)

혁명은 기세를 몰아 전진하거나 그러지 못하면 후퇴할 텐데, 혁명이 어느 정도 성공적으로 확산된다면 이윤이 아니라 인간의 필요를 위해 계획되는 생산이 세계적으로 우세해지는 시점이 올 것이다. 그 순간이 오기 전까지는 생산에 관한 결정이 적대적 세계에서 살아남아야 할 필요성에 여전히 크게 좌우될 것이다. 예를 들어, 초기 소비에트 국가는 순순히 항복하고 완전히 분쇄되지 않으려면 막대한 군비 지출을 감행할 수밖에 없었다. 그러나 일단 사회주의가 국제적으로 우세해지는 순간이 되면, 현재 우리가 아는 '성장' 개념은 더는 적용될 수 없을 것이다.

앞에서 설명했듯이 자본주의에서 성장에 대한 강박은 재화 생산에 대한 강박이 아니라 이윤과 자본축적에 대한 강박이며, '경제성장'은 GDP든 GNI든 다른 어떤 지표로 표현된 것이든 물리적 생산량의 증가가 아니라 화폐적 가치의 증가를 뜻한다. 따라서 생산이 점점 더 사회적 필요를 위해 이뤄지고 그에 따라 무상으로 제공되는 공공서비스, 예를 들어 교육·의료·교통·주택 등의 무상 제공이 늘어난다면 화폐적 가치 측정은 점점 더 무의미해질 것이다. 전前 자본주의 사회, 즉 이른바 '저발전' 사회에서는 인구 대다수가 농민이고, 많은 생산이 그저 생존을 위해 수행되고, 오직 소량의 잉여생산물만이 교환 대상이 될 수 있었기 때문에 전체 사회적 생산의 주된 부분은 화폐적 척도로 측정할 수 없는 수준에서 이뤄졌다. 계급사회와 화폐가 출현하기 전, 수십만 년 이어진 원시 공산주의 수렵·채집 사회에서는 현대적 의미의 경제성장이 완전히 무의미했다는 점도 기억할 필요가 있다. 그러나 그런 시기에도 생산력은 (대략 3만 년 전쯤에) 석기와 토기가 발전한 것처럼 아주 느리지만 실질적으로, 그러면서도 자연과의 신진대사에 균열을 일으키지 않으면서 발전했다. 70억 명이 지구에 사는 오늘날, 수렵·채집 사회의 생산양식으로 회귀하는 것은 당연히 가능하지 않다. 전화나 인터넷은 물론 증기기관이나 변변한 의약품도 없던 중세 시대 수준의 생산력으로 돌아가는 것 역시 가능하지 않다. 우리의 목표는 원시 공산주의 사회처럼 평등하고, 계급이 존재하지 않고, 소외가 없고, 자연과 조화롭고 지속가능한 관계를 맺으면서도, 훨씬 더 높은 생산력 수준을 바탕으로 그렇게 하는 사회를 건설하는 것이어야 한다.

사회주의 정부가 처음부터 해야 하고 할 것으로 기대되는 일은 현재 생태사회주의자들의 요구와 꽤 유사하다.

첫째, 국가적 수준과 국제적 수준에서 탄소 배출을 (2050년이 아니라) 2030년까지 0으로 급속히 줄이기.

둘째, 석유·가스·석탄 등 화석연료에 대한 의존과 사용을 최대한 빨리 모두 청산하고, 화석연료 탐사를 즉각 중단하고, 화석연료를 땅속에 내버려 두기! 재생 가능한 에너지원으로 신속히 전환하기.

셋째, 무상으로 제공되고 정기적으로 운행하며 대폭 확대된 대중 교통.

넷째, 광범한 주택 개량.

다섯째, 소고기와 축산업에 대한 의존을 크게 줄이기.

여섯째, 대규모 조림 사업.

그러나 이렇게 아주 제한적인 강령조차 생산력을 이루는 각기 다른 부문의 탈성장과 성장을 모두 포함한다는 점을 명심하라. 화석연료 산업을 없애는 과정은 풍력·태양광 발전 등의 확장으로 보완돼야 한다. 자동차 산업을 줄이고 궁극적으로 제거하는 과정은 버스와 기차를 더 생산하고 생태적으로 지속 가능한 주택을 더 짓는 것으로 보완돼야 한다. 소고기를 더 적게 생산하는 대신 더 많은 채소를 기르고 더 많은 나무를 심어야 한다.

진정한 사회주의 정부라면 이런 이중적 접근법을 강령의 다른 분야에도 적용할 것이다. 군대와 무기 생산을 대폭 감축하고 완전히 제거하는 동시에 더 많은 병원·학교·고등교육기관을 제공할 것이다. 값비싼 호텔과 호화로운 아파트 단지 건설을 줄이고 공공 주택을 늘릴 것이다. 광고를 줄이고 극장과 문화예술센터를 늘릴 것이다. 일회용 플라스틱 제품과 불필요한 상품을 줄이거나 없애고 청소년 지원 활동과 노인 돌봄에 더 많은 자원을 투여할 것이다. 이런 것들을 끝없이 나열할 수 있을 것이다. 단순히 탈성장을 요구하는 것으로는 이런 복합적 필요에 대처할 수 없다.

특히 우리는 많은 '탈성장론자', 특히 인구 통제를 지지하는 사람들의 주장에 내재된 시각, 즉 모든 인간 활동, 인간의 존재 그 자체가 본질적으로 자연에 해롭다는 시각에 도전해야 한다. 완전히 발전한 미래의 국제 사회주의 사회에서는 인간의 생산 활동의 엄청난 부분이 자연과의 신진대사 균열을 회복하고, 인류 생존에 필요한 자연환경을 지속시키는 활동에 투여될 것이다. 예를 들어 친환경적이고 신속하며 탄소 배출 없는 새로운 수상 교통수단을 개발해 항공 교통을 크게 줄이거나 완전히 없애는 것이 완전히 가능할지도 모른다. 아니면 생태계를 해치지 않는 비행 방법을 개발할 수도 있다. 물론 이 모든 것은 추측에 불과하며 기후변화, 생태계 파괴, 착취, 억압, 전쟁 등 갈수록 가까운 시일 내에 인류의 생존을 위협할 당면 문제들을 해결하는 데 달려 있다. 그럼에도 불구하고 이런 점들은 무턱대고 탈성장만을 요구하거나 생산력을 축소하라고 요구하는 것만으로는 해결할 수 없는 복합적 문제가 있다는 점을 다시 한 번 보여 준다.

생태사회주의자들은 무엇을 주장해야 할까?

성장이라는 문제에 관해 지금 우리가 해야 하는 주장이 무엇이냐는 문제는 우리의 주요 청중이 누구인지와 연관된 문제며, 이는 다시 변화를 위한 전략 문제와 관련돼 있다. 의심할 여지 없이 환경 운동 내 일부는 정부와 기업 최고 경영자 같은 지배계급 사람들에게 직접 호소해 그들로 하여금 운영 방식을 바꾸게 하는 것을 과제로 삼는다. 지배계급 사람들에게 자국 경제나 회사를 탈성장시키라고 요구하는 것은 완전히 공상적이다. 이는 돼지에게 날아다녀 보라고

하거나 거대 석유 기업 BP더러 "석유를 넘어"[BP의 슬로건]서라고 말하는 것과 다름없다. 그리고 내 생각에 이는 단지 탈성장을 주장하는 관점에서만이 아니라 일반적으로도 무기력한 전략이다. 물론, 지배자들이 그런 요구를 받아들이지 않을 것임을 알더라도, 기층에서 대중을 행동에 나서게 하는 데 도움이 된다면 우리는 그런 요구를 할 수도 있다.

그리고, 탈성장이라는 사상과 구호에 매력을 느끼는 층이 있을 수도 있다("수도 있다"에 강조점을 두겠다). 그레타 툰베리의 영향력 덕분에 행동에 나선 청소년, 멸종반란이 주도하는 직접행동에 가담한 대학생과 일부 젊은 전문직 종사자가 그런 층일 수 있다. 이들은 즉각적인 경제적 고려를 크게 하는 집단은 아니다. 물론 이들을 무시하자는 것은 절대 아니다. 이들은 그 자체로, 그리고 환경 운동 전체에도 중요한 집단이며 우리는 반드시 이들과 관계 맺어야 한다. 그러나 이들은 생태사회주의 정치의 주요 청중이나 시금석이 아니라는 것이 내 견해다. 생태사회주의 정치의 주요 청중과 시금석은 전 세계와 특히 개발도상국에 사는 노동계급과 피차별 대중이어야 한다. 왜일까? 이들이, 오직 이들만이 자본주의에 도전하고 진정한 체제 변화를 이끌어 낼 잠재력을 갖고 있기 때문이다.

그리고 이들을 행동에 나서게 하는 문제에서 탈성장이라는 개념과 구호는 미국 로스앤젤레스에서든, 영국 리버풀에서든, 브라질 상파울루에서든, 남아공 소웨토에서든 애초에 출발점이 될 수 없다. 자본주의에서 탈성장을 요구하는 것은 더 많은 실업과 빈곤, 더 극심한 대중의 고통을 요구하는 것이기 때문이다. 이런 요구로는 대중운동을 건설할 수 없다. 오히려 노동계급을 운동에서 더 멀어지게 만들 것이다. 그뿐 아니라 환경 운동 내의 온건하고 반反사회주의적인 경향을 강화할 것이다. 탄소세 같은 방법으로 평범한 사람들의 소비를 줄이는 것이 기후변화의 해결책이라고 믿는 이런 경향의 사람들은 아일랜드 녹색당이 하는 것처럼 신자유주의적 보수 정당들과 손잡고 그런 정책을 추진하려 할 때가 많다. 탈성장 주장은 '정의로운 전환' 요구를 완전히 허물어뜨릴 것이다. 이런 문제들을 낳으면서 탈성장 자체도 달성하지 못할 것이다. 자본주의와 양립할 수 없는 것이기 때문이다. 앞서 주장했듯 사회주의하에서의 탈성장을 주장하는 것은 과학적으로 틀렸으며, 대중을 혼란스럽게 만들 뿐이다. 탈성장 주장은 기후변화를 막을 실질적 조처를 위한 운동을 이끌어 내기보다는 대중으로 하여금 사회주의에 관심을 잃게 만들 공산이 크다.

그러나 탈성장 구호를 거부한다고 해서 예전처럼 똑같이 성장 일반(심지어 사회주의적 성장이라 할지라도)을 계속 요구하기만 하면 된다는 것은 아니다. 그러므로 생태사회주의자들이 지금 해야 할 일은 정확히 어떤 산업 부문과 형태를 탈성장시키고 없애야 하는지 분명히 밝히면서도(화석연료, 자동차, 무기, 공장형 축산업, 일회용 플라스틱, 대부분의 광고 등이 그것이다), 그 과정이 양질의 대규모 녹색 일자리, 더 나은 의료·교육·복지, 인구 대다수의 삶의 질 향상과 결합돼야 한다고 설명하는 것이다.

2장
기후 위기를
막으려면
채식을 해야 할까?

장호종

　"멸종하기 싫으면 탈육식하라." 〈한겨레〉 2019년 10월 5일 자 오피니언란에 실린 한 칼럼의 제목이다. 이 칼럼의 필자는 같은 메시지가 적힌 손팻말을 들고 2019년 9월 21일 서울 혜화동에서 열린 '기후위기 비상행동'에도 참여했다고 밝혔다. 이 밖에도 채식 운동가들과 동물 보호 활동가 수십 명이 이날 집회와 행진에 참가했다.

　자본주의적 축산업의 상징처럼 된 공장형 축산을 그대로 유지해야 한다고 여기는 사람은 많지 않을 것이다. 학대당하는 동물을 보거나 아프리카돼지열병 등 전염병 때문에 살처분되는 가축을 보며

이 글은 "기후 위기를 막으려면 채식을 해야 할까?", 〈노동자 연대〉 300호(2019년 10월 10일)를 일부 개정한 것이다. 자본주의와 농축산업에 관한 좀 더 풍부한 논의는 이 책의 1부 4장을 참고하라.

끔찍하다고 느끼는 것도 자연스러운 반응이다. 이런 이유로 채식을 선택하는 이들도 많다. 이런 선택을 문제 삼을 수는 없다.

다만 채식을 기후변화와 환경 파괴를 막기 위한 대안으로 여겨 이를 운동의 목표로 삼아야 하는가 하는 문제는 따져 볼 필요가 있다. 이날 집회에 참가한 사람들 중 일부는 위의 구호를 보며 죄책감을 느꼈을 것이고 또 다른 일부는 반발감이 들기도 했을 것이다. 집회 참가자들을 꾸짖는 듯한 구호에 언짢음을 느끼는 이들도 있었을 것이다.

그럼에도 채식을 기후 위기의 해법으로 제시하는 것은 오늘날 국제 기후 운동 내에서 두드러진 특징이다. 권위 있는 연구 기관들이 이를 뒷받침하는 보고서를 발행하기도 했다.

기후변화에 관한 가장 권위 있는 기관인 IPCC는 2014년에 낸 보고서에서 농업과 산림, 그 밖의 토지이용에서 발생하는 온실가스 양이 전체 온실가스 배출량의 24퍼센트를 차지한다고 발표한 바 있다(그림 12). IPCC는 2019년 8월 "기후변화와 토지에 대한 특별 보고서"를 채택했는데, 유엔 식량농업기구의 2013년 발표를 인용해 전 세계 축산업에서 배출되는 온실가스의 양이 전체 온실가스 배출량의 14.5퍼센트를 차지한다고 밝혔다. 이 보고서를 제출한 107명의 과학자들은 "기후변화를 저지하려면 붉은 고기를 적게 먹고 통곡물과 채소, 과일 위주의 식물성 식단을 먹어야 한다"고 권고하기도 했다.

올해 초 저명한 국제학술지 〈랜싯〉에는 기후 위기를 막기 위한 "표준 식물성 식단"이 실리기도 했다. 이는 〈랜싯〉에 2년간 실린 연구 결과 357건을 바탕으로 이트-랜싯위원회가 작성한 보고서다. 이

위원회는 국가별 식단도 분석했는데 한국 등 동북아시아 나라들에서는 붉은 고기를 표준 식물성 식단의 약 네 곱절이나 먹는다고 보고했다.

심지어 맥도날드가 채식 버거를 내놓고, 테스코와 마크스앤드스펜서 등 다국적 식품 기업들이 앞다퉈 채식 상품을 늘리는 등 오늘날 채식은 건강과 환경에 도움이 되는 것으로 권장되고 있다.

정말로 채식을 하면 기후 위기를 막을 수 있을까? 그리고 기후 위기를 막으려면 우리 모두 채식을 해야 할까?

먼저 큰 틀에서 살펴보면 축산업을 포함한 현대 자본주의 농업이 갈수록 기후변화에 큰 영향을 끼치는 것은 사실이다. 3가지 이유 때문이다.

그림 12. 부문별 온실가스 배출 비중

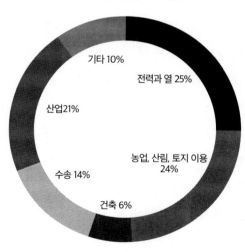

출처: IPCC 2014년 보고서를 토대로 재구성.

첫째, 점점 더 많은 곡물이 가축 사료와 바이오연료로 사용되고 있다. 2011년 미국에서 소비된 옥수수의 44.7퍼센트가 에탄올 생산에 투입됐다. 사료용은 42.7퍼센트, 식품은 12.3퍼센트를 차지했다 (《나라경제》 2012년 10월호). 농업과 토지이용 과정에서 배출되는 메테인 가스는 이산화탄소에 비해 그 배출량은 적지만 23배나 강력한 온실효과를 낸다. 다만 이산화탄소는 수백 년 동안 대기 중에 남는 반면, 메테인 가스는 수십 년 안에 분해된다고 알려져 있다.

둘째, 농지 확장은 삼림을 파괴하는 주요 요인이 되고 있다. 2000~2012년에 사라진 열대우림의 71퍼센트가 농지 확장으로 인한 것이었다.

셋째, 현대 농업 전체가 화석연료 사용에 크게 의존하고 있다. 비료·농약 등 농작물을 기르는 단계에서뿐 아니라 이를 수확하고 포장해 배송하는 과정 전체가 화석연료에 의존한다. 유엔 식량농업기구와 IPCC의 보고에 나온 축산업의 온실가스 배출량은 이 과정을 대부분 포함한 것이다. 소가 배출하는 온실가스 양이 자동차에서 배출되는 온실가스보다 많다는 일부 사람들의 주장은 사실이 아니다.

육류 소비량이 크게 늘어난 것은 사실이고, 축산업 중에서 소가 가장 큰 온실가스 배출원인 것도 사실이다. 소고기 생산은 축산업 온실가스 배출량의 41퍼센트를 차지하고, 우유 생산에서 20퍼센트가 배출된다. 다만 그 양은 좀 더 엄밀히 따져 볼 필요가 있다.

유엔 식량농업기구는 브라질 등 남아메리카의 소고기 생산이 전체 소고기 생산 부문 배출량의 31퍼센트를 차지한다고 하는데 이는 이산화탄소 10억 톤에 해당하는 양이다. 이 지역의 소고기 생산 부문에서 온실가스 배출 경로는 크게 2가지다. 첫째, 소가 사료를 소화시키는 과정에서 만들어진 메테인이 있다. 이는 이 지역의 소고기 생산 과정에서 배출되는 온실가스의 30퍼센트를 차지한다. 따라서 단순히 계산하면 고기를 얻기 위해 사육되는 남아메리카의 소들이 직접 배출하는 메테인 가스는 전체 온실가스 배출량의 0.55퍼센트가량이다.

둘째, 소를 키우기 위해 숲을 제거하고 토지를 사용하는 과정, 소의 배설물을 비료로 활용하는 과정에서 배출되는 온실가스가 소고기 생산과정에서 배출되는 온실가스의 각각 40, 23퍼센트를 차지한다(전체의 0.73, 0.42퍼센트). 이곳에서 배출되는 온실가스를 줄이는 데에는 단지 소를 없애는 방법만 있는 것은 아니다. 유엔 식량농업기구에 따르면 현존 기술을 보급하는 것만으로도 축산업에서 배출되는 온실가스를 18퍼센트가량 줄일 수 있다. 그 기술을 도입하면 이윤이 줄어들 것을 우려하는 기업주들이 투자를 하지 않고 있을 뿐이다. 토지이용 방법을 바꾸거나 몇 가지 작물을 활용해 토지의 온실가스 흡수량을 늘리는 방법도 있다. 그러나 이런 기술의 사용 여부는 각국 정부와 시장에 내맡겨져 있다.

축산업에서 배출되는 온실가스의 양은 지역에 따라 큰 편차가 있다. OECD 나라들에서 키우는 젖소는 전 세계 젖소의 20퍼센트밖에 안 되지만 이 젖소들이 생산하는 우유는 전 세계 우유 생산량의 73퍼센트나 된다. 따라서 같은 양의 우유를 얻기 위해 배출하는 온실가스 양도 평균보다 크게 적다. 유엔 식량농업기구는 사료를 개선하고 분뇨 처리 방식을 바꾸는 등 몇 가지 간단한 조처들만으로도 우유 생산에서 온실가스 배출량을 4~5퍼센트가량 줄일 수 있다고 지적한다.

사료인 곡물을 키우는 데 투입되는 합성비료와 농약, 각종 설비에 투입되는 연료, 포장재 등에 사용되는 플라스틱 등을 고려하면 훨씬 많은 온실가스를 줄일 수 있다.

물론 축산업을 포함한 농업 부문에서 단지 특정 기술을 도입해 기후변화를 멈출 수 있다고 여기는 것은 지나치게 단순한 생각일 것이다. 이는 농축산업 부문에 비해 훨씬 많은 온실가스를 배출하는 전력 생산이나 수송 분야에서 배출량을 줄이는 문제에서도 마찬가지다. 기술적 대안은 이미 존재한다. 자본주의 체제에서 이를 선택할 권력을 가진 지배자들(정부의 고위 관료와 기업주)이 이를 시행하지 않는 것이 핵심 문제다. 한 세기 넘도록 어마어마한 자본을 화석연료에 투입해 세계경제에 막대한 권력을 행사해 온 화석연료 연관 기업들(석유·자동차·농화학·유통 등)이 이런 결정 과정에 직접 참여한다.

우리 식단을 바꾸는 것으로는 이들에게서 권력을 뺏을 수 없다. 요컨대 우리가 채식을 한다고 해서 자본주의가 화석연료를 포기하는 일은 없을 것이다. 채식을 선택하는 것은 개인적으로 불편함과 비용을 감내하는 일이지만 자본주의 체제는커녕 한 지역의 축산업에도 거의 영향을 끼치기 어렵다. 채식을 선택하는 사람이 전 세계적으로 늘고 있지만 육류 소비량과 화석연료 소비량은 계속 늘고 있다.

오늘날 육류 소비가 크게 늘고 이를 위해 엄청난 양의 곡물을 생산하게 된 데에는 화석연료 기업들의 이해관계가 결정적 영향을 끼쳤다. 제2차세계대전 당시 미국 정부가 폭탄을 생산하려고 대규모 투자를 감행한 화학 공장들은 전후 농화학 기업들에게 헐값에 넘겨졌다. 카길과 몬산토 같은 농업·농화학 기업들이 세계 식량 생산에 강력한 영향력을 끼치게 된 배경이다.

이들이 생산하는 어마어마한 양의 합성비료·농약·플라스틱·항생제·유전자변형종자 등은 축산업과 농업의 형태를 세계적 수준에서 크게 바꿔 놨다. 선진국의 규제를 피해 남아메리카와 동남아시아로 생산지를 옮긴 농화학·축산 기업들은 어마어마한 삼림 파괴를 일으켰고, 자본 이전을 핑계로 삼은 선진국에서의 규제 완화는 오늘날 우리가 보는 공장형 축산을 촉진했다. 투입 비용 대비 이윤이 모든 것에 앞서는 자본주의 체제의 논리에 따른 결과다.

따라서 자본주의 체제와 그 체제의 논리에 맞선 대중 저항을 건설하는 것만이 기후 위기를 막는 가장 효과적인 대안이 될 수 있다. 반면 채식을 대안으로 삼는 것은 앞서 살펴봤듯이 효과적 수단도 불가피한 선택도 아니다.

무엇보다 이는 운동의 초점을, 진정한 원인인 자본주의 체제와 그 지배자들에 맞선 투쟁이 아니라 평범한 사람들의 식생활로 향하게 하는 효과를 낸다. 그러면 바꿔야 할 것은 자본주의 체제와 권력자들이 아니라 평범한 사람들의 '선택'이 된다. 이는 저항의 힘을 약화시킬 가능성이 크다. 인구의 다수를 차지하고 사회 변화에 필요한 잠재력을 가진 노동계급 사람들에게는 선택의 여지가 별로 없기 때문이다.

기후변화를 막으려면 더 근본적인 문제에 도전해야 한다. 점점 더 빨라지는 기후 위기를 멈추려면 자본주의와는 완전히 다른 원리로 작동하는 사회를 건설해야 한다.

3장
지구에 사람이
너무 많은가?

마틴 엠슨

2011년 10월과 2012년 3월 사이 어느 시점에 세계 인구는 70억 명을 돌파했다. 이런 이정표를 지날 때마다 언론에는 인구 증가를 방치하면 안 된다고 호들갑스레 경고하는 기사가 쏟아진다. 2012년 이후에도 인구는 7억 명이 더 증가했고, 일부 활동가, 정치인, 인구 통계학자, 언론 논평가들의 공포심은 더욱 커졌다. 그 결과 환경문제를 둘러싸고 운동을 벌이다 보면 "인구가 너무 많은 게 문제"라고 말하는 사람을 심심찮게 만날 수 있다.

환경 파괴, 자원 고갈, 기아를 인구와 연결 짓는 주장은 새로운 것이 아니다. 이 주장은 사람이 더 많아지면 자원도 그만큼 더 많이 소비한다는 지나치게 단순한 생각에 바탕을 두고 있다. 이는 18세기

출처: Martin Empson, "Are there too many people on the planet?", *Socialist Review*, July/August 2019.

말 영국의 경제학자 토머스 로버트 맬서스의 저작으로 거슬러 올라가지만, 현대 환경 위기를 둘러싼 논쟁의 한 쟁점으로 오늘날 다시 부상하고 있다. 유감스럽지만, 인구 증가를 기후변화나 생물 다양성 위기와 곧장 연결 짓는 사람들은 진짜 범인이 빠져나가도록 해 주고 운동이 위험한 샛길로 빠지도록 만들 것이라고 나는 생각한다.

생물 다양성 위기를 다룬 2019년 유엔 보고서를 보자. 이 보고서는 전체 생물 종의 8분의 1인 100만 종의 동식물이 멸종 위기에 처해 있다고 결론지었다. 보고서는 "핵심 간접 요인으로는 인구 증가와 1인당 소비 증가, 기술혁신(어떤 경우에는 자연에 대한 피해를 줄였고 다른 경우에는 늘렸다), 그리고 결정적으로 정책과 그에 대한 민주적 통제 문제가 포함된다"고 주장한다.

일부 보도에서는 이렇게 서로 맞물린 복잡한 요인들을 하나의 원인으로 환원해 "과잉인구" 탓이라고 말한다. 예컨대, 〈파이낸셜 타임스〉에 실린 "영리한 과학만으로는 다음번 대량 멸종을 막을 수 없다"는 제목의 글에서 커밀라 캐번디시는 "과잉인구 때문에 우리의 생존에 필요한 바로 그 동식물 종들이 해를 입고 있다고 유엔 보고서는 경고한다"고 말한다.

그 글은 이어서 다음과 같이 결론 내린다. "유엔 보고서를 따뜻한 말로 환영하면서도 다른 한편으로는 인구 증가를 촉진하는 것은 무책임한 짓이다. 우리는 살아남기 위해 자연과의 전쟁을 시작했다. 그러나 당장 휴전을 선언하지 않으면 패자는 우리일 것이다."

이 글의 주장에는 두 가지 개념적 비약이 있다. 첫째, 인구문제를 더 넓은 맥락에서 떼어 낸 채 추상적으로 다뤘고, 둘째, 생물 다양성 위기가 인간의 "자연과의 전쟁"에서 비롯한다고 전제했다. 문제는 이 주장이 틀렸다는 것이다.

그러나 캐번디시의 주장은 새로운 것이 아니다. 1960년대 말 환경문제가 주류 담론으로 떠오르면서 많은 저술가들이 그 원인에 대해 논쟁하기 시작했다. 인구 증가를 환경 파괴나 기아 문제 같은 쟁점들과 직접적으로 연결 짓는 사람들이 흔히 이 논쟁을 주도했다. 가장 유명하고 또 가장 많은 영향을 끼친 것은 미국 학자 폴 에얼릭이 1968년에 쓴 《인구 폭탄》으로, 이 책에서 에얼릭은 인구 증가가 이미 주요 환경문제들을 일으켰으며 1970년대[와 1980년대]에는 수억 명이 굶어 죽을 것이라고 주장했다.

에얼릭의 주장은 다음과 같이 조야했지만 오늘날에도 매우 유사한 주장들이 많다. "한 나라의 인구가 2배로 늘어나는 것이 무엇을 뜻하는지 생각해 보라. … 사람들이 먹을 수 있는 식량이 2배로 늘어나야 한다. 모든 기반 시설과 도로가 2배로 늘어나야 한다. 에너지 사용량도 2배가 된다. 교통 체계의 수용량도 2배로 늘어나야 한다. 훈련받은 의사·간호사·교사·관리자의 수도 2배로 늘어나야 한다."

이런 추론의 논리적 결론은 과잉인구에 대한 우려에서 인구 감소의 필요성을 주장하는 것으로 매우 빠르게 옮겨 간다. 영향력 있는 환경문제 저술가이자 과학자인 제임스 러브록은 2009년 BBC와의 인터뷰에서 "우리가 지금 방식대로 산다면" 지속 가능한 세계 인구는 "10억 명 이하, 십중팔구 그보다 더 적어야 할 것"이라고 말했다. [자연 다큐멘터리 제작자인] 데이비드 애튼버러는 "우리가 겪는 모든 환경문제는 인구가 줄면 해결하기 쉬워지고, 인구가 갈수록 더 늘면 해결하기 어려워지고 결국에는 불가능해진다"고 설명한다. 두 사람 다 '인구가 문제다'(옛 이름은 적정인구재단)의 홍보 대사다.

이런 논리가 극우의 손안에 놓이면 반동적 정책의 이데올로기적 명분이 될 수 있다. 제임스 러브록, 데이비드 애튼버러, '인구가 문제다'가 강제적 인구 감축을 옹호한다고 볼 이유는 없지만, 과잉인구에 관한 주장들은 본래 반동적 정치에서 비롯했다는 사실을 주목할 필요가 있다.

맬서스가 1798년 《인구론》을 처음 출판할 때 그에게는 매우 명확한 목적이 있었다. 당시는 프랑스 혁명의 여파 속에서 윌리엄 고드윈 같은 영국 급진주의자들이 자유, 평등, 동등한 자원 접근권이 보장되는 세계를 주장했는데 맬서스는 그에 맞서서 《인구론》을 썼다. 맬서스는 영국 부르주아지를 대표해서 그런 세계는 불가능하다고 주장했는데, 가난한 자들이 걷잡을 수 없는 수준으로 증식하는 것은 필연적이고 그래서 그들은 언제까지고 궁핍에서 벗어날 수 없다는 것이었다. 윌리엄 코빗 같은 동시대 급진주의자나 이후 세대인 카를 마르크스와 프리드리히 엥겔스는 맬서스의 반동적 정치를 맹렬히 비판했다. 마르크스는 이를 노동계급에 대한 "엄청난 모욕"이라고 일컬었다. 코빗은 맬서스에게 더 직설적으로 다음과 같이 [공개서한을] 썼다. "살아오면서 많은 사람을 혐오했지만, 당신만큼 혐오스러운 자는 없었소."

더 최근에 나온 저작들도 흔히 대중에 대한 두려움을 비슷하게 담고 있으며, 과잉인구를 혁명에 대한 두려움, 자원(특히 식량) 부족으로 인한 대중적 불만과 연결 짓는다. 에얼릭이 쓴 《인구 폭탄》의 악명 높은 도입부에는 그가 [인도 북부 도시] 델리에서 택시를 타고 가던 중 과잉인구를 "두려워"하게 된 순간을 묘사하는 대목이 있다.

악취가 코를 찌르는 어느 무더운 델리에서의 밤이었다. 우리는 사람들로 붐비는 빈민가에 들어갔다. 거리는 사람들로 가득 찬 것 같았다. 먹는 사람, 씻는 사람, 자는 사람. 서로 만나고 또 다투거나 소리 지르는 사람들. 택시 창문으로 손을 쑤셔 넣어 구걸하는 사람들. 여기저기서 대소변을 보는 사람들. … 그날 밤 이후로 나는 과잉인구가 어떤 느낌인지 알게 됐다.

과잉인구, 이주 문제, 인종차별을 연결 짓는 주장은 주류 정치에까지 진입했다. 이 글을 쓰기 위해 조사하던 도중 나는 우연히 〈인디펜던트〉 2019년 6월 6일 자에 실린 기사 한 편을 접하게 됐는데, 미얀마 총리 아웅 산 수 치와 헝가리의 [인종차별적] 극우 정치인 빅토르 오르반이 만나 "끊임없이 늘어나는 무슬림 인구"가 이주 문제와 더불어 자국이 직면한 "가장 큰 난제" 중 하나라고 입을 모았다는 내용이었다. 아웅 산 수 치 정부 아래에서 유엔이 인종 청소라고 부른 2017년 로힝야족 대학살이 벌어져 수많은 무슬림이 살해당했다고 비판자들은 입을 모은다.

과잉인구 이론은 인종차별과 반反노동계급적 주장을 정당화하는 데 이용될 수 있다는 것에 그 위험성이 있다. 그런 주장을 명분 삼아 우파가 반동적 정책을 추진할 수도 있다. 이언 앵거스와 사이먼 버틀러는 《사람이 너무 많다고?》라는 훌륭한 저작에서 1960~1970

년대에 "서구의 인구론 지지 단체들"이 어떻게 인도 정부를 설득해 인구 증가에 대처하도록 만들었는지를 보여 준다. 강제적이고 비민주적인 조처가 이어졌다. 인도 총리 인디라 간디는 "몇몇 개인적 권리는 국민의 인권, 생존권, 발전권을 위해 일시 중단돼야 한다"고 말했다. 1975~1976년에 800만 명 이상의 인도인이 불임수술을 받았는데, 마을 전체의 남성이 강제로 불임수술을 받아야 했던 경우도 있었다. 이와 유사하게 1980년대 중국에서도 악명 높은 한 자녀 정책이 도입되면서 각 성省들이 할당량을 채워야 했고, 두 자녀 이상을 둔 부모는 불임수술을 받았으며 강제 낙태가 이뤄졌다. 앵거스와 버틀러는 티베트에서 시행된 정책도 "똑같이 야만적"이었다고 설명한다.

그렇지만 인구 증가를 환경 파괴 증가와 연결 짓는 핵심 주장은 어떻게 봐야 할까? 겉보기에는 논리적인 듯하다. 1971년 에얼릭은 당시의 주요 환경문제였던 로스앤젤레스의 스모그에 관해 논한 바 있다. 그는 도시의 성장은 인구가 더 많아진다는 뜻이고, 이는 결국 자동차도 더 많아지고 자동차 배기가스로 인한 대기오염도 더 심해진다는 뜻이며, 이 때문에 스모그가 발생한 것이라고 주장했다.

그러나 이것은 문제를 그것의 진정한 원인으로부터 떼어 내 추상적으로 생각하는 것이다. 1950년대까지만 해도 로스앤젤레스는 대규모 전차 교통망이 운영되는 도시였다. 도시가 성장하면서 설계자들은 교외 거주지를 확장하기를 원했지만, 전차 교통망은 확장하길 원치 않았다. 방대한 도로망이 건설됐고 대중교통 회사들은 버스가 전차보다 훨씬 더 수익성이 높다는 것을 알아차렸다. 따라서 도시가 성장하면서 스모그가 더 많이 생겨난 것은 사실이지만, 이는 인구 증가 때문이 아니라 공해가 적은 다른 교통수단 선택지가 있었음에도 공해가 심한 자동차와 버스에 중점을 두기로 했기 때문이다.

사실 인구와 환경 파괴 사이에는 직접적 연관성이 없다. 과학 저술가 프레드 피어스는 자신의 훌륭한 저작 《인구 지진》에서 "현재 지구 상에서 가장 가난한 30억 명(전체 인구의 약 45퍼센트)은 [온실가스] 배출량의 고작 7퍼센트에 책임이 있지만, 가장 부유한 7퍼센트(약 5억 명)는 배출량의 50퍼센트에 책임이 있다"고 주장했다.

거칠게 말해 개발도상국의 인구 증가는 부유한 나라보다 영향이 적다. 이는 인구와 환경 파괴를 곧장 연결 짓는 주장에 대한 유용한 반론이지만, 사회주의자들은 한 발짝 더 나아가 진정한 문제는 구조에 있음을 주장해야 한다.

카를 마르크스는 다음과 같이 적절한 지적을 했다. "과잉인구는 … 역사적으로 결정되는 관계이며, 결코 인구수나 생활필수품의 절대적 생산성 한계에 의해 결정되는 것이 아니라, 특정한 생산 조건이 상정하는 한계에 의해 결정된다. … [고대] 아테네인들에게 과잉인구를 뜻했던 숫자가 [오늘날] 우리에게는 얼마나 적어 보이는가!"

1950년에서 2010년 사이에 세계 인구는 약 3배로 증가했지만, 경제는 10배로 성장했고, 환경 파괴의 진정한 원인은 자본주의 경제의 본성이다. 한 연구가 주장했듯, 단지 100개의 기업이 1988년 이래 탄소 배출의 71퍼센트에 책임이 있다. 쉘·셰브런·BP와 같은 다국적 기업들이 최악의 환경 파괴에 책임이 있다.

그러나 그 회사들은 그저 소비자들의 수요에 응하고 있는 것 아닐까? 그리고 인구가 증가하면 소비자도 더 많아지니까 궁극적으로는 인구가 문제인 것 아닐까? 또다시, 이런 주장은 자본주의 생산의 원동력을 무시한다. 자원 사용에 관해 반복적으로 거론되는 한 가지 사례는 핸드폰이다. 핸드폰은 비싸고 희귀한 금속에 의존하므로 희소 자원 고갈 문제와 연관 지을 수 있다. 그러나 소비자들이 반복적으로 핸드폰을 더 많이 사게 되는 것은 신모델 출시로 수요 창출을 유도하기 때문이다. 핸드폰 회사들이 이런 전략을 새롭게 발명해낸 것은 아니다. 유행은 오랫동안 옷부터 자동차에 이르기까지 온갖 것들을 우리가 구매하도록 만들려고 이용돼 왔다. 1950년대 포드 자동차의 한 임원이 인정했듯 "차의 외관을 해마다 바꾸면 판매량이 늘어난다."

앞서 논의했던 생물 다양성 위기를 사례로 들어 보자. 세계의 많은 지역에서 생물 다양성 위기를 특히 초래하는 것은 농사를 짓는 방법이다. 그러나 열대우림의 훼손이든 유럽에서 곤충·조류 등 여러 동물의 멸종이든, 이는 개별 농부들이 늘어나는 인구를 먹여 살리기 위해 필사적으로 땅을 개간하느라 벌어진 일이 아니다. 생물 다양성 위기는 거대 다국적 식품 기업들의 이윤을 극대화하기 위해 경작지에 단일 작물을 재배하고 농약으로 뒤덮고 인공 비료에 심하게 의존해야 하는 산업형 농업의 특성에서 비롯한다.

환경 파괴는 인구 증가가 아니라, 맹목적으로 이윤을 인간이나 지구의 필요보다 우선시하는 체제의 결과다.

오늘날 인구 증가는 대개 걷잡을 수 없는 지경인 양 묘사된다. 그러나 현실에서 대다수 전문가들의 예측을 보면 인구 증가율이 안정되고 있다는 것을 알 수 있다. 아이러니하게도 에얼릭의 책이 출판될 무렵부터 세계 인구 증가율은 감소해 왔다. 맬서스는 인구 증가를 피할 수 없다고 주장했지만, 모든 증거는 사회가 풍요로워질수록 출산율이 낮아진다는 것을 보여 준다. 교육과 보건 수준이 높아지고 피임과 낙태가 용이해지고 여성의 노동 참여가 늘어나면 모두 출산율을 낮추는 데 도움이 되지만, 이런 것들은 모두 선진국들의 이야기다. 향후 100년 동안 있을 인구 증가 예상치의 거의 대부분이 최빈국들, 특히 사하라사막 이남 아프리카에서 일어날 것이다.

실제로 독일·이탈리아 같은 일부 유럽 나라들은 전혀 다른 유형의 인구문제에 직면해 있다. 이 나라들은 이주민 유입이 끊기면 인구 감소와 고령화를 겪을 것이다. 이탈리아의 인구통계학자 마시모 리비 바치는 이주민들이 없다면 이탈리아 인구가 "현재의 6100만 명에서 4500만 명으로 줄어들게 돼 지속 불가능한 수준의 인구 감소를 겪게 될 것"이라고 서술한다. 영국의 출산율은 약 1.8명으로 인구를 유지하는 데 필요한 수준(약 2.1명)보다 낮다. 세계 출산율도 감소하고 있다. 1950년에 전 세계의 가구당 평균 자녀 수는 4.7명이었으나, 오늘날에는 2.4명이다. 전체 나라들의 절반에서 출산율이 2명 미만이다. 유럽·중국·일본의 인구는 2050년이 되기 훨씬 전부터 감소할 것으로 예상되는데, 이를 보면 반反이민 정책이 정말이지 비합리적이라는 것을 알 수 있다.

맬서스든 에얼릭 같은 더 최근의 인물이든 그들의 예측은 매우 부정확한 것으로 판명 났다. 에얼릭은 1980년대가 되면 전 세계의 많은 사람이 기아에 허덕일 것이라고 말했지만, [실제로는] 기아와 영양실조가 여전히 남아 있지만 기아 인구의 수는 감소하고 있다(이는 대부분 새로운 농업과학 덕분이다). 유엔 식량농업기구에 따르면 기아 인구는 1990년대 초 9억 9100만 명에서 2015년 7억 9100만 명으로 감소했다. 에얼릭은 1980년대에 대규모 기아 사태가 오리라 예측했고 어떤 점에서는 그의 말이 맞았는데 에티오피아와 같은 나라들이 엄청난 고통을 겪었다. 그렇지만 에티오피아의 기아 사태는 현대사의 다른 거의 모든 경우와 마찬가지로 식량 부족이 아니라 가난 탓이었다. 오늘날에는 현재의 인구와 예상되는 증가분까지 모두 먹여 살릴 수 있을 만큼 충분한 식량이 생산되고 있다. 불행히도 산업형 농업은 매우 지속 불가능한 방식으로 그렇게 하고 있다. 그러나 농업 전문가 티머시 A 와이즈가 최근 펴낸 책《내일을 먹어 치우다》에서 강조했듯이, 더 지속 가능한 농법을 사용하면서도, 다국적 식품 대기업들이 퍼뜨리는 농법보다 수확량은 더 많고 더 질이 좋은 식량을 생산할 수 있다.

과잉인구가 환경에 가장 큰 위협이라고 주장하는 사람들은 2가지 오류의 책임에서 자유롭지 못하다. 첫째, 그들은 인구와 출산율이 사회적 맥락의 결과이지 아이를 더 많이 낳으려는 타고난 생물학적 욕구 탓이 아니라는 점을 못 본 체하는 것이다. 둘째, 그들은 진정한 위협이 이윤을 우선시하는 경제체제라는 점을 못 본 체하는 것이다.

2050년에는 세계 인구가 90억~110억 명에 달할 것이며, 그 이후에는 균형을 유지할 것으로 보인다. 그 사람들은 대부분 체제에 착취당하는 가난한 노동자일 것이다. 그러나 급진적 행동으로 자본주의에 도전하지 않는다면 그들은 환경 재난으로 황폐해진 세계에서 살게 될 것이다. 우리가 자원을 모두에게 이롭고 합리적으로 이용하는 세계를 건설하려면, 인구를 구성하는 개개인들을 문젯거리가 아니라 더 나은 세계를 위한 투쟁의 동맹으로 보는 것에서부터 시작해야 한다.

4장
체제 변화:
아직 시간이
남아 있을까?

존 몰리뉴

정치와 역사에서는 시간이 언제나 중요한 요소이지만 기후변화 문제에서만큼 그것이 중요했던 적은 없었다.

2018년 10월 IPCC 보고서는 전 세계가 기후 재난을 피할 수 있는 시간이 12년 남았다고 경고했다. 그 경고가 전 세계적 기후변화 운동의 물결을 불러일으킨 주요 요인이었다는 것은 의심의 여지가 없고 특히 그레타 툰베리와 그가 호소한 대중적 동맹휴업, 멸종반란 운동의 경우에는 더욱 그렇다. 동시에 그 경고가 다양한 사람들에게 저마다 다르게 '들렸'거나 이해될 소지도 명백히 다분했고 실제로도 그랬다. 나는 그중 몇몇 해석과 그 함의를 검토할 텐데 특히 다음의

출처: John Molyneux, "System Change: Do We Still Have Time?", Global Ecosocialist Network website, Aug 21, 2020.

쟁점을 중심으로 살펴볼 것이다. '체제 변화를 일으킬 시간이 우리에게 남아 있는가? 아니면 남은 시간이 너무 짧기 때문에 일단 자본주의의 틀 안에서 실행할 수 있는 변화에 집중하고 만족해야 할까?'

그러나 그 전에 많은 기회주의 정치인들은 '12년 경고'를 그레타 툰베리나 그녀의 지지자들과는 상당히 다른 방식으로 들었을 것이라고 지적하고 싶다. 그들에게 12년은 정말로 긴 시간일 것이다. 미국 대통령 임기를 세 번, 영국과 여러 나라에서 의원직 임기를 두 번 꽉 채우는 기간이다. 달리 말하면, 그들에게는 일단 자신들의 야망을 채우고 역사책에 이름을 남기거나 적어도 연금과 몇몇 이사직을 먼저 챙겨도 될 만큼 충분히 긴 시간이고 그동안 실질적인 조처는 조금도 이뤄지지 않을 수 있다. '12년 경고'를 듣고 그들이 떠올릴 실천들이란, 이런저런 위원회를 만들고, 대응 계획을 몇 차례 발표하고, 국제 회의에 이따금씩 참석하면서 평소에는 각종 그린워싱 활동을 챙기는 것이다. 주요 석유·가스·자동차 회사의 최고 경영자들도 정확히 똑같을 것이다.

이런 자들의 정반대편에 있는 수많은 사람들, 특히 청년들에게는 이 경고가 전 지구적 멸종을 막을 수 있는 시간이 말 그대로 12년밖에 남지 않았다는 뜻으로 '들렸다.'

이런 두 종류의 오해는 결코 그 성격이 같지 않다. 정치인들과 최고 경영자들의 경우에는 완전히 무책임한 것이고 인간과 자연 모두에게 엄청난 피해를 준다. 청년들의 경우에는 피상적이기는 해도 선의를 담고 있다. 그러나 둘 다 IPCC 보고서 내용과 기후변화를 잘못 이해하고 있다. 기후변화는 2030년이라는 특정 시점에 그 결과가 판

가름나는 종류의 현상이 아니며, 제시된 마감 직전에 긴급한 조치로 모면할 수 있는 성격의 것도 아니다. 그보다는 하나의 과정이고 그것도 이미 진행 중인 과정이다. 탄소 배출 감축이 미뤄진 채 한 주, 한 달, 한 해가 지날 때마다 문제는 더 악화되고 해결하기 더 어려워진다. 같은 이유로, 차라리 모든 희망을 버리는 게 나을 만큼 더는 손쓸 수 없게 되는 절대적 시한도 존재하지 않는다.

IPCC 보고서의 초점은 '멸종'이 아니라, 주되게는 지구온난화를 산업화 이전보다 1.5도 이상 오르지 않도록 억제하기 위해 무엇이 필요한지, 그리고 2도 높은 수준까지 방치했을 경우 어떤 결과가 예상되는지에 있었다.

"정책 결정자를 위한 요약본"에서 실제로 밝힌 내용은 다음과 같다.

A.1 인간 활동은 산업화 이전 수준 대비 약 1.0도(0.8~1.2도)의 지구온난화를 유발한 것으로 추정된다. 지구온난화가 현재 속도로 지속된다면 2030년에서 2052년 사이에 1.5도 상승을 돌파할 가능성이 높다.(높은 신뢰도)

그리고 (이미 누구나 알고 있는) 다음 내용을 덧붙인다.

B.5 건강, 생계, 식량과 물 공급, 인간 안보, 경제성장에 대한 기후 관련 리스크는 1.5도 지구온난화에서 증가하며 2도에서는 더 증가할 것으로 전망된다.

내가 이 구절들을 인용하는 것은 IPCC 보고서를 성서 취급해서나 기후 문제에 관한 절대적 권위를 갖는다고 여겨서가 아니다. 그렇기는커녕 나는 이 보고서가 명백히 보수적으로 예측한다고 보는데, 수천 명의 과학자들이 합의를 해야 하는 방식을 채택하고 있는 만큼, 놀라운 일은 아니다. 지구온난화와, 결정적으로 중요한 그 효과는 IPCC가 예상했던 것보다 실제로는 더 빠른 속도로 진행되고 있다. 내가 위 인용문으로 하려는 말은, IPCC 보고서나 기후변화에 대한 다른 모든 진지한 연구에 따르면, 기후변화는 2030년(또는 정밀하게 예측될 수 있는 여타의 시점)이 되면 무너지는 벼랑 같은 것이 아니라, 점점 재앙적 영향을 미치면서 급속히 강렬해지고 있는 하나의 과정이라는 것이다. 그 과정에서 임계점('티핑 포인트')들을 지나쳐 변화의 속도가 매우 급격하게 빨라지고 어떤 변화는 돌이킬 수 없게 될 가능성이 농후하지만, 그게 정확히 언제일지는 아무도 모르며, 임계점을 지나치게 됐을 때조차 총체적 멸종이 닥치는 게 아니라 우리는 기후변화라는 과정과 계속 씨름해야 할 것이다.

이 과정을 과학에 기초해서 올바르게 이해하는 것이 필수적이다. 정해진 시간표라도 있는 것처럼 일종의 초읽기를 하는 것("지구를 구할 수 있는 시간이 10년, 9년, 8년 … 밖에 남지 않았습니다")은 활동하는 데에 십중팔구 도움이 되지 않을 것이다. 경고한 것과 달리 세상이 망하지 않았을 때 거짓말을 했다는 비난을 뒤집어쓰고 싶지도 않다. 체제를 바꿀 시간이 남아 있느냐는 중대한 질문에 답하기 위한 토대로서도 과학적 이해는 중요하다.

'체제 변화'(내게 이것은 자본주의 타도를 뜻한다)를 하기엔 시간이 충분치 않다는 주장은 환경 운동 내에서 오래전부터, '12년 경고'가 나오기 훨씬 이전부터 제기돼 왔다. 내가 2000년대 초에 기후 변화저지운동에 처음 참여했을 때, 다소 운이 없었다고 해야 할 한 트로츠키주의자에게 누군가가 거세게 (그리고 화를 내며) 그런 주장을 한 것을 기억한다. "당신의 혁명을 기다릴 시간 따위는 없어." 물론, 실제로는 친자본주의적이면서 그것을 감추려는 사람들이 '시간이 없다'는 류의 주장을 핑곗거리로 이용할 수도 있지만, 자본주의를 대체하는 것이 현실적으로 가능하다면 이를 환영할 만한 사람들도 그렇지 않다고 여겨 비슷한 주장을 펼칠 수 있다. 나는 그런 사례로 평생 사회주의자로 살아온 [영국의 정설 트로츠키주의자] 앨런 소넷을 인용하고자 한다. 소넷은 자신의 책 《종말을 마주하며: 생태 사회주의를 지지하다》에서 다음과 같이 서술한다.

급진 좌파 대다수가 제기하는 표준적 해결책은 … 세계 자본주의의 혁명적 타도다. 향후 12년 이내에 이뤄야 한다는 전제가 깔려 있는데, 우리에게 주어진 시간이 그만큼이기 때문이다. … 이런 접근법은 최대강령주의이며* 말만 급진적이고 쓸모가 없다. 우리는 모두 사회주의자로서 자본주의 폐지를 쌍수 들어 환영할 수 있으며, 실제로 우리의 장기적 목표이기도 하다. 그렇지만 향후 12년 이내에 벌어질 지구온난화에 대한 해답으로는 말이 되지 않는다. 말하자면 '신뢰성의 차이'가 너무

---

* 최대강령주의 사회주의 사회 성취와 관련된 일련의 요구들(최대강령)만을 주장하며 개혁을 위한 투쟁을 무시하고 거부하는 태도.

크다고 할 수 있다. 재앙적 기후변화가 시시각각 다가오고 있다는 주장과 달리, 세계 사회주의 혁명이 멀지 않았다는 생각은 그만한 신뢰성을 얻지 못하고 있다. 내가 미처 못 들은 대단한 뉴스라도 있는 게 아니라면 말이다. 세계 사회주의 혁명은 불가능하지는 않을 수 있어도 지구온난화와 기후변화에 대한 해답을 제공하기에는 너무 요원한 전망이다. … 솔직히 말해서, 남은 12년 동안 세계 자본주의를 타도하는 것만이 지구온난화와 기후변화의 유일한 해결책이라면, 지구온난화와 기후변화의 해결책은 존재하지 않는 것이다.

소넷의 위 인용문은 내가 겨루고자 하는 주장을 아주 명료하게 표현했다.

가장 먼저 말해 둬야 할 것은 진지한 사회주의자나 (마르크스, 엥겔스, 로자 룩셈부르크부터 이어진) 마르크스주의자들은 혁명을 위한 투쟁을 내세워 개혁을 위한 투쟁에 반대하지는 않는다는 것이다. 오히려 혁명은 부분적 요구를 내건 투쟁에서 발전해 나오는 것이다.[1] 그래서 착취의 유일한 해결책이 임금제도 자체의 폐지라는 마르크스주의 신념이 임금 인상과 노동조건 개선을 위한 노동조합 투쟁을 지지하는 것과 모순되지 않는 것처럼, 생태사회주의 혁명을 주장하는 동시에 무료 대중교통, 화석연료 채취 금지, 재생에너지에 대한 대규모 투자 같은 즉각적 요구를 위해서도 싸울 수 있다. 이런 방식을 통해, 자본주의가 과연 생태적으로 지속 가능할 수 있는지 여부를 실천적 시험대에 올려 놓을 수 있다.

그러나 이것만으로는 문제에 온전히 답했다고 할 수 없다(그 답의 일부이긴 하지만 말이다). 만약 혁명이 해결책으로 제시되기에는 너무나 요원하고 가능성은 너무 낮다고 받아들인다면, 기후 활동가들은 혁명적 주장과 혁명적 조직보다는 오로지 개혁을 쟁취하는 데에만 사실상 모든 에너지를 집중하는 게 마땅할 것이다. 더 나아가서는 개혁 과제 중에서도 압도적으로 기후변화 문제에만 집중해야 할 것이다. 앞으로 몇 년 안에 인류의 존립이 위태로워진다는데, 직장에서 노동자의 권리, 인종차별 반대, 여성의 재생산권, 성소수자 권리 등등에 관심을 두는 게 (막연한 윤리 의식 외에는) 당최 무슨 의미가 있겠는가? 이와 다르게, 자본주의가 기후 문제에서 개혁이 불가능하거나 충분히 개혁될 수 없을 것이라고 전망한다면, 생태사회주의 운동을 더 넓은 전선에서 벌이는 혁명적 활동·선전·조직과 결합할 필요가 있다. 혁명은 노동자들이 많은 쟁점에서 대중행동에 나서고 갖가지 분열 지배 전략에 맞서 단결할 때에만 가능하기 때문이다.

따라서 다음과 같은 세 가지 진정한 물음이 생겨난다.

첫째, 자본주의 내의 개혁으로 기후변화를 멈추거나 억제할 가능성은 얼마나 될까?

둘째, 사회주의 혁명의 가능성은 얼마나 '요원'할까?

셋째, 이 두 가지 선택지 외에 다른 대안이 존재할까?

첫째 물음에 관해, 나를 포함한 생태사회주의자들(특히 존 벨러미 포스터, 이언 앵거스, 미카엘 뢰비, 마틴 엠슨, 에이미 레더 등)은 자본주의에 기반해 기후변화를 해결할 가능성은 12년 안에든, 20년이나 40년 안에든 극히 희박하다고 반복적으로 주장해 왔다.[2] 그 주장들을 내가 여기서 다 되풀이하지는 않겠고 다만 자본주의가 경쟁적 자본축적으로 인해 자연과 충돌하는 방향으로 본질적으로 가차 없이 내몰리는 체제라는 것과, 화석연료(석유·천연가스·석탄) 산업은 자본축적에서 너무 중심적 구실을 하므로 자본주의가 화석연료 의존을 끊을 현실적 가망이 없다는 정도만 언급하겠다.

둘째 물음에 관해서는, 만약 미래(예컨대 향후 12년)가 가까운 과거(예컨대 지난 50년)와 비슷할 것이라면 국제 사회주의 혁명은 실제로 매우 요원해 보인다고 나는 인정할 것이다. 그렇지만 기후변화가 진행 중이라는 바로 그 사실 자체가 향후 10년이 과거와 다를 것이라고 보장한다. 오히려 지구온난화가 야기하는 바로 그 조건들(점점 더 견딜 수 없는 더위·가뭄·화재·폭풍·홍수 등) 속에서 대중은 자본주의를 끝장낼 필요성을 완전히 새롭게 인식하게 될 것이며 따라서 혁명의 가능성도 완전히 새로워질 것이다. 악화하는 기후 위기에, 더 광범위하고 다양한 형태의 환경 위기, 심화하고 반복되는 경제 위기(지금도 이미 명백하다), 고조되는 국제 지정학적·군사적 긴장(예컨대 [서구와] 중국·러시아 간)이 겹쳐질 것이라는 사실은 사태를 더 심각하게 만들 것이다.

이 글의 서두에서 지적한 사실, 즉 '12년'은 정확하거나 최종적인 시한이 아니며 그렇게 될 수도 없다는 사실이 이 대목에서 매우 중요하다. 만약 자본주의가 지구온난화를 1.5도 이내로 억제하는 데 실패한다면(내 생각에는 압도적으로 그럴 가능성이 높다), 소녯이 생각하듯 모두 끝장나고 투쟁도 헛것이 되는 게 아니라, 앞서 설명한 모든 조건과 재난이 심화할 테고 그 과정에서 대규모 반란과 혁명의 개연성이 높아질 것이다.

많은 사람들이 한 나라에서의 혁명은 상상할 수 있지만 국제적·세계적 혁명이라는 발상은 터무니없다고 여긴다. 국제 혁명이라는 것이 전 세계적으로 조율된 동시 반란을 뜻한다면 확실히 가능성이 극히 낮겠지만, 국제 혁명을 옹호하는 사람들은 한번도 그런 시나리오를 그려 본 적이 없다. 오히려 우리가 생각하는 국제 혁명은 한 나라(브라질이나 이집트, 아일랜드나 이탈리아)에서 시작된 혁명이 일련의 길지만 계속되는 투쟁들을 통해서 다른 나라로 확산될 수 있고 또 확산되리라는 것이다. 이런 전망은 최근에 벌어진 투쟁 물결을 보더라도 실제로 뒷받침된다. 우선 2011년 '아랍의 봄'은 튀니지에서 시작된 봉기가 이집트·리비아·바레인·시리아로 이어지는 연쇄반응을 낳았고, 그 뒤로도 더 작지만 그럼에도 중요한 반란이었던 스페인의 인디그나도스[분노한 사람들] 운동과 미국의 '점거하라' 운동에도 영감을 줬다. 그 후 2019년에는 전 세계적인 대규모 반란의 물결이 있었다(프랑스 노란조끼 운동, 수단, 아이티, 홍콩, 알제리, 푸에르토리코, 칠레, 에콰도르, 이라크, 레바논 등). 청소년들의 [기후 위기] 동맹휴업이 전 세계적으로 확산됐고, 2020년에는 심지어 코로나19가 한창인 와중에도 '흑인 목숨도 소중하다' 운동이 국제적으로 퍼져 나갔다. 이런 사실에서 분명하게 볼 수 있는 것은, 오늘날의 세계화된 세상에서는 반란이 놀라운 속도로 아주 멀리까지 국제적으로 확산될 수 있다는 점이다. 어느 한 나라에서 사회주의 혁명이 일어난다면 국제적 파급력은 엄청날 것이다. 그 혁명이 생태적·반反기

후변화적 지향을 강력하게 띠고 있다면(분명 그럴 것이다) 그 파급
력은 더욱더 분명할 것이다. 왜냐하면 과거에 일국사회주의론자들이
뭐라고 주장했든지 간에, 오늘날 남아공이나 프랑스, 인도네시아나
칠레 등지에서 그 어떤 혁명이 일어난다 해도 미국·중국·러시아·인
도가 기존 방식을 고수하는 한 기후변화를 해결하지 못할 것이라는
점이 너무도 분명하기 때문이다. 역사상 기후변화만큼 국제적인 문
제도 없었다.

자본주의를 지속 가능하도록 바꾸는 것도 아니고 혁명적으로 타
도하는 것도 아닌 제3의 대안이 있는가 하는 셋째 물음과 관련해
서는 두 가지 선택지가 제시될 수 있다. 하나는 선거에서 승리함으
로써 자본주의를 사회주의로 바꾸는 전략('제러미 코빈* 전략'이라
고도 부를 수 있겠다), 다른 하나는 파시즘과 권위주의라는 야만적
'대안'이다. 전자는 유감스럽게도 환상에 불과하다. 후자는 훨씬 더
유감스럽게도 너무나 현실적이다.

내가 (그것의 최신판을 주도한 인물의 이름을 따라서) 코빈 전략
이라고 부른 것은 사실 매우 오래된 전략으로, 그 뿌리는 최소한 제
1차세계대전 이전 카를 카우츠키와 독일사회민주당으로까지 거슬
러 올라간다. 이 전략은 실천적 시험대에 수차례 올랐고 번번이 재
앙적 결과를 낳았다. [카우츠키가 살았던] 독일 자체에서도 그랬고,
[1919~1920년] '붉은 2년' 동안 이탈리아, 1970~1973년 칠레, 더 최근
에는 그리스에서 시리자가 그랬고, 영국의 코빈도 (총선 승리라는

---

* 제러미 코빈 영국 노동당의 극좌파로 2015~2020년에 당 대표를 맡았다.

필요조건을 이뤄 내지 못했다는 점을 제외하면) 마찬가지였다. 겉보기에 이 전략은 혁명보다 훨씬 더 실용적이고 그럴듯하지만 실제로는 근본적 결함이 있다. 기성 자본주의 지배계급은 어느 한 나라에서든 국제적으로든 사회주의자들이 선거에서 승리했다고 해서 순순히 무대에서 퇴장하고 자신들의 권력을 포기하지는 않을 것이다. 오히려 지배계급은 사회주의를 지향하는 정부를 굴복시키거나 필요하다면 괴멸하려고 모든 경제력을 (투자 파업, 자본도피, 통화 대량 매도 등을 통해) 동원할 것이고, 특히 언론을 통해 사회적·이데올로기적 헤게모니를 발휘할 것이며, 지배력을 행사해 결정적으로 국가기구를 휘두를 것이다.[3] 이런 사보타주에 저항하고 그것을 극복할 유일한 방법은 노동계급이 결집해 혁명으로 나아가는 것뿐이었다. 그렇기 때문에 코빈 전략이라는 개혁주의 선택지는 그 진보적 목적에도 불구하고 환상일 뿐이다. 이런 전략은 자신이 건너뛰려 했던 혁명으로 귀결되거나 그저 허공으로 사라져 버릴 것이다.

파시즘과 권위주의라는 선택지의 경우, 우리는 이탈리아·독일·스페인·포르투갈·칠레 등지의 쓰라린 경험을 통해 그 현실성을 확인할 수 있고 많은 면에서 개혁주의라는 선택지의 실패와 동전의 앞뒷면 같은 관계라는 점을 알고 있다. 그리고 오늘날 다차원적 위기에 갇힌 자본주의 체제의 세계 곳곳을 들여다 보면, 정치적 양극화가 심화하고 극우 세력이 여러 나라에서 집결하고 있다는 것을 알 수 있다. [2020년 8월 현재] 주요 3개국(미국·브라질·인도)에서 파시스트 정권 수립까지는 아니더라도 극우가 통치하고 있고 적지 않은 나라들에서는 대단히 권위주의적인 정권이 통치하고 있다는 것은 암울

한 사실이다. 기후 위기가 심각해짐에 따라, 그리고 기후 난민의 수도 함께 늘어남에 따라, 권위주의와 파시즘이라는 선택지는 공황 상태에 빠진 지배계급과 그들을 지지하는 일부 중간계급에 점점 더 매력적으로 보일 것이다. 결국 파시즘은 지구온난화를 멈추지도 못하면서 야만이라는 바다만 만들어 낼 것이다.

체제 변화를 위한 시간이 남아 있느냐는 물음으로 돌아가자. 아무도 정확하게 미래를 예측할 수는 없지만⁴ 단연코 가장 가능성이 큰 시나리오는 기후 위기와 환경 위기가 가속화되면서 전반적으로 계급투쟁과 정치적 양극화가 심해지는 것이다. 이 과정은 세계가 1.5도 상승이라는 임계점으로 나아감에 따라 점점 심화할 것이며, 임계점을 지나친 이후에도 계속될 것이다. 운동의 향방에 따라서, 기후변화를 피하거나 멈출 방법뿐 아니라 기후변화의 파괴적 영향을 감당할 대응 노선도 함께 정해진다. 야만인가, 연대인가? 자본주의는 그 형태가 무엇이 됐든 갈수록 야만으로 기울 것이다. 자본주의를 사회주의로 대체하는 체제 변화만이 노동계급과 인류가 연대 의식에 기초해 대응하도록 해 줄 것이다.

4부
왜 핵발전은
기후변화의
대안이 아닌가

톺아보기:
핵을 원자력이라고
부르는 것은
잘못

최무영

핵이란 핵에너지를 줄여서 쓴 것으로, 말 그대로 핵에 근원을 지 닌 에너지를 가리킨다. 그런데 이런 핵에너지를 우리 사회에서 신문 을 비롯한 매체에서는 흔히 원자력이라고 표기한다. 원자력이란 글 자 자체는 원자힘, 곧 원자와 원자 사이에 작용하는 힘을 뜻하며, 따 라서 핵에너지를 원자력이라고 지칭하는 것은 잘못된 용례다. 그 이 유를 정확히 이해하기 위해 관련된 물리학의 내용을 잠깐 살펴보자.

무엇보다도 힘force과 에너지energy란, 관련이 없는 것은 아니지만 본질적으로 다른 개념이다. 엄밀한 정의를 사용하는 물리학에서 에

이 글은 〈노동자 연대〉의 이전 제호인 〈레프트21〉 53호, 2011년 3월 24일 자에 실 렸다. 지은이 최무영은 서울대 물리학과 교수이자 과학사 및 과학철학 협동과정 겸 임 교수다.

너지는 크기만을 지니고 있으나 힘은 크기와 함께 작용하는 방향도 지니고 있다. 일반적으로 물체가 힘을 받아서 움직이면 그 에너지가 변할 수 있으나, 힘을 받아도 움직이지 않거나 또는 힘의 방향에 수직으로 움직이면 에너지는 변하지 않는 반면에 힘을 받아서 움직이지 않아도 에너지가 변할 수 있다.

우리가 사용료를 지불하고 쓰는 전기나 석유는 물론이고, 살기 위해서 먹는 음식물도 힘이 아니라 에너지를 얻기 위한 것이다. 사실 에너지는 사용해도 없어지는 것은 아니고 다만 쉽게 사용할 수 없는 형태로 바뀌는 것이므로 에너지 문제란 전체 양의 문제가 아니라 그 형태, 곧 등급의 문제이며 이는 이른바 엔트로피에 관한 열역학 둘째 법칙과 밀접하게 관련돼 있다. 아무튼 에너지를 힘이라고 지칭하는 것은 완전히 오류다.

다음으로 원자와 핵에 대해 생각해 보자. 현대물리학의 이론 체계에서 모든 물질은 결국 원자atom들로 이뤄져 있다. 자연에 존재하는 원자는 제일 가벼운 수소부터 제일 무거운 우라늄까지 약 90종류로, 물질은 이런 원자들이 직접 구성하거나, 몇 개의 원자들이 적당히 묶인 분자들로 이뤄진다. 예를 들어 쇠는 철 원자들이 모여서 이뤄지며, 산소는 2개의 산소 원자가 묶인 산소 분자들로 구성돼 있다. 또, 수소 원자 2개와 산소 원자 1개가 묶이면 물 분자가 되는데 이런 물 분자가 10^{22}(1000억이 1000억 개 모인 것)개가 모이면 물 0.3그램쯤 된다.

한편 모든 원자는 가운데에 핵nucleus이 있고 주위에 하나 이상의 전자를 지니며 핵은 다시 양성자와 중성자로 이뤄져 있다. 양전기를 띤 양성자의 개수와 음전기를 띤 전자의 개수는 같아서 전체 원자는 전기적으로 중성인데 원자번호라 부르는 이 개수에 따라 원자의 종류가 결정된다. 예를 들어 수소는 하나의 양성자로 핵이 이뤄져 있어서 원자번호가 1이며 산소는 8, 가장 무거운 우라늄은 92다.

원자와 원자 사이에는 전자를 매개로 해서 전기적 힘이 작용할 수 있고, 이에 의해 묶여서 분자와 물질을 이루게 된다. 또한 중성 원자 사이에도 양전기와 음전기의 중심이 살짝 나뉘는 극갈림 현상에 의해 약하지만 힘이 작용하며, 일반적으로 이를 원자력atomic force이라 부른다. 이를 이용해서 거의 원자 수준의 크기를 살펴볼 수 있도록 한 장치가 원자력현미경이다.

한편 원자 자체는 보통 변하지 않아서 그것이 구성하는 물질의 고유한 성질을 유지하는데, 그 이유는 원자를 결정하는 핵이 매우 안정하기 때문이고 이는 결국 핵을 구성하는 양성자와 중성자가 핵력nuclear force이라고 부르는 매우 강한 힘으로 묶여 있기 때문이다. 그러나 우라늄 같이 무거운 원자는 적당한 상황에서 핵이 쪼개져서 다른 원자들로 바뀔 수 있다. 이를 핵분열이라 하며 이런 과정에서 엄청난 에너지가 방출되는데 이를 핵에너지nuclear energy라고 부르며, 이는 결국 (약한 원자력이 아니라) 강한 핵력에 기인한다고 할 수 있다. 일단 한 원자의 핵분열이 시작하면 그 결과물이 다른 원자들의 핵분열을 이끌게 되는 사슬 반응이 일어나고, 따라서 원자들의 핵분열은 급속히 진행한다. 이에 따라 엄청난 양의 핵에너지가 급격하게 방출되므로 가공할 파괴 능력을 가지게 되는데 이것이 바로 핵폭탄 등의 핵무기다. 흑연이나 물 등을 써서 적절한 방법으로 사슬 반응을 늦추면 핵분열의 진행을 어느 정도 조절할 수 있고, 이에 따라 천천히 방출하는 핵에너지를 이용해 발전기를 돌려서 전기에너지를 얻는 시설이 핵발전소nuclear power plant다.

원자력발전은 약한 힘인 원자력을 이용해서 발전을 한다는 뜻이 되는데, 이는 있을 수 없는 것이고 고리·월성·울진·영광 등에 있는 시설은 물론 핵발전소다. 이런 오류의 근원은 정확히는 모르겠으나 아마 역사적으로 핵과 원자를 명확히 구분하지 않았기 때문으로 추측한다. 곧 원자와 핵의 구조를 잘 모르는 상황에서 에너지가 뭉뚱그려서 원자에서 나온다고 생각했고, 따라서 원자에너지atomic energy라는 용어를 사용해 왔다. 이는 현재에도 사찰로 유명해진 국제원자에너지기구International Atomic Energy Agency, IAEA* 등 일부 이름에 아직 남아 있다. 그러나 이는 물론 잘못된 관습에 의한 것이며, 원자력이란 용어는 이보다도 더 잘못된 것이다.

그런데 요즘에는 핵과 원자력이라는 용어의 사용이 단순한 혼동이 아니라 어떤 일관성이 있는 듯하다는 느낌이 들어서 더욱 고개를 갸우뚱하게 된다. 원자력발전, 원자력의 평화적 이용, 원자력 병원, 원자력 문화 등에서 보듯이 원자력이라는 용어는 대체로 긍정적인 뜻을 심어 주려는 곳에 쓰이는 것 같고 반대로 핵 사찰, 핵무기, 핵폭발, 핵실험, 핵폐기물, 핵 오염 등 무엇인가 나쁜 뜻으로는 원자력 대신에 핵을 사용하는 경향이 있는 것 같다.

이는 억지로 해석하더라도 조절하지 않은 핵분열 반응에 관련되

---

* 한국에서는 국제원자력기구라고 부른다.

면 핵, 조절하는 반응에 관련되면 원자력이라고 쓰는 것도 아니다(예를 들어 나는 원자력 폐기물, 원자력 오염 같은 용어를 들어 본 기억이 없다). 마치 두 가지가 서로 다른 것처럼 오인하도록 만들지 않을까 하는 염려가 드는데, 만일 굳이 잘못된 관습을 따라 원자력이라는 용어를 고집한다면 북한의 핵 개발도 원자력 개발이라고 표현해야 할 것이다.

1장
핵발전이
기후 위기의
대안일까?

장호종

핵발전이 기후 위기의 대안이 될 수 있다는 주장은 오래전부터 제기돼 왔다.

기후변화를 일으키는 온실가스 중 가장 큰 비중을 차지하는 것은 이산화탄소인데, 대부분 석탄·석유·가스 등 화석연료를 연소하는 과정에서 나온다.

그림 13에서 보듯 전체 온실가스 배출에서 가장 큰 비중을 차지하는 것은 발전 부문이다. 수송, 열에너지가 필요한 각종 산업, 난방 등에 사용하는 화석연료도 대부분 전기로 대체할 수 있으므로 화석연료를 사용하지 않고 전기를 만들면 온실가스 배출은 더 많이

이 글은 "핵발전이 기후 위기의 대안인가", 〈노동자 연대〉 360호(2021년 3월 17일)를 개정·증보한 것이다.

줄일 수 있다.

따라서 화석연료에 의존하는 현재의 발전 방식을 다른 에너지원으로 전환하는 게 핵심적으로 중요한 과제로 여겨져 왔다. 풍력·태양광 같은 재생에너지가 대표적이다.

일부 학자와 정치인은 이 대체에너지원 목록에 핵발전도 포함시키려 한다. 특히 세계 기후 운동 내 저명한 일부 학자와 활동가도 핵발전 불가피론을 펴 운동 내에서 논쟁이 벌어져 왔다. 이들 주장의 핵심은 핵발전이 여러 문제가 있지만 핵발전 비중을 늘려야 기후변화를 멈출 수 있다는 것이다.

미국항공우주국 출신의 과학자로 기후변화 공론화에 크게 기여한 제임스 핸슨, 가이아 이론으로 유명한 제임스 러브록, 《6도의 악

그림 13. 2018년 세계 온실가스 배출량(단위: 10억 이산화탄소환산톤)

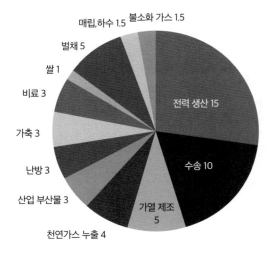

출처: Jonathan Neale, *Fight the Fire*

몽》을 쓴 마크 라이너스, 《CO$_2$와의 위험한 동거》를 쓴 조지 몬비오 등이 핵발전 불가피론을 펴 왔다.

국내에서는 월성 핵발전소 폐쇄 논란과 관련해 문재인 정부를 비판하는 우파 언론들이 목소리를 높였다. 이들은 때마침 출간된 빌 게이츠의 책 《빌 게이츠, 기후재앙을 피하는 법》 중 핵발전소와 관련된 내용을 대서특필하며 기후변화에 대응하기 위해서라도 핵발전소를 줄여서는 안 된다고 주장했다.

이와 관련해 〈한겨레〉는 〈조선일보〉 등이 빌 게이츠의 주장을 왜곡했다며 빌 게이츠를 옹호한다. "인류 사회 전 영역에서의 변화와 기술혁신을 촉구했던 게이츠의 주장은 오로지 원전만이 유일한 구세주인 것마냥 납작해졌다."

그러나 빌 게이츠의 주장은 핵발전 말고도 문제가 많다. 빌 게이츠는 자본주의 체제의 작동 원리를 그대로 내버려 둔 채 기후 위기를 막는 방법에 골몰한다. 자기 같은 자본가들이 투자 우선순위를 결정하고 정부는 이를 뒷받침하는 체제 말이다. 그래서 빌 게이츠는 정부가 인센티브 등을 통해 기업주들의 기후 대응 투자를 고무해야 한다고 주장한다. 그동안 온실가스를 배출하며 이윤을 쌓아 올린 기업주들에게 벌이 아니라 혜택을 줘야 한다는 것이다.

그는 발전 다음으로 온실가스 배출량이 많은 수송 분야에서 배출을 획기적으로 줄일 수 있는 수단인 기차에 대해서는 전혀 고려하지 않는다.

또, 자신이 "집도 크고 심지어 개인 전용기까지 가지고 있[지만] … 2020년 나는 지속 가능한 제트연료를 구매하기 시작했고 이는

2021년 우리 가족이 비행을 하면서 내뿜는 탄소를 완전히 상쇄할 것"이라고 한다. 그 '상쇄'는 "공기에서 이산화탄소를 제거하는 기업에 투자를 함으로써" 이뤄질 것이고 "대기권에서 이산화탄소를 제거하는 기술에 나보다 더 많은 투자를 하는 사람을 나는 알지 못한다"고 한다.

그러나 대기 중 탄소를 직접 제거하는 기술은 여전히 효율이 극도로 나빠서, 그 기계를 돌리는 데 사용되는 전기를 생산하느라 배출한 온실가스 양만큼도 채우지 못하는 것으로 알려져 있다. 마찬가지로 빌 게이츠가 투자한 일부 기업들이 있지만 정부 보조금 외에는 수익을 얻을 수 없으므로 개발이 언제 이뤄질지 기약하기 어렵다.

빌 게이츠의 책은 자본가들이 기후 위기 문제를 어떻게 바라보는지 보여 주는 책일지는 몰라도, 기후 위기를 진심으로 걱정하는 사람들이 참고할 만한 책은 못 된다. 그의 핵발전 옹호론도 오래된 거짓말, 속임수, 왜곡을 반복하는 것에 지나지 않는다.

핵발전 옹호론의 거짓말들

재생에너지만으로는 부족하다?

먼저 '재생에너지만으로는 전 세계에 필요한 전력을 안정적으로 공급할 수 없다'는 주장이 있다. 바람이 멈추면 풍력 터빈은 멈추고, 밤이 되면 태양 전지판은 전기를 만들지 못하니 이런 주장은 일부 진실일 것이다. 또 어떤 지역은 햇빛과 바람이 풍부한 반면 어떤 지역은 그렇지 못하니 지역 간, 국가 간 불균등도 존재할 것이다.

그러나 재생에너지에 풍력과 태양광만 있는 것은 아니다. 상대적으로 더 안정적으로 전기를 공급할 수 있는 기술들도 있다. 조수 간만의 변화(조력)나 파도, 중력, 지열을 이용한 발전은 풍력이나 태양광보다 더 큰 설비가 필요하지만 24시간 안정적으로 전력을 공급할 수 있다. 사람이 살지 않는 사막에 수백~수천 개의 반사판을 설치해 햇빛을 모으는 태양열발전도 비교적 안정적인 전력 공급원이다.

다양한 재생에너지원을 효율적으로 연결하면 더욱 효과적이다. 지구 전체로 보면 언제나 낮과 밤이 서로 교차하므로 풍력과 태양광도 사실상 24시간 가동하는 것 같은 효과를 얻을 수 있기 때문이다.

오히려 문제가 되는 것은, 제국주의 열강이 지배하고 서로 경쟁하는 세계 자본주의 체제에서 이처럼 효율적인 연결망을 만드는 것이 불가능하다는 사실이다. 따라서 정확히 말하자면 '현재의 세계 자본주의 체제를 그대로 유지하고서는 전 세계에 안정적으로 전력을 공급할 수 없다'는 것이 진실에 가까울 것이다. 유엔 기후변화 협약은 전력망 공유는 고사하고 온실가스 배출을 줄이자는 추상적 합의를 하는 데에만 수십 년을 까먹었다.

탄소 배출 제로?

핵발전이 온실가스를 배출하지 않는다는 것도 사실이 아니다.

우라늄을 채굴하기 위해 거대한 산을 깎아 내리는 작업부터 시작해(우라늄은 매우 희귀한 원소다), 이를 정제하고 농축하는 과정에서 어마어마한 양의 화석연료가 사용된다. 전 세계 농축우라늄

의 80퍼센트를 만드는 미국 켄터키주州 퍼듀카에는 우라늄 농축을
위해 2개의 오래된 석탄 화력발전소가 가동되고 있다. 그 각각의
설비용량만 해도 1000메가와트로 어지간한 핵발전소 규모와 맞먹
는다.[1]

호주 남부의 올림픽댐 우라늄 광산은 그 지역에서 이산화탄소를 가장
많이 배출하는데, 역설적이게도 그 지역에서 사용되는 모든 전기의 약
4분의 1을 소비한다. 핵에너지가 탄소 중립적이라는 주장은 고작 이런
것이다. … 올림픽댐에서 채굴된 우라늄은 우라늄 헥사플루오라이드로
변환하기 위해 캐나다로 수송될 것이고, 거기서 다시 농축 과정을 위
해 프랑스로 수송되고, 그다음에 배로 일본으로 건너가 핵 연료봉으로
바뀔지도 모른다. … 마지막으로, 사용된 연료는 재처리를 위해 프랑스
나 영국으로 운반되고, 최종으로 남은 폐기물들은 지구 어느 구석으로
옮겨져 매립되거나 몇몇 임시 저장 시설에 보관될 것이다.[2]

국제원자력기구가 2017년에 발표한 "지속 가능한 발전을 위한 핵
발전" 보고서에 따르면 핵발전소는 1킬로와트시당 탄소 35그램을 배
출한다. 영국 서식스대학교의 벤저민 K 소버쿨 교수 등이 2008년에
발표한 "핵발전으로 인한 온실가스 배출량 평가: 비판적 연구"는 핵
발전의 탄소 배출량을 1킬로와트시당 1.4~288그램(중간값은 66.08
그램)으로 추산했다(그림 14). 같은 방식으로 추산한 풍력발전소의
탄소 배출량은 9~10그램, 화석연료 발전소의 배출량은 443~1050그
램이었다. IPCC는 2014년 보고서에서 그 양을 3.7~110그램으로 보

고한 바 있다.

마크 제이컵슨은 2019년 "지구온난화, 대기오염, 에너지 안보의 해법으로서 핵발전에 대한 평가"에서 최소 10년 이상 걸리는 핵발전소 건설의 기회비용까지 고려하면 핵발전은 육상 풍력 대비 9~37배 많은 온실가스를 배출한다고 지적했다.

안전하다?

방사선이 생명체의 유전자를 변형할 수 있고 이로 인해 유전적 질병을 일으킬 수 있다는 사실은 훗날,《침묵의 봄》의 저자 레이철 카슨에게 지대한 영향을 끼쳤고, 사회주의자로서 스페인 혁명에 참전한 한 생물학자에 의해 매우 오래전에 밝혀졌다.

그림 14. 핵발전 주기에 따른 온실가스 배출량

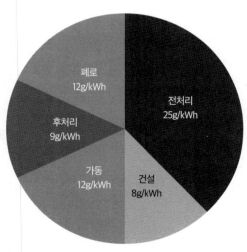

출처: 벤저민 K 소버쿨 외, "핵발전으로 인한 온실가스 배출량 평가: 비판적 연구", 2008.

방사선과 유전학에 대한 생산적인 연구가 1927년 허먼 멀러 박사에 의해 수행되었다. 그는 초파리에 방사선을 조사했는데, 이 초파리들이 매우 빠르게 번식했기 때문에 멀러는 짧은 시간에 수백 세대에 걸친 효과를 확인할 수 있었다. … 방사선 유발성 우성 돌연변이는 초파리의 많은 세대를 통해 반복적으로 나타났다. 이런 선구적 업적으로 1946년 멀러 박사는 노벨상을 수상했다. 그 이후 다른 연구자들은 멀러의 발견을 확증했다. 이런 연구를 통해 돌연변이의 수는 한 번에 큰 조사량을 받았든 여러 번 작은 조사량을 받았든 간에 생식기관이 받은 방사선량에 비례하는 것으로 나타났다.[3]

문제는 초파리는 인간이 아니라는 데 있었다. 또 인간을 대상으로 방사선 조사 실험을 하는 데에는 한계가 있다. 그러다 보니 핵발전의 안전성 논란은 계속됐다. 핵발전이 안전하다는 주장의 핵심은 '미량'의 방사선은 자연에도 존재하는 것으로 그 정도는 인체에 해를 끼치지 않는다는 것이다. 그러나 방사선이 인체에 끼치는 영향에 관한 연구 중 지금까지 가장 권위 있는 것으로 인정받는 연구는 미국 국립과학아카데미가 2006년에 발표한 것이다. 이 기구는 형식적으로는 민간 기구이지만 하원의 결정에 따라 설립됐고 미국 연방 정부에 과학 정책을 자문한다. 히로시마와 나가사키의 핵폭탄 피해자 12만여 명과 다른 방사선 피폭자들을 대상으로 한 이 연구의 핵심 결론은 '안전'한 방사선량은 없다는 것이다. 보고서는 아주 낮은 방사선 노출에서도 방사선 노출과 암 발생률 사이에 비례관계가 있다고 결론 내렸다.[4]

방사성물질은 입이나 코, 눈, 피부 등 다양한 경로로 체내로 들어올 수 있는데, 이 경우 체외 방사선 피폭과 달리 지속적으로 영향을 받으므로 그 효과를 신중히 따져 봐야 한다. 그러나 이 분야에 관한 연구는 아직 충분하지 않다.

각국 정부와 국제원자력기구 등은 핵발전소 사고로 인한 피해를 숨기고 조작해 그 규모를 최소화해 왔는데, 1959년 국제원자력기구와 세계보건기구 사이의 협정은 그런 노력의 결정판이라 할 수 있다. 이 협정에 따르면 세계보건기구는 방사선이 인체에 미치는 영향에 대해 발표하려면 사실상 국제원자력기구의 사전 동의를 얻어야 한다.[5] 그래서 2005년 국제원자력기구가 작성한 체르노빌 사고 보고서는 그 사고로 46명만 사망했다고 발표할 수 있었다.

그럼에도 핵발전소가 인근 주민들의 건강에 영향을 끼쳤음을 보여 주는 연구들은 계속 발표됐다.

국내에서는 서울대학교 보건대학원 백도명 교수 등이 1991년부터 2011년까지 20년 동안 핵발전소(월성) 주변에 거주한 사람들을 대상으로 한 장기 연구 자료를 검토한 결과, 갑상선암이 "여성만이 아니라 남성에서도, 갑상선암만이 아니라 다른 방사선 관련 암에서도 증가하는 경향, 그리고 출생년도에 따라 구분했을 때, 뚜렷한 양-반응관계를 보였다"고 발표했다.[6]

영국 스코틀랜드에 있는 핵 재처리 공장 인근 아이들을 조사한 결과 공장이 가동되기 전의 같은 연령대 아이들보다 백혈병 발병률이 높았다.[7] 프랑스와 독일에서도 비슷한 연구 결과들이 발표됐다.[8]

국제원자력기구 등은 방사선과 암 사이의 상관관계만 언급하지만 방사선은 다운증후군 같은 유전 질환이나 백내장 같은 병도 일으킨다. 1957년 영국 북서부의 윈드스케일 핵발전소에서 난 사고 때문에 이 지역에서 다운증후군 발생률이 급격히 높아졌다. 여러 연구자들이 이 사고와 다운증후군 증가 사이에 "높은 상관관계가 있다"고 발표했다.[9]

어처구니없게도 빌 게이츠는 핵발전소 사고로 사망한 사람 수가 자동차 사고로 죽은 사람 수보다도 적다며 핵발전소가 '안전하다'고 주장한다.[10]

그러나 어느 정도 회피하거나 통제가 가능한 위험이 있는가 하면 핵발전처럼 개인의 회피 노력이나 통제력이 결과에 거의 아무 영향도 끼치지 못하는 경우도 있다. 이를 비교하는 것은 속임수일 뿐이다. 어떤 지역에서 자동차 사고가 많이 난다고 후쿠시마에서처럼 인근 주민 수십만 명이 이주해야 하는 일이 벌어지지는 않는다. 자동차 사고는 차도에서 떨어져 있으면 대체로 안전하지만 후쿠시마 주민들은 그런 종류의 위험에 노출된 것이 아니었다. 방사선은 눈에 보이지도 않는다.

핵발전이 안전하다는 주장의 다른 측면은 첨단 기술 덕분에 방사선 누출 사고를 거의 완벽에 가깝게 막을 수 있다는 것이다. 2011년 후쿠시마 제1핵발전소 사고를 비롯해 대형 핵발전소 사고들은 이런 주장들이 사실이 아님을 보여 줬다. 이에 관해서는 4부 3장에서 좀 더 자세히 다룰 것이다.

비용이 적게 든다?

불과 10여 년 전만 해도 핵발전 옹호론자들이 핵발전의 최대 장점으로 꼽은 것은 저렴하다는 것이었다. 그러나 2011년 후쿠시마 사고 이후 핵발전 안전 비용이 크게 증가한 반면 태양광·풍력 등 재생에너지 설비 비용이 대폭 하락하면서 경제성 논리는 점차 근거가 취약해져 왔다. 화석연료 기업들의 이익을 옹호하고 재생에너지의 경제성을 과소평가해 온 국제에너지기구IEA의 발표를 보더라도 오늘날 태양광과 풍력은 어지간한 화력발전소는 물론이고 핵발전보다 더 경제적인 에너지다.

그럼에도 2020년 월성 핵발전소 폐쇄 논란에서 보듯 핵발전소가 경제적 에너지라는 주장은 쉽게 사라지지 않고 있다. 이들은 산업자원부와 한국수력원자력이 경제성 평가를 고의로 조작했다고 주장하는데 월성 1호기의 연간 가동 시간을 적게 계산함으로써 발전 효율이 떨어지는 것으로 계산했다는 것이다. 경제성 평가에는 이 밖에도 에너지 생산에 필요한 토지와 각종 원자재의 시장가격뿐 아니라 세금, 운영비, 폐쇄 비용, 사고 확률, 기상 변화에 따른 가동 효율 등까지 반영한다.

그러다 보니 정부와 국가기관들의 경제성 평가에는 시장 변동은 물론 어느 정도는 평가자의 주관적 기대나 전망도 반영되기 마련이다. 예컨대 정부가 핵발전소의 유해성을 인정해 세금만 일정 수준 이상으로 인상해도 그 상대적 경제성 여부는 완전히 달라질 수 있다. 정부 기관들의 경제성 평가 결과를 두고 '조작'인지 아닌지 진위 여부를 따지는 것 자체에 큰 의미가 없는 이유다.

국제에너지기구는 최근 발표한 보고서에서 비용을 고려했을 때 한국에서는 2025년까지도 핵발전이 가장 저렴한 에너지원일 것이라고 주장했다.[11] 그러나 이 비용 추계를 자세히 살펴보면 핵발전소 폐로 비용을 석탄발전소와 같은 전력 생산량 1메가와트시당 0.03달러로 계산했다. 이는 핵발전소의 수명이 길다는 것을 고려하더라도 터무니없는 수치다. 사실상 방사성폐기물 처리 비용 등을 거의 고려하지 않은 것임을 짐작할 수 있다. 인류가 콘크리트나 철 구조물 등을 사용한 지 수백 년밖에 안 된 것을 고려하면 이런 폐기물을 수만 년 동안 안전하게 보관하는 데 필요한 비용은 엄밀하게 말해 아직 알지 못한다. 국제에너지기구의 계산 방식에 따르더라도 미국·중국·프랑스·인도에서는 대규모 태양광발전이 핵발전보다 더 경제적이다.

후쿠시마 사고 등이 보여 주듯이, 대형 사고라도 나면 그 처리 비용은 천문학적 수준으로 늘어난다. 일본의 민간 연구 기관인 일본경제연구센터는 후쿠시마 제1핵발전소 사고 처리 비용이 약 826조 2648억 원에 이를 것으로 추산했다. 일본 정부는 사고 처리 기간을 30~40년 정도로 예상하고 있는데, 이마저도 계획대로 됐을 경우의 얘기다.

후쿠시마 사고 이전에도 핵발전의 경제성이 부풀려져 왔다는 지적은 많았다. 그중 하나는 정부의 막대한 보조금과 관련한 것이다.

미국에서는 프라이스·앤더슨법에 따라 수십 년 동안 핵 산업계에 보조금이 지급됐는데 '우려하는 과학자 연합UCS'이 발표한 보고서를 보면, 1960~2008년 핵발전에 지급된 각종 보조금이 같은 기간 핵발전소에서 생산된 전기 가격의 140퍼센트에 이른다. 사실상 적자 운영인 것이다.[12] 현재 가동 중인 핵발전소에 지급되는 보조금만 따져도 생산하는 전기 가격의 70~100퍼센트에 이른다.

시티은행은 2009년에 "새로운 핵발전소: 경제적이지 않다"라는 제목의 보고서를 발표했는데 그 결론은 다음과 같았다. "새로운 핵발전소 개발 업체들은 너무 크고 다양한 위험 요소를 감수해야 한다. 최대 규모의 공기업들조차 재정적으로 이 위험 요소들을 감당할 수 없다."[13]

신기술이 있다?: 4세대 핵발전, 진행파 반응로, 핵융합

방사성물질을 적게 만들어 내고 사고 위험도 적으면서 저렴한 핵발전 기술을 개발하려는 시도가 계속돼 왔다. 그러나 지금 사용되고 있는 가압형 경수로 등 2세대 핵발전 이후 개발된 기술들 중에 상용화 단계에까지 도달한 기술은 없다.

빌 게이츠는 자신이 설립한 회사인 테라파워의 '진행파 반응로'가 대안이 될 수 있을 것처럼 말했지만 이 발전소는 아직 설계 단계를 벗어나지 못했다.

개념대로라면 이 발전소에서는 핵분열반응이 연쇄적으로 일어나면서 예전에는 폐기물로 여겨지던 우라늄238을 플루토늄으로 전환시키고, 다시 이 플루토늄을 연료로 사용해 가동된다. 연료를 만들어 내는 발전소라는 뜻에서 '증식로'라고 부른다.

그러나 이런 반응을 유도하려면 냉각제로 액체나트륨을 사용해야 한다. 액체나트륨은 공기와 접촉하면 폭발할 수 있는 물질이므로 더욱 정교한 안전장치들이 필요하다. 또, 이 발전소는 60년 동안 연료봉 교체 없이 자동으로 운전돼야 하는데, 그동안 고온에 노출되는

각종 구조물이 버틸 수 있을지가 관건이다.[14]

다른 구조를 갖고 있지만 비슷한 원리를 적용해 운영하려던 일본의 몬쥬 고속로는 수십 년 동안 시험 가동과 정지를 반복하다가 결국 액체나트륨 누출 사고가 반복돼 2013년 최종 폐쇄됐다.

이런 기술들은 사용 후 핵연료를 다루는 기술이 필요한데 이는 핵무기 개발의 핵심 기술이기도 하다. 빌 게이츠의 주장과 달리 이런 신형 핵발전소가 전 세계에 두루 설치될 것이라고 기대하기는 어렵다.

핵융합은, 빌 게이츠 자신이 인용한 한 관계자의 말이 잘 보여 주듯이 "앞으로 40년은 더 남았고, 아마도 항상 40년 남을 것이다." 핵융합은 태양이 빛과 열을 내는 원리, 즉 수소 핵 2개가 융합해 헬륨 핵으로 바뀔 때 생기는 에너지를 이용하는 것으로 이 반응을 일으키려면 엄청난 고온이 필요하다. 그러나 아직 지구 상에서는 이런 고온의 물질을 담아 둘 수 있는 소재가 발견되지 않았다. 언론이 이따금 보도하는 실험 '성공'은 상용화와는 거리가 한참 먼 것으로 수십 년에 걸친 실험 끝에 2021년 6월 중국이 101초, 2020년에는 한국이 20초를 유지한 것이 세계 최고 기록이다. 이 기술이 실용화된 분야는 오로지 핵무기뿐이다. 핵융합을 이용한 수소폭탄은 핵분열을 이용한 핵폭탄을 먼저 터뜨려 그때 발생하는 열로 핵융합 반응을 유도한다. 물론 이 경우 발생하는 열을 통제하는 것이 아니라 그대로 발산해 버리는 것으로 살상에는 효과적일지 몰라도 에너지를 생산하는 것과는 관계가 없다.

핵발전과 제국주의

이토록 위험하고 비싼 핵발전을 지배자들이 계속 유지하려는 이유는 명백하다.

핵에너지는 전기가 아니라 전쟁을 위해 태어났다. 1945년에 일본 히로시마와 나가사키에 핵폭탄이 투하된 지 6년이 지나서야 핵에너지는 전기를 만드는 데 이용되기 시작했다.

1953년에 [미국 대통령 — 지은이] 아이젠하워가 '평화를 위한 원자력'을 제창했을 때, 그것은 미국의 핵무기 양산 체제의 조건을 조성하기 위한 것이었다. … 오늘날 여러 국가들이 원전을 운영·확대하고자 기를 쓰는 것은 결코 전력 수요를 충족하려는 목적을 위해서가 아니다. 그것은 기본적으로 핵무기를 확보하고자 하는 야망에 기인한다고 할 수 있다.[15]

이를 위해 각국 정부는 핵 산업에 어마어마하게 많은 돈을 쏟아붓는다. 자본가들이 이런 비용을 기꺼이 감수하는 이유는 자국 군사력이 세계 자본주의에서의 경쟁력에 엄청난 영향을 끼친다는 사실을 이해하기 때문이다. 동시에 이렇게 생산된 전기를 싸게 이용할 수 있다면 일석이조다. 기업주들의 이윤에도 잠재적 위험이 될 수 있는 폐기물이나 안전 비용을 누락하는 것조차 용인되는 이유다.

오늘날 일부 탈핵 활동가들은 이처럼 핵발전이 근본에서는 핵무기 개발 노력임을 지적하는 데 소홀하다. 이는 주류 환경 운동이 자본주의 체제 자체와 제국주의에 도전하지 않고 심지어 그 질서를 인

정하는 것과 연관이 있다. 물론 이들이 핵무기를 용인한다는 뜻은
아니다.

그러나 제국주의 열강 사이의 지정학적·경제적 경쟁이 오늘날 우
리가 사는 세계의 작동 방식에 얼마나 심대한 영향을 끼치는지 간
과하는 경향이 있다. 기후변화나 핵발전이 자본주의 체제의 작동 원
리에서 비롯한 문제라기보다는 일부 기업이나 정부의 일탈로 보고
체제 내에서 교정 가능한 문제라고 여긴다. 오늘날 환경 운동 지도
자들 중 적지 않은 사람들은 제국주의 열강의 핵무기 경쟁을 부차
적 문제로 여기거나, 심지어 과거지사로 치부하기도 한다. 한국 지배
자들의 핵무기 보유 열망을 지배계급 내 극소수의 비현실적 바람으
로 여기기도 한다.

그러다 보니 대부분의 환경 NGO나 녹색당 등은 로비나 입법 지
원, 혹은 선거에 직접 출마해 국회·정부로 들어가 문제를 해결하는
전략을 채택한다. 환경운동연합 출신으로 민주당 위성 정당을 통해
국회에 진출한 양이원영 의원은 그 최근 사례일 뿐이다.

그러나 이런 방법으로는 기후 위기나 핵발전 문제는커녕 어지간
한 환경문제도 해결하기 어렵다. 특히 화석연료와 핵발전은 그 규모
와 지배자들이 생각하는 중요성을 봤을 때 자본주의 체제 내에서
해결이 불가능하다.

박근혜는 월성 핵발전소의 수명을 연장했지만 문재인은 월성 핵
발전소를 폐쇄하고는 나머지 핵발전소 24개를 그대로 가동하고 있
다. 4개는 추가로 건설 중이고, 2개는 건설 허가가 보류된 상태다.

박정희가 비밀리에 핵무기를 개발하려다 들통나 미국의 경고를

받고 그만둔 것은 잘 알려진 사실이다. 한국은 노무현 정부 시절인 지난 2004년에도 국제원자력기구의 경고를 받았다. 당시 보고서를 보면 "한국 정부는 1982년부터 2000년까지 여러 차례에 걸쳐 우라늄 농축, 플루토늄 추출 등을 시도해 왔다."[16] 당시 우라늄 농축과 플루토늄 추출 실험은, 추출량은 적었지만 당장 무기화하는 데 손색이 없을 정도로 성공적이었다. 위키리크스는 전 청와대 외교안보수석 천영우의 말을 인용해 한국 정부가 방사성물질 폐기장(방폐장)이 건설되고 있는 경주 인근에 재처리 시설을 지으려 했다는 사실을 폭로했다.[17] 재처리 시설은 사용 후 핵연료에서 플루토늄을 대량으로 추출하고 농축하는 데 필수적이다. 문재인 정부는 탈핵은커녕 최근 소형 핵발전소인 소형모듈원자로SMR 관련 연구도 추진하고 있는 것으로 알려졌다.

후쿠시마 사고 이후 높아진 경각심을 낮추기 위해 핵발전소 건설과 운영에 더 많은 안전 비용을 투자해야 하므로 핵발전은 최소한 점진적으로 퇴출될 것이라는 전망이 제기됐다. 실제로 독일 메르켈 정부 등이 '탈핵'을 선언했다.

그러나 전 세계적으로 핵발전소가 전체 발전 용량에서 차지하는 비중은 낮아지고 있지만 그 절대 수는 늘고 있다.

2020년 1월 1일을 기준으로 전 세계 핵발전소는 441기로 후쿠시마 핵발전소 사고가 난 2011년 435기에 비해 오히려 늘었다. 수명이 다 돼 문을 닫은 핵발전소를 고려하면 규모가 더 큰 신규 핵발전소 수의 증가 폭은 더욱 크다. 지금도 52개의 핵발전소가 건설 중이고, 여기에는 중국(14기)뿐 아니라 미국(2기), 영국(2기), 프랑스(1기),

한국(4기)도 포함되고, 심지어 일본 정부도 2기의 핵발전소를 새로 짓고 있다!(국제원자력기구, 2021년)

국제원자력기구는 2050년까지 핵발전소의 설비용량이 최대 715 기가와트로 증가할 것으로 전망했다. 이들이 전망하는 '최악'의 시나리오에서조차 핵발전소 설비용량은 2040년까지 점진적으로 감소하다가 2050년 371기가와트 수준으로 반등할 것이다.

이런 추세는 지배자들에게 핵발전소가 단지 '값싼 전기' 공장 이상의 중요성이 있음을 보여 준다. 동시에 '탈핵이 대세'라는 낙관이 섣부른 것이었음도 보여 준다.

혁명적 사회주의자들은 후쿠시마 사고 직후부터 이런 기대가 섣부른 것임을 지적해 왔다. 자본주의 체제의 지배자들이 핵발전을 유지하는 것이 근본에서 핵무기를 보유하려는 이해관계에서 비롯하는 것이라고 봤기 때문이다. 또한 핵무기 경쟁은 여러 국민국가와 거대 자본이 벌이는 세계적 경쟁, 즉 자본주의의 작동 원리 자체에서 비롯한 것이다.

한국의 문재인 정부도 예외가 아니다. 문재인 정부는 핵잠수함 보유를 추진하는 등 노골적으로 핵무기 보유 열망을 드러내 왔다. 이를 고려하면 '탈핵' 약속 배신은 오히려 일관된 행동으로 보인다.

따라서 세계 전체적으로 보면 독일의 사례는 오히려 예외적이다. 독일조차 후쿠시마 사고가 나기 반년 전에 기존의 탈핵 입장을 번복하고 핵발전소 건설 재개 방침을 천명한 바 있는데, 후쿠시마 사고로 독일에서 반핵운동이 크게 벌어지자 재차 입장을 바꾼 것이었다. 물론 2022년으로 약속한 '탈핵' 시점이 지켜질지는 두고 볼 일이다.

빌 게이츠 등 지배자들 내 일부는 제대로 입증도 안 된 기술을 내세워 핵발전을 기후 위기의 대안으로 제시하고 있는데, 이것은 주요국 정부와 자본가가 탄소 배출의 극적 저감 노력을 회피하는 방편으로 악용될 것이다.

즉, 지배자들은 말과 스타일은 다르지만 실제로는 자본주의와 자국의 경쟁력을 위해 같은 선택을 한다. 이들 모두 자본주의 체제의 수호자들이기 때문이다.

이 점을 보지 못하면 기후 위기라는 어마어마한 위협 앞에서 핵발전이라는 수단을 택할 수밖에 없다는 유혹에 빠질 수 있다. 혹은 탈핵을 위해 석탄 발전까지는 아니어도 가스 발전은 허용해야 하는 것 아닐까 하고 생각할 수도 있다. 어느 쪽으로 나아가든 기후변화와 핵발전 모두 제때 막지 못할 것이다.

지배자들이 화석연료와 핵무기 둘 중 하나라도 포기하게 하려면 그들의 수중에서 경제적·정치적 권력을 빼앗아 와야 한다. 이는 거대한 아래로부터의 대중행동을 통해서만 가능할 것이다.

히로시마와 나가사키[18]

핵폭탄은 역사상 딱 두 번 사용됐다. 제2차세계대전이 끝나갈 무렵, 냉전의 첫 총성을 울리며 미국이 일본의 히로시마와 나가사키 두 도시에 핵폭탄을 투하한 것이 그 두 번이다.

가타오카 오사무는 당시 히로시마에 사는 10대였다. 그는 에놀라 게이[B-29 폭격기의 별칭]가 첫 폭탄을 투하한 당시를 기억한다.

우리는 수영장에서 다리에 상처를 입고 시력을 잃은 친구를 돕고 있었다. 내가 거기서 무엇을 봤는지 당신은 상상조차 할 수 없을 것이다. 친구 중 한 명은 이미 죽어 있었는데 온몸이 시커멓게 타고 몸이 찢겨 너덜너덜해진 채 물에 빠져 있었다. 또 다른 친구는 자기 상처에서 뿜어져 나오는 피로 다른 친구 옷에 붙은 불을 끄려 하고 있었다. 몇몇은 몸에 붙은 불을 끄기 위해 수영장에 뛰어들었지만 익사할 수밖에 없었다. 왜냐하면 그들의 사지는 이미 심각한 화상으로 무용지물이 돼 버렸기 때문이었다. 꼼짝도 할 수 없는 사람들이 하늘을 향해 끊임없이 저주를 퍼붓는 그 광경을 나는 결코 잊을 수 없다.[19]

히로시마에 투하된 핵폭탄으로 적어도 8만 명의 시민들이 즉사했으며, 1945년 말까지 6만 명이 더 사망했을 것으로 추정된다. 나가사키에 떨어진 두 번째 핵폭탄으로 14만 명이 목숨을 잃었다. 당시 미국 대통령 해리 트루먼은 "이 모든 아이들"을 죽이는 계획이 내키지 않는다며 세 번째 핵폭탄 투하를 중단시켰다.[20]

2장
한국의 핵발전과 문재인 정부의 탈핵 배신

장호종

앞 장에서 살펴본 바와 같이 핵발전은 핵무기 개발과 떼려야 뗄 수 없는 관계에 있다. 종종 언론에 등장하는 핵에너지 '전문가'들은 핵발전소에 공급되는 우라늄이 핵무기로 활용하기에는 부적절하다고 주장한다. 그러나 이는 (스스로 의식한 것이든 아니든) 자국의 핵무기 보유 시도를 '평화적 핵 이용'이라는 이름 아래 은폐하는 주장에 지나지 않는다.

민간 핵발전소들은 대부분 핵무기에 부적절한 저농축우라늄을 연료로

이 글은 2017~2021년에 〈노동자 연대〉에 실린 필자의 기사들을 개정·증보한 것이다. "문재인의 '탈핵', 너무 미흡하다"(216호), "문재인, 탈핵을 60년 뒤로 미루다"(217호), "탈핵 공약 폐기, 문재인 정부 규탄한다"(226호), "월성 핵발전소 감사 결과 논란: 핵 산업·무기개발 약화 막으려는 우파의 공격"(344호) 등.

공급받는다. 그러나 그 발전소들도 연간 200킬로그램 이상의 플루토늄을 제조한다. 핵발전소에서 나온 플루토늄으로 핵무기를 만드는 것이 거의 불가능하다는 주장도 있지만, 미국은 1962년 그런 핵무기를 시험했고 결과는 대성공이었다. 국제원자력기구 임원인 모하마드 엘바라데이는 이런 상황을 몹시 우려하며, 광범위하게 분포된 이런 핵 시설들이 '잠재된 폭탄 제조 공장들'이라고 지적한다.[1]

핵발전을 통해 공급되는 막대한 양의 전력은 중화학공업 등 고에너지 산업을 성장시키는 효과적 수단이기도 하다. 특히 제2차세계대전 이후 석유가 자본주의 성장의 핵심 에너지원이 된 상황에서 석유 공급을 해외에 의존할 수밖에 없었던 국가들은 핵발전을 독립적 자본축적의 필요조건으로 여겼다. 한국의 박정희 정부에게도 마찬가지였다.

고리 원자력발전소 건설 사업은 경부고속도로 건설이나 포항제철 건설보다 규모가 큰 그야말로 단군 이래 최대의 토목공사였다. 1973년 1차 오일쇼크가 터지자 정부는 핵발전소 건설에 박차를 가했다.[2]

그러나 북한의 사례에서 보듯 핵발전소 건설·운영이 모든 나라에 허용된 것은 아니었다. 미국 등 제국주의 열강은 자신들의 필요에 따라 한국과 대만 등 극히 일부 국가들에만 '평화적 핵 이용 권리'를 선별적으로 허용해 왔을 뿐이다. 특히 소련 붕괴와 냉전 해체 이후 미국은 국제원자력기구와 핵확산방지조약NPT 등을 활용해 핵 개발을 이라크·이란·북한 같은 나라들을 공격하는 명분으로 삼아 왔다.

이처럼 핵에너지 개발은 자본주의 국가의 지정학적·경제적 이해관계에 결부돼 있다. 일부 국가들은 핵 개발 시도를 원천 차단당하기도 했고 일부 국가들은 포기하거나 주변 열강의 원조와 핵우산에 의존하기도 했지만, 세계적 경쟁의 사다리에서 위로 올라갈수록 핵발전과 핵무기 보유의 필요성은 갈수록 커진다. 자본주의가 계속되고 핵무기보다 더 파괴적인 무기가 개발되지 않는다면 이 사실은 변하지 않을 것이다. 다시 말해 핵발전은 제국주의 질서의 핵심부에 놓인 문제다. '핵 없는 세상'을 쟁취하려면 자본주의 국가들의 경쟁체제 자체를 허물어야 한다. 기후 위기를 해결하는 데 필요한 수단, 즉 자본주의 체제 자체에 도전하는 아래로부터의 대중 저항은 핵발전(과 핵무기)을 없애는 데에도 반드시 필요하다.

반면 오늘날 적지 않은 환경 운동 활동가들은 핵발전의 유지·발전에 이해관계를 갖고 있는 것이 자본주의 국가 자체가 아니라 그중 일부인 '핵 산업계'라거나 여기에 관련 국가기관들의 관료와 학계·언론계 인사를 더한 '원자력 마피아', 그리고 일부 우파 정당이라는 관점을 공유한다. 이런 관점은 특정 정당의 집권이나 국가기관 일부의 제도 개혁, 인물 교체 등으로 '탈핵'으로 나아갈 수 있다는 전략과 연관돼 있다. 이런 전략 속에서는 아래로부터의 대중운동보다 환경 전문가들의 활동(언론 노출, 대정부 로비, 의회 진출 등)을 우선시하기 쉽다. 대중운동 건설에 아예 관심이 없다는 뜻은 아니다. 그보다는 대중운동 그 자체의 힘과 효과에 주목하기보다, 대중운동을 자신들의 상층 활동을 뒷받침하는 압력 수단으로 여긴다는 뜻이다

(자본주의 국가의 본질과 개혁주의 전략의 약점에 관한 상세한 논의는 이 책의 2부 4장을 보라).

핵 산업에 특별히 직접적 이해관계를 가진 인물·단체·기업주가 존재하고 이들이 일종의 카르텔을 이루고 있다는 지적은 사실이다. 국가 관료들이 선출된 정부의 정책에 저항하는 일도 드물지 않게 벌어진다. 그러나 그게 전부는 아니다. 속도와 방법에서 이견이 있고 따라서 말과 스타일에서 차이가 있을지라도 한국 국가의 지배계급 전체는 핵발전에 중요한 이해관계가 있다. 문재인의 '탈핵' 공약 배신은 적어도 현재의 양대 주류 정치 세력 사이에는 근본적 차이가 없음을 보여 주는 최근의 사례일 뿐이다. 동시에 문재인 정부 아래에서 일부 탈핵 운동 지도자들의 행보는 그들의 관점과 전략이 가진 약점을 보여 줬다.

한국의 핵발전과 문재인의 '탈핵' 공약

한국에는 2021년 현재 24기의 핵발전소가 운영되고 있다. 1970년 부산광역시 기장군 장안읍 고리에서 건설을 시작해 1978년 처음 가동을 시작한 고리 핵발전소는 이름만 보면 하나의 발전소처럼 보이지만 독립된 3개의 핵반응로(2~4호기)와 이에 연관된 발전설비들로 이뤄져 있다. 사실상 3개의 핵발전소가 나란히 세워져 있는 구조다. 그 바로 옆에는 신고리 핵발전소 1~4호기가 가동되고 있다. 동해안을 따라 조금만 올라가면 경주시가 나오는데 이곳에 월성 핵발전소 2~4호기와 신월성 1~2호기가 있다. 여기서 또다시 조금 올라가면 예전에 울진 핵발전소로 불리던 6기의 발전소가 지금은 '한울'로 이름을 바꿔 가동 중이다. 마지막으로 서해안에 인접한 전남 영광에 6기의 '한빛' 발전소가 있다.

지금은 가동이 완전히 정지된 고리 1호기와 월성 1호기는 냉각 방식의 차이에 따라 각각 경수로와 중수로로 분류되는데 그 설비용량은 각각 587메가와트, 679메가와트다. 반면, 1980년대 이후 국내에 세워진 핵발전소는 대부분 설비용량이 1000메가와트 안팎이고 지금 건설되고 있는 신고리 5~6호기(2024~2025년 완공)와 신한울 1~2호기(2022~2023년 완공)는 모두 1400메가와트의 설비용량을 갖고 있다. 문재인 정부 들어서 두 기의 핵발전소가 문을 닫았지만 '탈핵'은커녕 핵발전 규모는 계속 증가해 왔고 앞으로도 한동안 계속 늘어난다는 뜻이다.

사실 문재인은 2017년 대선은 물론이고 그 전에도 진정한 '탈핵' 공약을 제시한 바 없다. 2017년 대선 당시 그가 밝힌 것은, 첫째 당시 건설 중이던 신고리 5~6호기 공사 중단, 둘째 신규 원전 건설 백지화, 셋째 노후 원전 수명 연장 금지, 넷째 월성 1호기 폐쇄였다.[3] "단계적으로 원자력발전을 감축해서 원전 제로 시대로 이행"한다고 했지만 당시 막 건설을 마쳐 가던 신고리 4호기의 설계 수명이 60년이라는 점을 고려하면 "원전 제로" 시대는 2080년 즈음에나 찾아올 것이었다.

'원자력 르네상스'를 외친 이명박이나 후쿠시마 사고 이후에도 이 정책을 계승한 박근혜와 비교하면 덜 노골적이라고 할 수는 있겠지만 이를 두고 '탈핵' 정책이라고 말하는 것은 엄청난 과장이다. 무엇보다 60년이면 정권이 10번은 넘게 바뀔 텐데 이 약속을 강제할 수 단이 없다. 최근 문재인이 미국 대통령 바이든을 만나 핵발전소 수 출에 협력하기로 한 것이 보여 주듯, 문재인은 핵 수출과 이를 위한 기술 개발을 중단하지 않겠다는 뜻도 밝혀 왔다. 후쿠시마 핵발전소 사고 이듬해인 2012년 대선 당시에도 문재인은 거의 비슷한 수준의 공약을 제시했을 뿐이다.

다만 문재인은 민주당의 주요 지지 기반 중 하나인 NGO 지도자 들의 지지를 잃지 않으려고 모호한 말과 제스처를 취해 왔다. 한참 지난 뒤인 2021년 6월 28일 민주당 대표 송영길은 우파와 기업주들 을 향해 "문재인 정부가 탈원전 정책을 취한 게 아닌데 오해되는 면 이 있다" 하고 말했는데, NGO 지도자들이 듣기에는 괘씸한 얘기일 지 몰라도 이 말이 진실에는 더 가깝다고 할 수 있다.

따라서 탈핵 운동은 처음부터 문재인 정부의 위선을 폭로하고 이 정부에 독립적인 탈핵 운동 건설에 매진해야 했다. 탈핵 운동의 일 부였던 혁명적 사회주의자들은 이런 입장을 일관되게 제시해 왔다.[4]

그러나 탈핵 운동의 주요 지도자들은 한국 자본주의 체제의 관 리자인 문재인 정부와 전임 정부들의 본질적 공통점보다 매우 작고 피상적인 차이에 주목했다. '원자력 마피아와 우파의 공세'는 문재인 을 변호하고 그의 정책을 '탈핵'이라고 치켜세우는 동기로 작용했다.

문재인 대통령 공약 중 '문재인 1번가'에서 가장 큰 지지를 받았던 공약 이 '안전하고 깨끗한 에너지 정책', '탈원전, 친환경의 대체에너지 정책'이 다. 특히, 이 공약은 신고리 5, 6호기 공사 중단, 월성 1호기 폐쇄와 같이 구체적인 계획이 적시되어 있다. … 그런데, 원자력계가 … 청와대를 공격하기 시작했다. … 이번 논란은 이익이 줄어들까 두려워하는 원자력 이익 공유체들의 반란이다. 원자력산업과 이해 관계자들인 것이다.[5]

'탈핵'은 과장일지라도 실제로 달라진 게 있지는 않을까?

문재인 집권 한 달 뒤인 2017년 6월 19일 영구 정지된 고리 1호기는 애당초 공약에 언급되지도 않았다. 이미 박근혜 정부 시절에 영구 정지 결정이 내려졌기 때문이다. 설계 수명인 30년을 다 채우고도 부분 정비로 수명이 10년이나 더 연장된 고리 1호기는 여러 안전성 문제가 노출돼 더는 운영되기 어려운 상태였다. 문재인은 염치없게도 이 고리 1호기 폐쇄 기념식에서 탈원전 운운하는 연설을 했다.

월성 1호기도 2012년에 수명을 다했지만 수명을 연장해 가동하다가 대선 직전인 2017년 2월 7일 서울행정법원에서 수명 연장 취소 판결이 나왔다. 대선 당시 문재인으로서는 특별히 고민할 만한 문제는 아니었던 셈이다.

다만 대선 이후 같은 해 7월 3일 서울고등법원이 판결을 뒤집었는데, 이를 다시 뒤집을 만한 근거가 부족하다고 여긴 정부가 무리수를 둔 것이 이후 감사원 논란으로까지 이어졌다. 고리 1호기와 달리 월성 1호기를 둘러싼 논란이 계속되는 데에는 나름의 동기가 있다. 군사적 측면에서 보면 1983년에 가동을 시작한 월성 핵발전소는 특별한 위상을 갖고 있다. 국내의 다른 핵발전소가 경수로인 것과 달리 월성 1~4호기는 중수로다. "월성 1호기를 중수로로 결정한 것은 당시 박정희 대통령의 핵무기 개발 계획과 연관되어 있다. 중수로의 사용 후 핵연료는 핵무기 원료인 플루토늄을 추출하기 더 쉽기 때문이다. 특별한 용도에 쓰기 위해 종류가 다른 핵발전소를 구입한 것이다."[6]

서로 다른 모델인 경수로(고리 1호기)와 중수로(월성 1호기)를 각각 하나씩 폐쇄하기로 결정한 데에는 좀 더 장기적인 안목도 작용한 듯하다. 탈핵 시늉을 하며 환경 NGO 등 개혁주의 지도자들을 자신의 지지층으로 묶어 두는 한편, 핵발전소 해체 산업을 성장시켜 세계시장에서 경쟁력을 키우려는 의도도 있는 듯하다. 박근혜 정부 시절이던 2015년 10월 제5차 원자력진흥위원회는 "우리나라의 원전 해체 역량을 배양하고 미래 해체 시장에 대비하기 위한 원전 해체 산업 육성 정책 방향을 결정"한 바 있다.[7]

문재인은 집권 이후 신고리 4호기와 신한울 1~2호기에 대해서는 아예 언급조차 없었다. 공사가 거의 완료됐지만 당시 가동 전이었던 이 '신규' 핵발전소 세 기의 용량은 폐쇄된 고리 1호기의 7배가 넘는다.

신고리 5~6호기 공사는 공약을 뒤집고 계속하기로 결정했다. 문재인은 기만적이게도 '공론화위원회'의 권고를 받아들이는 형식을 취했는데, 이는 NGO 지도자들의 정치적 약점을 악용한 것이었다. 문재인이 정말로 신고리 5~6호기 건설을 중단하고자 했다면 '공론화'는 전혀 필요치 않은 절차였다. 그러나 우파와 타협하면서도 지지자들을 붙들어 두는 데는 효과적 절차였다. '공론화'는 다른 신규 핵발전소 3기(신고리 4호기, 신한울 1~2호기) 가동을 기정사실화한 직후에 이뤄진 조처이므로, 탈핵·찬핵 진영이 공론화에 참여한다면 '탈핵' 문제를 신고리 5~6호기 공사 중단 여부로 제한하는 효과를 낼 수 있었다. 그러면 설사 공사 중단 결정이 나더라도 우파를 달랠 여지가 있는 것이다. 반대로 공사 재개 결정이 나더라도 '공론화'라는 형식에 환상을 가진 탈핵 운동 단체 지도자들을 붙들어 두거나 하다 못해 마비시킬 수 있을 터였다.

그러나 공사 재개 발표 뒤 공론화 과정에 참여한 일부 환경 단체 지도자들이 반성적으로 돌아본 것처럼 공론화위원회는 형식적 민주주의의 꼴도 제대로 갖추지 않았다.[8] 시민 배심원단 500명은 아무도 대표하지 않았다. 아무 대표성도 없는 일부 학회의 추천을 받아 산업자원부의 주관 아래 임명된 공론화위원들이 2만 명의 여론조사 대상자 중 찬반 비율에 따라 추첨한 사람들일 뿐이다. 여기에 '지역 주민'이나 '미래 세대'가 더 포함된다고 해서 더 대표성이 생기는 것도 아니다. 왜 최소 수백만 명에서 수천만 명의 안전이 걸린 문제를 제비뽑기에 맡겨야 할까?

'공론화'라는 형식 못지않게 추첨식 시민 배심원 선정도 일부 환경 단체 활동가들에게는 긍정적 요소로 여겨졌던 듯하다. 환경 운동 내 일각에는 기존의 대의 민주주의에 한계가 있다고 여겨 무작위 추첨으로 단체를 운영하고 그런 원리가 더 넓은 사회에 적용돼야 한다고 여기는 사람들이 있다. 녹색당의 추첨식 대의원제가 대표적이다.

물론 이들의 지적대로 자본주의에서 대의 민주주의에 한계가 있는 것은 사실이다. 자본주의적 민주주의가 군부독재나 파시즘보다 나은 것은 사실이지만, 4~5년마다 선거에서 고작 1~2분씩 권리를 행사하는 것으로 '다수에 의한 통치'가 이뤄지리라 기대하는 것은 불가능하다. 더 나은 민주주의가 필요하다.

그러나 대의제가 다 쓸모없는 것은 아니다. 지금으로부터 100년 전 러시아 혁명 과정에서 탄생한 소비에트는 공장노동자, 병사, 지역 주민, 농민이 직접 선출한 대표로 이뤄졌다. 이들은 노동자들의 평균임금을 받고 아무런 특권도 누리지 않았다. 대표들은 언제든 자신을 선출한 사람들에 의해 소환될 수 있었다. 혁명 과정에서 의식이 고양된 수많은 노동자·병사는 소비에트의 중요한 결정에 높은 관심을 기울였다. 이런 대의제는 진정한 아래로부터의 통제를 효과적으로 적용하는 수단이 될 수 있다. 아래로부터의 혁명이 일어날 때마다 이런 민주적 기구들이 거듭 등장한 것은 우연이 아니다.

반면, '추첨제'는 민주주의와 별 관계가 없다. 같은 문제를 해결하고자 하는 사람들 사이에도 더 능동적이고 헌신적인 사람이 다른 사람들에게 신뢰를 얻고 지지받는 것은 매우 자연스러운 현상이다. 이들 중에서 운동의 리더를 선출하고 검증받는 과정도 불가피하다. 국가나 기업처럼 잘 조직된 상대에 맞서 싸우려면 운동도 일정한 집중성을 발휘해야 하기 때문이다. 오히려 이 공론화위원회처럼 추첨으로 대표를 선출하는 것은 완전히 무책임한 처사일 뿐이다.

따라서 공론화 자체를 거부하고 문재인에게 책임지라고 요구하며 싸웠어야 했다. 자신을 대통령으로 당선시킨 1342만 명의 견해를 뒤집고 고작 수백 명의 의견을 물어 결정하겠다는 꼴이니 말이다.

게다가 이런 방식은 사실 핵 산업계와 핵발전 친화적 인사들에게 더 유리한 기회를 주는 것이다. 공론화위원회에 참가한 활동가들 중 일부는 논쟁에서 승리할 수 있다는 자신감과 기대를 품고 공론화에 참가한 듯하지만, 핵발전을 미화하고 사실을 왜곡하는 광고에 매년 수백억 원을 쓰는 자들이 현실에서 훨씬 유리한 위치에 있다. 마르크스가 지적한 것처럼 "어느 시대에나 지배계급의 사상이 지배적 사상이다. 물질적 생산수단을 통제하는 계급이 정신적 생산수단도 통제한다"(《독일 이데올로기》).

물론 그런 통제가 완벽한 것도, 언제나 잘 유지되는 것도 아니다. 그러나 대중이 지배계급의 사상에서 벗어나는 것은 물질적 지배에서 벗어나는 과정과 분리될 수 없다. 아래로부터의 탈핵 운동이 필요한 이유 하나가 바로 이것이다. 몇 사람의 환경 운동가가 며칠간 합숙 교육으로 이를 대체할 수 있다고 여기는 것은 어마어마하게 큰 착각이다.

마지막으로 문재인 정부는 설계는 했지만 아직 착공하지 않은 신한울 3~4호기의 사업 허가 만료를 앞두고 허가 기간을 연장하기로 결정했다. 차기 정부로 최종 결정을 미룬 것이다. 문재인 정부가 실제로 결정하고 집행한 '탈핵' 정책은 고작 이게 전부다.

불완전한 평가

일부 활동가들의 비판적 평가에도 불구하고 문재인의 공론화위원회에 대한 환경 운동 지도자들의 평가는 불완전하고 따라서 이후에도 비슷한 문제가 반복될 가능성이 커 보인다.

예컨대 많은 환경 운동가들이 공론화위원회의 절차와 정당성에 문제를 제기하며 신고리 5~6호기 건설 재개 반대 입장을 밝혔지만, 주요 환경 운동 지도자 일부는 공론화위원회의 결정 직후 이를 "존

중"한다고 밝혔다. 이후로도 일부 환경 운동 지도자들은 정부에 입각하거나 여당 몫으로 국회에 진출하는 등 문재인 정부의 그린워싱을 돕는 구실을 하고 있다. 민주주의와 국가의 본질에 관한 인식이 달라지지 않는 한 이런 문제는 근본에서 달라지기 어려워 보인다.

다수의 환경 운동 지도자들은 자본주의 사회를 날카롭게 가로지르는 계급 문제를 무시하고 '시민적' 대안을 추구한다. 이처럼 계급 문제를 보지 못하면 국가가 국민(시민) 다수의 견해를 대변한다는 중립적 국가관이나, 자본주의 국가를 우회해 시민사회의 자치를 구현할 수 있다는 자율주의적 국가관을 받아들이기 쉽다.

그러나 2부 4장에서도 언급한 것처럼 국가는 계급으로 나뉜 사회에서 중립적일 수도 그것을 우회할 수도 없는 지배계급의 핵심 기구다.

보수 언론들은 '핵발전소 포기가 군사적 핵 이용 기술 포기를 뜻한다'며 반대했는데 이는 문재인의 계급적 기반을 날카롭게 파고든 것이었다. 특히, 점증하는 동북아 위기 상황에서 한미 동맹을 중시하는 문재인 정부 처지에서 이는 결코 간단한 문제가 아니다. 문재인은 대선 당시에도 핵잠수함 배치 등 군사적 핵 이용 계획을 내놓았고 실제 임기 중에 해당 기술을 개발해 왔다. 핵미사일을 탑재할 수 있는 있는 잠수함발사탄도미사일SLBM 개발도 마쳤다. 이런 사실만 냉정하게 따져 보더라도 문재인의 '탈핵' 운운이 순전히 제스처에 지나지 않는다는 사실을 알 수 있었다.

계급 문제를 간과하는 관점은 또 다른 약점으로도 이어진다. 경제 침체 상황에서든 팬데믹 상황에서든 시종일관 기업의 이윤을 최우선으로 여겨 온 문재인 정부는 기후 위기와 핵발전 위험에 대한 대중의 불안을 의식하면서도 그 대처 과정에서 생길 경제적 부담을 기업주들에게 지우지 않으려 애쓰고 있다. 그러면 그 부담이 노동자들에게 전가되거나 에너지 전환 속도를 늦추거나 둘 중 하나가 될 것이다. 에너지 전환 속도를 늦추면 기후 위기와 핵발전소로 인한 피해는 또다시 노동계급과 서민에게 전가될 것이다. 탈핵 운동은 이처럼 피해 당사자이자 자본주의 체제에서 고유한 힘을 가진 노동계급을 운동에 동참시켜야 한다(노동계급이 자본주의에서 하는 구실과 그들의 힘에 관한 논의는 이 책의 2부 6장을 보라).

그러려면 에너지 전환 과정에서 노동자들이 피해를 입지 않도록 해야 한다. 또 그들의 힘을 온전하게 발휘하게 하려면 평범한 노동자들이 직접 참여할 수 있는 대중운동 건설에 강조점을 둬야 한다. 노동계급의 의식과 삶의 조건을 고려하면 환경문제를 둘러싼 투쟁만이 아니라 그들이 자신들의 삶을 지키기 위해 벌이는 다양한 투쟁에도 지지를 보내고 그 투쟁 속에서 환경에 대한 의식도 발전할 수 있도록 도와야 한다.

그런데 계급적 단결이 중요하다는 사실을 간과하면 이런 입장을 취하기 어려워진다.

예컨대 찬핵론자들은 재생에너지와 천연가스로 핵발전을 대체하면 돈이 많이 들어 전기 요금이 폭등할 것이라고 협박한다. 이에 대해 주요 환경 단체 활동가들은 독일 등의 사례를 들어 과장이 심하다고 지적한다. 독일의 경우 핵발전 비율을 줄이고 재생에너지 비율을 크게 늘렸지만, 전기 요금이 많이 오르지도 않았고 오른 것에 대한 '저항'도 크지 않다는 것이다. 이 책의 2부 2장에서 언급한 것처럼 이는 사실이 아니다.

게다가 진정한 쟁점은 전기 요금 인상 여부가 아니다. 누가 그 비용을 책임질 것인지가 핵심이다. 그런데 일부 환경 단체 활동가들은 이 문제를 중요하게 여기지 않는다. 오히려 평범한 사람들도 환경 파괴에 책임이 있고, 전기 사용을 줄여야 한다고 본다. 그러려면 가정용 전기 요금 인상도 불가피하다고 여긴다. 그러나 전기가 필수재라는 사실과 기후변화로 갈수록 냉난방 전기 사용량이 늘어날 것이라는 점을 고려하면 이런 주장은 잘못된 것일 뿐 아니라 운동의 저변을 축소하는 효과만 낸다.

일부 환경 운동가들은 정부의 전기 요금 인상 논리, 즉 1인당 전기 사용량은 많고 전기 요금은 낮다는 주장을 지지하곤 하는데 이는 사실을 왜곡하는 것이다. 1인당 전기 사용량이 많은 이유는 기업들이 사용한 전기도 포함시켜 단순히 인구수로 나눴기 때문이다. 한국의 주택용 전기 사용량은 OECD 평균치보다 낮다. 반면 한국의 15대 전력 다소비 기업의 전력 소비량은 전체 가구(2000만 가구)의 사용량을 다 합친 것보다도 많다(그림 15).

이 점에서 일부 기업들의 그린워싱을 찬양하는 것도 완전히 부적절한 일이다. 예컨대 구글과 애플은 자국 내에서 '100퍼센트 재생에너지 사용'을 약속했다. 그러나 그들의 설비와 생산 기지 상당 부분은 해외에 있고, 해외 기지의 환경 비용은 전혀 지불하지 않는다.

일부 기업을 찬양하는 관점은 그 기업에서 착취당하는 노동자들을 보려 하지 않는다는 문제를 안고 있다. 삼성반도체 공장에서 일하다 백혈병에 걸린 노동자들, 중국에 있는 폭스콘 공장에서 수용소 같은 생활을 견뎌야 하는 노동자들 말이다. 이런 거대 기업들의 이윤 추구에 도전할 진정한 힘이 바로 이 노동자들에게 있다는 사실을 고려하면 이들을 외면하고 기업주들을 찬양하는 것은 탈핵 운동(뿐 아니라 대부분의 운동)에 자멸적인 일이 될 것이다.

탈핵은 반자본주의·반제국주의적 전망과 만날 때에만 진정으로 실현 가능성을 갖게 될 수 있다. 따라서 좌파와 사회주의자는 탈핵 운동의 일부로서 이 운동이 자본주의 체제와 제국주의 질서에 도전하는 운동으로 나아가야 한다는 문제의식을 품은 사람들을 규합해 내야 한다. 동시에 이 운동이 진정한 사회적 힘을 발휘하려면 노동계급을 참여시키는 데에 큰 노력을 기울여야 한다. 이는 탈핵 운동이 초계급적 대안에 이끌리는 것을 어느 정도 방지하는 효과도 낼 것이다.

그림 15. 가정용 전력 소비량과 15대 전력 다소비 기업의 전력 소비량 비교
(단위: 테라와트시, 1억 원)

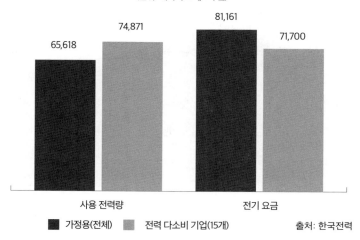

한수원노조,
탈핵을 지지하며 고용 보장을 요구해야

한국수력원자력노조(이하 한수원노조)는 신고리 5~6호기 공론화 당시, 건설 중단에 반대하는 입장을 내고 이를 결정하는 이사회를 이틀 가까이 지연시키기도 했다.

한수원노조의 이런 행동에는 핵발전소 폐쇄가 대량 해고로 이어질지 모른다는 우려가 깔려 있는 것 같다. 핵발전소 폐쇄가 대량 해고로 이어지지 않도록 정부는 노동자들이 다른 발전소 등에서 일할 수 있게 해 고용을 보장해야 한다.

그렇더라도 노동계급이 핵발전을 지지할 수는 없다. 고용주를 상대로 일자리를 지키고 노동조건 개선을 요구하는 여느 노동자 투쟁과 달리(이 경우 손해를 보는 것은 자본가다), 핵발전소는 노동계급 전체의 안전에 엄청난 위험이다. 동시에 핵무기 원료 공장이기도 하다. 핵발전소를 유지해 이익을 얻는 것은 지배자들일 뿐이다.

따라서 한수원노조는 전체 노동계급을 고려하고 탈핵을 지지하며 자신들의 고용 보장을 요구해야 할 것이다.

3장
안전 신화를 무너뜨린 핵발전소 사고들

장호종

2011년 후쿠시마 제1핵발전소 사고: 자연재해로 시작돼 이윤 논리로 극대화된 참사[1]

2011년 3월 11일 저녁 국내 방송사들은 몇 시간 전 일본 도호쿠 지방을 덮친 지진해일(쓰나미) 영상을 송출하고 있었다. 거대한 해일에 속수무책으로 휩쓸려 가는 집과 자동차, 육지로 떠밀려 온 대형 선박이 건물들과 충돌하는 장면은 할리우드 재난 영화를 무색하게 할 지경이었다. 2만여 명이 죽거나 실종되고 수천 명이 부상을 당했다.

늘 그렇듯이 엄청난 재난 앞에서 놀라울 정도로 신속히 대피하고 이웃의 생명을 구한 일본인들에 대한 보도가 이어졌다. 사고 지역에 있던 후쿠시마 제1핵발전소에 비상사태가 발생했다는 보도가 나오기 전까지는 그랬다.

지진이 일어난 직후 후쿠시마 제1핵발전소 1~3호기는 안전장치에 의해 자동으로 정지됐다. 4호기는 점검을 위해 정지돼 있는 상태였다. 그런데 50분 뒤 지진해일이 발전소를 덮쳤다.

석탄이나 가스 등을 사용하는 화력발전소는 연료를 꾸준히 공급받아야 하지만, 핵발전소는 일단 연료를 장전하고 핵분열 반응이 시작되면 연쇄반응이 일어나 한동안 스스로 계속 열을 낸다.

그래서 핵발전소는 열을 발생시키는 것보다 그 열이 일정한 한계를 넘지 않도록 냉각시키는 것이 핵심적으로 중요한 과제다. 냉각 기능이 멈추면 반응로의 온도가 계속 높아져 결국 녹아내린다. 이날 지진해일은 여러 겹의 안전장치를 무력화하고 냉각장치를 완전히 마비시켰다.

30시간 동안 냉각장치에 전력을 공급하려는 사투가 벌어졌지만 모두 실패했다. 매우 높은 방사선 유출 때문에 접근 자체가 어려웠다. 조기에 바닷물을 부어 반응로를 식히자는 제안이 있었지만 도쿄전력 고위 관료들이 거부했다. 정제되지 않은 바닷물을 부으면 발전소를 폐기해야 하기 때문이었다. 핵반응로에서 발생한 수소가 발전소 건물 안에 가득 차다가 결국 폭발해 발전소 지붕이 날아가는 영상이 전 세계로 송출됐다.

수소 폭발보다 더 심각한 일은 발전소 바닥에서 벌어지고 있었는데, 압력 용기 바닥이 녹아 핵연료가 그 아래로 녹아내리고 있었던 것이다. 이른바 멜트다운이었다. 핵발전 연료인 우라늄은 매우 무거운 금속이라 주변을 녹이며 조금씩 아래로 내려갔다.

방사성물질이 발전소 인근 지역에 대량 유출된 뒤에는 자동차를

탄 피난 행렬과 석유를 구하려고 길게 늘어선 줄, 하얀 방호복을 입고 이재민의 몸에서 방사능을 측정하는 소방관들, 방사능에 오염돼 유리벽을 사이에 두고 분리된 엄마와 아이, 피난길을 따라 높게 측정되는 방사선 등. 지금까지 어떤 재난 영화도 그리지 못한 서늘한 장면들이 이어졌다.

후쿠시마 핵발전소 사고는 체르노빌 사고와 함께 최고 등급(7등급)의 핵 사고로 기록됐다. '안전한 핵발전'이라는 신화가 무너졌고, 〈파이낸셜 타임스〉는 "앞으로 20년 동안 핵 산업은 암흑기에 놓일 것"이라고 보도했다.

이윤 논리와 안전 신화

체계적이기로 유명한 일본의 방재 '매뉴얼'도 이윤 논리 앞에서 완전히 무방비였다. 지진 규모가 너무 커서 사고를 예방하기 어려웠다는 것은 사실이 아니다. 이와테현 북부에 있는 인구 3000명의 어촌 마을(후다이)은 이번 지진해일로 말미암은 피해자가 실종자 1명을 제외하고는 없었다. 건설 초기에 "너무 높다"는 비판을 받은 15미터의 제방이 해일을 막았기 때문이다.

섬나라인 일본의 모든 해안에 이런 제방을 쌓기는 어려울 수도 있다. 그러나 적어도 사람들이 사는 마을과 핵발전소 근처에는 충분한 높이의 제방이 필요했다. 후쿠시마 제1핵발전소 앞에 있던 제방은 고작 6.5미터밖에 안 됐다. 지진해일 가능성 때문에 핵발전소는 해수면보다 10미터 이상 높은 곳에 지었는데 말이다. 비상 발전기는 대부분 그냥 바닥에 지었다. 후쿠시마 제1핵발전소에 있는 비상 발전기 13기 중 단 3기만 해수면보다 높은 곳에 지었다. 15미터 높이의 쓰나미가 덮친 뒤 비상 발전기 단 1기만 살아남았다. 이것은 6호기의 비상 발전기였는데 그 지반 높이는 고작 해발 3미터였다. 해수면보다 3미터만 높은 곳에 지었어도 살아남을 수 있었다는 소리다.

제방을 쌓고 지반을 높이려면 돈이 많이 든다. 물론 실제로 사고가 났을 경우를 생각하면 이 돈은 아무것도 아니다. 그러나 막상 사고가 나기 전까지 사고 '가능성'은 안전 비용과 함께 경제적 '효율'이라는 함수에 입력되는 숫자에 지나지 않는다. 그리고 이런 비교 자체가 비용 절감 압력으로 작용한다. 게다가 도쿄전력은 적자를 허용하지 않는 민영 전력 회사다.

무엇보다 세계 최대의 지진대인 일본열도에 핵발전소를 짓는 것이 정말로 어쩔 수 없는 선택이었는가 하는 근본적 물음을 피할 수 없다. 이미 수십 년 전부터 일본의 반핵 활동가들은 일본의 핵발전소들이 지진과 지진해일 등 때문에 근본에서 커다란 위험을 안고 있다고 경고해 왔다. 핵폭탄의 끔찍한 기억을 가진 나라에서 이런 우려는 당연했다.

1976년 하마오카 제1핵발전소가 가동을 시작했을 때 현재 고베대학교 교수인 지질학자 가츠히코 이시바시는 이 지역에서 지진이 일어날 가능성이 매우 높다고 지적했다. 그 뒤 몇 년 동안 정부 기관의 전문가들조차 앞으로 30년 내에 규모 8.0 이상의 지진이 일어날 가능성이 90퍼센트가 넘는다고 지적했다.

2009년 6월에 열린 경제산업성 산하 전문가 자문위원회도 후쿠시마 제1핵발전소가 지진과 지진해일에 취약하다고 경고했지만 이런 경고는 무시됐다. 그동안 후쿠시마에 핵발전소 안전을 위협할 만한 지진해일이 없었다는 것이 이유였다. 1100년 전 일어난 조간 지진해일이 내륙으로 3~4킬로미터나 밀고 들어온 적이 있다는 정부 기구의 연구 결과도 관료적 무시 앞에서는 쓸모없었다.

도쿄전력은 2002년 핵발전소 안전 문제를 감추다가 적발돼 17기의 원자로 가동 중지 조처를 당한 바 있다. 어처구니없게도 일본 정부는 이런 도쿄전력에 환경상을 수여할 예정이었다.

도쿄전력은 민간 기업이지만 사실상 일본 정부의 핵발전 규제 기구들과 한 몸이라 해도 과언이 아니다. 일본의 자유주의 지식인 와다 하루키는 〈경향신문〉에 기고한 칼럼에서 일본 핵 산업계와 정부의 유착을 통렬히 비판했다.

원자력 학자와 관련 부처는 전력 회사와 결부돼 있다. 일본 정부 산하의 원자력안전위원회에는 원자력 학자들이 모여 있다. 위원장은 마다라메 하루키 도쿄대 교수다. 대학으로 옮기기 전 그는 도시바의 원자력부 사원이었다. 원자력안전보안원은 경제산업성에 속해 있다. 데라사카 노부아키 원장은 관료다. 도쿄전력에 경제산업성 차관이 낙하산으로 내려온다. 원자력발전소를 컨트롤하는 2개의 조직은 원전이 안전하다고 선전하는 조직이었다. 마다라메는 원전 가동 중지를 요구하는 소송에서 전력 회사 측의 증인으로 활약해 온 인물이다. 이번 사고에서 원자력안전위원회는 사고 당일 모이지도 않았다. 또한 1주일 이상 지난 후에야 사고 현장에 직원을 파견했다는 사실이 폭로됐다.[2]

도쿄전력의 탐욕과 일본 정부의 무능이 이 사고를 최악의 상황으로 몰고 간 것은 사실이다. 그러나 안전 관리를 조금 강화한다고 해서 핵발전이 안전하게 운영될 수 있는 것은 아니다.

앞서 거론된 일본 원자력안전위원회 위원장 마다라메 하루키 자신이 2007년 2월에 법원에서 다음과 같이 인정했다. "기술자들이 하나하나의 가능성까지 고려한다면 핵발전소를 설계하는 것 자체가 불가능합니다."

핵발전소에 설치된 수많은 장치들은 핵에너지가 폭주하지 않도록 하는 데 필요한 것들이다. 핵 산업계와 유착돼 있는 핵공학자들의 복잡한 설명과 달리 근본적으로 냉각장치에 의존하는 핵발전소의 안전은 지진 같은 사고로 완전히 무너질 수 있다.

몇만 분의 1이라는 사고 확률이 무색하게도 지난 50년 동안 전 세계의 500기도 안 되는 핵발전소에서 초대형 사고만 3번이 일어났다. 그보다 규모는 작지만 위험한 사고들까지 합하면 핵발전소 사고가 없었던 해가 단 한 해도 없다. 한국만 해도 핵발전소가 처음으로 가동된 1978년 이후 발생한 고장과 사고가 600건이 넘는다. 일본 도쿄전력의 사례에서 볼 수 있듯이 핵 산업계가 워낙에 비밀주의로 일관하는 데다 사고가 나도 은폐하다가 몇 년 뒤에야 알려지는 경우가 흔해 이 수치조차 전부가 아닐 것이라는 게 다수 환경 운동가들의 견해다.

10년 사이에 후쿠시마 제1핵발전소는 어떻게 됐을까? 조금 과장하면 10년 전 그대로다. 녹아내린 핵연료에서 핵분열이 계속되면서 열을 내고 있다. 이를 식히려고 바닷물을 들이붓고 있고 그 오염수가 계속 쌓이고 있다. 일본 정부는 저장 시설 부족을 이유로 오염수를 해상에 방류할 계획을 세웠다.

강한 방사선 때문에 1~3호기의 압력 용기에는 여전히 접근조차 못하고 있다. 무너져 가던 발전소 건물에 구조물을 설치해 추가 붕괴를 막은 게 고작이다.

각각의 발전소에는 사용 후 핵연료를 보관하려고 만들어 둔 수조가 있다. 사용 후 핵연료(연료봉)는 열과 방사선을 계속 내뿜기 때문에 물속에 보관한다. 비교적 작은 연료봉을 사용하는 월성 1호기의 경우에도 연료봉이 완전히 식으려면 6년가량 걸리는 것으로 알려져 있다.

후쿠시마 제1핵발전소 4호기 수조에 있던 연료봉은 2014년에, 3호기 수조에 있던 연료봉은 올해 3월에야 회수가 완료됐다. 그러나 여전히 1호기에는 392개, 2호기에는 615개의 사용 후 핵 연료봉이 남아 있다.

10년이 지났는데도 2021년 초에 2~3호기 건물 상층부에서 매우 강한 방사선이 측정됐다. 1시간만 노출돼도 사망할 정도로 강한 방사선인데, 압력 용기 상부를 덮는 '실드플러그'에 방사성물질인 세슘이 들러붙은 것으로 추정된다. 세슘의 반감기는 30년이다. 이 방사선의 강도가 지금의 10퍼센트로 줄어들려면 100년쯤 걸린다는 뜻이다.

〈파이낸셜 타임스〉의 예상과 달리 핵 산업은 암흑기에 놓이지 않았다. 핵발전의 신화가 무너지고 전 세계 곳곳에서 탈핵 시위가 벌어졌지만, 지배자들이 핵발전을 단념하도록 밀어붙이기에는 역부족이었다. 한때 모두 정지됐던 일본 핵발전소는 2021년 2월 25일 기준으로 33기가 가동되고 있다. 전 세계 38개 나라에서 443개의 핵발전소가 가동되고 있고 51개가 건설 중이다.

1986년 체르노빌 핵발전소 사고[3]

1986년 4월 26일, 당시 소련의 일부였던 우크라이나의 체르노빌 핵발전소에서 반응로 1기가 폭발했다. 히로시마 핵폭탄의 400배에 달하는 방사성물질이 대기로 방출됐다.

정부 당국은 주민들을 대피시키지 못했고, 재앙을 수습하기 위해 파견된 소방관들과 도움을 주려고 몰려온 수많은 자원 봉사자에게 거짓말을 했다.

체르노빌 피해 규모는 한 번도 공식적으로 인정된 적이 없다. 소련 당국은 재해 규모를 은폐하려 했고, 그 결과 방사선 피폭으로 인한 사망자 수는 여전히 불명확하다.

매사추세츠공과대학교MIT 교수 케이트 브라운은 저서 《체르노빌 생존 지침서》를 집필하기 위해 4년간 수많은 연구와 기록 보존소의 자료들을 검토했다. 그녀는 사망자 수를 3만 5000명에서 15만 명으로 추정한다. 체르노빌 참사 이후 방사성물질로 오염된 지역에 사는 사람들의 "암, 호흡기 질환, 빈혈, 자가면역질환, 선천적 기형, 불임 문제가 사고 발생 전의 2~3배로 증가했다."

우크라이나 정부만이 그 재앙으로 배우자를 잃은 3만 5000명에게 지금도 보상금을 지급하고 있다.

재앙의 여파는 계속되고 있다. 체르노빌에서 발생한 방사능은 대부분 벨라루스를 강타했다. 현재 벨라루스 농지의 20퍼센트는 영구적으로 사용할 수 없는 상태다. 멀리 떨어진 지중해 코르시카섬에서까지 오염된 토양이 발견됐다. 영국에서는 체르노빌의 방사능 물질이 섞인 비가 내린 후 9000곳에 달하는 농장에 사용 제한 조처가내려졌다. 마지막 제한 조처는 26년 뒤에야 해제됐다.

소련 정부는 어떤 경고도 발표하지 않았다. 폭발 이틀 후 스웨덴 당국이 방사능 증가를 감지하고 나서야 전 세계가 이 재앙을 알게 됐다.

체르노빌 참사와 소련의 은폐 시도는 소련의 몰락을 앞당긴 또하나의 사건이었다.

소련은 1917년 진정한 노동자 혁명으로 세워졌다. 그러나 1920년대에 이오시프 스탈린이 반혁명을 이끌어 노동계급 조직과 저항을분쇄해 소련을 독재국가로 만들고, 서방과 경쟁하기 위해 강제 산업화 정책을 밀어붙였다.

그 결과 소련의 모든 산업을 국가가 소유했고, 노동자들은 이 국가를 민주적으로 통제하지 못했다. 이 체제는 새로운 지배계급에 의해, 그들의 이해관계에 따라, 무자비한 노동자 착취를 통해 이뤄지는자본축적에 의존했다. 체르노빌 참사 당시 이 국가자본주의 체제는수십 년간의 침체 이후 심각한 경제 위기에 처해 있었다.

프랑스 자유주의 이론가 알렉시 드 토크빌은, 나쁜 정부에게 가장 위험한 순간은 개혁을 시작할 때라는 유명한 말을 남겼다. 소련지배계급은 향후 방향을 놓고 분열했다. 1985년에 집권한 대통령 미하일 고르바초프는 소련 경제를 시장에 개방하고 세계경제로 통합시키길 원했던 지배계급의 일부를 대표했다. 이런 정책은 "페레스트로이카"라는 이름으로 알려졌다.

그러나 이내 고르바초프는 기존 방식을 고수하기로 굳게 마음먹은 지배계급의 더 보수적인 일부와 권력투쟁에 휘말렸다. 구조조정을 추진하기 위해 고르바초프는 정치적 자유를 제한적으로 허용하겠다는 뜻을 내비쳤다. 이는 "글라스노스트"로 알려졌다. 이런 움직임은 더 많은 변화에 대한 갈망을 키웠다.

체르노빌 참사는 이 과정을 가속시켰다. 수많은 사람이 소련 체제에 대한 믿음을 잃었고 그 체제가 서구보다 기술이 더 낫다는 주장도 신뢰를 잃었다. 1989년, 수십 년 만에 처음으로 광원 파업이 소련을 휩쓸었다. 동유럽에서 혁명들이 일어났고 곧 소련 자체를 붕괴시켰다.

스리마일섬 핵발전소 사고[4]

1979년 3월 미국 펜실베이니아주의 스리마일섬에서 핵반응로의 일부가 녹아내렸다. 기계적 결함과 인간의 실수가 결합돼 냉각장치에 문제가 생긴 것이다. 핵반응로가 과열되고 과학자들이 문제를 봉합하기 위해 애쓰고 있을 때, 기자들이 근처 마을에 몰려들었고, 세계는 정부 관계자들이 지역민 소개疏開 여부에 대해 토론하는 것을 지켜봐야 했다.

한 주민은 당시 상황에 대해 다음과 같이 말했다.

당장이라도 확 폭발해 버릴 것만 같은 공장이 사흘 넘게 방치됐는데도, 그 상황을 논의하기 위해 소집된 회의에서 핵규제위원회NRC 대표는 다음과 같이 말했다. "주지사를 불러야 할 것 같습니다. … 우리는 완전히 장님인 상태에서 움직이고 있습니다. 주지사의 정보는 모호하고, 저도 딱히 정보를 가지고 있지 않습니다. 저는 잘 모르겠어요. 우리는 마치 결정을 내리지 못해 머뭇거리는 한 쌍의 장님 같군요." 수천 명의 생명이 위험한 상황에서 시급한 판단이 필요한 때에 미국 핵 안전 담당자는 뭐가 어떻게 되고 있는 건지, 무엇을 해야 하는지 아무것도 알지 못했다![5]

이 사고 자체는 윈드스케일보다 더 많은 방사선이 방출됐지만 외형상으로는 인간 건강에 미친 영향이 "훨씬 적은 것"으로 알려졌다. 아마도 스리마일섬이 미친 가장 중요한 영향은 저준위 방사선의 영향과 핵발전소의 위험에 대한 대중의 두려움이 커진 것이었을 테다.[6] 또한 주요 마을과 도시 근처에 핵발전소를 건설하는 것이 얼마나 미친 짓인지를 폭로했다. 핵반응로가 불타기 시작한 지 사흘째 되던 날, 바람과 함께 근처 미들타운의 마을로 흘러가는 방사성 연기를 어느 헬리콥터가 목격했다. 이 사고가 훨씬 더 심각한 결과를 낳을 수 있었다는 데는 의문의 여지가 없다.

스리마일섬을 정화하는 데 14년이 걸렸고 그 비용은 9억 7500만 달러[약 9750억 원]에 이른다. 핵 에너지 반대 분위기 때문에 그 후 미국에서 51개의 핵발전소 건설이 취소됐다. 사고 발생 한 달 뒤에 유럽에서는 대규모 반핵 시위들이 벌어졌다. 많은 정부들은 핵 계획들을 변경하라는 엄청난 압력을 받았다.

윈드스케일

1957년 10월 윈드스케일(지금은 셀러필드로 알려진 지역)에는 영국 핵무기 프로그램을 위한 플루토늄 생산용 핵반응로가 2대 있었다. 이 두 핵반응로는 서둘러 지어졌고, 그 때문에 설계에 많은 결점이 있었다. 그중에서도 특히 핵반응로를 냉각시키는 데 사용되는 공기가 밖으로 새어 나가는 문제가 있었다. 10월 10일 공장에서 대략 1킬로미터 떨어진 곳에 설치돼 있던 대기 견본 추출 검사 장치가 방사능 증가를 감지했다. 두 핵반응로 중 하나의 노심에 불이 난 것이 발견됐다(그리고 이 화재는 이틀 동안 지속됐다). 어떻게 해야 할지 몰라 당황한 운전자들은 비계飛階용 막대를 사용해 연료봉을 핵반응로 바깥으로 꺼내려 했지만 효과가 없었다. 그다음 날까지 노심의 온도가 분당 섭씨 20도씩 올라가고 있었고, 결국 그들은 불길에 물을 붓는 도박을 저질렀다. 수소 가스가 발생했지만 운 좋게도 폭발로 이어지지는 않았다. 그러나 그 불을 끄기 위해 500만 리터나 되는 물을 사용했다. 거의 50년이 지난 오늘날에도 그 노심은 "여전히 녹은 우라늄을 담고 있고 약한 열을 내뿜고 있다."[7]

첼랴빈스크

1957년 핵폐기물 저장소로 사용되던 러시아의 한 시설에서도 사고가 일어났다. 비非핵폭발로 엄청난 양의 방사선이 방출됐다. 50만여 명이 방사선에 노출됐고 적어도 200명이 목숨을 잃었다.

오염은 수만 마일 밖으로 번졌다. 한 목격자는 당시 상황을 이렇게 묘사했다.

눈에 보이는 길 양쪽의 모든 땅이 "죽어 있었다." 촌락도 마을도 없었고, 단지 부서진 집의 굴뚝들만 보일 뿐이었다. 경작지나 목장도, 가축 떼도, 사람도 … 아무것도 없었다.[8]

러시아 정부는 옛 소련이 무너지기 전까지 공식적으로 이 사고를 인정하지 않았다. 당시 미국 중앙정보국CIA이 그 사고를 알고 있었지만 미국 자신의 핵 산업이 피해를 볼까 봐 공개를 꺼렸다는 설도 있다.

도카이무라

1999년 일본 도카이무라 공장에서 기술자 2명이 실수로 질산 탱크에 규정량의 7배가 넘는 이산화우라늄을 부었다. 그들이 7번째 통을 넣자 임계질량에 도달해 '청백색' 방사선 섬광이 번쩍이며 "강한 감마선과 중성자선"이 방출됐다. 그들은 즉시 엄청난 고통을 느꼈고 호흡이 곤란해졌다. 경보가 울렸을 때 직원들은 즉시 그 지역을 떠났지만, 불행히도 두 기술자들의 생명을 구하지는 못했다. 직원 400명 이상이 방사선에 노출됐고, 일본 당국은 공장에서 반경 10킬로미터 안에 있는 30만 명 이상의 외출을 금지하는 조처를 내렸다. 도카이무라에서 벌어진 비극은 미리 예방할 수 있는 것이었다. 정상적 안전 절차를 지켰다면 일어나지 않았을 것이다. 국제원자력기구는 이 사고에 대한 예비 보고서에서 "주로 인간의 실수와 심각한 안전 수칙 위반에서 비롯"한 사고라고 결론 내렸다.[9]

5부
마르크스,
반자본주의 생태학,
혁명적 대안

마르크스,
반자본주의 생태학,
혁명적 대안

마틴 엠슨

오늘날 인류는 역사상 유례없는 심각한 환경 위기에 직면해 있다. 그 핵심에는 기후변화가 있다. 이산화탄소 같은 기체가 대기 중에 열을 가두는 것을 '온실효과'라고 하는데, 이것이 없다면 지구에서 생명체가 생존하는 것은 불가능하다. 그러나 석탄·석유·천연가스 같은 화석연료를 태운 결과 대기 중 온실가스가 점점 더 많아졌다. 대기 구성이 바뀌면서 훨씬 더 많은 열이 대기 중에 갇히게 됐고 지구가 더워지고 있다. 그 결과 세계는 이미 급격히 바뀌었다.

기록상 최고로 뜨거웠던 연도 톱5는 모두 2014~2018년에 있었다. 톱20은 모두 지난 22년 안에 벌어졌다. 2018년은 기온이 20세기 평균치보다 42년 연속으로 높은 해였다. 지구 평균기온은 1880년

출처: Martin Empson, *Marxism and Ecology: Capitalism, socialism and the future of the planet* (Socialist Workers Party, 2019).

이래로 10년마다 섭씨 0.08도씩 오르고 있다. 그렇지만 1981년 이후에는 더 빨라져서 0.18도씩 오르고 있다.[1]

이런 기온 상승은 지구에 심각한 영향을 미치고 있다. 최근 유엔은 100만 종의 생물(전체의 8분의 1)이 멸종 위기에 처해 있다고 보고서에서 밝혔다. 폭풍과 가뭄 등의 극단적 기상 현상이 더 잦아지고 더 세질 것이다. 예컨대, 2015년 미국항공우주국의 한 연구는 미국 남서부와 중부 평야 지대에 지난 1000년 만에 가장 가물고 기간도 긴 가뭄이 찾아올 수 있다고 봤다.

육지의 얼음이 녹고 온난화로 바닷물이 팽창하면서 해수면이 2100년까지 1~2미터 상승할 것이다. 세계 곳곳의 해안 도시와 농업 지대, 담수 공급원이 위험해질 것이다. 침수 방지를 위해 천문학적인 돈을 쓰지 않는 이상 수많은 사람들이 위기에 처할 것이다. 지구온난화가 인류에게 끼치는 영향은 충격적일 것이다. 이미 수많은 사람들이 그 영향을 받고 있다. 2015년 12월, 볼리비아에서 둘째로 큰 호수인 포오포호湖가 증발해서 사라졌다고 공식 선언됐다. 수많은 이들이 생계와 터전을 잃었다. 포오포호에 물을 공급하던 빙하가 갈수록 작아진 데다 광업과 농업이 지속 가능하지 않은 수준으로 물을 쓴 탓에 이런 환경 재난이 발생했다.[2]

2015~2016년 남반구 여름 동안 아프리카 남부에는 전례 없이 가혹한 가뭄이 닥쳤다. [아프리카 남부에 있는 왕국] 레소토는 가뭄 때문에 국가비상사태를 선포했는데, 특히 비非도시 인구의 80퍼센트가 재난을 겪었다.

남아공도 큰 타격을 입었다. 남아공 정부는 가뭄 피해 대응을 위해 옥수수를 20억 달러[2조 원 이상]어치 수입해야 한다고 추산했다.

기후변화가 심각해질수록 훨씬 더 많은 사람들이 기근·기상이변·홍수·폭염에 직면할 것이다. 물과 같은 자원을 둘러싼 전쟁이 많아질 것이다. 말라리아 같은 질병이 전에는 한 번도 도달하지 못했던 지역으로까지 침투할 것이다. 세계보건기구 보고서는 2030~2050년에 해마다 25만 명이 기후변화 탓에 말라리아·설사·열사병·영양실조로 초과 사망할 것이라고 예상했다.

그렇지만 [의학 학술지] 〈뉴 잉글랜드 저널 오브 메디신〉에 연구를 발표한 과학자들은 이 수치조차 "보수적"이라면서 비자발적 이주와 농업 수확량 감소 같은 요인들 때문에 초과 사망자 규모가 더 클 것이라고 주장했다. 이 과학자들은 기후 관련 식량 부족 문제 하나만으로도 2050년까지 52만 9000명이 초과 사망할 것이라고 봤다.[3]

그렇지만 기후변화는 안정적이거나 점진적인 과정이 아니다. 꾸준히 조금씩 악화되는 양상이 아니라는 것이다. 지구가 뜨거워질수록 온실효과를 증폭시키는 자연현상들이 추가된다.

예를 들어, 시베리아의 영구동토에는 지난 빙하기 이래 온실가스 수백만 톤이 갇혀 있다. 그런데 영구동토가 녹으면서 이 가스가 빠져나오기 시작했다. 북극 빙원은 거대한 거울처럼 태양에너지 일부를 우주로 반사한다. 얼음이 녹으면 더 많은 에너지가 대기 중에 갇히게 되고, 그러면 지구가 더 따뜻해져서 더 많은 얼음이 녹게 된다. 과학자들은 이런 과정을 "되먹임"이라고[*] 부른다.

---

[*] 되먹임(feedback) 결과가 다시 원인으로 작용하는 것.

기후가 '임계점'에 이르는 것을 피하려면 당장 온실가스 배출을 줄여야 한다. 임계점에 이르면, 마치 둑이라도 터진 듯 온난화 속도가 걷잡을 수 없이 빨라져 인류뿐 아니라 지구 상 모든 생명체의 존재 자체를 위협한다.

그러나 기후변화는 인류가 직면한 다양한 환경 위기를 가장 극명하게 보여 주는 사례일 뿐이다. 생태계에서 인간 사회가 건드리지 않은 곳은 거의 없다. 심해 오염부터 고산지대 만년설의 해빙까지, 지구 생태계에서 상상할 수 있는 모든 곳이 손상되고 파괴되고 있다.

해마다 100만 헥타르 이상의 아마존 열대우림이 "베이고 불태워진다." 아마존 열대우림은 [가장 중요한 온실가스인] 이산화탄소를 흡수하는 데서 결정적으로 중요한데 말이다. 인간 사회가 배출하는 쓰레기가 어찌나 많은지 2010년 기준으로 한 해 플라스틱 800만 톤이 바다에 버려졌고 계속 늘어나 2100년에야 "정점"을 찍을 것으로 예상된다.[4]

환경 위기의 징후가 많아지면서 인간과 자연의 관계에 대한 관심이 다시 생겨났다. 어떤 사람들은 환경 위기를 인간 개개인의 문제로 본다. 그래서 개인들이 자연과 더 조화롭게 살아야 한다고, 즉 재활용하고 재사용하고 우리의 활동을 제한해서 지구 파괴를 막아야 한다고 한다. 그러나 우리가 개인으로서 환경에 끼치는 영향은 다국적기업과 정부 정책이 일으키는 피해에 견주면 새 발의 피다. 전체로서 인간 사회가 인간 사회의 기반인 자연 세계와 맺는 관계를 고찰해 봐야 한다.

그렇지만 주류 정당, 노동조합, NGO, 정부가 조장하는 지배적 관점은 기존 사회를 개혁하는 것만으로도 위기를 해결할 수 있다는 생각이다. 그래서 이들의 주장은 큰 틀에서는 대동소이하다. 우리가 그동안 살던 대로 살 수 있도록 해 줄 기술적·경제적 해법을 찾자는 것인데, 그래서는 사소한 변화는 가져올 수 있겠지만 사실상 바뀌는 것이 거의 없을 것이다. 이들은 환경 위기가 자본주의 자체가 아니라, 그 체제의 일부 요소에서 비롯하는 것으로 여긴다.

"기후변화의 경제학에 관한 스턴 보고서"가 이런 관점을 가장 잘 보여 준다. 2006년에 발간된 이 보고서는 영국 정부의 위임을 받아 작성된 것으로, 이 분야에서 가장 방대하고 폭넓은 연구 중 하나로 꼽힌다. 스턴 경은 다음과 같이 썼다. "기후변화는 경제학에 독특한 도전을 제기한다. 기후변화는 시장의 실패를 보여 주는 가장 거대하고 포괄적인 사례다."[5]

스턴은 세계은행의 수석 경제학자이자 부총재였다. 환경 운동 일각에서는 기대감이 일기도 했지만, 앞의 문장은 스턴이 자유 시장 사상을 버렸다는 것을 뜻하지 않았다. 오히려 기후변화에 대처할 정도로 시장에 충분한 재량권이 주어지지 않았다는 그의 신념을 나타낸다. 스턴식 해법의 핵심에는 "탄소 [배출권] 거래제"라고 알려진 시장 메커니즘이 있다. 그러나 탄소 거래제가 배출량은 줄이지도 못하면서 관련 기업들에 막대한 이윤만 제공해 준다는 사실은 잘 알려져 있다.[6]

사회주의자들은 오늘날 환경 파괴가 특정 정치·경제 체제, 즉 자본주의의 결과물이라고 주장한다. 가장 위대한 자본주의 비판가 카를 마르크스와 그의 평생 동료인 프리드리히 엥겔스는 자본주의가 지속 가능하지 않다고 주장했다. 그들은 혁명으로 기존 사회를 무너뜨리고 새로운 세상을 창조하려는 투쟁에 평생을 바쳤다. 새로운 세상은 이윤이 아니라 사람들의 필요에 따라 운영될 것이다. 새로운 세상에서 사람들은 자연을 이용 대상으로만 보는 것이 아니라 보호하고 돌봐야 할 대상으로도 볼 것이다.

마르크스와 엥겔스는 인간 사회가 자연 세계와 분리될 수 없다고 봤다. 자본주의가 인간을 착취하고 파괴하는 동시에 환경도 황폐화했듯이 말이다. 그들의 책과 글에는 이런 생각이 면면히 흐르고 있다. 150년 전에 글을 썼기 때문에 마르크스와 엥겔스는 오늘날 인류가 직면한 환경 위기의 어마어마한 규모를 예측하지는 못했다. 그러나 그들의 사상은 왜 오늘날 자본주의가 인간 사회의 존재 자체를 위협하는지 이해하는 데서 아주 중요한 [생각의] 틀을 제공한다.

마르크스주의는 인간과 자연 세계의 관계를 이해하는 데서 중요한 기여를 했지만, 불행히도 지구를 살리려고 하는 많은 사람들은 그 기여를 모르거나 외면한다. 마르크스와 엥겔스의 이름으로 자신들의 지배를 정당화한 자들(특히 옛 소련)이 저지른 범죄가 한 요인이다(환경 범죄도 심각했다). 그러나 대다수 환경 운동가들이 혁명적 변화의 필요성을 공감하지 않고 기존 사회를 유지하는 범위에서 세상을 구하고자 하기 때문이기도 하다.

최근 몇 년 동안 새로운 환경 운동이 부상했다. 영국에서는 청소년 수십만 명이 동맹휴업과 멸종반란 시위에 동참해, 환경 파괴 중단을 요구하며 대거 연행되는 것도 두려워하지 않았다.

이 글에서 나는 각각의 역사적 단계에서 인간 사회가 환경과 맺은 관계를 마르크스와 엥겔스의 사상이 어떻게 설명하는지, 왜 자본주의가 이토록 환경 파괴적인지, 생태계 파괴를 피하려면 어떤 사회가 필요한지를 둘러싼 논의에서 마르크스주의 사상을 다시 중심에 놓는 것이 왜 그토록 시급한지 살펴보겠다.

인간과 자연

마르크스는 매우 중요한 사실이지만 흔히 무시되는 기초적 명제에서 시작한다. 바로 어떤 인간 사회도 자연 세계와 관계 맺지 않고 존재할 수 없다는 것이다. "인간은 우선 먹을 것, 마실 것, 입을 것, 쉴 곳을 마련한 뒤에야, 정치·과학·예술·종교를 고민할 수 있다."[7]

이런 기초적 필요를 충족하고자 자연에 영향을 주는 도구를 만드는 것은 인류 자체의 역사만큼이나 오래됐다. 고고학자 프랜시스 프라이어가 말하길, 오늘날 영국제도가 되는 지역에 처음 산 인류는 65만 년 전에 부싯돌과 손도끼를 사용했다. 이 도구들은 아프리카에서 출토된, 100만 년 전의 것으로 추정되는 도구들과 비슷하다. 식량을 얻으려고 동물을 사냥하고, 집을 짓거나 연료로 사용하려고 나무를 베고, 옷을 만들려고 동물의 털과 가죽을 벗기고 손보는 등의 용도로 매우 많은 도구가 제작됐다.[8]

엥겔스의 말대로, "어느 모로 보나 우리는, 다른 나라 사람들을 지배하는 정복자나 자연 외부에 있는 존재처럼 자연을 지배하는 존재가 아니라 피와 살과 두뇌를 가진 존재로서 자연에 속하고 자연 한가운데서 살아간다."[9] 한 사회가 생산을 조직하는 방식은 서로 다른 두 가지 요소와 밀접히 관련돼 있다. 알렉스 캘리니코스가 마르크스의 주장을 잘 요약했다.

생산에는 두 측면이 있는데 물질적 측면과 사회적 측면이다. 첫째, 생산은 인간이 자연을 가공하고 변형해서 인간의 필요를 충족하려고 하는 활동이다. 이것은 일정한 생산조직, 적절한 도구의 소유 등을 포함한다. 둘째, 생산은 사람들이 필요한 것을 서로 협력해서 생산하는 사회적 과정이다. 그것은 항상 참여자들 사이의 사회적 관계, 결정적으로 생산 과정과 생산물 분배의 통제와 관련된 사회적 관계를 포함한다. 마르크스는 앞의 물질적 측면을 생산력, 뒤의 사회적 측면을 생산관계라고 불렀다.[10]

인류는 지구 상에 등장한 이래로 대부분의 기간 동안 생존에 필요한 최소한의 것만을 겨우겨우 생산하는 작은 공동체를 이루며 살았다. 마르크스가 "원시 공산주의"라고 부른 이 사회들에서 생산도구는 공동소유였다.

그러나 사회가 잉여를 생산할 수 있게 되자, 일부는 끝없고 힘든 노동을 하지 않고도 살 수 있게 됐고, 소수가 생산수단의 지배권을 장악할 수 있게 됐다. 사회는 계급에 따라 나뉘었고, 지배계급은 생활필수품을 직접 생산하는 사람들을 착취했다.

지배자들의 사회적 지위는 특정 생산방식에 달려 있고, 그래서 지배자들은 현상 유지에서 득을 본다. 지배자들은 생산관계를 바꾸거나 자신들의 지위를 위협할지도 모르는 변화에 저항한다. 역사에는 사회 조직 방식을 바꾸지 않거나 못해서 결국 그 사회가 몰락한 사례가 많다.

마르크스주의자들이 보기에 인간 사회는 자연과 떼려야 뗄 수 없는 관계에 있는 동시에 자연과 상호작용을 한다. 인간이 자연에 미치는 영향력은 생산을 조직하는 구체적 방식과 관계가 있으므로 인간이 자연에 가하는 변화의 크기는 계속 변해 왔다.

인간은 주변 환경을 항구적으로 바꿀 수 있었고(심지어 고대의 도구로도) 실제로 바꿨다. 예를 들어 고고학자들이 클로비스인이라고 부르는 사람들은 1만 2000년 전 환경 변화가 있던 시기에 북아메리카에서 매머드가 멸종하는 데 일조했을 가능성이 크다.[11]

그러나 이런 변화는 후대 인간 사회가 초래한 변화에 대면 빛이 바랜다. 돌도끼와 나무창으로 무장한 고대인들은 자연 세계 자체의 변화로 이미 쇠약해진 종이 멸종하는 데 일조했을지언정 균형이 매우 잘 잡힌 생태계를 대규모로 근본적으로 바꿀 수는 없었다.

후대 사회들은 그럴 능력이 있었다. 사회 조직 방식이 바뀌면서 자원을 더 큰 규모로 사용하는 것이 가능해졌고 더 강력한 도구를 생산할 수 있게 됐기 때문이다. 농경과 원료 채취를 위해 숲을 벌목하는 것은 많은 사회에서 으레 있는 일이었다. 초기의 사회에서는 단지 소규모의 숲만 벌목하면 충분했고 시간이 지나면서 자연스럽게 복구되곤 했다.

생산이 더 발달한 문명들에서 변화는 영구적인 것이 됐다. 고대 그리스에서는 항구가 흙 때문에 막히는 일이 있었는데, 숲을 밀어 버린 결과로 흙이 쓸려 내려왔기 때문이었다. 중세에 유럽 대부분 지역에서는 인구가 늘면서 숲이 파괴됐다. 이 과정은 15세기 유럽 열강들의 식민지 야욕으로 선박용 목재 수요가 늘면서 급속히 빨라졌다. 18세기에 이르면 유럽에서는 목재가 어찌나 귀해졌던지, 노예무역에 필요한 배를 건조하려고 미국에 있는 숲을 베야 할 지경이었다.[12]

그러나 자본주의의 도래로 새로운(그리고 잠재적으로 훨씬 더 위험한) 상황이 도래했다. 이전 문명에서는 인간이 주변 환경에 가한 영향이 흔히 기후나 환경의 다른 변화와 맞물리면서 한 사회가 소멸되기도 했었다. 재레드 다이아몬드는 자신의 책 《붕괴》에서* 남아메리카의 마야문명, 이스터섬 문명, 그린란드 바이킹 문명 등 다양한 문명이 자연 변화에 제대로 적응하지 못하고 사라져 간 방식을 보여 준다. 그러나 이런 사례들은 매우 한정된 지역의 사회가 고고학자들에게 유물만 남기고 사라진 경우들이다.

자본주의에서는 인간 문명이 만든 자연 세계의 변화가 생태계 전체를 위협하는 지경에 이르렀다. 오늘날 기후변화를 보면, 과연 인간 문명이 존속할 수 있을지 의문이 든다.

자본주의

자본주의는 유럽 서쪽 가장자리에서 처음 등장했고, 빠르게 전 세계로 뻗어 나갔다. 이 새로운 사회 조직 방식은 기존 사회 조직 방식과 매우 달랐다. 자본주의 이전 유럽에서 유력한 사회형태는 봉

---

* 국역: 《문명의 붕괴》, 김영사, 2005.

건제였다. 부유한 지주들이 인구의 압도 다수를 차지하는 농노들을 착취했다. 농노는 대부분 지주의 토지에 매여 있었다. 중세 내내 일어난 무수히 많은 전쟁 이면의 추동력은 토지에 대한 지배욕이었다. 영주들은 자신의 토지를 지키거나 다른 영주의 토지를 빼앗으려고 전쟁을 일으켰다.

봉건제의 핵심인 착취는 명백히 야만적이었다. 농노의 삶은 목가적 전원생활과 거리가 멀었다. 수명은 짧았고 사람들이 고향을 벗어나는 일은 거의 없었다. 인생 대부분을 등골이 휘는 노동을 하며 보내야 했고, 농노의 노동으로 만들어진 생산물은 대부분 지주가 가져갔다. 그러나 지주의 착취는 압도적으로 지주 자신의 소비를 위한 것이었다.

따라서 농노는 지주와 그 수하들이 필요한 만큼만 착취당했다. 그 필요는 흔히 과도했고, 또 과시적 소비가 많았지만, 봉건 사회의 착취는 실질적으로 영주가 얼마나 먹을 수 있는지에 따라 제한됐다.

자본주의에서는 상황이 근본적으로 다르다. 압도 다수 사람들은 땅을 경작해서 먹고살지 않으며, 중세 농노와 달리 자본주의 노동자는 자신의 직업이나 땅에 매여 있지 않다. 자본주의에서 노동자는 노동 결과물의 일부를 기업주에게 바치는 것이 아니라, 특정 일을 한 대가로 임금을 받는다. 노동자는 생활필수품을 구하려면 일할 수 있는 능력, 즉 노동력을 팔아야 한다.

결정적으로, 자본주의에서 노동자를 착취하는 핵심 동기는 지배계급이나 기업주 개개인의 소비 욕구가 아니다(물론 이것이 없다는 말은 아니다). 그보다는 이윤 자체를 위한 끝없는 이윤 추구가 핵심

동기다. 카를 마르크스는, "축적하라, 축적하라! 이것이 모세와 예언
자들의 말씀이니라!" 하고 표현했다.[13]

　서로 경쟁하는 별개의 기업들이 생산을 조직한다. 각 기업은 경쟁
자보다 앞서야 한다는 압력에 시달리고, 경쟁자가 자신을 제치고 앞
서 나갈지 모른다는 두려움에 떤다. 어떤 자본가에게도 멈춰 있을
여유가 허락되지 않는다. 노동력 착취(자본가들이 누리는 모든 이
윤의 근원)를 늘릴 새로운 방법을 끊임없이 찾아야 한다. 제대로 된
사회라면 새로운 기계의 도입이 생활 조건 향상이나 노동시간 단축
으로 이어지겠지만, 자본주의에서 신기술 도입은 착취를 극대화해
경쟁에서 앞서기 위한 것일 뿐이다.

　사람들의 필요를 충족하기 위해서가 아니라 단지 축적 그 자체를
위해 부를 축적하면서, 자본주의가 자연과 맺는 관계는 이전 사회들
과 달라졌다. 마르크스와 엥겔스는 이를 명료하게 인식하면서 자본
주의가 어떻게 자연 세계를 착취하는지 설명했다.

　처음으로 자연은 순전히 인류를 위한 물건, 순전한 활용 대상이 되고
　더는 자체의 힘을 가진 것으로 여겨지지 않는다. 자연의 자율적 법칙을
　이론적으로 규명하는 일은 자연을 소비 대상이나 생산수단으로 인간
　의 필요에 종속시키려는 책략 이상의 것이 되지 못한다.[14]

　자본주의에서 자연환경은 단지 이윤을 위해 착취할 대상이거나
체제가 원하지 않는 부산물을 내다 버리는 곳일 뿐이다. 핵폐기물
과 폐수가 바다로 버려지는 것, 온실가스가 대기 중으로 내뿜어지

는 것, 숲이 베여 나가고 단기 농경법으로 경작지가 못쓰게 되는 것을 보라. 이윤을 향한 질주에서는 단기적 요소들만이 고려될 뿐이다. 엥겔스가 썼듯이,

개별 자본가들이 즉각적 이윤을 위해 생산과 교환에 참여할 때는 오로지 가장 빠르고 즉각적인 결과만을 최우선으로 고려한다. 자신이 만들었거나 사들인 상품을 어느 정도의 이윤을 얻고서 판매하면, 자본가는 그것으로 만족하고 그 상품이나 구매자가 어떻게 되는지는 고려하지 않는다. 같은 행위가 자연에 미치는 영향에 대해서도 마찬가지다. 수익성이 매우 좋은 커피나무를 한 번 재배하는 데 필요한 비료를 얻으려고 쿠바에 있는 산에 불을 질러 그 재를 가져간 스페인 농장주들이 무엇을 신경 썼겠는가? 나중에 열대성 폭우가 내려 흙이 씻겨 내려가 헐벗은 바위만 남았다 한들 그들에게 무슨 상관이었겠는가![15]

그러나 개별 기업이나 산업에는 합리적인 단기적 행위들이 흔히 지구 전체한테는 장기적으로 불합리한 결과를 낳는다. 예를 들어, 석유를 계속 태우면 다국적 석유 기업들은 이윤을 얻겠지만, 장기적으로는 그 과정에서 나오는 온실가스 때문에 기후변화가 더 빨라질 위험이 있다. 나무를 최대한 빨리 베어 버리면 지속 가능한 숲을 유지하는 것보다 더 많은 이윤을 얻을 수 있겠지만 장기적으로 그 결과는 재앙적일 수 있다.

이런 문제를 피하려는 기업(아마도 윤리적이고자 더 많은 비용을 지출하거나 더 지속 가능한 실천에 투자하는 기업)은 더 낮은 비용

으로 상품과 서비스를 생산하는 경쟁자에 밀려서, 그 원칙을 훼손하지 않는다면 파산에 직면하게 될 것이다.

인간은 언제나 쓰레기를 만들어 왔지만, 자본주의에서 그 규모는 충격적일 만큼 커졌다. [《사라진 내일: 쓰레기는 어디로 갔을까》 저자] 헤더 로저스는 "지난 30년간 미국에서 쓰레기 배출이 갑절로 늘었다. 오늘날 미국 제품의 거의 80퍼센트는 한 번 쓰고 버려진다"는 것을 보여 줬다.[16]

정말이지 애초 쓰레기 문제 자체를 만든 것이 바로 자본주다. 예전에는 사람들이 너무 가난해서 얼마 안 되는 가재도구들을 반복해서 사용하거나 물건 자체가 여러 번 반복해서 사용하도록 만들어졌었다. 상품이 재사용되면 판매가 줄기 때문에 기업들은 일회용품을 발명하고 이를 편리함이라고 포장해서 제품을 더 많이 팔고 돈을 더 많이 벌어들였다. 결국에 가서는 제품이 자체적으로 노후화하도록 만들었다. 몇 년이 지나면 상품이 작동을 멈추거나 유행에 뒤처지도록 한 것이다.

1920년대에는 상품을 반복해서 구입하는 것을 "긍정적 생활 태도"로 부추기는 마케팅이 이뤄졌다. 당시 한 마케팅 컨설턴트는 다음과 같이 말했다.

물건에 금세 싫증을 느끼고 이를 진보라 여기는 생활은 거의 모든 미국인의 열망이다. 그것은 황홀하고 짜릿한 다양한 신상품을 더 많이 구입해 인간으로서 더 큰 만족으로 도달하는 사다리 타기와 같다.[17]

1950년대에 자동차 업계는 이런 논리를 결론까지 밀고 나갔다. 포드의 한 임원은 "차의 외관을 해마다 바꾸면 판매량이 늘어난다"면서 사람들이 최대한 자주 새 차를 사도록 부추겼다.[18]

그러나 단지 제품을 더 많이 팔겠다는 욕망 때문에 자본주의가 자원을 낭비하는 것은 아니다. 기업들이 서로 경쟁하는 처지에 있기 때문에 생산 전체를 아우르는 논리가 없다. 그래서 생산이 비합리적이고 무계획적이며 모든 단계에서 낭비가 발생한다. 한쪽에서는 과잉생산이 생겨나고 다른 한쪽에서는 자원이 낭비된다. 불필요하거나 정작 필요한 사람들은 돈이 없어서 구입할 수 없는 제품이 대량으로 만들어진다. 전체 산업은 원료·에너지·노동을 어마어마하게 흡수하지만 거기서 나오는 사회적 이익은 제한적이다.

경제학자 마이클 키드런은 1970년 미국 생산물의 60퍼센트를 쓸모없는 것으로 분류할 수 있다고 했다.[19] 무기·광고·사치품이 그것이다. 이런 곳들에 낭비되는 자원의 규모는 엄청나다. 2018년 세계 군비 지출은 1조 8000억 달러였고, 같은 해 광고비 지출은 5430억 달러였다. 이 금액을 2020년에 HIV와 에이즈 확산에 대응하기 위해 필요한 비용 262억 달러(심지어 이 금액도 2015/2016년에 선진국들이 7퍼센트 삭감한 것이다)와 대조해 보라.[20]

걸작 《자본론》에서 카를 마르크스는 자신이 "소비의 배설물"이라고 부른 것들이 자본주의에서 어떻게 낭비되는지를 지적했다. 소비의 배설물은 "인체에서 나오는 자연적 배설물, 걸레가 된 옷가지 잔여물"을 뜻했고 "농업에서 가장 중요한 것"이었다.

그러나 자본주의 경제에서 이것들은 엄청나게 낭비된다. 예를 들어 런던에서는 450만 명의 배설물을 두고서 막대한 비용을 들여 템스강을 더럽히는 것보다 나은 사용처를 찾지 못하고 있다.[21]

우리가 사는 도시의 설계 자체가 자본주의가 낳는 낭비와 환경 파괴를 잘 보여 준다. 사람들이 일터나 학교에 가려면 먼 거리를 이동해야 하고, 이 과정에서 귀중한 원료를 태운다. 전기가 필요한 곳에서 매우 멀리 떨어진 집중화된 거대 발전소들에서 에너지가 생산되기 때문에 생산된 에너지의 3분의 2가 낭비된다.[22]

주류 경제학은 자연을 계산에 포함하지 않는다. 마르크스주의 생태학자 존 벨러미 포스터가 지적하듯이, "공장이 일으키는 대기오염은 공장이 부담해야 할 내부적 생산 비용으로 여겨지지 않는다. 그 대신 자연과 사회가 부담할 외부적 비용으로 본다."[23]

그러나 지구에 이익이 되지 않으므로 경제개발을 반대해야 한다고 말하는 것은 아니다. 세계에서 가장 가난한 지역에 사는 사람들에게는 더 많은 경제개발이 절박하게 필요하다. 그러나 어떤 종류의 성장과 개발이 필요한지를 따져야 한다. 역사적으로 "축적은 지구환경한테서 '보조금'을 받아 왔다. … 따라서 지난 500년의 역사는 지속 가능하지 않은 개발의 역사였다"고 벨러미 포스터는 지적한다.[24] 선진국들이 밟아 온 파괴적이고 지속 가능하지 않은 개발 방식을 고수해야 할 이유는 없다.

좀 더 생각이 깊은 자본가들은 문제를 충분히 알고 있다. 기업과 정부 지도자들은 이런 환경 위기에 대처해야 한다는 것을 이해한다.

그러나 체제 전체에 장기적으로 합리적인 것이 그 체제 안에서 서로 경쟁하는 각 부분들한테는 합리적이지 않을 수 있다. 기후변화에 대처하고자 만들어진 최초의 국제 협약인 교토협약을 보라. 교토협약은 선진국들이 2012년까지 배출량을 5퍼센트 줄이도록 규정했다. 그러나 이런 소심한 목표조차 미국 정부가 보기에는 너무 과했고, 결국 자국 경제를 망가뜨릴 것이라며 비준을 거부했다.

자본주의의 단기적 본성, 체제의 심장부에 자리 잡고 있는 경쟁과 그로 말미암은 비효율, 환경 파괴 비용의 외부화를* 모두 종합하면, 자본주의가 장기적으로 지속 가능하지 않은 사회라는 것이 분명해진다.

마르크스와 엥겔스

생태학 논의에서 마르크스와 엥겔스가 기여한 것들은, 사회주의를 참칭한 소련과 동유럽 나라들이 저지른 끔찍한 환경 파괴 때문에 왜곡돼 왔다. 그러나 그 정권들은 마르크스와 엥겔스의 전망, 즉 "각자 능력에 따라 일하고, 필요에 따라 돌려받는다"는 사회 운영 원리와 닮은 점이 거의 없었다.

오늘날 우리가 생태학이라고 부르는 분야에 대한 마르크스와 엥겔스의 생각은 존 벨러미 포스터 같은 저술가들에 의해 복원되고 발전했다. 이 글에서 나는 그것들이 진정한 마르크스주의 전통에서

---

* 환경 파괴 비용의 외부화 기업이 환경 파괴의 대가를 지불하지 않는 것.

얼마나 핵심적인지 설명하겠다.

앞서 인간과 주변 자연 세계 사이의 관계가 마르크스의 역사관에서 얼마나 중심적인지를 살펴봤다. 마르크스는, 자본주의하에서 환경과 맺는 이 관계가 어떻게 사회생활의 형태를 결정하는지에 대한 훨씬 더 세심한 이해도 발전시켰다. 이를 이해하려면 마르크스가 발전시킨 또 다른 주요 개념인 소외 이론을 살펴봐야 한다.

산업과 기술의 발달로 우리 세계는 선조들이 상상도 할 수 없을 만큼 큰 기회가 생겼지만, 그런 기회들이 기대만큼 실현되지는 않는다. 현대 농업은 수십억 명을 먹여 살릴 잠재력이 있지만, 세계 인구의 6분의 1은 영양부족에 시달린다. 우주 비행사와 인공위성이 수시로 지구 밖으로 나가지만, 10억 명 이상이 하루에 1달러 미만의 돈으로 생활한다. 마르크스가 썼듯이,

노동이 부자를 위해서는 기적을 만들어 주지만, 노동자를 위해서는 궁핍을 가져다준다. 노동은 궁궐을 짓지만 노동자는 오두막집에 산다. 노동은 아름다움을 가져다주지만 노동자를 불구로 만든다. 노동은 기계로 대체되지만, 일부 노동자는 야만적 노동으로 내몰리고 다른 노동자는 기계가 돼 버린다. 노동은 지혜를 만들어 내지만 노동자에게는 어리석음과 백치병을 선사한다.[25]

자연 세계에 큰 영향을 미칠 수 있는 능력이 인간에게 있지만 사회는 그 어느 때보다 더 불안정하고 위험해 보인다. 인간 노동의 산물이 우리를 자유롭게 해 주기보다 오히려 지배하는 듯하다. 1856년

마르크스는 이런 모순을 다음과 같이 묘사했다.

> 한편, 과거 인간 역사에서는 생각할 수도 없던 산업과 과학의 힘이 인간의 삶에 나타났다. 다른 한편, 로마제국 말기의 공포를 능가하는 쇠퇴의 징후도 존재한다. 우리 시대에는 모든 것이 모순투성이처럼 보인다. 인간의 노동을 덜어 주고 생산성을 높여 주는 놀라운 힘을 가진 기계가 있는데도 우리는 아사와 과로를 목격한다. 부의 최신 원천이 빈곤의 원천으로 둔갑하는 것을 보면 귀신이 곡할 노릇이다. 예술의 성공은 개성을 상실한 대가처럼 보인다.[26]

마르크스는 이 과정을 소외라고 설명했다. 인간을 다른 동물과 구별해 주는 본질적 특징, 즉 집단적 노동으로 주변 자연 세계에 영향을 미치는 능력이 자본주의에서 박탈됐다는 것이다. 사람들이 자신의 삶을 통제하지 못하고, 노동의 결과물이 인간에게 적대적인 힘이 됐다.

《1844년 경제학·철학 수고》에서 마르크스는 소외의 4가지 측면을 밝혔다. 노동자는 첫째, 자신의 노동 생산물에서 둘째, 노동과정 자체에서 셋째, 자신의 인간 본성에서 넷째, 동료 인간에게서 분리된다.

노동자들은 자신이 생산한 물건, 심지어 서비스에서도 소외된다. 노동의 결과물을 타인, 즉 자본가가 소유하고 지배하기 때문이다. 마르크스는 노동자가 생산한 물건이 결국 노동자의 삶을 지배하게 되는 방식을 다음과 같이 묘사했다.

노동자는 그 대상에 자기 생명을 불어넣는다. 그래서 그 생명은 더는 노동자의 것이 아니라 그 대상의 것이 된다. 그의 노동 생산물은 그가 아닌 것이 된다. 따라서 생산물이 커질수록 노동자는 점점 그 자신이 아니게 된다. 자신의 생산에서 노동자가 객체화한다는 것은 노동이 대상이자 외부적 실재가 된다는 뜻일 뿐 아니라, 노동이 노동자의 외부에, 노동자와 무관하게, 노동자에게 낯설게 존재하고, 점점 자율적인 힘으로서 노동자와 대면한다는 뜻이기도 하다. 즉, 노동자가 대상에 불어넣었던 생명이 적대적이고 낯설게 노동자와 대면한다.[27]

이로부터 마르크스 소외 이론의 둘째 부분, 노동자들이 노동과정 자체에서 소외되는 방식이 나온다. 우리는 우리가 일하는 방식이나 일하는 조건에 대해 발언할 수 없다. 노동과정은 단지 노동자의 통제에서 벗어났을 뿐 아니라, 실제로는 노동자 이익에 적대적인 세력들(바로 노동자를 더 열심히, 더 값싸게, 더 오래 일하도록 하는 데 모든 이해가 걸려 있는 기업주와 관리자)의 수중에 있다.

현대 생산 라인에서 이 과정은 더 강화됐다. 개별 노동자가 전체 생산 활동에서 작은 부분만을 담당하게 돼서 생산물과 더욱 분리되기 때문이다. 과거에는 숙련된 장인이 한 생산물을 처음부터 끝까지 만들었지만, 현대 공장에서 노동자는 전체 생산물의 한 부분만을 만드는 똑같은 작업을 반복한다. 노동자는 기계의 여러 톱니바퀴 중 하나에 불과하게 됐다.

마르크스가 지적한 셋째 논점은 인간을 인간답게 만드는 것, 즉 사회적 노동을 위한 능력이 박탈되는 것이다. 노동은 더는 창조적 행위가 아니라 정반대의 것으로 바뀐다.

끝으로, 노동자는 동료 노동자에게서 소외된다. 노동자들은 일자리, 임금 인상, 승진을 놓고 서로 경쟁한다. 우리를 분열시켜 지배하려고 노동자들이 서로 맞서도록 만든다. 게다가, 사람들 사이의 관계는 상품을 사고파는 것으로 결정된다. 모든 사회 조직의 근간은 생활필수품을 제공하는 방식에 달려 있다고 한 마르크스와 엥겔스의 주장을 기억하는가? 자본주의에서는 옷·음식·차량·집을 생산하는 데 수천수만 명이 관여한다. 그러나 우리는 그들로부터 고립돼 있고, 그들의 노동 생산물을 구입하는 것을 통해서만 그들을 알 수 있다. 사람들은 나머지 인간들과 동료 인간으로서 관계를 맺지 않는다. 사람들은 생산과정의 일부로서 서로 관계를 맺는다. 즉, 나머지 인간들은 경쟁자이거나, 나보다 열등한 사람이거나 나보다 우월한 사람이 된다.

결론적으로 소외는 노동자들이 자신의 노동에서, 그리고 자연을 변형하는 데서 노동이 하는 능동적 구실에서 분리되는 것이다. 따라서 자본주의에서 노동자들은 자연 세계에서 소외된다. 그러나 인간 사회는 바로 자연 세계를 바탕으로 한다.

마르크스는 자신이 관찰한 바를 《1844년 경제학·철학 수고》에서 다음과 같이 썼다.

인간이 자연에서 먹고산다는 말은 자연이 인간의 육체고 인간은 죽지 않으려면 자연과 끊임없이 교환해야 한다는 뜻이다. 그런 인간의 신체적·지적 생명이 자연에 달려 있다는 말은 자연이 스스로 의존한다는 말과 같다. 인간이 자연의 일부이기 때문이다.[28]

나중에 마르크스는 이 논점을 발전시켜서 인간과 자연 사이의 "신진대사"라는 개념을 사용해 "이 근본적 관계를 더 분명하고 과학적으로 표현하고 인간 노동의 결과인, 인간과 자연 사이의 복잡하고 역동적인 교환을 묘사하려" 했다.[29]

노동은 무엇보다도 인간과 자연 사이에서 일어나는 과정이고, 인간이 자신의 행위를 통해 자신과 자연 사이의 신진대사를 중재하고 규제하고 통제하는 과정이다.[30]

마르크스는 19세기의 가장 큰 환경문제 중 하나였던 토양 비옥도 고갈 문제를 살펴보며 이런 이해를 발전시켰다. 유럽과 북아메리카에서 발전하고 있던 자본주의 나라들에서 집약적 농업이 증가하면서 토지의 "지력이 고갈"됐고 비료 수요가 급증했다. 19세기 중반이 되면, 구아노(바닷새의 배설물) 교역이 막대한 부를 안겨 줬고, 유럽의 농부들은 너무 절박했던 나머지 "자기 밭에 뿌릴 뼈를 찾아 … 나폴레옹 시대의 전장을 뒤지고 다녔다."[31]

인공 비료를 제조하는 화학 산업이 아직 세계 농업에 필요한 만큼 발달하지 않은 가운데, 새로운 비료의 원천을 찾는 것이 너무도 중요해서 바닷새의 배설물이 풍부한 작은 섬들을 각국이 합병하는 "구아노 제국주의" 시대가 열리기까지 했다.

독일 화학자 유스투스 폰 리비히는, 어떻게 농업이 농작물을 재배하면서 토양의 비옥도를 고갈시키고 토양에서 질소와 칼륨 같은 영양분을 제거하는지에 대한 최초의 현대적 이해를 제시했다. 그는 이런 이해를 발전시켜 토양의 영양분이 "농산물을 통해 해마다 빠져 나갔다"면서 토양의 비옥도를 체계적으로 약탈하는 농업 조직 방식을 비판했다.

분명 리비히는 비료(인공 비료든 천연 비료든)를 사용해서 토양의 영양분을 보충하기를 바랐지만, 동시에 더 합리적 형태의 농업이 필요하다고도 생각했다. 존 벨러미 포스터가 썼듯이,

> 리비히는 템스강의 상태를 근거로 인간과 동물의 배설물이 도시를 오염시키는 문제와 [농촌에서] 토양의 자연적 비옥도가 고갈되는 두 문제가 서로 연결돼 있으며, 합리적 도시-농촌 시스템에서는 영양소를 토양으로 돌려보내는 유기체 재활용이 필수적이라고 주장했다.[32]

카를 마르크스는 리비히 등의 생각을 자본주의 농업 방식에 대한 심도 깊은 비판으로 발전시켰다. 대도시 중심부로 인구가 집중되는 것이 문제의 핵심에 있었다. 농촌에서 재배된 식량은 도시로 이동하고, 하수는 강과 바다에 버려지면서 농업은 영양분을 잃게 됐다.

마르크스는 농업을 합리적으로 조직하면 토양의 질을 "개선"할 수 있음을 알았을 뿐 아니라, 동시에 "자본주의적 생산이 … 인간과 자연 사이의 신진대사 교환 작용을 방해한다"는 것도 이해했다. 그는 계속해서 다음과 같이 말했다.

> 자본주의 농업의 모든 진보는, 노동자뿐 아니라 토양도 약탈하는 기술

의 진보다. 일시적으로 토양을 더 비옥하게 하는 모든 진보는, 장기적으로는 그 비옥도를 유지하는 원천을 망가뜨리는 방향으로 나아간다.[33]

자본주의 농업을 분석하면서 마르크스는 자본주의에서는 농업이 진정으로 지속 가능하지 않다는 신념을 발전시켰다.

인간이 대대로 존재하고 재생산되려면 토지를 영구적 공공재로서 사려 깊고 합리적으로 취급하는 것이 양보할 수 없는 조건이다.[34]

따라서 자본주의에서 인간과 자연 사이에는 "신진대사의 균열"이 있다. 마르크스가 보기에 이런 균열은, 사람과 자연 사이의 관계를 새롭게 조직하는 사회에서만 치유될 수 있었다.

오직 연합 생산자들로 사회화된 인간만이 이 영역을 해방할 수 있다. 그들은 마치 어떤 맹목적 힘에 지배당하는 것처럼 자신과 자연 사이 신진대사에 지배당하는 것이 아니라, 이 신진대사를 합리적으로 규제하고 공동으로 통제할 것이다. 요컨대 최소한의 능력을 들여 인간 본성에 가장 알맞고 그 가치에 부합하는 조건으로 이 신진대사를 수행할 것이다. 그러나 이조차 여전히 필요의 영역에 머무는 것이다. 이를 넘어서야 인간의 능력 계발 그 자체가 목적이 되는 시대, 즉 참된 자유의 영역으로 진입하게 된다. 그러나 이 자유의 영역은 필요의 영역을 자신의 기초로 다진 후에만 꽃필 수 있다.[35]

달리 말해, 자본주의는 더 지속 가능한 미래의 기초를 놓았지만, 사람들과 자연 사이의 균열이 치유되는 다른 사회가 돼야 사람들은 자본주의가 가하는 제약에서 벗어나 더 자유롭게 능력을 계발할 수 있을 것이다.

마르크스, 맬서스, 과잉인구 신화

마르크스와 엥겔스가 적극적으로 뛰어든 중요한 논쟁 하나는 바로 세계 인구에 관한 것이었다. 이는 지구의 미래를 둘러싼 오늘날의 논의와도 연관이 있다.

오늘날 인구 수준에 관한 논쟁은 지속 가능성이라는 문제와 뗄 수 없는 것이 됐다. [영국] 환경 운동가인 조너선 포릿은 '인구가 문제다'의 대표다(이 단체의 옛 명칭은 적정인구재단이다). 그 단체의 홈페이지는 "인구가 너무 많아져 지구가 감당할 수 없고 … 영국은 유럽연합에서 가장 인구가 과잉인 국가가 됐다"고 주장한다.[36] 또 포릿은 "인구 증가가 경제성장과 만나면서, 세계에 끔찍한 압력을 가하고 있다"고 말한다.

많은 환경 운동가와 자연주의자에게 인구가 너무 많다는 주장은 '상식'이다. 데이비드 애튼버러와 제임스 러브록도 '인구가 문제다'의 홍보 대사다.

인구 수준에 책임을 묻는 것은 사회적·환경적 문제를 일으키는 진정한 원인들을 향해야 할 비판을 엉뚱한 곳으로 돌리는 결과를 낳을 수 있다. 마르크스와 엥겔스는 이를 이해했고 이런 상식에 도전하고자 많은 노력을 기울였다.

1798년, 성공회 신부였던 토머스 맬서스는 인구 증가가 언제나 식량 증가를 능가한다고 주장하는 소논문의 초판 [《인구론》]을 출판했다. 오늘날 맬서스는, 세계가 이미 과잉인구이거나 그리되는 중이고 지구의 식량과 천연자원은 한정돼 있어서 이런 인구 증가를 감당할 수 없다는 주장의 대명사가 됐다. 어떤 사람들은 지구온난화 시대에 이 주장을 적용해서 인구가 많을수록 온실가스가 더 많이 배출된다고 주장한다.

맬서스 주장에 대한 현대적 해석과는 다르게 맬서스 자신은 '과잉인구'라는 말을 쓰지 않으려고 많은 노력을 기울였다.[37] 그에게 그것은 핵심 논점이 아니었기 때문이다.

맬서스는 프랑스 혁명의 여파 속에서 글을 썼다. 그는 평등주의 사회가 가능한지 아닌지를 둘러싼 격론 속에 있었다. 맬서스는 특히, 급진적 저술가이자 사상가인 윌리엄 고드윈의 생각에 도전하고 싶어 했다. 고드윈의 사상은 다음과 같았다.

억압 정신, 노예 정신, 사기 정신 같은 것들은 현재의 소유 관리 방식에서 직접 비롯한다. 모든 인간이 풍요롭게 살고 자연의 은총을 모두 똑같이 공유하는 사회에서 이런 감정들은 필연적으로 소멸할 것이다.[38]

소유관계가 아닌 다른 것을 기초로 한 사회가 가능하다는 이런 전망에 반대해서, 맬서스는 평등주의 사회는 불가능하다고 믿었다. 인구 성장을 억제하는 것은 오로지 타락(맬서스 시대에는 문란한 성생활을 하면 생식력이 떨어진다는 믿음이 흔했다)과 고통(전염병·질병·기아)뿐이기 때문이라는 것이었다.

인간은 풍요롭게 살 수 없다. 자연의 은총을 모두 똑같이 공유할 수는 없다. 현재의 소유 관리 방식이 아니라면, 인간은 모두 자기가 가진 얼마 안 되는 것을 지키고자 무력을 사용할 수밖에 없을 것이다. 이기심이 득세할 것이다.

맬서스는, 인간은 본래 이기적이어서 인구 과다를 막으려면 사유재산제도가 필요하다고 봤다. 더 평등한 사회는 고통만을 가져올 것이므로 미연에 방지해야 한다는 것이었다. 그런 사회는 필연적으로 멸망할 수밖에 없는데, 사람들은 식량이 바닥날 때까지 아이를 낳고 또 낳을 것이고, 대규모 기아 사태가 발생해서 결국 사회가 붕괴한다는 것이었다.

맬서스 사상의 심장부에는 가난한 노동자들을 향한 경멸적 태도가 있었다. 마르크스는 이 사제의 저작 중심에는 "근원적 비열함"이 있다고 묘사했다. 그러나 그와 엥겔스는 동시에 맬서스의 사상이 비과학적이라는 것도 지적했다. 인구가 기하급수적(1, 2, 4, 8, 16)으로 증가해서 산술적(1, 2, 3, 4, 5)으로 증가하는 식량 생산을 앞지른다는 맬서스의 핵심 명제는 근거가 없다는 것이었다.[39]

맬서스의 주장은 가난한 사람들의 처지를 그들 자신 탓으로 돌렸다. 그래서 맬서스는 정부의 빈민 구제가 사라져야 한다고 주장했다. 인구가 식량보다 더 많은 것이 자연의 섭리이므로 굶주리는 사람들을 먹이려는 노력은 무의미하다는 것이었다. 오늘날 인구에 대해 맬서스의 주장을 인용하는 사람들조차 빈민은 도덕적 절제력이 없다는 맬서스의 믿음에는 대부분 동의하지 않을 것이다. 그러나 1803년 판 소논문에서 맬서스는 더 나아가 다음과 같이 썼다.

사생아에 관해서 말하자면 … 그들은 교회가 제공하는 어떤 혜택도 누려서는 안 된다. … 그 아이들은 상대적으로 봤을 때 사회적 가치가 없다. 다른 아이들이 그 자리를 즉시 채울 것이기 때문이다.[40]

나중에 그는 다음과 같이 주장했다.

세상일이 보통 그렇듯, 우리가 가난한 사람들을 돕는 한 엄청난 수의 그 자녀들이 인류의 꽁무니에 들러붙는 것을 막을 수 없게 된다.[41]

이런 태도 때문에 맬서스는 자선 자체를 문제로 봤다. 자선 때문에 가난한 사람들이 빈곤 속에서도 살아남을 수 있기 때문이다. 1817년 아일랜드 기근에 대해 쓰면서, 맬서스는 기아 구제가 없어야 하고, 그 대신 빈민을 강제로 농촌에서 도시로 이주시켜야 한다고 주장했다.[42]

바로 이런 생각들 때문에 많은 사람들이 맬서스를 비판했다. 급진주의자 윌리엄 코빗은 맬서스를 두고 다음과 같이 썼다. "살아오면서 많은 사람을 혐오했지만, 당신만큼 혐오스러운 자는 없었소." 그러나 이론적 한계가 있음에도 맬서스 사상은 빠르게 정통 주류 사상의 일부가 됐다.

마르크스와 엥겔스는 맬서스 사상에 열정적으로 응수했다. 맬서스 사상이 지배계급 이데올로기에 매우 중요하게 쓰이고 있음을 인식하면서 마르크스와 엥겔스는 맬서스의 글을 꾸준히 언급했다. 마르크스는 1865년에 다음과 같이 썼다.

> 예를 들어, 맬서스가 쓴 《인구론》을 보라. 이 책의 초판은 "선정적 소책자"였을 뿐이며 게다가 처음부터 끝까지 표절이었다. 그러나 인류에 대한 이런 모독이 불러온 반응은 얼마나 컸던가![43]

엥겔스는 맬서스의 주장을 다음과 같이 요약했다.

> 지구는 항상 과잉인구 상태이므로 가난·비극·고통·부도덕이 만연할 수밖에 없다. 인구가 너무 많아 인류는 계급으로 나뉘어 일부는 부유하고 교육받고 도덕적이지만, 나머지는 정도의 차이가 있더라도 가난하고 고통받고 무지하고 부도덕하게 된다. 이것이 인류의 영원한 운명이자 숙명이라는 것이다.[44]

맬서스의 주장들이 "영국 정통 부르주아지가 애용하는 이론"이 된 것은 아주 당연한 수순이었다. "그들을 위해 가장 그럴듯한 변명을 제공하기" 때문이다.[45]

마르크스와 엥겔스 둘 다 맬서스의 기본 주장들을 구체적으로 살폈다. 마르크스와 엥겔스는 어떻게 맬서스가 스스로 모순에 빠지게 됐는지를 지적했다. 맬서스는 식량 생산이 인구 증가와 맞먹는 수준으로 증가하는 경우가 있다고 인정하기도 했던 것이다. 또한, 마르크스와 엥겔스는 과학, 생산과정, 농업 기술의 향상으로 식량 생산이 크게 늘었다는 점도 지적했다.

엥겔스는 주류 평론가들과는 전혀 다른 관점에서 기아 문제에 접근했다. 엥겔스는 식량이 충분하지 않다면, "왜 너무 적게 생산되는가?" 하고 물었다.

> 생산이 한계에 이르렀기 때문이 아니다. 오늘날의 [생산]수단만 놓고 봐도 그렇다. 그보다는 생산의 한계가 굶주리는 배의 수가 아니라 돈을 내고 구매할 수 있는 지갑의 수에 따라 결정되기 때문이다. 부르주아 사회는 더 많이 생산하기를 원하지 않고 원할 수도 없다. 돈이 없는 배, 이윤을 위해 쓰이지 않아서 구매력이 없는 노동은 사망률에 포함되도록 내던져진다.[46]

이런 잔인한 현실은 기근이 닥칠 때마다 반복되고 또 반복됐다. 엥겔스가 앞의 말을 하기 약 20년 전에, 아일랜드에는 감자 병충해가 닥쳐서 주식主食 작물 농사가 망했다. 약 150만 명이 죽었고, 또 다른 100만 명이 식량과 일자리를 찾아 이주했다.[47] 기근이 가장 극심하던 시기에 영국 정부의 주요 관심사는, 기근 구제 때문에 시장에서 식량 가격이 위협받아서는 안 된다는 것이었다.

수백만 명이 굶주리자 식량 가격이 치솟았다. 정부의 공식 입장은 기근 덕분에 상인들이 이윤을 창출할 기회를 얻었다는 것이었다. 정부가 개입하기를 거부하는 동안 투기꾼들은 옥수수를 통해 막대한 재산을 모았다. 기근 구제에 책임을 맡고 있었던 재무부 차관보 찰스 트리벨리언 경은, 사기업들에 미칠 영향을 우려해서 굶주리는 사람들에게 식량을 보내는 것을 거듭거듭 거부했다.

아일랜드에 닥친 재난은 자연재해가 아니었다. 다른 나라도 감자 병충해에 시달렸지만, 대규모 기아 사태가 발생하지는 않았다. 영국 국가와 아일랜드 주민 사이의 관계 때문에 아일랜드 사람들은 가난했고 단일 작물에 의지할 수밖에 없었다. 아일랜드의 재난은 이런 상황과, 식량을 팔아서 이윤을 누리는 자들의 심기를 건드리는 것을 두려워한 정부가 구호를 거부한 것이 결합돼 나타난 것이었다.

1847년 기근이 한창이던 중에, 아일랜드 곡물 생산이 대풍작을 맞았다. [아일랜드 도시] 리머릭을 관할하던 정부 관리는 다음과 같이 썼다. "잘 익은 옥수수가 나라를 뒤덮었지만, 사람들은 끼니를 걱정했다. … 지대를 내려면 곡물을 해외로 팔아야 했다."

당국이 더 적극적으로 대처했더라면 기근에 목숨을 잃은 많은 사람들은 살 수도 있었다. 영국 정부는 1845~1850년에 기근 구호에 겨우 700만 파운드 남짓 썼다. 1830년대 서인도제도 노예해방에 따른 보상으로 전前 노예 소유주들에게 지급한 2000만 파운드, 그 몇 년 뒤에 일어난 크림전쟁에 쓴 7000만 파운드와 대조적이다.[48]

수백만 아일랜드인들의 죽음과 이주는 단순히 흉작의 결과가 아니라, 영국의 식민 지배와 인간보다 이윤을 더 중시한 경제정책의 결과였다.

아일랜드 대기근 이후 커다란 기근이 발생할 때마다 과잉인구가 굶주림의 원인이라고 말하는 사람들이 항상 있었다. 그러나 그런 주장은 1840년대 아일랜드에서도, 그리고 이후 전 세계에서 발생한 어떤 기근 때에도 현실에 부합하지 않았다.

1970년대에 서아프리카 사헬지역 나라들에 기근이 닥쳤다. 그러나 한 나라를 제외한 나머지 나라들은 자국민을 충분히 먹일 만큼 식량을 생산했다. 1980년대에는 사하라사막 이남 아프리카 31개국에 가뭄이 닥쳤지만 5개국만이 기근에 시달렸다.[49] 기근이 닥친 나라에서도 인구가 너무 많거나 식량이 부족한 것이 아니라, 필요한 사람들에게 식량이 지급되지 않은 것이 문제였다. 영양실조 인구 비율이 높은 나라들이 정작 식량을 수출하는 경우가 드물지 않다. 예를 들어 인도는 2억 명이 굶주리는데도 1995년에 수백만 달러어치 밀과 쌀을 수출했다.[50]

아일랜드 대기근과 유사점이 명백한데, 특히 부유한 나라들이 사태를 더욱 악화시킨다는 점에서 그렇다. 유엔 기아대책반은 전 세계 기아 인구를 2015년까지 절반으로 줄이려면 선진국들이 GNP의 단지 0.7퍼센트만 지출했으면 됐다고 밝혔다. 선진국들은 "또한 기아 나라들의 농부들에게 피해를 끼치는 무역 실태를 개선하고, 그 나라들의 취약한 곡물 시장에 값싼 농산물을 덤핑하는 것을 중단"해야 한다.[51] 이에 더해, 굶주리는 사람들이 먹을 수 있는 곡물을 수익성이 좋은 "바이오연료"를 만드는 데 사용해서도 안 된다.[52]

세계는 지금보다 훨씬 더 많은 식량을 생산할 수 있는 커다란 잠재력도 있다. 유엔 식량농업기구의 2009년 보고서를 보면, 세계 농경지는 갑절 이상으로 늘어날 수 있다. 잠재 농경지는 대부분 아프리카와 라틴아메리카에 있다. 둘째 보고서를 보면 잠재력이 훨씬 더 크다는 것을 알 수 있다.

> 기니의 사바나 지대, 즉 세네갈과 남아공 사이에 있는 6억 헥타르에 이르는 광대한 지역에서 농사를 지을 수 있는 땅은 4억 헥타르에 달하는데, 현재 이 중 겨우 10퍼센트만이 경작되고 있다.[53]

토머스 맬서스가 처음 글을 쓴 지 200년이 지난 지금 세계는 매우 달라졌다. 그렇지만 경제 위기와 환경 위기가 지구를 삼킬 듯 위협하면서 그의 주장이 다시 부상했다.

현재 지구의 인구는 76억 명이고 증가하고 있지만, 그 증가 속도는 지속적으로 떨어지고 있다. 그런 인구 증가의 대부분은 소수의 나라들에서만 일어날 전망이다.

2019~2050년에 단 9개국의 인구 증가가 세계 인구 증가의 절반을 차지할 것이다. 같은 기간에 55개 나라나 지역에서는 인구가 줄 것이고, 그중 26개국은 적어도 10퍼센트 줄 것이다.

세계 평균 출산율(여성 1인당 자녀 수)은 1990년 3.2명에서 2019년 2.5명으로 떨어졌고, 2050년에는 2.2명으로 떨어질 전망이다. 이주를 고려하지 않은 상황에서 인구가 유지되려면 출산율이 2.1명은 돼야 한다. 그러나 출산율 감소로 세계 인구 증가 속도가 느려짐에도 불구하고 세계 인구는 2050년에 97억 명에 이를 듯하다.[54]

이런 수치들이 전하는 메시지는 생활수준이 향상되고 교육과 의료 시설이 보급될수록 출산율이 떨어진다는 것이다. 인구 증가는 자동적이기는커녕 사회적 맥락, 특히 그 나라의 경제 수준과 관계가 있다.

100억 명을 먹여 살리는 것은 가능하지만 지속 가능한 방식으로 그럴 수 있으려면 우리가 식량을 생산하고 분배하는 방식을 바꿔야 한다. 선진국에서 선호하는 산업형 농업은 특히나 더 지속 가능한 방식으로 바뀌어야 한다. 몇몇 연구가 그것이 가능하다는 것을 보이고 있다.[55]

그렇지만 단지 식량을 더 많이 생산한다고 해서 모든 이들이 먹을 수 있는 것은 아니다. 가장 가난한 사람들이 그 식량에 접근할 수 있어야 한다. 이는 인구 규모만으로 정해지는 것이 아니라 정치적이고 경제적인 문제다.

지속 가능성과 인구 사이의 관계도 직접적이지 않다. 이언 앵거스와 사이먼 버틀러가 자신들의 책에서 지적하듯이 "[온실가스] 배출량과 인구밀도 사이에는 상관관계가 없다." 배출량이 많은 나라들도 호주·캐나다·러시아처럼 인구밀도가 낮은 경우가 흔하다. 그 책은 또한 다음과 같이 지적한다. "대체로 말해, 배출량이 가장 많은 나라들은 인구가 가장 조금씩 늘거나 심지어 감소하고 있다. 반면 가장 적게 배출하는 나라들에서 인구 증가율은 가장 높다."[56]

[영국의] 환경문제 저술가이자 저널리스트인 프레드 피어스는 진정한 문제는 인구가 아니라, 그 사람들이 어떤 사회에서 살아가고 있는지라고 주장한다.

세계에서 가장 부유한 10억 명이 평균적으로 얼마나 자원을 소비하고 쓰레기를 배출하는지 따져 보면, 거의 60억 명에 달하는 나머지 사람들 평균치의 32배. … 현재 지구 상에서 가장 가난한 30억 명가량(전체 인구의 약 45퍼센트)은 [온실가스] 배출량의 고작 7퍼센트에 책임이 있는 반면, 가장 부유한 7퍼센트(약 5억 명)는 배출량의 50퍼센트에 책임이 있다.

에티오피아 농촌 여성은 자녀를 10명 두고 있으면서도 [미국] 미네소타 주나 [영국] 맨체스터, [독일] 뮌헨의 자녀를 둔 중산층 여성보다 환경을 덜 파괴하고 자원을 덜 소비한다.

에티오피아 여성의 자녀에게 천운이 따라 그들이 모두 성인으로 자라서 각자 10명씩 자녀를 두게 된다고 하더라도 그 100여 명의 가족이 배출하는 이산화탄소 총량은 여러분이나 내가 해마다 배출하는 양과 크게 다르지 않을 것이다.[57]

2015년 12월 파리 기후 회담을 앞두고 발표한 보고서에서 [국제 구호단체] 옥스팜도 비슷한 결론에 도달했다. 세계 인구 중 가장 가난한 50퍼센트는 전체 배출량의 10퍼센트에 책임이 있고, 동시에 기후변화로 피해를 입을 가능성이 가장 큰 지역에 산다. 가장 부유한 10퍼센트는 전체 배출량의 50퍼센트에 책임이 있다. 상위 "1퍼센트"에 속하는 개인의 탄소 발자국은 하위 10퍼센트에 속하는 이의 175배나 된다.[58]

오늘날 세계에 인구가 너무 많고 천연자원은 부족하다고 주장하는 사람들은 19세기에 맬서스를 추종한 자들과 똑같은 함정에 빠지고 있다. 바로 한 나라의 부가 특정한 역사적 조건에 따라 변한다는

것을 보지 못하고, 고정불변인 것으로 여긴다는 점이다. 마르크스가
말했듯이,

과잉인구는 … 역사적으로 결정되는 관계이며, 결코 인구수나 생활필
수품의 절대적 생산성 한계에 의해 결정되는 것이 아니라, 특정한 생산
조건이 상정하는 한계에 의해 결정된다. … [고대] 아테네인들에게 과잉
인구를 뜻했던 숫자가 [오늘날] 우리에게는 얼마나 적어 보이는가![59]

세계 인구를 부양하기에 자원이 부족하다는 주장이 맬서스의 이
름으로 다시금 등장하는 지금, 우리는 자원이 부족한 것이 아니라
그것이 필요한 사람들에게 제대로 전달될 수 없는 경제체제가 진정
한 문제라고 지적해야 한다.

오늘날 그런 주장을 하는 사람들은 결국 체제가 만들어 낸 경제
와 환경 문제의 책임을 평범한 사람들에게 떠넘기게 되는데, 이는
정확히 맬서스가 했던 일이다. 마르크스와 엥겔스가 150년 전에 이
런 "인류에 대한 모독"을 거부했듯이, 오늘날 우리도 그래야 한다.

계급과 사회정의

가장 가난한 나라들이 환경 위기의 영향으로 더 많이 고통을 겪
는다는 사실은 오랫동안 잘 알려져 있었다. 그러나 개발도상국들만
고통을 겪을 것이라고 생각한다면 그것은 오산이다. 기후변화는 세
계 모든 나라를 위협할 테지만, 그 효과가 모두에게 똑같지는 않을

것이다. 2007년 IPCC의 의장 라젠드라 파차우리가 말했듯이, "가장 큰 피해를 보는 사람들은 세계에서 가장 가난한 사람들이며 여기에는 부유한 나라의 가난한 사람들도 포함된다."

그러나 사회에서 가장 가난한 사람들을 위협하는 것은 단지 기후변화만이 아니다. 가난한 사람들이 환경문제로 가장 크게 타격받기 일쑤인데, 이는 그들이 환경문제가 없는 곳으로 빠져나갈 여력이 없기 때문이다. 부자라면 더러운 매연을 내뿜는 공장과 멀리 떨어진 곳에서 살 수 있을 것이다. 돈이 있으면 깨끗한 물을 사서 마실 수 있다.

엥겔스는 1843년 맨체스터를 묘사하면서 부자들의 생활을 언급했다. 부자들은 슬럼가 밖에서 살 수 있었고, 최고 부자들은 "정원이 딸린 전원주택"에서 살거나 "쾌적한 시골 공기를 마시며 유유자적하게" 살았을 뿐 아니라, 자신들이 오가는 도로변에 상점들을 세워서 슬럼가를 가리는 방식으로 노동자들의 끔찍한 생활을 보이지 않게 했다.

환경 변화가 가져온 결과는 사회의 불평등 때문에 더욱 악화된다. 평년보다 덥거나 추운 것이 그토록 치명적이어야 하는 이유가 없는데도 영국에서는 겨울에 기온이 평년보다 1도 더 떨어질 때마다 8000명이 더 죽는다. 사망자는 대부분 난방비를 감당할 수 없는 연금 생활자들이다. 이 수치는 훨씬 더 춥지만 추위에 대한 대비가 더 잘된 러시아나 핀란드 같은 나라들보다 심한 것이다.[60]

여름철 폭염은 전 세계에서 수많은 목숨을 앗아 가지만 이때도 사회의 가장 가난한 사람들이 가장 크게 고통받는다. 2005년 연구 결과를 보면 그해 미국에서 더위 때문에 병원에 입원한 6200명 중 가장 중태였던 사람들은 가난하고 늙고 의료보험이 없는 사람들이었다.

환경 재난의 영향이 불평등하다는 사실은 [2005년] 허리케인 카트리나가 [미국] 뉴올리언스를 강타해 거의 2000명의 생명을 앗아 갔을 때에도 드러났다. 주 정부와 연방 정부는 뉴올리언스 주민을 대피시키지 않았다. 즉, 자동차도 없고, 달리 갈 곳도 없고, 복지 바우처에 의존해 연명하던 가난한 사람들에게 알아서 피신하라고 방치한 것이다.

허리케인이 강타한 이후, 도시에 갇힌 사람들이 식량과 음료수를 구하고자 가게를 부수고 들어갔을 때 정부와 언론은 그들을 악마화했다. 외부로부터 구호의 손길이 오지 않고 있다는 것이 분명했는데도 말이다.

이처럼 기후변화의 영향이 불평등하기 때문에, 사회의 밑바닥에 있는 사람들이 더 지속 가능하고 더 나은 사회를 위한 투쟁에서 가장 큰 이익을 얻을 수 있다. 특히 노동자들이 이 전투에서 중심에 있어야 한다.

그러나 환경문제를 놓고 캠페인을 벌이는 활동가들은 흔히 노동자들도 문제의 일부라고 여긴다. 더 "녹색으로" 살려고 노력하지 않았다는 이유로, 생태 문제를 일으키는 정부와 기업만큼이나 평범한 사람들이 비난받는 경우가 종종 있다. 선진국에 사는 우리 같은 사람들이 환경에 미치는 충격을 줄이려면 희생을 감수해야 한다고들 한다.

예를 들어 조너선 포릿은 "모든 개인이 자기 탄소 발자국에 책임이 있다"고 주장하고 있다. 그러나 이것이 언제나 사실인 것은 아니다. 예컨대 많은 사람들이 자가용을 모는 것은 전혀 이상한 일이 아니다. 영국 정부가 민영화를 통해 대중교통을 약화했고 자가용 사용을 부추겼기 때문이다. 세계에서 탄소를 가장 많이 배출하는 단일 부문은 발전 부문이다. 그러나 개인들은 정부 에너지 정책에 거의 영향을 끼칠 수 없다.

평범한 사람들에게 지구를 살리려면 생활 습관을 바꾸라고 요구하는 것은 때때로 더 나쁜 결과를 낳는다. 기후변화를 다룬 앨 고어의 영화 〈불편한 진실〉(2006)을 예로 들어 보자. 그 영화의 결말은 관객들에게 각자 개인으로서 행동하라고 말한다. 전구를 바꾸고, 자동차 타이어에 공기를 더 주입하고, 친환경 기업의 제품을 사라는 것이다.

환경 운동가이자 저널리스트인 데릭 젠슨은 앨 고어가 제안한 모든 것을 미국인이 한 명도 빠짐없이 실천해도 [온실가스] 배출은 고작 22퍼센트 줄어들 뿐이라고 주장했다. 기후변화가 통제 불능이 되는 것을 막으려면 미국 배출량을 70~80퍼센트 줄여야 하는데, 나머지 60퍼센트를 어떻게 줄일지는 말하지 않는다는 것이다. 개인적 해결책에 집중하게 되면 사회 변화라는 더 큰 문제를 놓치게 된다.

우리 개인들의 배출량은 거대 기업들이 일으키는 문제에 비교하면 새 발의 피도 되지 않는다.

고작 100개 기업이 산업 시대가 처음 시작됐을 때부터 지금까지 배출된 온실가스 총량의 71퍼센트에 책임이 있다. 고작 25개의 "기

업 또는 국가 소유 기관"이 50퍼센트에 책임이 있다.[61]

셰브런텍사코, 엑손모빌, BP 이 3개 회사는 1751년부터 2010년까지 배출된 온실가스 총량의 각각 3.5퍼센트, 3.2퍼센트, 2.5퍼센트에 책임이 있다. 그 배출량의 절반은 최근 25년 사이에 일어났다.[62] 2015년에 폭스바겐이 성능 시험 중일 때에만 더 높은 성능을 발휘하도록 자동차 소프트웨어를 조작했다는 사실이 드러났다. [배출기준] "우회 장치"를 장착한 수많은 차들이 실제 배출량을 속여 가며 도로를 누볐다.

우리는 개인들이 희생을 감수해서 배출량을 줄여야 한다는 주장을 받아들여서는 안 된다. 개인들이 어떻게 살지에만 초점을 맞추면 결국은 개인들에게 책임을 떠넘기게 된다. 특히 탄소 집약적 산업에서 일하는 사람들을 대할 때 이 문제가 중요해진다. 배출을 줄이려 한다면, 석탄·항공·자동차 산업의 미래는 어떻게 돼야 할까?

어떤 사람들은 앞뒤 잴 것 없이 공장 문을 모두 닫아야 한다고 말한다. 조지 몬비오는 자동차 산업을 살리려고 정부가 보조금을 주는 것이 잘못이었다고 주장한다. 그 대신 그는 다음과 같이 주장했다. "경기가 침체되면 도로 위의 자동차 수가 줄기 때문에 도시 간 고속도로를 없애고 대중교통 혁명을 촉진할 가능성이 열린다."[63]

대중교통 개선과 배출 감소 계획에 정부가 돈을 써야 한다는 몬비오의 주장은 옳다. 그러나 그의 전략대로라면 자동차 공장이 즉각 문 닫게 될 것이다. 일자리를 잃을 위기에 처한 수많은 노동자들을 외면하면 그들을 환경 운동에서 소외시키는 결과를 낳을 것이다. 지속 가능한 미래 사회를 둘러싼 논쟁에서 사회정의 문제가 그토록 중요한 까닭이다.

자본주의의 우선순위에 도전하는 운동에 노동자들이 동참하게 하려면 이 운동이 노동자들의 이익과 부합한다는 것을 보여야 한다. 사회주의자들은 단순히 자동차 공장을 폐쇄할 것이 아니라 그 공장을 바꿔서 사회에 더 유용한 것(예컨대 대중교통 수단)을 생산하게 하자고 주장한다.

따라서 산업과 작업장을 더 친환경적으로 바꾸는 과정에서 일자리를 잃을 사람들에게 보상, 교육, 새로운 일자리와 기회를 주라고 캠페인을 벌이며 요구해야 한다. 예컨대 기후변화저지운동 노조팀이 만들고 영국의 7개 노조가 지원한 "100만 기후 일자리" 보고서는 그것이 실제로 어떻게 가능한지를 보였다.

공장들이 더 친환경적인 제품을 만들도록 바꾸는 일이 반드시 어렵기만 한 것은 아니다. 2009년 비스테온이 [영국에서] 운영하던 자동차 부품 공장 3곳이 문 닫자, 엔필드 공장의 노동자들은 일자리를 지키려고 공장을 점거했다. 그 전에 엔필드 공장은 플라스틱 부품을 만들었다. 공장에서 사용되던 플라스틱 주형틀을 바꿔 다른 부품을 만드는 일은 쉬웠다. 점거 당시 노동자들이 기자회견에서 주장한 것도 바로 이것이었다.

플라스틱으로 무엇이든 만들 수 있는 우리의 기술은 갈수록 그 수요가 커지는 친환경 제품을 만드는 데 쓰여야 한다. 자전거와 트레일러 부품, 태양 전지판, 풍력 터빈, 재활용품 수거함 등등을 만드는 데 쓰여야 한다.

이와 비슷하게, 와이트섬에 있던 베스타스 풍력 터빈 공장의 노동자들은 공장 폐쇄에 반대해 공장을 점거했다. 노동자들은 그 투쟁이 일자리뿐 아니라 지구의 미래를 위한 것이기도 하다는 점을 이해하고 있었다.

노동자들이 없다면 발전소는 전기를 생산할 수 없고, 공장은 상품을 만들 수 없고, 원료를 채굴·수집·배분할 수 없고, 아이들을 가르칠 수 없고, 작업장과 도시의 청결을 유지할 수 없다. 바로 이때문에 노동자들은 하나의 계급으로서 엄청난 힘이 있는 것이다. 생산을 멈추고, 자본주의의 작동 자체를 멈추고, 기업주의 이윤을 멈출 수 있는 힘 말이다.

마르크스와 엥겔스는 자본주의가 거대한 공장과 작업장에 많은 노동자들을 집중시켰을 뿐 아니라, 사회를 변혁할 바로 그 세력을 창조했다는 점을 이해했다. 마르크스와 엥겔스가 《공산당 선언》에서 썼듯이, 자본주의는 그 자신의 "무덤을 파는 사람들"을 만들어 냈다.

그렇다면 노동자들이 만들어 낼 새로운 사회는 어떤 모습일까?

지속 가능성

존 벨러미 포스터는 지속 가능성의 뜻을 3가지로 제시했다. 첫째, 재생 가능한 자원의 이용률이 그 자원을 재생하는 속도보다 낮아야 한다. 둘째, 재생 불가능한 자원의 이용률은 대안적이고 지속 가능한 자원들로 대체하는 속도를 넘어서선 안 된다. 셋째, 오염과 서

식지 파괴는 환경의 "동화 능력"을 초과해선 안 된다.[64]

이런 지속 가능성은 산업 문명과 공존할 수 있다. 조지 몬비오는 2006년에 쓴 책 《열기》에서 부유한 나라들이 산업을 유지하면서도 2030년까지 온실가스 배출을 90퍼센트 줄이는 방법을 구체적으로 제시했다.[65]

지속 가능한 사회의 몇몇 측면은 지금도 충분히 예상할 수 있다. 지속 가능한 사회는 필요한 에너지를 대부분 화석연료가 아니라 재생 가능한 에너지원에서 얻을 것이다. 또한, 지속 가능한 사회에서는 필요 에너지 총량이 급격히 줄어들 것이다. 건물의 단열을 더 잘하고, 낭비가 심한 산업은 없애거나 효율을 높이고, 생산방법을 개선할 것이다.

지속 가능한 사회에서는 대중교통 체계가 대폭 향상돼서 비효율적이고, 위험하고, 오염을 일으키는 자동차에 대한 의존도를 낮출 것이다. 자전거 이용자와 보행자를 위한 더 나은 조건이 마련되고, 장기적으로는 장거리 출퇴근이 필요 없도록 마을과 도시를 새로 설계할 것이다. 빠르고 효율적이고 값싼 철도가 장거리 교통의 중심이 되고 철도 기업의 이윤이 아니라 승객의 이익을 위해 운영될 것이다.

공공 탁아소와 공공 세탁소 같은 시설이 훨씬 더 많아져서 개별 가정이 그 부담을 떠맡지 않을 것이다. 이렇게 되면 그 많은 가전제품을 만드는 데 사용되던 원료와 폐기물을 줄일 수 있어 에너지 사용이 더한층 줄어들 것이다.

사회가 이렇게 변하면 단지 지구에만 이로운 것이 아니라, 사람들 삶의 거의 모든 측면(출퇴근 문제나 비좁고 열악한 주거 시설 등)이 개선될 것이다. 도시 오염은 줄고, 도로는 더 안전해질 것이다. 무료 보육 시설 덕분에 오늘날 육아의 짐을 떠안고 있는 여성들이 더 나은 일자리에서 더 나은 임금을 받으며 일할 수 있을 것이다.

이런 변화들 중 많은 것이 이론상으로는 자본주의와 공존할 수 있지만, 진정으로 지속 가능한 사회라면 이윤이 아니라 인간과 지구를 위해 생산을 합리적으로 조직할 것이다. 달리 말해, 생산이 계획돼야 한다.

많은 사람들은 계획경제라는 말을 들으면 옛 소련의 "관료 지령 경제"를 떠올린다. 그 나라에서는 선출되지도 않고 책임도 지지 않는 소수 개인들이 모든 결정을 내렸다. 그 결과, 사람들의 필요를 위해 생산하는 것이 아니라, 비효율과 낭비, 체르노빌 핵발전소 사고나 아랄해 고갈 같은 환경 재난을 낳았다. 그래서 몇몇 사람들이 계획경제라는 아이디어를 탐탁지 않게 여기는 것도 이해할 만하다. 예를 들어 조지 몬비오는 《열기》에서 "기후변화에 대처해야 한다는 이유로 중앙집권적 계획에 면죄부를 줘서는 안 된다"고 주장한다. 그러나 계획이라는 말은 전혀 다른 전망을 뜻하기도 한다. 알렉스 캘리니코스는 계획경제를 "다수결 원칙을 중심으로 한 민주적 의사 결정 과정에 따라 자원의 배치와 사용을 집단적으로 결정하는 경제체제"로 묘사했다.[66]

진정한 계획이 가능하려면 소수 사람들이 결정을 내리는 것이 아니라, 생산의 모든 측면을 포함할 만큼 광범하면서도 정보가 충분히 제공된 상태에서 이뤄지는 논의가 필요하다. 생산을 둘러싼 결정권은 노동으로 기여하는 모든 사람에게 주어져야 하고, 최종생산물을 사용하는 사람들과 공장 주변에 사는 사람들도 참여해야 한다. 한 작업장의 생산이 바뀌면 그곳에서 일하는 노동자들뿐 아니라 최종 생산물을 사용하는 사람들도 영향을 받고, 그 지역사회에 교통량과 오염이 증가할 수도 있기 때문이다. 자본주의 생산과정에서 지역사회를 고려하지 않는 것과 대조해 보라.

계획은 단지 지역 수준에서만 이뤄질 수 없다. 개별 작업장의 생산 결정은 도시나 국가, 심지어 국제적 수준으로 다른 작업장들과 연계를 맺음으로써 전반적 조율을 이뤄야 한다.

자본주의에서 모든 나라는 각자의 이해관계에 따라 생산을 조직하는 경향이 있다. 그러나 더 합리적인 사회라면, 천연자원의 분포가 불균등하다는 것을 인정해서 어디에서든 필요한 자원을 충분히 사용할 수 있도록 보장할 것이다. 동시에 임금이 싼 곳에서 생산해 지구 반대편까지 수천 킬로미터를 운반하는 불합리함이 사라질 것이다. 기후변화와 그 결과가 초래할 문제들을 진지하게 다루려면 국제적 규모의 계획이 필수다.

합리적으로 조직되는 사회에서는 온실가스 감축량을 정하고 모든 산업과 도시와 작업장에 이 감축 전략을 따라 달라고 요청할 수 있을 것이다. 필요한 변화를 어떻게 도입할지 결정하는 과정에 모든 개인이 동료들과 함께 참여해서 그 계획을 감독하는 기구에 정보와 의견을 보낼 수 있을 것이다.

생산을 계획한다는 말은 과잉생산을 없애고 낭비와 비효율을 줄인다는 뜻이고, 수익성이 아니라 품질이 더 낫고 더 견고한 제품을 생산하는 데 자원을 집중한다는 뜻이다.

자본주의의 논리는 세계 전체를 사유재산으로 분할하는 것이다. 사적 소유가 지배적 소유 형태가 아닐 때만, 자원을 민주적으로 분배하고 사용하는 결정을 내릴 수 있다. 생산을 계획하려면, 부를 생산하는 수단을 사회적으로 소유해야 한다. 눈앞의 이윤 때문에 지구가 파괴되는 것을 막기 위해서도 계획은 필요하다.

마르크스는 《자본론》에서 이를 밝힌 바 있다.

더 높은 경제적 사회형태의 관점에서 보면, 한 개인이 지구를 사적으로 소유하는 것은 인간이 다른 인간을 사적으로 소유하는 것만큼이나 아주 터무니없는 일일 것이다. [개인이 아니라] 하나의 사회, 하나의 나라, 심지어 당대의 사회를 다 모으더라도 지구의 소유자는 아니다. 그들은 단지 지구의 점유자이자 용익권자[일시적 이용자 — 지은이]일 뿐이며, 좋은 가장이 그러듯이, 지구를 더 나은 상태로 다음 세대에게 물려줘야 한다.[67]

불행히도 공장·작업장·광산·숲·농지를 소유하고 지배하는 자들은 그것들을 쉽게 포기하지 않을 것이다. 그들은 자신들의 부와 권력을 계속 쥐고 있으려 한다. 토지와 공장을 가장 잘 운영할 수 있는 사람들에게 재분배해 줄 수 있는 혁명적 대중운동으로 그들에게 도전해야 한다.

혁명

자본주의는 에너지를 얻는 핵심 방식으로 화석연료를 태우는 방식을 발전시켰다. 사실 이런 방식에서 얻은 고도로 집약된 에너지가 없었다면 인간 문명은 과학기술과 산업을 오늘날 수준만큼 발전시키지 못했을 것이다. 오늘날 석탄·석유·천연가스가 없으면 아무 일도 할 수 없다. 세계 에너지의 80퍼센트 정도가 이 자원들에서 나오기 때문이다. 2018년 세계 10대 기업 중 8곳이 석유 추출, 에너지 생산, 자동차 제조를 통해서 이윤을 얻었다.[68]

따라서 화석연료 체제에 도전하려면 지구 상에서 가장 힘이 센 이 기업들과, 이 기업들의 이익을 비호하는 국가에 도전해야 한다.

이 기업들은 석유 의존 체제를 위협하는 변화를 매우 효과적으로 차단하거나 최소화해 왔다. 두 가지 예만 들자면, 이 기업들은 수조 원을 들여 기후변화 과학의 신뢰를 떨어뜨리려 했고, 자동차 업계는 오염을 적게 배출하는 자동차를 생산하도록 강제하는 법안을 무력화시켜 왔다.

석유 기업들은 태양발전에 투자한다고 떠들어 대지만, 그 기업들은 석유 생산에 수십억 달러를 퍼붓고 있고 그것이 여전히 이윤의 핵심 원천이라는 것이 진실이다. 환경 위기를 해결하려면 화석연료 기업들에 도전해야 한다.

기후변화가 통제 불능으로 빠지는 것을 막을 만큼 온실가스 배출을 줄이는 것은 자본주의에서 가능할 수도 있다. 그러나 실제로 그것을 실현할 수 있는지 없는지는 별개의 문제다. 화석연료 산업에서 이윤을 얻는 막강한 다국적기업들은 전 세계 정부들에 막대한 돈을 기부한다.

게다가 모든 국가는 자국 기업들의 수익성을 높이려 발 벗고 나선다. 그러지 않으면 경쟁국과의 경제적 경쟁에서 패배할지 모른다는 두려움 때문이다. 장기적으로는 경쟁국들의 군사적 도전에도 취약해질 수 있다. 따라서 각국 정부는 현상 유지에 도전하는 일체의 시도를 막으려 온 힘을 다할 것이다. 심지어 기후변화가 일으키는 거대한 위기에 직면해서도 각국 정부는 기업들의 이익을 우선시했고 효과적 대책을 도입하지 않았다.

나오미 클라인이 지적하듯이 2013년에 석유·가스 업계는 미국 정치인들에게 로비하는 데에 매일 40만 달러를 썼고 2012년 선거 기간에는 그들이 전국 캠페인과 정치 후원금에 사용한 돈이 7300만 달러였다.[69]

자본주의가 기후변화를 해결하는 것도 힘들겠지만, 인간과 자연 세계 사이의 "신진대사 균열"을 해소하는 것은 아예 불가능하다. 인간과 자연 세계 사이의 지속 가능하지 않은 관계 탓에 계속 환경 위기가 닥칠 것이고, 노동자들은 계속 자연 세계에서 소외될 것이다. 따라서 자본주의를 다른 체제, 즉 사회주의로 대체해야 한다.

마르크스와 엥겔스는 사회주의 세계의 우선순위가 자본주의와는 완전히 다를 것이라고 이해했다.

환경 쟁점을 둘러싸고 오늘날 일어나는 투쟁들은 당장의 변화를 성취하는 것과, 생태 쟁점을 미래 대중운동에서 핵심으로 만드는 것 둘 다를 목표로 삼는다. 심지어 작업장에서 재활용을 도입하거나 대중교통을 개선하는 것처럼 작은 쟁점들을 둘러싼 운동도 지금 우리가 사는 세계를 개선할 뿐 아니라 노동자들에게 더 큰 환경 쟁점을 제기할 자신감을 줄 수 있다.

기존 체제에 맞서 사람들이 투쟁에 나설 때면 어김없이, 일하는 사람들이 조직하고 운영하는 합리적이고 새로운 사회의 가능성을 찾아볼 수 있다. 즉, 아주 작은 파업에서도 사람들은 [대체 인력 투입을 막기 위한] 피켓라인을 세우고, 투쟁 기금을 모으고, 행동을 확산시킬 수밖에 없다. [영국] 비스테온과 베스타스 공장 폐쇄에 반대해서 일어난 공장점거 투쟁에서 노동자들은 지구적으로 중요한 쟁점들을 제기하고, 토론하고, 논쟁하고, 어떻게 세계를 다른 방식으로 운영할 수 있는지 보여 줬다.

투쟁이 크면 클수록 더 많은 기구가 필요하다. 혁명적 운동이 떠오르면, 노동자 조직들에서 사회를 운영할 새로운 방식의 씨앗이 나타난다. 파리코뮌부터 러시아 혁명에 이르기까지, 그리고 그 이후의 모든 혁명적 투쟁에서 노동자들은 새로운 민주주의 기구들, 즉 각 작업장에서 선출된 대표들로 구성된 위원회나 노동자 평의회를 건설해 자신들의 삶을 스스로 결정했다.

혁명의 한가운데서 이 기구들은 파업과 시위를 조직했다. 동시에 그 기구들은 사람들이 굶주리지 않고, 최신 정보를 계속 전달받고, 생필품을 보급받도록 책임졌다.

예를 들어, 1956년 헝가리 혁명 기간에 죄르 지역의 혁명 평의회가 한 구실에 대해 [당시 영국공산당 기관지 〈데일리 워커〉의 헝가리 통신원] 피터 프라이어가 한 묘사를 보자. 이 기구는, 소련의 지배에 맞서 노동자 수백만 명이 아래로부터 들고일어난 위대한 투쟁 과정에서 생겨난 수백 개의 기구들 중 하나였다.

이제 헝가리 전역으로 뻗어 나가 네트워크를 이룬 이 위원회들은 자발적 생성, 구성, 책임성, 식량 공급과 질서 유지의 효율적 조직, 일부 난폭한 청년들을 절제시키는 능력, 소련군 문제에 대한 슬기로운 대처, 특히 1905년과 1917년 2월 러시아 혁명에서 우후죽순 생겨난 노동자·농민·병사 평의회와의 두드러진 유사성 등 모든 측면에서 서로 아주 동질적이었다. 공장·대학·광산·군대에서 선출된 대표자들이 모인 이 위원회들은 봉기를 조직하는 기관이자 무장한 민중의 신뢰를 받는 자치 기구였다. 물론 모든 진정한 "아래로부터의" 혁명이 그렇듯이 말과 주장, 언쟁, 우왕좌왕, 허풍, 흥분, 선동, 소동이 "너무나도 많았다." 이는 그림의 한쪽 면일 뿐이다. 다른 쪽에서는 국가안보국AVH[정치경찰 — 지은이]의 지배에 억눌려 있던 평범한 남성·여성·청년이 지도적 위치로 부상했다. 혁명은 그들을 앞으로 나아가게 하고, 그들의 시민적 자긍심과 잠재적 조직 능력을 일깨우고, 관료제를 무너뜨리고 그 위에 민주주의를 건설하는 활동을 하도록 만들었다.[70]

바로 이런 종류의 혁명적 조직이 민주적 계획경제의 토대를 형성하고, 그것이 우리에게 필요한 지속 가능한 사회의 핵심이어야 한다. 또 이런 혁명적 조직은 혁명 과정에서 얻은 활력과 자신감으로 평범한 사람들이 자신들의 이익을 위해서 자신들의 삶을 스스로 결정할 수 있음을 보여 준다.

노동계급 투쟁의 정점은 1917년 10월 러시아에서 노동자들이 권력을 움켜쥐었을 때였다. 일시적이나마 노동자들이 공장과 작업장을 운영했고, 기업주의 이윤이 아니라 사회의 이익을 위해 생산을 결정했다. 그러나 러시아 혁명이 고립되고, 자본주의 열강들이 갓 태어난 노동자 국가에 군사 공격을 감행하고, 러시아 경제가 믿기 힘들 정도로 낙후했던 탓에 혁명은 관료 지배의 길로 굴절됐다. 평범한 사람들이 아니라 신흥 관료 계급의 이익을 위해 운영되는 사회가 됐다.

'일국사회주의'를 내세운 스탈린의 승리는 러시아 노동계급의 커다란 패배였다. 스탈린은 신속하고 무제한적으로 산업을 확장했는데, 그 결과는 환경에도 재앙적이었다.

러시아 혁명 직후에 들어선 신생 노동자 정부는 천연보호구역들을 조성했었다. 이언 라펠은 다음과 같이 설명한다. "혁명 러시아 전역에서 레닌과 볼셰비키는 혁명 이전에 시작된 천연보호구역 사업을 이어 가도록 고무했고, 그럼으로써 광대한 땅이 야생 보호와 과학 연구라는 복합 목적을 위한 천연보호구역(자포베드니크)으로 지정됐다."[71]

그렇지만 스탈린의 부상은 이를 다시 바꿔 놓았다. 스탈린 정부의 한 경제 기획자는 "생명력을 지닌 것은 모조리 근본적으로 재배치해야 한다. … 살아 숨 쉬는 모든 것의 생과 사는 바로 인간의 의지에 따라, 인간의 계획에 따라 결정될 것"이라고 주창했다.[72]

혁명은 단지 지배계급이 부와 권력을 포기하게끔 만들기 위해서 필요한 것만은 아니다. 비록 그것도 분명 필요하지만 말이다. 자본주의에서 노동자들은 소외되고 분열하고 무력감을 느낀다. 혁명 과정에서 함께 조직하고 투쟁하고 논쟁하는 것만이 그런 사상과 감정을 대중적 규모로 바꿀 수 있는 유일한 방법이다.

마르크스가 말했듯이, 노동계급은 오직 혁명 속에서만 "낡은 사회의 오물을 털어 내고 새 사회를 건설하는 데 적합해질" 것이다. 새로운 사회주의 사회에서는 사람들이 생존하려면 자기 노동력을 팔아야 하기 때문이 아니라, 자신들의 필요에 따라 조직되는 사회의 일부라는 점에서 동기를 부여받을 것이다. 생산의 동기는 극소수 기업주들의 이윤과 맹목적 경제성장이 아니라, 인간의 필요와 지구의 이익일 것이다.

자본주의를 뒤엎는다고 해서 하룻밤 사이에 지속 가능한 사회가 만들어지지는 않을 것이다. 마르크스는 혁명이 성공한 뒤에 생겨날 새로운 사회에서 남아 있는 자본주의적 요소들을 처리하는 데 시간이 걸린다고 지적했다.

우리가 여기서 다루고 있는 것은 자체의 토대 위에서 발전한 공산주의 사회가 아니다. 반대로 그것은 자본주의 사회에서 막 태동했고 그래서 모든 측면에서, 즉 경제적·도덕적·지적 측면에서 자신의 자궁이었던 옛 사회의 모반母斑이 여전히 찍혀 있는 사회다.[73]

자본주의에서 존재하는 생산 기관들은 이윤 창출을 목적으로 만들어지고 설계된 만큼, 그 대부분은 근본적으로 바뀌거나 재고돼야 할 것이고, 일부는 아예 사라져야 할 것이다.

이렇게 새로운 사회를 만든 사람들은 매우 많은 일을 해야 할 것이다. 도시, 교통망, 산업, 식량 생산과 분배 체계를 다시 설계해서 그것들을 다수 민중의 이익과 지구의 미래를 위해 운영하려면 말이다. 그러나 지속 가능한 미래를 창조할 잠재력을 온전히 시험해 보는 것은 오직 자본주의를 대체한 이후에야 가능하다.

현재의 환경 위기가 자본주의하에서 해결될 가능성은 갈수록 줄고 있다. 그러나 사회주의자들은 단지 뒷짐 지고 앉아서 혁명이 일어나기를 기다리고만 있지 않는다. 우리는 지금 변화를 위해 투쟁해야 한다고 생각한다. 환경 운동의 모든 승리는 이 세계를 더 나은 곳으로 만들 뿐 아니라, 평범한 사람들에게 세계를 바꿀 수 있다는 자신감을 준다.

바로 그 때문에 우리는 온실가스 배출 감소를 위한 더 나은 국제 협약을 만들라고 요구하는 시위에 사람들이 동참하도록 만들기 위해 노력한다. 또 우리는 노동조합들이 환경주의를 노조 정책의 핵심으로 삼아야 한다고 주장한다. 셰일 가스 개발과 [공기와 물을 오염시키는] 쓰레기 소각장에 반대하고 재생에너지 확대를 요구하는 운동을 지지한다. 같은 이유로 우리는 '100만 기후 일자리' 캠페인에 참여하고 있다.

마르크스와 엥겔스의 저작들은 단지 이 세계가 왜 이런 식으로 굴러가는지를 잘 설명해 주는 것에 그치지 않는다. 그것들은 실천의 길라잡이이기도 하다. 마르크스와 엥겔스의 사상은 비난의 화살이 체제 전체를 향하도록 도와주고 체제를 바꾸기 위한 전략을 제공한다.

앞으로 몇 년 안에 변화를 요구하는 커다란 운동이 일어날 가능성이 높다. 사회주의자들은 이런 투쟁의 한가운데서 온갖 종류의 운동과 전통에서 출발한 사람들과 함께 활동하며 체제를 근본적으로 변혁할 전략을 주장하려 한다. 우리의 수가 더 많아진다면 이런 일을 더 잘할 수 있을 것이다. 지구의 당면한 미래가 걸려 있다. 우리와 함께하자.

더 읽을거리

환경 위기가 갈수록 악화하고 있기 때문에 기후변화의 충격과 대응 조처 부족을 살펴보는 책이 최근 많이 출간됐다. 여기서는 더 읽을거리를 소개하겠다.

내가 쓴 책《토지와 노동: 마르크스주의, 생태학 그리고 인류의 역사Land and Labour: Marxism, Ecology and Human History》는 여기서 다룬 많은 주제를 더 상세하게 다룬다.

최근 내가 엮은 책《기후변화가 아니라 체제 변화를: 환경 위기에 대한 혁명적 대응System Change not Climate Change: A Revolutionary Response to Environmental Crisis》에는* 세계 여러 나라의 마르크스주의자들이 생태 위기의 다양한 측면과 그 해법에 대해 쓴 글들이 실려 있다.

나오미 클라인의《이것이 모든 것을 바꾼다: 자본주의 대 기후This Changes Everything: Capitalism vs the Climate》는** 최신 기후 과학을 훌륭하게 소개하고 운동 내 논쟁을 "기후변화가 아니라 체제 변화"라는 프레임으로 재설정하는 데에 기여했다.

---

* 국역: 11편의 글 가운데 6편이 이 책의 1부 1~5장과 2부 7장으로 실렸다.
** 국역:《이것이 모든 것을 바꾼다: 자본주의 대 기후》, 열린책들, 2016.

이언 라펠의 논문 '자본주의와 멸종 문제Capitalism and Species Extinction'는 《인터내셔널 소셜리즘》 147호에 실려 있고, 일각에서 "6번째 대멸종"이라고 부르는 현재의 생명 다양성 위기를 진지하게 파고든다.

헤더 로저스의 《사라진 내일: 쓰레기의 숨겨진 일생Gone Tomorrow: The Hidden Life of Garbage》은* 자본주의의 쓰레기 문제에 관한 흥미로운 연구서다.

리처드 하인버그가 셰일 가스 개발에 대해 쓴 《스네이크 오일Snake Oil》과 앤드루 니키포룩의 《타르샌드Tar Sands》는 '극단적 에너지' 개발 확대의 결과가 무엇인지를 보여 준다.

안드레아스 말름의 《화석 자본Fossil Capital》과 이언 앵거스의 《인류세를 마주하며: 화석 자본주의와 지구 시스템의 위기Facing the Anthropocene: Fossil Capitalism and the Crisis of the Earth System》는 모두 자본주의의 화석연료 기반 경제를 그 기원부터 현재의 환경 위기까지 마르크스주의 관점에서 다룬 역작이다.

존 벨러미 포스터가 환경에 관해 쓴 저작은 모두 읽을 가치가 있다. 특히 그의 논문집 《자본주의에 맞서는 생태학Ecology Against Capitalism》은** 다방면의 주제를 다룬 훌륭한 입문서다. 《마르크스의 생태학Marx's Ecology》은*** 마르크스의 핵심 저작들에서 생태적 사고가 발전한 과

---

* 국역: 《사라진 내일: 쓰레기는 어디로 갔을까》, 삼인, 2009.

** 국역: 《생태계의 파괴자 자본주의》, 책갈피, 2007.

*** 국역: 《마르크스의 생태학: 유물론과 자연》, 인간사랑, 2016.

정을 설명한다. 그의 《생태 혁명The Ecological Revolution》은* 환경주의의 맥락에서 혁명적 사회주의 전통을 재천명한 책이다. 폴 버켓의 《마르크스와 자연: 적녹의 관점Marx and Nature: A Red Green Perspective》은 마르크스의 사상에서 자연의 중심적 구실을 탐구한 좀 더 만만찮은 책이다.

이언 앵거스와 사이먼 버틀러의 《사람이 너무 많다고?: 인구, 이주 그리고 환경 위기Too Many People?: Population, Immigration and the Environmental Crisis》는 오늘날의 맬서스주의자들을 논박한다. 프레드 피어스의 《인구 지진PeopleQuake》도 비슷한 주제를 다루면서 많은 유익한 통계를 제시한다. 프레드 매그도프와 브라이언 토카의 논문집 《위기의 농업과 식품Agriculture and Food in Crisis》은 식품·기후·자본주의에 관한 중요한 쟁점을 여럿 다룬다.

카를 마르크스의 《고타 강령 비판A Critique of the Gotha Programme》에는 사회주의 사회가 어떻게 작동할지에 관한 일부 생각이 담겨 있다. 알렉스 캘리니코스가 쓴 《반자본주의 선언An Anti-Capitalist Manifesto》은** 자본주의를 대체하는 사회에서 민주적 계획이 필수라고 주장한다. 마이클 앨버트의 책 《파레콘Parecon》은*** 그런 계획경제가 어떻게 작동할 수 있을지 구체적으로 논의한다. 조셉 추나라의 책 《자본주의 파헤치

---

* 국역: 《생태혁명: 지구와 평화롭게 지내기》, 인간사랑, 2010.

** 국역: 《반자본주의 선언》, 책갈피, 2003.

*** 국역: 《파레콘》, 북로드, 2003.

기Unravelling Capitalism》는* 탁월한 마르크스 정치경제학 입문서이고, 알렉스 캘리니코스의《카를 마르크스의 혁명적 사상The Revolutionary Ideas of Karl Marx》은** 마르크스주의를 이해하기 쉽게 소개한 책이다.

* 국역:《마르크스, 자본주의 비밀을 밝히다》, 책갈피, 2010.
** 국역:《카를 마르크스의 혁명적 사상: 새 번역》, 책갈피, 2018.

후주

1부 자본주의와 기후변화

1장 체제 변화가 필요한 이유

1 BBC News, "Europe heatwave: High Temperatures but respite expected", 6 August 2018, https://www.bbc.co.uk/news/world-europe-45089709

2 TUC, *Heat — The Case for a Maximum Temperature at Work* (2009).

3 Robert Lamb, *A World Without Trees* (Wildwood House, 1979), pp 36~40.

4 Karl Marx, *Capital* vol 1 (Penguin, 1990), p 915.

5 Senay Habtezion, *Gender and Disaster Risk Reduction* (United Nations Development Programme, 2013).

6 Ashley Dawson, *Extreme Cities* (Verso, 2019), p 191[국역: 《극단의 도시들: 도시, 기후위기를 초래하다》, 한울, 2021].

7 Dawson, *Extreme Cities*, p 190.

8 https://talkpoverty.org/2016/08/29/white-new-orleans-recovered-hurricane-katrina-black-new-orleans-not/

9 Dawson, *Extreme Cities*, p 192에서 인용.

10 역사적 배출량 데이터는 Hannah Ritchie and Max Roser, "CO2 and other Greenhouse Gas Emissions", Our World in Data, https://ourworldindata.org/에서 가져온 것이다.

11 The Carbon Majors Database, CDP Report 2017, www.cdp.net/en/articles/media/new-report-shows-just-100-companies-are-source-of-over-70-of-emissions

4장 식품, 농축산업, 기후변화

1   원고에 조언을 해 준 알렉스 캘리니코스, 에스미 추나라, 세라 엔서, 수잰 제프리, 이언 라펠, 커밀라 로일에게 감사한다. 원래 글에서 사용한 통계를 가능한 최근 것으로 갱신했고, 새로운 상황에 맞게 몇몇 내용을 추가하고 수정했다.

2   Naomi Klein, *This Changes Everything: Capitalism vs the Climate* (Penguin, 2015)[국역:《이것이 모든 것을 바꾼다: 자본주의 대 기후》, 열린책들, 2016].

3   이 글이 처음 발표된 2016년 이래로 영화 〈카우스피러시〉의 영향은 계속되고 있다. 2019년 1월 브라질의 싱어송라이터 아니타는 라이프스타일을 바꾸고 있다며 자신의 인스타그램 팔로워 3370만 명에게 이 영화를 추천해 뉴스 헤드라인을 장식했다. 비거니즘도 훨씬 더 주류가 되고 있다. 2019년 1월 영국에서 '1월에는 비건을 경험하세요' 캠페인은 상당한 호응을 이끌어 냈다. 언론들은 비건 식품 출시가 크게 늘었다고 보도했고 그레그스·맥도날드 등 주요 체인점들도 여기에 편승하고 있다.

4   Elaine Graham-Leigh, *A Diet of Austerity: Class, Food and Climate Change* (Zero Books, 2014), pp 7~8.

5   〈카우스피러시〉가 농업 기업을 전혀 언급하지 않고 미국 바깥의 식량 생산을 조사하지 않는다는 점은 주목할 만하다. 따라서 개발도상국에서의 축산업 문제나 고기·우유·달걀 외에 농업에서 가축의 구실(쟁기질이나 수송 등)에 대해 논하지도 않는다.

6   이 글은 농업과 기후변화에 관한 물음에 초점을 맞출 것이므로 더 광범한 논쟁의 일부는 그저 지나가듯이 언급하거나 통째로 생략할 것이다.

7   Robert Goodland, and Jeff Anhang, "Livestock and Climate Change", *World Watch Magazine*, vol 22, num 6(November-December, 2009), p 11. www.worldwatch.org/node/6294

8   Pierre Gerber, Henning Steinfeld, Benjamin Henderson, Anne Mottet, Carolyn Opio, Jeroen Dijkman, Alessandra Falcucci and Giuseppe Tempio, "Tackling Climate Change Through Livestock: A Global Assessment of Emissions and Mitigation Opportunities", FAO, 2013, p xii. www.fao.org/ag/againfo/resources/en/publications/tackling_climate_change/index.htm

9   Henning Steinfeld, Pierre Gerber, Tom Wassenaar, Vincent Castel, Mauricio Rosales, Cees de Haan, "Livestock's Long Shadow: Environmental Issues and Options", UN Food and Agriculture Organisation, November 2006, www.fao.org/docrep/010/a0701e/a0701e00.HTM

10 유엔 식량농업기구가 "방법론을 가다듬고 데이터를 보완"했음을 인정한 대목은 Gerber and others, "Tackling Climate Change Through Livestock", p 15에서

볼 수 있다. 2006년 보고서의 한계에 관한 더 자세한 설명은 Robert Paarlberg, *Food Politics: What Everyone Needs to Know* (Oxford University Press, 2013), p 132를 참조. 이 "결함 있는" 수치는 여전히 www.cowspiracy.com/facts/ 에 인용돼 있다.

11 Danny Chivers, "Cowspiracy: Stampeding in the Wrong Direction?", *New Internationalist Blog*, February 2016, http://tinyurl.com/gm665so

12 2016년 영국 농업의 온실가스 배출량은 4650만 이산화탄소환산톤(tCO$_2$eq)이다. 이는 1990년보다 약 16퍼센트 줄어든 것으로 "이 기간에 동물 수와 합성 비료 사용이 함께 줄어든 결과다." DEFRA, "2016 UK Greenhouse Gas Emissions, Final Figures", February 2018, https://assets.publishing.service.gov.uk/government/uploads/system/uploads/attachment_data/file/680473/2016_Final_Emissions_statistics.pdf

13 F N Tubiello, M Salvatore, R D Cóndor Golec, A Ferrara, S Rossi, R Biancalani, S Federici, "Agriculture, Forestry and Other Land Use Emissions by Sources and Removals by Sinks", UN Food and Agriculture Organisation, March 2014, p 20, p 23. www.fao.org/docrep/019/i3671e/i3671e.pdf "이산화탄소환산톤"은 같은 정도로 온난화 효과를 내는 이산화탄소의 양이다.

14 IPCC, *Climate Change 2014: Mitigation of Climate Change, Fifth Assessment Report* (Cambridge University Press, 2014), p 816. www.ipcc.ch/report/ar5/wg3/

15 Sonja J Vermeulen, Bruce M Campbell and John S I Ingram, "Climate Change and Food Systems", *Annual Review of Environment and Resources*, vol 37, 2012.

16 Sam Jones, "Tropical Forests Illegally Destroyed for Commercial Agriculture", *Guardian*, 11 September 2014, http://tinyurl.com/lthlluv

17 이 수치는 유엔 식량농업기구(http://faostat3.fao.org/home/E)에서 인용했다. 개정하기 전 글에서는 2013년 수치를 이용했는데 그사이에 닭 18억 마리, 소 5억 마리, 양 1억 마리가 늘었다는 사실에 주목해야 한다. 돼지는 늘었다가 다시 줄어 2013년보다 매우 조금 줄어들었다.

18 Gerber and others, "Tackling Climate Change Through Livestock", 앞의 글, p 23.

19 Gerber and others, 앞의 글, pp 68~69.

20 앞의 글, p 46.

21 앞의 글, pp 50~51.

22 앞의 글, p 40.

23 앞의 글, p 41.

24 앞의 글, p 42.

25 앞의 글, p 53.

26 앞의 글, p 42.

27 Martin Ince, "The Case for Low Methane-emitting Cattle", 10 January 2014, http://tinyurl.com/z7b3a7j 존 패링턴이 내게 이 점을 알려 줬다.

28 Gerber and others, 앞의 글, pp 76~78.

29 Philip Lymbery, *Farmageddon: The True Cost of Cheap Meat* (Bloomsbury, 2014), p 193.

30 공장형 양계에 대해 더 알고 싶다면 Lymbery, *Farmageddon*, 앞의 책, pp 187~196을 참조.

31 Gerber and others, 앞의 글, pp 35~36.

32 앞의 글, p 44.

33 Will Adonizio, Nancy Kook and Sharon Royales, "Impact of the Drought on Corn Exports: Paying the Price", *Beyond the Numbers*, US Bureau of Labor Statistics, vol 1, num 17, 2012, p 2. www.bls.gov/opub/btn/volume-1/pdf/impact-of-the-drought-on-corn-exportspaying-the-price.pdf

34 Henry Pollack, *A World Without Ice* (Penguin, 2010), pp 200~202[국역: 《얼음 없는 세상》, 추수밭, 2010].

35 USGCRP, *The Impacts of Climate Change on Human Health in the United States: A Scientific Assessment* (US Global Change Research Program, 2016).

36 John Bellamy Foster, Brett Clark and Richard York, *The Ecological Rift: Capitalism's War on the Earth* (Monthly Review Press, 2010), p 46.

37 Karl Marx, *Capital*, vol 3 (Penguin, 1992), p 949.

38 Lymbery, *Farmageddon*, 앞의 책, p 13.

39 Lymbery, 앞의 책, pp 63~64.

40 Lymbery, 앞의 책, p 68.

41 Tom Philpott, "Are Your Delicious, Healthy Almonds Killing Bees?", *Mother Jones*, 29 April 2014, www.motherjones.com/tom-philpott/2014/04/california-almond-farmsblamed-honeybee-die

42 이 점에 관해서는 애덤 로즈의 도움을 받았다.

43 John Bellamy Foster and Brett Clark, 2016, "Marx's Ecology and the Left", *Monthly Review*, June 2016, http://monthlyreview.org/2016/06/01/marxs-ecology-and-the-left/

44 Paul McMahon, *Feeding Frenzy: The New Politics of Food* (Profile, 2013), p 89.

45 Tom Philpott, "Your Almond Habit is Sucking California Dry", *Mother Jones*, 14 July 2014, www.motherjones.com/tom-philpott/2014/07/your-almond-habit-sucking-califoirnia-dry

46 Vandana Shiva, *The Vandana Shiva Reader* (Kentucky University Press, 2014), p 222.

47 Fred Magdoff and Brian Tokar, *Agriculture and Food in Crisis: Conflict, Resistance, and Renewal* (Monthly Review Press, 2010), p 243.

48 McMahon, *Feeding Frenzy*, 앞의 책, p 66.

49 McMahon, 앞의 책, p 66.

50 Lymbery, *Farmageddon*, 앞의 책, p 172.

51 영국의 농업 폐수 유출은, 영국이 2021년으로 예정된 '물 기본 협약' 목표치를 달성하지 못하리라 예측되는 주요 요인 중 하나다.

52 Lymbery, *Farmageddon*, 앞의 책, p 23.

53 중국에도 젖소 공장이 어마어마하게 많다. 그중 하나는 러시아 시장에 우유·치즈를 수출하기 위해 2015년 7월에 지어졌는데, 젖소 10만 마리를 기른다. www.fwi.co.uk/livestock/china-building-100000-cow-dairy-unit-to-supply-russian-market.htm를 참조.

54 Lymbery, *Farmageddon*, 앞의 책, p 24.

55 Paarlberg, *Food Politics*, 앞의 책, pp 117~118.

56 Paarlberg, *Food Politics*, 앞의 책, pp 127~128.

57 Imran Hashmi and Dilshad A Khan, "Adverse Health Effects of Pesticides Exposure in Agricultural and Industrial Workers of Developing Country", in Margarita Stoytcheva ed, *Pesticides: The Impacts of Pesticide Exposure* (InTech, 2011), p 161. http://tinyurl.com/zjt94sw

58 Paarlberg, *Food Politics*, 앞의 책, pp 72~73.

59 Paarlberg, *Food Politics*, 앞의 책, p 73.

60 Paarlberg, 앞의 책, p 173.

61 Lymbery, *Farmageddon*, 앞의 책, pp 238~239에 나온 수치.

62 Paarlberg, *Food Politics*, 앞의 책, p 175. 옥스퍼드대학교의 연구 결과는 다음 링크에 요약돼 있다. www.ox.ac.uk/news/2012-09-04-organic-farms-not-necessarily-better-environment

63 Colin Tudge, *Good Food for Everyone Forever: A People's Takeover of the World's Food Supply* (Pari Publishing, 2011), p 68.

64 Philip Lymbery, "The Great Disappearing Act" in Joyce D'Silva and Carol McKenna, *Farming, Food and Nature* (Earthscan, 2018), pp 15~16을 참조.

65 Lymbery, *Farmageddon*, 앞의 책, p 139.

66 앞의 책, pp 144~145.

67 앞의 책, p 145.

68 Rob Wallace, *Big Farms Make Big Flu* (Monthly Review Press, 2016), p 130[국역:《팬데믹의 현재적 기원》, 너머북스, 2020].

69 이 글에서는 농업에 초점을 맞추고 있지만, 어업에도 이 결론들이 적용된다. Lymbery, *Farmageddon*, 앞의 책, ch 5와 Sarah Ensor, "Two Books That Swim Against the Tide", *International Socialism* 150, spring 2016, http://isj.org.uk/two-books-that-swim-against-the-tide/을 참조.

70 Karl Marx, *Capital*, vol 1 (Penguin, 1990), p 876. Kohei Saito, "The Emergence of Marx's Critique of Modern Agriculture: Ecological Insights from his Excerpt Notebooks", *Monthly Review*, October 2014, http://monthlyreview.org/2014/10/01/the-emergence-of-marxscritique-of-modern-agriculture/ 참조. 사이토의 글은, 마르크스가 당대 과학 논쟁의 맥락에서 자본주의 농업에 관한 이해를 어떻게 발전시켰는지 보여 주는 중요한 연구다.

71 Marx, *Capital*, vol 1, 앞의 책, p 895.

72 나는 이 점에 관해 내 책 *Land and Labour: Marxism, Ecology and Human History* (Bookmarks, 2014) ch 10에서 자세히 살펴봤다.

73 카길에 관한 모든 정보는 www.cargill.com에서 2019년 2월에 인용한 것이다.

74 Walden Bello, *The Food Wars* (Verso, 2009), pp 110~111[국역:《그 많던 쌀과 옥수수는 모두 어디로 갔는가》, 더숲, 2010]에서 인용.

75 Rainforest Action Network(RAN), "Pressure is Working, Cargill is on the Move", 29 July 2014, www.ran.org/pressure_is_working_cargill_is_on_the_move

76 www.cargill.com/news/biofuels에서 2019년 2월에 인용.

77 www.taxpayer.net/library/article/updated-political-footprint-of-the-corn-ethanol-lobby를 참조.

78 McMahon, *Feeding Frenzy*, 앞의 책, p 58.

79 McMahon, *Feeding Frenzy*, 앞의 책, p 171.

80 Paarlberg, *Food Politics*, 앞의 책, pp 210~211.

81 Bello, *The Food Wars*, 앞의 책, p 76에서 인용.

82 Bello, 앞의 책, p 81에서 인용.

83 McMahon, *Feeding Frenzy*, 앞의 책, p 69에서 인용.

84 Doug Boucher, "There's a Vast Cowspiracy about Climate Change", Union of Concerned Scientists, 2016, http://blog.ucsusa.org/doug-boucher/cowspiracy-movie-review

85 Graham-Leigh, *A Diet of Austerity*, 앞의 책, p 56.

86 앞의 책, p 172.

87 앞의 책, p 17.

88 식량농업기구에서 낸 "Key Facts on Food Loss and Waste you Should Know!", www.fao.org/save-food/resources/keyfindings/en/를 참조.

89 Magdoff and Tokar, *Agriculture and Food in Crisis*, 앞의 책, p 65.

90 Lymbery, *Farmageddon*, 앞의 책, p 253.

91 Gerber and others, "Tackling Climate Change Through Livestock", 앞의 글, p 60.

92 Bello, *The Food Wars*, 앞의 책, pp 35~36에서 인용.

93 Miguel A Altieri, "Agroecology, Small Farms and Food Sovereignty", *Monthly Review*, vol 61, issue 3, 2009, www.monthlyreview.org/2009/07/01/agroecology-small-farmsand-food-sovereignty/

94 Marcel Mazoyer and Laurence Roudart, *A History of World Agriculture: From the Neolithic Age to the Current Crisis* (Monthly Review Press, 2006), p 13.

95 Karl Kautsky, *The Agrarian Question*, vol 1 (Zwan Publications, 1988), p 111.

96 Leandro Vergara-Camus, *Land and Freedom: The MST, the Zapatistas and Peasant Alternatives to Neoliberalism* (Zed Books, 2014), p 301.

97 Altieri, "Agroecology, Small Farms and Food Sovereignty", 앞의 글, p 112.

98 Julio Boltvinik, "Poverty and the Persistence of the Peasantry", background paper, Poverty and Peasant Persistence in the Contemporary World seminar, March 2012, www.crop.org/viewfile.aspx?id=261

99 이 점을 알려 준 이언 라펠에게 감사한다.

100 Marx, *Capital*, vol 3, 앞의 책, pp 948~949. 마르크스가 이 점과 관련해서 '소규모' 농업과 '대규모' 농업을 모두 비판하지만 그 이유는 서로 다름을 지적했다는 사실을 언급할 필요가 있겠다. 소규모 농업은 "사회적 노동생산성을 적용할 과학과 자원이 부족해서", 대규모 농업은 "농부와 토지 소유주를 최대한 빨리 부유하게 만들기 위한 수단을 이용함으로써" 문제에 봉착한다는 것이다.

101 Tony Cliff, "Marxism and the Collectivisation of Agriculture", *International Socialism* 19, first series, winter 1964-5, www.marxists.org/archive/cliff/works/1964/xx/

5장 마르크스주의와 인류세

1   www.co2.earth를 보라. 알렉스 캘리니코스, 조셉 추나라, 마틴 엠슨, 이언 라펠이 이 글에 조언을 줬다.

2   Simon Lewis, "A Force of Nature: Our Influential Anthropocene Period", *Guardian*, 23 July 2009, www.theguardian.com/commentisfree/cif-green/2009/jul/climate-change-humanity-change

3   Simon Lewis and Mark Maslin, *The Human Planet: How we Created the Anthropocene* (Pelican, 2018)[국역: 《사피엔스가 장악한 행성》, 세종, 2020].

4   Jan Zalasiewicz, and many others, "When did the Anthropocene begin? A mid-twentieth century boundary level is stratigraphically optimal", *Quaternary International*, vol 383, 2015.

5   Adam Vaughan, "Human impact has pushed Earth into the Anthropocene, scientists say", *Guardian*, 7 January 2016, www.theguardian.com/environment/2016/jan/07/human-impact-has-pushed-earth-to-the-anthropocene-scientists-say

6   Richard Monastersky, "First atomic blast proposed as start of Anthropocene", *Nature News*, 16 January 2015, www.nature.com/news/first-atomic-blast-proposed-as-start-of-anthropocene-1.16739

7   Ian Angus, "Entering the Age of Humans", *Socialist Review*, May 2016, http://socialistreview.org.uk/413/entering-age-humans

8   Paul Crutzen and Eugene Stoermer, "The 'Anthropocene'", International Geosphere-Biosphere Programme(IGBP) Global Change Newsletter, num 41, May 2000. IGBP는 인간 사회와 지구의 물리적·화학적·생물학적 변화 사이의 상호작용, 즉 흔히 하나의 "지구 시스템"으로 설명되는 분야에 대한 연구 필요성이 증대된 결과로 1987년에 설립된 단체다.

9   Ian Angus, "The Anthropocene: When did it begin and why does it matter?" *Monthly Review*, vol 67, num 4, 2015.

10 Crutzen and Stoermer, "The 'Anthropocene'", 앞의 글, p 18.

11 Simon Lewis and Mark Maslin, "Defining the Anthropocene", *Nature*, issue 519, 2015.

12 '인간 날씨'라는 용어는 얼 엘리스와 관련있다. Erle Ellis, "Evolving toward a better Anthropocene", Future Earth blog (29 March 2016), www.futureearth.org/blog/2016-mar-29/evolving-toward-better-anthropocene.

13 Lewis, "A Force of Nature", 앞의 글.

14 www.underwatersculpture.com/sculptures/anthropocene/을 참조.

15 John Bellamy Foster, "John Bellamy Foster Answers Three Questions on Marxism and Ecology", *La Revue du Projet*, 2016, http://climateandcapital-ism.com/2016/03/21/marxism-and-ecology-three-questions-for-john-bel-lamy-foster와 Ian Angus, *Facing the Anthoropocene* (Monthly Review Press), 2016을 참조.

16 John Bellamy Foster, "Late Soviet Ecology and the Planetary Crisis", *Monthly Review*, vol 67, num 2, 2015.

17 Naomi Klein, "Let Them Drown: The Violence of Othering in a Warming World", *London Review of Books,* vol 38, num 11, 2016, www.lrb.co.uk/v38/n11/naomi-klein/let-them-drown

18 Andreas Malm, *Fossil Capital* (Verso, 2016), pp 32 and 391.

19 황금 못은 '국제 표준 층서 구역'(GSSP, Global Stratotype Section and Point)이라고도 한다.

20 유성은 실제로는 튀니지가 아니라 멕시코 유카탄반도에 충돌했다.

21 Lewis and Maslin, "Defining the Anthropocene", 앞의 글.

22 Loulla-Mae Eleftheriou-Smith "Dinosaurs were 'in Decline' 50 Million Years Before Asteroid Strike Wiped Them Out, Study Suggests", *Independent*, 19 April 2016, http:// tinyurl.com/hnpqa7h

23 이 시기의 층서 구역(황금 못)은 그린란드 빙하에서 시추한 1만 1700년 전 [대기 중] 중수소 함량의 변화다. 이는 이때의 지구온난화의 증거다.

24 Lewis and Maslin, "Defining the Anthropocene", 앞의 글.

25 농업, 축산업에서의 온실가스 배출, 숲 파괴는 홀로세의 초기부터 지구 기온에 영향을 끼쳤고, 지구 한랭화를 예방하는 효과를 냈을 것이다. Jan Zalasiewicz, Mar Williams, Will Steffen, and Paul Crutzen, "The New World of the Anthropocene", *Environmental Science and Technology Viewpoint*, issue 44, 2010, http://pubs.acs.org/doi/pdf/10.1021/es903118j

26 Judith Orr, *Marxism and Women's Liberation* (Bookmarks, 2015), pp 34~51[국역: 《마르크스주의와 여성해방》, 책갈피, 2016].

27 Chris Harman, *A People's History of the World* (Bookmarks, 1999), p 175[국역: 《민중의 세계사》, 책갈피, 2004].

28 Harman, 앞의 책, p 171에서 인용.

29 Lewis and Maslin, "Defining the Anthropocene" and *The Human Planet*, 앞의 책.

30 Malm, *Fossil Capital*, 앞의 책, p 54.

31 Crutzen and Stoermer, "The 'Anthropocene'", 앞의 글.

32 Malm, *Fossil Capital*, 앞의 책.

33 Will Steffen, Paul Crutzen, and John McNeill, "The Anthropocene: Are Humans Now Overwhelming the Great Forces of Nature?", *Ambio: A Journal of the Human Environment*, vol 36, num 8, 2007. www.pik-potsdam.de/news/public-events/archiv/alter-net/former-ss/2007/05-09.2007/steffen/literature/ambi-36-08-06_614_621.pdf

34 Zalasiewicz and others, "When did the Anthropocene begin?", 앞의 글. 이 논문의 저자들은 신생대의 시작을 알린 유성 충돌 사건과의 유사성 때문에 [핵]폭탄이 지구에 떨어졌을 때 인류세가 시작됐다는 생각을 선호하는 것으로 보인다.

35 Lewis and Maslin, "Defining the Anthropocene", 앞의 글.

36 지질학에서는 1950년 1월 1일을 "현재"로 일컫는 것이 표준적 관행이다.

37 Will Steffen and others, *Global Change and the Earth System* (International Geosphere-Biosphere Programme, 2004), p 258. www.igbp.net/publications/igbpbookseries/igbpbookseries/globalchangeandtheearthsystem2004.5.1b8ae20512db692f2a680007462.html 대략 50년 전이라는 시기는 [크뤼천과 스토머의] 대가속기와 일치하기도 한다. 다만 이 시기를 인류세 내의 전환점으로 보기보다는 인류세가 시작된 시점으로 보는 경향이 커지고 있다.

38 Zalasiewicz and others, "When did the Anthropocene begin?", 앞의 글.

39 Anthropocene Working Group, "Media Note", 29 August 2016, www2.le.ac.uk/offices/press/press-releases/2016/august/media-note-anthropocene-working-group-awg

40 오늘날 세계 인구의 다수는 도시에 산다.

41 Zalasiewicz and others, "When did the Anthropocene begin?", 앞의 글. 일회용 포장재이면의 정치와 소비재가 저절로 망가지도록 만들어지는 것을 둘러싼 정치에 대해서는 Martin Empson, *Land and Labour: Marxism, Ecology and Human History* (Bookmarks, 2014), ch 11을 참조.

42 Lewis and Maslin, "Defining the Anthropocene", 앞의 글.

43 Ian Angus, "Hijacking the Anthropocene", *Climate and Capitalism*, 19 May 2015, http://climateandcapitalism.com/2015/05/19/hijacking-the-anthropocene/

44 Angus, "Entering the Age of Humans", 앞의 글.

45 Steffen and others, "The Anthropocene: Are Humans Now Overwhelming the Great Forces of Nature?", 앞의 글. 이런 생각을 비판한 것으로는 Andreas Malm, "The Anthropocene Myth", *Jacobin*, 30 March 2015, www.jacobin-

mag.com/2015/03/anthropocene-capitalism-climate-change/를 참조.

46 Steffen and others, "The Anthropocene: Are Humans Now Overwhelming the Great Forces of Nature?", 앞의 글.

47 Steffen and others, "The Anthropocene: Are Humans Now Overwhelming the Great Forces of Nature?", 앞의 글.

48 Eva Lövbrand, Silke Beck, Jason Chilvers, Tim Forsyth, Johan Hedrén, Mike Hulme, Rolf Lidskog, and Eleftheria Vasileiadou, "Who Speaks for the Future of Earth? How Critical Social Science can Extend the Conversation on the Anthropocene", *Global Environmental Change,* vol 32, 2015; Jason Moore, *Capitalism in the Web of Life* (Verso, 2015)[국역: 《생명의 그물 속 자본주의》, 갈무리, 2020].

49 Lövbrand and others, "Who Speaks for the Future of Earth?", 앞의 글.

50 Steve Connor, "Scientist Publishes 'Escape Route' from Global Warming", *Independent,* 30 July 2006, http://tinyurl.com/dxe7w

51 그렇지만 '민중을 위한 과학'이 2018년에 발표한 여러 글을 보라. https://magazine.scienceforthepeople.org/tag/geoengineering/

52 Kevin Anderson, "The Hidden Agenda: How Veiled Techno-utopias Shore up the Paris Agreement", 6 January 2016, http://kevinanderson.info/blog/the-hidden-agenda-how-veiled-techno-utopias-shore-up-the-paris-agreement/

53 Ellis, "Evolving toward a better Anthropocene", 앞의 글.

54 Angus, "Hijacking the Anthropocene", 앞의 글.

55 Jamie Lorimer, *Wildlife in the Anthropocene: Conservation after Nature* (University of Minnesota Press, 2015).

56 Andreas Malm, "Our Fight for Survival", *Jacobin,* 29 November 2015, www.jacobinmag.com/2015/11/climate-change-paris-cop21-hollande-united-nations/

57 Malm, *Fossil Capital,* 앞의 책과 마틴 엠슨의 서평, "Why Capitalism is Addicted to Oil and Coal", *Climate and Capitalism,* 17 December 2015, http://climate-andcapitalism.com/2015/12/17/fossil-capital-the-rise-of-steam-power-and-the-roots-of-global-warming/

58 Malm, "The Anthropocene Myth", 앞의 글.

59 이 책에 실려 있는 에이미 레더의 글[1부 2장]도 참조.

60 Malm, *Fossil Capital,* p 269; Andreas Malm and Alf Hornborg, "The Geology of Mankind? A Critique of the Anthropocene Narrative", *Anthropocene Re-*

view, vol 1, num 1, 2014.

61 말름은 2016년 3월 2일 런던에서 열린 그의 책 《화석 자본》 출판기념회에서 이렇 게 밝혔다.

62 Suzanne Jeffery, "Up Against the Clock: Climate, Social Movements and Marxism", *System Change not Climate Change* (bookmarxs, 2019) 참조.

63 Paul Crutzen, "Geology of Mankind", *Nature,* vol 415, 2002, www.geo. utexas.edu/courses/387h/PAPERS/Crutzen2002.pdf

64 Will Steffen, Wendy Broadgate, Lisa Deutsch, Owen Gaffney, and Cornelia Ludwig, "The Trajectory of the Anthropocene: The Great Acceleration", *Anthropocene Review,* 2015, https://favaretoufabc.files.wordpress. com/2013/06/2015-steffen-et-al-the-great-acceleration-1.pdf

65 Jason W Moore, "The Capitalocene, Part I: On the Nature and Origins of our Ecological Crisis", *Journal of Peasant Studies,* vol 44, issue 3, 2017. Moore, *Capitalism in the Web of Life,* 앞의 책도 참조.

66 Steffen and others, *Global Change and the Earth System,* 앞의 책, p 1.

67 Ellis, "Evolving toward a better Anthropocene", 앞의 글.

68 Karl Marx, *Capital,* vol 1 (Penguin Classics, 1990), p 284.

69 Friedrich Engels, *The Part Played by Labour in the Transition from Ape to Man* (Progress Publishers, 1934[1876]). www.marxists.org/archive/marx/ works/1876/part-played-labour/

70 Engels, 앞의 책.

71 Paul Blackledge, "How Humans Make Themselves", *International Socialism* 117, winter 2007, http://isj.org.uk/how-humans-make-themselves/

72 Blackledge, 앞의 글; Elizabeth Terzakis, "What do Socialists say about Human Nature?", *International Socialist Review,* issue 47, May-June 2006, www.isreview.org/issues/47/wdss- humnature.shtml

73 Ian Rappel, "Capitalism and Species Extinction", *International Socialism* 147, summer 2015, http://isj.org.uk/capitalism-and-species-extinction/

74 Empson, *Land and Labour* and Martin Empson, "Can we Build a Sustainable Society?", *Socialist Review,* December 2015, http://socialistreview.org. uk/408/can-we-build-sustainable-society

75 Empson, *Land and Labour,* 앞의 책, ch 11.

76 Naomi Klein, *This Changes Everything: Capitalism vs the Climate* (Penguin, 2015).

77 Moore, *Capitalism in the Web of Life,* 앞의 책과 "The Capitalocene", 앞의 글.

78 Empson, *Land and Labour*, 앞의 책, ch 11.

79 Angus, "The Anthropocene: When did it begin and why does it matter?", 앞의 글.

80 Angus, *Facing the Anthropocene*, 앞의 책, pp 137~145.

81 Joseph Choonara, "Marxist Accounts of the Current Crisis", *International Socialism* 123, summer 2009, http://isj.org.uk/marxist-accounts-of-the-current-crisis/

82 Rappel, "Capitalism and Species Extinction", 앞의 글, p 110.

83 예컨대, Moore, "The Capitalocene", 앞의 글.

84 Angus, *Facing the Anthropocene*, 앞의 책, pp 230~231.

85 Malm and Hornborg, "The Geology of Mankind?", 앞의 글.

86 Angus, "The Anthropocene: When did it begin and why does it matter?", 앞의 글.

87 Angus, "Entering the Age of Humans", 앞의 글.

88 윌 스테픈이 쓴 Angus, *Facing the Anthropocene*, 앞의 책의 추천사.

6장 거주 가능 지구: 생물 다양성, 사회, 재야생화

1 Mike Davis, "The Monster Enters", *New Left Review II/122* (March/April 2020), https://tinyurl.com/ynzdh6w5; Jonathan Amos, "'Astonishing' Blue Whale Numbers at South Georgia", BBC News (20 February 2020), www.bbc.co.uk/news/science-environment-51553381 이 글은 오랜 고민과 활동, 그리고 그 기간에 나에게 영감을 불러일으킨 여러 (인간과 비인간) 존재들의 도움에 힘입어 탄생한 결과물이다. 구체적 논평·조언·격려를 해 준 조셉 추나라, 리처드 도널리, 마틴 엠슨, 가이 프리먼, 존 몰리뉴, 제스 스피어, 시언 설리번, 콜린 텃지, 세라 우드콕에게 감사한다.

2 Tobias Andermann and others, "The Past and Future Human Impact on Mammalian Diversity", *Science Advances*, volume 6, number 36, https://tinyurl.com/yjp7jppv; Lucas Stephens and others, "The Deep Anthropocene", Aeon (1 October 2020), https://aeon.co/essays/revolutionary-archaeology-reveals-the-deepest-possible-anthropocene.

3 Spencer Wells, *Pandora's Seed: Why the Hunter Gatherer Holds the Key to our Survival* (Penguin, 2010)[국역: 《판도라의 씨앗: 농업 문명의 불편한 진실》, 을유문화사, 2012]; Nick Ashton, *Early Humans — Collins New Naturalist*

Library: Book 134 (William Collins, 2017); Lucas Stephens and others, "The Deep Anthropocene", Aeon (1 October).

4 '핵심종'이란 주변의 생물 다양성을 좌지우지하는 생물학적 특성이 있는 종을 일 컫는다. 핵심종의 손실이나 재유입은 생태계에 중요한 영향을 미칠 수 있다. 예를 들어, 미국 옐로스톤국립공원에 늑대를 다시 들여오자 사슴의 행동과 숫자에 영 향을 미쳐 서식지 다양성이 증가했다.

5 Martin Empson, *Land and Labour: Marxism, Ecology and Human History* (Bookmarks, 2014); Robert Trow-Smith, *Society and the Land* (Cresset Press, 1953).

6 Karl Marx, *The Eighteenth Brumaire of Louis Bonaparte*에 등장하는 표현[국 역: 《루이 보나파르트의 브뤼메르 18일》, 비르투, 2012]. Karl Marx and Friedrich Engels, *The Communist Manifesto* (Penguin, 2014), p 85 참조.

7 Karl Marx and Friedrich Engels, *The Communist Manifesto*, 앞의 책, p 3.

8 Lucas Stephens and others, "The Deep Anthropocene", Aeon (1 October 2020).

9 Cicero, *De Natura Deorum* (W Heinemann, 1933), p 271, https://openlibrary. org/books/OL17965347M/De_natura_deorum [국역: 《키케로의 신들의 본성에 관하여》, 나남출판, 2012].

10 Michael Williams, *Deforesting the Earth: From Prehistory to Global Crisis* (University of Chicago Press, 2006).

11 Chris Harman, *A People's History of the World* (Verso, 2008); Michael Williams, *Deforesting the Earth: From Prehistory to Global Crisis*, 앞의 책; Robert Trow-Smith, *Society and the Land*, 앞의 책; Marcel Mazoyer and Laurence Roudart, *A History of World Agriculture: From the Neolithic Age to the Current Crisis* (Earthscan Books, 2006).

12 '자연' 천이란 생태학적 시간이 경과하며 한 지역의 식물 구성이 바뀌는 것을 가리 키는 용어로서, 기후와 지리에 의해 결정되는 '최적'의 서식지 유형에 도달하면서 정점에 달한다. 영국의 경우 활엽수림이 그 예다. 천이 과정은 흔히 외부 요인에 의 해 교란되며, 그 결과 다양한 대안적 서식지가 형성된다.

13 Ian Newton, *Farming and Birds — Collins New Naturalist Library: Book 134* (William Collins, 2017).

14 Malcolm Ausden, *Habitat Management for Conservation: A Handbook of Techniques* (Oxford University Press, 2007).

15 Birdlife International, *Mediterranean Basin Biodiversity Hotspot*, 2017. www. cepf.net/sites/default/files/mediterranean-basin-2017-ecosystem-pro-

file-english_2.pdf

16 Piers Blaikie and Harold Brookfield, *Land Degradation and Society* (Methuen, 1987).

17 Critical Ecosystem Partnership Fund, "Mediterranean Basin — Species" (2021), www.cepf.net/our-work/biodiversity-hotspots/mediterranean-basin/species

18 Ian Newton, *Farming and Birds — Collins New Naturalist Library: Book 134*, 앞의 책, p 7~8.

19 Kevin Shillington, *History of Africa* (Palgrave Macmillan, 2012); Chris Harman, *A People's History of the World*, 앞의 책; Eduardo Galeano, *Mirrors: Stories of Almost Everyone* (Portobello Books, 2010); Shawn William Miller, *An Environmental History of Latin America* (Cambridge University Press, 2007).

20 John Hemming, *Tree of Rivers: The Story of the Amazon* (Thames and Hudson, 2008)[국역: 《아마존: 정복과 착취, 경외와 공존의 5백 년》, 미지북스, 2013]; Dee Brown, *Bury My Heart at Wounded Knee: An Indian History of the American West* (Vintage, 1991[1970])[국역: 《나를 운디드니에 묻어주오: 미국 인디언 멸망사》, 도서출판길, 2016]. 인디언 주재관은 아메리카 선주민 지도자들과의 교류를 담당한 미국 국가공무원들이었다.

21 소위 '사람이 거주하지 않는 지역'에 대한 토지권을 주장할 수 있는 '무주지' 법리는 캐나다·미국·호주 같은 정착민 식민주의 국가에서 벌어진 선주민 축출을 여전히 합법화하고 있다. Brian Champ and Michelle Robidoux, "Fighting back on Turtle Island: Indigenous sovereignty, the working class and anti-capitalism", *International Socialism* 170을 참조.

22 Bruce Bower, "Lidar Reveals the Oldest and Biggest Maya Structure Yet Found", *Science News* (3 June 2020) www.sciencenews.org/article/lidar-reveals-oldest-biggest-ancient-maya-structure-found-mexico; Laura Geggel, "Archaeologists Find Vast Network of Amazon Villages Laid Out Like the Cosmos"(2020), LiveScience, www.livescience.com/clock-face-shaped-villages-amazon-rainforest.html

23 Henry Walter Bates, *The Naturalist on the River Amazons* (Stanfords, 2009[1863]); Andrea Wulf, *The Invention of Nature: The Adventures of Alexander von Humboldt — The Lost Hero of Science* (John Murray, 2015)[국역: 《자연의 발명: 잊혀진 영웅 알렉산더 폰 훔볼트》, 생각의힘, 2021].

24 William Cronon, *Changes in the Land: Indians, Colonists, and the Ecology*

of New England (Hill and Wang, 1983); Charles C Mann, *1493: How Europe's Discovery of the Americas Revolutionized Trade, Ecology and Life on Earth* (Granta Books, 2011)[국역: 《1493: 콜럼버스가 문을 연 호모제노센 세상》, 황소자리, 2020].

25 David Abulafia, *The Discovery of Mankind: Atlantic Encounters in the Age of Columbus* (Yale University Press, 2008).

26 Jason Clay, *World Agriculture and the Environment: A Commodity-by-commodity Guide to Impacts and Practices* (Island Press, 2004); Melissa E Kemp and others, "7000 Years of Turnover: Historical Contingency and Human Niche Construction Shape the Caribbean's Anthropocene Biota", *Proceedings of the Royal Society B*, volume 287, issue 1927(20 May 2020), http://dx.doi.org/10.1098/rspb.2020.04472020

27 생태적 농업은 농사짓는 방법이 생태계와 어떻게 상호 작용하는지 고려한다.

28 Judith A Carney, "'With Grains in Her Hair': Rice in Colonial Brazil", *Slavery and Abolition*, volume 25, number 1(2004), https://geog.ucla.edu/sites/default/files/users/carney/33.pdf; Judith A Carney, "Subsistence in the Plantationocene: Dooryard Gardens, Agrobiodiversity and the Subaltern Economies of Slavery", *Journal of Peasant Studies* (10 April 2020), https://doi.org/10.1080/03066150.2020.1725488; Leah Penniman, *Farming While Black: Soul Fire Farm's Practical Guide to Liberation on the Land* (Chelsea Green Publishing, 2018).

29 John Bellamy Foster, Brett Clark and Richard York, *The Ecological Rift: Capitalism's War on the Earth* (Monthly Review Press, 2010). "신진대사 균열"이라는 용어는, 자본주의 농업 생산과 도농 분리 때문에 인간과 나머지 자연 사이의 신진대사적 상호작용에 균열이 생긴 것을 마르크스가 이론화한 것을 가리키는 용어다.

30 Nikki Gammans and others, *Bumblebees: An Introduction* (Bumblebee Conservation Trust, 2018).

31 Ian Rappel, "Capitalism and Species Extinction", *International Socialism* 147 (summer 2015), http://isj.org.uk/capitalism-and-species-extinction

32 William M Adams, "Editorial: Thinking Like a Human — Social Science and the Two Cultures Problem", *Orynx*, volume 41, number 3(2007), p 275. https://bit.ly/3lhJSct

33 Thomas Bott and Bernard Sweeney, *Ruth Patrick 1907-2013: Biographical Memoirs* (National Academy of Sciences, 2014) www.nasonline.org/publi-

cations/biographical-memoirs/memoir-pdfs/patrick-ruth.pdf 참조.

34 Piers Blaikie and Harold Brookfield, *Land Degradation and Society*, 앞의 책.

35 David R Montgomery, *Dirt: The Erosion of Civilizations* (University of California Press, 2012)[국역:《흙: 문명이 앗아간 지구의 살갗》, 삼천리, 2010]; Fred Magdoff, John Bellamy Foster and Frederick H Buttel, *Hungry for Profit: The Agribusiness Threat to farmers, Food, and the Environment* (Monthly Review Press, 2000)[국역:《이윤에 굶주린 자들》, 울력, 2006].

36 이 접근법은 "자연-인간 이분법과, 강력한 소비주의를 통해 끊임없는 성장을 강요하는 자본주의적 경제체제를 둘 다 거부하는 것에 바탕을 둔다." Bram Büscher and Robert Fletcher, *The Conservation Revolution: Radical Ideas for Saving Nature Beyond the Anthropocene* (Verso, 2020), p 9. 여기서 '공생'이라는 단어는 어원이 본래 의미하는 바, 즉 인간과 자연이 '함께 산다'는 뜻으로 쓰인다. "CONVIVA: convivial conservation research project"를 참조(https://conviva-research.com).

37 https://ipbes.net/global-assessment 참조.

38 Eric L Jones, *Revealed Biodiversity: An Economic History of Human Impact* (World Scientific, 2014); Partha Dasgupta, *The Economics of Biodiversity: The Dasgupta Review* (2021). www.gov.uk/government/publications/final-report-the-economics-of-biodiversity-the-dasgupta-review

39 자연 자본이라는 접근법을 옹호하는 이들은 상품 가격에 환경 비용을 반영하지 않는 자본주의의 문제를 극복하기 위해서는 생물 다양성, 생태, 자연에 금전적 가치를 부여해야 한다고 제안한다. 나는 Ian Rappel, "Natural Capital: A Neoliberal Response to Species Extinction", *International Socialism 160* (autumn 2018), http://isj.org.uk/natural-capital에서 자연 자본 개념을 자세히 비판했다.

40 하딘은 초원과 해양 같은 자원을 공동으로 사용하면 어느 개인도 자원 소비를 제한해야 할 이해관계가 없기 때문에 공동 자원이 고갈될 것이라 주장한다. 이런 주장은 공동 자원 사유화를 정당화하는 데 이용된다. 이 이론에 대한 반박은 Ian Rappel, "Natural Capital: A Neoliberal Response to Species Extinction", 앞의 글을 참조.

41 Elia Apostolopoulou, Elisa Greco and William M Adams, "Biodiversity Offsetting and the Production of 'Equivalent Natures': A Marxist Critique", ACME, volume 17, issue 3(2018), https://bit.ly/3rOtjHG; John O'Neill, "What is Lost Through No Net Loss", *Economics & Philosophy*, volume 36, issue 2(2020). 시언 설리번의 웹사이트 https://the-natural-capital-myth.net도 참조.

42 Richard T Corlett, "The Anthropocene Concept in Ecology and Conserva-

tion", *Trends in Ecology and Evolution*, volume 30, issue 1(2015); Ian Angus, *Facing the Anthropocene: Fossil Capitalism and the Crisis of the Earth System* (Monthly Review Press, 2016); Simon L Lewis and Mark A Maslin, *The Human Planet: How We Created the Anthropocene* (Pelican Books, 2018) [국역: 《사피엔스가 장악한 행성: 인류세가 빚어낸 인간의 역사 그리고 남은 선택》, 세종, 2020]; Camilla Royle, "Marxism and the Anthropocene", *International Socialism 151*, (summer 2016), http://isj.org.uk/marxism-and-the-anthropocene[국역: 이 글을 2019년에 개정한 것이 이 책의 1부 5장이다].

43 John Berger, *And Our Faces, My Heart, Brief as Photos* (Bloomsbury, 2005[1984]), p 72[국역: 《그리고 사진처럼 덧없는 우리들의 얼굴, 내 가슴》, 열화당, 2004].

44 Raymond Tallis, *Aping Mankind: Neuromania, Darwinitis and the Misrepresentation of Humanity* (Acumen, 2011).

45 Cicero, *De Natura Deorum*, 앞의 책, p 271.

46 6500만 년 전, 오늘날의 멕시코 지역에 소행성이 충돌해 마지막 대멸종이 일어났고 공룡의 시대가 끝났다. Steve Brusatte, *The Rise and Fall of the Dinosaurs* (Picador, 2018)[국역: 《완전히 새로운 공룡의 역사: 지구상 가장 찬란했던 진화와 멸종의 연대기》, 웅진지식하우스, 2020]. 지배계급의 협소한 이해관계를 위해 신자유주의가 지구의 생태를 가차 없이 재편하며 비슷한 지질학적 타격을 가하고 있다.

47 Catrin Einhorn and others, "The World's Largest Tropical Wetland Has Become an Inferno", *New York Times* (13 October 2020). https://nyti.ms/38zjPZ3

48 https://livingplanetindex.org/home/index 참조.

49 Elizabeth Lunstrum, "Green Militarization: Anti-poaching Efforts and the Spatial Contours of Kruger National Park", *Annals of the Association of American Geographers*, volume 104, issue 4(2014), p 817.

50 Nigel Dudley and Sue Stolton, *Leaving Space for Nature: The Critical Role of Area-Based Conservation* (Routledge, 2020).

51 Prakash Kashwan, "Inequality, Democracy, and the Environment: A Cross-National Analysis", *Ecological Economics*, volume 131 (Janaury 2017), p 148.

52 Edward O Wilson, *Half Earth: Our Planet's Fight for Life* (Liveright Publishing, 2016)[국역: 《지구의 절반: 생명의 터전을 지키기 위한 제안》, 사이언스북스, 2017].

53 Dan Brockington and others, *Nature Unbound: Conservation, Capitalism and the Future of Protected Areas* (Routledge, 2008).

54 www.nps.gov/yell/learn/historyculture/timeline.htm 참조.

55 Jonathan S Adams and Thomas O McShane, *The Myth of Wild Africa: Conservation Without Illusion* (Norton, 1992).

56 유엔의 '삼림 벌채·황폐화 방지를 위한 온실가스 감축' 프로그램에 관한 비판은 www.redd-monitor.org 참조.

57 Mark Dowie, *Conservation Refugees: The Hundred Year Conflict Between Global Conservation and Native Peoples* (MIT Press, 2009).

58 Richard Schuster and others, "Vertebrate Biodiversity on Indigenous-managed Lands in Australia, Brazil and Canada Equals That in Protected Areas", *Environmental Science & Policy*, volume 101 (November 2019). www.rcinet.ca/en/wp-content/uploads/sites/3/2019/07/Schuster-et-al-Indigenous-lands.pdf

59 Thomas E Lovejoy and Lee Hannah, *Biodiversity and Climate Change: Transforming the Biosphere* (Yale University Press, 2019).

60 Benedict Macdonald, *Rebirding: Restoring Britain's Wildlife* (Pelagic Publishing, 2020); George Monbiot, *Feral: Rewilding the Land, Sea and Human Life* (Penguin, 2014)[국역: 《활생: 한번도 보지 못한 자연을 만난다》, 위고, 2020].

61 Isabella Tree, *Wilding: The Return of Nature to a British Farm* (Pan Macmillan, 2019); Elizabeth Kolbert, "Recall of the Wild: The Quest to Engineer a World Before Humans", *The New Yorker*, (24 December 2012), www.newyorker.com/magazine/2012/12/24/recall-of-the-wild

62 Ingo Grass and others, "Land-sharing/-sparing Connectivity Landscapes for Ecosystem Services and Biodiversity Conservation", *People and Nature*, volume 1, issue 2(2019). https://besjournals.onlinelibrary.wiley.com/doi/10.1002/pan3.21

63 Friends of the Earth, "Friends of the Earth Reveals Local Opportunities to Boost Woodland" (25 November 2020), https://friendsoftheearth.uk/nature/friends-earth-reveals-local-opportunities-boost-woodland, https://takeclimateaction.uk/woodland-opportunity-mapping-england도 참조.

64 George Monbiot, *Feral: Rewilding the Land, Sea and Human Life*, 앞의 책.

65 Jan Urhahn, "Bill Gates's Foundation is Leading a Green Counterrevolution in Africa", *Jacobin* (27 December 2020). https://jacobinmag.com/2020/12/

agribusiness-gates-foundation-green-revolution-africa-agra

66 Katie J M Baker and Tom Warren, "WWF Admitted 'Sorrow' Over Human Rights Abuses"(2017), Buzzfeed, www.buzzfeednews.com/article/katiejm-baker/wwf-human-rights-abuses-independent-review

67 Bram Büscher and Robert Fletcher, *The Conservation Revolution: Radical Ideas for Saving Nature Beyond the Anthropocene*, 앞의 책.

68 John Berger, *And Our Faces, My Heart, Brief as Photos*, 앞의 책.

69 Sarah Ensor, "Capitalism and the Biodiversity Crisis", in Martin Empson ed, *System Change not Climate Change: A Revolutionary Response to Climate Crisis* (Bookmarks, 2019).

70 Ian Rappel, "The Ecology of Victory", *The Ecologist* (9 July 2019) https://theecologist.org/2019/jul/09/ecology-victory

71 사회주의 맥락에서 환경문제에 특별히 관심을 기울이는 것을 일부 좌파는 "생태 사회주의"라 부른다. John Molyneux and Jess Spear, *What is Ecosocialism?* (Rupture and Irish Marxist Review, 2020)를 참조.

72 Donald A Falk, Margaret A Palmer and Joy B Zedler, *Foundations of Restoration Ecology* (Island Press, 2006); Chris D Thomas, *Inheritors of the Earth: How Nature is Thriving in an Age of Extinction* (Allen Lane, 2017).

7장 기후 재앙 시대의 이주

1 Associated Press, "Jakarta Floods: Recovery Effort Begins as City Counts Cost of Worst Deluge in a Decade", *Guardian* (6 January 2020), https://bit.ly/35M9YOC 이 글의 초안에 아낌없이 논평해 준 마제드 액터, 사이먼 베어먼, 에리카 보리, 알렉스 캘리니코스, 디에고 마시아스 부아트랭, 필 마플릿, 존 나라얀, 루치아 프라델라에게 감사한다. 이 글에 표현된 견해는 내 개인적 견해다.

2 Krithika Varagur, "Death Toll Rises in Indonesia's Sinking Capital as Flood Defences Struggle", *Guardian* (4 January 2020), https://bit.ly/37rrnvJ

3 Oli Brown, "Migration and Climate Change", IOM Migration Research Series, no 31, International Organization for Migration (15 February 2008), p 11, www.iom.int/news/iom-migration-research-series-no-31-migration-and-climate-change를 참조.

4 John Newsinger, *The Blood Never Dried: A People's History of the British Empire* (Bookmarks, 2006), pp 34~38.

5 Karl Marx, *Capital*, volume 1 (Penguin, 1976[1867]), p 860.

6 Oli Brown, "Migration and Climate Change", 앞의 글, p 10; Blaine Friedlander, "Rising Seas Could Result in 2 Billion Refugees by 2100", *Cornell Chronicle* (19 June 2017), https://news.cornell.edu/stories/2017/06/rising-seas-could-result-2-billion-refugees-2100

7 Michael Berlemann and Max Friedrich Steinhardt, "Climate Change, Natural Disasters, and Migration — A Survey of the Empirical Evidence", *CESifo Economic Studies*, volume 63, issue 4(2017).

8 Oli Brown, "Migration and Climate Change", 앞의 글, pp 17~18. 때로는 사망자 수 대신에 재정적 손실 규모를 피해 측정에 사용하기도 하는데, 이는 재해가 부자들에게 영향을 미치는 경우 피해가 더 큰 것으로 보이게 왜곡한다. Daanish Mustafa, "Natural Hazards", in Noel Castree, David Demeritt, Diana Liverman and Bruce Rhoads (eds), *A Companion to Environmental Geography* (Blackwell Publishing, 2009).

9 '자연재해'에 대한 이론적 접근 방식을 개괄한 것으로는 Mark Pelling, "Natural Disasters?", in Noel Castree and Bruce Braun (eds), *Social Nature: Theory, Practice and Politics* (Blackwell, 2001)를, 코로나19에 관해서는 Joseph Choonara, "Socialism in a Time of Pandemics", *International Socialism 166* (spring 2020), http://isj.org.uk/socialism-in-a-time-of-pandemics를 참조.

10 Daanish Mustafa, "Natural Hazards", 앞의 글.

11 Save the Children, "Northern Syria Flooding: Thousands of Children at Risk of Further Displacement" (20 December 2019), www.savethechildren.net/news/northern-syria-flooding-thousands-children-risk-further-displacement

12 KEERFA, "Statement from Greek Anti-racists: Protect Refugees from Coronavirus", Marx21 (14 March 2020), https://marx21us.org/2020/03/14/statement-greek-anti-racists-coronavirus

13 Mike Ives, "A Remote Pacific Nation, Threatened by Rising Seas", *New York Times* (3 July 2016), www.nytimes.com/2016/07/03/world/asia/climate-change-kiribati.html

14 Internal Displacement Monitoring Centre, "Global Report on Internal Displacement" (April 2020), p 48, www.internal-displacement.org/sites/default/files/publications/documents/2020-IDMC-GRID.pdf

15 Internal Displacement Monitoring Centre, "Global Report on Internal Dis-

placement" (May 2019), pp 34~35, www.internal-displacement.org/sites/
default/files/publications/documents/2019-IDMC-GRID.pdf

16 Oliver Milman, Emily Holden and David Agren, "The Unseen Driver be-
hind the Migrant Caravan: Climate Change", *Guardian* (30 October 2018),
www.theguardian.com/world/2018/oct/30/migrant-caravan-causes-cli-
mate-change-central-america; Lauren Markham, "How climate change is
pushing Central American migrants to the US", *Guardian* (6 April 2019),
https://bit.ly/3lOmfrn

17 Mark Weisbrot, "NAFTA: 20 Years of Regret for Mexico", *Guardian* (4 Janu-
ary 2014), https://bit.ly/37rrl75

18 Internal Displacement Monitoring Centre, "Global Report on Internal Dis-
placement", 앞의 글, pp 42~43.

19 Jessica Benko, "How a Warming Planet Drives Human Migration", *New York
Times* (19 April 2017), https://nyti.ms/2K7jzan

20 United Nations, "Report of the United Nations High Commissioner for
Refugees: Part II, Global Compact on Refugees" (13 September 2018), p 2,
https://bit.ly/36Sp3NU 현재 유엔은 환경 관련 이주민을 법적으로 '난민'에 포함
하지 않고 있으며, 이 문제는 이 글의 뒷부분에서 더 논의할 것이다.

21 Ki-Moon Ban, "A Climate Culprit in Darfur", *Washington Post* (16 June 2007),
https://wapo.st/3lMwCvW

22 Jonathan Neale, "Climate Politics After Copenhagen", *International Socialism*
126 (spring 2010), http://isj.org.uk/climate-politics-after-copenhagen

23 Anne Alexander and Jad Bouharoun, *Syria: Revolution, Counter-revolution
and War* (Socialist Worker, 2016), pp 2~4.

24 Anne Alexander and Jad Bouharoun, *Syria: Revolution, Counter-revolution
and War*, 앞의 책, pp 5~10.

25 Christiane J Fröhlich, "Climate migrants as protestors? Dispelling Mis-
conceptions about Global Environmental Change in Pre-revolutionary
Syria", *Contemporary Levant*, volume 1, issue 1(2016).

26 Christiane J Fröhlich, "Climate migrants as protestors? Dispelling Misconcep-
tions about Global Environmental Change in Pre-revolutionary Syria", 앞
의 글, p 42.

27 Andreas Malm, "Revolution in a Warming World: Lessons from the Russian
to the Syrian Revolutions", *Socialist Register 2017: Rethinking Revolution*,
(2016), https://climateandcapitalism.com/2018/03/17/malm-revolution-

ary-strategy

28 Anne Alexander and Jad Bouharoun, *Syria: Revolution, Counter-revolution and War*, 앞의 책, pp 11~12; Andreas Malm, "Revolution in a Warming World: Lessons from the Russian to the Syrian Revolutions", 앞의 글.

29 Jonathan Maunder, "The Syrian Crucible", *International Socialism* 135 (summer 2012), http://isj.org.uk/the-syrian-crucible; Anne Alexander, "ISIS, Imperialism and the War in Syria", *International Socialism* 149 (winter 2016), http://isj.org.uk/isis-imperialism-and-the-war-in-syria; Ghayath Naisse, "Interview: Lessons of the Syrian Revolution", *International Socialism* 153 (winter 2016), http://isj.org.uk/interview-lessons-of-the-syrian-revolution; Julie Hearn and Abdulsalam Dallal, "The 'NGOisation' of the Syrian Revolution", *International Socialism* 164 (autumn 2019), http://isj.org.uk/the-ngoisation-of-the-syrian-revolution

30 Anne Alexander and Jad Bouharoun, *Syria: Revolution, Counter-revolution and War*, 앞의 책, p 14.

31 Julie Hearn and Abdulsalam Dallal, "The 'NGOisation' of the Syrian Revolution", 앞의 글.

32 Anne Alexander, "ISIS, Imperialism and the War in Syria", 앞의 글.

33 Anne Alexander and Jad Bouharoun, *Syria: Revolution, Counter-revolution and War*, 앞의 책, pp 22~23.

34 Anne Alexander, "ISIS, Imperialism and the War in Syria", 앞의 글.

35 Julie Hearn and Abdulsalam Dallal, "The 'NGOisation' of the Syrian Revolution", 앞의 글.

36 모든 수치는 www.unhcr.org/uk/syria-emergency.html에서 인용했다.

37 Naomi Klein, "Let them Drown: The Violence of Othering in a Warming World", *London Review of Books*, volume 38, num 11(2016), www.lrb.co.uk/the-paper/v38/n11/naomi-klein/let-them-drown

38 Naomi Klein, "Let them Drown: The Violence of Othering in a Warming World", 앞의 글. 건조지역과 분쟁의 연관성은 다소 확실치 않은 것으로 보인다. 수십 년간 이스라엘의 점령과 팔레스타인의 저항이 이어져 왔다는 맥락에서 볼 때, 2014년 이스라엘의 가자지구 공격은 기후변화 전쟁의 사례로 보기는 부적절하다(비록 수자원 이용 권리가 한몫한 것은 확실하지만 말이다).

39 Anne Alexander and Jad Bouharoun, *Syria: Revolution, Counter-revolution and War*, 앞의 책.

40 Jan Selby and Mike Hulme, "Is Climate Change Really to Blame for Syria'

s Civil War?", *Guardian* (29 November 2015), www.theguardian.com/com-mentisfree/2015/nov/29/climate-change-syria-civil-war-prince-charles

41 Department of Defense, "FY 2014 Climate Change Adaptation Roadmap" (June 2014), p 4, www.acq.osd.mil/eie/downloads/CCARprint_wForward_e.pdf; Alex Callinicos, "Betting on Infinite Loss", *International Socialism* 163 (summer 2019), http://isj.org.uk/betting-on-infinite-loss에서 인용. 강조는 내가 한 것이다.

42 Andreas Malm, "Revolution in a Warming World: Lessons from the Russian to the Syrian Revolutions", 앞의 글.

43 John Sinha, "Notes on the Climate Crisis: Racism", *Socialist Review* (March 2020), http://socialistreview.org.uk/455/notes-climate-crisis-racism

44 《인터내셔널 소셜리즘》에 쓴 글에서 줄리 헌과 압둘살람 달랄은 시리아에서 NGO도 해로운 구실을 했다는 강력한 논거를 제시한다. Julie Hearn and Abdulsalam Dallal, "The 'NGOisation' of the Syrian Revolution", 앞의 글을 참조.

45 Jan Selby and Mike Hulme, "Is Climate Change Really to Blame for Syria's Civil War?", 앞의 글. 그들은 시리아에서 가뭄으로 생긴 국내 이주민이 150만 명이라는 주장을 의심하며, 25만 명이 조금 안 될 것이라 본다.

46 Maya Goodfellow, "How Helpful is the Term 'Climate Refugee'?", *Guardian* (31 August 2020), www.theguardian.com/world/2020/aug/31/how-helpful-is-the-term-climate-refugee

47 Betsy Hartmann, "Rethinking Climate Refugees and Climate Conflict: Rhetoric, Reality and the Politics of Policy Discourse", *Journal of International Development*, volume 22, issue 2(2010).

48 Betsy Hartmann, "Rethinking Climate Refugees and Climate Conflict: Rhetoric, Reality and the Politics of Policy Discourse", 앞의 글, p 238.

49 Christiane J Fröhlich, "Climate migrants as protestors? Dispelling Misconceptions about Global Environmental Change in Pre-revolutionary Syria", 앞의 글, pp 40~41.

50 다르푸르에 관해서는 Declan Butler, "Darfur's Climate Roots Challenged", *Nature*, issue 447(2007)을 참조.

51 Andreas Malm, "Revolution in a Warming World: Lessons from the Russian to the Syrian Revolutions", 앞의 글.

52 Karen Witsenburg and Adano Wario Roba, "The Use and Management of Water Sources in Kenya's Drylands: Is There a Link Between Scarcity and Violent Conflicts?", in Bill Derman, Rie Odgaard and Espen Sjaastad

(eds), *Conflicts Over Land and Water in Africa* (Currey, 2007). Betsy Hartmann, "Rethinking Climate Refugees and Climate Conflict: Rhetoric, Reality and the Politics of Policy Discourse", 앞의 글, p 237에서 인용.

53 Betsy Hartmann, "Rethinking Climate Refugees and Climate Conflict: Rhetoric, Reality and the Politics of Policy Discourse", 앞의 글, p 236.

54 Lucia Pradella and Rossana Cillo, "Bordering the Surplus Population across the Mediterranean: Imperialism and Unfree Labour in Libya and the Italian Countryside", *Geoforum*, 언론에서 한 말이다.

55 Andreas Malm, "Revolution in a Warming World: Lessons from the Russian to the Syrian Revolutions", 앞의 글.

56 Jan Selby and Mike Hulme, "Is Climate Change Really to Blame for Syria's Civil War?", 앞의 글.

57 행진은 현지 사정에 따라 9월 20일이나 9월 27일에 열렸다.

58 "Millions Join Worldwide Protests to Save Planet", *Socialist Worker* (24 September 2019), https://socialistworker.co.uk/art/48974/Millions+join+worldwide+protests+to+save+planet

59 Alex Callinicos, "Betting on Infinite Loss", 앞의 글.

60 Wretched of the Earth, "An Open Letter to Extinction Rebellion", *Red Pepper* (3 May 2019), www.redpepper.org.uk/an-open-letter-to-extinction-rebellion

61 Matthew Taylor, "The Long Read: The Evolution of Extinction Rebellion", *Guardian* (4 August 2020), www.theguardian.com/environment/2020/aug/04/evolution-of-extinction-rebellion-climate-emergency-protest-coronavirus-pandemic

62 Geoff Dembicki, "A Debate Over Racism Has Split One of the World's Most Famous Climate Groups", *Vice* (28 April 2020), www.vice.com/en_us/article/jgey8k/a-debate-over-racism-has-split-one-of-the-worlds-most-famous-climate-groups에서 로저 핼럼의 논평을 참조.

63 Geoff Dembicki, "A Debate Over Racism Has Split One of the World's Most Famous Climate Groups", 앞의 글.

64 Geoff Dembicki, "A Debate Over Racism Has Split One of the World's Most Famous Climate Groups", 앞의 글에서 인용. 이 인용은 최근 미국에서 '흑인 목숨도 소중하다' 운동이 극적으로 재부상하기 이전에 나온 것이다.

65 Rupert Read, "Love Immigrants, Rather Than Large-scale Immigration", *Ecologist* (19 June 2014).

66 Geoff Dembicki, "A Debate Over Racism Has Split One of the World's Most Famous Climate Groups", 앞의 글.

67 Naomi Klein, "Let them Drown: The Violence of Othering in a Warming World", 앞의 글.

68 이 설문 조사는 지구정의반란이 시작했고 2020년 7월 2일 그들의 페이스북 페이지에 공유됐다. https://bit.ly/34HwxDF를 참조.

69 Rupert Read, "Love Immigrants, Rather Than Large-scale Immigration", 앞의 글.

70 Lauren Markham, "How climate change is pushing Central American migrants to the US", 앞의 글.

71 Naomi Klein, "Let them Drown: The Violence of Othering in a Warming World", 앞의 글. '대지의 저주받은 사람들'(Wretched of the Earth)의 공개서한에 담긴 요구 하나가 적대적 환경의 종식이기도 하다.

72 Phil Marfleet, "States of Exclusion", *Socialist Review* (November 2016), https://socialistreview.org.uk/418/states-exclusion

73 Petros Constantinou, "Anti-racists Will March in 17 Countries on Saturday: Greece Will See Eight Demos", *Socialist Worker* (15 March 2016), https://socialistworker.co.uk/art/42362/Anti+racists+will+march+in+17+countries+on+Saturday%3A+Greece+will+see+eight+demos

74 Maya Goodfellow, "How Helpful is the Term 'Climate Refugee'?", 앞의 글.

75 Jan Selby and Mike Hulme, "Is Climate Change Really to Blame for Syria's Civil War?", 앞의 글.

76 Lauren Markham, "How climate change is pushing Central American migrants to the US", 앞의 글.

77 Jessica Benko, "How a Warming Planet Drives Human Migration", 앞의 글.

78 이 점을 지적해 준 필 마플릿에게 감사한다.

79 Lauren Markham, "How climate change is pushing Central American migrants to the US", 앞의 글에서 인용.

80 Avidan Kent and Simon Behrman, *Facilitating the Resettlement and Rights of Climate Refugees: An Argument for Developing Existing Principles and Practices* (Routledge 2018), p 56.

81 Oli Brown, "Migration and Climate Change", 앞의 글, pp 13~15.

82 Internal Displacement Monitoring Centre, "Global Report on Internal Displacement", 앞의 글.

83 Oli Brown, "Migration and Climate Change", 앞의 글, p 22. Avidan Kent and

Simon Behrman, *Facilitating the Resettlement and Rights of Climate Refugees*, 앞의 책, pp 4~5.

84 www.unhcr.org/uk/figures-at-a-glance.html을 참조.

85 Oli Brown, "Migration and Climate Change", 앞의 글, p 9.

86 Avidan Kent and Simon Behrman, *Facilitating the Resettlement and Rights of Climate Refugees*, 앞의 책, pp 44~59. 이 저자들은 난민에 대한 정의가 현실에서는 1951년 협약에 포함되지 않았던 다른 유형의 비자발적 이주민을 포함하도록 확대돼 왔으며, 따라서 원칙적으로 더 확대될 수 있다는 점을 지적한다.

87 www.cacctu.org.uk/climaterefugees를 참조.

88 www.facebook.com/GlobalJusticeBloc을 참조.

89 Jonathan Neale, *Stop Global Warming: Change the World* (Bookmarks, 2008), p233[국역: 《기후위기와 자본주의: 체제를 바꿔야 기후변화를 멈춘다》, 책갈피, 2019].

2부 그린뉴딜, 기후 운동, 노동계급

1장 세계 권력자들이 기후 위기를 해결할까?

1 2017년 6월 트럼프는 파리협약 탈퇴를 선언했고 2019년 11월 4일 유엔에 이를 공식 통보했다. 협정에 따라 1년 뒤인 2020년 11월 4일 탈퇴가 공식 결정됐다.

2 《포천》이 매년 매출액을 기준으로 발표하는 세계 10대 기업을 보면 2020년 현재 4개의 석유 기업(중국석유천연가스공사, 로열더치쉘, 사우디아람코, BP)과 4개의 화석연료 연관 기업(시노펙, 국가전력망공사, 폭스바겐, 토요타)이 이름을 올리고 있다. 나머지 두 기업은 월마트와 아마존이다. 거대 유통 기업으로서 이 두 기업도 화석연료와 이를 원료로 만들어진 전력망에 크게 의존한다는 사실을 염두에 둘 필요가 있다. 2021년 목록에는 애플과 보건 의료 관련 기업들(CVS헬스, 유나이티드헬스)이 새로 진입했지만, 일부 등락에도 불구하고 지난 20년 동안 이 목록은 화석연료 기업들이 독점하다시피 해 왔다.

3 Roger Hallam, "The Civil Resistance Model", *This is not a Drill: An Extinction Rebellion Handbook* (Penguin, 2019).

4 외교부, https://www.mofa.go.kr/www/wpge/m_20150/contents.do

5 조너선 닐, 《기후위기와 자본주의: 체제를 바꿔야 기후변화를 멈춘다》, 책갈피, 2019, 273쪽.

6 조너선 닐, 앞의 책, 272쪽.

7 〈한겨레〉 2021년 8월 23일 자.

8 조녀선 닐, 앞의 책, 179~182쪽.

9 Simon Pirani, "Carbon dioxide removal sucks", *Ecologist*, 2020. 11. 13

10 UNFCCC, 2021.2.26

11 Climate Action Tracker, https://climateactiontracker.org/publications/1o5C-consistent-benchmarks-for-us-2030-climate-target/

12 에이미 레더, "권력자들은 정말로 기후 위기를 해결할까?", 〈노동자 연대〉 371호 (2021년 6월 2일), https://wspaper.org/article/25683

13 애덤 투즈, 앞의 에이미 레더 글에서 재인용.

14 〈연합뉴스〉, 2021년 8월 21일, https://m.yna.co.kr/view/AKR20210820112800009

15 빌 게이츠, 《빌 게이츠, 기후재앙을 피하는 법》, 김영사, 2021, 262~264쪽.

16 빌 게이츠, 앞의 책, 264쪽.

17 에이미 레더, 앞의 글.

18 〈연합뉴스〉, 2021년 8월 10일, https://m.yna.co.kr/view/AKR20210810047100009

19 크리스 하먼, 《크리스 하먼 선집: 시대를 꿰뚫어 본 한 혁명가의 시선》, 책갈피, 2016, 396~397쪽.

20 나오미 클라인, 《미래가 불타고 있다: 기후 재앙 대 그린 뉴딜》, 열린책들, 2021, 117쪽.

21 Sophie Squire, "G7 Summit — world leaders accelerate towards climate chaos", *Socialist Worker*, 2758(7 Jun 2021).

22 에이미 레더, 앞의 글.

23 정명규 주벨기에·유럽연합대사관 환경관, "EU의 신성장 전략, '유럽 그린딜'", 2020년 10월.

24 로버트 폴린, 《기후 위기와 글로벌 그린 뉴딜》, 현암사, 2021, 173쪽.

25 김병권, 《기후 위기와 불평등에 맞선 그린뉴딜》, 책숲, 2020, 87쪽.

26 크리스틴 시어러 외, "붐 앤 버스트 2019: 국제 석탄발전소 추이 조사", 2019년 3월.

27 이정구, "이윤 지상주의의 심각한 폐해를 보여 주는 중국의 환경 문제", 《마르크스 21》 33호(2020년 3~4월호).

28 마틴 엠슨, "중국은 친환경적인가?", 《마르크스21》 27호(2018년 9~10월호).

29 마틴 엠슨, 앞의 글.

2장 한국의 기후변화와 정부의 대응

1 이 보고서에 대한 평가는 김종환, "〈한국 기후변화 평가보고서 2020〉 발간: '불편한 진실' 회피한 문재인 정부", 〈노동자 연대〉 331호(2020년 8월 4일)를 대부분 그대로 가져왔다.

2 대한민국 정책브리핑, 기획&특집〉정책위키〉온실가스 감축, https://www.korea.kr/special/policyCurationView.do?newsId=148867400

3 환경운동연합, "대선 후보자별 에너지-기후변화 공약 비교", 2017년 5월 1일.

4 "유엔, '한국 등 온실가스 감축목표 다시 내라'", 〈한겨레〉, 2021년 2월 26일 자.

5 산업통상자원부, "저탄소·친환경 '녹색경제'로 전환 … '그린 뉴딜' 청사진 나왔다", 대한민국 정책브리핑, https://www.korea.kr/news/policyNewsView.do?newsId=148874730

6 〈에너지 신문〉, 2020년 10월 22일 자, https://www.energy-news.co.kr/news/articleView.html?idxno=73367

7 "무늬만 그린 뉴딜, 탄소제로는 빠졌다", 〈뉴스타파〉, 2021년 8월 10일, https://newstapa.org/article/W61Lx

8 골프장 면적은 국토교통부 "전국 골프장 현황 2011년" https://www.mcst.go.kr/kor/s_policy/dept/deptView.jsp?pDataCD=0408010000&pSeq=422, 아파트 면적은 한국부동산원 http://www.k-apt.go.kr/cmmn/kaptworkintro.do, 도로 면적은 국토교통부 http://www.molit.go.kr/USR/NEWS/m_71/dtl.jsp?id=95083823을 참고했다.

9 김화년, "세계 석탄 규제 현황과 영향 전망", 《에너지포커스》, 2017년 가을호.

3장 그린뉴딜의 의의와 혁명적 대안

1 나오미 클라인, 《미래가 불타고 있다: 기후 재앙 대 그린 뉴딜》, 열린책들, 2021, 341쪽.

2 조니 존스, "뉴딜의 신화와 진실: 뉴딜이 노동자들에게 이득이 됐는가?", 〈저항의 촛불〉 10호(2008년 10월 23일), https://wspaper.org/article/5997

3 버니 샌더스의 그린뉴딜 공약은 웹사이트에서 볼 수 있다. https://berniesanders.com/issues/the-green-new-deal/

4 나오미 클라인, 앞의 책, 135쪽.

5 *Campaign against Climate Change, One Million Climate Jobs: Tackling the Environmental and Economic Crises*, Third Edition, 2014.

6 조너선 닐, 《기후위기와 자본주의》, 책갈피, 2019, 84~92쪽.

7 유진혁, "전문가 보고서: 미국의 그린뉴딜정책 동향분석 및 대응", 환경부, 2020.

"뉴딜정책이 환경이슈와 결합된 것은 토머스 프리드먼이 2007년 뉴욕타임즈에서 '그린뉴딜'이라는 용어를 언급하며 정책제안을 시작하면서부터이다. … 프리드먼의 그린뉴딜 아이디어는 2008년 경제위기를 겪으면서 본격화되었다. 오바마 대통령은 2008년 서브프라임모기지로 인한 경제위기에 대응하기 위해 8000억 달러 규모의 경기부양법을 도입하였으며, 이를 통해 청정전기, 재생연료, 스마트 그리드 등 녹색산업과 일자리창출을 위한 9000만 달러의 예산을 포함하였다. … 이러한 움직임과 보조하여 유엔 환경보호프로그램(UNEP)은 2009년 글로벌 그린뉴딜(Global Green New Deal, GGND)을 통해 각국 정부가 경기부양자금을 녹색 산업과 재생에너지에 투자하여 경제 회복, 빈곤 퇴치, 탄소배출과 생태계 악화 저지라는 목적을 달성할 것을 촉구하였다."

8   일부 국내 언론에서는 53 대 47로 부결됐다고 보도해 47명의 찬성표를 얻은 것처럼 알려졌지만, 실제로 47표는 찬성이나 반대가 아닌 중립(present) 투표였다. 다시 말해 (버니 샌더스를 포함한) 민주당 소속 상원의원들조차 알렉산드리아 오카시오코르테스의 그린뉴딜 결의안을 지지하지 않은 것이다.

9   정의당, "2020 정의로운 대전환", 제21대 국회의원선거 정의당 정책공약집.

10 김병권, 앞의 책, 219쪽. "전시에 준하는 상황으로 국가적 자원을 총동원"이라는 표현은 총선 공약에서는 빠졌다.

11 노동해방투쟁연대 준비모임이 발행하는 온라인 신문 〈가자! 노동해방〉에 실린 번역 기사, "기후재앙과 사회주의전략"이 이런 관점을 보여 준다.

12 김병권, 《진보의 상상력》, 이상북스, 2021, 161쪽.

13 김병권, 《기후 위기와 불평등에 맞선 그린뉴딜》, 책숲, 2020, 41쪽.

14 장호종, "코로나19 팬데믹의 피해자와 수혜자", 〈노동자 연대〉 327호(2020년 6월 17일). https://wspaper.org/article/24061

15 국내 일부 좌파는 제러미 코빈과 버니 샌더스의 그린뉴딜이 자본주의 "체제 전환 전략"이라고 본다(강동진, 《변혁정치》). "체제"는 다양한 의미로 쓰이지만, 이들이 좌파라는 점을 고려하면 자본주의 체제를 뜻하는 것으로 봐야 할 것이다. 그렇게 보면 이들은 그린뉴딜을 통해서도 사회주의에 이를 수 있다고 보는 듯하다. 이는 이들이 경제의 전면적 국유화를 '사회주의'라고 여기는 것과도 연관이 있어 보인다. 그러나 설사 한 나라의 산업 대부분을 국유화하더라도 그 국가가 노동자 국가, 즉 노동자들의 민주적 결정에 따라 운영되는 국가가 아니라 소수의 엘리트가 지배하고 세계 자본주의의 규칙을 따르는 자본주의 국가라면 그 사회는 마르크스가 말한 사회주의와는 아무 관계가 없다. 그 국민경제는 세계 자본주의의 이윤과 축적 그리고 경쟁 논리에서 벗어날 수 없고 경제적·군사적 경쟁에서 살아남으려면 결국 노동력 착취를 통해 이윤을 더 뽑아내야 한다는 압력을 받을 것이다. 이는 서방 제국주의 국가들과의 군사적 경쟁 압박에 시달리며 자국 노동자들을 착

취하고 무분별한 환경 파괴를 벌였던 소련과 같은 국가자본주의 국가들의 경험을 통해서도 알 수 있다.

16 로버트 폴린, 앞의 책, 106~107쪽.

17 나오미 클라인, 앞의 책, 354~355쪽.

18 토머스 험멜, "미국 사회주의자가 말한다: 변화 염원을 실망시킨 버니 샌더스의 바이든 지지", 〈노동자 연대〉 319호(2020년 4월 17일). https://wspaper.org/article/23807

19 김준효, "샌더스와 오카시오-코르테스의 바이든 지지는 청년들을 헷갈리게 만든다", 〈노동자 연대〉 324호(2020년 5월 27일). https://wspaper.org/article/23973

20 폴 먹가, 《녹색은 적색이다》, 책갈피, 2007, 41쪽.

21 닉 클라크, "서구 사회민주주의 몰락하다", 〈노동자 연대〉 376호(2021년 7월 6일). https://wspaper.org/article/25829

22 김병권, 《기후 위기와 불평등에 맞선 그린뉴딜》, 33~37쪽, 김병권은 이 책에서 생태주의자들의 '탈성장'과 대조되는 개념으로서 '탈동조화'라는 개념을 사용한다. 즉, 탈성장이 (자본주의 사회에서) 평범한 사람들에게 어마어마한 고통을 줄 것이므로, 경제성장은 어느정도 유지하면서도 화석연료 사용은 줄이는 분리가 필요하다는 것이다.

23 김영태, 《한국정당학회보》 제6권 제1호, 2007.

24 최일봉, "자본주의 사회에서 국가란 무엇인가?", 《자본주의 국가: 마르크스주의의 관점》, 책갈피, 2015, 13~18쪽.

25 칼 맑스, 프리드리히 엥겔스, 《공산주의 선언》, 박종철출판사, 2016, 60쪽.

26 기후정의포럼, 《기후정의선언 2021》, 한티재, 2021, 67~68쪽. 강조는 내가 한 것이다.

27 기후 위기의 위협 앞에서 자본주의 폐지까지 나아가기에는 '시간이 없다'는 주장도 있다. 어떻게든 현존 국가를 활용해야 한다는 것이다. 예컨대 놈 촘스키는 대담집 《기후 위기와 글로벌 그린 뉴딜》(현암사, 2021)에서 "시급을 다투는 조치를 취하는 데 필요한 기한 내에 자본주의를 해체하는 것은 불가능한 일인데, 심각한 위기를 방지하기 위해서는 대대적인 국가 차원의 동원, 아니 세계적 동원이 필요하기 때문입니다" 하고 주장했다(198쪽). 같은 책에서 로버트 폴린도 "생산 자산의 사유를 전면 폐지하고 이를 국유화하는 것[이] … 기후를 안정시켜야 하는 기한 내 즉 적어도 30년 내에 일어날 수 있다고 진심으로 믿는 사람이 있나요?" 하고 말했다(199쪽). 이 문제에 관한 마르크스주의자의 답변은 이 책 3부 4장에서 볼 수 있다.

4장 기후 위기 대응 산업 재편과 정의로운 전환

1 공공운수노조, "기후위기 비상 노동자 행동이 필요하다", 교육지 〈터〉, 2021년 7월 23일.

2 건설노조, 폭염 대책 촉구 기자회견, 2021년 7월 21일.

3 John Bellamy Foster, "Ecosocialism and a just transition", *Monthly Review*, Jun 22 2019.

4 노라 래첼, 데이비드 우젤, 《녹색 노동조합은 가능하다》, 이매진, 2019에서 인용. 강조는 내가 한 것이다.

5 '기후정의 기본법을 제정하자' 토론회, 기후위기비상행동 주최, 2021년 3월 9일.

6 강은미 의원 대표발의, 기후 위기 대응과 정의로운 녹색전환을 위한 기본법안, 2021년 4월 23일(발의일).

7 강은미 의원 대표발의, 같은 법.

8 공공운수노조 정책기획실, "[이슈해설] 정의로운 전환: 이제 문제는 '전환의 방향'이다", 2021년 6월 22일.

9 장혜영 의원 대표발의, 교통·에너지·환경세법 전부개정법률안, 2021년 7월 12일 (발의일).

10 김종진, "기후환경 위기와 노동의 '정의로운 전환'", 《e노동사회》 21호(2021년 7월 5일).

11 자세한 내용은 다음의 기사를 참조. 강동훈, "사회연대기금: 비정규직 처우 개선과 노동자 단결에 도움 될까", 〈노동자 연대〉 315호(2020년 2월 20일).

12 한재각, "문 정부 그린뉴딜에 정의로운 전환은 없다", 〈프레시안〉, 2020년 8월 3일.

13 '기후위기 시대 공공부문 노동운동의 전략' 토론회, 공공운수노조·사회공공연구원·에너지노동사회네트워크 등 주최, 2021년 5월 28일.

14 김현우, "'정의로운 전환'과 녹색 일자리", 《노동, 운동, 미래, 전략》, 이매진, 2020.

15 김현우, "기후변화 대응 경사노위 만들자", 〈프레시안〉, 2019년 6월 24일.

16 금속노조, "'노동참여 산업전환'과 '공동결정법 입법투쟁'을 맞이하는 중앙집행위원회의 각오", 2021년 6월 23일.

17 김하영, 《문재인 정부와 노동운동의 사회적 대화》, 책갈피, 2020.

18 자세한 내용은 다음의 기사를 참조. 폴카트 모슬러, "독일식 노사관계 모델: 누구를 위한 성공의 역사인가?", 〈노동자 연대〉 218호(2017년 8월 16일).

19 김현우, 앞의 글과 장석준, "그린 뉴딜에 빠진 '루카스 플랜' 정신", 〈한겨레〉, 2020년 10월 8일 자.

20 Dave Albury, "Alternative plans and revolutionary strategy", *International Socialism*, 2: 6(Autumn 1979).

21 "정의로운 전환으로 가는 길", 변혁당 '사회주의 정치캠프', 2021년 7월 23일.

22 "Oil workers say the system is rigged against green jobs", *Socialist Worker*, 2725(5 Oct 2020).

23 자세한 내용은 이 책의 2부 6장을 참조.

5장 멸종반란 운동의 의의와 노동계급

1   Jem Bendell, "Deep Adaptation", 2018. https://jembendell.com/2019/05/15/deep-adaptation-versions/

2   John Molyneux, "XR: A Socialist Perspective", 2019. http://www.globalecoso-cialistnetwork.net/2019/12/23/xr-a-socialist-perspective/

3   멸종반란 운동의 전략과 로저 핼럼의 주장들에 관해서는 Sadie Robinson, "How do we build a climate movement that wins?", *Socialist Worker*, 2653(5 May 2019)을 참고했다.

4   멸종반란 운동의 지도자들은 에리카 체노웨스와 마리아 J 스티븐이 쓴 《비폭력 시민운동은 왜 성공을 거두나》(두레, 2019)에서 제시한 이론을 받아들인다. 이 책은 1900~2006년에 세계 곳곳에서 벌어진 다양한 저항운동을 통계적으로 분석해 "비폭력 저항운동이 전면적 또는 부분적으로 성공을 거둔 예들이 그 반대 경우(폭력적 운동)의 거의 두 배였다"는 결론을 내린다. "체제 교체를 목표로 한 반체제 저항운동의 경우 323건의 사례 가운데 비폭력 전략을 사용한 경우는 성공 가능성을 엄청나게 끌어올렸다"(25~28쪽). 다만, 로저 핼럼 등은 에리카 체노웨스를 인용해 '인구의 3.5퍼센트 이상'이 비폭력 저항에 참가하면 승리할 수 있다는 공식을 제시했는데, '3.5퍼센트'는 이 책이 아니라 TED 연설에서 말한 내용이다. www.youtube.com/watch?v=YJSehRlU34w 에리카 체노웨스의 주장에 대한 마르크스주의의 비판은 Martin Empson, "Non-violence, social change and revolution", *International Socialism*, 165를 참고하라. Jess Walsh, "Should we blow up pipelines?"은 안드레아스 말름이 쓴 책《송유관을 폭파하는 방법》(How to blow up pipelines)에 대한 서평으로 비폭력 직접행동에 대한 말름의 잘못된 반박('폭력을 적극적으로 사용해야 한다')을 비판한다. https://swp.org.uk/should-we-blow-up-pipelines/

5   예컨대 장석준, "기후 문제는 계급 문제다", 〈한겨레〉, 2021년 8월 19일 자를 참조. https://www.hani.co.kr/arti/opinion/column/1008282.html

6   노란조끼 운동의 등장과 그에 대한 평가는 다음의 기사를 보라. 찰리 킴버, "노란조끼 운동: 프랑스를 뒤흔든 10주", 〈노동자 연대〉 274호(2019년 1월 24일). https://wspaper.org/article/21527

7 찰리 킴버, "프랑스 대파업: 노동계급은 어떻게 반격에 나서고 있는가", 〈노동자 연대〉 312호(2020년 1월 30일). https://wspaper.org/article/23259

8 찰리 킴버, 앞의 글.

9 찰리 킴버, "프랑스 파업 노동자들은 말한다 '마크롱 퇴진하라!'", 〈노동자 연대〉 309호(2019년 12월 19일). https://wspaper.org/article/23099

10 이 책의 1부 7장을 참조.

11 크리스 하먼, "기후변화와 계급투쟁", 《크리스 하먼 선집》, 책갈피, 2016, 394~400쪽. 강조는 내가 한 것이다.

12 알렉스 캘리니코스, 《카를 마르크스의 혁명적 사상》, 책갈피, 2018에서 재인용.

13 크리스 하먼, 《마르크스주의란 무엇인가?》, 책갈피, 2019, 114쪽.

6장 노동자들이 환경을 위해 싸웠을 때

1 이 글을 2020년 5월 10일 타계한 호주 건설연맹 뉴사우스웨일스주 지부 전 사무국장 잭 먼디에게 바친다. 초고를 검토하고 조언을 해 준 조셉 추나라, 리처드 도널리, 마틴 엠슨, 커밀라 로일, 마틴 업처치에게 감사한다. 오류와 누락은 모두 내 책임이다.

2 예외적인 경우는 대체로 필자들이 사회운동이나 노조의 활동가인 경우다. 예컨대 Paul Hampton, *Workers and Trade Unions for Climate Solidarity: Tackling Climate Change in a Neoliberal World* (Routledge, 2015), pp 155~183에 실린 베스타스 점거 투쟁 논의를 참조.

3 기후변화를 막기 위한 산업 투쟁은 비교적 최근의 일이다. 생태계의 다른 측면을 지키기 위한 투쟁의 사례들은 좀 더 많다.

4 Adam Vaughan, "UK Government Rings Death Knell for the Fracking Industry", *New Scientist* (4 November 2019), www.newscientist.com/article/2222172-uk-government-rings-death-knell-for-the-fracking-industry

5 Ellen Meiksins Wood, "The Separation of the Economic and the Political in Capitalism", *New Left Review*, 1/127(1981) 참조.

6 Ralph Darlington, *Syndicalism and the Transition to Communism: An International Comparative Analysis* (Ashgate, 2008), p 233.

7 신진대사 균열 이론의 재발견에 관한 논의는 Ian Angus, "The Discovery and Rediscovery of Metabolic Rift", in Martin Empson (ed), *System Change Not Climate Change: A Revolutionary Response to Climate Crisis* (Bookmarks, 2019), pp 151~167 참조.

8 영국의 인클로저에 맞선 저항에 관한 논의는 Martin Empson, *Land and Labour: Marxism, Ecology and Human History* (Bookmarks, 2014), pp 127~138과 Martin Empson, *Kill all the Gentlemen: Class Struggle and Change in the English Countryside* (Bookmarks, 2018), pp 175~180 참조.

9 이 글의 초고가 작성된 뒤 브리티시컬럼비아주 항만 노동자 300명이 델타항에서 코스털가스링크 시위대의 호소에 따라 작업을 거부해 캐나다에서 가장 큰 컨테이너 항구가 폐쇄됐다. Brian Champ, "All Eyes on Wet'suwet'an", Socialist.ca (11 February 2020), www.socialist.ca/node/4018

10 기후 위기 해결책을 논의할 시민 의회를 설립하자는 멸종반란 운동의 요구를 논의하던 최근 영국 녹색당 당대회에서 유럽의회 의원 몰리 스콧 케이토는 다음과 같이 말했다. "만일 시민 의회가 택시 운전수들이나 고탄소 라이프스타일을 좋아하고 비행기 타고 [스페인 휴양지] 토레몰리노스에 가고 싶어 하는 사람들로 가득 찬다면 어쩔 겁니까?" 녹색당 당대회의 같은 세션에서 한 청중석 발언자도 노조 회의에 참석하는 것을 "죽음을 퍼뜨리는 것"과 같다고 발언했다. Rupert Read, "Mobilising the Climate Emergency (Green Party Spring Conference 2019)", Rupert Reade website (7 June 2019), https://bit.ly/2Hy7JF2

11 2016년 영국의 주요 철강 노조인 커뮤니티는 일자리가 생길 것이라며 영국석유가스산업협회(UKOOG)와 [프래킹] 양해 각서를 체결했다. Ruth Hayhurst, "Steel Union Backs UK Fracking", Drill or Drop (3 November 2016), https://drillor-drop.com/2016/11/03/steel-union-backs-uk-fracking

12 Jack Mundey, "Jack Mundey", Australian Biography (2000), https://australian-biography.gov.au/subjects/mundey/index.html

13 Verity Burgmann, *Power and Protest: Movements for Change in Australian Society* (Allen & Unwin, 1993).

14 Jack Mundey, "From Ratbags to Heroes: Creating Social Movements and Making the World a Better Place" (2007), https://www.youtube.com/watch?v=iFhnPGIQ0Xs

15 [호주노동당 정치인] 메러디스 버그먼은 뉴사우스웨일스주 지부가 1974년 가치로 50억 호주달러에 해당하는 개발을 저지했다고 거듭 제시했다. 이를 기초로 계산한 액수다. 예컨대 Meredith Burgmann and Verity Burgmann, *Green Bans Red Union: The Saving of a City* (NewSouth Publishing, 2017), p 4 참조.

16 Ian Milliss and Teresa Brennan, "In Memory of Victoria Street", Ian Milliss website (1974), www.ianmilliss.com/documents/InMemoryVicSt.htm

17 Meredith Burgmann and Verity Burgmann, *Green Bans Red Union: The Saving of a City*, 앞의 책, p 208.

18 개발업자 프랭크 티먼이 고용한 일당이 와니타 닐슨 납치를 모의한 죄로 구속됐지만, 살인죄는 적용되지 않았다. 그녀의 시신은 그 뒤로도 발견되지 않았다.

19 Meredith Burgmann, "The Green Bans, the Builders Labourers Federation and the Fight to Save Heritage in NSW" (18 April 2017), https://millerspoint-community.com.au/1970-2/green-bans-builders-labourers-federation-fight-save-heritage-nsw

20 Meredith Burgmann and Verity Burgmann, "A Rare Shift in Public Thinking: Jack Mundey and the New South Wales Builders Labourers' Federation", *Labour History*, num 77(1999), pp 44~63에서 인용.

21 Meredith Burgmann and Verity Burgmann, "A Rare Shift in Public Thinking: Jack Mundey and the New South Wales Builders Labourers' Federation", 앞의 글, p 67.

22 Jack Mundey, "Interview with Jack Mundey", *Australian Left Review* 42 (December 1973).

23 Jack Mundey, "Interview with Jack Mundey", 앞의 글.

24 Jack Mundey, "Interview with Jack Mundey", 앞의 글, p 16.

25 Jack Mundey, "Interview with Jack Mundey", 앞의 글.

26 Meredith Burgmann and Verity Burgmann, "A Rare Shift in Public Thinking: Jack Mundey and the New South Wales Builders Labourers' Federation", 앞의 글, p 47.

27 Mark Haskell, "Green Bans: Worker Control and the Urban Environment", *Industrial Relations*, volume 16, num 2(1977), p 211, https://libcom.org/files/green-bans-worker-control-haskell1977.pdf 비슷하게 행동한 다른 노조들의 목록은 Pete Thomas, *Taming the Concrete Jungle: The Builders Laborers' Story* (New South Wales Branch of the Australian Building Construction Employees and Builders Laborers' Federation, 1973), pp 57~59에서 볼 수 있다.

28 Verity Burgmann, *Power and Protest: Movements for Change in Australian Society*, 앞의 책. 개입은 부동산 개발업자들과 정치인들의 승인(혹은 묵인) 아래 이뤄졌다. 6월에 건설사용자협회(MBA)는 건설연맹이 규약을 "위반"했다며 노조 지위를 박탈했다. 10월 건설연맹의 중앙 간부들은 뉴사우스웨일스주 지부 집행권을 장악하려고 시도했다가 실패하자 뉴사우스웨일스주 지부를 배제한 채 재등록을 신청했고 시드니에 별도로 지부를 세웠다. 이를 지휘한 놈 갤러거는 호주공산당 당원이자 마오쩌둥주의자였다. 연맹 지도부와 뉴사우스웨일스주 지부 사이 갈등의 원인 중 하나로 [1968년] 소련의 체코슬로바키아 침공 이후 스탈린주의를

탈색하기 위한 공산당 내부 투쟁이 종종 언급된다. 공산당 내 갈등은 그린 밴 운동 지도부 자체를 탄생시킨 한 요소이기도 하다. "그런 분열 덕분에 잭 먼디 같은 사람들이 독립적이고 급진적인 입장에 서서 '생태' 문제 같은 것에 관심을 기울이기 시작할 수 있었다." ― Meredith Burgmann, "The Green Bans, the Builders Labourers Federation and the Fight to Save Heritage in NSW", 앞의 글.

29 Mark Haskell, "Green Bans: Worker Control and the Urban Environment", 앞의 글, p 211, https://libcom.org/files/green-bans-worker-control-haskell1977.pdf

30 John Rainford, "The Struggle for Victoria St", *Green Left*, issue 958 (15 March 2013), www.greenleft.org.au/content/struggle-victoria-st

31 Meredith Burgmann and Verity Burgmann, *Green Bans Red Union: The Saving of a City*, 앞의 책, p 54.

32 Mark Haskell, "Green Bans: Worker Control and the Urban Environment", 앞의 글, p 212, https://libcom.org/files/green-bans-worker-control-haskell1977.pdf

33 Sigrid McCausland, "Leave It in the Ground: The Anti-Uranium Movement in Australia 1975-82" (University of Technology, 1999).

34 Sigrid McCausland, "Leave It in the Ground: The Anti-Uranium Movement in Australia 1975-82", 앞의 글, p 8.

35 Sigrid McCausland, "Leave It in the Ground: The Anti-Uranium Movement in Australia 1975-82", 앞의 글.

36 Sigrid McCausland, "Leave It in the Ground: The Anti-Uranium Movement in Australia 1975-82", 앞의 글, p 338.

37 Sigrid McCausland, "Leave It in the Ground: The Anti-Uranium Movement in Australia 1975-82", 앞의 글, p 190.

38 Sigrid McCausland, "Leave It in the Ground: The Anti-Uranium Movement in Australia 1975-82", 앞의 글, p 333.

39 Sigrid McCausland, "Leave It in the Ground: The Anti-Uranium Movement in Australia 1975-82", 앞의 글, p 336.

40 Christine Wall, Linda Clarke, Charlie McGuire and Olivia Muñoz-Rojas, *Building the Barbican 1962-1982: Taking the Industry out of the Dark Ages* (University of Westminster, 2012), https://libcom.org/files/Barbican-pamphlet.pdf

41 Alan Dalton, *Asbestos Killer Dust: A Worker/community Guide ― How to Fight the Hazards of Asbestos and its Substitutes* (BSSRS Publications, 1979).

1976년 건설산업노조 조사 결과 조합원 중 68명이 석면증에 걸렸고 15명이 사망한 것으로 밝혀졌다.

42 내가 2019년 찰리 맥과이어와 한 개인적 대화에서 들은 것이다. 맥과이어는 2011년 빅 히스를 인터뷰한 바 있다. 히스는 1965년 터리프 바비컨 건설 현장에서 파업이 벌어졌을 때 현장위원이었다.

43 Charlie McGuire, Linda Clarke and Christine Wall, "Battles on the Barbican: the Struggle for Trade Unionism in the British Building Industry, 1965-7", *History Workshop Journal*, issue 75(2013), https://libcom.org/files/Battles_on_the_Barbican_the_Struggle_for.pdf 러셀스퀘어 파업에 대해 자세히 알고 있다면 저자에게 연락해 주기 바란다.

44 Dave Albury, "Alternative Plans and Revolutionary Strategy", *International Socialism* 6, (1979), https://marxists.catbull.com/history/etol/newspape/isj2/1979/isj2-006/albury.html

45 Dave Albury, "Alternative Plans and Revolutionary Strategy", 앞의 글.

46 점거 투쟁이 확산되는 시기에 점거는 공격적 교섭 수단이 되기도 했다. Dave Sherry, *Occupy! A Short History of Workers' Occupations* (Bookmarks, 2010), p 115[국역: 《점거파업 역사와 교훈》, 책갈피, 2016].

47 Richard Hyman, "Workers' Control and Revolutionary Theory", *Socialist Register*, volume 11(1974), p 244, https://socialistregister.com/index.php/srv/article/view/5317 하이먼은 노동자통제연구소가 다음의 사실을 간과했다고 비판한다. 산업 통제에 대한 열망은 "정치경제, 즉 정치적·경제적 지배 구조에 포위돼있고" 이 때문에 자본주의하에서 노동자 조직들은 "필연적으로 사후 대응적이고 방어적"인 성격을 갖는다.

48 1972년 번리에 있는 가장 큰 루커스 공장을 점거하고 전국의 루커스 공장에서 연대 투쟁이 벌어져 평균 임금 인상률보다 167퍼센트 높은 인상을 쟁취했다. 번리 투쟁 이후 공동현장위원회는 훨씬 더 나은 임금과 노동조건을 쟁취할 수 있었다.

49 Mike George, "Reply to Dave Albury on Alternative Plans", *International Socialism* 8 (spring 1980), www.marxists.org/history/etol/newspape/isj2/1980/no2-008/george.html 마이크 조지는 공동현장위원회 연구·캠페인 분과의 소집자였다.

50 Dave Albury, "Alternative Plans and Revolutionary Strategy", 앞의 글.

51 공동현장위원회의 공개 성명서. Martin Carnoy and Derek Shearer, *Economic Democracy: The Challenge of the 1980s* (Routledge, 1980)에서 인용했다.

52 Adrian Smith, "Socially Useful Production", STEPS Centre (2014), https://steps-centre.org/wp-content/uploads/Socially-Useful-Production.pdf

53 Adrian Smith, "Socially Useful Production", 앞의 글.

54 1974년 10월 선거공약은 "모든 산업과 상업, 공공서비스에서 경영진과 노동자의 공동 통제를 발전시켜 산업 민주화를 이루겠다"고 했다. Labour Party, "October 1974 Labour Party Manifesto" (1974), www.labour-party.org.uk/manifestos/1974/Oct/1974-oct-labour-manifesto.shtml

55 Mike George, "Reply to Dave Albury on Alternative Plans", *International Socialism* 8 (spring 1980), www.marxists.org/history/etol/newspape/isj2/1980/no2-008/george.html

56 Pete Wilkinson and Julia Schofield, *Warrior: One Man's Environmental Crusade* (James Clarke, 1994).

57 Andrew Blowers, David Lowry and Barry D Solomon, *The International Politics of Nuclear Waste* (Palgrave Macmillan, 1991), p 79.

58 Jonathan Winterton and Ruth Winterton, *Coal, Crisis and Conflict: The 1984-85 Miners' Strike in Yorkshire* (Manchester University Press, 1989), p 32.

59 Andrew Blowers, David Lowry and Barry D Solomon, *The International Politics of Nuclear Waste*, 앞의 책, p 82.

60 Susannah Hecht, "Chico Mendes: Chronicle of a Death Foretold", *New Left Review*, I/173(1989).

61 Chico Mendes, *Fight for the Forest: Chico Mendes in His Own Words* (Latin America Bureau, 1989), p 22.

62 Chico Mendes, *Fight for the Forest: Chico Mendes in His Own Words*, 앞의 책, p 22.

63 Gomercindo Rodrigues, *Walking the Forest with Chico Mendes: Struggle for Justice in the Amazon* (University of Texas, 2007), p 150.

64 Chico Mendes, "The Defence of Life", *Journal of Peasant Studies*, volume 20, num 1(1992), p 165.

65 Chico Mendes, "The Defence of Life", 앞의 글, p 170.

66 Chico Mendes, *Fight for the Forest: Chico Mendes in His Own Words*, 앞의 책, p 22.

67 노동조합은 군사정권의 지침에 따라 직군과 행정단위에 따라 분리돼 있었다.

68 Paulo Fontes and Larissa Corrêa, "Labor and Dictatorship in Brazil: a Historiographical Review", *International Labor & Working-Class History*, volume 93(2018). 농업 노동자들에게는 1979년 페르남부쿠주(州)에서 벌어진 사탕수수 노동자들의 파업이 "결정적 순간"이었다.

69 Paulo Fontes and Larissa Corrêa, "Labor and Dictatorship in Brazil: a Histo-riographical Review", 앞의 글.

70 Gomercindo Rodrigues, *Walking the Forest with Chico Mendes: Struggle for Justice in the Amazon*, 앞의 책, p 118.

71 Chico Mendes, *Fight for the Forest: Chico Mendes in His Own Words*, 앞의 책, p 22.

72 Chico Mendes, *Fight for the Forest: Chico Mendes in His Own Words*, 앞의 책, p 37.

73 Chico Mendes, *Fight for the Forest: Chico Mendes in His Own Words*, 앞의 책, p 51. 브라질 내에서의 지원은 국제적 인식의 확산과 압력이 있은 뒤에야 찾아 왔다. 이런 연계는 [멘지스의 정치 활동가로서의 면모는 쏙 빼 버리고] "거의 모욕적이고 탈정치적인 의미에서" 멘지스를 생태 순교자로 순치해 묘사하는 데 악용됐다(Gomercindo Rodrigues, *Walking the Forest with Chico Mendes: Struggle for Justice in the Amazon*, 앞의 책, p 140).

74 Chico Mendes, *Fight for the Forest: Chico Mendes in His Own Words*, 앞의 책, p 51.

75 "지배계급은 보존 구역의 자원을 계속 장악하기 위해 군대와 경찰을 이용하기를 망설이지 않았고 그에 맞서는 소수의 노동자들은 고립되고 취약할 수밖에 없다." — David Treece, "Why the Earth Summit Failed," *International Social-ism* 56 (autumn 1992), https://isj.org.uk/why-the-earth-summit-failed 브라질의 첫 여성 노조 위원장은 세계열대우림운동 대회에서 시쿠 멘지스 보존 구역의 거주민들이 "범죄자 취급을 받으며 겁에 질려 있고" 생계용 밭을 유지하는 데 "과도한 임대료"를 내야 하며 산림 시장에서 거의 돈을 받지 못하고 있다고 말했다. Dercy Teles, "On the Popular Movement of Rubber Tappers in Bra-zil", World Rainforest Movement (10 July 2017), https://wrm.org.uy/articles-from-the-wrm-bulletin/section1/dercy-teles-on-the-popular-movement-of-rubber-tappers-in-brazil

76 Dave Sherry, *Occupy! A Short History of Workers' Occupations*, 앞의 책, p 129.

77 Michael Bradley and Michael Kimber, "Will the Sparks Flare up?" *Interna-tional Socialism* 124 (autumn 2009), https://isj.org.uk/interview-will-the-sparks-flare-up

78 Martin Empson, *Marxism and Ecology* (Socialist Workers Party, 2016), p 22[국역: 이 책의 5부로 실렸다].

79 Alan Woodward, "Ford Visteon Enfield Workers Occupation", Libcom.org

(18 October 2009), https://libcom.org/history/ford-visteon-enfield-work-ers-occupation-alan-woodward

80 Paul Hampton, *Workers and Trade Unions for Climate Solidarity: Tackling Climate Change in a Neoliberal World*, 앞의 책, p 158.

81 Steven Morris, "Wind Turbine Factory Sit-in Workers Accuse Ed Miliband of Green Failure", *The Guardian* (21 July 2009), www.theguardian.com/envi-ronment/2009/jul/21/wind-turbine-factory-green-protest

82 Rachel Williams, "Occupiers of Vestas Wind Turbine Factory Face Eviction Tomorrow", *The Guardian* (6 August 2009), www.theguardian.com/envi-ronment/2009/aug/06/bailiffs-serve-papers-vestas

83 Michael Bradley and Michael Kimber, "Will the Sparks Flare up?" 앞의 글.

84 Jonathan Neale, "Vestas Changed the Climate", *Socialist Review* (September 2009), http://socialistreview.org.uk/339/vestas-changed-climate

85 Jonathan Neale, "Vestas Changed the Climate", 앞의 글.

86 Paul Hampton, *Workers and Trade Unions for Climate Solidarity: Tackling Climate Change in a Neoliberal World*, 앞의 책, p 174.

87 Jonathan Neale, "Vestas Changed the Climate", 앞의 글.

88 Intergovernmental Panel on Climate Change, "Special Report: Global Warm-ing of 1.5℃" (2018), www.ipcc.ch/sr15/

89 Global Climate Strike, "How to Stand with the Young Climate Strikers" (24 May 2019), https://globalclimatestrike.net/how-to-stand-with-young-cli-mate-strikers; Fridays4Future, "Global Climate Strike" (2019), https://www.brightest.io/cause/fridays-for-future/activity/global-climate-strike-septem-ber-20

90 Miro Sandev, "Unions Back Climate Strike for Jobs and Secure Future", *Soli-darity* (17 October 2019), https://bit.ly/3iZ0TpT

91 Miro Sandev, "Unions Back Climate Strike for Jobs and Secure Future", 앞의 글.

92 Miro Sandev, "Unions Back Climate Strike for Jobs and Secure Future", 앞의 글.

93 Radio Stingray, "The Fight for the Future of Union Seafaring in Austra-lia: Part 1" (7 March 2019), https://omny.fm/shows/radio-stingray-mari-time-workers-podcast/the-fight-for-the-future-of-union-seafaring-in-aus

94 David Marin-Guzman, "Wharfies to Strike to Attend Climate Action rallies", *Financial Review* (19 September 2019), https://bit.ly/309m55g 전국일반노조는

통합노조(UWU)와 하나가 됐다.

95 2020년 1월, 나와 니콜의 인터뷰.

96 Mark Haskell, "Green Bans: Worker Control and the Urban Environment", 앞의 글, p 205.

97 Meredith Burgmann and Verity Burgmann, *Green Bans Red Union: The Saving of a City*, 앞의 책, p 77.

98 Meredith Burgmann and Verity Burgmann, *Green Bans Red Union: The Saving of a City*, 앞의 책, p 25.

99 Meredith Burgmann and Verity Burgmann, *Green Bans Red Union: The Saving of a City*, 앞의 책, p 31.

100 Joseph Choonara, "A New Cycle of Revolt", *International Socialism* 165 (winter 2019), http://isj.org.uk/a-new-cycle-of-revolt

101 2020년 1월, 나와 니콜의 인터뷰.

102 Jonathan Neale (ed), *One Million Climate Jobs, Tackling the Environmental and Economic Crises* (Campaign Against Climate Change Trade Union Group, 2014).

103 Antonio Gramsci, *Selections from the Prison Notebooks* (Lawrence & Wishart, 1971), p 196[국역: 《그람시의 옥중수고 1, 2》, 거름, 1999].

104 Meredith Burgmann and Verity Burgmann, "Much More than Green Bans: Locating the New South Wales Builders Labourers' Federation in the History of International Trade Unionism" Australian Society for the Study of Labour History (2011), https://labourhistorycanberra.org/2015/03/2011-asslh-conference-much-more-than-green-bans

105 Jack Mundey, "Interview with Jack Mundey", 앞의 글.

106 William Mallory Gregory, "Going into Uncharted Waters: Two Case Studies of the Social Responsibility of Trade Unions in Australia", University of Queensland (1999), https://bit.ly/2RTZntf에서 인용.

107 Gomercindo Rodrigues, *Walking the Forest with Chico Mendes: Struggle for Justice in the Amazon*, 앞의 책, p 140.

108 Vic Heath, "Role of the Communist Party", University of Westminster, Centre for the Production of the Built Environment (2013), https://bit.ly/366zsHe

109 Jim Moher, "The Communist Party and the Trade Unions", *History & Policy* (8 June 2013), www.historyandpolicy.org/trade-union-forum/meeting/the-communist-party-and-the-trade-unions

110 Jack Mundey, "Interview with Jack Mundey", 앞의 글, pp 20~21.

111 Jack Mundey, "Interview with Jack Mundey", *Australian Left Review* (September 1971).

112 Sigrid McCausland, "Leave It in the Ground: The Anti-Uranium Movement in Australia 1975-82" (University of Technology, 1999), p 340.

113 Paul Hampton, *Workers and Trade Unions for Climate Solidarity: Tackling Climate Change in a Neoliberal World*, 앞의 책, p 150.

114 일부 노조들이 이 행동을 "작업 중단"이라고 잘못 부른 것은 활동가들에게는 행복한 사건이었다.

115 기후 쟁점에 대한 노조 지도부의 노사협조주의적 접근법("생태적 현대화론")에 대해서는 Paul Hampton, *Workers and Trade Unions for Climate Solidarity: Tackling Climate Change in a Neoliberal World*, 앞의 책을 참조.

116 예컨대, Ralph Darlington and Martin Upchurch, "A Reappraisal of the Rank-and-file versus Bureaucracy Debate", *Capital & Class*, volume 36, issue 1(2011), p 86.

117 Ralph Darlington and Martin Upchurch, "A Reappraisal of the Rank-and-file versus Bureaucracy Debate", 앞의 글, p 78.

118 Ralph Darlington and Martin Upchurch, "A Reappraisal of the Rank-and-file versus Bureaucracy Debate", 앞의 글, p 85.

119 Gomercindo Rodrigues, *Walking the Forest with Chico Mendes: Struggle for Justice in the Amazon*, 앞의 책, p 101.

120 Dave Smith and Phil Chamberlain, *Blacklisted: The Secret War Between Big Business and Union Activists* (New Internationalist, 2015), p 71; Charlie McGuire, Linda Clarke and Christine Wall, "Battles on the Barbican: the Struggle for Trade Unionism in the British Building Industry, 1965-7", 앞의 글.

121 바비컨아트센터와 런던의 다른 공사 현장 노동자들의 연대 조직인 런던 합동건설 현장위원회는 이 투쟁들 속에서 만들어졌고, 이후 "건설 노동자 선언"을 작성하는 데서 핵심 구실을 한다. 맥과이어는 이 선언이 1972년 전국 건설 노동자 파업에서 결정적이었다고 했다. Charlie McGuire, Linda Clarke and Christine Wall, "Battles on the Barbican: the Struggle for Trade Unionism in the British Building Industry, 1965-7", 앞의 글.

122 Peter Hannam and Anna Patty, "Docks Halt, Electrical Workers Stop Work as Sydney's Pollution Worsens," *Sydney Morning Herald* (6 December 2019), www.smh.com.au/environment/sustainability/docks-halt-electrical-workers-stop-work-as-sydney-s-pollution-worsens-20191205-p53hbr.html

123 내가 지자체 노동자들과 대화하다 들은 것이다.

124 Amy Leather, "Hopelessly Devoted to Fossil Fuels", in Martin Empson (ed), *System Change not Climate Change: A Revolutionary Response to Environmental Crisis* (Bookmarks 2019), p 21[국역: 이 책의 1부 2장으로 실렸다].

3부 탈성장, 채식주의, 과잉인구, 종말

1장 성장과 탈성장: 생태사회주의자는 무엇을 주장해야 할까?

1   Leon Trotsky, *The Revolution Betrayed*, London, 1967, p 1[국역: 《배반당한 혁명》, 갈무리, 2018].

2   Leon Trotsky, 앞의 책, p 8.

3   Karl Marx, Preface to *A Contribution to the Critique of Political Economy*, 1859[국역: 《정치경제학 비판을 위하여》, 중원문화, 2017].

4   Giorgios Kallis, "The Left should embrace degrowth", *The New Internationalist*, 5 November 2015. https://newint.org/features/web-exclusive/2015/11/05/left-degrowth

5   Paul Krugman, "Opinion", *New York Times*, 28 January 2020.

6   Karl Marx, *Grundrisse*[국역: 《정치경제학 비판 요강 1~3》, 그린비, 2007], D McLellan, *Marx's Grundrisse*, MacMillian, London 1971, p 148에서 인용.

4장 체제 변화: 아직 시간이 남아 있을까?

1   가장 분명한 예는 빵·토지·평화를 요구한 데서 비롯한 러시아 혁명이지만, 사실상 모든 대중 혁명이 마찬가지다.

2   예를 들어 다음을 보라. John Molyneux, "Apocalypse Now! Climate change, capitalism and revolution", *Irish Marxist Review* 25, 2019; Martin Empson ed, *System Change not Climate Change*, (Bookmarks, London), 2019.

3   나는 다음에서 이것을 상세히 주장했다. *Lenin for Today*, Bookmarks, London, 2017, ch 3[국역: "3장 오늘날의 국가와 혁명", 《레닌과 21세기》, 책갈피, 2019].

4   "실제로는 우리는 투쟁이 일어난다는 것만을 '과학적으로' 예측할 수 있고, 투쟁의 구체적 순간은 예측할 수 없다"(안토니오 그람시). Antonio Gramsci, *Selections from the Prison Notebooks*, (London, 1971), p 438.

4부 왜 핵발전은 기후변화의 대안이 아닌가

1장 핵발전이 기후 위기의 대안일까?

1   Martin Empson and Helen Caldicott, "The Myths of Nuclear Power", *Socialist Review* 309(Sep 2006).

2   마틴 엠슨, 《기후변화: 왜 핵발전은 대안이 아닌가》, 노동자연대, 2011.

3   헬렌 칼디코트, 《원자력은 아니다》, 양문, 2007, 67~68쪽.

4   국립과학아카데미, 《저선량 전리방사선 노출에 의한 건강 위험도: BEIR VII - 2 상》, 2006.

5   Oliver Tickell, *The Guardian*, 28 May 2009와 헬렌 칼디코트, 위의 책 108쪽을 참조.

6   백도명, "핵발전소 주변주민들의 건강영향조사", 월성원전 주민 건강피해 역학조사에 대한 원잔주변 주민 건강영향조사 토론회, 2021년 2월 4일.

7   Haesman et al, "Childhood Leukemia in Northern Scotland", *The Lancet*, 1986, v 1:266.

8   "Case-control study on childhood cancer in the vicinity of nuclear power plants in Germany 1980-2003", 2008, *European Journal of Cancer* v 44, issue 2. "The incidence of childhood leukaemia around the La Hague nuclear waste reprocessing plant (France): a survey for the years 1978-1998", 2001, *Journal of Epidemiology & Community Health*.

9   Dr John Bound et al, "Down's Syndrome: prevalence and ionising radiation in an area of north west England 1957-91", 1995, *Journal of Epidemiology and Community Health*.

10 빌 게이츠, 《빌 게이츠, 기후 재앙을 피하는 법》, 김영사, 2021, 126쪽.

11 IEA, Projected Costs of Generating Electricity 2020, 2020.12.

12 Union of Concerned Scientists 2011.

13 Chris Williams, "The case against nuclear power", *International Socialist Review* Issue 77, 2011.

14 한국원자력연구원, "진행파 원자로 기술 타당성 분석", 2011년.

15 김종철, "후쿠시마 사고, 일본이 전 세계에 가한 '테러'다!", 〈프레시안〉, 2011년 5월 16일, https://www.pressian.com/pages/articles/66317.

16 IAEA, "Implementation of the NPT Safeguards Agreement in the Republic of Korea", 2004.11.

17 환경운동연합, "한국판 위키리크스, 한국정부의 재처리 추진 사실 밝혀", 2011년 5

월 27일. http://kfem.or.kr/?p=6407

18 이 부분은 마틴 엠슨의 소책자 《기후변화, 왜 핵발전은 대안이 아닌가》(노동자연대, 2013)의 내용 일부를 가져온 것이다.

19 Frank Barnaby, *How to Build a Nuclear Bomb* (Granta, 2003), pp 33~36.

20 Gerard DeGroot, *The Bomb: A Life* (London, 2004), p 102.

2장 한국의 핵발전과 문재인 정부의 탈핵 배신

1 헬렌 칼디코트, 《원자력은 아니다》, 양문, 2007, 185쪽.

2 한홍구, "핵발전소 짓기도 전에 핵무기가 갖고 싶었다", 〈한겨레〉 2013년 2월 1일 자, https://www.hani.co.kr/arti/society/society_general/572448.html#csidx-40e1ee75bb2f5b5b61b7a0a0d8d46a9

3 더불어민주당 제19대 대통령 선거 정책공약집, "나라를 나라답게".

4 〈노동자 연대〉의 다음 기사 등을 보라. https://wspaper.org/article/19010

5 양이원영, "문재인 탈핵공약 흔드는 이들, 민낯을 드러내다", 2017년 6월 3일, http://kfem.or.kr/?p=178857.

6 이헌석 정의당 생태에너지본부장, "멀쩡한 월성 1호기? 잘 가라, 그 거짓도!", 〈한겨레〉 2020년 1월 1일 자.

7 정환삼 외, "원자력 해체산업 고도화 과제", 《원자력 정책》, 2018년 5월호.

8 녹색당 정책위원회·탈핵특별위원회, '신고리 5,6호기 공론화 평가와 녹색당 탈핵 운동 전략토론회', 2017년 11월 9일.

3장 안전 신화를 무너뜨린 핵발전소 사고들

1 이 부분은 장호종, "일본 핵발전소 사고와 반핵 운동의 과제", 《마르크스21》 10호(2011년 여름)와 장호종, "후쿠시마 핵발전소 사고 10년: 안전하고 평화적인 핵 에너지는 없다", 〈노동자 연대〉 358호(2021년 3월 3일)의 일부 내용을 편집한 것이다.

2 와다 하루키, "'이유있는' 체르노빌 원전 사고", 〈경향신문〉 2011년 5월 2일 자.

3 이 부분은 마이클 더글러스, "체르노빌 참사 35년: 왜 핵발전은 대안이 아닌가", 〈노동자 연대〉 365호(2021년 4월 21일)의 일부를 가져온 것이다.

4 이 부분을 포함한 아래의 내용은 마틴 엠슨의 소책자 《기후변화, 왜 핵발전은 대안이 아닌가》(노동자연대, 2013)의 내용 일부를 가져온 것이다.

5   Mike Simons, *Workers' power not nuclear power* (SWP, 1980).

6   Peter Pringle and James Spigelman, *The Nuclear Barons* (Sphere, 1981).

7   http://www.lakestay.co.uk/1957.htm

8   http://www.foe.co.uk/resource/briefings/nuclear_power_climate.pdf에서 인용.

9   IAEA의 '미국 핵물질 조례 및 규정 제정 위원회'의 보고서 http://www.nrc.gov/reading-rm/doc-collections/commission/secys/2000/secy2000-0085/attachment1.pdf

5부 마르크스, 반자본주의 생태학, 혁명적 대안

1   National Centres for Environmental Information, (NOAA), Global Climate Report, May 2019.

2   "Bolivia's second largest lake dries up and may be gone forever, lost to climate change", *The Guardian*, 22 January 2016.

3   Andy Haines and others, "The Imperative for Climate Action to Protect Health", *New England Journal of Medicine*, January 2019.

4   Jenna Jambeck and others, "Plastic waste inputs from land into the ocean", *Science*, February 2015.

5   Nicholas Stern, *Stern Review*, Executive Summary (2006), p 1.

6   예를 들어 Larry Lohman ed, *Carbon Trading: A Critical Conversation on Climate Change, Privatisation and Power*, What Next Project & The Corner House, September 2006을 참조. 다음 논문은 생물 다양성 위기라는 관점에서 "시장 메커니즘"의 문제를 살핀다. Ian Rappel, "Natural Capital: a neoliberal response to species extinction", *International Socialism*, 160, Autumn 2018.

7   1883년 마르크스의 장례식에서 엥겔스가 마르크스의 관점을 요약한 내용. 다음을 참조. www.marxist.org/archive/marx/works/1883/death/burial.htm

8   Fancis Pryor, *Britain BC: Life in Britain and Ireland Before the Romans*, (Harper Perennial), 2004, p 18.

9   Friedrich Engels, "The Part Played by Labour in the Transition from Ape to Man", in *The Dialectics of Nature*, (Lawrence and Wishart, 1946), p 292[국역: 《자연변증법》, 새길아카데미, 2012].

10 Alex Callinicos, *The Revolutionary Ideas of Karl Marx*, (Bookmarks, 1983), pp 83~84[국역: 《카를 마르크스의 혁명적 사상: 새 번역》, 책갈피, 2018].

11 Steven Mithen, *After the Ice: A Global Human History, 20,000-5000BC*, (Phoenix, 2004), pp 246~257[국역: 《빙하 이후》, 사회평론아카데미, 2019].

12 Marcus Rediker, *The Slave Ship: A Human History*, (John Murray, 2008), p 53[국역: 《노예선》, 갈무리, 2018].

13 Karl Marx, *Capital* vol 1, (Penguin, 1990), p 742.

14 Karl Marx, *Grundrisse*, (Penguin, 1973), p 410[국역: 《정치경제학 비판 요강 1~3》, 그린비, 2007].

15 Friedrich Engels, "The Part Played by Labour in the Transition from Ape to Man", in *The Dialectics of Nature*, (Lawrence and Wishart, 1946), p 295.

16 Heather Rogers, "Garbage Capitalism's Green Commerce", *Socialist Register*, (Merlin Press, 2007), p 231.

17 Heather Rogers, *Gone Tomorrow: The Hidden Life of Garbage*, (The New Press, 2005), p 113[국역: 《사라진 내일: 쓰레기는 어디로 갔을까》, 삼인, 2009].

18 앞의 책, p 114.

19 Michael Kidron, "Waste: US 1970", in *Capitalism & Theory*, (Pluto Press, 1974).

20 수치의 출처는 다음과 같다. www.statista.com/statistics/236943/globaladver-tising-spending/; www.avert.org/professionals/hiv-aroundworld/global-re-sponse/funding

21 Karl Marx, *Capital* vol 3, (Progress Publishers, 1978), p 101.

22 Greenpeace, "Decentralizing Power: An Energy Revolution for the 21st Century", July 2005.

23 John Bellamy Foster, *The Vulnerable Planet*, (Monthly Review, 1999), p 123[국역: 《환경과 경제의 작은 역사》, 현실문화연구, 2001].

24 John Bellamy Foster, "Sustainable Development of What?" in *Ecology Against Capitalism*, (Monthly Review, 2002), p 80[국역: 《생태계의 파괴자 자본주의》, 책갈피, 2007].

25 Karl Marx, "Economic and Philosophical Manuscripts"[국역:《경제학-철학 수고》, 이론과실천, 2006], in *Karl Marx, Early Texts* (Blackwell, 1971), p 136.

26 Karl Marx, Speech at the Anniversary of the People's Paper, April 14, 1856. www.marxists.org/archive/marx/works/1856/04/14.htm에서 볼 수 있다.

27 Karl Marx, "Economic and Philosophical Manuscripts"[국역:《경제학-철학 수고》, 이론과실천, 2006], in *Karl Marx, Early Texts* (Blackwell, 1971), p 135.

28 앞의 책, p 136.

29 John Bellamy Foster, *Marx's Ecology*, (Monthly Review, 2000), p 158[국역: 《마르크스의 생태학》, 인간사랑, 2016].

30 Karl Marx, *Capital* vol 1, p 283.

31 John Bellamy Foster, "Liebig, Marx and the Depletion of Soil Fertility", in *Ecology Against Capitalism*, p 156.

32 앞의 책, p 158.

33 앞의 책, p 161.

34 앞의 책, p 161.

35 Karl Marx, *Capital* vol 1, p 283.

36 https://populationmatters.org를 참조.

37 John Bellay Foster, "Malthus' essay on Population at Age 200", in *Ecology Against Capitalism*, p 145.

38 Thomas Malthus, *An Essay On The Principle of Population (1st edition)*, ch 10, part 5[국역: 《인구론》, 동서문화사, 2016].

39 John Bellamy Foster, *Ecology Against Capitalism*, p 139.

40 Second Essay, "An Essay On the Principle of Population", J B Foster, "Malthus' Essay on Population at Age 200", in *Ecology Against Capitalism*, p 170에서 재인용.

41 앞의 책.

42 John Bellay Foster, "Malthus' essay on Population at Age 200", in *Ecology Against Capitalism*, p 145.

43 Letter from Marx to Schweitzer, 24 January 1865, K Marx and F Engels, *Selected Correspondence*, (Lawrence & Wishart, 1934), p 170.

44 Friedrich Engles, *The Condition of the Working Class in England*, (Granada, 1982), p 309[국역: 《영국 노동계급의 상황》, 라티오, 2014].

45 앞의 책.

46 Letter from Engels to Lange, 29 March 1865, in *Selected Correspondence*, (Lawrence & Wishart, 1934), p 199.

47 Cecil Woodham-Smith, *The Great Hunger: Ireland 1845-9*, (Hamish Hamilton, 1964), p 411.

48 인용된 수치의 출처는 다음과 같다. Sharman Apt Russell, *Hunger: An Unnatural History*, (Basic Books, 2005), p 226[국역: 《배고픔에 관하여》, 돌베개, 2016].

49 Esme Choonara and Sadie Robinson, *Hunger in a World of Plenty*, (Socialist

Workers Party, 2008), p 8.

50 앞의 책, p 2.

51 Sharman Apt Russell, *Hunger: An Unnatural History*, (Basic Books, 2005), p 212.

52 바이오연료는 석유를 대체할 탄소 제로 연료로 알려졌지만, 정말로 탄소 배출을 줄이는지에 관해 중대한 의문들이 제기됐다. 다음의 자료들을 보라. Okbazghi Yohannes, *The Biofuels Deception: Going Hungry on the Green Carbon Diet*, (Monthly Review Press, 2018)와 www.biofuelwatch.org.uk.

53 다음에서 볼 수 있다. www.fao.org/news/story/en/item/20964/icode/

54 World Population Prospects, 2019 revision, United Nations Department of Economic and Social Affairs.

55 Ian Angus and Simon Butler, *Too Many People? Population, Immigration, and the Environmental Crisis*, (Haymarket, 2011), p 81. 내가 쓴 책에서도 관련 주제를 다루고 있다. *Land and Labour: Marxism, Ecology and Human History*, (Bookmarks, 2014), pp 165~205.

56 Ian Angus and Simon Butler, *Too Many People?*, p 42.

57 Fred Pearce, *PeopleQuake: Mass Migration, Ageing Nations and the Coming Population Crash*, (Eden Project Books, 2010), p 242.

58 "Extreme Carbon Inequality", Oxfam Media Briefing, December 2015, www.oxfam.org.

59 John Bellay Foster, "Malthus' essay on Population at Age 200", in *Ecology Against Capitalism*, pp 145~146에서 재인용.

60 인용된 수치의 출처는 다음과 같다. Tracy McVeigh, "Flu and winter freeze set to kill thousands", *The Observer*, 11 January 2009.

61 Tess Riley, "Just 100 companies responsible for 71% of global emissions, study says", *The Guardian*, 10 July 2017.

62 Suzanne Goldberg, "Just 90 Companies caused two-thirds of man-made global warming emissions", *The Guardian*, 20 November 2013.

63 George Monbiot, "Car scrappage scheme will pour good money after bad", *The Guardian*, 6 February 2009.

64 John Bellamy Foster, *The Vulnerable Planet*, (Monthly Review Press, 1999), p 123.

65 George Monbiot, *Heat: How to Stop the Planet Burning*, (Penguin, 2006), p xii[국역: 《CO₂와의 위험한 동거》, 홍익출판사, 2008].

66 Alex Callinicos, *An Anti-Capitalist Manifesto*, (Polity, 2003), p 122[국역: 《반

자본주의 선언》, 책갈피, 2003].

67 Karl Marx, *Capital* vol 3, (Progress Publishers, 1978), p 776.

68 Fortune 500 2018 list. fortune.com에서 볼 수 있다.

69 Naomi Klein, *This Changes Everything*, (Allen Lane, 2014), p 149[국역: 《이것이 모든 것을 바꾼다》, 열린책들, 2016].

70 Peter Fryer, *Hungarian Tragedy*, Chris Harman, *Class Struggles in Eastern Europe 1945-83*, (Bookmarks, 1988), p 134[국역: 《동유럽에서의 계급투쟁》, 갈무리, 1994]에서 인용.

71 Ian Rappel, "Natural Capital: A Neo-liberal Response to Species Extinction", *International Socialism*, 160 (autumn 2018).

72 Joel Kovel, *The Enemy of Nature*, (Zed Books, 2007), p 225에서 인용.

73 Karl Marx, "Critique of the Gotha Programme", K. Marx and F. Engels, *Selected Works*, (Lawrence & Wishart, 1991), p 305.

찾아보기

ㄱ

가뭄 20, 64, 65, 82, 165, 166,
169~180, 190, 227, 228, 438, 501,
531

가즈프롬 265

가축 사료 57, 60~64, 134, 416~418

간디, 인디라(Gandhi, Indira) 425

간작 73

갑상선암 457

강추위 20

개혁주의 250~255, 269~276

건설연맹 뉴사우스웨일스주 지부 319,
320, 350~355, 359, 374, 376

건조기후 경계선(aridity line) 175, 176

게이츠, 빌(Gates, Bill) 14, 211, 212,
294, 451, 452, 458, 461, 462, 467

경사노위 307~309

경수로 461, 473, 475, 476

경영참여 311, 312

경제사회노동위원회 경사노위 참조

경제투쟁 348, 376

고드윈, 윌리엄(Godwin, William) 423,
525

고리 1호기 473, 475, 476

고무 32, 33, 363~366, 376, 379

고어, 앨(Gore, Al) 72, 538

《고용, 이자, 화폐의 일반이론》(The
General Theory of Employment,
Interest, and Money) 286

《고타강령 비판》(Critique of the Gotha
Program) 403

골든 스파이크 96 '황금 못'도 참조

공공운수노조 290, 303, 305, 307, 308

공동결정법안 308, 311

공동결정제도 311~315

공동현장위원회 358~360

공론화위원회 476~479

공룡 96, 97

《공산당 선언》(The Communist
Manifesto) 124, 406, 541

공산당(영국) 357, 377, 548

공산당(중국) 222, 224, 385

공산주의 385~391, 406, 551

공익을 위한 납세자 모임 80

공장법 31

공장점거 359, 367~370, 374, 540,
541, 548

공장형 축산업 63, 76, 86, 412, 413,
419

공정한 노동 전환 239, 293, 297~299,
308, 309

공항 218, 299, 378

과잉생산 86, 388, 395, 514, 544

과잉양수 70

과잉인구 5, 13, 178, 393, 397, 420~430, 524~535

교토협약 197, 204, 216, 225, 230, 231, 242, 264, 265, 516

교통·에너지·환경세법 304

구아노 58, 521

구조조정 82, 177, 211, 213, 234, 235, 247, 293~300, 308, 310, 312, 358, 360, 494

국가온실가스감축목표(NDC) 205, 232

《국가와 혁명》(The State and Revolution) 274

국가자본주의 224, 287, 315, 344, 406, 493

국내 난민 23, 171, 174

국내난민감시센터(IDMC) 23, 170

국립과학아카데미(미국) 456

〈국립 과학원 회보〉(Proceedings of the National Academy of Sciences) 216

국유화 223, 247, 259, 264, 315, 316, 359, 368, 369, 395, 404

국제농업개발기금(IFAD) 82

국제농업연구협의그룹(CGIAR) 82

국제에너지기구(IEA) 240, 459, 460

국제원자력기구(IAEA) 447, 454, 457, 465, 466, 470, 498

국제통화기금(IMF) 81, 82, 177, 270, 400

국제 혁명 439

굿랜드, 로버트(Goodland, Robert) 55

그레이엄리, 일레인(Graham-Leigh, Elaine) 84, 85

그리스 187, 249, 270, 271, 275, 440

그린 밴 319, 320, 322, 350~355, 373, 374, 376

그린워싱 155, 212, 221, 256, 299, 432, 480, 482

그린피스 361, 362

그린 홈 218

《극단의 도시들》(Extreme Cities) 23

금속노조 301, 305, 307~309, 311, 313, 316

기술 화석 93

기후 난민 23, 162~193, 442

기후변화 부정론 29, 196, 208, 324

기후변화에 관한 정부 간 협의체 IPCC 참조

기후변화와 토지에 대한 특별 보고서 414

기후 비상사태 선언 181, 276, 326

기후 악당 230, 293, 294

기후 예산 324, 325

기후위기와 산업·노동 전환 연구회 307

《기후위기와 자본주의》(Stop Global Warming: Change the World) 248

기후 전쟁 163, 176

기후 중립 203, 219

기후 파업 370~375

기후행동추적(CAT) 206

김병권 220, 257, 267

김현우 307

꽃가루받이 68, 135

꿀벌 68, 114, 135

ㄴ

나가사키 456, 463, 467, 468

나와브샤 19

나일론 32, 33, 42

낙농업 61, 62

난민 협약 188, 189

남아메리카 59, 65, 81, 88, 416, 417,
    419, 509

낭비 44, 60, 236, 358, 388, 389, 514,
    515, 542~544

내연기관 31, 210, 237, 290, 312

《내일을 먹어 치우다》(Eating
    Tomorrow) 429

네오니코티노이드 68, 135

네프 실험 151

노동당(영국) 244, 249, 264, 269, 313,
    314, 316, 326, 358, 359, 360, 361,
    395, 440

노동당(호주) 356

노동력 30, 109, 117, 510, 511, 551

노동자 국가 344~346, 390, 550

노동자 권력 344, 406

노동자 통제 321, 359

노동자통제연구소 359, 367

노동전선 308

노동조합 관료 211, 246, 266, 269,
    285, 291, 301, 305, 307~322, 336,
    337~339, 356, 377

노동총동맹(CGT, 프랑스) 336

노란조끼 운동 218, 306, 335~340,
    381

노사정 대화 298, 305, 308

노예 22, 98, 125, 129, 130, 132, 133,
    285, 363, 509, 530

노예제도 129, 132

노총(ACTU, 호주) 355, 356, 377, 378

노총(TUC, 영국) 19, 362, 371

녹색 군사주의 142

녹색당(그리스) 270

녹색당(독일) 268, 269

녹색당(아일랜드) 412

녹색당(한국) 239, 250, 252~254, 268,
    269, 299, 464, 477

녹색 혁명(농업) 72

녹지 개발 반대 '그린 밴' 참조

농노 117, 126, 510

농법 59~61, 63, 69, 70, 73, 74, 86,
    87, 146, 152, 429

농약 58, 66, 68, 69, 71~75, 81, 88,
    89, 416, 418, 419, 427

《농촌 문제》(The Agrarian Question)
    88

농화학 26, 418, 419

뉴딜 244, 245, 255, 256, 284~288

〈뉴 사이언티스트〉(New Scientist) 45

뉴올리언스 23, 24, 537

뉴욕 9, 23, 280

뉴턴, 이언(Newton, Ian) 128

닐, 조너선(Neale, Jonathan) 171, 193,
    248, 370

ㄷ

다르푸르 분쟁 170, 171, 193

다우듀폰 42

다운증후군 457, 458

다윈, 찰스(Darwin, Charles) 94, 120

다윈 투쟁 356
다이아몬드, 재레드(Diamond, Jared) 509
다코타 37
대가속기 99, 274, 566
대기오염 19, 26, 224, 335, 380, 425, 455, 515
대두 60, 70
대의 민주주의 477
대장균 65, 73, 74
대중교통 252, 264, 315, 330, 337, 399, 409, 425, 436, 538~540, 542, 547
덴마크 218, 219, 368
도슨, 애슐리(Dawson, Ashley) 23
도일, 마이클(Doyle, Michael) 189
도카이무라 497, 498
도쿄전력 486, 488~490
독일 19, 31, 74, 191, 215, 216, 264~269, 287, 312, 313, 428, 440, 441, 457, 465, 466, 481
동맹휴업 111, 181, 193, 199, 245, 250, 276, 323, 349, 370, 371, 375, 431, 439, 505
돼지 인플루엔자 76
두산중공업 노조 318
디캐프리오, 리어나도(DiCaprio, Leonardo) 53

ㄹ

라이징 업! 325
라이너스, 마크(Lynas, Mark) 451
〈라이프〉(Life) 44
라이프스타일 25, 53, 54
〈랜싯〉(The Lancet) 414
램, 로버트(Lamb, Robert) 21
러브록, 제임스(Lovelock, James) 422, 423, 450, 524
런던해양투기협약 361, 362
레닌, 블라디미르(Lenin, Vladimir) 274, 344, 346, 363, 550
레드플러스(REDD+) 204 '삼림 벌채·황폐화 방지를 통한 온실가스 감축' 도 참조
레프러콘 경제학 401, 402
로건, 조너선(Logan, Jonathan) 183
로리머, 제이미(Lorimer, Jamie) 108
로버츠, 마이클(Roberts, Michael) 282, 283
로비 35, 80, 103, 200, 321, 464, 471, 547
록펠러, 존 D(Rockefeller, John D) 41
루스벨트, 프랭클린(Roosevelt, Franklin) 244, 245, 248, 255, 256, 284~288
루이스, 사이먼(Lewis, Simon) 93, 94, 98, 99
루커스에어로스페이스 313, 358, 359
루커스인더스트리 358
루커스 플랜 313, 314, 358~361, 367, 368
리드, 루퍼트(Read, Rupert) 183, 185
리베이로, 실비아(Ribeiro, Silvia) 78
리비히, 유스투스 폰(Liebig, Justus von) 90, 521, 522
럼버리, 필립(Lymbery, Philip) 67, 71, 75

ㅁ

마르크스, 카를(Marx, Karl) 21, 27, 66,
　　67, 69, 77, 90, 95, 113~116, 119,
　　120, 164, 224, 272, 274, 282, 344,
　　346, 347, 384~391, 398, 402, 403,
　　406, 423, 426, 436, 479, 499~556
마셜플랜 33
마오쩌둥 224, 385, 386
마이크로소프트 212, 400
마크롱, 에마뉘엘(Macron, Emmanuel)
　　218, 246, 306, 335~340, 381
말름, 안드레아스(Malm, Andreas) 30,
　　96, 108~112, 119, 180, 554
매그도프, 프레드(Magdoff, Fred) 138,
　　555
매슬린, 마크(Maslin, Mark) 93, 98, 99
매키번, 빌(McKibben, Bill) 209
맥마흔, 폴(McMahon, Paul) 80
맨체스터 30, 109, 534, 536
맬서스주의 136, 555
맬서스, 토머스 로버트(Malthus,
　　Thomas Robert) 420~430,
　　524~535
먹가, 폴(McGarr, Paul) 265
먼디, 잭(Mundey, Jack) 322, 350~355,
　　374~377
멀러, 허먼(Muller, Hermann) 456
메테인(메탄) 56~61, 416, 417
멕시코 85, 88, 169, 181
멕시코만 71
멘지스, 시쿠(Mendes, Chico)
　　363~366, 376~379
멜트다운 486

멸종반란 12, 26, 111, 181~185, 192,
　　199, 202, 245, 250, 276, 323~346,
　　349, 370, 375, 411, 431, 505
멸종반란미국 183
멸종반란아메리카 183, 339
멸종 위기 128, 136~138, 150, 326,
　　421, 501
모슬러, 폴카트(Mosler, Volkhard) 313
모잠비크 169
몬비오, 조지(Monbiot, George) 154,
　　385, 451, 539, 542, 543
몬쥬 고속로 462
몽고메리, 데이비드 R(Montgomery,
　　David R) 138
무슬림 424
무어, 제이슨 W(Moore, Jason W) 112,
　　117
무연탄 32
무토지농업노동자운동(MST) 88, 366
물 문제 69
미국 206~214
미군 34, 37, 177
미시시피강 71
미쓰이물산 81
미주리강 37
민주노총 239, 299, 307~309
민주당(미국) 198, 210, 222, 245,
　　258~264, 280, 285
민주당(한국) 253, 269, 464, 474
민주사회주의당(DSA, 미국) 249, 280
민주적 계획경제(민주적 계획 생산)
　　27, 388, 549
《민중의 세계사》(A People's History of

the World) 98

ㅂ

바비컨아트센터 356, 357, 377, 380
바수, 파르시바(Basu, Parthiba) 68
바이든, 조(Biden, Joe) 196~200,
　206~213, 216, 218, 219, 232, 240,
　244, 251, 252, 258, 261~263, 289,
　474
바이오연료 57, 79~81, 416
박정희 223, 464, 470, 475
방사선 455~458, 486, 487, 491, 492,
　495~497
방사성동위원소 100
방사성물질 456, 461, 465, 486, 491,
　492
방사성폐기물 361, 460
방사성핵종 93
배출권 204, 214, 221, 239, 245, 252,
　504
배출전망치(BAU) 231, 232
백내장 457
백도명 457
백신 11, 212
버틀러, 사이먼(Butler, Simon) 424,
　425, 533, 555
번영법 209
베르나츠키, 블라디미르(Vernadsky,
　Vladimir) 95
베스타스 367~370, 374, 387, 541,
　548, 590
베어먼, 사이먼(Behrman, Simon) 189,
　191

베이클라이트 41
벤델, 젬(Bendell, Jem) 325
벤, 토니(Benn, Tony) 313, 358, 359,
　395
벨라루스 493
변혁당　사회변혁노동자당 참조
보건의료노조 305
보수당(영국) 218, 264, 265, 327, 361
보호구역 37, 143~150, 152, 363, 366,
　550
복잡계 113
봉건제 126, 128, 133, 134, 152, 509,
　510
부분적핵실험금지조약(PTBP) 100
부하룬, 자드(Bouharoun, Jad) 171,
　173
북극 진동 20
북미자유협정(NAFTA) 171, 173
분뇨 57~59, 61, 63, 70, 71, 76, 417
〈불편한 진실〉(An Inconvenient Truth)
　538
《붕괴》(Collapse) 509
브라운, 고든(Brown, Gordon) 264
브라운, 케이트(Brown, Kate) 492
브라질 88, 141, 181, 198, 204,
　363~366, 402, 416, 441
브라질 고무 채취 363~366
브래드브룩, 게일(Bradbrook, Gail)
　325
브램웰, 사이먼(Bramwell, Simon) 325
블레어, 토니(Blair, Tony) 264
블레이키, 피어스(Blaikie, Piers) 138
블로카디아 53

〈블루 플래닛〉(The Blue Planet) 39
비거니즘 53
비건 25, 53, 54
비닐봉지 39, 44~46
비바(Viva) 53
비스테온 367~369, 374, 540, 548
비옥도 389, 521~523
비행기 25, 31~33, 271
《빌 게이츠, 기후재앙을 피하는 법》
    (How to Avoid a Climate Disaster)
    211, 451
빙하 65, 94, 96, 501
빙하기 94, 97, 105, 123, 141, 502

ㅅ

《사람이 너무 많다고?》(Too Many
    People?) 424, 555
사무금융노조 305
사빅 48
사우디아라비아 34, 48, 174, 402
사우디아람코 48
사유재산 77, 526, 545
《사이언스 어드밴시스》(Science
    Advances) 45
사이클론 고리키 167
사이클론 이다이 169
사탕수수 72, 98, 132
사파티스타민족해방군(EZLN) 88
사하라사막 이남 아프리카 58, 163,
    175, 428, 531
사회당(그리스) 270
사회당(프랑스) 264~266
사회민주당(독일) 264, 268, 440

사회변혁노동자당 315, 316
사회연대전략 304
사회자유주의 265
사회적 대화 307~317
사회주의 27, 36, 50, 90, 116, 142,
    143, 157~161, 223, 224, 278, 315,
    385, 386, 394, 396~400, 402,
    404~412, 436~442, 516, 547, 550,
    551, 555
사회협약 360
산불 9, 19, 20, 165, 166, 169, 227,
    271
산사태 166, 227, 291
산업 투쟁 348, 350, 353, 362, 371,
    372, 374, 379
산업혁명 30, 58, 99, 109, 111
살모넬라균 65, 74, 76
살충제 34, 73, 135
삼림 벌채·황폐화 방지를 통한 온실가스
    감축(REDD) 146, 204
삼림 파괴 57, 59, 60, 66, 75, 117,
    125~127, 131, 132, 146, 147, 151,
    152, 204, 416, 419
상생형 지역 일자리 297
상수도 파괴 20
샌더스, 버니(Sanders, Bernie) 209,
    219, 244~246, 249, 250~252, 258,
    260~263
생물다양성과학기구(IPBES) 138
생산력 10, 117, 389, 397, 399,
    402~404, 408~410, 507
샤푸리농업노조 364, 379
샤프턴, 앨(Sharpton, Al) 24
섄드, 호프(Shand, Hope) 78

서구식 식단 54, 84, 136, 146
서아프리카 사헬지역 110, 130, 531
석면 반대 운동 356, 357
석탄 화력발전 35, 207, 213, 237, 241,
　　253, 267, 289, 297, 318, 330, 454
선라이즈 무브먼트 250, 323
선원노조(호주) 361, 362
선주민 22, 37, 81, 88, 129~132, 145,
　　146, 148, 160, 183, 349, 352, 363,
　　366
세계무역기구(WTO) 81, 234, 242
세계보건기구(WHO) 72, 457, 502
세계식량계획(WFP) 82
세계은행 70, 81~83, 87, 177, 401,
　　504
세계자연기금(WWF) 155
센트럴밸리(캘리포니아주) 67, 68, 71
셀러필드 윈드스케일 참조
셀룰로오스 41
셀룰로이드 40, 41
셀비, 잰(Selby, Jan) 177, 180, 188
셰브런 42, 426, 539
셰일 가스 26, 48, 53, 378, 552, 554
소넷, 앨런(Thornett, Alan) 435, 436,
　　438
소농 81, 83, 87~90, 154, 160
소련 95, 145, 189, 224, 287, 344,
　　385~387, 396, 404~406, 470,
　　492~494, 497, 505, 516, 543, 548,
　　549
소버쿨, 벤저민 K(Sovacool, Benjamin
　　K) 454
소비에트 344, 407, 478

소 사육 58
소외 146, 387, 391, 408, 517~520,
　　547, 550
소형모듈원자로(SMR) 465
송유관 26, 33, 37, 53
수력 30, 31, 65, 109
수소차 210, 234
수소폭탄 462
수소환원제철 294
쉘 30, 109, 440
슈뢰더, 게르하르트(Schröder, Gerhard)
　　264, 265, 268
스리마일섬 494, 495
스모그 425, 426
스웨덴 11, 19, 370, 493
스코틀랜드 30, 48, 50, 152, 153, 457
스탈린 287, 387, 493, 550
스탠딩록 37
스테픈, 윌(Steffen, Will) 113
스토머, 유진(Stoermer, Eugene) 93,
　　94, 96, 99
스페인 19, 249, 439, 441
승용차 25, 101, 336, 341
시노펙 42
시리아 혁명(시리아 내전) 163, 167,
　　171~181, 439
시리자 249, 270~276, 440
시민의회 330
시바, 반다나(Shiva, Vandana) 70, 87
시에라네바다산맥 67
시진핑 221, 222
시초 축적 22, 77, 272
식량권 79, 80

식량 안보 81, 82

신고리 5~6호기 239, 473, 476, 479, 484

신공항 299

신노동당(영국) 264

《신들의 본성에 관하여》(The Nature of the Gods) 125

신생대 94, 96, 97, 100

신자유주의 81~83, 138~155, 160, 171~173, 178, 179, 186, 209, 242, 243, 247, 254, 257, 261, 264~268, 274, 282, 283, 395, 412

신진대사 66, 67, 69, 90, 123, 128, 133, 135, 140, 156~158, 161, 387, 408, 410, 521~523, 547

신한울 1~2호기 473, 476

심층생태주의 137

심해 시추 28

ㅇ

아겐다 2010 265

아랍의 봄 173, 439

아르메니아 19

아마존(기업) 336,

아마존(열대우림) 130, 363~366, 503

아몬드 67~69

아산화질소 57

아이젠하워, 드와이트(Eisenhower, Dwight) 463

아일랜드 대기근 164, 530, 531

아즈텍 문명 129

아처대니얼스미들랜드 80

아크릴 42

안데스산맥 65

알렉산더, 앤(Alexander, Anne) 171, 173

알아사드, 바샤르(Assad, Bashar al-) 172~174, 176, 178

알아사드, 하페즈(Assad, Hafez al-) 172

알티에리, 미겔 A(Altieri, Miguel A) 89

애덤스, 윌리엄 M(Adams, William M) 136

애튼버러, 데이비드(Attenborough, David) 422, 423, 524

애플 482

액션에이드 56

액체나트륨 461, 462

앤더슨, 케빈(Anderson, Kevin) 106, 382

앤더슨, 킵(Anderson, Kip) 53

앤행, 제프(Anhang, Jeff) 55

앵거스, 이언(Angus, Ian) 33, 35, 41, 95, 103, 117, 118, 120, 424, 425, 437, 533, 554, 555

양계업 62, 63

양돈업 63

양적 완화 283

어패류 64

어퍼클라이드조선소 359

억만장자 재산 증식 보고서 2020 259

에니(ENI) 179

에버글래이즈습지 72

에얼릭, 폴(Ehrlich, Paul) 422, 423, 425, 428, 429

에코백 45

에탄 48, 80, 416

에틸렌 41~43, 48

엑손모빌 42, 48, 402, 406, 539

엑스, 맬컴(X, Malcolm) 148

엔서, 세라(Ensor, Sarah) 75

엘리스, 얼(Ellis, Erle) 107, 113

엠파치 365, 366

엥겔스, 프리드리히(Engels, Friedrich)
        113~115, 119, 120, 346, 384~391,
        406, 423, 436, 504~506, 511, 512,
        516~536, 541, 547, 552

연대기금 305

《열기》(Heat) 385, 542, 543 《CO$_2$와의
        위험한 동거》도 참조

열대우림 54, 57, 79, 130, 134, 153,
        363, 416, 427, 503

열대우림행동네트워크 79

영구동토 502

예레반 19

옐로스톤국립공원 145

오갈랄라 대수층 70

오르비스 스파이크(지구 못) 99

오만 19

오스트파르더르스플라선 계획 151

오어, 주디스(Orr, Judith) 98

오카시오코르테스, 알렉산드리아
        (Ocasio-Cortez, Alexandria) 244,
        249, 250, 252, 260, 262, 263, 276,
        280, 281, 323

옥수수 65, 74, 80, 85, 98, 125, 169,
        416, 502, 530

옥스팜 534

올랑드, 프랑수아(Hollande, François)
        266

올림픽댐 우라늄 광산 454

와그너법 285

와이즈만, 에얄(Weizman, Eyal) 175

와이즈, 티머시 A(Wise, Timothy A) 429

와트, 제임스(Watt, James) 30, 99

요크, 리처드(York, Richard) 66

우라늄 355~377, 378, 445, 446, 453,
        454, 461, 465, 469, 486, 496, 497

우라늄 농축 454, 465

우라늄 채굴 반대 운동 355~377

우라늄 헥사플루오라이드 454

운송 29, 32, 56, 59, 62, 208

원동기 110

원시 공산주의 408, 507

원자력 444~448, 454, 457, 459, 463,
        465, 466, 469~498

원자력의 평화적 이용 447

원전 해체 산업 476

월드워치연구소 55

월러스, 롭(Wallace, Rob) 77

월성 1호기 459, 473~476, 491

월성 핵발전소 폐쇄 논란 451, 459

웨일스 32, 153~154

위키리크스 465

윈드스케일 458, 495, 496

윌슨, 에드워드 O(Wilson, Edward O)
        144, 157

유기농 73~75

유나이트(영국) 248

유럽 그린딜 219~221

유럽연합 25, 49, 133, 153, 214~221,
        232, 234, 256, 270, 271, 275, 407,
        524

유럽중앙은행 270
유엔난민기구(UNHCR) 189, 190
유엔 식량농업기구(FAO) 55~63, 414,
  416, 417, 429, 531
육식 53, 54, 83~86, 254, 413~419
윤작 68, 73, 126
윤활유 31
《이것이 모든 것을 바꾼다》(This
  Changes Everything) 35, 52, 383
이네오스 48, 50
이리듐 96, 100
이유진 198, 307
이윤율 256, 273, 283, 295, 395
이재용 296
인간 본성 96, 103, 115, 116, 518, 523
'인구가 문제다' 423, 524
《인구론》(An Essay on the Principle of
  Population) 423, 525, 528
《인구 지진》(Peoplequake) 426
《인구 폭탄》(The Population Bomb)
  422, 423
인도 22, 68, 70, 73, 145, 154, 168,
  175, 181, 213, 215, 402, 424, 425,
  441, 460, 531
인도네시아 9, 72, 162, 204, 215, 440
인류세 28, 92~122, 124, 140~143,
  157~161, 398, 554
《인류세를 마주하며》(Facing the
  Anthropocene) 33, 41
인류세 워킹그룹 28, 100~111
《인류세의 야생동물》(Wildlife in the
  Anthropocene) 108
인류 혐오 137

인종차별 128, 129, 131, 145, 148,
  160, 163, 178, 184, 186~188, 192,
  193, 285, 339, 398, 424, 437
인클로저 134
《인터내셔널 소셜리즘》(International
  Socialism) 173, 359, 554
일본 81, 224, 229, 287, 428, 454, 460,
  462, 463, 466, 467, 485~492, 497
일회용품 43, 44, 513
잉카제국 98

ㅈ

《자본론》(Capital) 21, 114, 164, 386,
  396, 398, 403, 514, 545
자본의 한계효율 저하 286
자본주의 국가 214, 271~277, 316,
  344, 398, 402, 471, 472, 480
자연 자본 138, 143
자카르타 162, 163
잠수함발사탄도미사일(SLBM) 480
장내 발효 59
재활용 40, 45~47, 49, 367, 503, 522,
  540, 547
적정인구재단 '인구가 문제다' 참조
전국고무채취노동자위원회 366
전국농업노동자연맹(CONTAG) 364,
  366
전국산업부흥법 285
전기 요금 216, 234, 238, 254, 304,
  332, 338, 340, 481, 482
전기차 210, 212, 218, 234, 243, 249,
  290, 296, 297, 305, 309, 312,
  313

정유 32, 237, 381

정유소 33, 37, 41

정의당 220, 239, 244, 250, 251~257, 267, 276, 299, 302, 304, 310

정치투쟁 348

제1차세계대전 32, 440

제2차세계대전 33, 34, 42, 101, 117, 118, 133, 134, 144, 189, 209, 245, 248, 256, 262, 274, 284, 287, 418, 467, 470

제국주의 32, 224, 268, 453, 463~468, 470, 471, 483, 521

제이컵슨, 마크(Jacobson, Mark) 455

젠슨, 데릭(Jensen, Derrick) 538

조류 75, 127, 427

조류 인플루엔자 76

조세 회피처 402

조스팽, 리오넬(Jospin, Lionel) 266

죽음의 수역 26, 71

중국 9, 25, 46, 47, 70, 197, 211, 213~216, 221~225, 227, 231, 232, 294, 344, 385, 387, 402, 405~407, 425, 428, 438, 440, 460, 462, 465, 483

중국전력기업연합회 222

중수로 473, 475, 476

증기기관 30, 31, 99, 109, 110, 408

증기력 109

증기 에너지 30

증식로 461

지구공학 104, 106

지구생명지수(LPI) 141

지구온난화 1.5도 특별 보고서 201

지구의 벗 154, 204

지속 가능성 5, 53, 66, 83, 161, 386, 524, 533, 541, 542

지속 가능한 발전을 위한 핵발전 454

지중해 24, 124~128, 172, 271, 493

지중해 분지 125, 127

지진해일 103, 485~489

지질 시대 28, 92, 105, 119

진행파 반응로 461

질소 33, 72, 93, 521

ㅊ

차액 파업 319, 353, 374

차티스트운동 31

채소류 65

채식주의자 25

처칠, 윈스턴(Churchill, Winston) 32

천연가스 48, 206, 218, 225, 237, 260, 271, 290, 303, 304, 316, 438, 481, 546

천연보호구역 144, 363, 550

《철학의 빈곤》(The Poverty of Philosophy) 402

《체르노빌 생존 지침서》(Manual for Survival: A Chernobyl Guide to the Future) 492

첼랴빈스크 496

추첨제 478

출산율 428, 429, 532

치버스, 대니(Chivers, Danny) 56

치아파스주 88

칠로, 로사나(Cillo, Rossana) 179, 180

ㅋ

카길 78~80, 419

〈카우스피러시〉(Cowspiracy) 53~57, 84

카우츠키, 카를(Kautsky, Karl) 88, 440

칼리스, 요르고스(Kallis, Giorgos) 399, 400, 402, 404, 405

캐번디시, 커밀라(Cavendish, Camilla) 421, 422

캘리니코스, 알렉스(Callinicos, Alex) 182, 209, 507, 543, 555, 556

컴패셔너트 레볼루션 325

케리, 존(Kerry, John) 95, 207, 262

케인스, 존 메이너드(Keynes, John Maynard) 281, 282, 286, 287, 395

케인스주의 255, 257, 283, 287, 395

켄트, 아비단(Kent, Avidan) 189, 191

켈리 녹지 350, 351

코로나19 7, 10, 11, 167, 192, 212, 237, 295, 299, 308, 309, 327, 380, 398, 439

코만치족 130

코빗, 윌리엄(Cobbett, William) 423, 527

콩 60

쿠리야트 19

쿤, 키건(Kuhn, Keegan) 53

크루그먼, 폴(Krugman, Paul) 401

크뤼천, 파울(Crutzen, Paul) 93, 94, 96, 99, 106, 109, 111, 112

크리스천에이드 56

클라인, 나오미(Klein, Naomi) 35, 52, 53, 96, 117, 175, 176, 184, 186, 242, 261, 383, 384, 547, 553

클라크, 브렉(Clark, Brett) 66

클로버 60, 68

클리프, 토니(Cliff, Tony) 90

클린턴, 빌(Clinton, Bill) 72, 198

클린턴, 힐러리(Clinton, Hillary) 261

키드런, 마이클(Kidron, Michael) 514

키리바시 168

키케로(Cicero) 125

ㅌ

타르샌드 28, 53, 111, 554

탄소국경세 221, 232, 234, 294

탄소 배출 상쇄 214

탄소 상쇄 155, 203

탄소세 254, 304, 412

탄소 예산 202

탄소 재포집 205

탄소 중립 198, 203, 219, 235~240, 251, 293~295, 299, 308, 454

탄소 중립 시나리오 236, 238

탄소중립시민회의 239

탄소중립위원회 198, 238, 239, 293, 299

탄소 포집·활용·저장(CCUS) 204, 237, 251, 252

탈동조화 221, 267

탈탄소 전환 257, 289, 290, 295, 299~305, 315, 318, 320

태양광발전 219, 460

태양열발전소 453

터키 47, 174, 191, 271

텀블러 45

텃지, 콜린(Tudge, Colin) 74

테라파워 461

테일러, 제이슨 디케리스(Taylor, Jason deCaires) 95

텍사스 48, 74

토양협회 74

토지 공유론 156, 159

토지 관리 64

토지 절약론 152, 154, 157

퇴비 73

ㅍ

파리코뮌 274, 344, 388, 390, 548

파리협약 28, 196, 197, 200, 203, 205, 218, 222, 225, 232, 236, 245, 251, 266, 293, 382, 384

《파마겟돈》(Farmageddon) 67

파블로프, 알렉세이(Pavlov, Alexei) 95

파시즘 440, 441, 442, 477

파차우리, 라젠드라(Pachauri, Rajendra) 536

파키스탄 19, 24, 175, 191

판타나우 습지 141

팜유 79

패트릭, 루스(Patrick, Ruth) 137, 138

퍼듀카(켄터키주) 454

페로 460

포데모스 249

포스코 239, 293, 294

포스터, 존 벨러미(Foster, John Bellamy) 66, 95, 300, 321, 437, 515, 516, 522, 541, 554

폭스바겐 95, 402, 539

폭스콘 483

폭염 9, 18, 20, 22, 65, 227, 228, 234, 291, 292, 333, 502, 536

폰데어라이엔, 우르줄라(von der Leyen, Ursula) 219

폴락, 헨리(Pollack, Henry) 65

폴리에틸렌 42, 43, 48

프라델라, 루치아(Pradella, Lucia) 179, 180

프라이어, 피터(Fryer, Peter) 548

프라인켈, 수전(Freinkel, Susan) 41

프랑스 19, 37, 50, 128, 171, 214, 215, 218, 246, 264, 265, 306, 335~339, 354, 374, 381, 390, 423, 439, 440, 454, 457, 460, 465, 493, 525

프래킹 26, 28, 37, 48, 49, 50, 111, 160, 213, 348

프롤레타리아 77, 134, 406

프룈리히, 크리스티아네(Fröhlich, Christiane) 178

플라스틱 12, 26, 32, 33, 39~51, 93, 367, 409, 412, 418, 419, 503, 540

《플라스틱, 치명적 사랑 이야기》(Plastic: A Toxic Love Story) 41

플라스틱폐기물근절연합(AEPW) 48

플라이스토세 94

플랜테이션 작물 72

플러그인하이브리드 210

플러그 플롯 소요 31

플루토늄 추출 465

플리스티렌 210

필리핀 168, 181

필수영양소 66

ㅎ

하딘, 개릿(Hardin, Garrett) 138

하루키, 와다 489

하르츠 개혁 265

하먼, 크리스(Harman, Chris) 98, 273, 342

하트먼, 벳시(Hartmann, Betsy) 178, 179

《한국 기후변화 평가보고서 2020》 227

한국노총 299, 307

한국수력원자력노조 484

한국판 뉴딜 233, 295

한재각 305

합성고무 33

합성 비료 34, 57, 93

합성섬유 32

항만노동자연맹(WWF) 356

항생제 62, 73, 75, 76, 419

해안 지대 침수 20, 162, 383, 501

해충 65, 66, 73, 132, 135

해충 방제 73

핵무기 93, 99, 100, 446, 447, 462~471, 475, 476, 484, 496

핵발전 443~498

핵분열 446, 447, 461, 462, 486, 490

핵실험 99, 100, 447

핵심종 123, 147, 150

핵에너지 444, 446, 447, 454, 463, 469, 471, 490

핵 연료봉 454, 491

핵융합 461, 462

핵잠수함 466, 480

핵폐기물 해양투기 361, 362

핵폭탄 446, 456, 462, 463, 467, 468, 488, 492

핸슨, 제임스(Hansen, James) 450

핼럼, 로저(Hallam, Roger) 182, 199, 325, 328~331

향유고래 39

허리케인 샌디 23, 24

허리케인 카트리나 23, 24, 537

헝가리 혁명 548

혁명 344~346, 387~391, 545~553

현대화폐론 209, 280~283

혐기성 세균 62

호른보리, 알프(Hornborg, Alf) 119

호주해양노조(MUA) 372, 380

홀로세 94, 97~99, 101, 103, 105, 115

홍수 7~9, 20, 24, 64, 162, 165~168, 178, 188, 193, 227, 228, 285, 291, 438, 502

화석연료 산업 28~38, 40, 84, 117, 166, 191, 198, 199, 242, 243, 258, 259, 292, 313, 328, 341, 345, 384, 409, 546

《화석 자본》(Fossil Capital) 30

환경경제학 139

환경 재난 23, 25, 383, 391, 429, 501, 537, 543

황금 못 96, 97, 100

후다이 487

후쿠시마 제1핵발전소 사고 229, 458~460, 485~492

휘발유 32, 37, 50, 304, 335

흄, 마이크(Hulme, Mike) 177, 180,

188

흑인 22~24, 182, 183, 262, 439

히로시마 456, 463, 467, 468, 492

히말라야 65

기타

100만 기후 일자리 53, 248, 370, 375, 540, 552

《1844년 경제학·철학 수고》(Economic and Philosophic Manuscripts of 1844) 518, 520

《21세기의 상식》(Common Sense for the 21st Century) 328

21차 유엔 기후변화 협약 당사국 총회 (COP21) 53

26차 유엔 기후변화 협약 당사국 총회 (COP26) 11, 196

350.org 209

《6도의 악몽》(Six Degrees) 450

9차 전력수급기본계획 290

BP 42, 402, 411, 426, 539

《CO_2와의 위험한 동거》 385, 451 《열기》도 참조

IPCC 8, 20, 29, 57, 163, 200~205, 225, 229, 249, 251, 324, 325, 370, 414, 416, 431~434, 454, 536

IPCC 6차 평가 보고서 202

MRSA(항생제 내성 황색포도알균) 76

OECD 61, 400, 417, 482

기후 위기, 불평등, 재앙

마르크스주의적 대안

지은이 장호종, 마틴 엠슨 외

펴낸곳 도서출판 책갈피
등록 1992년 2월 14일(제2014-000019호)
주소 서울 성동구 무학봉15길 12 2층
전화 02) 2265-6354
팩스 02) 2265-6395
이메일 bookmarx@naver.com
홈페이지 chaekgalpi.com
페이스북 facebook.com/chaekgalpi
인스타그램 instagram.com/chaekgalpi_books

첫 번째 찍은 날 2021년 10월 29일

세 번째 찍은 날 2023년 1월 13일

값 24,000원

ISBN 978-89-7966-215-3

잘못된 책은 바꿔 드립니다.